입문자도 실무자로 만들어주는 지름길

포토샵 & 일러스트레이터

CC 2025

포토샵&일러스트레이터 CC 2025

발행일 2025년 03월 31일 초판 1쇄

지은이 신미림
펴낸이 정용수

책임편집 차인태   편집 이지현, 백요한, 조은별, 신수경
디자인 이연주, 오효민, 손정주
영업·마케팅 김상연, 정경민, 이은혜
제작 김동명
관리 윤지연

펴낸곳 (주)예문아카이브
출판등록 2016년 8월 8일 제2016-000240호
주소 서울시 마포구 동교로 18길 10 2층
문의전화 02-2038-7597   주문전화 031-955-0550   팩스 031-955-0660
이메일 ymedu@yeamoonsa.com   홈페이지 yeamoonedu.com
인스타그램 yeamoon.arv

ISBN 979-11-6386-443-1 (13000)

저작권법에 따라 보호를 받는 저작물이므로 무단 전재와 복제를 금합니다.
이 책의 내용의 전부 또는 일부를 이용하려면 반드시 저작권자와 (주)예문아카이브의 서면 동의를 받아야 합니다.

*책값은 뒤표지에 있습니다. 잘못 만들어진 책은 구입하신 곳에서 바꿔 드립니다.

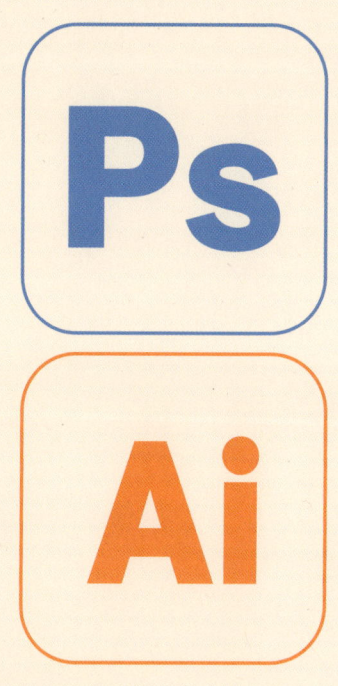

입문자도 실무자로 만들어주는 지름길

포토샵 &
일러스트레이터

CC 2025

신미림 지음

학습 전 알고가기

- 지은이, 소프트웨어 개발자 및 제공자, 출판사는 해당 도서를 바탕으로 한 결과물에 대한 책임이 없다는 점 양해 바랍니다.
- 해당 도서는 포토샵 CC 2025(version 26.3.0)/일러스트레이터 CC 2025(version 29.3)를 기준으로 설명하고 있습니다.
- 해당 도서는 운영 체제로 Mac OS를 사용하고 있습니다. 프로그램상 Mac OS와 Windows의 화면 구성은 거의 동일합니다. 단축키 사용 시 Windows의 Ctrl, Alt, Enter 는 Mac OS의 Command, Option, Return 으로 대체할 수 있습니다.
- 해당 도서는 포토샵의 작업 영역은 Essentials(Default), 일러스트레이터의 작업 영역은 Essentials Classic을 기준으로 설명합니다. 학습자의 운영 체제, 프로그램 버전, 학습 시점 등의 차이로 인하여 화면 구성과 일부 기능에 차이가 있을 수 있습니다.
- 해당 도서는 '1분 실습'과 'LEVEL UP 튜토리얼'에 대한 실습 예제 파일을 제공합니다. 실습 예제 파일은 예문에듀 홈페이지 자료실 게시판에서 확인할 수 있습니다.
- 해당 도서는 LEVEL UP 튜토리얼에 대한 동영상 강의를 제공하며, QR 코드를 통해 확인할 수 있습니다. 동영상 강의를 참고하시면 학습에 많은 도움을 받으실 수 있으니 시청하시기를 권장합니다.
- 도서 내용과 관련된 문의사항은 지은이 혹은 출판사로 연락 바랍니다.
  - 신미림 : meishin1912@gmail.com
  - 출판사 : 예문에듀 홈페이지 질문과 답변 게시판 및 카카오톡 채널 '예문사', '예문에듀' 활용

PROLOGUE

이 책은 포토샵과 일러스트레이터를 처음 시작하고자 하는 초급자부터 포토샵에 대해 사용 경험은 있지만 여러 기능에 대한 호기심이 있는 사용자까지 아우를 수 있도록 구성되어 있습니다. 두 프로그램의 기본적인 핵심 기능뿐만 아니라 전문가로서 발돋움할 수 있는 중고급 기능 일부 및 새롭게 업데이트된 신기능에 대한 상세한 설명을 포함하였으며, 직접 실습하면서 손에 익혀볼 수 있는 예제들을 수록하였습니다

포토샵과 일러스트레이터의 기능과 함께 그래픽 디자인의 기초적인 이론이 포함되어 있어 단순히 작업 스킬을 익히는 것에 그치지 않고 좋은 콘텐츠를 만들기 위한 베이스가 되는 기초 지식도 함께 알아보실 수 있습니다.

각 챕터와 섹션별로 유사한 기능 위주로 모아 비슷한 기능을 난이도 별로 파악할 수 있도록 하였습니다. 섹션의 도입부에는 주요 기능에 대한 상세한 설명을 기재하였으며, 어떤 기능을 어떻게 활용될 수 있고 애플리케이션 내에 해당 기능이 어디에 위치하여 있는지 알아볼 수 있습니다. 영문과 국문 버전의 기능명을 동시 표기하여 어떤 버전을 사용하시더라도 학습할 수 있도록 하였습니다(이미지는 영문으로 표기하였습니다).

프로그램을 익히는 데 가장 중요한 것은 사용자가 직접 해당 기능을 실습하는 것입니다. 해당 이론에 대한 간단한 실습을 통해 기능별 활용을 빠르게 파악할 수 있도록 섹션 말미에 1분 실습을 수록하였습니다. 챕터의 말미에는 LEVEL UP 튜토리얼을 수록하여 예제를 통해 여러 기능을 이용한 그래픽 또는 사진 편집을 바로 연습해 볼 수 있도록 구성하였습니다. 또한, LEVEL UP 튜토리얼에 대한 동영상 강의를 수록하여 작업 과정을 보다 쉽게 이해하며 학습할 수 있도록 하였습니다.

이 책을 통해 포토샵과 일러스트레이터의 핵심적인 기능을 손에 익히고 포토샵과 일러스트레이터의 강력한 AI 신기능을 접목한다면 간단한 아이디어로 독창적이고 크리에이티브한 시각 그래픽을 제작할 수 있을 것입니다.

저자 **신미림**

006 구성과 특징

포토샵부터 일러스트레이터까지
단 한 권으로 끝내는 맨투맨 과외

CLASS 1

SECTION
포토샵&일러스트레이터의 핵심 내용만을 선별하여 정리하였습니다.

TIP 박스
포토샵&일러스트레이터에 대한 추가 학습이 필요한 내용을 [TIP] 박스로 정리하였습니다.

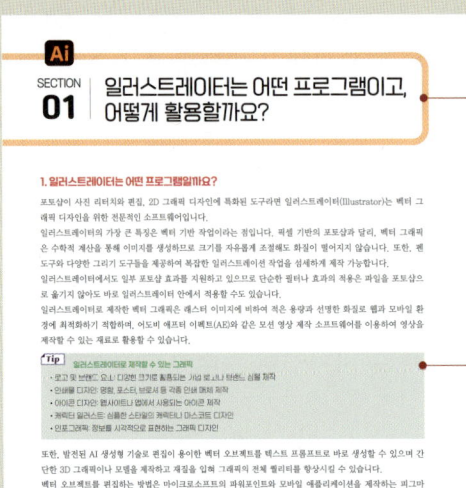

CLASS 2

1분 실습
프로그램의 주요 기능을 빠르게 습득할 수 있도록 간단한 실습 과정을 수록하였습니다.

예제 파일
1분 실습과 LEVEL UP 튜토리얼에 사용되는 예제 파일을 제공합니다.

구성과 특징 | 007

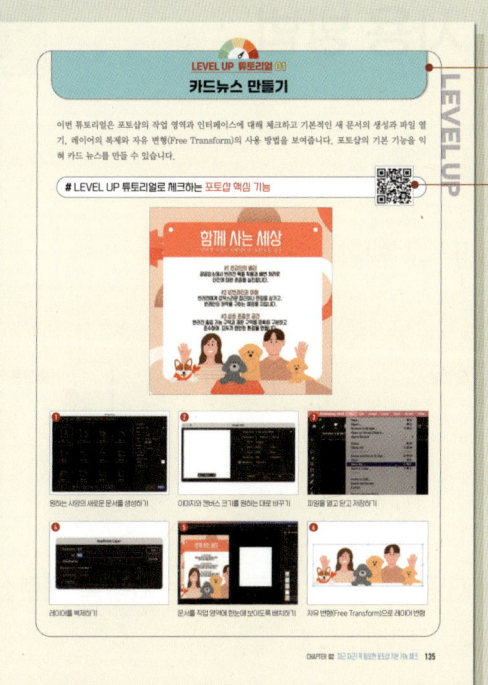

CLASS 3

LEVEL UP 튜토리얼
제작 스킬을 향상시킬 수 있도록 별도의 실습 과정을 추가로 수록하였습니다.

저자 직강 동영상 강의 QR 코드
저자 직강 동영상 강의를 통해 작업 과정을 보다 쉽게 이해하고 효율적인 학습이 가능합니다.

CLASS 4

자주 쓰는 단축키 모음 ZIP
빠르고 효율적인 그래픽 작업을 위하여 자주 쓰는 단축키들만을 모아서 정리하였습니다.

예제 파일 다운로드 및 사용 방법

STEP 01 로그인 후 메인 화면의 [자료실]을 선택합니다.

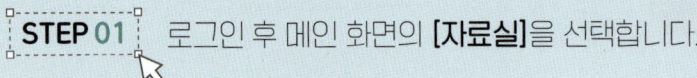

STEP 02 자료실 화면이 나타나면 '입문자도 실무자로 만들어주는 지름길 포토샵&일러스트레이터_예제 파일' 게시글을 클릭합니다.

STEP 03 게시글의 **첨부파일(포토샵&일러스트레이터.zip)**을 클릭하여 예제 파일을 다운로드 받은 후 압축을 해제합니다.

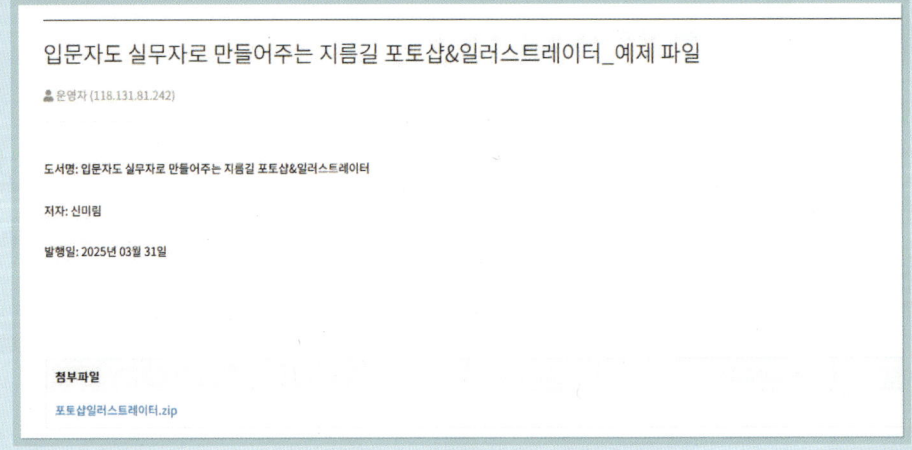

STEP 04 '포토샵&일러스트레이터' 폴더를 '바탕화면'에 복사한 후 해당 폴더를 기준으로 실습을 진행합니다.

CONTENTS

PROLOGUE • 005
포토샵부터 일러스트레이터까지 단 한 권으로 끝내는 맨투맨 과외 • 006
예제 파일 다운로드 및 사용 방법 • 008

PART 01 포토샵 Ps

CHAPTER 1 만나서 반가워요! 포토샵 CC 2025

Section 01 포토샵은 어떤 프로그램이고 어떻게 활용할까요? — 028
   1. 포토샵은 어떤 프로그램일까요? — 028
   2. 포토샵으로 어떤 그래픽을 만들 수 있을까요? — 028

Section 02 포토샵 CC 2025 설치하기 — 029
   1. 크리에이티브 클라우드 앱에서 최신 버전 포토샵 설치하기(CC 2025) — 029

Section 03 포토샵의 인터페이스 살펴보기 — 033
   1. 포토샵 실행하기 — 033
   2. 홈 화면 — 034
   3. 포토샵의 작업 영역 인터페이스 살펴보기 — 035
   4. 왼쪽 도구 패널 살펴보기 — 036
   5. 패널 살펴보기 — 040
   6. 상황별 작업 표시줄 설정하기 — 046
   7. 나한테 꼭 맞게! 작업 영역 설정하기 — 046

Section 04 새로운 기능은 어떤 것이 있을까? — 049
   1. 포토샵 CC 2025 신기능 살펴보기 — 049

CHAPTER 2 차근 차근! 꼭 필요한 포토샵 기본 기능 체크

Section 01 새 파일 만들기 — 054
   1. 새 파일을 만드는 3가지 방법 — 054
   2. 새로운 문서 만들기 대화상자 살펴보고 새 문서 만들기 — 055
   3. [새로운 문서 만들기/New Document] 대화상자 자세히 보기 — 056

Section 02 대지로 여러 문서를 한 파일에서 작업하기 — 057
   1. 새 파일에 처음부터 대지를 만들기 — 057
   2. 대지가 있는 문서에 원클릭으로 대지를 추가하기 — 057

CHAPTER 2 차근 차근! 꼭 필요한 포토샵 기본 기능 체크

3. 선택한 대지를 동일하게 복제하기 ... 058
4. 대지가 없는 문서에서 대지 도구로 대지를 추가하기 ... 058
5. 레이어 패널에서 대지 추가하기 ... 059
6. 레이어 지정하여 대지 추가하기 ... 059
7. 대지 이동하기 ... 059
8. 대지의 사이즈와 이름 바꾸기 ... 060

Section 03 포토샵에서 파일 열기 ... 061
1. 포토샵에서 파일을 불러오는 6가지 방법 ... 061
2. 1분 실습_파일 열기 ... 063
3. 포함 가져오기/연결 가져오기(Place Embedded/Place Linked) 기능 알아보기 ... 065

Section 04 이미지 크기와 캔버스 크기를 변경하자 ... 066
1. 예제 파일 열기 ... 066
2. 이미지 크기 패널 열기 ... 066
3. 이미지 크기 패널 자세히 보기 ... 066
4. 이미지 크기 축소하기 ... 067
5. 이미지 크기 확대하기 ... 067
6. 캔버스 크기 패널 열기 ... 068
7. 캔버스 크기 패널 자세히 보기 ... 068
8. 캔버스 크기 축소하기 ... 069
9. 캔버스 크기 확대하기 ... 070
10. 이미지 크기와 캔버스 크기의 차이점? ... 070

Section 05 파일을 저장하고 이미지로 내보내기 ... 071
1. 저장(Save)/다른 이름으로 저장(Save as)/사본 저장(Save as a copy) ... 071
2. 내보내기(Export) ... 072
3. 1분 실습_포토샵 파일을 이미지로 내보내기 ... 073

Section 06 화면을 확대, 축소, 이동, 회전하기 ... 077
1. 돋보기 도구(Zoom tool) ... 077
2. 단축키로 빠르고 편리하게 화면을 확대/축소하는 법 ... 078
3. 내비게이터 패널과 스크롤 ... 078
4. 손 도구(Hand tool) ... 079
5. 보기 회전 도구(Rotate view tool) ... 079
6. 여러 가지 화면 보기 기능 정리 ... 079
7. 화면 모드 변경하기 ... 080

Section 07 새 레이어 만들고 레이어 패널로 관리하기 ... 082
1. 디지털 그래픽의 레이어란? ... 082
2. 새 레이어 생성하기 ... 083
3. 새 칠 레이어 생성하기 ... 083
4. 레이어 선택하여 위치 이동하기, 자동 선택 옵션 활성화하기 ... 085
5. 레이어 복제하기 ... 087
6. 레이어 삭제하기 ... 088

7. 레이어 이름 변경하기	089
8. 레이어 숨기고 표시하기	089
9. 레이어 그룹화하기	089
10. 레이어와 그룹의 순서 변경	090
11. 레이어와 그룹 잠그고 풀기	090
12. 레이어 연결하기	091
13. 레이어 합치기	092
14. 레이어 정렬하기	093
15. 레이어를 선택 영역으로 활성화하기	094
16. 1분 실습_레이어 위치 정렬하기	094
17. 레이어의 특수 복사 및 붙여넣기	095

Section 08 레이어의 크기를 확대/축소하고 변형하기 — 097

1. 레이어에 자유 변형 컨트롤을 활성화하는 3가지 방법	097
2. 변형 컨트롤 패널로 레이어의 크기를 다양하게 변형하기	098
3. 이미지 회전하기	101
4. 이미지 반전하기	103
5. 이미지 왜곡하기	104
6. 1분 실습_퀄리티 손실 없이 이미지 변형하기	106
7. 1분 실습_와인병의 라벨을 자연스럽게 변형하기	108

Section 09 선택 영역 활성화하기 — 110

1. 기본 선택 윤곽 도구들 사각형/타원형/단일행 살펴보기	110
2. 선택 영역 컨트롤 패널과 가장자리를 부드럽게 하는 페더 옵션 살펴보기	110
3. 선택 영역 활성화 후 조직하기	112
4. 자유형의 선택 영역을 만드는 올가미 도구들	113
5. 한 번에 빠르게! 자동으로 선택 영역을 만드는 개체 선택 도구들	116
6. 빠른 마스크 모드(Quick Mask Mode)로 디테일을 살려서 선택 영역 만들기	119
7. 복잡한 이미지도 섬세하게! 선택 및 마스크(Select and Mask)	121
8. 선택 영역의 가장자리 수정하기	124
9. 1분 실습_자동 선택으로 하늘 한 번에 바꾸기	125
10. 1분 실습_빠른 마스크 모드와 개체 선택을 혼용해 디테일한 선택 영역 만들기	127
11. 1분 실습_선택 및 마스크 기능으로 복잡한 머리카락 선택하기	129

Section 10 실행 취소와 작업 내역 패널 살펴보기 — 132

1. 단일 및 다중 실행 취소하기	132
2. 최종 저장 버전으로 되돌리기	132
3. 작업 내역 패널 활용하기	132
4. 작업 내역 브러시 살펴보기	134
5. 기능이 적용 중일 때 취소하기	134
LEVEL UP 튜토리얼 01 카드 뉴스 만들기	135

CHAPTER 3 다양한 그래픽을 만들 때 든든해지는 기본 기능 마스터

Section 01 안내선으로 레이아웃 만들기 — 138
1. 안내선 드래그하여 만들기 — 138
2. 새 안내선을 이용하여 원하는 위치에 안내선 만들기 — 139
3. 안내선 지우고 수정하기 — 139
4. 안내선 잠그고 풀기 — 140
5. 1분 실습_새 안내선 레이아웃 설정하기 — 140

Section 02 스냅과 스마트 가이드를 이용하여 정확한 배치하기 — 142
1. 스냅 활성화/비활성화하기 — 142
2. 스냅할 대상을 지정하기 — 142
3. 스마트 가이드 활용하기 — 143
4. 격자 표시 활성화/비활성화하기 — 144
5. 파란색 레이어 경계 표시 해제하기 — 144

Section 03 선과 도형 그리기 — 145
1. 다양한 모양 만들기 — 145
2. 펜 도구로 패스 만들기 — 149
3. 1분 실습_펜 도구로 다양한 패스를 그려보기 — 150
4. 패스 선택 도구로 포인트 수정하기 — 152
5. 패스 패널을 이용해 패스를 추가하고 관리하기 — 152
6. 패스를 일러스트레이터 파일로 내보내기 — 153
7. 포토샵의 베지어 패스(Bézier path)란? — 154

Section 04 레이어 효과와 스타일: 클릭 한 번으로 만드는 프로급 효과 — 155
1. 레이어 스타일 추가하기 — 155
2. 레이어 스타일 대화상자 살펴보기 — 156
3. 다양한 레이어 스타일 미리보기 — 156
4. 레이어 효과 복사, 삭제, 수정하기 — 160
5. 레이어 효과를 일반 레이어로 변환하기 — 161
6. 사전 설정된 스타일 패널로 레이어 스타일 불러오고 추가하기 — 162
7. 1분 실습_레이어 스타일로 네온사인 이미지 만들기 — 163

Section 05 레이어 혼합 모드로 풍부한 시각 효과 연출 — 165
1. 블렌드 레이어에 혼합 모드 적용하기 — 165
2. 혼합 모드 살펴보기 — 165
3. 레이어의 불투명도 조절하기 — 172
4. 블렌딩 메뉴가 회색으로 표시되어 적용되지 않을 경우 — 172
5. 1분 실습_혼합 모드로 게임 아트 리터치하기 — 173
6. 1분 실습_클리핑 마스크로 이중 노출 그래픽 만들기 — 174

Section 06 문자 도구로 텍스트 입력하고 편집하기 — 176
1. 문자 도구 살펴보기 — 176
2. 텍스트 입력하기 — 177
3. 문자 패널과 단락 패널 살펴보고 텍스트 편집하기 — 177
4. 문자 변형하기 — 179
5. 어도비 폰트에서 새로운 폰트 설치하기 — 181

Section 07	쏙 감춰주는 마스크와 프레임 도구	183
	1. 클리핑 마스크	183
	2. 레이어 마스크	184
	3. 1분 실습_레이어 마스크로 점진적인 투명도 적용하기	186
	4. 벡터 마스크	188
	5. 프레임 도구	189
	6. 1분 실습_클리핑과 레이어 마스크로 입체적인 느낌의 그래픽 만들기	191

Section 08	자르기와 원근 조절 도구	193
	1. 자르기 도구(Crop Tool)	193
	2. 1분 실습_기울어진 이미지를 반듯하게 보정하기	195
	3. 원근 자르기 도구(Perspective Crop Tool)	197
	4. 1분 실습_원근 자르기 도구로 원근감 있는 이미지를 평평하게 변환하기	197
	5. 원근 뒤틀기(Perspective Warp)	199
	6. 1분 실습_원근 뒤틀기 기능으로 패키지 박스의 원근감 수정하기	199
	7. 내용 인식 비율 기능으로 스마트한 이미지 자르기	200
	LEVEL UP 튜토리얼 02 상품이 잘 팔리는 상세 페이지 만들기	201

CHAPTER 4 마법처럼 AI 기능을 이용하여 이미지 생성하기

Section 01	텍스트로 새로운 이미지 생성하기	204
	1. 이미지 생성 기능 살펴보기	204
	2. 1분 실습_이미지 생성으로 새로운 이미지 만들기	206
	3. AI 이미지의 상업적 활용 가이드	207

Section 02	생성형 채우기로 이미지의 일부를 바꾸기	208
	1. 1분 실습_생성형 채우기로 이미지에 새로운 요소 추가하기	208
	2. 1분 실습_불필요한 부분을 없애기	209
	3. 1분 실습_새로운 배경 만들기	210
	4. 1분 실습_인물 사진에서 다른 스타일의 옷을 새롭게 생성하기	211

Section 03	파이어 플라이로 이미지 생성하기	212
	1. 파이어 플라이 알아보기	212
	2. 파이어 플라이로 새로운 이미지 만들기	212
	3. 1분 실습_구성과 참조를 이용하여 질감이 있는 타이포그래피 만들기	214
	LEVEL UP 튜토리얼 03 수정 가능한 입체적인 텍스트 스타일 만들기	215

CHAPTER 5 아름다운 사진을 완성하는 보정과 합성의 기본 기능

Section 01	이미지의 선명도를 조절하는 기본 도구 3가지	218
	1. 도구 위치	218
	2. 흐림 효과 도구(Blur Tool)	218
	3. 선명 효과 도구(Sharpen Tool)	219
	4. 손가락 도구(Smudge Tool)	219

Section 02	이미지의 밝기와 채도를 조절하는 보정 도구 3가지	220
	1. 도구 위치	220
	2. 닷지 도구(Dodge Tool)	220

CHAPTER 5 아름다운 사진을 완성하는 보정과 합성의 기본 기능

      3. 번 도구(Burn Tool)   221
      4. 스펀지 도구(Sponge Tool)   222

Section 03 복구하고 제거하는 보정 도구들   **223**
      1. 도구 위치   223
      2. 스팟 복구 브러시 도구(Spot Healing Brush Tool)   223
      3. 1분 실습_스팟 복구 브러시 도구로 점 지워보기   224
      4. 제거 도구(Remove Tool)   225
      5. 1분 실습_브러시로 칠하듯 불필요한 요소 제거하기   226
      6. 1분 실습_산만한 요소 찾기로 불필요한 요소 제거하기   227
      7. 복구 브러시 도구(Healing Brush Tool)   228
      8. 패치 도구(Patch Tool)   229
      9. 내용 인식 이동 도구(Content-Aware Move Tool)   231
      10. 적목 현상 도구(Red Eye Tool)   233

Section 04 복제 및 수정을 위한 도장 도구들   **234**
      1. 도구 위치   234
      2. 복제 도장 도구(Clone Stamp Tool)   234
      3. 패턴 도장 도구(Pattern Stamp Tool)   236

Section 05 레이어를 자동으로 혼합하고 정렬하기   **237**
      1. 레이어 자동 맞춤(Auto-Align Layers)   237
      2. 1분 실습_자동 맞춤으로 합성하기   237
      3. 레이어 자동 혼합(Auto-Blend Layers)   239
      4. 1분 실습_자동 혼합으로 합성하기   239
      LEVEL UP 튜토리얼 04 러스틱한 스탬프 텍스쳐 아트워크 만들기   241

CHAPTER 6 감성적인 색감을 더하는 색상 보정 테크닉

Section 01 컬러 모드에 대해 알아보고 변경하기   **244**
      1. RGB와 CMYK모드의 차이점   244
      2. 컬러 모드 변경하기   244
      3. 포토샵에서 지원하는 다양한 컬러 모드   244
      4. 이미지를 구성하는 채널 알아보기   245

Section 02 컬러를 선택하고 칠하기   **246**
      1. 원하는 컬러로 설정하기   246
      2. 레이어를 원하는 컬러로 칠하기   248

Section 03 원클릭으로 색상을 자동 조정하는 방법   **250**
      1. 자동 보정 메뉴 위치   250
      2. 자동 보정 적용   250

Section 04 조정 기능과 조정 레이어 살펴보기   **251**
      1. 조정 기능과 조정 레이어   251
      2. 다양한 조정(Adjustment) 기능의 종류와 특징   252

| Section 05 | **이미지의 컬러와 톤을 조정 기능으로 바꿔보기** | **262** |

1. 1분 실습_그레디이언트 맵으로 신비로운 인물 사진 ... 262
2. 1분 실습_채도를 높여서 생생한 사진으로 ... 263
3. 1분 실습_여러 이미지의 톤을 일정하게 보정하기 ... 264
4. 1분 실습_색상 검색으로 낮 이미지를 밤으로 바꾸기 ... 265
5. 1분 실습_역광 사진 보정하기 ... 266
6. 1분 실습_레벨과 곡선으로 여러 레이어의 컬러톤 자동 보정하기 ... 267

| Section 06 | **이미지의 특정 부분 컬러를 변경하기** | **269** |

1. 색상 범위(Color Range)를 이용해 원하는 컬러 선택하기 ... 269
2. 1분 실습_사진 속 특정 색상 선택하고 변경하기 ... 270
3. 이미지의 일부에 조정 효과를 적용하는 조정 브러시
 (Adjustment Brush) ... 271
4. 1분 실습_조정 브러시로 자유롭게 일부 색상 변경하기 ... 272

| Section 07 | **Camera Raw 필터로 여러 조정을 스마트하게** | **273** |

1. Camera Raw 필터 살펴보기 ... 273
2. Camera Raw 필터 핵심 기능 ... 274
3. 스마트 필터 만들기 ... 276
4. 1분 실습_뿌옇게 촬영된 이미지를 선명하게 보정하기 ... 277
LEVEL UP 튜토리얼 05 레트로 느낌으로 여행 사진 보정하기 ... 279

CHAPTER 7
필터를 이용해 시각적 효과를 극대화하고 풍성한 아트워크 만들기

| Section 01 | **꼭 필요한 포토샵의 핵심 필터 알아보기** | **282** |

1. 포토샵 필터 살펴보기 ... 282
2. 선명하게 만드는 Sharpen 필터 ... 282
3. 이미지를 부드럽게 만드는 주요 흐림 효과(Blur) 필터 ... 283
4. 다양한 질감과 예술 효과를 추가하는 필터들 ... 284
5. 필터로 이미지를 왜곡하기 ... 287

| Section 02 | **필터 갤러리로 다양한 그래픽 효과를 편리하게!** | **290** |

1. 필터 갤러리 살펴보기 ... 290
2. 필터 갤러리로 표현하는 예술 효과 ... 291
3. 다양한 브러시 획 필터로 회화 효과 더하기 ... 293
4. 빛의 반사와 굴절로 독특한 효과를 표현하는 왜곡 필터 ... 294
5. 스케치 필터로 만드는 예술적 아트워크 ... 294
6. 스타일화(Stylize) 필터로 표현하는 개성 있는 스타일 ... 296
7. 다채로운 질감의 텍스처 필터 ... 297

| Section 03 | **다양한 필터 효과로 모던한 아트워크 만들기** | **298** |

1. 1분 실습_흥미로운 느낌을 더하는 하프톤 이펙트 ... 298
2. 1분 실습_신비롭게 빛나는 문자 메시지 ... 300
3. 1분 실습_가루가 흩뿌려진 듯한 아트 포스터 ... 302
4. 1분 실습_리소그래피 스타일로 만들어보는 인스타그램 피드 ... 303
5. 1분 실습_유리를 통해 보는 것 같은 글래스 이펙트 ... 305
LEVEL UP 튜토리얼 06 스마트 목업 파일 만들기 ... 307

CHAPTER 8 아름다움을 극대화! 인물 사진 보정 테크닉

Section 01 파워풀한 보정 효과! 뉴럴 필터 — 310
1. 뉴럴 필터(Neural Filters) 찾고 실행하기 — 310
2. 다양한 뉴럴 필터 살펴보기 — 311

Section 02 유동적인 형태 왜곡을 만드는 픽셀 유동화 — 314
1. 픽셀 유동화(Liquify) 살펴보기 — 314
2. 픽셀 유동화의 주요 도구 — 314

Section 03 얼굴을 자연스럽고 아름답게 보정하기 — 318
1. 1분 실습_피부의 잡티 제거하고 화사하게 보정하기 — 318
2. 1분 실습_눈동자의 컬러를 바꿔 신비로운 눈빛으로 보정하기 — 321
3. 1분 실습_헤어 컬러 변경하기 — 323

Section 04 다이어트가 필요 없는 날씬한 몸매로 만드는 리터치 — 324
1. 1분 실습_전신 사진을 날씬하게 리터치하기 — 324
2. 1분 실습_퍼펫 도구로 굽은 어깨를 반듯하게 펴기 — 326
LEVEL UP 튜토리얼 07 증명사진 보정하기 — 327

CHAPTER 9 상품 판매에 힘을 더하는 생생한 제품 사진 보정 테크닉

Section 01 다양한 그림자를 적용하여 이미지를 생생하게 — 330
1. 1분 실습_창문으로 들어오는 빛 그림자 추가하기 — 330
2. 1분 실습_자연스러운 그림자 추가하기 — 331
3. 1분 실습_반사되는 그림자 만들기 — 332

Section 02 클릭 몇 번으로 완성하는 입체적인 이미지 제작 — 334
1. 소실점(Vanishing Point) 기능 살펴보기 — 334
2. 1분 실습_원근감이 살아있는 옥외 광고 디자인 — 335

CHAPTER 10 회화 표현을 확장하는 디지털 일러스트레이션의 세계

Section 01 디지털 페인팅의 기초, 브러시 가이드 — 340
1. 브러시 도구로 시작하는 디지털 아트 — 340
2. 지터와 틸트, 브러시 획을 구성하는 기본 요소들 — 342
3. 브러시 설정 패널에서 브러시를 편집하기 — 343
4. 포토샵의 다양한 브러시 도구 살펴보기 — 343

Section 02 실수해도 괜찮아! 지우개 도구 살펴보기 — 345
1. 3가지 지우개 도구의 메뉴 위치 — 345
2. 지우개 도구(Eraser Tool) — 345
3. 배경 지우개 도구(Background Eraser Tool) — 346
4. 자동 지우개 도구(Magic Eraser Tool) — 346

Section 3	**크리에이티브하게 브러시 만들고 활용하기**	**347**
	1. 1분 실습_직접 만들어보는 거친 라인 브러시	347
	2. 1분 실습_직접 만들어보는 텍스처 브러시	349
	3. 1분 실습_패스를 이용하여 브러시 아웃라인 만들기	351
	4. 1분 실습_포토샵에서 제공하는 다양한 무료 브러시 설치하기	352
Section 04	**나만의 시그니처 패턴 만들기, 정의부터 배치까지**	**353**
	1. 1분 실습_패턴 정의	353
	2. 1분 실습_패턴을 다양하게 자동으로 배치하기	354
	3. 다양한 방법의 패턴 채우기 미리보기	356
	LEVEL UP 튜토리얼 08 직접 그려보는 디지털 일러스트레이션 생일 축하 엽서	357

CHAPTER 11 생동감을 더하는 영상 만들기

Section 01	**영상 제작을 위한 비디오 레이어와 타임라인 패널**	**360**
	1. 영상 제작에 맞추어 포토샵 작업 영역 설정하기	360
	2. 타임라인 패널과 영상 편집 기능 체크	361
	3. 영상으로 렌더링하기	366
	LEVEL UP 튜토리얼 09 움직이는 이모티콘 만들기	368

CHAPTER 12 알아두면 편리한 포토샵 기능

Section 01	**반복 작업의 효율을 높이는 액션**	**372**
	1. 액션(Action) 패널 살펴보기	372
	2. 액션 만들기	373
Section 02	**실제 사이즈로 인쇄하기**	**374**
	1. 인쇄 설정 대화상자 열기	374
	2. 설정을 통해 비율과 방향 변경하기	374
Section 03	**눈금자와 메모 도구**	**375**
	1. 눈금자 도구(Ruler Tool)	375
	2. 메모 도구(Note tool)	376
	3. 카운트 도구(Count Tool)	376

PART 02 일러스트레이터 Ai

CHAPTER 1 만나서 반가워요! 일러스트레이터 CC 2025

Section 01 일러스트레이터는 어떤 프로그램이고, 어떻게 활용할까요? **382**
   1. 일러스트레이터는 어떤 프로그램일까요?   382

Section 02 어도비 크리에이티브 클라우드에서 일러스트레이터 설치하고 실행하기 **383**
   1. 크리에이티브 클라우드 앱에서 최신 버전 일러스트레이터 설치하기 (CC 2025)   383

Section 03 일러스트레이터의 인터페이스 살펴보기 **385**
   1. 일러스트레이터 실행하기   385
   2. 홈 화면   385
   3. 일러스트레이터의 작업 영역 인터페이스 살펴보기   386
   4. 왼쪽 도구 패널(Tools panel) 살펴보기   387
   5. 패널 살펴보기   392
   6. 상황별 작업 표시줄 설정하기   396
   7. 다양한 작업 영역 살펴보고 나한테 맞도록 설정하기   396

Section 04 새로운 기능은 어떤 것이 있을까? **398**
   1. 일러스트레이터 CC 2025 신기능 살펴보기   398

CHAPTER 2 차근 차근! 꼭 필요한 일러스트레이터 기본 기능 체크

Section 01 새 파일 만들기 **404**
   1. 새로운 문서 만들기 대화상자 열기   404
   2. 템플릿으로 새로 만들기   405

Section 02 일러스트레이터에서 파일 열기 **406**
   1. 일러스트레이터에서 파일을 불러오는 6가지 방법   406
   2. 가져오기와 임베드 상태 확인하기   407
   3. 일러스트레이터에서 파일 닫기   409

Section 03 파일을 저장하는 다양한 방법들 **410**
   1. 일러스트레이터의 기본 파일 저장 방법   410
   2. 문서를 PDF로 저장하기   411
   3. 특수한 저장 기능들   412

Section 04 이미지로 내보내기 **414**
   1. 화면에 맞게 내보내기(Export for Screens)   414
   2. 내보내기 형식(Export As)   414
   3. 웹용으로 저장(레거시)[Save for Web(Legacy)]   415
   4. 저장 및 내보내기 지원 확장자   415
   5. 1분 실습_선택한 오브젝트를 이미지로 내보내기   415

Section 05	여러 시점으로 작업 영역 바라보기	**417**
	1. 작업 화면을 확대, 축소하고 이동하기	417
	2. 회전 보기	419
	3. 특정 기준에 맞춰 화면 보기 설정하기	419
	4. 프레젠테이션 모드와 다양한 화면 모드	421
Section 06	안내선과 스냅 기능	**422**
	1. 눈금자로 시작하는 그리드	422
	2. 정확한 배치를 위한 안내선	423
	3. 정교한 레이아웃을 도와주는 격자 표시	424
	4. 픽셀 단위의 정교한 배치를 위한 스마트 가이드와 스냅 기능	425
Section 07	문서의 색상 모드와 단위 변경하기	**426**
	1. 목적에 맞도록 색상 모드 변경	426
	2. 파일의 단위 변경하기	427
	LEVEL UP 튜토리얼 01 디지털 아트워크를 만드는 프로세스	428

CHAPTER 3 오브젝트 편집을 위한 기본 기능 마스터

Section 01	오브젝트와 점, 선, 면	**432**
	1. 벡터(Vector) 오브젝트의 구성	432
	2. 점(Point)과 직선 생성하기	433
	3. 곡선 만들고 변경하기	434
	4. 선분과 호와 나선형 만들기	435
	5. 열린 패스와 닫힌 패스	436
	6. 1분 실습_고정점 제거도구로 눈(Eye) 아이콘 만들기	437
	7. 1분 실습_다양한 기본 도형 만들기	438
	8. 위젯과 상황별 작업 표시줄로 도형의 속성 바꾸기	439
	9. 1분 실습_패스를 나누고 연결하기	440
	10. X, Y좌표로 오브젝트의 위치 확인 및 이동하기	441
Section 02	대지와 오브젝트와 레이어	**443**
	1. 대지 편집과 패널 사용방법 알아보기	443
	2. 레이어와 오브젝트	446
Section 03	오브젝트 선택하고 이동하기	**450**
	1. 오브젝트를 선택하는 기본 도구들	450
	2. 다양한 오브젝트 선택 기능	452
	3. 종류별로 한 번에 오브젝트 선택하기	453
	LEVEL UP 튜토리얼 02 다양한 획의 속성으로 아트워크 만들기	455

CHAPTER 4 크리에이티브한 그래픽 제작을 위한 오브젝트 편집 중급 기능

Section 01 작업의 효율을 높이는 오브젝트 복제와 정렬, 정돈 — 458
1. 오브젝트 배치를 위한 복사&붙여넣기 — 458
2. 1분 실습_오브젝트 정돈하기 — 459

Section 02 오브젝트의 형태 변형하기 — 461
1. 선택 도구로 오브젝트를 자유롭게 변형하기 — 461
2. 오브젝트에서 바로 변형하는 자유 변형 도구(Free Transform Tool) — 462
3. 도구 패널의 변형 도구들 — 463
4. 기본 변형 기능을 정확하게 제어하는 변형(Transform) 패널 — 467
5. 작업 효율을 높여주는 변형 기능들 — 471
6. 1분 실습_개별 변형(Transform Each)으로 여러 개체를 한 번에 변형하기 — 472

Section 03 프로페셔널한 작업 환경을 만드는 모양과 속성 패널 — 473
1. 유연한 편집이 가능한 모양(Appearance) 패널 — 473
2. 모든 제어를 한 번에! 속성(Properties) 패널 — 476

Section 04 오브젝트 그룹화와 잠금 설정 — 478
1. 그룹을 만들고 해제하는 5가지 방법 — 478
2. 오브젝트 잠그기/해제하기 — 479

Section 05 패스파인더로 해결하는 복잡한 형태 제작과 조합 — 481
1. 패스파인더로 오브젝트를 합치고 나누기 — 481
2. 컴파운드 모양과 컴파운드 패스를 만들고 확장하기 — 482
3. 모양 패널에서 패스파인더 속성 추가하기 — 484
4. 1분 실습_우표 프레임의 아트워크 만들기 — 485

Section 06 쉐이프 빌더와 라이브 페인트로 아트워크 만들기 — 487
1. 1분 실습_쉐이프 빌더로 아트워크 만들기 — 487
2. 1분 실습_라이브 페인트통 도구로 아트워크 만들기 — 489

Section 07 클리핑 마스크와 불투명도 마스크 — 491
1. 1분 실습_클리핑 마스크로 이니셜 일러스트레이션 만들기 — 491
2. 1분 실습_불투명도 마스크(Opacity Mask) — 493
3. 1분 실습_컴파운드 패스로 여러 오브젝트에 클리핑 마스크 적용하기 — 494
4. 오브젝트 안에만 그리는 편리한 내부 그리기 — 495

LEVEL UP 튜토리얼 03 직선으로 시작하는 벡터 일러스트레이션 — 496

CHAPTER 5 AI 신기능으로 마법같이 편리한 벡터 생성

Section 01 생성형 AI로 더 빠르게 구현하는 벡터 아트워크 — 500
1. 벡터 생성(Generate Vectors) — 500
2. 생성된 변형(Generated Variations) — 501
3. 생성형 모양 채우기(Gen Shape Fill) — 502
4. 패턴 생성(Generate Patterns) — 502
5. 생성형 다시 칠하기(Generative Recolor) — 504

CHAPTER 6 아이디어를 확장하는 자유형 오브젝트 생성과 고급 변형 효과

Section 01 자유형 오브젝트 만들기 … 508
1. 연필 도구 그룹으로 자유롭게 만드는 유기적인 형태 … 508
2. 칠과 획을 자유롭게 지우기 … 511

Section 02 자유자재로 구현하는 왜곡과 변형 효과 … 513
1. 일러스트레이터의 다양한 효과들 … 513
2. 자주 활용되는 왜곡과 변형(Distort&Transform) 효과 … 513
3. 기본이 되는 일러스트레이터 변형(Warp) 효과 … 515
4. 패스의 확장과 변형: 오프셋과 윤곽선 만들기 … 517
5. 시각적 디테일을 더하는 스타일화 효과들 … 520
6. 1분 실습_손으로 그린 것처럼 구불구불한 선으로 귀여운 메모지 만들기 … 522

Section 03 디자인 완성도를 높이는 오브젝트 변형 … 524
1. 1분 실습_선과 선이 교차하는 얽힘(Intertwine) … 524
2. 1분 실습_블렌드 도구로 3D 스타일의 오브젝트 만들기 … 525
3. 1분 실습_경로상의 개체로 시계에 숫자 배치하기 … 527
4. 1분 실습_둘러싸기 왜곡으로 쿠폰 프로모션 아트워크 제작 … 529
5. 1분 실습_둘러싸기 왜곡으로 완성하는 타이포그래피 … 530
6. 오브젝트를 편리하게 복제하는 반복 기능 … 531

Section 04 오브젝트 확장과 래스터 라이즈 … 534
1. 획을 면으로 바꾸는 확장(Expand) … 534
2. 효과를 제거하여 일반 오브젝트로 만드는 모양 확장 (Expand Appearance) … 535
3. 벡터 오브젝트를 픽셀 이미지로 만드는 래스터화(Rasterize) … 536

LEVEL UP 튜토리얼 04 착시 효과로 시선을 사로잡는 로고 제작 … 537

CHAPTER 7 견본부터 그레이디언트까지! 일러스트레이터 색상 가이드

Section 01 원하는 색상을 선택하기 … 540
1. 색상 선택을 위한 색상 픽커(Color Picker) … 540
2. 색상을 추출하는 스포이드 도구(Eyedropper Tool) … 541
3. 다양한 색상과 패턴을 관리하고 공유하는 견본(Swatches) 패널 … 542
4. 색상 하모니를 제안하는 색상 안내(Color Guide) 패널 … 544

Section 02 편리하게 적용하는 색상 편집 기능 … 546
1. 아트워크 색상 변경(Recolor Artwork) … 546
2. 다중 오브젝트의 색상을 한 번에 편집하기 … 549

Section 03 투명도와 혼합 모드 … 551
1. 투명도 패널(Transparency) 살펴보기 … 551
2. 투명도 병합 기능 … 553

| Section 04 | 평범한 디자인을 특별하게 만드는 그레이디언트 | 554 |

1. 그레이디언트를 오브젝트에 적용하기   554
2. 다양한 형태와 색상의 그레이디언트 만들기   555
3. 복잡한 형태도 유연하게 색상을 적용하는 그레이디언트 망(Create Gradient Mesh) 만들기   559

LEVEL UP 튜토리얼 05 그레인 효과로 서정적인 분위기의 일러스트레이션   561

CHAPTER 8 시각적 소통의 시작, 문자와 단락 편집

| Section 01 | 문자 도구 처음 시작하기 | 564 |

1. 텍스트의 기본 입력 방법   564
2. 1분 실습_오브젝트 주위를 둘러싸는 단락, 텍스트 흐름 만들기   565
3. 문자의 속성을 삭제하고 일반 오브젝트로 만드는 윤곽선 만들기 (Create Outlines)   566
4. 이미지의 문자를 라이브 텍스트로 추출하는 Retype   567

| Section 02 | 완벽한 텍스트 편집을 위한 문자와 단락 패널 | 568 |

1. 텍스트 레이아웃의 기초, 문자 패널   568
2. 단락 패널로 정돈하는 텍스트 레이아웃   569
3. 글리프(Glyphs) 패널   570

LEVEL UP 튜토리얼 06 실제 제품처럼 표현하는 목업(Mockup) 만들기   571

CHAPTER 9 전문가로 한 단계 다가서는 입체적인 오브젝트 표현하기

| Section 01 | 반복되는 디자인을 똑똑하게 해결하는 심볼과 그래픽 스타일 | 574 |

1. 반복되는 요소를 심볼로 해결하기   574
2. 클릭 한 번으로 여러 효과를 복사하는 그래픽 스타일   577

| Section 02 | 무한한 가능성을 펼치는 3D 오브젝트 만들기 | 579 |

1. 평면을 입체로, 3D Classic   579
2. 1분 실습_3D와 심볼 기능을 이용한 아트 매핑   582
3. 3D 및 재질로 입체적인 시각 효과 만들기   583

| Section 03 | 깊이감을 더하는 원근감 격자 도구 | 586 |

1. 원근감 격자 활성화하기   586
2. 격자에 맞추어 오브젝트 만들기   587
3. 다양한 모양의 원근감 격자 열기   588
4. 원근감 격자의 모양과 옵션 설정하기   588

LEVEL UP 튜토리얼 07 캐시 프로모션 일러스트레이션   590

CHAPTER 10 자유로운 디지털 아트의 시작

Section 01 페인트 브러시로 시작하는 디지털 아트 594
1. 페인트 브러시 도구 사용하기 594
2. 다양한 페인트 브러시 종류 살펴보기 596
3. 페인트 브러시 제작하기 597
4. 같은 듯 다른 듯 물방울 브러시 도구 599

Section 02 하나의 선, 폭 도구와 함께 무한한 변화 600
1. 획의 두께를 자유롭게 조절하는 폭 도구(Width Tool) 600

Section 03 픽셀 이미지를 벡터로 바꾸는 이미지 추적 601
1. 이미지 추적(Image Trace)으로 래스터 이미지를 빠르게 벡터화하기 601
2. 포토샵 효과를 이미지 추적하여 아트워크에 사용하기 603

Section 04 클릭만으로 변형하는 퍼펫 뒤틀기 605
1. 1분 실습_퍼펫 뒤틀기로 오브젝트 변형하기 605

LEVEL UP 튜토리얼 08 패턴 브러시로 모던한 아트 포스터 607

CHAPTER 11 알아두면 편리한 일러스트레이터의 기능

Section 01 알아두면 편리한 일러스트레이터의 기능 610
1. 여러 오브젝트를 동시에 변형하는 전역 편집(Global Edit) 610
2. 오브젝트 모자이크 만들기(Create Object Mosaic) 610
3. 앵커 포인트를 정렬하는 평균점 연결(Average) 611
4. 치수와 각도를 자동으로 표기하는 치수 도구(Dimension) 611
5. 키보드 단축키 추가하기 612
6. 상호작용이 가능한 하이퍼링크 PDF 만들기 613
7. 포토샵으로 복제 시 화이트 갭 방지하기 613
8. 어도비가 제공하는 다양한 무료 튜토리얼 살펴보기 614
9. 기능 적용이 원활하지 않을 때 614

찾아보기 · 615
자주 쓰는 단축키 모음 ZIP · 618

포토샵은 디자인 업계의 기본이 되는 필수 소프트웨어 중 하나입니다. 전 세계적으로 가장 널리 사용되는 디자인 도구로, 전문 디자이너뿐만 아니라 많은 일반적인 직무에서도 활용되고 있습니다. 특히 마케팅, 홍보 등 다양한 분야에서 강점이 되며, 사진 편집과 보정, 디지털 아트워크, SNS 콘텐츠, UI/UX 디자인 등을 제작할 수 있습니다. 최근에는 AI 기술을 활용한 이미지 생성, 오브젝트 분리, 배경 제거 등의 기능이 추가되어 초보자도 쉽게 사용할 수 있게 되었습니다.

포토샵
CC 2025

PART 01

Ps

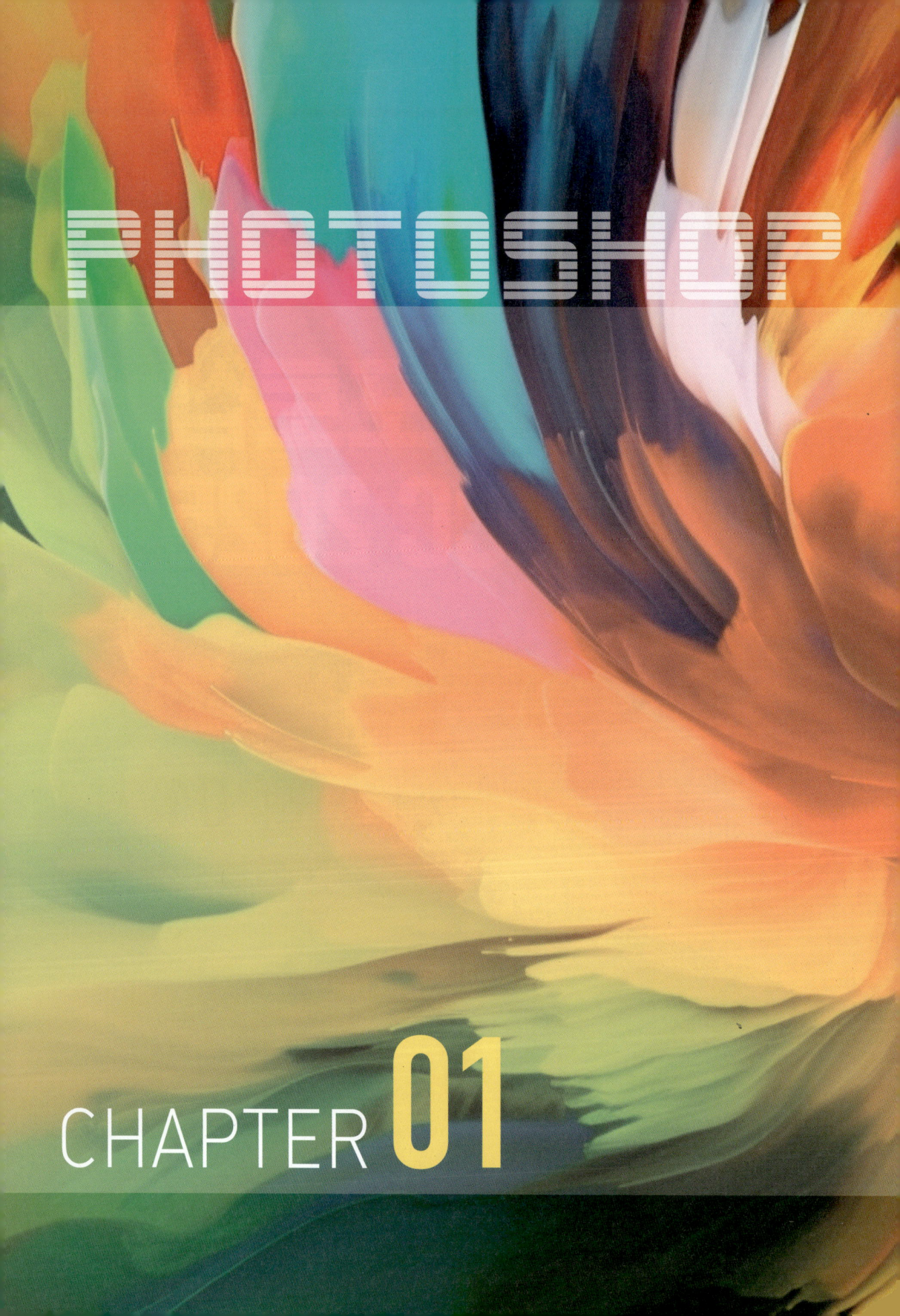

SECTION 01 | 포토샵은 어떤 프로그램이고, 어떻게 활용할까요?

1. 포토샵은 어떤 프로그램일까요?

포토샵은 디지털 그래픽 제작의 강력한 도구로, 창의적인 작업을 위한 거의 무한한 가능성을 제공합니다. 전문가부터 아마추어 사용자까지 다양한 사용자들의 요구를 충족시키며, 디지털 시각 미디어 산업의 핵심적인 소프트웨어로 자리매김하고 있습니다. 1990년 어도비(Adobe)사에서 첫 출시 이후 지속적인 발전을 거듭하며 전 세계 전문가 및 일반 아마추어 사용자까지 폭 넓은 사용자층을 확보하고 있습니다.

2. 포토샵으로 어떤 그래픽을 만들 수 있을까요?

- 사진 편집 및 보정
- 웹 디자인
- 영화 및 비디오 게임 산업의 시각 효과
- 건축 및 인테리어 디자인 시각화
- 디지털 아트 및 일러스트레이션
- 그래픽 디자인
- 패션 및 제품 디자인
- …

이처럼 많은 분야에서 사용될 만큼 포토샵은 강력하고 다양한 기능과 세밀하고 섬세한 작업을 거쳐 높은 정밀도와 고품질의 결과물을 만들어낼 수 있는 프로그램입니다. 하지만 기능이 다양하다는 장점은 반대로 초보자분들이 학습할 때 익숙해지기까지 어려운 부분이 있을 수 있다는 단점이기도 합니다. 강력하고 다양한 기능과 높은 호환성, 현업에서 높은 점유율을 보유하고 있는 만큼 포토샵을 배운다는 것은 그래픽으로 표현할 수 있는 새로운 언어를 하나 배우는 것과도 같습니다. 처음엔 어려울 수 있으나 전문적인 프로그램을 자신 있게 다룰 수 있게 된다면 자신의 역량을 높이고 성장할 수 있는 여러 기회를 만드는 계기가 될 것입니다.

디자인을 처음 배울 때 윤리적인 부분에 대해 많은 가르침을 받았습니다. 무언가를 똑같이 만들거나 위조를 하는 떳떳하지 않은 일에 소중한 시간과 노력을 쏟는 일은 하지 않으셨으면 합니다.

그래픽을 제작할 수 있는 많은 애플리케이션이 출시되었지만, 전문가로서 현업에 종사하며 포토샵을 사용하지 않는다면 현재로서는 협업이 원만하지 않은 부분이 분명히 있습니다. AI 기능 등 신기능이 정기적으로 업데이트되어 사용자의 편의성이 점차 나아지는 것도 포토샵의 장점입니다. 또한 포토샵으로 그래픽 툴을 다루는 스킬을 습득하시게 된다면, 추후 다른 그래픽 프로그램을 배우실 때도 많은 유사성으로 인해 빠르게 배우실 수 있습니다.

이 책을 통하여 포토샵의 마법 같은 기능을 배워보시고 여러분의 상상력을 그래픽으로 표현하시기를 기대합니다!

SECTION 02 | 포토샵 CC 2025 설치하기

어도비 크리에이티브 클라우드 앱은 포토샵, 일러스트레이터를 비롯하여 어도비에서 서비스하는 다양한 그래픽 앱을 관리하는 플랫폼입니다. 앱과 폰트의 설치 및 삭제, 업데이트 등 관리를 한 번에 할 수 있습니다.

1. 크리에이티브 클라우드 앱에서 최신 버전 포토샵 설치하기(CC 2025)

❶ 크리에이티브 클라우드 앱: 검색 포털에 '어도비 크리에이티브 클라우드 다운로드'를 검색하여 사이트에 접속합니다. 'Creative Cloud' 다운로드 버튼을 찾아 클릭합니다. 클릭하면 바로 실행 파일이 다운로드 됩니다.

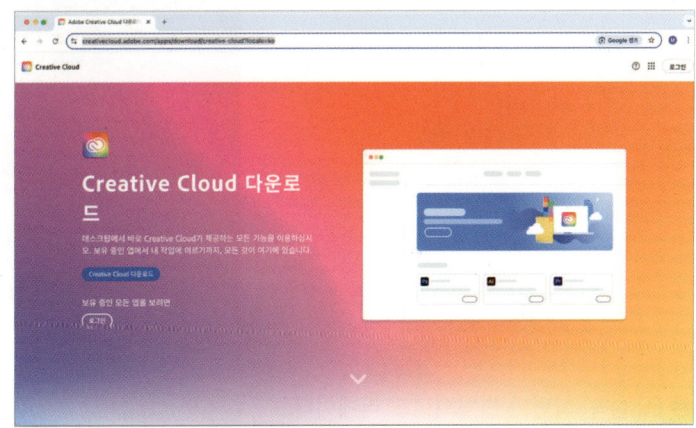

❷ 설치 파일 실행하여 앱 설치하기: 다운로드 받은 설치 파일을 더블 클릭하여 실행합니다. 사용자의 운영 체제에 맞게 설치합니다.

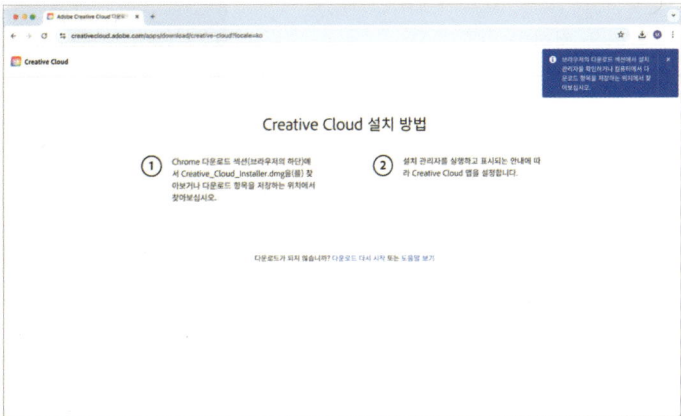

❸ 크리에이티브 클라우드 실행하기: 설치한 크리에이티브 클라우드를 실행합니다. 신규 사용자의 경우 계정 로그인 안내가 먼저 표기됩니다. '계정 만들기'를 클릭하여 신규 계정을 만들거나 계정이 있는 사용자의 경우 로그인합니다.

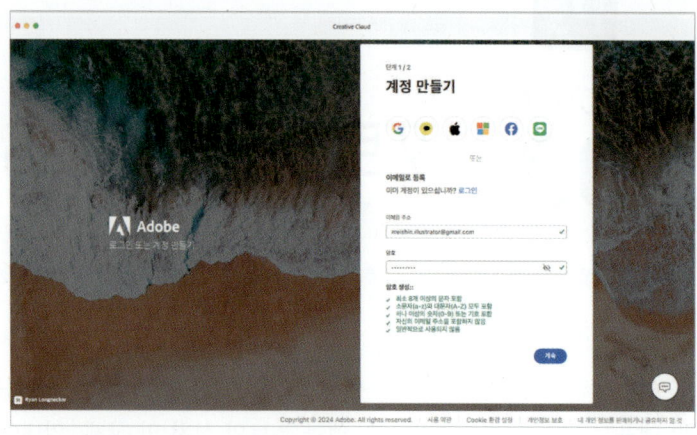

❹ 개인 정보 입력하기: 어도비에서 요청하는 이름과 생년월일을 입력한 후 '계정 만들기'를 클릭합니다.

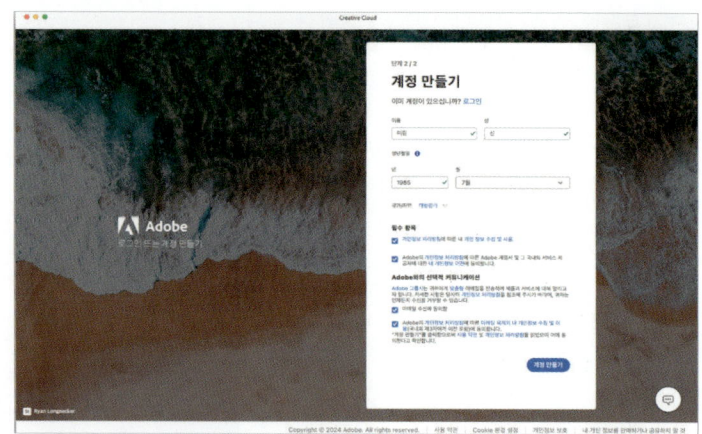

❺ CC 접속: 화면이 변경되며 크리에이티브 클라우드의 다양한 앱과 정보들이 보여집니다. 왼쪽 상단의 '앱' 탭을 클릭해 화면을 전환합니다.

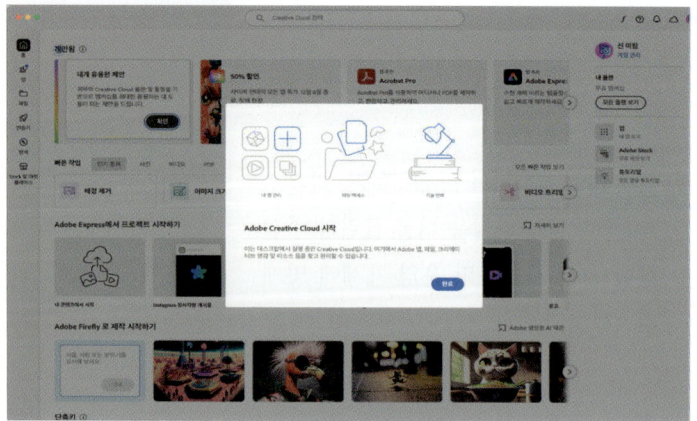

❻ 환경 설정: 오른쪽 상단의 프로필 아이콘을 클릭합니다. 드롭다운 메뉴에서 '환경 설정'을 클릭합니다.

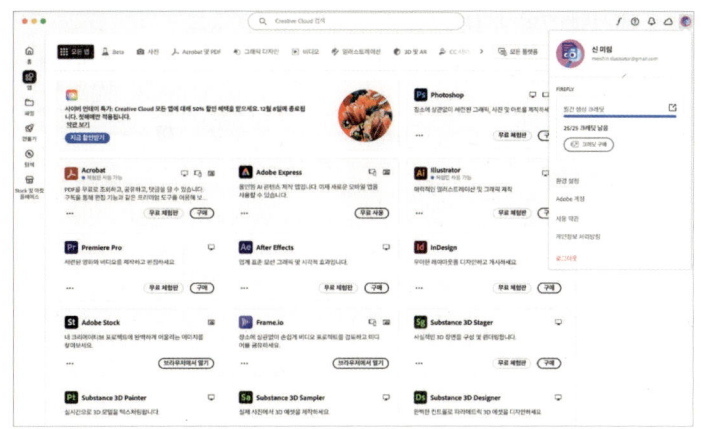

❼ 포토샵의 설치 언어 변경하기: 환경 설정 대화 상자가 열리면 왼쪽의 '앱' 메뉴를 클릭하여 기본 설치 언어를 'English (International)'로 변경합니다. 설치 위치나 자동 업데이트의 설정도 필요시 설정합니다. 완료를 클릭해 변경 내용을 저장하고 대화 상자를 닫습니다.

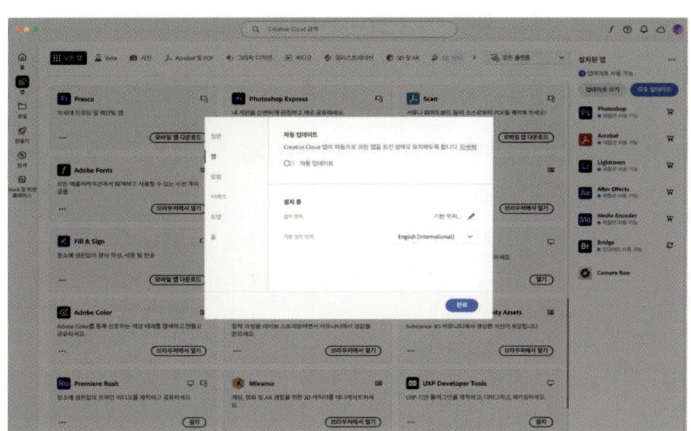

❽ 앱 리스트 확인: 어도비에서는 포토샵을 비롯한 다양한 그래픽 관련 프로그램을 무료 체험 서비스하고 있습니다. 앱 리스트에서 포토샵을 확인 후 '무료 체험판'을 클릭합니다.

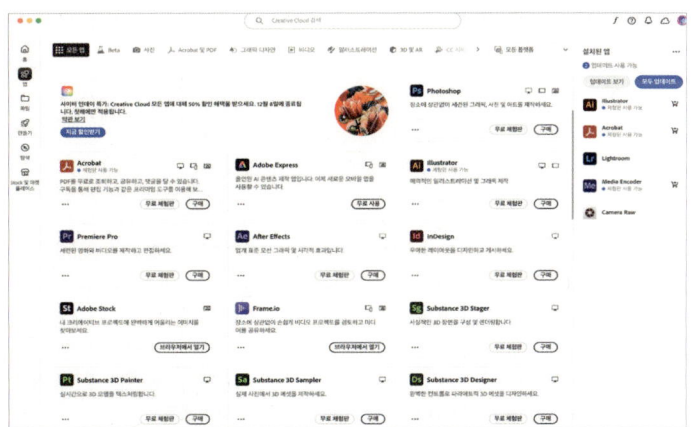

❾ 플랜 선택: 7일 무료 체험판 안내가 표기됩니다. 계속을 클릭하여 프로세스를 진행합니다.

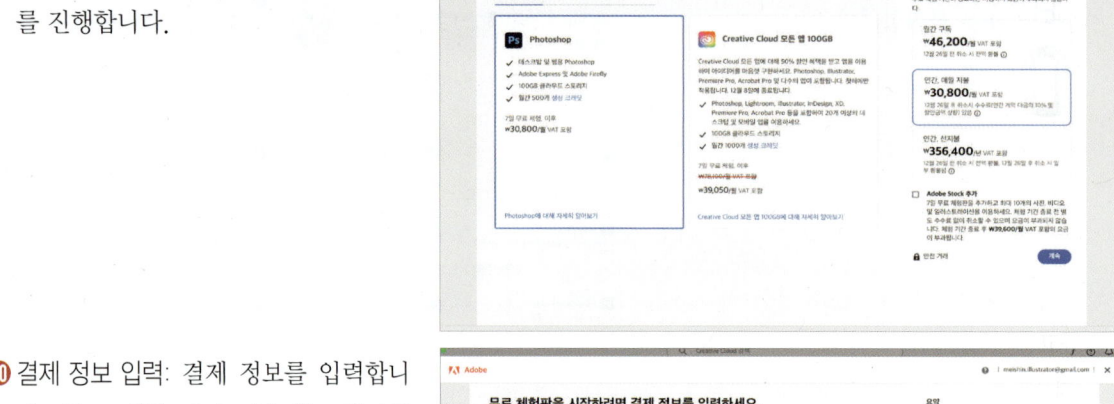

❿ 결제 정보 입력: 결제 정보를 입력합니다. 무료 체험 기간 이후에는 입력한 결제 정보로 결제가 이뤄지므로 결제를 원하지 않으면 기간 내 취소합니다. 장기적으로 사용할 계획이 있는 사용자라면 구독 플랜을 읽어보고 원하는 구독 플랜으로 변경합니다.

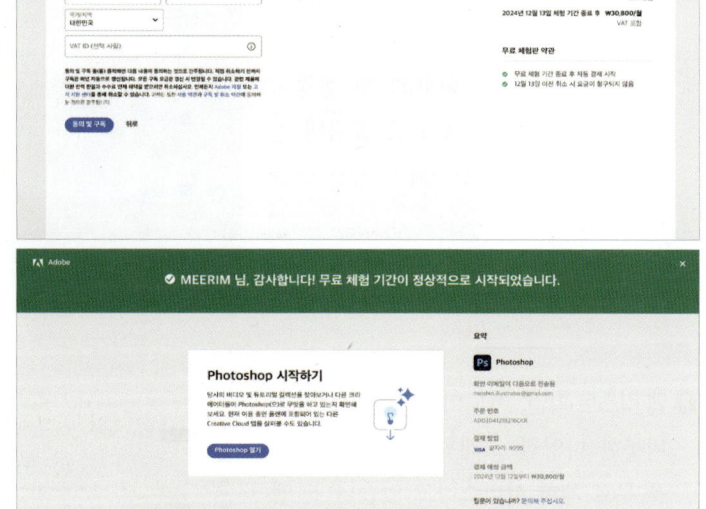

⓫ 구독 및 설치 완료: '동의 및 구독'을 클릭하면 결제가 완료되고 자동으로 포토샵이 설치가 진행된 후 실행됩니다. 만약 설치되지 않으면 앱 리스트에서 '설치'를 클릭합니다.

⓬ 구독 취소하기: 구독 플랜을 취소하거나 변경하고자 할 때는 '❻ 환경 설정'을 참고하여 오른쪽 상단의 프로필 아이콘을 클릭합니다. 'Adobe 계정'을 클릭합니다. 사용하는 브라우저 창이 열리고 내 플랜 리스트가 보입니다. '플랜 관리'를 클릭합니다. '무료 체험 취소하기'를 클릭하여 구독을 취소합니다.

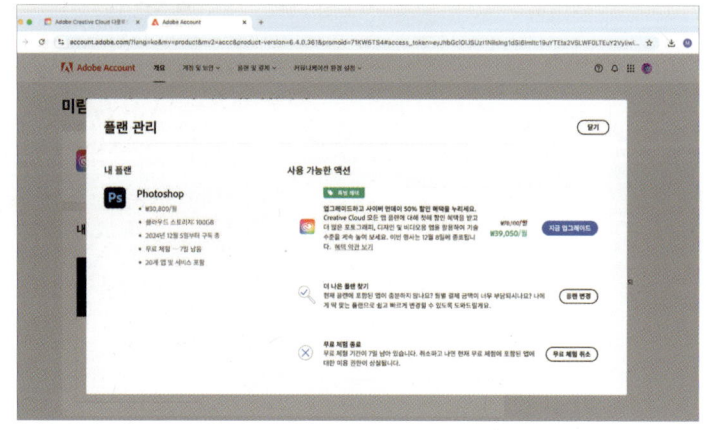

SECTION 03 | 포토샵의 인터페이스 살펴보기

포토샵의 유저 인터페이스를 살펴봅니다. 이 책은 맥OS에서 영문 버전의 포토샵을 실행한 내용을 기준으로 설명하고 있습니다. 설명은 국문 버전의 명칭도 함께 표기하였습니다. 윈도우에서 실행했을 때 비교하면 메뉴의 위치 등 다소 차이가 있을 수 있으나, 전반적인 위치와 사용방법은 동일합니다.

1. 포토샵 실행하기

실행 아이콘을 더블 클릭하거나 크리에이티브 클라우드의 앱 리스트에서 포토샵을 찾아 '열기'를 클릭합니다.

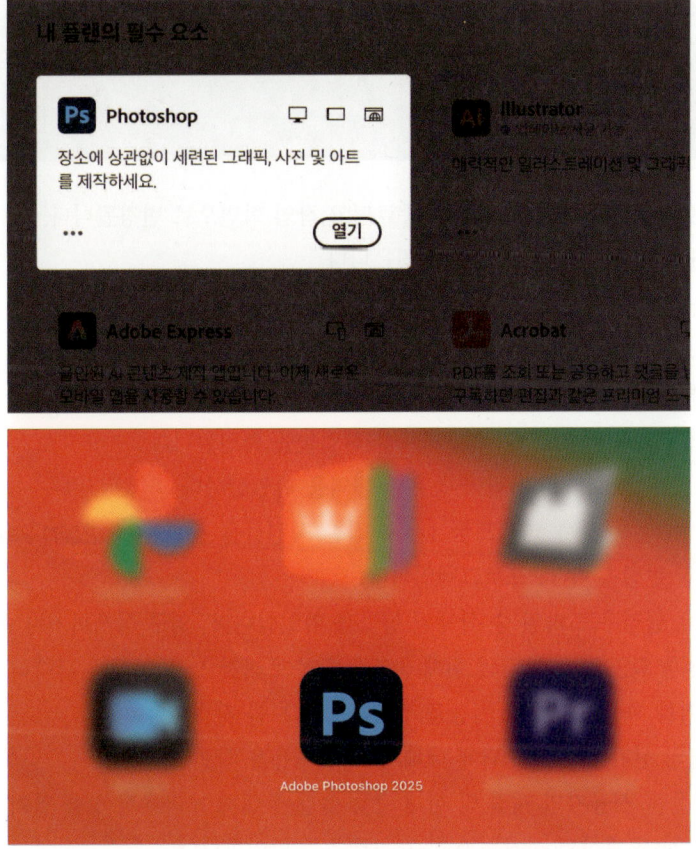

2. 홈 화면

포토샵이 열리면 홈 화면이 보입니다. 대시보드에서 포토샵의 신기능과 새로운 소식 등을 체크할 수 있으며, 최근 사용한 파일도 확인할 수 있습니다.

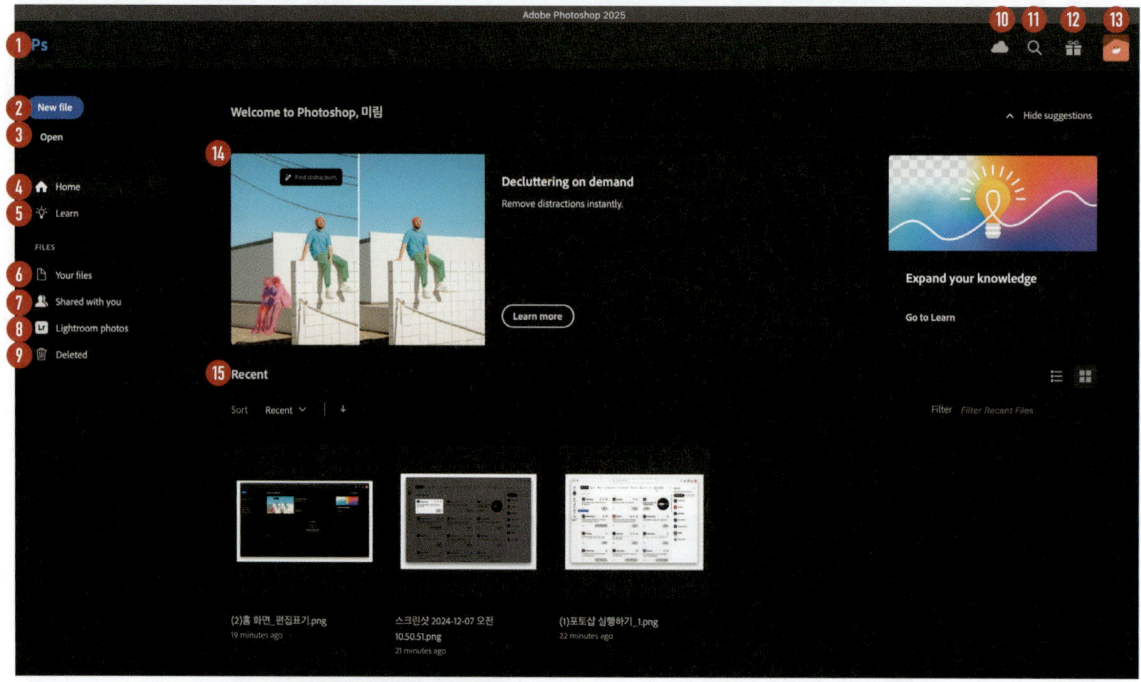

❶ 포토샵 작업 화면으로 이동: 클릭 시 홈 화면이 종료되고 작업 화면으로 변경됩니다.

❷ 새로 만들기(New File): 새 문서 대화 상자를 불러옵니다.

❸ 열기(Open): 파일을 불러옵니다.

❹ 홈(Home): 홈 화면으로 이동합니다.

❺ 학습(Learn): 포토샵 사용법과 튜토리얼을 배울 수 있습니다.

❻ 내 파일(Your files): 클라우드에 저장된 나의 포토샵 작업물을 확인합니다.

❼ 나와 공유됨(Shared with you): 다른 사람이 공유한 내역을 확인합니다.

❽ 라이트룸 사진(Lightroom photos): 라이트룸에서 편집한 사진들을 불러올 수 있습니다(라이트룸은 Adobe에서 제작한 전문 사진 편집 및 관리 프로그램입니다).

❾ 삭제된 항목(Deleted): 클라우드 파일 중 삭제된 항목을 확인합니다. 영구 삭제하거나 복원할 수 있습니다.

❿ 클라우드 스토리지 용량 확인(Saved): 나의 현재 클라우드 스토리지 사용 현황을 간략히 확인합니다.

⓫ 찾기(Search): 검색어를 사용해 궁금한 기능을 검색하여 정보를 찾습니다.

⓬ 신기능과 팁: 포토샵의 신기능과 사용 팁에 대해서 요약 내용을 확인합니다.

⓭ 어도비 계정 및 보유 플랜: 사용자의 계정 및 현재 구독 플랜에 대해 브라우저 창을 열어 확인할 수 있습니다.

⓮ 제안(Hide suggestions): 포토샵의 신기능과 학습 콘텐츠를 확인합니다.

⓯ 최근 파일 열기(Recent): 사용자가 최근 사용한 파일이 보여지고 더블 클릭하여 해당 파일을 작업 화면으로 불러옵니다.

3. 포토샵의 작업 영역 인터페이스 살펴보기

작업 영역은 포토샵으로 이미지 편집 시 소프트웨어의 전체 창을 의미합니다.

※ 이 책에서는 '필수(기본값)' 작업 영역으로 대부분의 설명을 진행하고 있습니다.

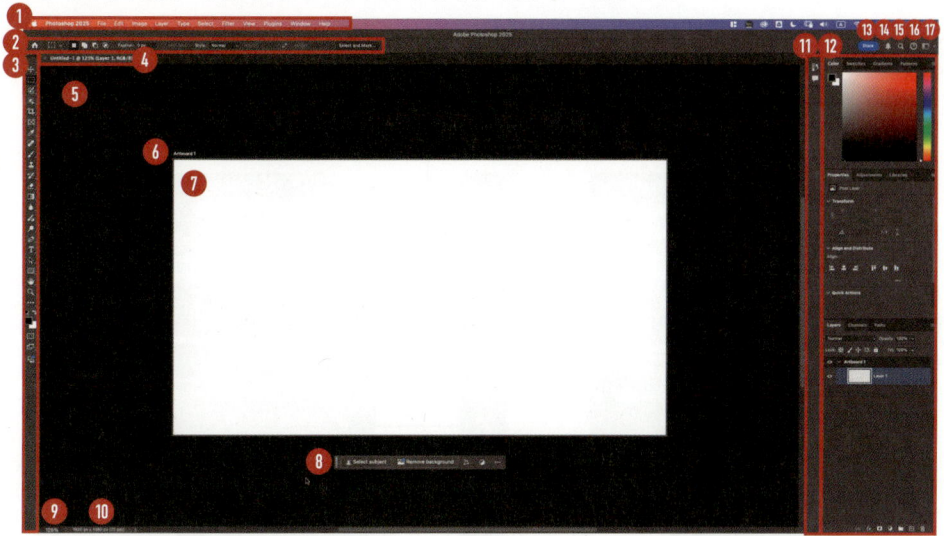

❶ (최)상단 메뉴바: 포토샵의 주요 기능들이 카테고리별로 정리되어 있는 기본 메뉴 영역입니다.

❷ 옵션바, 컨트롤 패널(Control Panel): 현재 사용 중인 도구의 다양한 설정값을 확인하고 조절할 수 있는 패널입니다.

❸ (왼쪽) 도구 패널(Tools Panel): 이미지 편집의 기본이 되는 핵심 도구들이 모여있는 필수 패널입니다.

❹ 문서 이름 탭: 현재 열려 있는 문서(파일)의 이름과 색상 모드가 표기되는 공간입니다.

❺ 작업 화면: 문서 및 여러 대지가 모여있는 포토샵의 작업 공간입니다.

❻ 대지(Artboard): 문서에 대지가 설정된 경우 대지의 이름이 작업 영역에 표시됩니다. 이동 도구로 선택하여 대지 자체를 이동할 수 있습니다.

❼ 문서, 캔버스: 현재 작업 중인 이미지가 표시되는 메인 편집 공간입니다. 문서, 파일, 캔버스로 불리기도 하며, 이미지의 편집을 진행하는 영역입니다.

❽ 상황별 작업 표시줄(Contextual Task Bar): 현재 작업 중인 도구에 맞춰 필요한 설정들이 즉시 표시되는 편리한 메뉴 영역입니다.

❾ 보기 비율(Zoom Level): 현재 작업 중인 문서의 확대/축소 비율을 퍼센트로 확인할 수 있는 공간입니다.

❿ 문서 사이즈와 해상도: 현재 작업 중인 문서의 사이즈와 해상도를 보여주는 공간입니다.

⓫ 패널 축소판: 사용자의 필요에 따라 패널을 아이콘 형태로 최소화하거나 다시 펼칠 수 있는 기능입니다. 패널을 드래그하여 추가하거나 삭제할 수 있습니다.

⓬ (오른쪽) 패널(Panels): 포토샵의 오른쪽에 위치한 작업 도구 모음입니다. 각 패널은 필요에 따라 접거나 펼칠 수 있어 사용자의 작업 환경에 맞춰 커스터마이징 가능합니다.

⓭ 공유(Share): 현재 파일을 클라우드에 저장 후 다른 사람을 초대하여 같은 파일을 여러 사람과 함께 확인하며 업무를 진행하는 기능입니다.

⓮ 알림: 새로운 알림이 있을 경우 표기되는 공간입니다.

⓯ 도구, 도움말 검색(Discover): 검색어를 이용해 궁금한 기능의 사용방법과 어도비에서 제공하는 다양한 튜토리얼을 검색합니다.

⓰ 학습(Learn): 포토샵 사용법과 튜토리얼을 배울 수 있습니다.

⓱ 빠른 작업 영역 선택: 사용자의 포토샵 사용 목적에 맞게 작업 영역을 재구성합니다.

4. 왼쪽 도구 패널 살펴보기

왼쪽 도구 패널은 포토샵에서 가장 많이 사용되는 편집 도구들을 쉽게 찾을 수 있도록 정리한 핵심 패널입니다. 모든 도구는 직관적인 아이콘으로 표시되어 있으며, 도구 선택 시 상단에 나타나는 컨트롤 패널을 통해 브러시 크기, 투명도, 강도 등 다양한 설정을 실시간으로 조절할 수 있습니다. 도구 아이콘의 우측 하단에 작은 삼각형이 있다면, 숨겨진 관련 도구가 있다는 표시이므로 클릭하여 추가 도구들을 확인합니다.

❶ 이동 및 아트보드
- 이동 도구(Move Tool): 레이어와 선택 영역 이동
- 대지 도구(Artboard Tool): 대지 추가 및 이동

❷ 선택 윤곽 도구 그룹
- 사각형 선택 윤곽 도구(Rectangular Marquee Tool): 사각형 선택 영역 만들기
- 타원형 선택 도구(Elliptical Marquee Tool): 원형 선택 영역 만들기
- 단일 행 선택 윤곽 도구(Single Row Marquee Tool): 가로 1px 선택 영역 만들기
- 단일 열 선택 윤곽 도구(Single Column Marquee Tool): 세로 1px 선택 영역 만들기

❸ 올가미 도구 그룹
- 선택 영역 브러시 도구(Selection Brush Tool): 브러시로 선택 영역 생성
- 올가미 도구(Lasso Tools): 드래그하여 자유롭게 선택 영역 생성

- 다각형 올가미 도구(Polygonal Lasso Tool): 직선으로 연결되는 선택 영역을 활성화
- 자석 올가미 도구(Magnetic Lasso Tool): 이미지의 가장자리를 자동으로 감지하여 선택

❹ 자동 선택 그룹
- 개체 선택 도구(Object Selection Tool): AI 기반의 자동 객체 인식 선택 도구로 드래그하면 자동으로 객체를 인식하여 선택
- 빠른 선택 도구(Quick Selection Tool): 브러시처럼 드래그하면 비슷한 색상과 질감을 자동으로 선택
- 자동 선택 도구(Magic Wand Tool): 유사한 색상 영역을 자동으로 선택

❺ 자르기 도구 그룹
- 자르기 도구(Crop Tool): 문서의 불필요한 부분을 잘라내는 기본 도구
- 원근 자르기 도구(Perspective Crop Tool): 원근감이 있는 이미지의 왜곡을 보정하면서 자르기
- 분할 영역 도구(Slice Tool): 웹 디자인용 이미지 제작 시 분할하여 개별적으로 저장 가능
- 분할 영역 선택 도구(Slice Select Tool): 슬라이스 도구로 나눈 영역을 선택하고 조정하는 도구

❻ 프레임 도구(Frame Tool): 이미지를 담을 수 있는 원형, 사각형 틀 안에 이미지를 드래그하여 배치

❼ 색상 추출 및 보조 도구
- 스포이드 도구(Eyedropper Tool): 이미지의 색상을 추출하는 도구
- 색상 샘플러 도구(Color Sampler Tool): 이미지의 특정 지점 색상값을 측정하고 기록
- 눈금자 도구(Ruler Tool): 특정 지점의 거리와 각도를 측정
- 메모 도구(Note Tool): 이미지에 텍스트 메모를 추가
- 카운트 도구(Count Tool): 클릭한 지점에 번호가 자동으로 표시

❽ 복구 도구 그룹
- 스팟 복구 브러시 도구(Spot Healing Brush Tool): 작은 얼룩이나 흠집의 주변 영역을 자동으로 분석하여 자연스럽게 복구
- 제거 도구(Remove Tool): 주변 영역을 자동으로 분석하여 이미지의 원하지 않는 객체를 제거
- 복구 브러시 도구(Healing Brush Tool): 이미지 내 샘플 영역을 지정하여 샘플링한 영역과 주변 영역을 자연스럽게 보정
- 패치 도구(Patch Tool): 활성화된 선택 영역을 드래그하여 주위 이미지를 복사
- 내용 인식 이동 도구(Content-Aware Move Tool): 선택한 객체를 이동하고 원래 위치를 Content-Aware 기술로 자동으로 채움
- 적목 현상 도구(Red Eye Tool): 사진 촬영 시 플래시 불빛으로 인한 붉은 눈동자를 제거

❾ 브러시 도구 그룹
- 브러시 도구(Brush Tool): 자유롭게 그리거나 채색할 수 있는 기본 브러시 도구
- 연필 도구(Pencil Tool): 선명한 가장자리가 있는 브러시로 픽셀 단위로 정확한 작업 가능
- 색상 대체 도구(Color Replacement Tool): 원본 이미지의 음영과 질감은 유지하면서 색상만 지정된 전경색으로 칠하듯 변경
- 혼합 브러시 도구(Mixer Brush Tool): 수채화나 드라이 브러시 효과로 색상이 자연스럽게 섞이는 효과

❿ 도장 도구 그룹
- 복제 도장 도구(Clone Stamp Tool): 이미지에서 Alt / Opt 로 샘플링 지점을 지정한 후 원하는 곳에 복제
- 패턴 도장 도구(Pattern Stamp Tool): 패턴으로 영역을 채우는 도구

⓫ 작업 내역 브러시 그룹
- 작업 내역 브러시 도구(History Brush Tool): 히스토리 패널의 특정 시점 상태로 부분적 복원 가능
- 미술 작업 내역 브러시 도구(Art History Brush Tool): 예술적 효과와 함께 복원

⑫ 지우개 도구 그룹
- 지우개 도구(Eraser Tool): 이미지의 선택한 영역을 드래그하여 지우기
- 배경 지우개 도구(Background Eraser Tool): 샘플 도구를 이용해 특정 색상 범위를 자동으로 감지하여 이미지의 색상을 선택적으로 제거하는 도구
- 자동 지우개 도구(Magic Eraser Tool): 클릭한 부분과 유사한 색상 영역을 한 번에 지우는 도구

⑬ 그레이디언트 도구 그룹
- 그레이디언트 도구(Gradient Tool): 두 가지 이상의 색상이 자연스럽게 연결된 색상으로 채우는 도구
- 페인트 통 도구(Paint Bucket Tool): 단일 색상으로 채우는 도구

⑭ 선명도 보정 그룹
- 흐림 효과 도구(Blur Tool): 드래그하여 선택한 영역을 부드럽게 흐리게 만드는 도구
- 선명 효과 도구(Sharpen Tool): 드래그하여 디테일과 윤곽을 강조하여 더 또렷하게 표현
- 손가락 도구(Smudge Tool): 드래그하여 픽셀을 밀거나 당겨서 번지게 하는 도구

⑮ 조정 브러시 도구(Adjustment Brush Tool): 이미지의 선택한 부분에 브러시로 칠하듯이 조정 효과를 추가

⑯ 색상 보정 그룹
- 닷지 도구(Dodge Tool): 드래그하여 부분적인 밝기를 향상
- 번 도구(Burn Tool): 닷지 도구와 반대되는 효과로 어두움 강화
- 스폰지 도구(Sponge Tool): 드래그하여 선택 영역의 채도(색상 강도)를 높임

⑰ 펜 도구 그룹
- 펜 도구(Pen Tool): 패스와 곡선, 앵커 포인트를 이용해 정교한 패스 생성
- 자유 형태 펜 도구(Freeform Pen Tool): 자유롭게 손으로 그리듯이 패스 생성
- 곡률 펜 도구(Curvature Pen Tool): 클릭만으로 부드러운 곡선 생성하고 제어하는 도구
- 기준점 추가 도구(Add Anchor Point Tool): 패스에 새로운 앵커 포인트 추가
- 기준점 삭제 도구(Delete Anchor Point Tool): 불필요한 앵커 포인트 제거
- 기준점 변환 도구(Convert Point Tool): 앵커 포인트를 코너/곡선으로 변환하여 곡률 제어

⑱ 문자 도구 그룹
- 가로쓰기 문자 도구(Horizontal Type Tool): 일반적인 가로 방향 텍스트 입력 도구
- 세로 문자 도구(Vertical Type Tool): 세로 방향으로 텍스트를 입력하는 도구
- 세로 문자 마스크 도구(Vertical Type Mask Tool): 세로 방향으로 입력된 텍스트 모양으로 선택 영역이 활성화되어 마스크 효과 생성
- 수평 문자 마스크 도구(Horizontal Type Mask Tool): 가로 방향으로 입력된 텍스트 모양으로 선택 영역이 활성화되어 마스크 효과 생성

⑲ 선택 도구 그룹
- 패스 선택 도구(Path Selection Tool): 패스 전체를 선택하고 이동하는 도구
- 직접 패스 선택 도구(Direct Selection Tool): 패스의 개별 앵커 포인트나 선분을 선택하여 패스의 특정 부분을 수정하는 도구

⑳ 도형 도구 그룹
- 사각형 도구(Rectangle Tool): 직사각형과 정사각형을 그리는 도구
- 타원 도구(Ellipse Tool): 타원과 원을 그리는 도구
- 삼각형 도구(Triangle Tool): 삼각형 모양을 도형을 생성하는 도구

- 다각형 도구(Polygon Tool): 면과 꼭짓점의 수를 자유롭게 조절하여 정다각형부터 별 모양까지 다양한 기하학적 도형을 생성
  - 선 도구(Line Tool): 직선을 그리는 도구
  - 사용자 정의 모양 도구(Custom Shape Tool): 사전 정의된 다양한 도형 생성
㉑ 보기 도구 그룹
  - 손 도구(Hand Tool): 캔버스를 자유롭게 이동하는 도구
  - 회전 보기 도구(Rotate View Tool): 캔버스 자체를 회전하는 도구
㉒ 돋보기 도구(Zoom Tool): 이미지를 확대하거나 축소하는 도구
㉓ 도구 모음 사용자 정의(Customize Toolbar): 길게 눌러 도구 모음 편집 대화상자를 열어 사전 설정된 도구 외에 자주 사용하는 도구를 추가하여 사용할 수 있습니다.

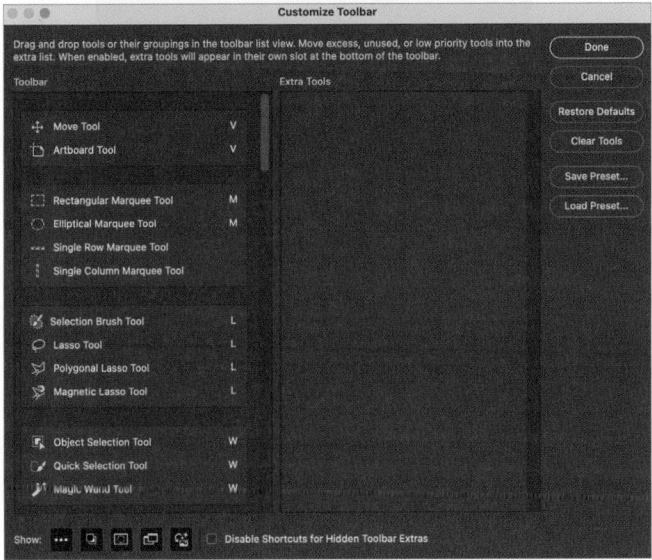

㉔ 전경색/배경색(Foreground Color/Background Color)
  - 전경색(Foreground Color): 앞에 표기된 사각형으로 클릭시 색상 피커 대화 상자가 열리며 원하는 컬러로 변경할 수 있습니다. 브러시, 연필 등 그리기 도구로 작업할 때 기본적으로 적용되는 주 색상입니다.
  - 배경색(Background Color): 뒤에 표기된 사각형으로 양방향 화살표가 교차된 형태의 '전환(Swap)' 아이콘을 클릭하거나 키보드에서 X를 눌러 전경색과 배경색을 전환할 수 있습니다.
  - 전경색/배경색은 검정/흰색이 기본 색상으로 작은 '전경색/배경색' 아이콘을 클릭하거나 키보드에서 D를 눌러 기본 색상으로 설정합니다.
㉕ 빠른 마스크 모드(Quick Mask Mode): 브러시로 칠하듯 빨간색 오버레이로 직관적으로 선택 영역을 시각화하여 활성화할 수 있으며 복잡한 영역도 정교한 선택 영역으로 마스킹을 할 수 있습니다. 선택 영역을 활성화 후 단축키 Q로 시작할 수 있습니다.
㉖ 화면 모드 변경: 포토샵 작업 영역을 3가지로 변경합니다. 단축키 F를 눌러 순차적으로 변경할 수 있습니다.

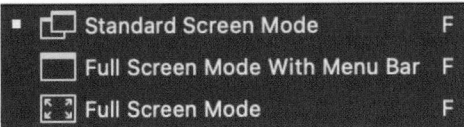

㉗ 이미지 생성: AI 신규 이미지를 생성할 수 있는 이미지 생성 대화 상자를 불러옵니다.

5. 패널 살펴보기

포토샵의 패널은 특정 기능을 하나의 작업창에 모아 놓은 것으로, 실제 작업 시에는 여러 패널과 도구를 넘나들며 작업을 하게 됩니다. '필수(기본값)' 작업 영역에서 일부 패널(색상, 속성, 레이어, …)이 기본적으로 오른쪽에 위치하고 있으며 최상단 메뉴의 [창/Windows]에서 포토샵의 전체 패널을 확인할 수 있습니다. 대부분의 패널은 독립적으로 축소, 이동, 크기 조절, 그룹화가 가능합니다. 사용자는 자신의 작업 스타일에 맞게 패널을 드래그하여 크기를 조절하거나 축소하여 자유롭게 구성하고 배치할 수 있습니다.

❶ 액션(Actions): 여러 반복 작업을 기록하여 클릭 한 번으로 자동화

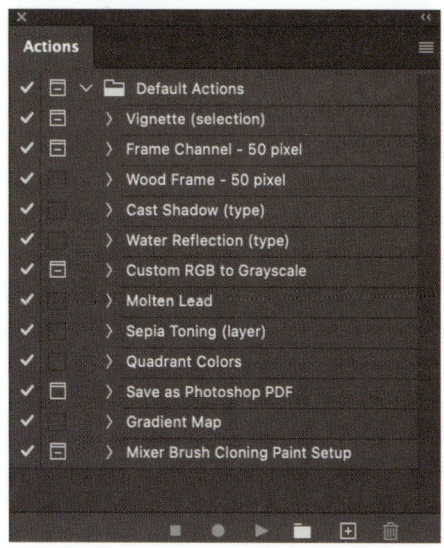

❷ 조정(Adjustments): 이미지의 색상, 톤, 명암 등을 조정하는 조정 레이어를 추가

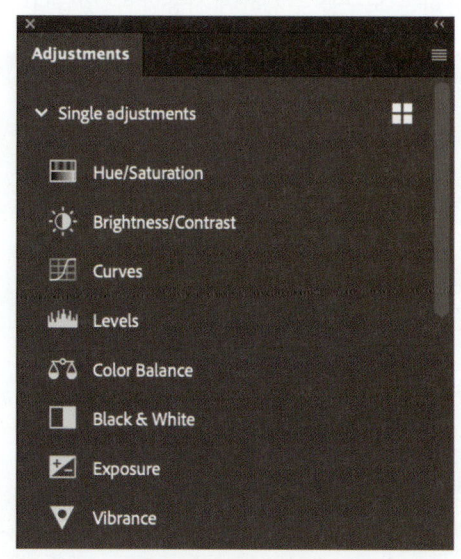

❸ 브러시 조정(Brush Settings): 브러시의 크기, 원형율, 지터, 투명도 등 세부 설정 관리

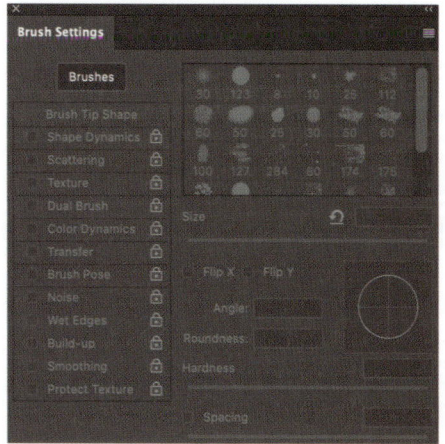

❹ 브러시(Brushes): 설치된 다양한 브러시 리스트를 확인하고 선택

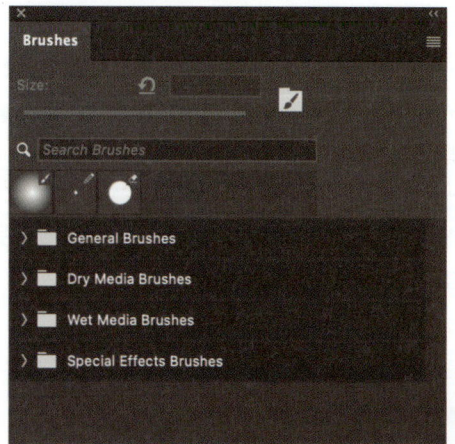

❺ 채널(Channels): RGB, CMYK 등 색상 채널과 알파 채널 관리

❼ 문자 스타일(Character Styles): 자주 사용하는 문자 스타일을 사전 설정으로 저장

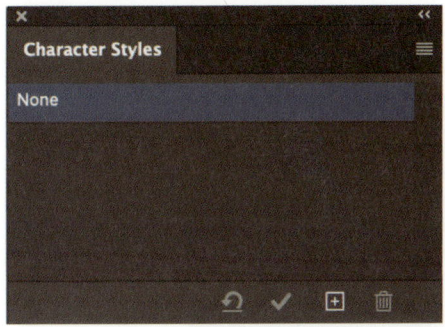

❾ 색상(Color): 전경색과 배경색을 선택하고 조절

⓫ 콘텐츠의 인증 정보 관리(베타)[Content Credentials (Beta)]: 콘텐츠 인증은 생성형 AI로 만든 작업물을 내보내거나 저장할 때 사용자의 추가 정보를 포함

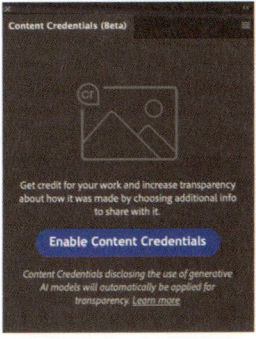

❻ 문자(Character): 글꼴, 크기 등 문자 속성 설정

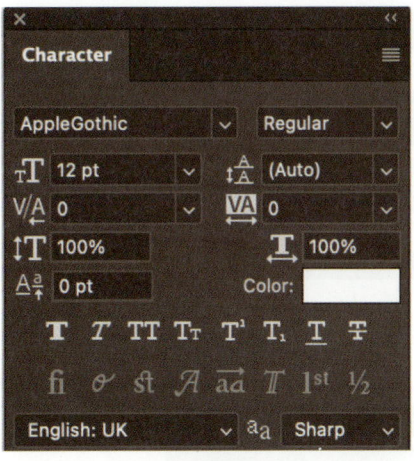

❽ 복제 원본(Clone Source): 도장 도구를 사용 시 샘플링 영역과 각도 등을 변경

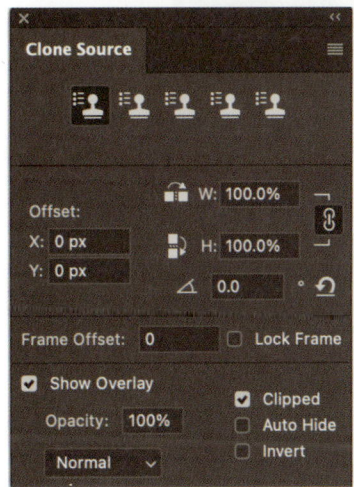

❿ 주석(Comments): 공유 작업자와 작업물에 대한 의견을 논의

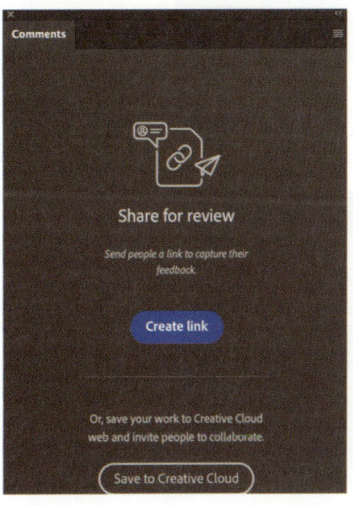

⑫ 글리프(Glyphs): 특수 문자와 기호 선택

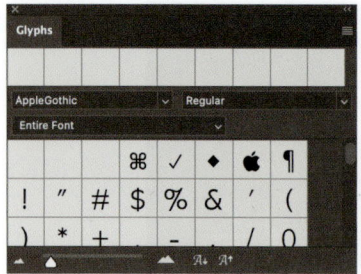

⑭ 막대 그래프(Histogram): 이미지의 톤 분포를 그래프로 표시

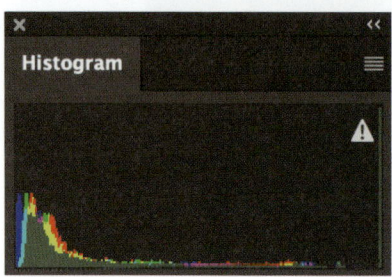

⑯ 정보(Info): 커서 위치의 색상값, 좌표 등의 정보와 선택된 도구의 사용 팁 표시

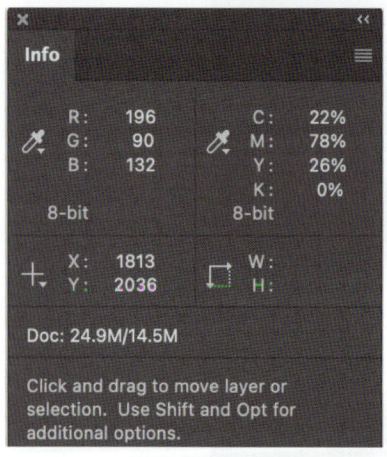

⑰ 레이어 구성요소(Layer Comps): 레이어별로 작업 과정을 스냅샷으로 저장하여 불러와 비교하거나 확인

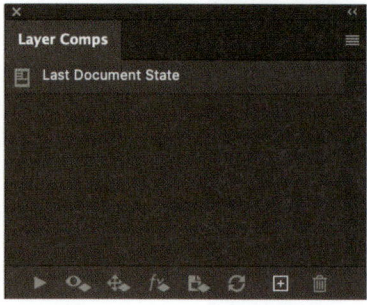

⑬ 그레이디언트(Gradients): 그레이디언트 견본 표시와 생성 및 관리

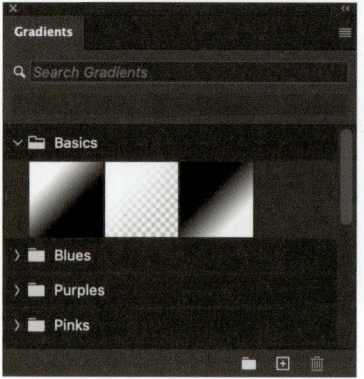

⑮ 작업내역(History): 작업 과정을 기록하고 사용한 도구의 실행 취소 관리

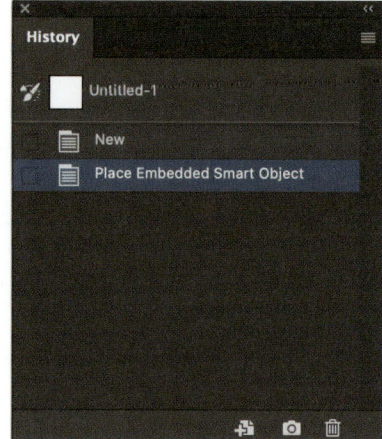

⑱ 레이어(Layers): 새 레이어를 추가하거나 삭제하고 레이어 마스크, 레이어 스타일, 조정 레이어 등 다양한 효과 추가

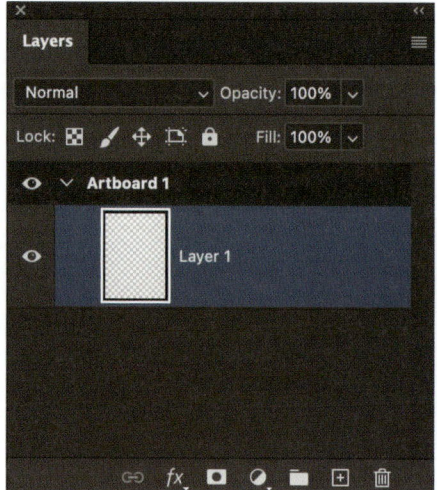

❶ 라이브러리(Libraries): 에셋과 리소스를 저장하고 불러와서 작업

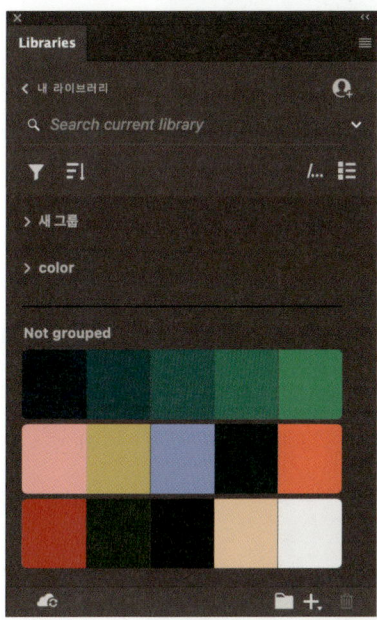

❷ 질감(Materials): 3D 재질과 텍스처 관리

❷ 측정로그(Measurement Log): 눈금자 도구(Ruler Tool)로 측정한 측정 데이터 기록 및 관리

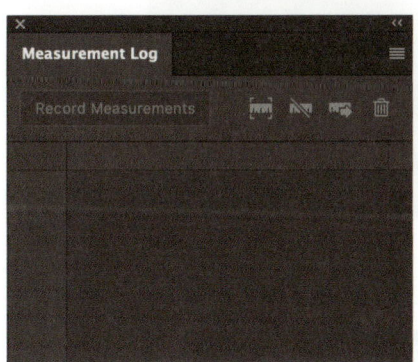

❷ 내비게이터(Navigator): 이미지 확대/축소 및 화면 이동

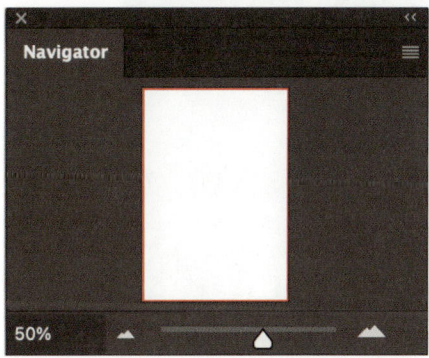

❷ 메모(Notes): 메모 추가 및 관리

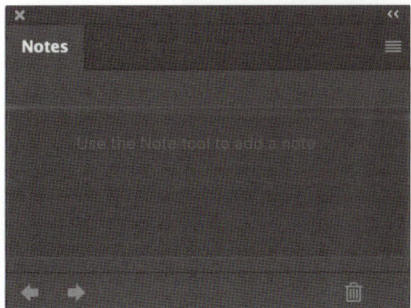

❷ 단락(Paragraph): 문단 정렬, 간격 등 설정

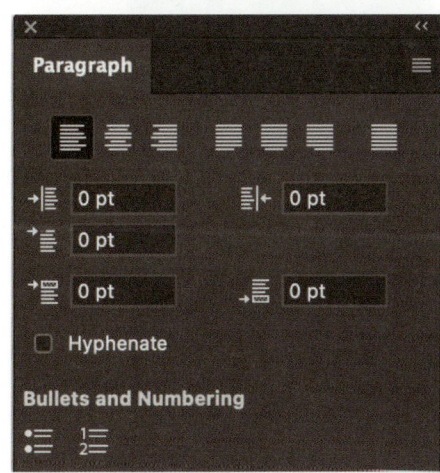

㉕ 단락스타일(Paragraph Styles): 단락 스타일을 저장하고 관리

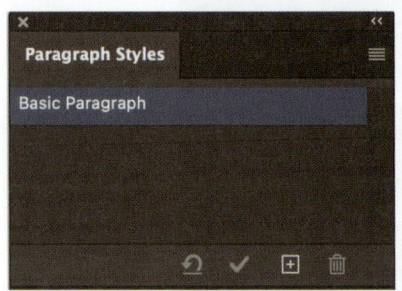

㉖ 패스(Paths): 패스 획을 생성하고 편집

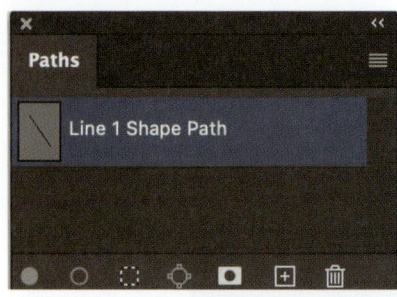

㉗ 패턴(Patterns): 패턴을 생성하고 관리

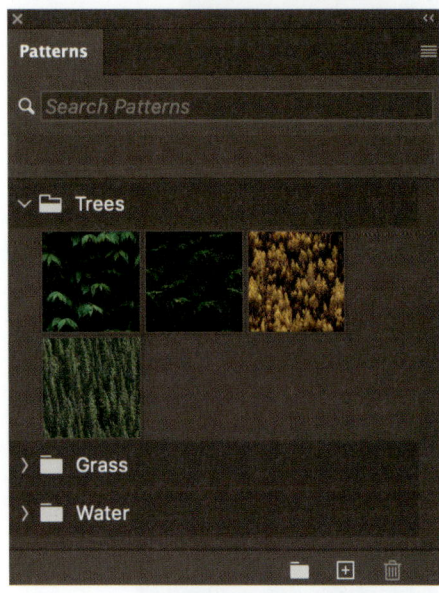

㉘ 속성(Properties): 선택된 개체 및 기능의 속성 표시 및 다양한 편집

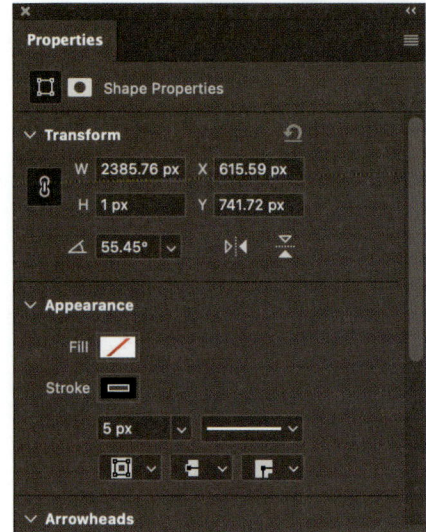

㉙ 모양(Shapes): 도형 설정 및 관리

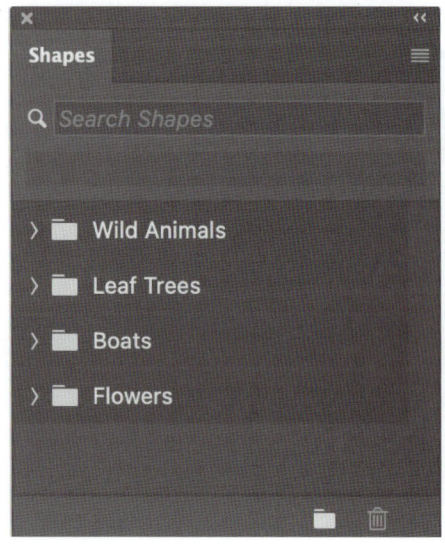

㉚ 스타일(Styles): 레이어 스타일 효과 관리

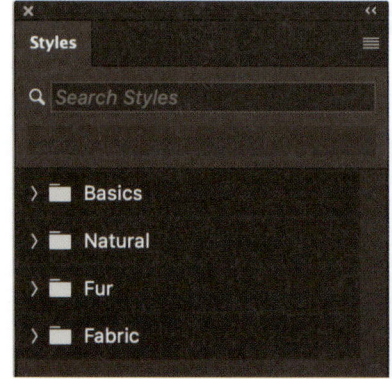

㉛ 타임 라인(Timeline): 영상을 제작할 때 프레임과 레이어를 편집할 수 있는 패널

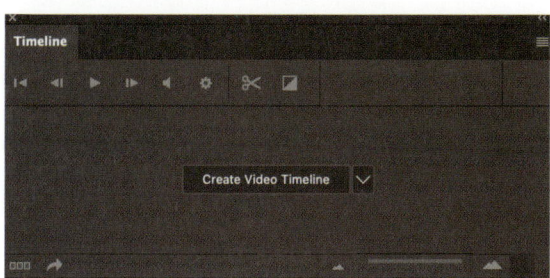

㉜ 색상 견본(Swatches): 자주 사용하는 색상 저장 및 관리

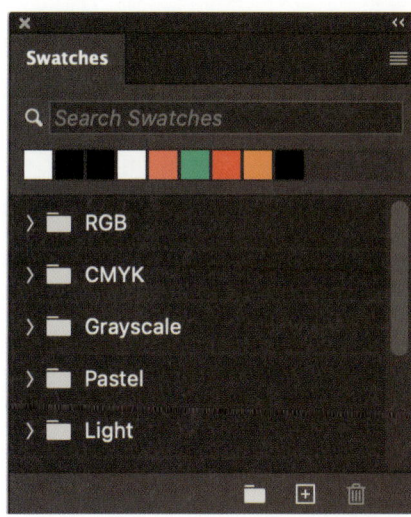

㉝ 도구 사전설정(Tool Presets): 자주 사용하는 도구 설정 저장

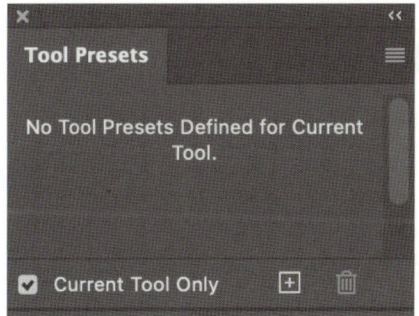

㉞ 버전 기록(Version History): 문서의 버전 이력 관리, 클라우드에 저장된 파일만 표기

6. 상황별 작업 표시줄 설정하기

(1) 상황별 작업 표시줄(Contextual Task Bar)

❶ 선택한 도구에 따라 상황별 작업 표시줄의 내용이 변경되며 축약된 메뉴들을 바로 클릭하여 사용할 수 있는 편리한 기능입니다.

❷ 사각형 선택 윤곽 도구로 선택 영역을 활성화했을 시 상황별 작업 표시줄

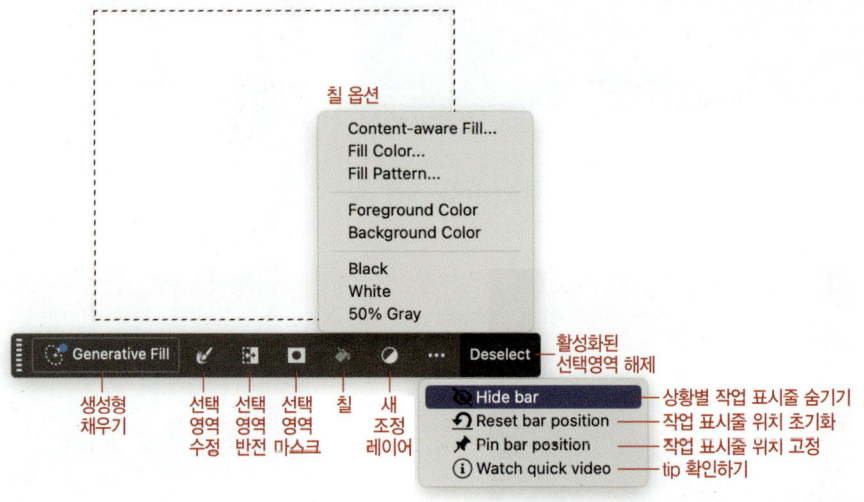

(2) 상황별 작업 표시줄 숨기기

최상단 메뉴의 [창 > 상황별 작업 표시줄/Window > Contextual Task Bar]의 체크박스를 해제하여 패널의 표시 여부를 선택합니다. 이 책에서는 대부분의 메뉴에 '상황별 작업 표시줄'을 꺼두고 진행하고 있습니다.

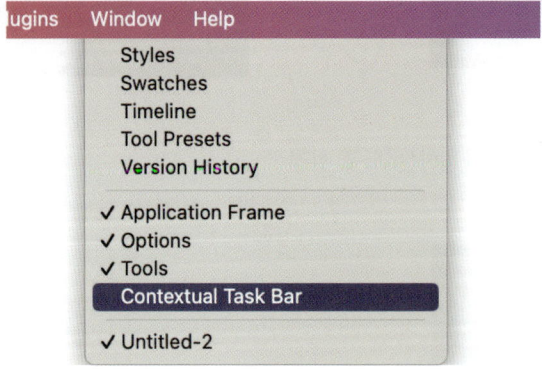

7. 나한테 꼭 맞게! 작업 영역 설정하기

포토샵의 작업 영역(Workspace)은 사용자의 작업 스타일과 목적에 맞게 패널, 도구, 메뉴 등의 인터페이스 요소를 배치하고 저장할 수 있는 기능입니다. 기본(Essentials), 사진(Photography), 페인팅(Painting) 등 미리 설정된 작업 영역을 선택하거나, 사용자가 직접 커스터마이징한 작업 환경을 저장하여 활용할 수 있습니다.

(1) 작업 영역(Workspace)

최상단 메뉴의 [창 > 작업 영역/Window > Workspace]에서 사전 설정된 다양한 작업 영역을 확인할 수 있습니다.

※ 이 책은 작업 영역 중 '필수(기본값)/Essentials (Default)'을 선택하여 기록하였습니다.

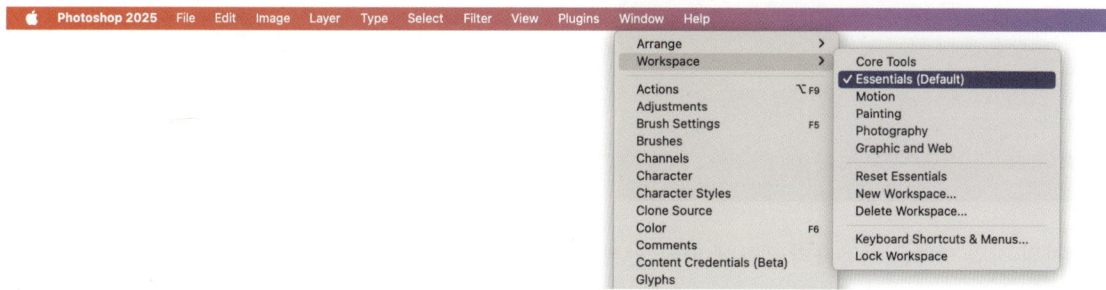

- 필수(기본값) 작업 영역

- 동작(Motion) 작업 영역

(2) 작업 영역 저장하고 불러오기

❶ 자주 쓰는 패널이나 화면 구성을 설정한 후 해당 시점에 작업 영역을 저장하고 필요시 불러와 편리하게 사용할 수 있습니다.

❷ 패널 등을 사용자가 원하는 대로 설정한 후 최상단 메뉴의 [창 > 작업 영역/Window > Workspace > New Workspace]를 클릭한 후 현재의 설정을 새로운 작업 영역으로 저장합니다.

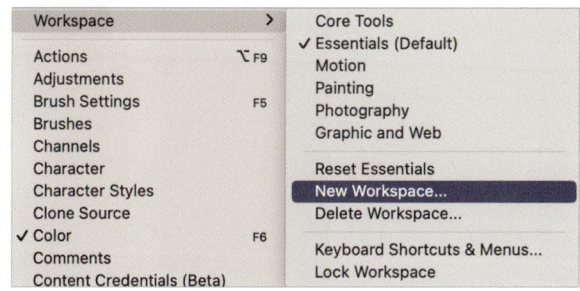

❸ 대화 상자에서 작업 영역의 이름을 설정한 후 저장합니다.

❹ 저장 후 다시 최상단 메뉴를 확인하면 저장한 작업 영역을 확인할 수 있습니다.

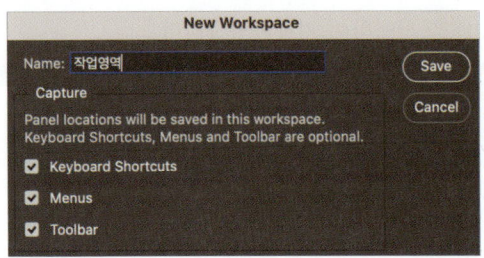
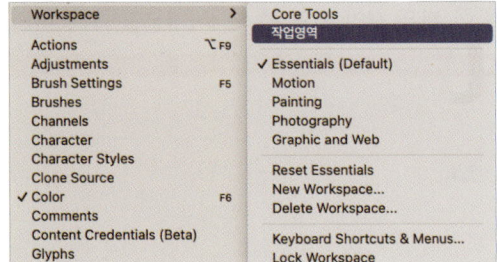

❺ 저장된 작업 영역은 사용자의 필요에 따라 언제든지 불러와 사용할 수 있습니다.

(3) 환경 설정을 이용해 인터페이스 컬러 변경하기

❶ 포토샵의 환경 설정을 이용해 포토샵의 도구나 표기 단위, 메모리, 플러그인, 도움말 안내 등 다양한 소프트웨어 설정을 할 수 있습니다.

❷ 환경 설정은 하나의 패널로 보여지고 있으며 각 카테고리 별로 설정의 변경을 통해 사용자에 맞추어 포토샵을 사용할 수 있는 기능입니다.

❸ 왼쪽 메뉴에서 '인터페이스(Interface)'를 선택합니다.

❹ 모양(Appearance)에서 색상 테마의 가장 밝은 그레이 컬러를 선택하면 포토샵의 전체 인터페이스 컬러를 변경할 수 있습니다.

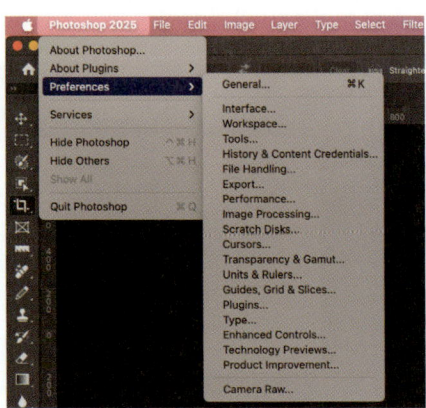

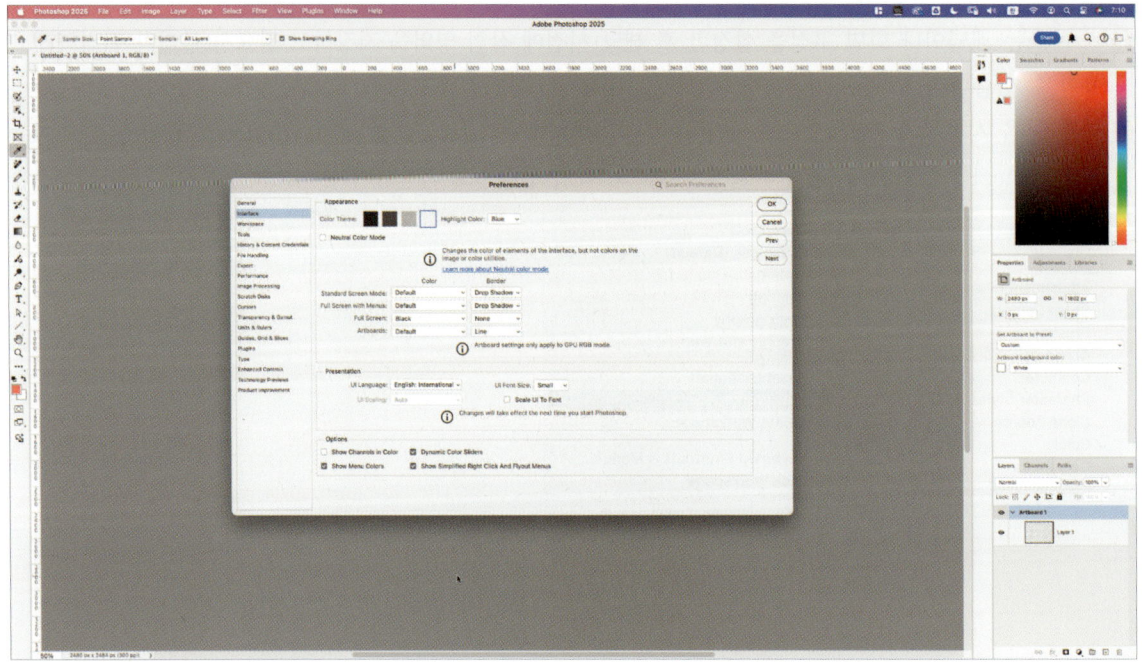

SECTION 04 | 새로운 기능은 어떤 것이 있을까?

1. 포토샵 CC 2025 신기능 살펴보기

(1) 불필요한 요소 제거(Distraction Removal)

제거 도구에서 '산만한 요소 찾기'를 클릭하면 '전선, 사람' 등을 자동으로 감지하여 제거합니다. 제거 후 비어 있는 배경은 Content-Aware 기술로 자연스럽게 채워줍니다.

(2) 개선된 생성형 채우기(Improved Generative Fill)

❶ 개선된 생성형 채우기는 AI Content-Aware 기술로 이미지의 활성화된 선택 영역을 입력한 텍스트 프롬프트를 기반으로 새로운 이미지를 생성하여 자연스럽게 채우거나 확장하는 기능입니다.

❷ 선택 영역과 주변 영역과의 조화를 고려하여 자연스러운 결과물을 만들어냅니다.

(3) 개선된 생성형 확장(Improved Generative Expand)

❶ 개선된 생성형 확장은 자르기 도구나 캔버스 사이즈로 이미지의 크기보다 크게 캔버스를 확장할 때 자연스럽게 이미지를 생성하여 확장하는 기능입니다.

❷ 원본 이미지를 분석하여 별도의 텍스트 프롬프트가 없어도 자연스럽게 이어지도록 이미지를 확장합니다.

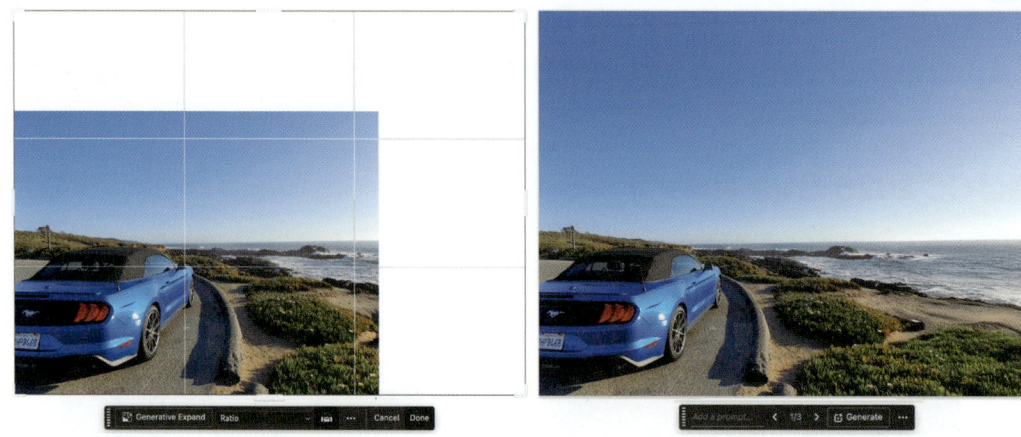

(4) 유사 항목 생성(Generate Similar)

❶ 이미지 생성 또는 생성형 채우기를 사용하여 새로운 이미지를 생성한 후 비슷한 스타일이나 특징을 가진 생성형 요소들을 자동으로 만들어냅니다.

❷ 원본 이미지의 특징을 분석하여 유사한 변형을 만들어 비슷한 요소들을 이용해 일관되지만 다양한 느낌을 가진 이미지를 생성할 수 있습니다.

❸ 이미지 생성 후 속성 패널에서 유사 항목을 확인하고 해당 이미지를 생성할 수 있습니다.

(5) 배경 생성(Generate Background)

❶ 상황별 작업 표시줄에서 배경을 원 클릭으로 삭제하고 주 피사체와 자연스럽게 조화를 이루는 다양한 배경을 바로 생성할 수 있습니다.

❷ 이미지를 열고 이동 도구를 선택하면 상황별 작업 표시줄에서 'Remove Background' 버튼을 클릭해 배경을 삭제합니다. 'Generate Background'를 클릭 후 텍스트 프롬프트를 입력하여 자연스러운 배경을 생성합니다.

(6) 선택 브러시 도구(Selection brush tool)

브러시로 칠하듯이 편리하게 선택 영역을 만들어 이미지를 더 쉽게 분리할 수 있습니다. 활성화된 선택 영역에 필터를 추가하거나, 생성 기능을 이용하여 새로운 요소를 자연스럽게 혼합할 수 있습니다.

(7) 향상된 프레임 도구(Enhanced Frame Tool)

업그레이드된 프레임 도구로 삼각형과 사용자 정의 도형 이미지를 프레임화할 수 있습니다. 또한, 프레임 안에 AI 이미지를 생성하여 추가할 수 있습니다.

(8) 파이어플라이에서 텍스트와 이미지를 비디오로 생성하기

파이어플라이 사이트에서 텍스트와 이미지를 비디오로 생성할 수 있습니다.

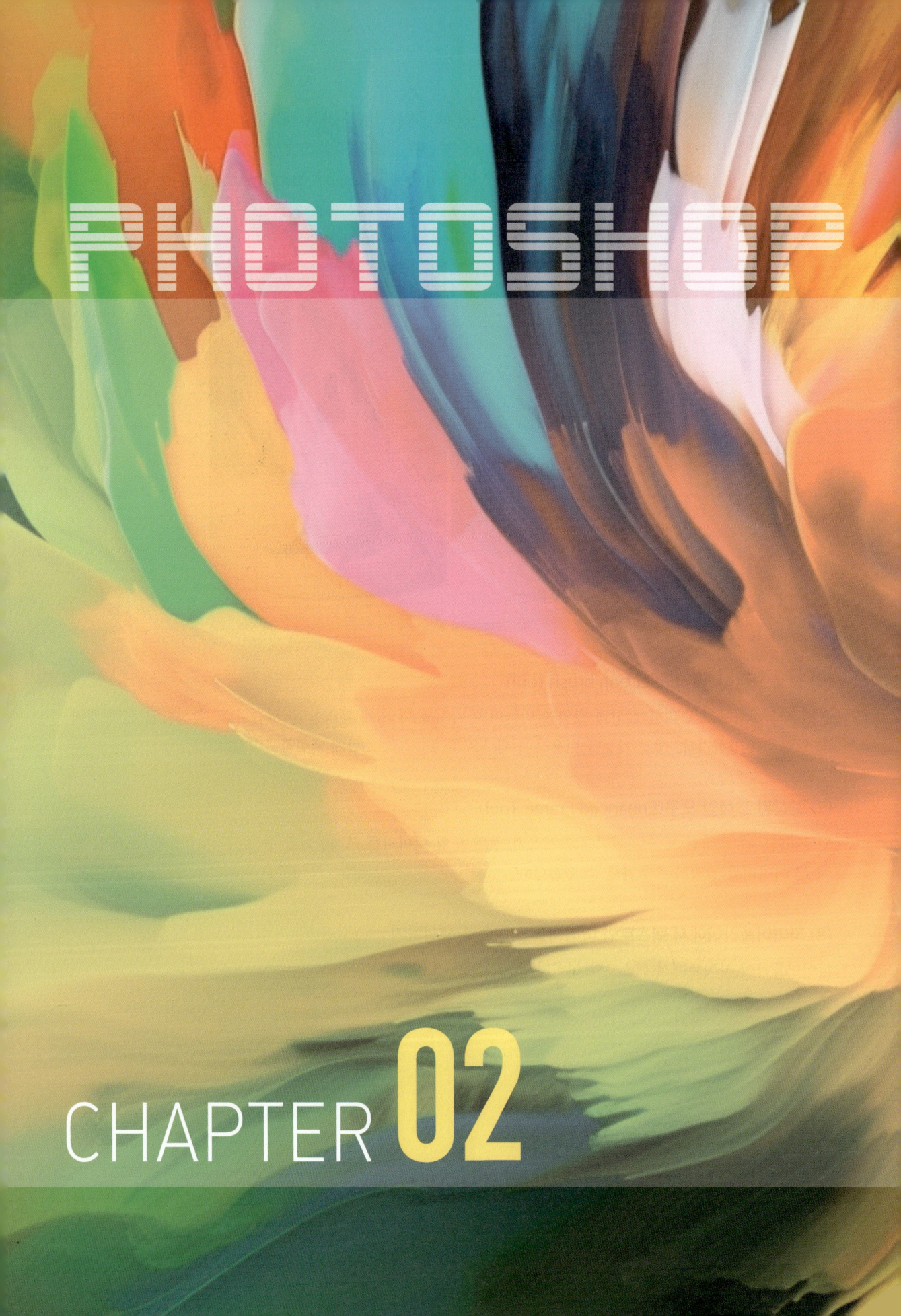

SECTION 01 | 새 파일 만들기

1. 새 파일을 만드는 3가지 방법

포토샵에서 그래픽 작업을 하기 위해 문서를 만드는 것부터 시작합니다. 새 파일을 생성하기 위해서 [새로운 문서 만들기/New Document] 창을 열어야 하며, 총 3가지 방법이 있습니다. 이처럼 포토샵에서는 하나의 기능을 실행하기 위해 여러 가지 방법으로 접근할 수 있습니다. 기능 설명을 살펴보고 자신에게 가장 편리한 방법으로 선택해서 먼저 손에 익혀보시는 것을 추천합니다.

❶ 포토샵 앱을 실행한 이후 좌측의 [새 파일/New file]을 클릭합니다.
❷ 최상단 메뉴의 [파일 〉 새로 만들기/File 〉 New]를 클릭합니다.

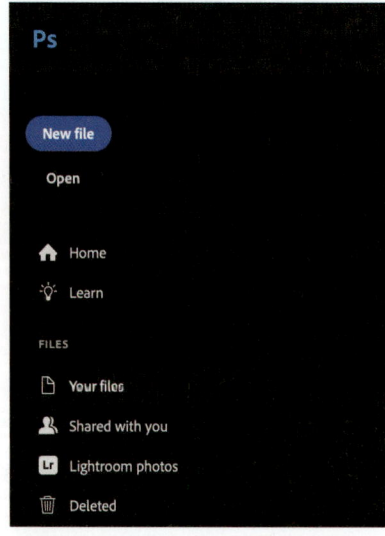
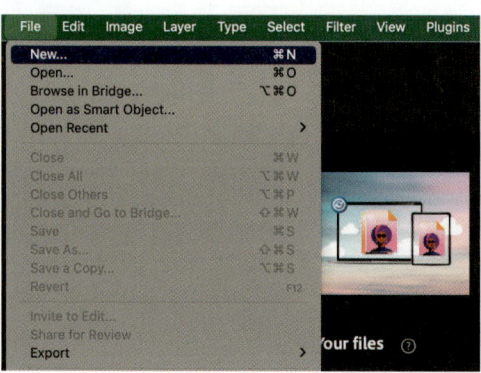

❸ 단축키 Ctrl + N (Windows)/ Cmd + N (Mac)을 키보드에서 순서대로 누릅니다.

2. 새로운 문서 만들기 대화상자 살펴보고 새 문서 만들기

❶ [새로운 문서 만들기/New Document] 대화상자가 열리면 새 파일의 이름, 사이즈, 해상도, 컬러 모드, 단위 등을 미리 설정하고 작업을 시작할 수 있습니다.

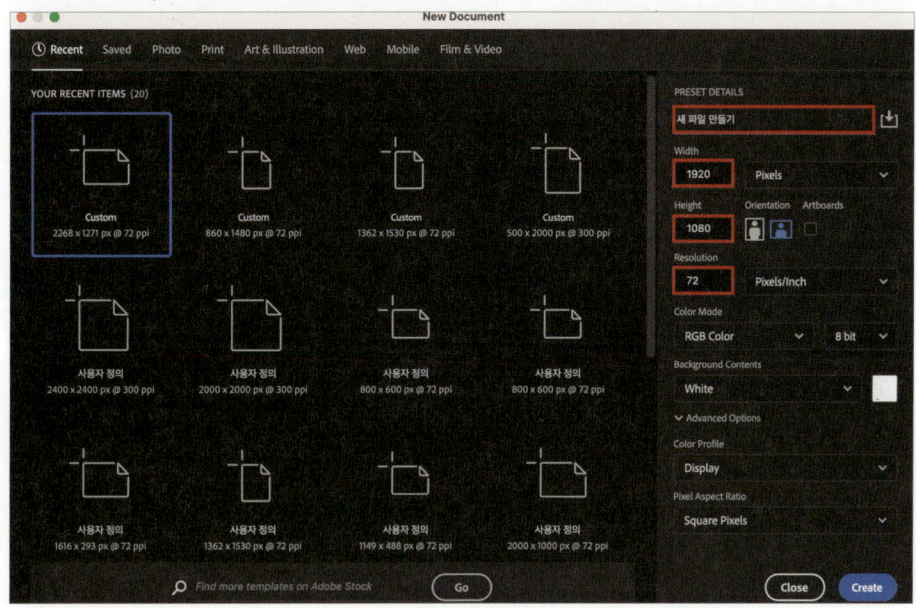

❷ 대화상자에서 폭(Width)은 1920Pixel, 높이(Height)는 1080Pixel, 해상도(Resolution)는 72ppi로 입력 후 만들기(Create) 버튼을 클릭합니다. 입력한 사양의 새 파일이 생성됩니다.

3. [새로운 문서 만들기/New Document] 대화상자 자세히 보기

❶ 사전 설정 불러오기: 보편적으로 많이 사용하는 사이즈와 해상도가 미리 프리셋에 등록되어 있습니다. 클릭하여 간편하게 사용이 가능합니다.

❷ 파일 이름: 새 문서의 파일 이름을 미리 지정하여 파일을 생성합니다.

❸ 사전 설정 세부사항 저장 버튼
- 입력한 사전 설정을 저장하려면 이 버튼을 클릭합니다. 추후 필요할 때 불러올 수 있습니다.
- 자주 사용하는 사이즈, 해상도, 컬러 모드 등을 사전 설정으로 저장하여 [저장된 항목] 탭에서 필요시 불러와 사용할 수 있습니다.

❹ 폭(Width): 문서 가로의 사이즈와 단위를 설정합니다.

❺ 높이(Height): 문서 세로의 사이즈와 단위를 설정합니다.

❻ 대지(Artboard): 대지를 하나 생성하여 새 문서를 시작합니다.

❼ 해상도(Resolution)
- 해상도의 수치와 픽셀/인치, 픽셀/센치를 수정합니다.
- 웹용 문서는 72ppi, 인쇄용 이미지는 300ppi를 보편적으로 사용합니다.

❽ 색상 모드(Color mode)
- RGB, CMYK 등 문서의 컬러 모드와 비트 수를 설정합니다.
- 비트 수가 높을수록 많은 컬러의 정보를 담을 수 있지만 비례하여 파일의 용량이 늘어납니다.

❾ 배경 컬러(Background color): 기본적인 배경의 컬러를 변경합니다.

❿ 색상 프로필 설정: 필요시 문서의 색상 프로필을 변경하여 생성합니다.

⓫ 만들기(Create): 입력한 사전 설정대로 새 문서가 열립니다.

SECTION 02 | 대지(아트보드)로 여러 문서를 한 파일에서 작업하기

여러 포토샵 파일을 한 파일에서 대지 기능을 이용하여 화면에서 전체를 보면서 편리하게 작업할 수 있습니다. 대지는 일종의 레이어를 모아놓은 그룹으로 레이어 패널에서 관리할 수 있습니다.

1. 새 파일에 처음부터 대지를 만들기

최상단 메뉴의 [파일〉새로 만들기/File 〉New]를 클릭합니다. [New Document] 대화상자에서 대지(Artboard)를 클릭한 후 만들기를 클릭하여 대지가 있는 새로운 문서를 만듭니다.

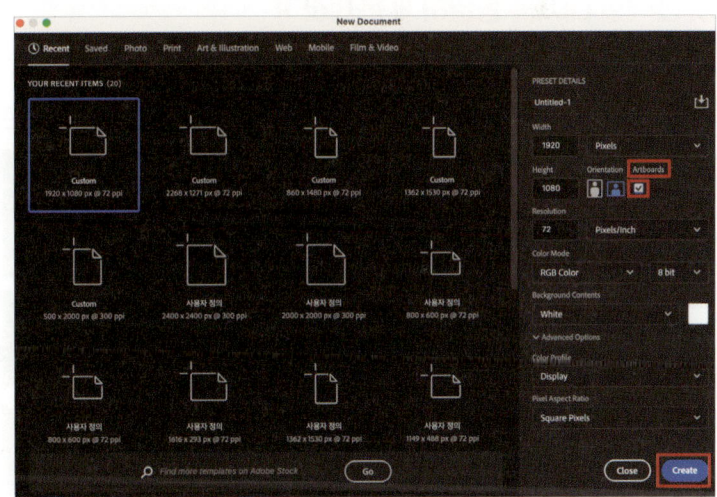

2. 대지가 있는 문서에 원클릭으로 대지를 추가하기

❶ 좌측 메뉴에서 [이동 도구/Move tool]를 선택합니다.
❷ 캔버스에 표기된 대지 이름을 클릭하면, 대지의 상하좌우로 (+) 버튼이 표시됩니다. 원하는 방향으로 버튼을 클릭하여 대지를 추가할 수 있습니다.

❸ 오른쪽 (+) 버튼을 클릭하여 대지를 추가합니다.
❹ 레이어 패널을 확인하면 대지 그룹이 하나 더 생성된 것을 확인할 수 있습니다.

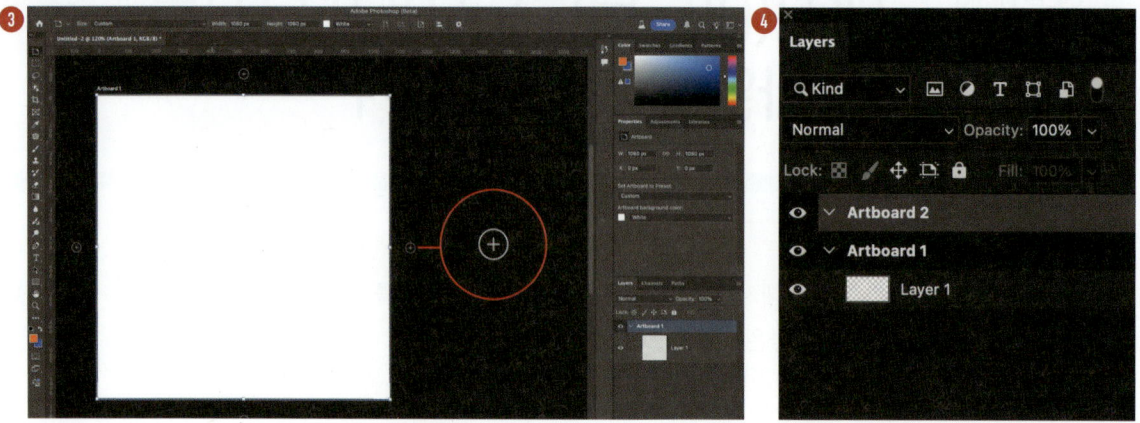

3. 선택한 대지를 동일하게 복제하기

이동 도구로 대지 이름을 클릭하여 선택한 후 Alt(Windows)/Opt(Mac)를 누른 채 (+) 더하기 아이콘을 클릭하면 현재 선택한 대지를 복제합니다. 복제된 대지가 클릭한 (+) 아이콘 방향으로 추가됩니다.

4. 대지가 없는 문서에서 대지 도구로 대지를 추가하기

❶ 좌측 메뉴에서 [이동 도구/Move tool]를 선택한 후 길게 누르면 대지 도구가 호출됩니다.
❷ 커서가 바뀌면 대지를 추가할 수 있습니다. 캔버스에 드래그하여 원하는 크기만큼 대지를 그립니다.

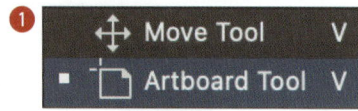

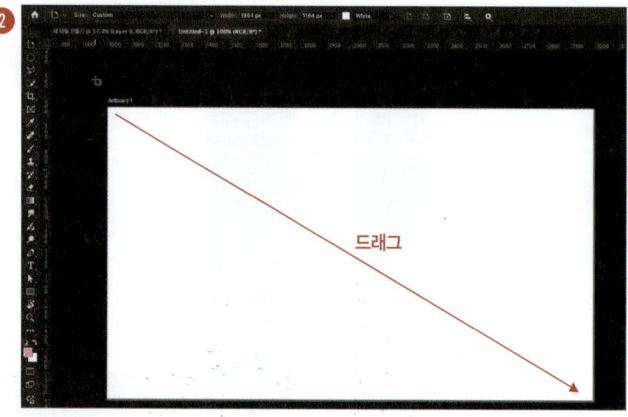

5. 레이어 패널에서 대지 추가하기

레이어 패널에서 레이어의 이름 부근에서 우클릭하여 드롭다운 메뉴를 호출합니다. [새 대지/New Artboard]를 클릭하면 파일의 사이즈와 동일하게 대지가 파일에 적용됩니다.

6. 레이어 지정하여 대지 추가하기

❶ 레이어 패널에서 한 레이어를 골라서 선택한 후 이름 부근에서 우클릭하여 드롭다운 메뉴를 호출합니다.

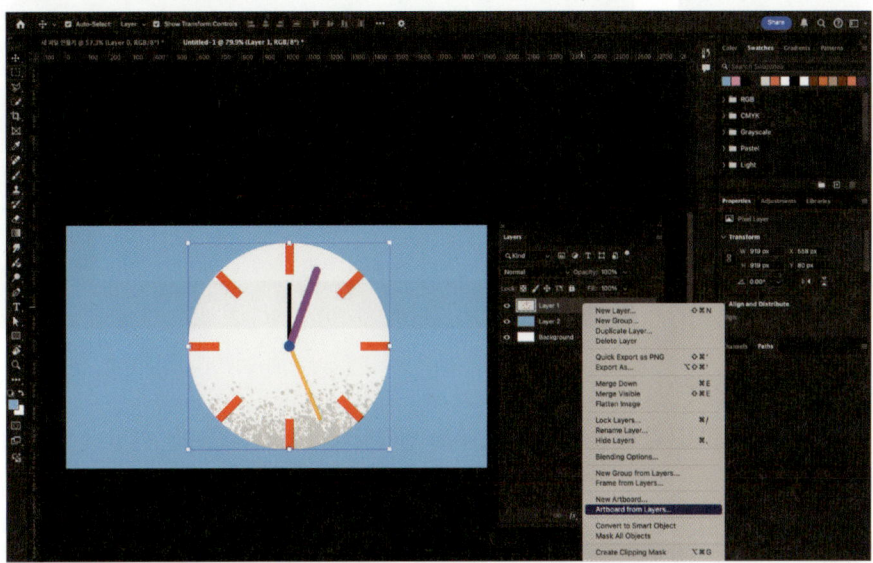

❷ [레이어에서 새 대지/New Artboard From Layer] 메뉴를 선택하면 레이어의 폭과 높이와 동일한 새로운 대지가 생성됩니다.

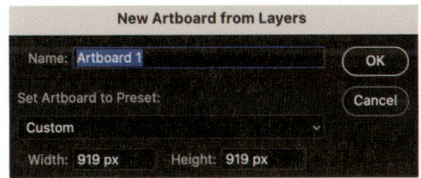

7. 대지 이동하기

좌측 메뉴에서 [이동 도구/Move tool]를 선택한 후 캔버스의 대지 이름을 클릭하여 캔버스에서 원하는 위치로 드래그하여 이동합니다. 또는 속성(Properties) 패널에서 좌표를 입력하여 캔버스의 지정 위치로 이동할 수 있습니다.

8. 대지의 사이즈와 이름 바꾸기

(1) 개요

❶ 레이어 패널에서 대지 그룹의 이름을 더블 클릭하면 이름 부분에 커서가 생성되면서 이름을 변경할 수 있습니다.

❷ 대지의 폭과 높이는 대지 컨트롤 패널과 속성 패널에서 변경할 수 있습니다.

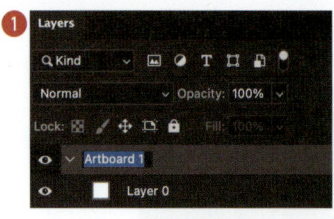

(2) 대지 컨트롤 패널 자세히보기

왼쪽 메뉴 패널에서 이동 도구를 길게 눌러 대지 도구로 변경합니다. 상단 컨트롤 패널이 대지 옵션을 설정할 수 있도록 변경됩니다.

❶ Size: 미리 설정된 사전 설정 사이즈를 불러올 수 있습니다.
❷ Width: 대지의 가로 사이즈를 설정합니다.
❸ Height: 대지의 세로 사이즈를 설정합니다.
❹ 대지의 배경 컬러를 변경합니다.
❺ 대지의 가로, 세로 높이를 스위치하여 방향을 변경합니다.
❻ 선택하고 캔버스를 클릭하여 대지를 추가합니다.
❼ 복수의 대지를 선택하여 정렬합니다.

(3) 대지 속성 패널 자세히보기

좌측 메뉴에서 [이동 도구/Move tool]를 선택한 후 캔버스에서 대지 이름을 클릭하면 속성 패널이 대지 편집 모드로 변화합니다. 대지의 사이즈와 위치, 배경 색상 등을 변경할 수 있습니다.

❶ Width, Height: 대지의 가로, 세로 사이즈를 설정합니다
❷ X, Y좌표로 캔버스에서 대지를 이동합니다.
❸ 미리 설정된 사전 설정 사이즈를 불러올 수 있습니다.
❹ 대지의 배경 컬러를 변경합니다.

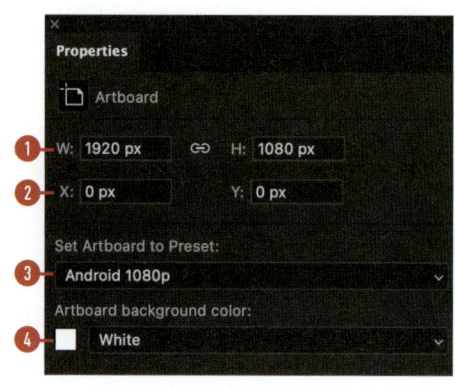

SECTION 03 | 포토샵에서 파일 열기

포토샵으로 편집을 할 수 있는 레이어가 포함된 .psd 포토샵 파일 외에도 멈춰있는 스틸 이미지(.png, .jpeg)와 동적인 움직임이 있는 비디오 및 .gif 파일의 불러오기도 가능합니다. 전문적인 Camera Raw와 .pdf파일도 열어서 편집할 수 있습니다.

1. 포토샵에서 파일을 불러오는 6가지 방법

❶ 최상단 메뉴의 [파일〉열기/File〉Open]을 클릭하여 대화상자에서 파일을 선택하여 원하는 이미지를 불러옵니다. 또는 단축키 Ctrl+O(Windows)/Cmd+O(Mac)를 키보드에서 눌러 대화상자에서 파일을 선택하여 원하는 이미지를 불러옵니다.

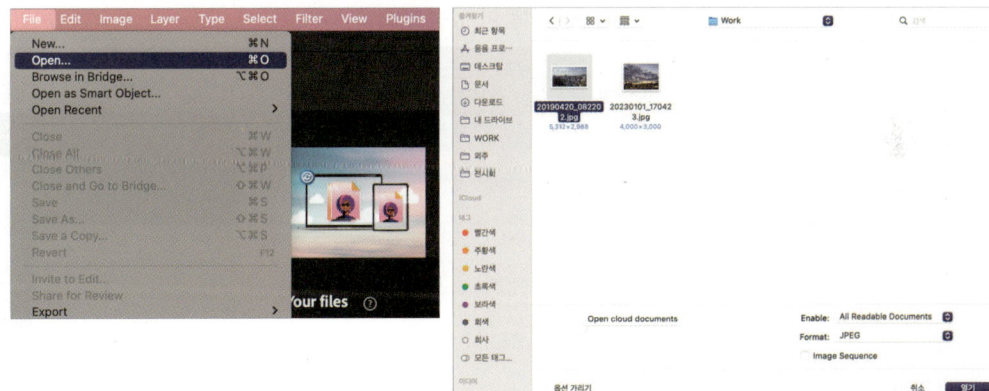

❷ 포토샵 시작 화면에서 [Open]을 클릭합니다. ❶과 동일하게 대화상자가 열리며 파일을 선택하여 원하는 이미지를 불러옵니다.

❸ 포토샵 시작화면에서 [Home]은 포토샵으로 작업한 내 컴퓨터에 저장된 최근 파일이 보여지고 클릭하면 파일이 열립니다. [Your Files]는 크리에이티브 클라우드에 저장된 최근 파일을 불러올 수 있습니다.

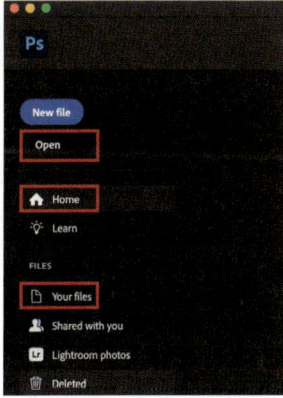

❹ 드래그하여 불러오기

- 윈도우즈의 탐색기나 맥의 파인더 앱에서 원하는 파일을 포토샵 앱의 캔버스로 드래그하여 불러옵니다. 만약 이미지의 OS에서 기본 실행 프로그램이 포토샵으로 지정되어 있다면 탐색기에서 더블 클릭하여 바로 포토샵을 실행하거나 파일을 열 수 있습니다.

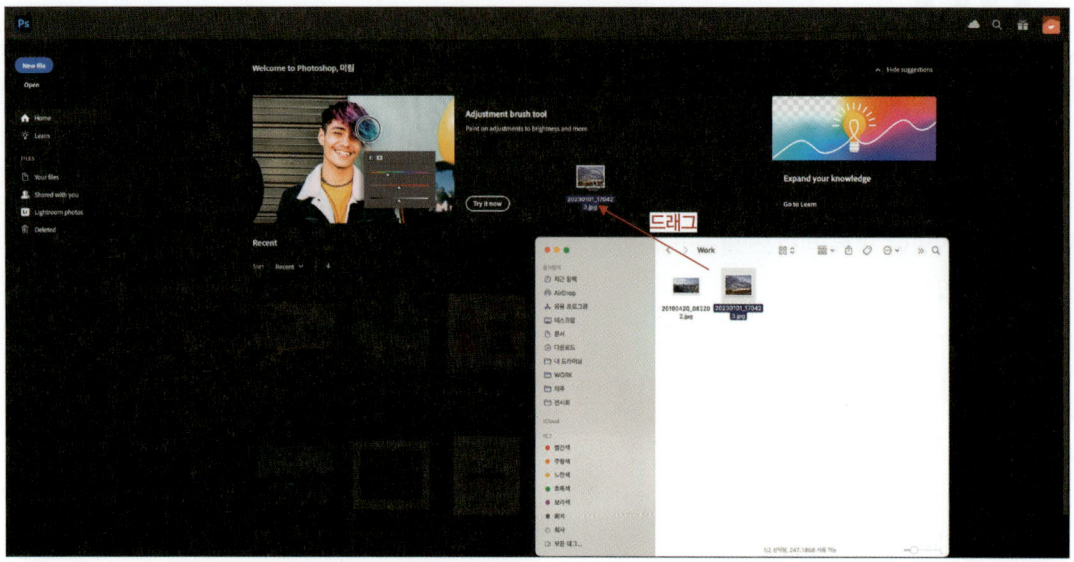

- 포토샵에서 이미지가 열려 있다면 캔버스의 문서 이름이 있는 탭으로 드래그하여 이미지를 불러올 수 있습니다.

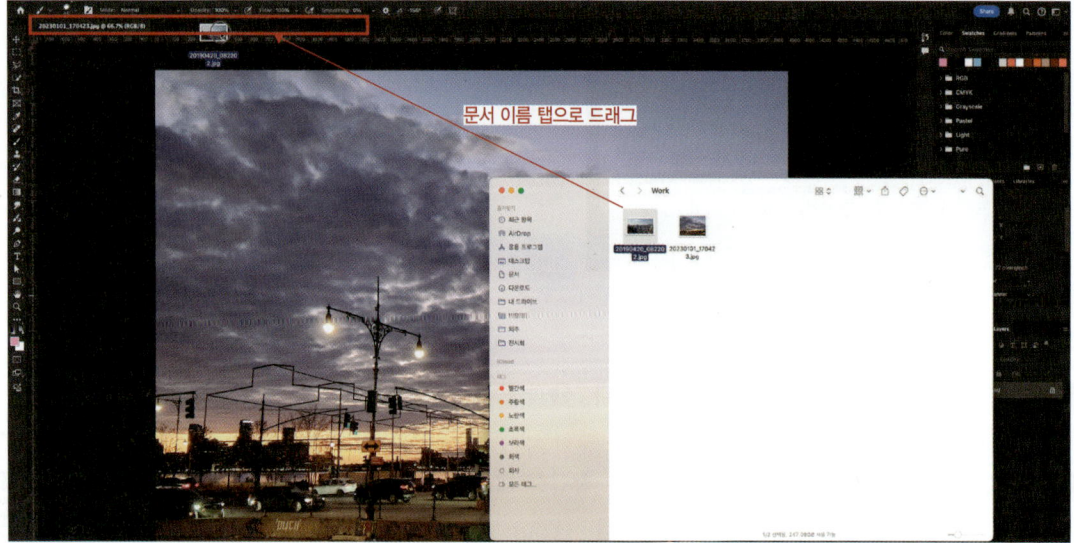

❺ 어도비 브릿지를 이용하여 불러오기

- 어도비 브릿지 애플리케이션은 크리에이티브 클라우드에서 다운로드할 수 있는 뷰어로 윈도우 탐색기, 맥 파인더에서 .psd 등 디자인 파일이 미리보기가 되지 않는 문제점을 해결하여 여러 파일을 썸네일 아이콘으로 빠르게 훑어볼 수 있어 작업 시간을 절감하는 데 도움이 됩니다.
- 어도비 브릿지를 이용하여 미리보기를 실행하고 포토샵으로 불러올 수 있습니다.
- 브릿지를 크리에이티브 클라우드에서 실행하거나 최상단 메뉴의 [파일〉열기/File〉Browse in Bridge]를 실행합니다.

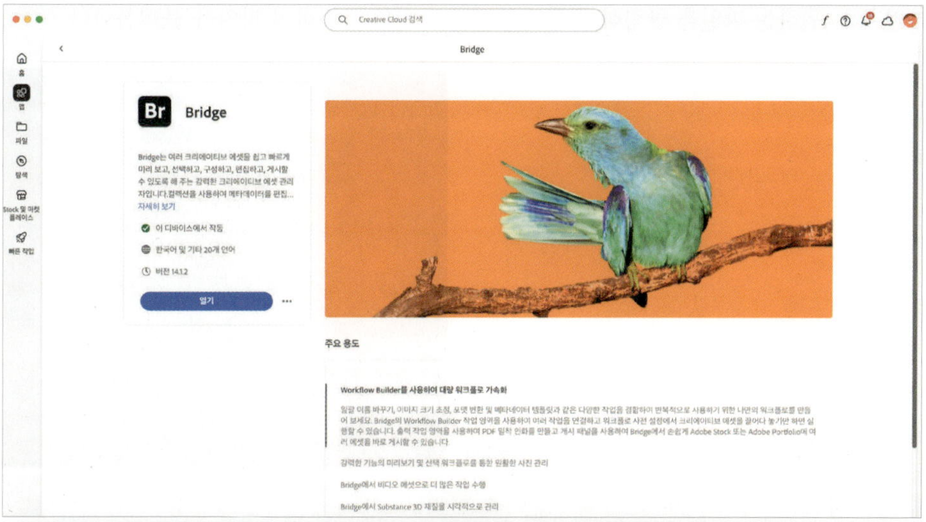

2. 1분 실습_파일 열기

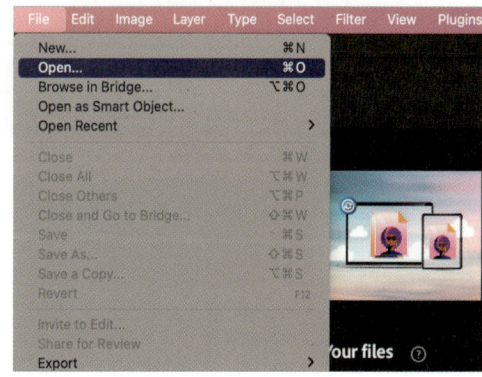

❶ 최상단 메뉴의 [파일〉열기/File〉Open]을 클릭하거나 단축키 Ctrl+O(Windows)/Cmd+O(Mac)를 키보드에서 눌러 [열기] 대화상자를 엽니다.

❷ 실습 파일 혹은 원하는 파일을 클릭하여 선택한 후 [열기]를 클릭하여 파일을 불러옵니다.

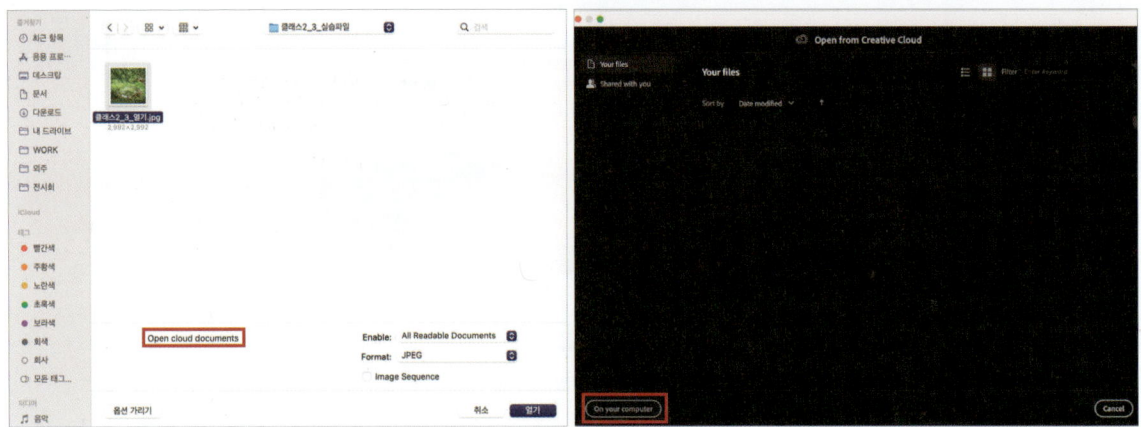

> **Tip**　'open cloud document'에서 크리에이티브 클라우드에 저장된 파일을 불러올 수 있습니다. 다시 내 컴퓨터의 파일을 불러오려면 'on your computer' 버튼을 클릭합니다. 포토샵을 처음 실행한 사용자라면 열기 설정이 필요할 수 있습니다.

❸ 이미지 불러오기가 완료되었습니다. 캔버스에 문서창이 만들어지며 문서 이름 탭을 확인할 수 있습니다.

3. 포함 가져오기/연결 가져오기(Place Embedded/Place Linked) 기능 알아보기

(1) 포함 가져오기/연결 가져오기 메뉴

❶ 포함 가져오기 메뉴 위치: 최상단 메뉴의 [파일〉가져오기〉포함 가져오기/File〉Place〉Place Embedded...]

❷ 연결 가져오기 메뉴 위치: 최상단 메뉴의 [파일〉가져오기〉연결 가져오기/File〉Place〉Place Linked...]

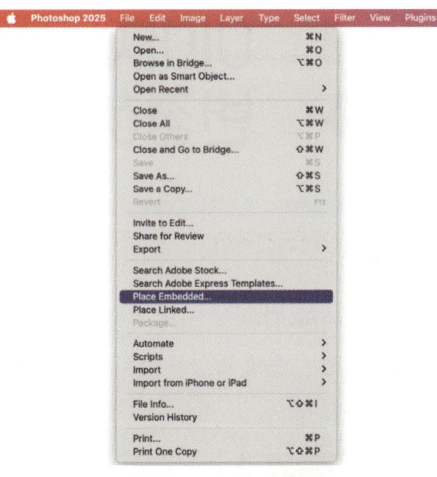

(2) 포함 가져오기/연결 가져오기 레이어

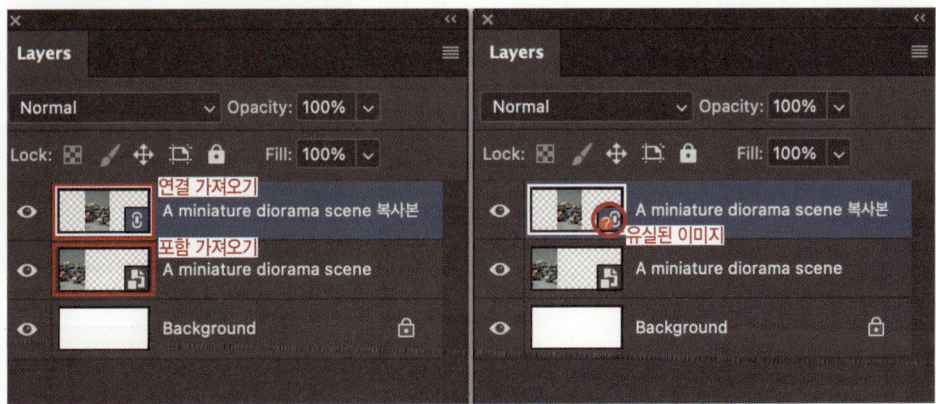

❶ 포함 가져오기(Place Embedded)
  • 원본 파일의 모든 데이터를 현재 작업 중인 문서에 완전히 포함시키는 기능입니다.
  • 현재 작업 문서에 원본 파일의 데이터가 완전히 포함되어 독립적으로 편집할 수 있으나 파일 크기가 커질 수 있습니다.
  • 다른 사람과 공유 시에도 원본 파일을 포함하여 손실의 우려가 없습니다.

❷ 연결 가져오기(Place Linked)
  • 원본 파일과의 연결을 유지한 채로 파일을 가져오는 기능입니다.
  • 파일 크기를 최소화할 수 있고, 원본이 수정되면 연결된 모든 문서에 자동으로 반영됩니다.
  • 여러 문서에서 동일한 이미지를 사용할 때 효율적이지만, 원본 파일의 경로가 변경되거나 삭제되면 연결이 끊어질 수 있어 주의가 필요합니다.

SECTION 04 | 이미지 크기와 캔버스 크기를 변경하자

이미지 크기와 캔버스 크기 기능을 이용하여 이미지의 사이즈와 해상도를 필요에 따라 변경할 수 있습니다. 이 섹션에서는 예제 파일을 열고 함께 이미지 크기와 캔버스 크기 기능을 살펴보겠습니다.

1. 예제 파일 열기

최상단 메뉴의 [파일〉열기/File〉Open]을 클릭하여 예제 파일 '포토샵파트_이미지와캔버스크기연습.jpg'을 불러옵니다.

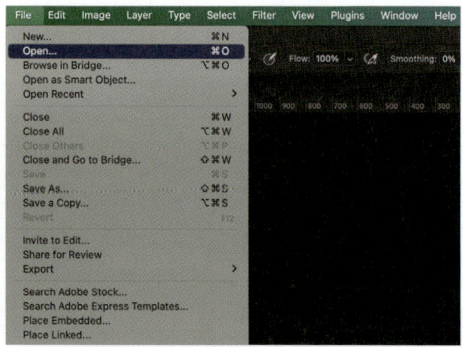

2. 이미지 크기 패널 열기

최상단 메뉴의 [이미지〉이미지 크기/image〉image size]를 클릭하여 이미지 크기 패널을 엽니다. 또는 단축키 Alt+Ctrl+I(win)/Alt+Cmd+I(Mac)를 키보드에서 누릅니다.

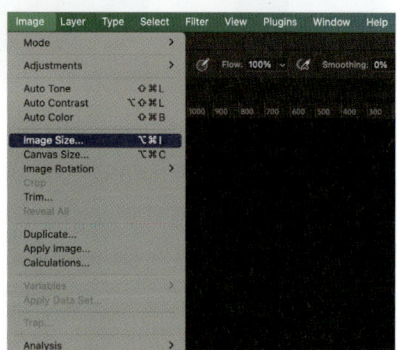

3. 이미지 크기 패널 자세히 보기

❶ 이미지 크기: 파일의 용량을 확인합니다.
❷ 치수: 현재 파일의 사이즈를 확인합니다. 드롭다운 버튼을 클릭하여 단위를 변경할 수 있습니다.
❸ 다음에 맞추기: 사전 설정된 사이즈와 해상도를 불러옵니다.

❹ 폭/높이: 파일의 가로, 세로 규격을 변경하고 단위를 변경합니다. 체인을 활성화하면 가로와 세로가 동일한 비율로 변경됩니다. 체인을 클릭하여 비활성화하면 폭과 높이는 각각 따로 변경됩니다.
❺ 해상도: 파일의 해상도를 설정합니다.
❻ 리샘플링: 자동으로 체크되어 있다면 이미지의 크기가 변화될 때 이미지의 총 픽셀 수도 자동으로 변경됩니다.

4. 이미지 크기 축소하기

체인이 비활성화 상태라면 클릭하여 활성화 합니다. 폭(Width)을 2000Pixel로 입력하여 크기를 수정합니다. OK 버튼을 클릭하여 수정사항을 적용합니다.

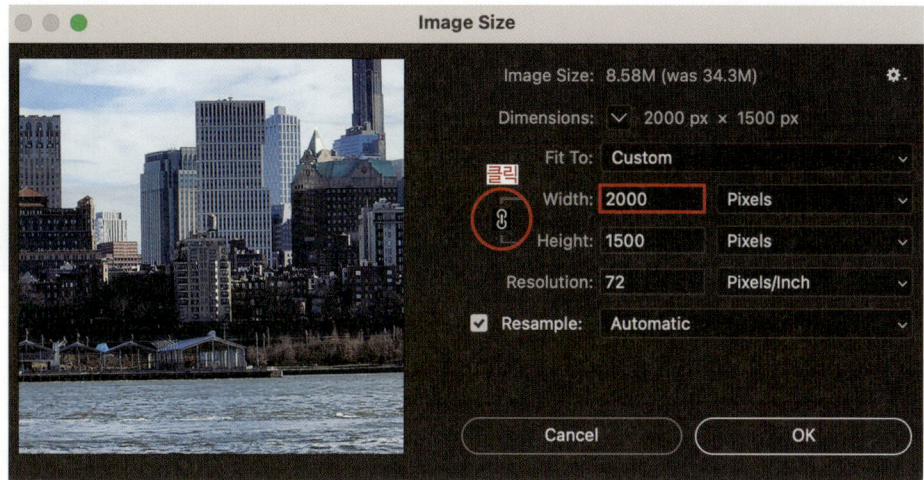

5. 이미지 크기 확대하기

❶ 리샘플링 옵션을 사용하여 이미지를 확대할 때 나타나는 픽셀의 깨짐과 노이즈를 어느 정도 보완하여 확대할 수 있습니다. 원본 이미지가 크게 차이가 나는 사이즈에는 선명함을 보장할 수는 없지만, 이 기능을 이용하여 보완하여 이미지를 확대할 수 있습니다.

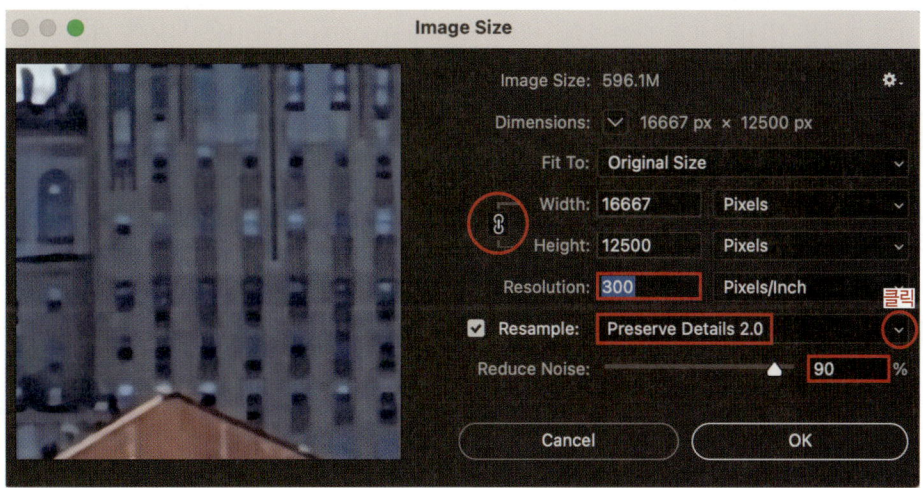

❷ 이미지 크기 패널에서 해상도(Resolution)를 300으로 입력합니다. 이미지의 사이즈도 자동으로 변화합니다. 리샘플링 옵션을 클릭하여 드롭다운 메뉴에서 [세부 묘사 유지 2.0/Preserve Details(enlargement)] 옵션을 클릭한 후 노이즈 감소 옵션을 50 이상으로 조절합니다. OK를 눌러서 변경사항을 저장합니다.

❸ 노이즈가 감소되어 이미지가 매끄럽게 확대된 것을 확인할 수 있습니다.

6. 캔버스 크기 패널 열기

❶ 포토샵에서 캔버스는 대지가 놓여진 편집 가능한 문서의 영역입니다. 캔버스 크기 패널을 이용하여 크기를 늘리면 이미지 주위에 여백이 추가됩니다. 반대로 크기를 줄이면 이미지는 캔버스 크기에 맞춰 잘리게 됩니다. 대지에는 변경사항이 적용되지 않으므로 대지가 설정된 파일에서는 일부 기능이 적용되지 않을 수 있습니다.

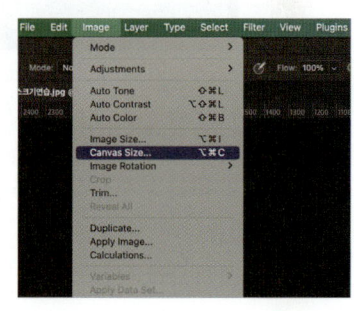

❷ 최상단 메뉴의 [이미지〉캔버스 크기/Image〉Canvas Size]를 클릭하여 캔버스 크기 패널을 엽니다. 또는 단축키 Alt + Ctrl + C(Windows)/ Opt + Cmd + C(Mac)를 키보드에서 누릅니다.

7. 캔버스 크기 패널 자세히 보기

❶ 현재 문서의 크기와 폭과 높이
❷ 새로운 크기 입력: 폭과 높이를 입력하고 측정 단위를 선택할 수 있습니다.
❸ 상대치(Relative): 체크박스를 활성화하면 입력된 폭과 높이의 수치가 사라집니다. 그 후 폭과 높이를 입력하면 현재 캔버스 사이즈 기준으로 사이즈가 추가되거나 감소됩니다. 상대치는 기준의 영향을 받습니다. 기준이 디폴트 값이라면 캔버스의 중심에서 크기가 축소되거나 확대됩니다.
  예 왼쪽과 오른쪽에 각각 10px를 추가하고 싶다면 폭에 20px를 입력하면 포토샵이 현재 캔버스의 양쪽에 10px를 추가합니다. 반대로 −10px씩 줄이고 싶다면 −20px을 입력합니다.
❹ 기준(Anchor): 캔버스 크기를 늘릴 중심점을 지정합니다.

❺ 캔버스 확장 색상(Canvas extension color): 늘어난 캔버스의 컬러를 사전 설정할 수 있습니다. 클릭하면 드롭다운 메뉴에서 원하는 컬러로도 변경이 가능합니다. 'Other…'를 선택하면 컬러피커에서 원하는 컬러를 선택할 수 있습니다.

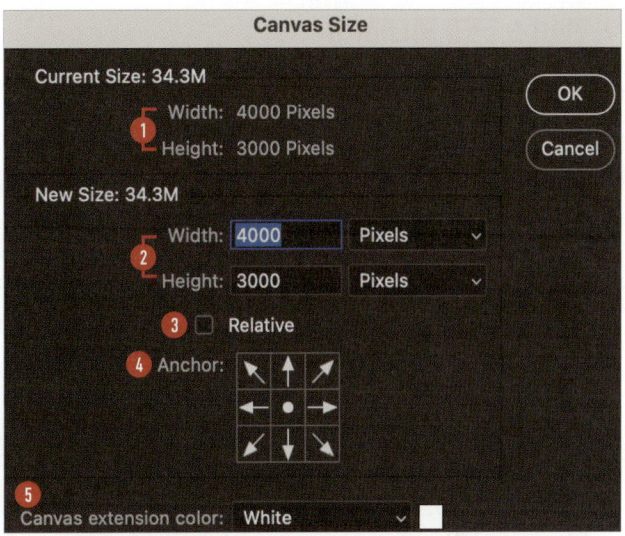

8. 캔버스 크기 축소하기

❶ 캔버스 크기 패널을 열어 폭 3000px, 높이 2000px로 입력하겠습니다.
❷ OK 버튼을 클릭하면 지정한 사이즈가 현재 캔버스 크기보다 작아 일부가 잘릴 것이라는 안내 메시지가 송출될 수 있습니다. 계속(Proceed)을 클릭하여 변경사항을 적용합니다.

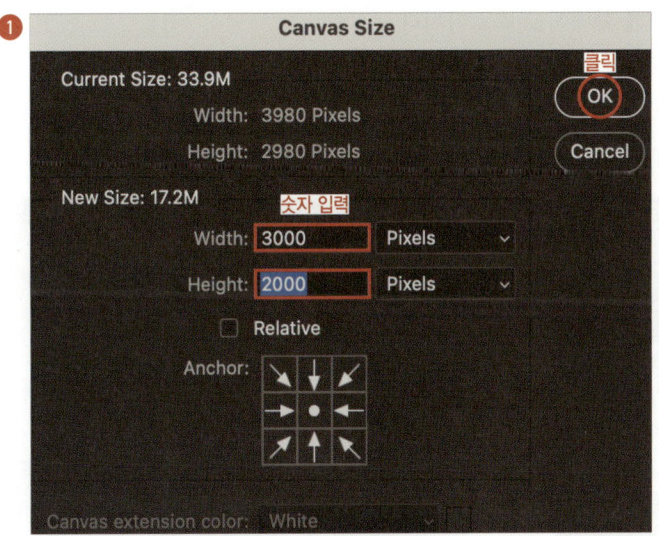
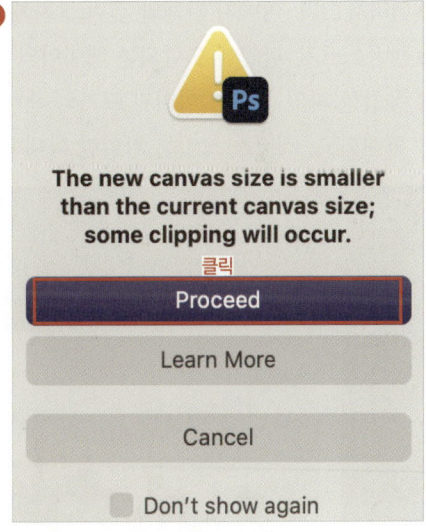

❸ 캔버스 크기가 축소되었습니다.

9. 캔버스 크기 확대하기

❶ 캔버스 크기 패널을 열어 폭 110, 높이 110으로 숫자를 입력하고 단위를 퍼센트(Percent)로 변경합니다.
❷ 전체 캔버스 크기에서 10%가 확장되어 캔버스가 확대되었습니다.

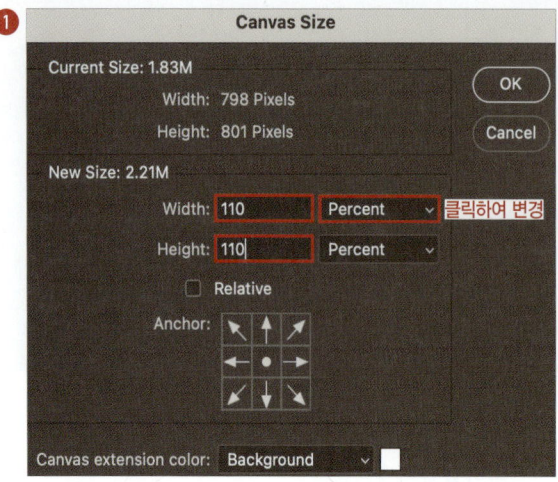

10. 이미지 크기와 캔버스 크기의 차이점?

❶ 이미지 크기: 이미지 자체와 캔버스 자체를 함께 확대하고 축소합니다.
❷ 캔버스 크기: 파일에 포함되는 레이어의 사이즈는 변화 없이 문서 자체의 사이즈만 축소하고 확대합니다.
❸ 동일한 파일을 열어 이미지 크기와 캔버스 크기를 150퍼센트로 확대시켰을 때, 이미지 크기는 파일 전체가 확대되고, 캔버스 크기는 파일만 확대되며 레이어 크기의 변화는 없습니다.

SECTION 05 | 파일을 저장하고 이미지로 내보내기

포토샵에서 파일을 다양한 형식으로 저장할 수 있습니다. .jpeg, .png 등의 압축된 이미지부터 레이어가 보존되어 언제든 작업을 다시 할 수 있는 .psd 원본 파일과 업무에 보편적으로 많이 활용되는 .pdf 파일, 그리고 움직임이 있는 .gif나 .mp4와 같은 동적인 파일도 만들 수 있습니다. 포토샵에서 지원하는 다양한 저장 기능을 살펴보고 웹에서 많이 사용되는 이미지로 내보내기 하는 방법도 실습하여 봅시다.

작업 파일이 유실된다면 그동안 작업물에 쏟은 시간과 노력도 함께 잃어버리게 됩니다. 작업 진행 중 수시로 파일을 저장하는 습관을 가지고 원본을 보존하고 파일을 관리하도록 합니다.

1. 저장(Save)/다른 이름으로 저장(Save as)/사본 저장(Save as a copy)

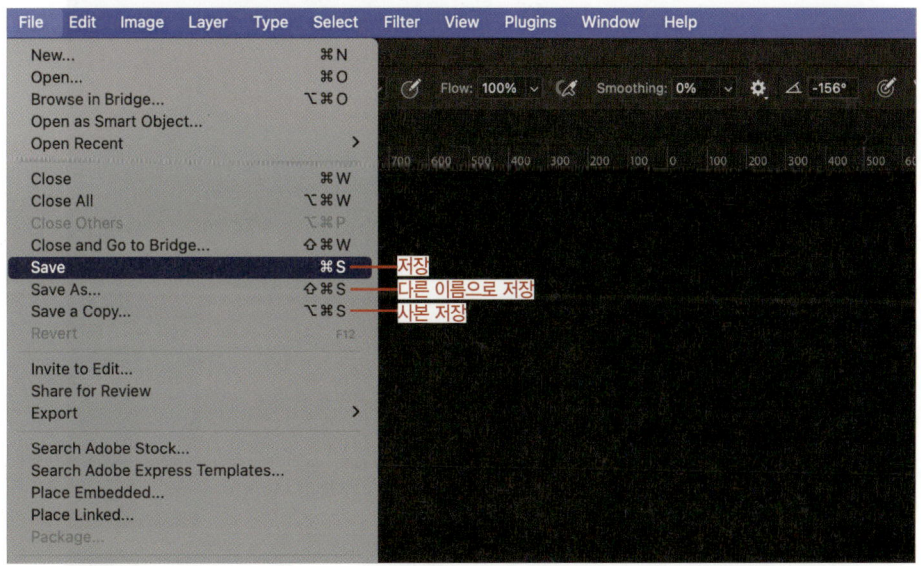

❶ 저장(Save)
- 변경된 내용을 열어 작업 중인 해당 파일에 저장하고 동일한 형식으로 저장됩니다.
- .jpg나 .png 등 이미지 파일의 경우 추가된 레이어가 없다면 동일한 확장자로 저장되며, .jpg 이미지의 경우 이미지의 압축 퀄리티를 지정할 수 있습니다.
- 만약 이미지에 레이어가 추가되어 2개 이상의 복수의 레이어가 있을 경우 자동으로 Save as 대화상자가 열리면서 파일 포맷과 위치를 지정하여 저장할 수 있습니다.
- .psd 파일을 열어 변경 후 저장을 하면 별도의 대화상자 없이 자동으로 동일한 파일에 덮어쓰기로 저장이 되며 시간이 걸릴 경우 문서 이름 탭에서 진행도를 확인할 수 있습니다.

❷ 다른 이름으로 저장(Save as)
- 변경된 내용을 작업 중인 해당 파일에 저장하지 않고 새로운 파일을 생성합니다.
- .psd/.psb/.pdf/.tiff 4가지 파일로 저장해야 한다면 이 기능을 사용합니다.
- 레이어가 보존되는 .psd 파일은 추후 다시 꺼내어 작업을 이어할 수도 있고, 작업 파일을 공유하여 다른 사람이 작업을 하거나 레이어를 사용할 수 있습니다.

❸ 사본 저장(Save as a copy)
- 변경된 내용을 작업 중인 해당 파일에 저장하지 않고 이름이 동일한 새로운 파일을 생성합니다. 해당 파일에는 사본(copy)이라는 이름이 붙도록 지정되어 있습니다. 사본 저장 대화상자 드롭다운 메뉴에서 다양한 파일 저장 옵션을 설정하여 저장할 수 있습니다.
- 사본 저장을 통해 .jpg로 저장할 경우 해상도 정보를 갖고 내보내기가 됩니다. 해상도 300ppi를 유지하여 .jpeg 포맷으로 이미지를 내보내야 할 때는 사본 저장을 사용하여 저장합니다.

2. 내보내기(Export)

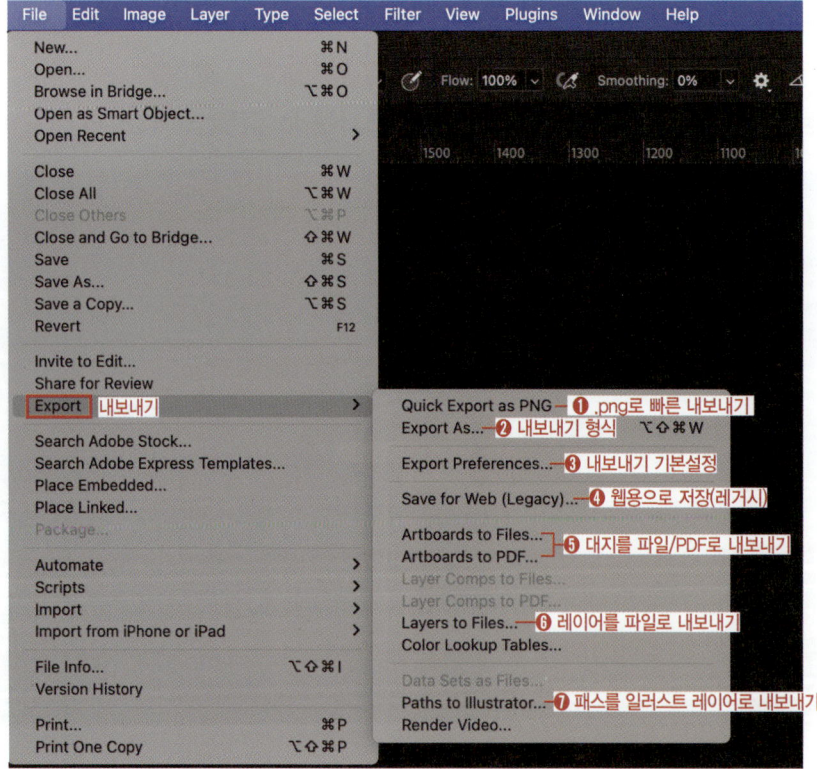

❶ Quick Export as .png(PNG로 빠른 내보내기): 작업 중인 해당 파일을 .png로 바로 내보냅니다. 별도의 옵션 설정은 아래 Export Preferences(내보내기 기본 설정)에서 설정합니다.

❷ Export As(내보내기 형식): 내보내기 형식은 이미지 크기와 캔버스 크기 기능이 포함되어 있으며 .png, .jpg, .gif 3가지 압축된 이미지로 저장할 수 있는 기능입니다. 선택하면 [내보내기 형식] 대화상자가 열리며 대화상자에서 확장자 및 사이즈 캔버스 사이즈 등 옵션을 설정하여 내보낼 수 있으며 대지가 있을 경우 각 대지별로 이미지를 내보낼 수 있습니다.

❸ Export Preferences(내보내기 기본 설정): Quick Export as PNG(PNG로 빠른 내보내기)의 사전 설정 옵션입니다. .png 파일의 투명도 여부와 확장자를 변경할 수 있습니다. 만약 .jpg로 사전 설정을 변경하였다면 상위 메뉴는 Quick Export as JPG(JPG로 빠른 내보내기)로 표기가 자동으로 변경되어 보입니다.

❹ Save for Web(Legacy)[웹용으로 저장(레거시)]
- 내보내기 형식과 비슷하지만 캔버스 크기 기능은 없으며 내보낼 파일의 퀄리티를 더 섬세하게 편집할 수 있는 장점이 있습니다. 대지가 있는 파일일 경우 캔버스 전체가 내보낼 이미지에 포함되며, 대지별로 내보낼 수 없기 때문에 불편함이 있을 수 있습니다.
- [내보내기 형식]과 [웹용으로 저장 기능]은 기본적으로 원본을 압축하여 웹에서 사용하기 좋은 이미지로 저장하므로 해상도를 72ppi로 변환합니다.

❺ Artboards to Files/Artboards to PDF(대지를 파일/PDF로): 대지를 압축된 .jpg가 아닌 높은 해상도를 유지한 채 .jpeg 포맷과 .pdf 파일로 내보낼 수 있습니다.

❻ Layer to Files(레이어를 파일로): 레이어 패널에서 레이어를 선택하여 이미지 파일로 내보냅니다.

❼ Path to Illustrator(Illustrator로 패스 내보내기): 펜 도구, 도형 도구로 작업한 패스를 일러스트레이터 파일(.ai) 확장자로 파일을 생성합니다.

3. 1분 실습_포토샵 파일을 이미지로 내보내기

내보내기를 이용해 대지가 있는 문서가 내보내기 할 때 기능별로 어떤 차이점이 있는지 살펴보고, 인스타그램에 업로드하기 적합한 웹용 이미지로 저장하여 보겠습니다.

(1) 파일 열기

최상단 메뉴의 [파일〉열기/File〉Open…]을 클릭하시거나 단축키 Ctrl+U(Windows)/Cmd+U(Mac)를 키보드에서 눌러 대화상자에서 실습 파일 '클래스2_5_실습_이미지내보내기'를 불러옵니다. 실습 이미지는 해상도 300ppi입니다.

(2) png로 빠른 내보내기

최상단 메뉴의 [파일〉내보내기〉PNG로 빠른 내보내기/File〉Export〉Quick Export as PNG]를 클릭하여 모든 대지(Artboard)를 .png 파일로 내보냅니다.

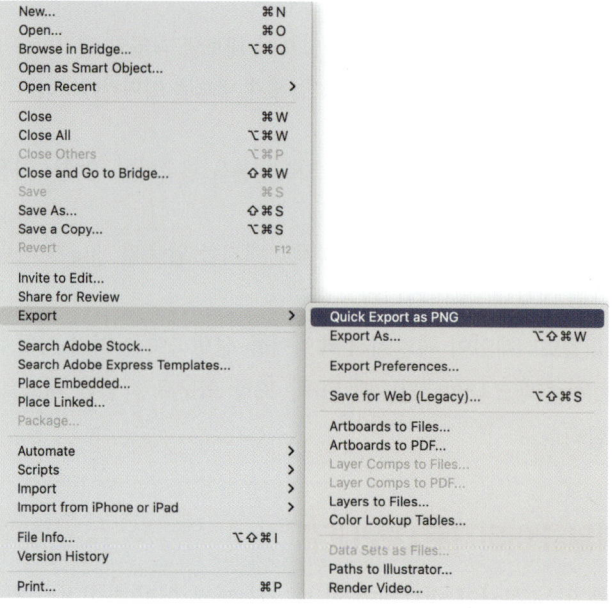

(3) 내보내기 형식으로 복수의 대지를 한 번에 내보내기

❶ 최상단 메뉴의 [내보내기〉내보내기 형식/Export〉Export As...]를 클릭하여 내보내기 형식 대화상자를 엽니다. 또는 단축키 Ctrl+Alt+Shift+W(Windows)/Cmd+Opt+Shift+W(Mac)를 키보드에서 누릅니다.

❷ 파일 설정에서 형식을 .jpg로 변경합니다. 대지가 모두 선택된 상태에서 이미지 크기를 폭 1200px, 높이 1200px으로 변경합니다. 내보내기를 눌러 대지 2개를 한 번에 .jpg 파일로 내보내기를 합니다.

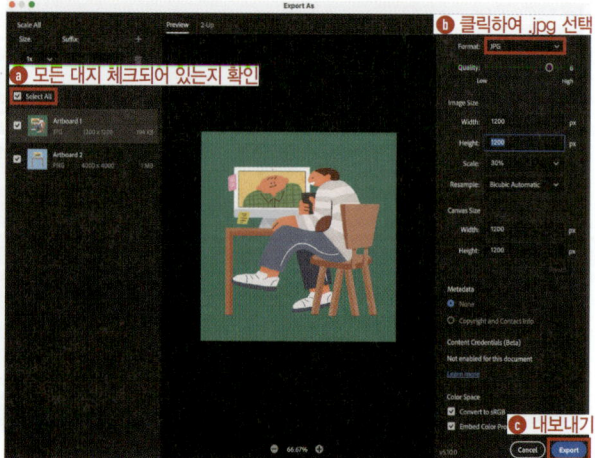

(4) 웹용으로 저장으로 내보내기

❶ 레이어 패널에서 Artboard 2를 선택한 후 레이어 패널 하단의 휴지통 아이콘을 클릭하여 대지를 삭제합니다.

> **Tip** 복수의 대지가 캔버스에 있을 때 웹용으로 저장 옵션은 대지별로 저장되지 않고 캔버스 전체가 저장영역으로 선택이 되기 때문에 대지를 삭제하는 과정을 거쳤습니다.

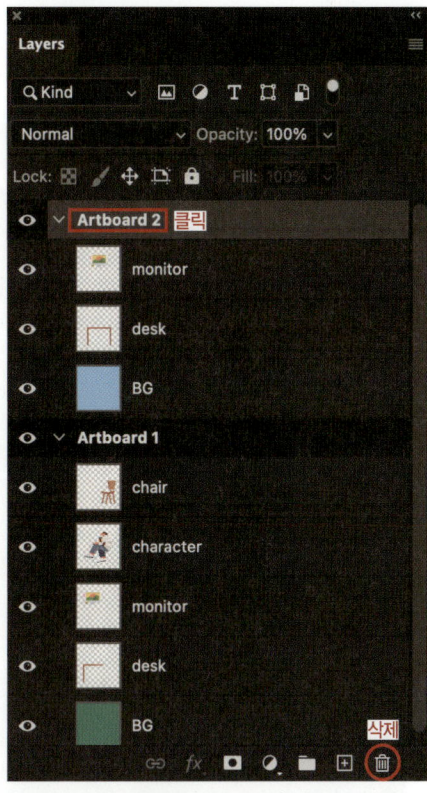

❷ 최상단 메뉴의 [내보내기 〉 웹용으로 저장(레거시)/Export 〉 Save for Web(Legacy)…]을 클릭하여 웹용으로 저장 대화상자를 엽니다. 또는 단축키 Ctrl+Alt+Shift+S(Windows)/Cmd+Opt+Shift+S(Mac)를 키보드에서 누릅니다.

❸ 미리보기 옵션 중 2-Up을 눌러서 이미지가 압축될 때 어떤 변화가 있는지 살펴보면서 이미지 크기를 폭 1200px, 높이 1200px로 변경합니다. 모든 설정이 끝나면 저장을 눌러서 이미지를 내보내기를 합니다.

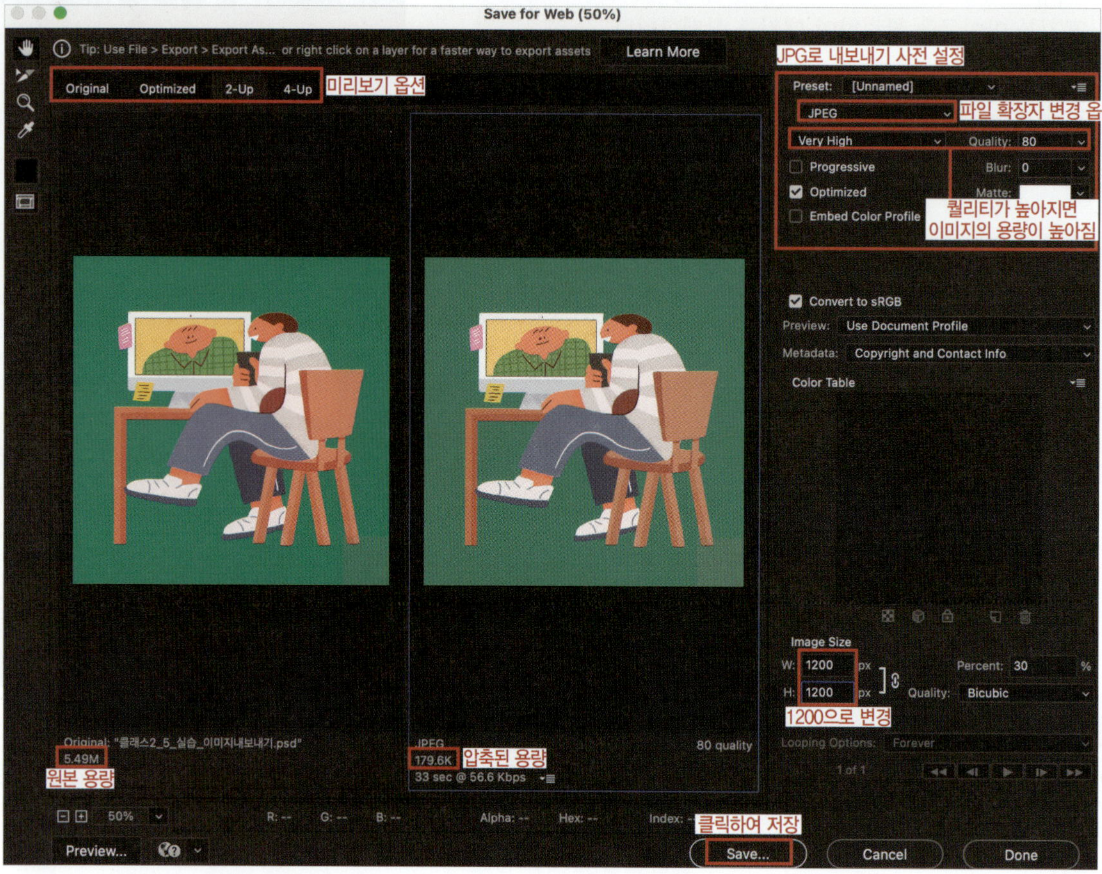

(5) 레이어 패널에서 빠른 내보내기

❶ 레이어 패널에서 Artboard 1을 선택하여 우클릭합니다. Quick Export as PNG(PNG로 빠른 내보내기)를 클릭하여 선택한 대지만 이미지로 빠르게 내보낼 수 있습니다.

❷ 레이어 패널에서 character 레이어를 선택한 후 이름 근처에서 우클릭합니다. Quick Export as PNG(PNG로 빠른 내보내기)를 선택하여 선택한 레이어만 이미지로 빠르게 내보낼 수 있습니다.

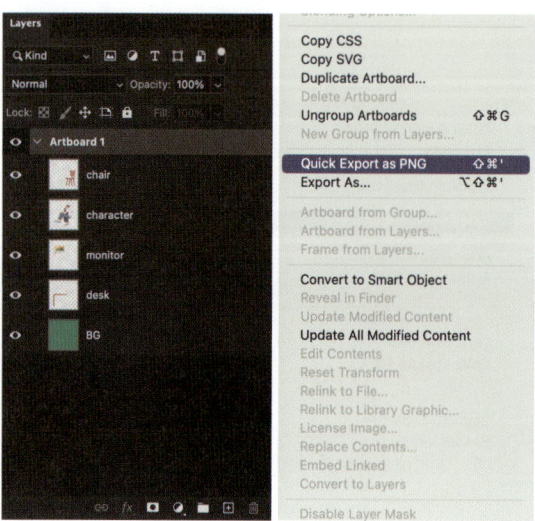
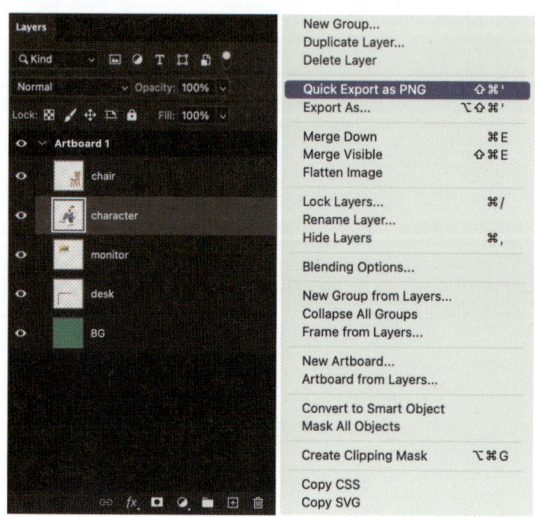

SECTION 06 | 화면을 확대, 축소, 이동, 회전하기

사용자가 작업 시 보기를 도와주는 도구들로 작업의 정밀도와 효율성을 크게 향상시킵니다. 돋보기 도구로 이미지를 확대하여 픽셀 단위의 세밀한 편집이 가능하며, 축소하면 전체적인 구도를 파악할 수 있습니다. 손 도구는 레이어의 변형 없이 캔버스 안을 자유롭게 이동하며 원하는 영역을 쉽게 탐색할 수 있게 해줍니다. 이 두 가지 도구의 사용으로 디테일한 그래픽 작업과 전체적인 이미지 구성의 균형을 잡는 데 필수적이며, 전문적인 이미지 편집 워크플로우의 기본이 됩니다.

1. 돋보기 도구(Zoom tool)

(1) 왼쪽 도구 패널에서의 돋보기 도구

왼쪽 도구 패널에서 선택하거나 단축키 Z를 눌러 활성화합니다. 그 후 문서의 특정 지점에 커서를 위치 후 드래그하여 원하는 만큼 확대/축소를 할 수 있습니다.

(2) 돋보기 도구 활성화 시 컨트롤 패널 옵션

돋보기 도구를 선택하여 활성화하면 상단 컨트롤 패널 옵션을 설정할 수 있습니다.

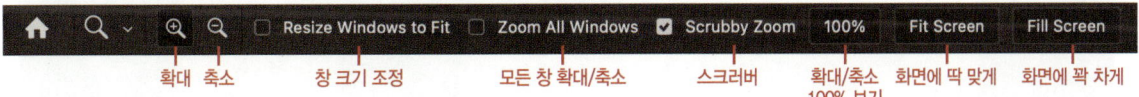

❶ 창 크기 조정(Resize Window Fit)
- 이미지를 확대/축소할 때 작업 창의 크기도 자동으로 조절되는 기능입니다. 이 옵션을 켜두면 이미지 확대/축소 시 이미지와 창 크기가 맞춰집니다.
- 작업 창이 포토샵에 붙어있지 않고 떨어져 있을 때 더 확실하게 확인할 수 있습니다.

❷ 모든 창 확대/축소(Zoom All Windows): 체크하여 활성화 후 [Window > Arrange]로 복수의 이미지를 작업 영역에 탭으로 열고 마우스로 클릭하면 동시에 확대/축소를 할 수 있습니다.

❸ 스크러버 확대/축소(Scrubby Zoom)
- 체크가 된 상태라면 클릭 후 좌우로 드래그하여 화면을 확대/축소할 수 있습니다.
- 돋보기 도구로 이미지를 최대 확대 레벨 12,800%, 최소 약 0.05~0.07%까지 확대/축소할 수 있습니다.

2. 단축키로 빠르고 편리하게 화면을 확대/축소하는 법

❶ 화면 크기에 맞게 조정: Ctrl/Cmd + 0
❷ 실제 픽셀(100%) 보기: Ctrl/Cmd + 1
  - 100% 보기는 사용자의 현재 모니터 해상도로 이미지를 표시하여 웹 브라우저에 나타나는 대로 미리보기를 할 수 있습니다.
  - 가장 정확한 보기를 제공하는 옵션입니다.

3. 내비게이터 패널과 스크롤

[내비게이터] 패널의 축소판을 이용하면 확대/축소되는 아트워크 보기를 빠르게 변경할 수 있습니다. 단축키나 도구 변경에 익숙하지 않은 초보자라면 내비게이터 패널을 추천합니다.

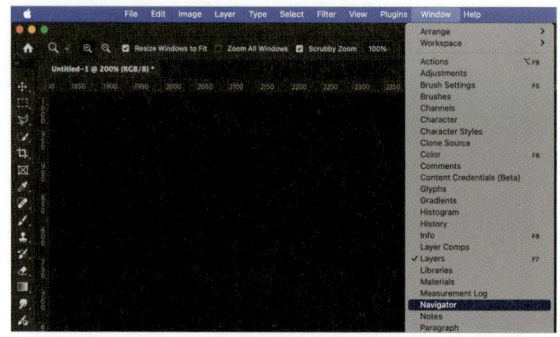

❶ 최상단 메뉴의 [창〉내비게이터/Window〉Navigator]를 클릭하여 내비게이터 패널을 엽니다.
❷ 내비게이터 패널의 슬라이더를 움직여 확대/축소를 진행합니다. 슬라이더 양 끝의 확대/축소 단추를 클릭하면 일정 비율만큼 화면 보기를 할 수 있습니다. 확대/축소 텍스트 상자에 원하는 수치를 입력하여 보기가 가능합니다.

❸ 포토샵 하단의 수치 입력 후 스크롤로 이동하기: 포토샵 왼쪽 하단에 현재 화면의 배율을 확인할 수 있는 항목이 있습니다. 원하는 비율을 입력하면 화면의 보기가 변경됩니다.

4. 손 도구(Hand tool)

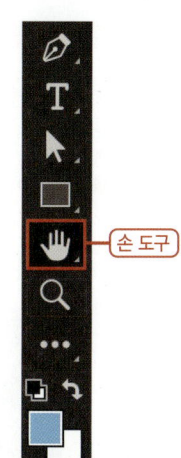

❶ 손 도구를 이용하면 화면의 보기 비율은 확대되거나 축소되지 않고 마우스 커서가 놓여진 위치만 변경할 수 있습니다.
❷ 왼쪽 도구 패널에서 선택하거나 단축키 H를 눌러 활성화합니다. 활성화되면 마우스 커서가 손 모양으로 변화됩니다.
❸ Space bar를 누르는 동안 일시적으로 손 도구로 변화하고 키에서 손을 떼면 이전 선택한 도구로 되돌아갑니다.

> **Tip** 단축키 H를 누른 상태에서 이미지를 클릭하면 윈도우 크기에 맞게 이미지가 일시적으로 확대됩니다.

5. 보기 회전 도구(Rotate view tool)

(1) 개요

❶ 보기 회전 도구는 캔버스 자체를 회전시켜서 사용자의 불편함을 감소하는 기능입니다.
❷ 왼쪽 도구 패널 손 도구 아이콘을 길게 누르거나 단축키 R을 눌러 보기 회전 도구를 활성화할 수 있습니다.
❸ 포토샵 창의 중앙에서 화면을 드래그하여 회전합니다. 원래 화면으로 돌아오려면 컨트롤 패널에서 [보기 재설정/Reset View] 또는 Esc를 키보드에서 누릅니다.

(2) 보기 회전 도구의 활성화 시 상단 컨트롤 패널 옵션

❶ 회전 각도(Rotation Angle): 상단 컨트롤 패널에서 각도를 수치로 입력할 수 있습니다.
❷ 보기 재설정(Reset View): 회전하지 않은 상태로 돌아갑니다.
❸ 모든 창 회전(Rotate All Windows): 열려 있는 모든 문서를 동일하게 회전합니다.

6. 여러 가지 화면 보기 기능 정리

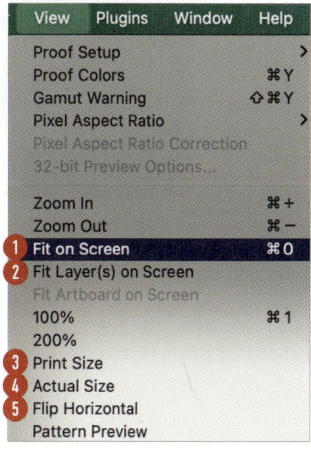

최상단 메뉴의 [보기/View]의 드롭다운 메뉴를 선택하면 다양한 보기 옵션이 있습니다.
❶ 화면 크기에 맞게 조정(Fit on screen): 현재 문서를 화면에 꽉 차게 표시합니다.
❷ 화면 크기에 레이어 맞추기(Fit on Layer): 선택된 레이어를 화면에 꽉 차게 표시합니다.
❸ 인쇄 크기(Print Size): 실제로 인쇄될 때의 크기를 화면에서 시뮬레이션합니다.
❹ 실제 크기(Actual Size): 이미지의 실제 픽셀 크기를 1:1 비율로 보여줍니다.
❺ 가로로 뒤집기(Filp Horizontal): 이미지를 반전시켜 볼 수 있습니다.

7. 화면 모드 변경하기

키보드에서 F를 눌러서 컨트롤 메뉴 막대, 문서 이름 탭, 스크롤 막대, 오른쪽, 왼쪽의 도구와 패널들을 잠시 숨길 수 있습니다. 캔버스나 문서를 화면에 포커스하여 작업의 전체를 보고 밸런스를 고민하거나 간략한 미팅이나 프리젠테이션 때 사용되는 기능입니다.

❶ 표준 화면 모드(Standard Screen Mode)

❷ 메뉴 막대가 포함된 전체 화면 모드(Full Screen Mode With Menu Bar)

❸ 전체 화면 모드(Full Screen Mode)

❹ Tab 눌렀을 때 화면 모드: 키보드에서 Tab 을 눌러서 문서 이름 탭 외 다른 도구와 패널을 잠시 숨길 수 있습니다.

❺ 최상단 메뉴의 [보기 > 화면모드/View > Screen Mode]에서도 화면 모드를 동일하게 변경할 수 있습니다.

> **Tip** 픽셀 격자 숨기기
> - 기본적으로 500% 이상 확대할 경우 이미지 상 픽셀 격자가 표시됩니다.
> - 격자가 필요 없을 때 최상단 메뉴의 [보기 > 표시 > 픽셀 격자/View > Show > Pixel Grid]에서 선택을 해제하여 픽셀 격자를 해제할 수 있습니다.

SECTION 07 | 새 레이어 만들고 레이어 패널로 관리하기

1. 디지털 그래픽의 레이어란?

1980년대 초반, 컴퓨터 그래픽 기술이 발전하면서 '레이어' 개념이 등장했습니다. 이는 전통적인 애니메이션 제작 과정에서 영감을 받았습니다. 애니메이터들이 투명한 셀룰로이드 시트를 겹쳐 영상을 만들던 방식을 셀 애니메이션이라고 합니다. 이를 디지털 환경에 적용하고 발전한 것이 지금의 디지털 그래픽의 레이어입니다. 레이어는 1994년 Adobe Photoshop 3.0에서 레이어 팔레트가 도입되면서 디지털 이미지 편집의 핵심 기능으로 자리잡았습니다.

(1) 레이어(Layer)의 개념과 원리

레이어는 디지털 이미지를 구성하는 개별적인 층을 의미합니다. 각 레이어는 독립적으로 편집할 수 있는 이미지 요소를 포함하고 있으며, 이들이 쌓여 최종 이미지를 형성합니다. 주요 특징은 다음과 같습니다.

❶ 투명도: 각 레이어는 투명한 배경을 가질 수 있으며, 아래 레이어가 보이게 할 수 있습니다.
❷ 순서: 레이어의 순서를 변경하여 이미지의 구조를 쉽게 바꿀 수 있습니다.
❸ 블렌딩 모드: 레이어 간의 상호작용 방식을 결정하여 다양한 시각 효과를 만들 수 있습니다.
❹ 마스킹: 레이어의 특정 부분만 보이게 하거나 숨길 수 있습니다.

(2) 레이어의 중요성

❶ 레이어는 컴퓨터 그래픽 작업에 혁명을 가져왔습니다. 복잡한 합성 작업을 가능하게 하고, 비파괴적 편집을 통해 원본을 보존하면서 다양한 시도를 할 수 있게 해줍니다. 또한 작업 과정을 체계적으로 관리할 수 있게 하여 효율성을 높이고, 협업을 용이하게 합니다.
❷ 현재 레이어 기술은 2D 그래픽 뿐만 아니라 3D 그래픽, 영상 등 다양한 분야로 확장되어 사용되고 있으며 시각 그래픽 및 미디어 제작의 핵심 요소로 자리잡았습니다.

❸ 포토샵에서 레이어는 하나의 개체가 될 수도 있으며 배경이 될 수도 있습니다. 또는 필터나 조정 레이어처럼 다른 레이어의 컬러나 효과를 비파괴적으로 보조하는 역할도 있습니다.

2. 새 레이어 생성하기

최상단 메뉴의 [레이어〉열기〉레이어.../Layer〉New〉Layer...]를 선택하거나 레이어 패널 하단의 (+) 버튼을 클릭하면 새로운 빈 레이어를 만들 수 있습니다. 또는 단축키 Shift + Ctrl + N (Windows)/Shift + Cmd + N (Mac)을 누르면 새 레이어 대화상자가 열리면서 레이어 이름, 투명도 등 옵션을 사전 설정하고 만들 수도 있습니다.

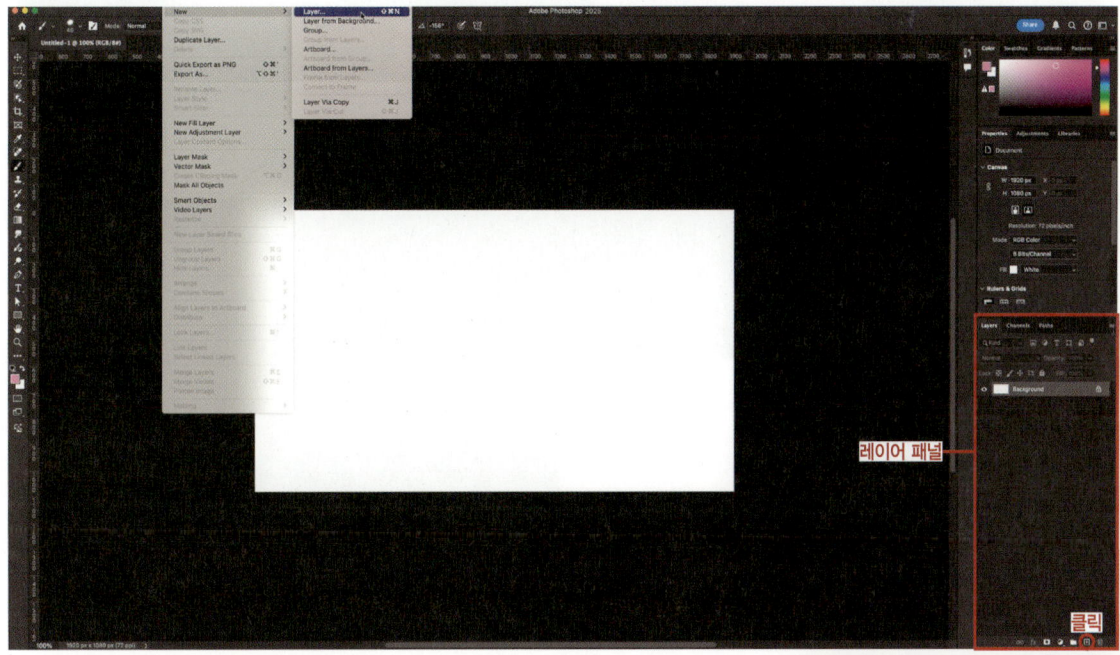

3. 새 칠 레이어 생성하기

새 칠 레이어는 색이나 그레이디언트, 패턴을 미리 적용하여 레이어를 생성할 수 있는 기능입니다. 최상단 메뉴의 [레이어〉새 칠 레이어 열기/Layer〉New Fill Layer]를 선택하면 3가지의 칠 레이어를 선택하여 생성할 수 있습니다.

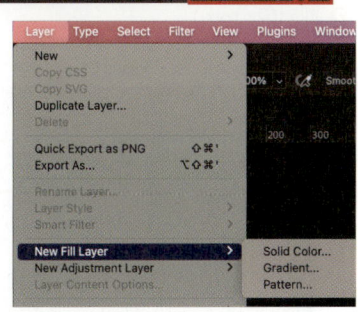

❶ 단색(Solid Color)

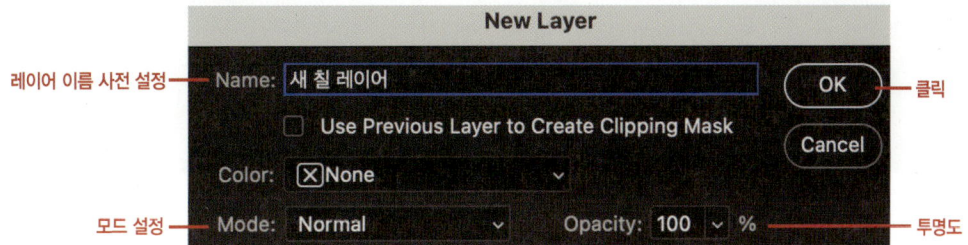

❷ 그레이디언트(Gradient)

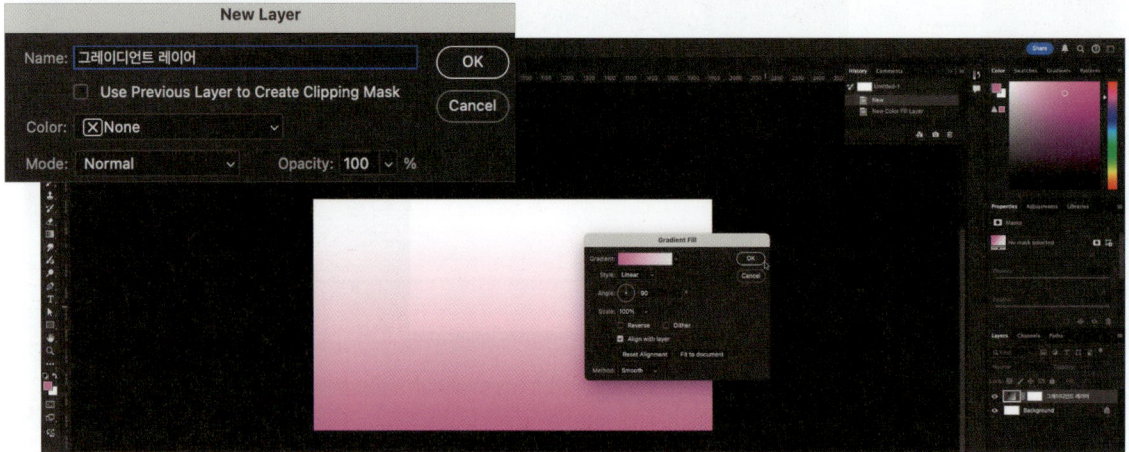

❸ 패턴(Pattern)

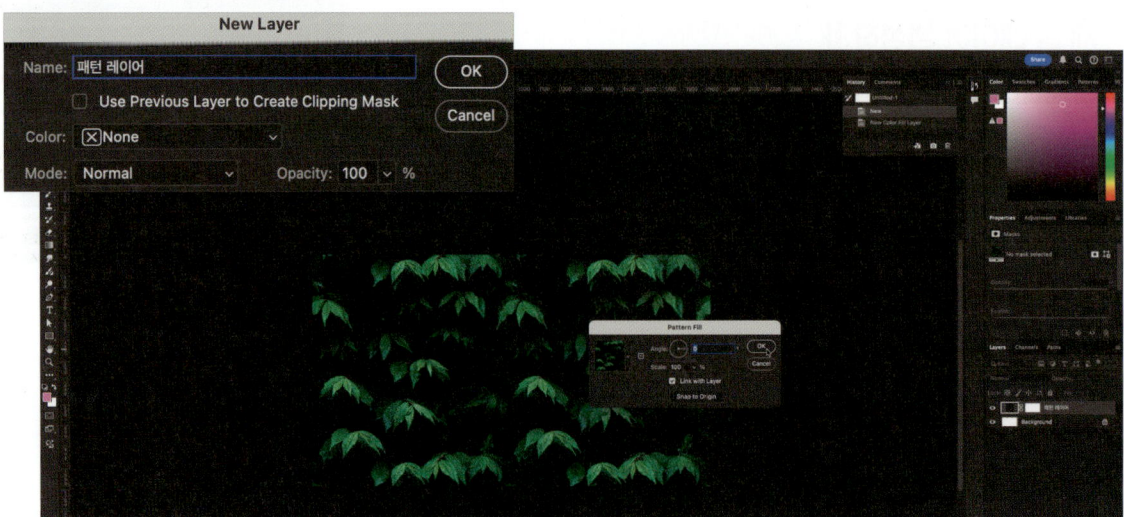

4. 레이어 선택하여 위치 이동하기, 자동 선택 옵션 활성화하기

마우스 커서를 레이어에 올리면 레이어의 가장자리가 파랗게 표시가 됩니다. 이 표시는 레이어의 위치 및 상태를 표시하는 것으로, 클릭하면 레이어가 선택됩니다.

(1) 레이어 패널에서 선택하기

❶ 레이어 패널은 레이어에 대해 미리 볼 수 있고 다양한 편집 및 효과가 모여있는 패널입니다.

❷ 최상단 메뉴의 [창 〉 레이어/Windows 〉 Layers]에서 패널을 열 수 있으며 단축키 F7 을 눌러도 가능합니다. 작업 영역이 필수(기본값)일 경우에는 오른쪽 하단에서 찾을 수 있습니다.

❸ 레이어 패널에서 원하는 레이어를 선택할 수 있습니다. 작업을 하고자 하는 레이어를 선택합니다. 레이어 패널에서 현재 어떤 레이어가 선택된 상태인지 확인할 수 있습니다.

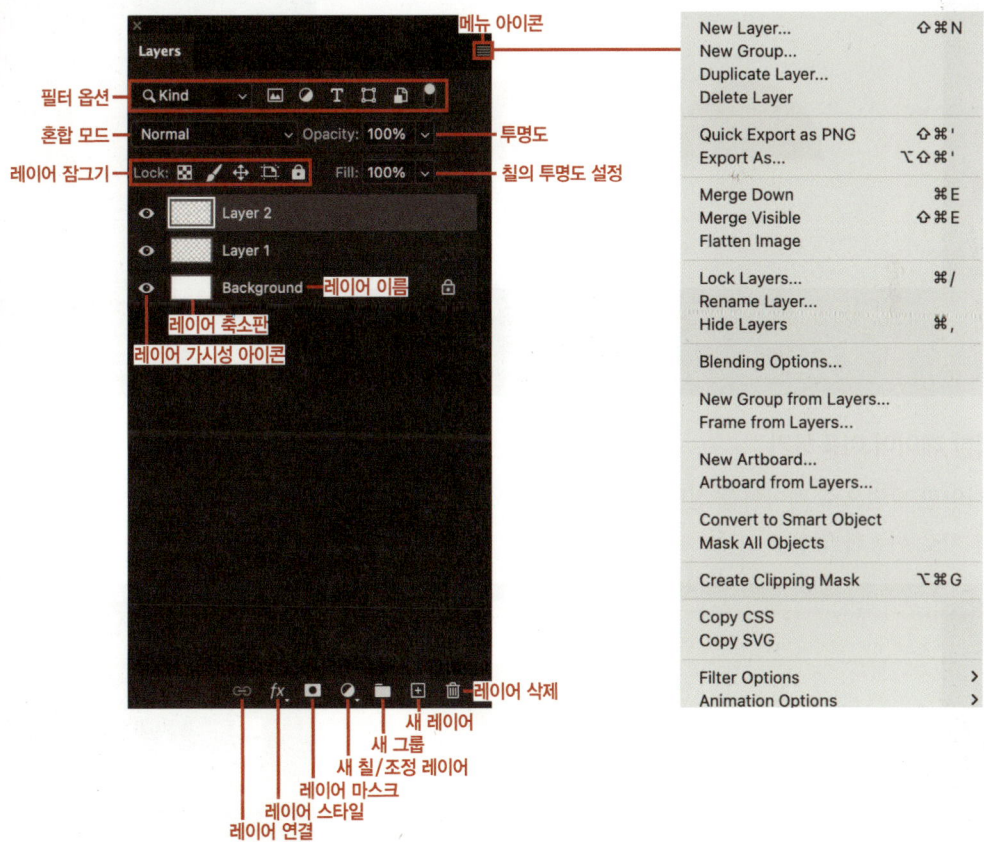

❹ 2개 이상의 복수의 레이어를 선택 시에는 Ctrl (Windows)/ Cmd (Mac)를 눌러서 선택합니다.
❺ 연속된 여러 개의 레이어를 선택 시에는 Shift 를 눌러서 선택합니다.

(2) 이동 도구와 자동 선택으로 편리하게

❶ 이동 도구가 선택된 상태에서 컨트롤 패널에서 자동 선택(Auto Select)의 체크박스를 클릭하면 가장 상위에 있는 레이어가 자동으로 선택됩니다.

❷ 컨트롤 패널에서 '변형 컨트롤 표시(Show Transform Controls)'를 클릭하면 레이어의 주위로 바운딩 박스가 표시되어 레이어의 형태나 위치를 바로 파악할 수 있습니다.

(3) 우클릭하여 선택하기

캔버스에서 우클릭하면 드롭다운 메뉴가 나타나고 원하는 레이어를 선택할 수 있습니다.

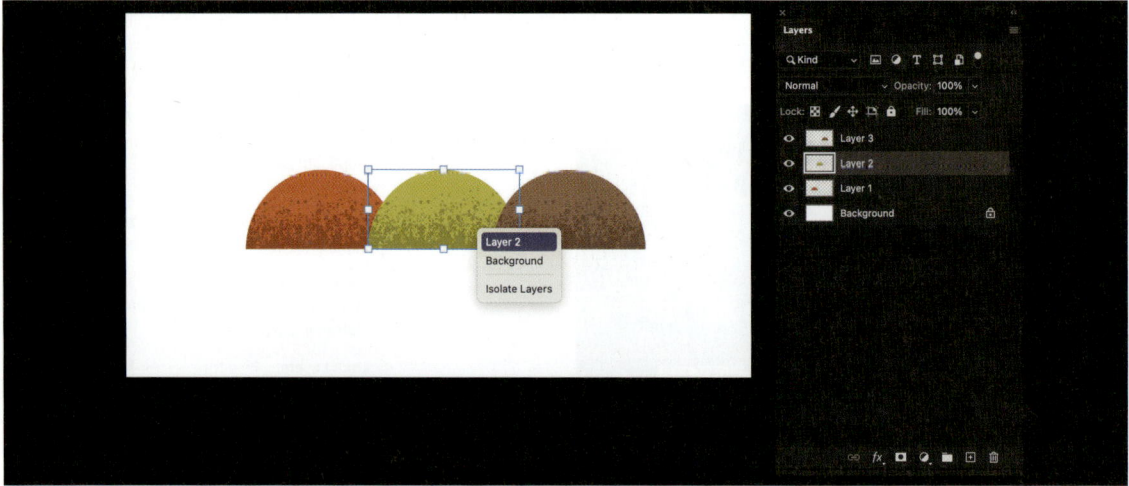

(4) 선택한 레이어 이동하기

이처럼 다양한 방법으로 레이어를 선택할 수 있습니다. 레이어를 선택한 후 클릭한 채로 드래그하여 레이어를 원하는 위치로 이동합니다.

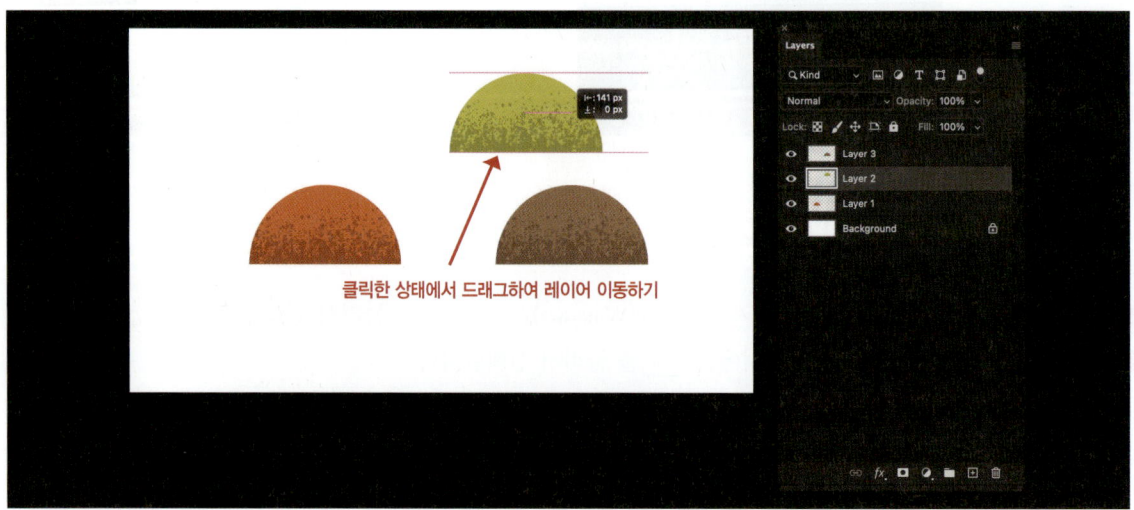

5. 레이어 복제하기

레이어를 복사하여 동일한 레이어를 사용해 이미지의 합성에 사용할 수 있습니다. 또는 레이어를 복사하여 원본 레이어를 보존하여 작업의 효율성도 높일 수 있습니다.

(1) 드래그하여 원하는 위치로 복제하기

❶ 레이어 패널에서 레이어를 선택합니다.

❷ 키보드에서 단축키 Alt(Windows)/Opt(Mac)를 누른 상태에서 레이어를 잡고 드래그하면 원하는 위치로 레이어를 복제할 수 있습니다.

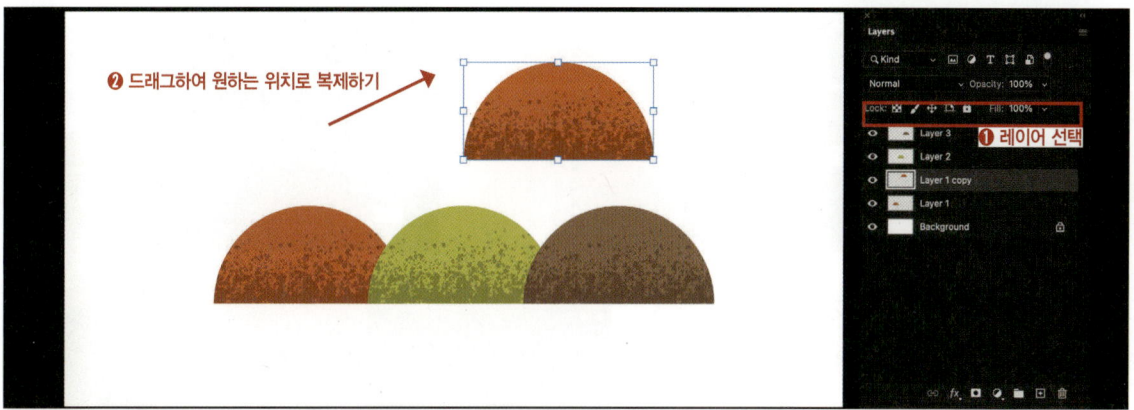

(2) 단축키로 복제하기

레이어 패널 혹은 이동 두구로 복제를 원하는 레이어를 선택한 후 단축키 Ctrl+J(Windows)/Cmd+J(Mac)를 눌러 복제할 수 있습니다.

(3) 레이어 패널에서 복제하기

❶ 레이어 패널에서 복사하고자 하는 레이어를 선택한 상태로 ❷ 패널 하단의 (+) 버튼으로 드래그합니다. 자동으로 동일한 위치에 레이어가 복사됩니다.

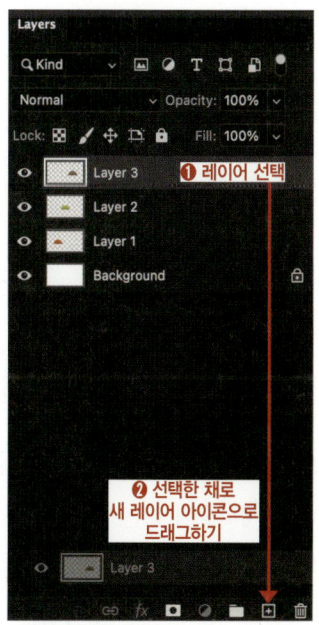

(4) 레이어 패널에서 우클릭 메뉴로 복제하기

❶ 레이어 패널에서 복제하고자 하는 레이어를 선택한 후 마우스를 우클릭하면 드롭다운 메뉴가 나타납니다.
❷ [레이어 복제/Duplicate Layer]를 선택합니다.
❸ 레이어 복제 대화상자에서 대상을 현재 문서로 지정한다면 동일 위치에 레이어가 복제됩니다. 복제된 레이어는 자동으로 [복사/copy]로 레이어 이름이 변경됩니다.
❹ 만약 포토샵에 다른 파일이 열려 있거나 파일에 아트보드가 포함되어있다면 레이어 복제를 이용하여 바로 다른 파일로 레이어를 복제할 수 있습니다.

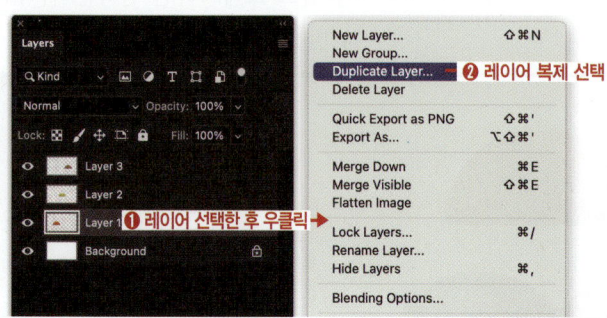 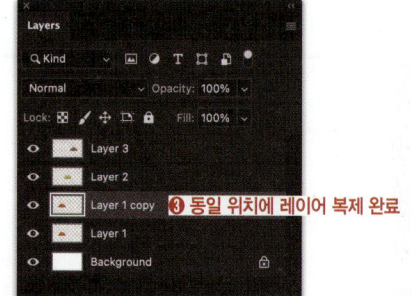

(5) 최상단 메뉴에서 복제하기

최상단 메뉴의 [레이어 > 레이어 복제/Layer > Duplicate Layer…]를 선택하여 복제합니다.

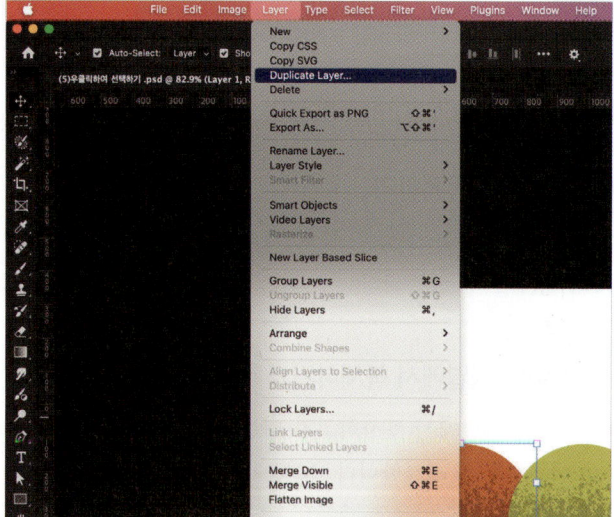

6. 레이어 삭제하기

(1) 키보드로 삭제하기

이동 도구로 삭제하고자 하는 레이어를 클릭하여 선택한 후 키보드에서 Delete 를 눌러서 삭제합니다.

(2) 레이어 패널에서 삭제하기

❶ 삭제하고자 하는 레이어를 클릭하여 선택합니다.
❷ 하단의 휴지통 아이콘으로 드래그하여 삭제합니다.

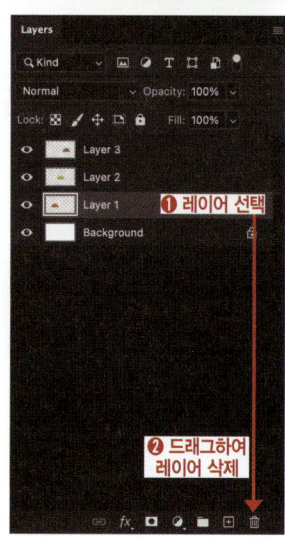

(3) 최상단 메뉴에서 삭제하기

최상단 메뉴의 [레이어〉삭제〉레이어/Layer〉Delete〉Layer]를 선택하여 삭제합니다.

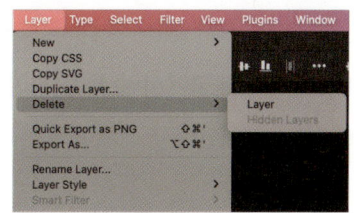

7. 레이어 이름 변경하기

❶ 레이어 패널에서 변경하기: 레이어 패널에서 레이어의 이름 부분을 더블 클릭하면 이름을 변경할 수 있습니다.

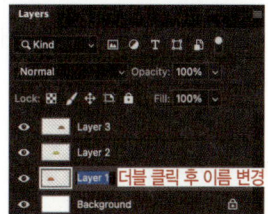

❷ 최상단 메뉴에서 변경하기: 최상단 메뉴의 [레이어〉레이어 이름 바꾸기/Layer〉Rename Layer…]를 선택하여 레이어 패널에서 이름을 변경합니다.

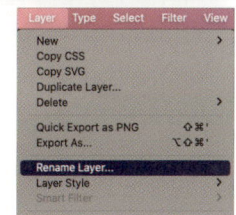

8. 레이어 숨기고 표시하기

작업 도중 일시적으로 불필요한 레이어들을 임시로 숨겨서 작업을 하면 편리하게 작업할 수 있습니다. 레이어 패널에서 눈 모양의 가시성 아이콘을 클릭하거나 해제하여 레이어를 일시적으로 캔버스에서 숨길 수 있습니다.

❶ 최상단 메뉴에서 숨기고 표시하기: 최상단 메뉴의 [레이어〉레이어 숨기기/Layer〉Hide Layers]를 선택하여 보이지 상태를 변경합니다. 선택된 레이어가 숨겨져 있는 상태라면 최상단 메뉴는 자동으로 [레이어〉레이어 표시/Layer〉Show Layers]로 변경되어 보입니다.

❷ 단축키로 숨기고 표시하기: 레이어를 선택한 상태에서 단축키 Ctrl+,(Windows)/Cmd+,(Mac)을 눌러 숨기고 표시합니다.

9. 레이어 그룹화하기

단일 레이어 혹은 복수의 레이어를 그룹으로 만들어 작업의 편의성을 높일 수 있습니다.

❶ 레이어 패널에서 그룹화하기

❷ 최상단 메뉴에서 그룹화하기: 레이어를 선택한 상태에서 최상단 메뉴의 [레이어〉레이어 그룹화/Layer〉Group Layers]를 선택하여 레이어를 그룹화합니다.

❸ 단축키로 그룹화하기: 레이어를 선택한 상태에서 단축키 Ctrl+G(Windows)/Cmd+G(Mac)를 눌러 선택된 레이어를 그룹화합니다.

❹ 빈 그룹 만들기: 아무 레이어도 선택되지 않은 상태에서 레이어 패널 하단의 폴더 모양의 그룹 아이콘을 클릭합니다. 또는 임의의 레이어를 선택한 상태에서 우클릭하여 드롭다운 메뉴에서 [새 그룹/New Group]을 선택합니다.

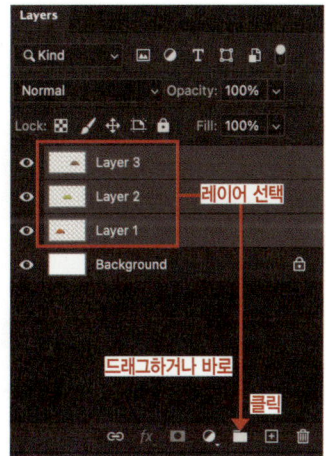

10. 레이어와 그룹의 순서 변경

(1) 레이어 패널에서 순서 변경하기

❶ 레이어 패널에서 레이어 또는 그룹을 선택합니다.

❷ 위·아래로 드래그하면 레이어의 순서를 변경할 수 있습니다. 원하는 위치로 이동시킨 후 마우스 커서를 놓습니다.

❸ 레이어와 그룹의 위치 변동이 완료됩니다. 레이어 패널에서 상위에 위치한 레이어는 캔버스에서도 상위에 위치하여 보여집니다.

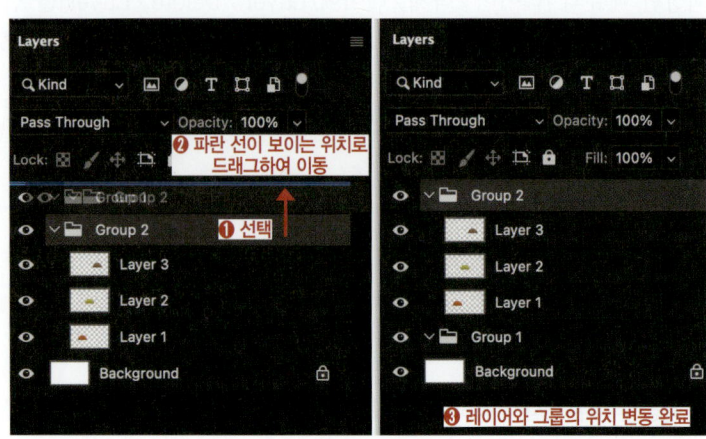

(2) 최상단 메뉴와 레이어 패널에서 단축키로 순서 변경하기

❶ 최상단 메뉴의 [레이어〉정돈/Layer〉Arrange]를 신택하면 순서 변경 메뉴가 있습니다.

❷ 레이어 패널에서 레이어 혹은 그룹을 선택한 후 아래 단축키를 사용하여 레이어나 그룹의 순서를 변경할 수 있습니다.

- 맨 앞으로 가져오기(Bring to Front): Shift + Ctrl +](Windows)/Shift + Cmd +](Mac)
- 앞으로 가져오기(Bring Forward): Ctrl +](Windows)/Cmd +](Mac)
- 뒤로 보내기(Send Backward): Ctrl + [(Windows)/Cmd + [(Mac)
- 맨 뒤로 보내기(Send to Back): Shift + Ctrl + [(Windows)/Shift + Cmd + [(Mac)

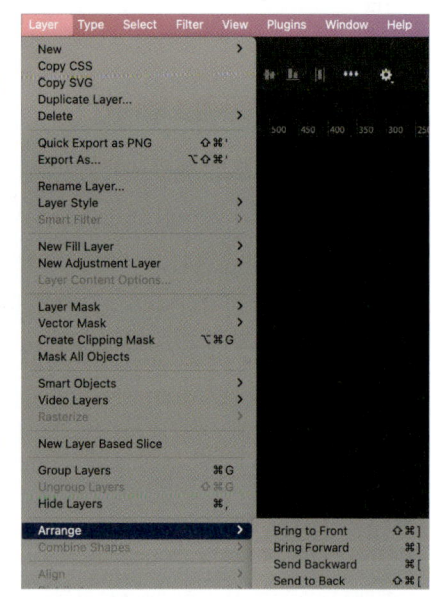

(3) 레이어 반전

반전(Reverse)은 여러 개의 레이어를 한 번에 선택해 순서를 뒤집는 기능입니다.

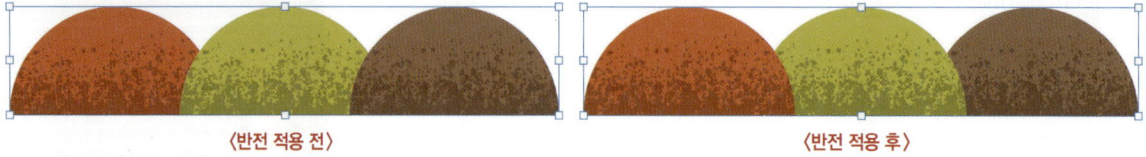

〈반전 적용 전〉　　　　　　〈반전 적용 후〉

11. 레이어와 그룹 잠그고 풀기

작업 도중 해당 레이어가 상위에 위치해 불편함이 있지만 레이어는 보여져야 할 때, 혹은 중요한 레이어라서 변경이 있으면 안 되는 상황에서 해당 레이어를 잠금 상태로 변경할 수 있습니다. 잠겨진 레이어는 여러 효과와 기능들이 적용이 안 되므로 필요할 때에는 잠금을 풀고 작업을 합니다.

(1) 레이어 패널에서 레이어와 그룹 잠그기

레이어 패널 상단의 잠금 아이콘을 클릭하여 잠금을 활성화 합니다. 한 번 더 클릭하면 잠금이 해제됩니다. 잠금이 활성화된 레이어는 오른쪽에 자물쇠 아이콘이 보입니다.

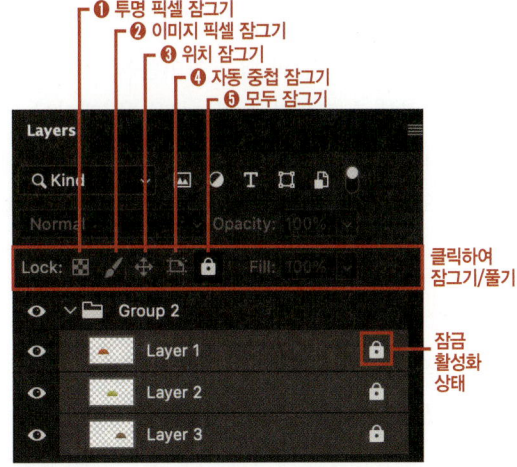

❶ 투명 픽셀 잠그기(Lock Transparent Pixels): 투명한 픽셀이 잠겨 불투명한 부분만 편집이 가능합니다.

❷ 이미지 픽셀 잠그기(Lock Image Pixels): 페인팅 도구로 해당 레이어를 편집할 수 없습니다.

❸ 위치 잠그기(Lock Position): 레이어의 픽셀이 이동하지 않게 합니다.

❹ 자동 중첩 잠그기(Prevent auto-nesting into and out of Artboards and Frames): 레이어를 아트보드 내부로 이동할 때 아트보드에 자동으로 중첩되는 것을 방지합니다. 아트보드 내부에 레이어를 잠그면 다른 아트보드로 이동하지 못하고 이동한 아트보드에서 보이지 않게 됩니다.

❺ 모두 잠그기(Lock All): 레이어의 모든 속성이 잠깁니다.

(2) 최상단 메뉴에서 레이어 잠그기

최상단 메뉴의 [레이어 > 잠그기/Layer > Lock Layers]를 선택하면 대화상자가 나오며 잠금 옵션을 설정 할 수 있습니다.

(3) 단축키로 잠그기

단축키 Ctrl + / (Windows)/ Cmd + / (Mac)을 누르면 모두 잠그기가 활성화됩니다.

12. 레이어 연결하기

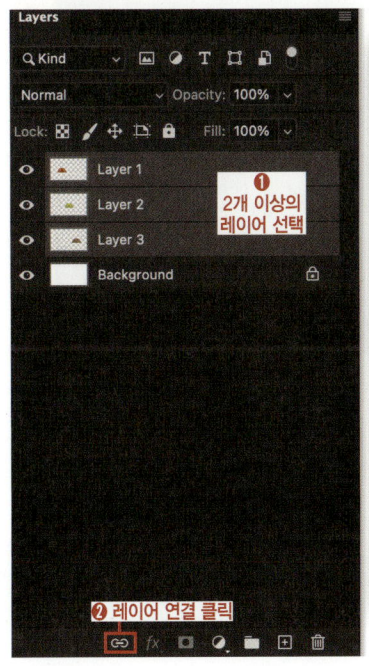
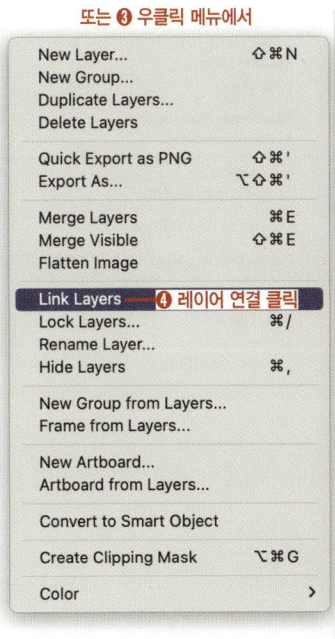
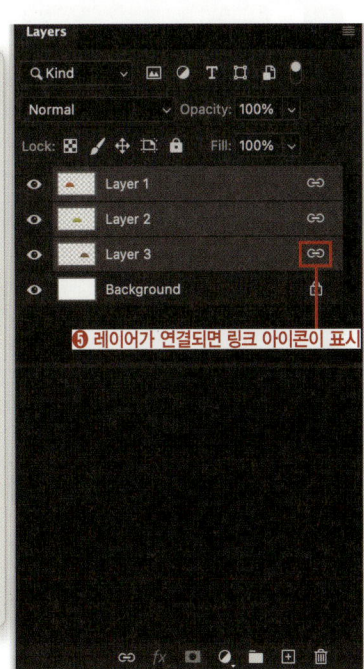

❶ 2개 이상의 복수의 레이어를 선택합니다.
❷ 레이어 패널 하단의 링크 아이콘을 클릭합니다.
❸ 우클릭한 후 드롭다운 메뉴에서 ❹ '레이어 연결(Link Layers)'을 선택합니다.
❺ 레이어 옆에 체인 아이콘이 나타나고 레이어가 서로 연결됩니다. 여러 레이어를 동시에 이동하고 변형하는 데 도움이 됩니다. 레이어 연결을 해제하려면 다시 한번 레이어 연결 아이콘을 클릭하여 비활성화합니다.

13. 레이어 합치기

포토샵에서는 여러 개의 레이어나 그룹을 합쳐서 하나의 레이어로 만들며, 이처럼 레이어가 합쳐지는 것을 병합되었다고 표현하고 있습니다.

레이어가 병합되면 이미지 파일의 크기를 줄일 수 있고 많은 레이어의 관리가 쉬워집니다. 하지만 레이어가 병합된 이후에는 그 이전 상태로 되돌리는 것은 불가능합니다. 레이어는 영구적으로 병합되므로 원본이 파괴되기를 원하지 않는다면 레이어를 복사하거나 사본 저장 등의 기능으로 원본을 보존하여 작업하는 것을 추천합니다.

(1) 레이어 패널에서 병합하기

❶ 2개 이상의 레이어 혹은 그룹을 선택합니다.
❷ 우클릭하여 드롭다운 메뉴에서 ❸ [레이어 병합/Merge Layers]를 선택합니다.

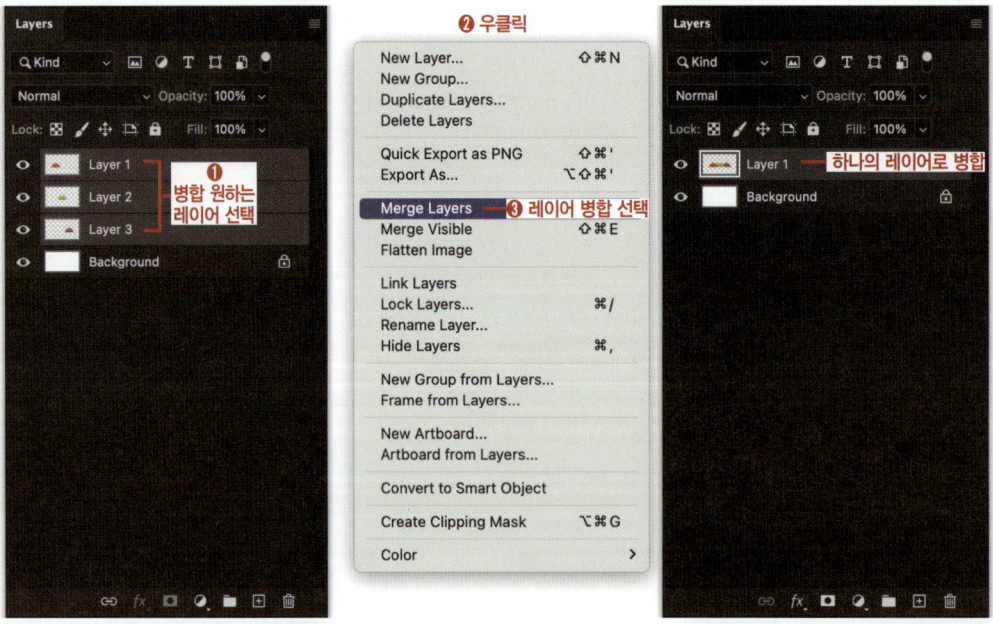

(2) 최상단 메뉴에서 병합하기

2개 이상의 레이어 혹은 그룹을 선택합니다. 최상단 메뉴의 [레이어 > 레이어 병합/Layer > Merge Layers]를 선택합니다.

> **Tip** 레이어를 하나만 선택했을 때에는 '아래 레이어와 병합(Merge Down)/보이는 레이어 병합(Merge Visible)/배경으로 이미지 병합(Flatten Image)'이라는 병합 메뉴가 나타나고 Merge Layers 메뉴는 보이지 않습니다.

(3) 단축키로 병합하기

병합하고자 하는 레이어가 선택된 상태에서 단축키 Ctrl + E (Windows)/Cmd + E (Mac)를 누르면 레이어가 병합됩니다.

14. 레이어 정렬하기

속성 패널과 상단 컨트롤 패널을 이용하여 복수의 레이어를 캔버스에 정렬할 수 있습니다. 2개 이상의 레이어를 선택하면 속성(Properties) 패널에서 '맞춤 및 분포(Align and distribute)' 옵션이 활성화됩니다. 원하는 위치로 여러 개의 레이어를 정렬할 수 있습니다.

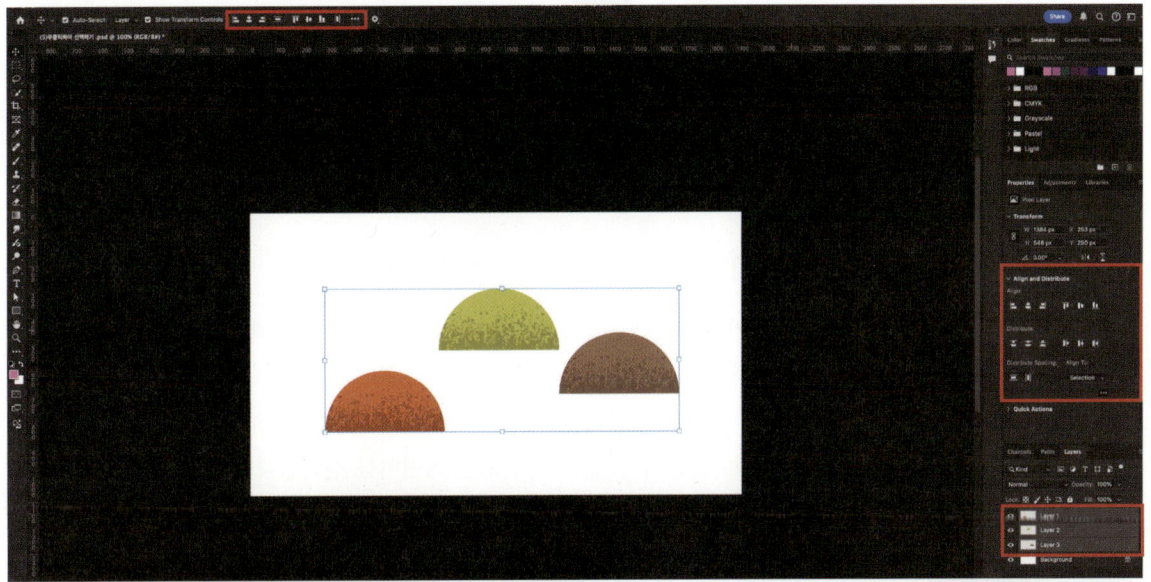

15. 레이어를 선택 영역으로 활성화하기

레이어의 모양대로 선택 영역을 활성화하여 다양한 편집을 할 수 있습니다. 레이어 패널에서 썸네일이 보이는 레이어 축소판과 이름 부분의 우클릭 드롭다운 메뉴는 차이점이 있습니다. 레이어 모양대로 활성화하기 위해서는 단축키 Ctrl(Windows)/Cmd(Mac)를 누른 상태로 썸네일을 클릭합니다. 점선이 움직이며 레이어의 모양대로 선택 영역이 활성화됩니다.

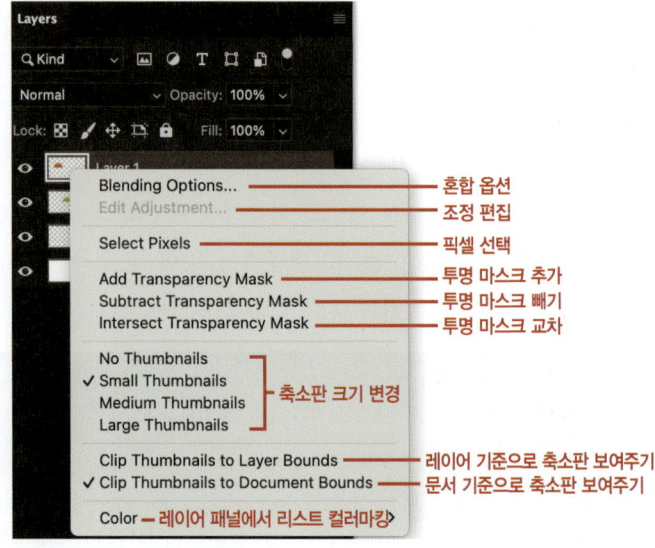

16. 1분 실습_레이어 위치 정렬하기

❶ 파일 열기: 최상단 메뉴의 [파일〉열기/File〉Open]을 클릭하여 대화상자에서 '클래스2_7_1분실습.psd' 파일을 불러옵니다.

❷ 레이어 선택하기: 왼쪽 도구 패널에서 이동 도구를 선택하고 Ctrl(Windows)/Cmd(Mac)를 누른 상태로 레이어 패널에서 'Layer 1', 'Layer 2', 'Layer 3'을 모두 클릭하여 모든 레이어를 선택합니다.

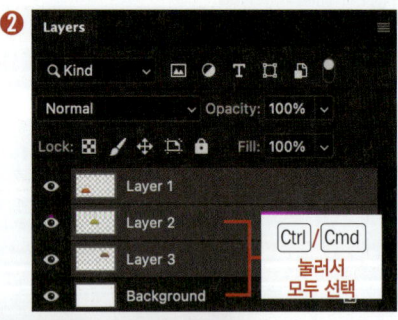

❸ 맞춤 대상 설정하기: 속성(Properties) 패널에서 맞춤 대상(Align to)을 캔버스로 변경합니다.

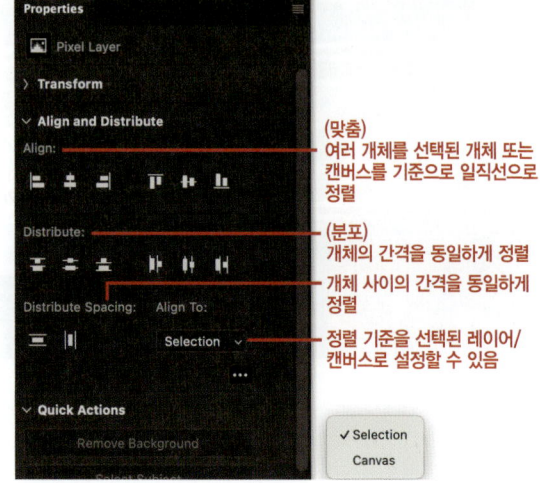

❹ 레이어 정렬하기: 속성(Properties) 패널 혹은 상단 컨트롤 패널의 '맞춤 및 분포(Align and distribute)'에서 '수직 가운데 맞춤(Align Vertical Centers)'을 클릭합니다.

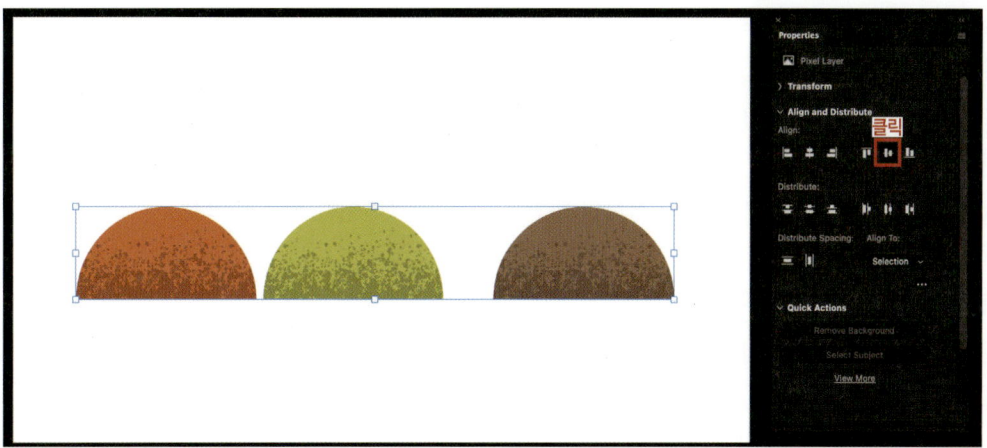

❺ 레이어 간격 정렬하기: '분포 간격(Distribute Spacing)'에서 '가로로 분포(Distribute Horizontally)'를 클릭합니다. 레이어 간의 간격이 동일하게 정렬됩니다.

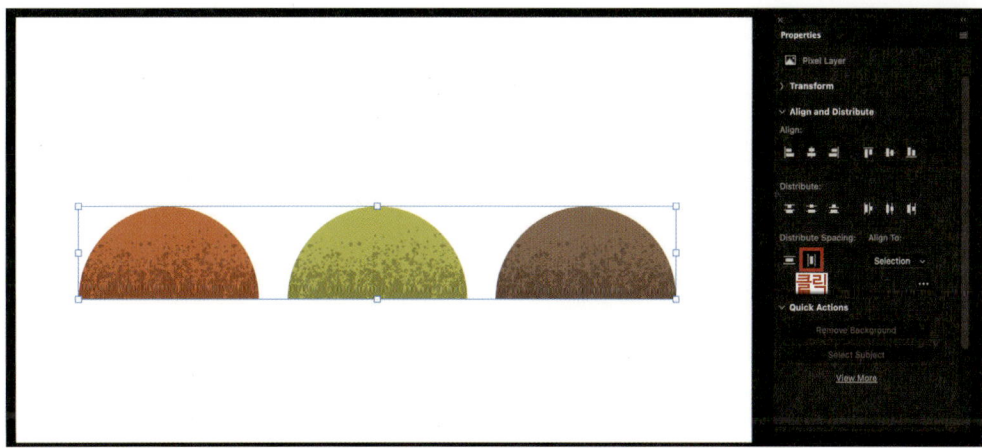

17. 레이어의 특수 복사 및 붙여넣기

(1) 병합하여 복사(Copy Merged)

❶ 복사 기능 중 하나로, 현재 보이는 모든 레이어를 병합해서 복사하는 명령입니다.
❷ 두 개 이상의 레이어가 선택된 상태에서 선택 영역을 활성화합니다.
❸ 최상단 메뉴의 [편집〉병합하여 복사/Edit〉Copy Merged]를 클릭하여 복사한 후 붙여넣기를 할 경우 선택 영역에 포함된 레이어가 병합되어 붙여넣기가 됩니다.

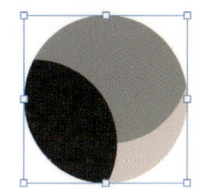
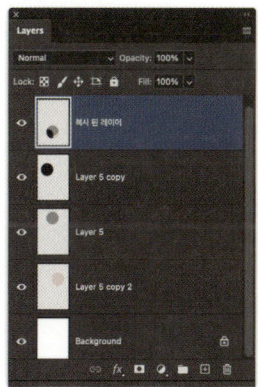

(2) 동일 위치 복사&붙여넣기(Copy&Paste)

❶ 레이어 자체를 레이어 패널에서 (+) 아이콘으로 드래그하거나 단축키 Ctrl+J(Windows)/Cmd+J(Mac)를 눌러 동일 위치에 복제할 수 있습니다.
❷ 선택 영역을 활성화하여 복사&붙여넣기를 할 경우 붙여넣기 한 레이어의 위치가 캔버스 임의의 곳으로 지정되는 불편함이 있을 수 있습니다. 동일 위치 복사&붙여넣기 기능을 이용하면 편리합니다.
❸ 복사한 후 최상단 메뉴의 [편집〉특수 붙여넣기〉제자리에 붙여넣기/Edit〉Paste Special〉Paste in Place]를 클릭하여 붙여넣기를 하면 복사된 위치 그대로 새 레이어가 생성됩니다.

(3) 특별한 붙여넣기 기능 살펴보기

❶ 형식 없이 붙여넣기(Paste without Formatting): 주로 텍스트 레이어의 스타일이나 서식을 제거하고 붙여넣기가 됩니다.
❷ 안쪽에 붙여넣기(Paste Into): 복사한 클립보드 데이터가 선택 영역 안쪽에 붙여넣기가 됩니다.
❸ 바깥쪽에 붙여넣기(Paste Outside): 복사한 클립보드 데이터가 선택 영역 바깥쪽에 붙여넣기가 되며 레이어 마스크가 생성됩니다.

SECTION 08 | 레이어의 크기를 확대/축소하고 변형하기

완성도 있는 시각 그래픽 디자인을 만들기 위해서는 먼저 여러 레이어를 크기 조정, 회전, 왜곡 또는 원근감이 있도록 만들어야 합니다. 그 후 창의적인 자신의 아이디어나 기획에 적합하도록 여러 이미지들을 균형감 있게 정해진 규격의 문서에 레이아웃해야 합니다. 이러한 레이어의 변형은 포토샵의 변형(Transform) 기능을 사용해서 완료할 수 있습니다.

1. 레이어에 자유 변형 컨트롤을 활성화하는 3가지 방법

❶ 이동 도구를 선택한 후 1개의 레이어를 선택합니다. 선택한 레이어 주위에 변형 컨트롤을 표시하여 레이어를 변형할 수 있습니다.

❷ 최상단 메뉴의 [편집〉자유 변형/Edit〉Free Transform]을 선택하면 개체 주위로 바운딩 박스가 생기며 변형 컨트롤 바운딩 박스가 표시됩니다. 또는 단축키 Ctrl+T(Windows)/Cmd+T(Mac)를 누릅니다.

❸ 이동 도구로 레이어를 선택한 상태에서 상단 컨트롤 패널의 [변형 컨트롤 패널/Show Transform Controls]을 클릭합니다.

❹ 레이어 주위로 변형 컨트롤이 표시되었습니다.

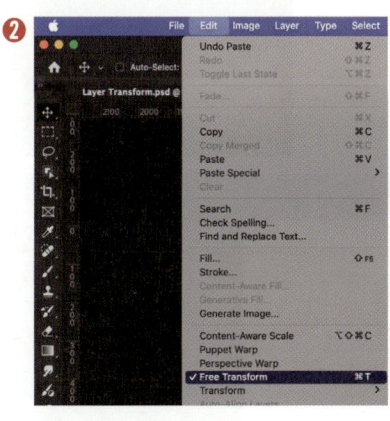
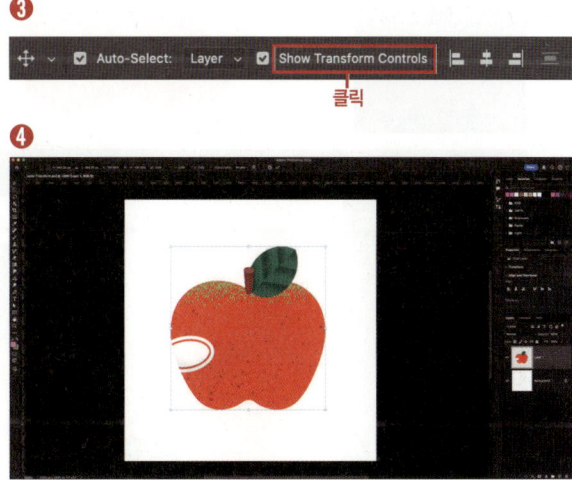

2. 변형 컨트롤 패널로 레이어의 크기를 다양하게 변형하기

위의 변형 컨트롤이 활성화된 상태에서 상단 컨트롤 패널을 확인합니다.

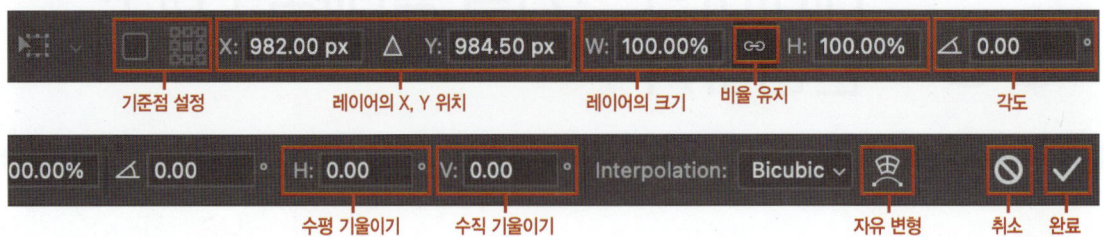

(1) 정비례로 확대/축소하기

❶ 상단 컨트롤 패널에서 레이어의 크기 사이에 있는 링크 모양의 [비율 유지 아이콘]을 클릭합니다. 해당 아이콘이 활성화된 이후 개체의 크기를 변형할 경우 가로와 세로의 비율을 유지한 채 왜곡 없이 크기를 조절을 할 수 있습니다.

❷ 변형 컨트로 패널의 모서리 부근에 마우스 커서를 두고 화살표 커서의 모양이 바뀌면 원하는 방향으로 드래그하여 크기를 변형합니다.

(2) 비율 왜곡하여 확대/축소하기

비율 유지 아이콘을 다시 클릭하여 비율 유지를 비활성화합니다. 비율 유지가 활성화되어 있더라도 Shift 를 누른 상태로 원하는 방향으로 앵커 포인트를 드래그할 경우 해당 방향으로 레이어의 크기를 변형할 수 있습니다.

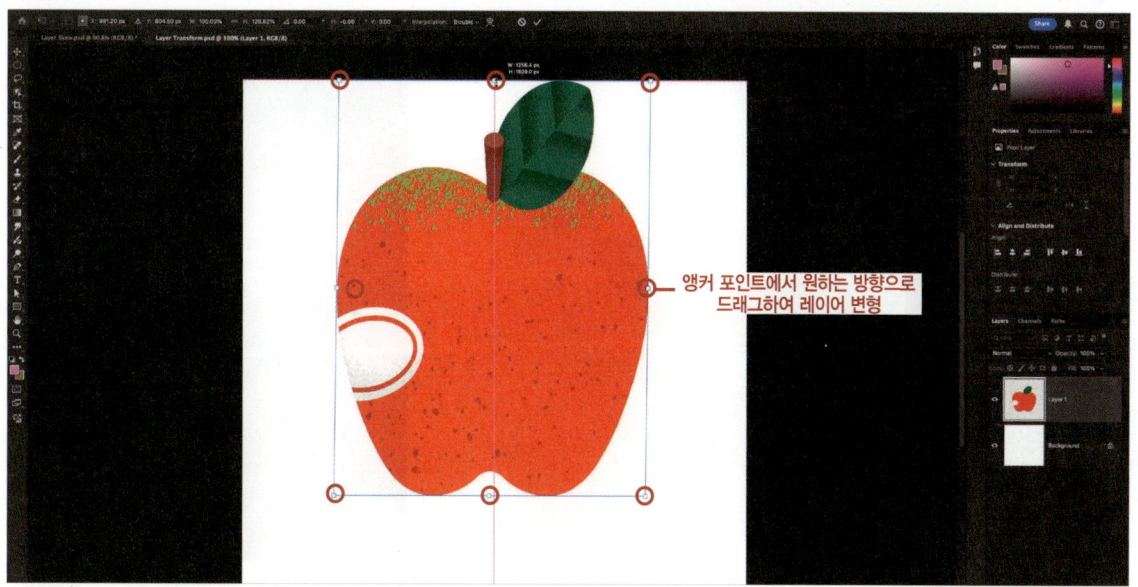

(3) 개체의 중심을 기준으로 확대/축소하기

키보드에서 Alt (Windows)/ Opt (Mac)를 누른 상태로 개체를 원하는 방향으로 드래그하면 개체의 중심을 기준으로 크기가 변형됩니다.

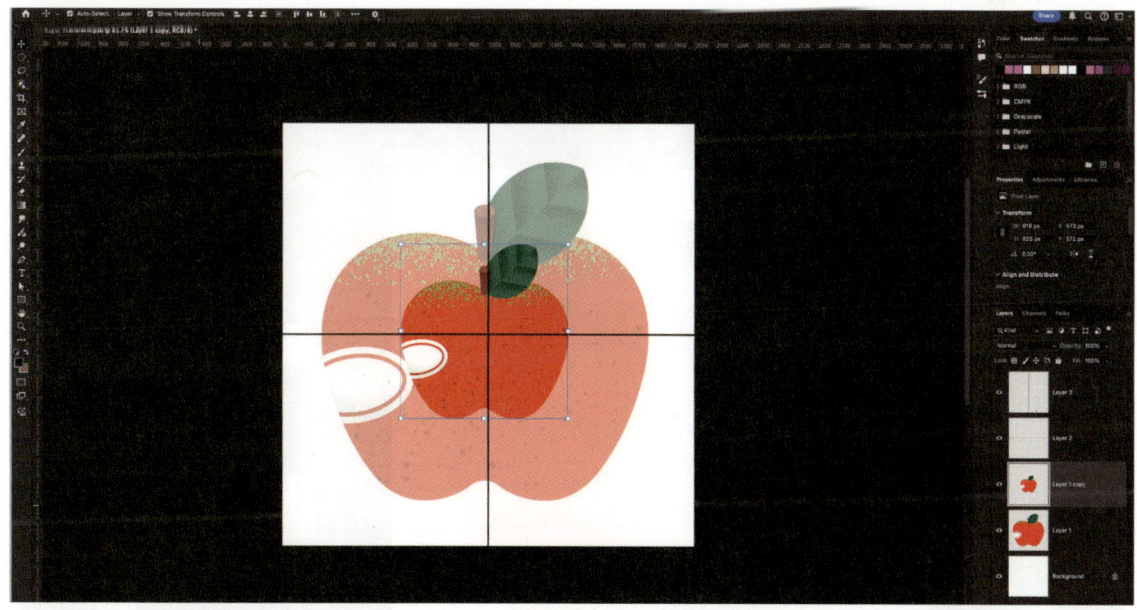

(4) 컨트롤 패널에서 퍼센트 입력하기

자유 변형이 활성화된 상태에서 상단 컨트롤 패널에서 퍼센트를 입력하여 원하는 비율만큼 크기를 변형할 수 있습니다.

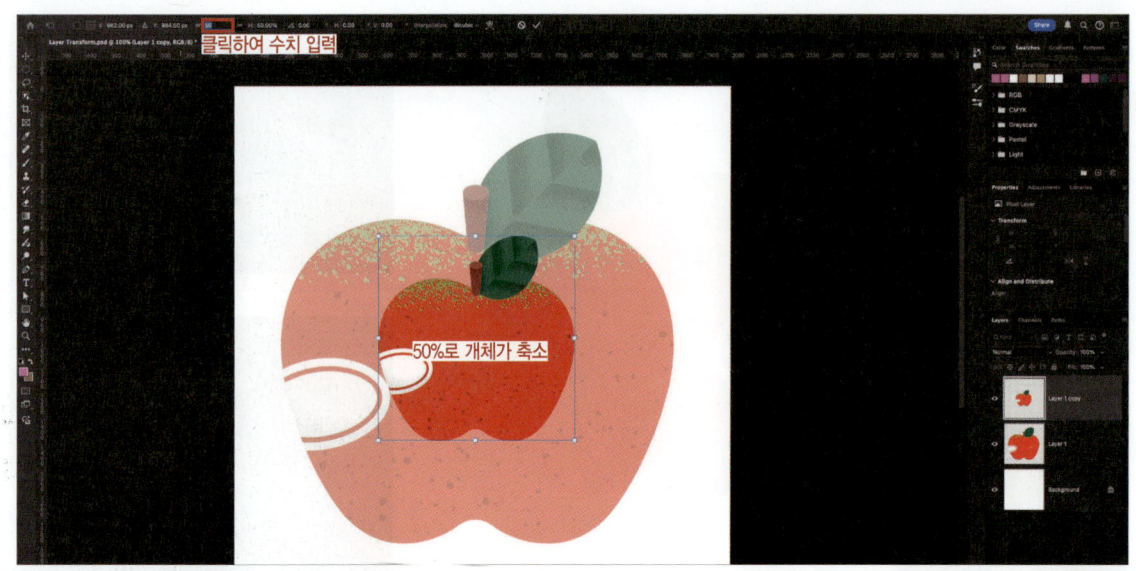

(5) 속성 패널에서 정확한 수치로 변형하기

레이어의 크기를 정확한 숫자를 입력하여 변형합니다. 링크 버튼을 눌러서 활성화하면 비율 유지 상태로 크기를 변형할 수 있습니다.

❶ 레이어 패널에서 축소·확대하고자 하는 레이어를 선택합니다.

❷ 속성 패널의 변형(Transform)에서 폭(W)과 높이(H)에 원하는 숫자를 입력하여 정확히 원하는 크기로 레이어를 변형합니다.

3. 이미지 회전하기

(1) 드래그하여 임의 각도로 회전하기

변형 컨트롤이 활성화된 상태에서 레이어를 선택한 후 드래그하여 임의 각도로 회전할 수 있습니다. 변형 컨트롤이 활성화된 상태에서 마우스 커서를 포인트 근처에 두면 커서의 모양이 바뀝니다. 그 상태에서 원하는 만큼 드래그하여 레이어를 회전시킵니다. Enter를 눌러서 변형을 확장합니다.

(2) 정확한 각도로 회전하기

컨트롤 패널에서 [회전/Rotate]에 원하는 만큼 각도를 입력하여 레이어를 회전시킵니다.

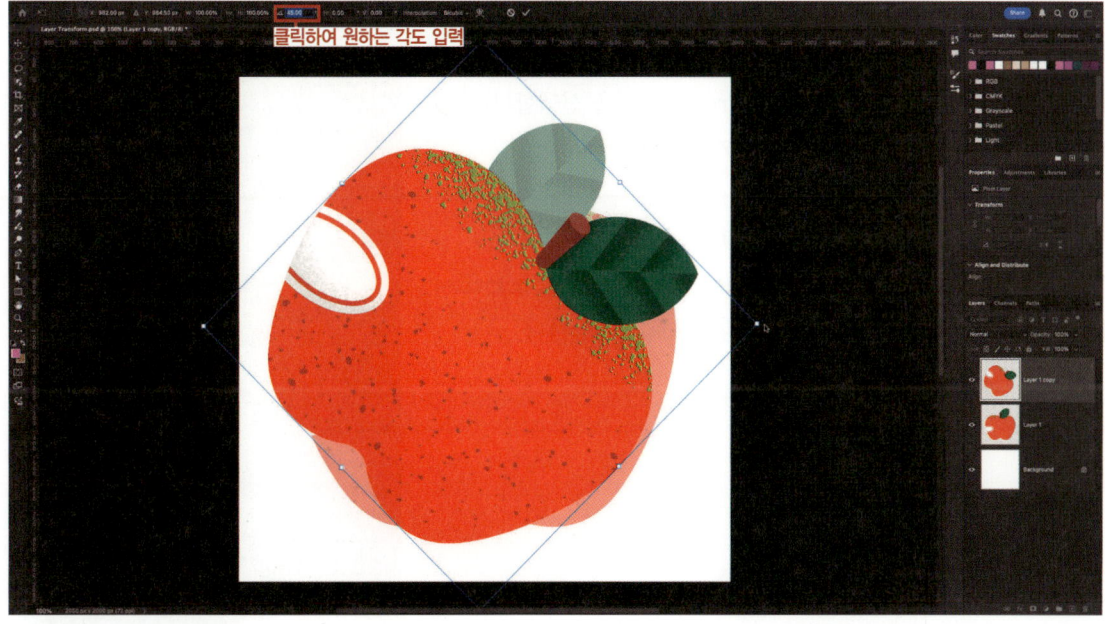

(3) 상황별 작업 표시줄로 간편하게 회전하기

❶ 최상단 메뉴의 [창〉상황별 작업 표시줄/Windows〉Contextual Task Bar]를 선택합니다. 선택된 개체 하단에 상황별 작업 표시줄이 나타납니다. 최상단 메뉴의 [편집〉변형〉회전/Edit〉Transform〉Rotate]를 선택합니다.

❷ 상황별 작업 표시줄에서 [시계 반대 방향으로 회전, 시계 방향으로 회전]을 눌러서 개체를 회전시킵니다.

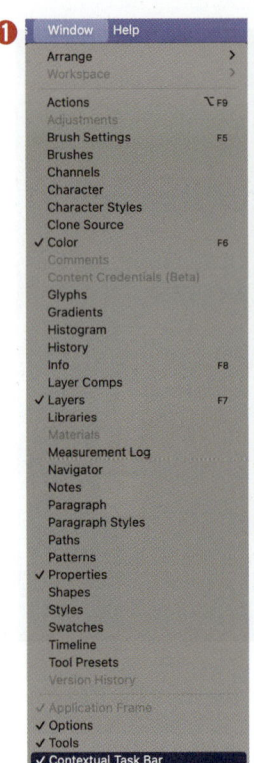
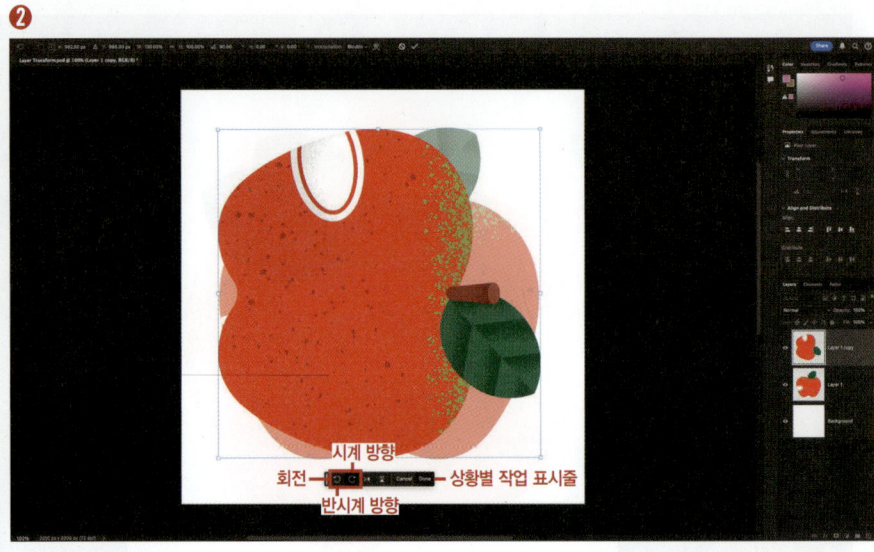

(4) 사전 설정된 옵션대로 회전하기

❶ 최상단 메뉴의 [편집〉변형/Edit〉Transform]을 선택합니다.
❷ 메뉴 하단의 사전 설정된 회전 메뉴가 있습니다.
 • 180° 회전(Rotate 180°)
 • 시계 방향으로 90° 회전(Rotate 90° Clockwise)
 • 시계 반대 방향으로 90° 회전(Rotate 90° Counter Clockwise)
❸ 레이어를 선택한 상태에서 원하는 방향으로 회전합니다.

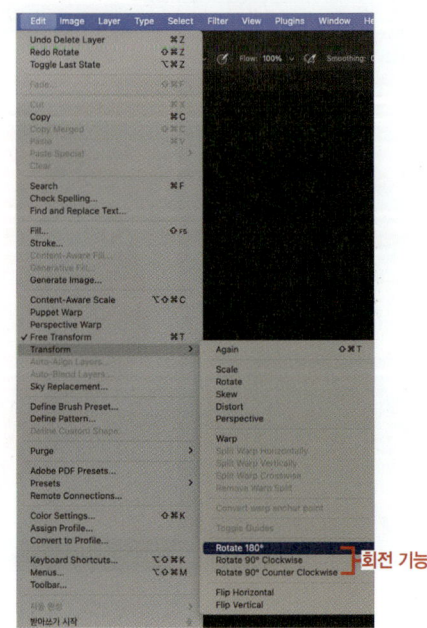

4. 이미지 반전하기

(1) 우클릭하여 반전하기

레이어를 선택해 변형 컨트롤이 활성화된 상태에서 레이어를 우클릭하여 드롭다운 메뉴에서 [가로로 뒤집기/세로로 뒤집기(Flip Horizontal/Flip Vertical)]를 선택하여 이미지를 반전시킵니다.

(2) 최상단 메뉴에서 반전하기

❶ 가로로 뒤집을 경우: 최상단 메뉴의 [편집〉변형〉가로로 뒤집기/Edit〉Transform〉Flip Horizontal]을 선택
❷ 세로로 뒤집을 경우: 최상단 메뉴의 [편집〉변형〉세로로 뒤집기/Edit〉Transform〉Flip Vertical]을 선택

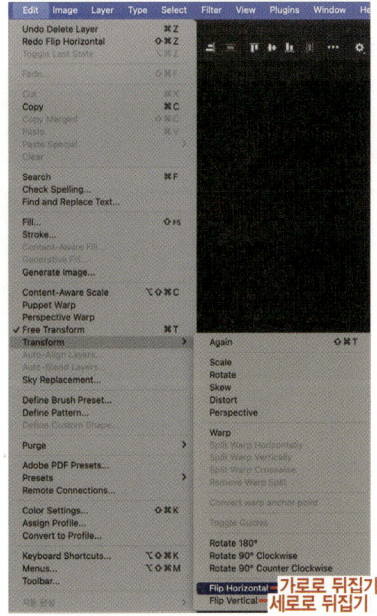

5. 이미지 왜곡하기

레이어를 선택해 변형 컨트롤이 활성화된 상태에서 우클릭하여 드롭다운 메뉴를 엽니다.

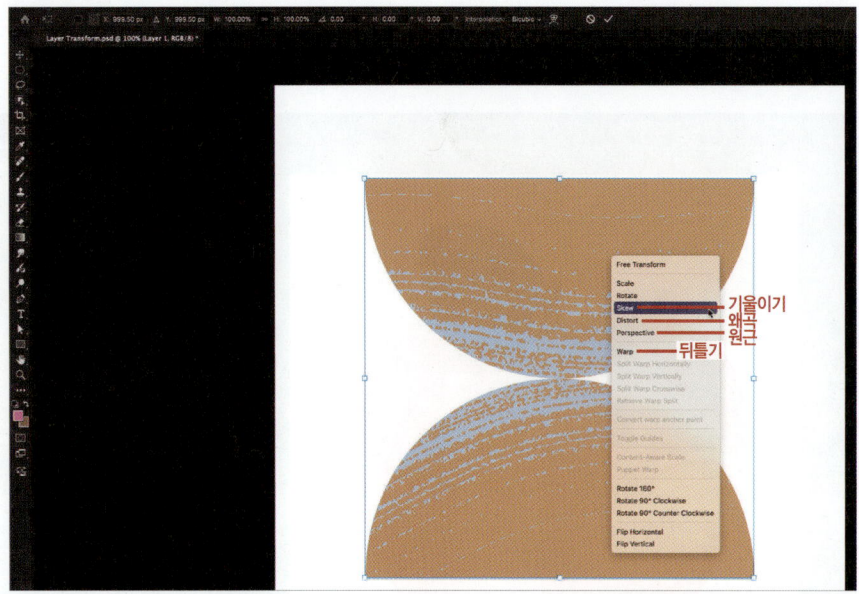

(1) 기울이기(Skew)

❶ 드롭다운 메뉴에서 기울이기(Skew)를 선택합니다.
❷ 가운데 앵커 포인트를 마우스로 선택한 상태로 드래그하여 레이어의 모양을 두 개의 모서리가 평행하도록 변형합니다. 레이어의 두 변이 평행으로 변형됩니다. 기울이기를 모서리 앵커 포인트에 적용할 때는 다른 변의 영향을 받습니다.
❸ 상단 컨트롤 패널의 기울이기 옵션을 사용할 수 있습니다.

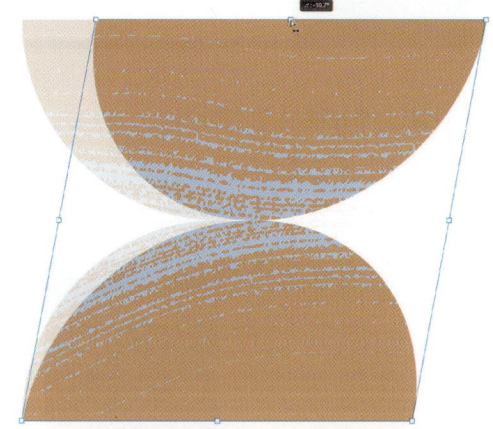

(2) 왜곡(Distrot)

❶ 드롭다운 메뉴에서 왜곡(Distrot)을 선택합니다.
❷ 모서리 포인트에 커서를 두고 드래그하여 레이어의 모양을 변형합니다. 모서리를 기준의 제약 없이 직선으로 변형합니다.

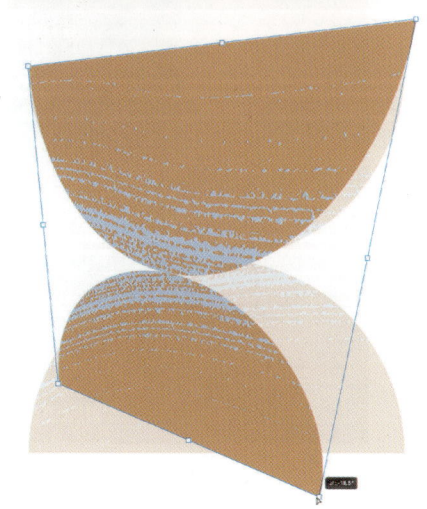

(3) 원근(Perspective)

❶ 드롭다운 메뉴에서 원근(Perspective)을 선택합니다.
❷ 두 개의 포인트를 동시에 한 소실점으로 끌어 원근법 효과를 만듭니다.

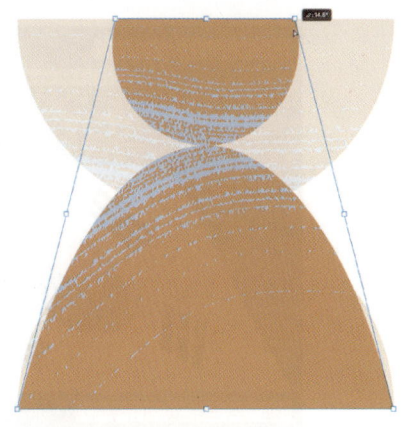

(4) 뒤틀기(Warp)

❶ 레이어를 곡선적으로 변형하거나 자유로운 형태의 변형이 필요할 때 사용합니다.
❷ 드롭다운 메뉴에서 뒤틀기(Warp)를 선택합니다
❸ 뒤틀기를 레이어에 활성화하면 레이어 위로 망(Mesh)이 보입니다. 망의 각 포인트와 핸들을 이용하여 개체를 뒤틀고 변형할 수 있습니다.
❹ 활성화된 상태에서 상단 컨트롤 패널의 옵션을 이용하여 사전 설정된 여러 형태를 불러와 사용할 수 있습니다.

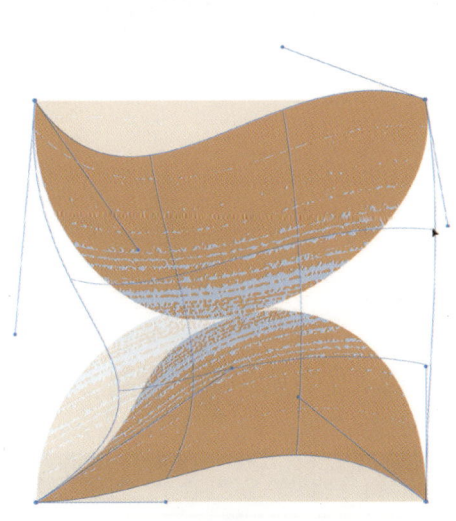
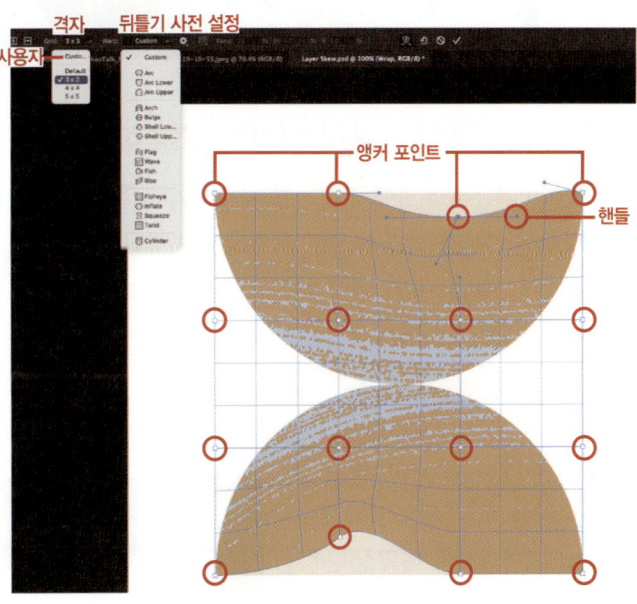

❺ 격자
- 상단 컨트롤 패널에서 격자(Grid)를 선택하면 더 섬세하게 조절할 수 있는 앵커 포인트가 있는 그리드가 생성됩니다.
- 격자를 3×3으로 선택하면 이미지에 9개의 셀과 16개의 앵커 포인트가 있습니다.
- 사용자(Custom)를 선택하면 격자 수를 수치로 입력하여 만들 수 있습니다.

❻ 앵커 포인트
- 변형을 원하는 앵커 포인트를 선택하고 드래그하여 변형합니다.
- 앵커 포인트를 클릭하면 포인트 핸들이 생성됩니다. 핸들을 드래그하여 변형할 수 있습니다.
- 앵커 포인트는 Shift 를 누르면서 클릭하면 복수 선택할 수 있습니다.
- Ctrl (Windows)/ Cmd (Mac)를 누르면서 마우스 커서를 두면 그리드에 앵커 포인트를 추가할 수 있습니다.

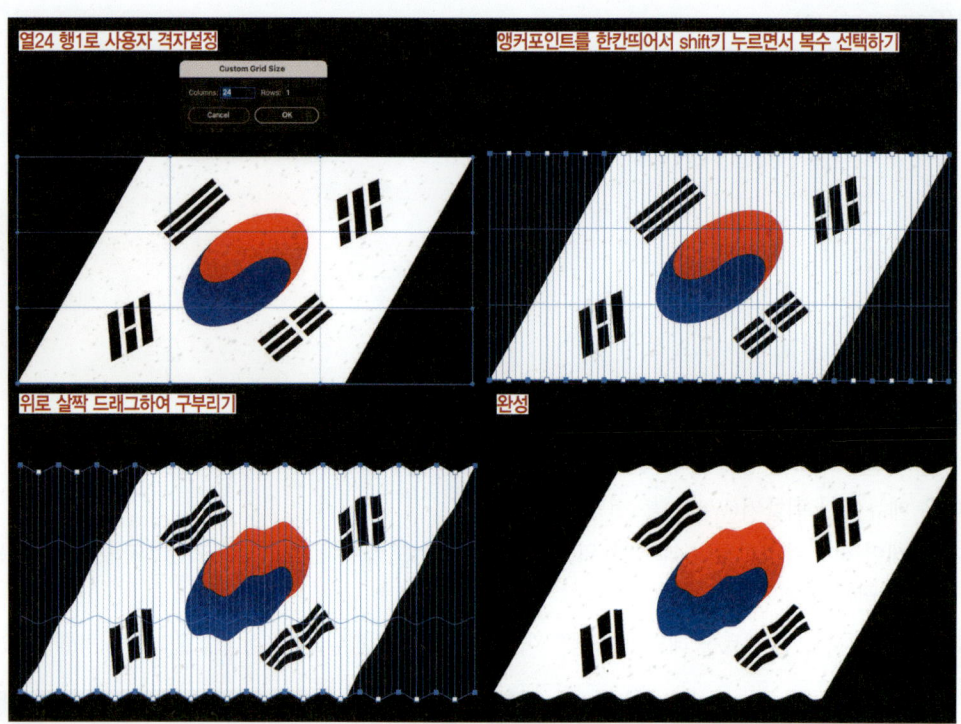

6. 1분 실습_퀄리티 손실 없이 이미지 변형하기

래스터 이미지는 포토샵에서 크기를 확대하거나 축소 등 변형을 반복하게 되면 픽셀이 흐릿하게 변형되 이미지 품질이 저하됩니다. 레이어를 고급 개체(Smart Object)로 변환하면 이미지 품질을 보호할 수 있습니다.

(1) 파일 열기

최상단 메뉴의 [파일 > 열기/File > Open]을 클릭하여 대화상자에서 '클래스2_8_1분실습_고급개체' 파일을 불러옵니다.

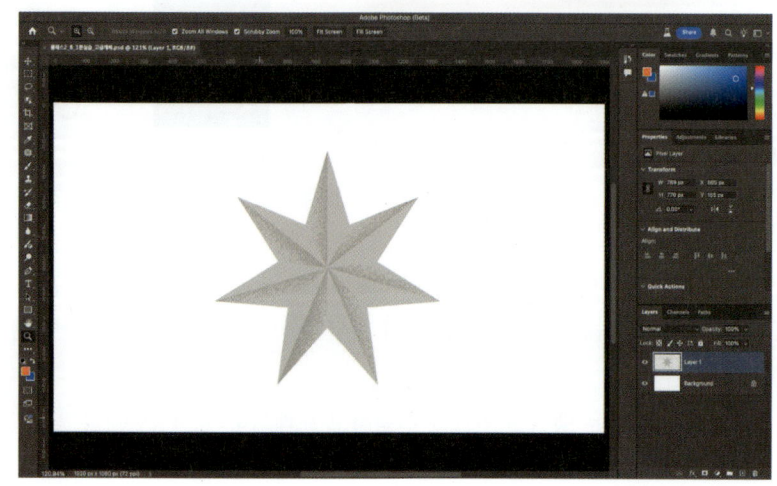

(2) 고급 개체로 변환하기

❶ 레이어 패널에서 'Layer 1'의 이름 근처에서 우클릭하여 드롭다운 메뉴를 엽니다.
❷ [고급 개체로 변환/Convert to Smart Object]을 클릭합니다.

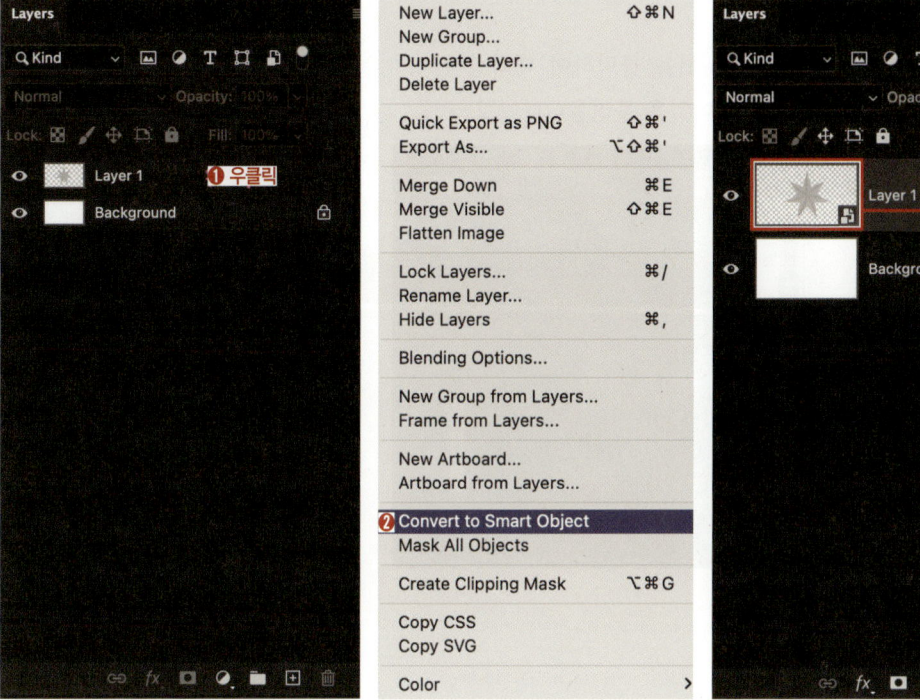

(3) 고급 개체를 확대/축소해보기

❶ Ctrl+T를 눌러 레이어에 변형 컨트롤을 표시합니다.
❷ 안쪽으로 드래그하여 축소한 뒤 Enter를 입력하여 변경사항을 저항합니다. 다시 바깥쪽으로 드래그하여 확대한 뒤 Enter를 입력하여 변경사항을 저항합니다.
❸ 이미지의 손실 없이 레이어를 변형할 수 있습니다.

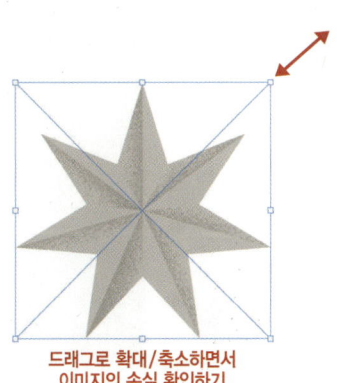

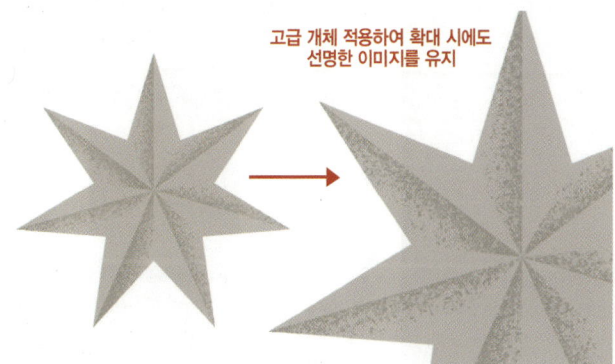

7. 1분 실습_와인병의 라벨을 자연스럽게 변형하기

자유 변형 및 뒤틀기 옵션을 이용하여 라벨 레이어를 변형하여 자연스럽게 와인병에 합성하세요.

(1) 파일 열기

최상단 메뉴의 [파일〉열기/File〉Open]을 클릭하여 대화상자에서 '클래스2_8_1분실습_자유 변형' 파일을 불러옵니다.

(2) 변형할 레이어 선택하기

레이어 패널에서 '라벨' 레이어를 선택합니다.

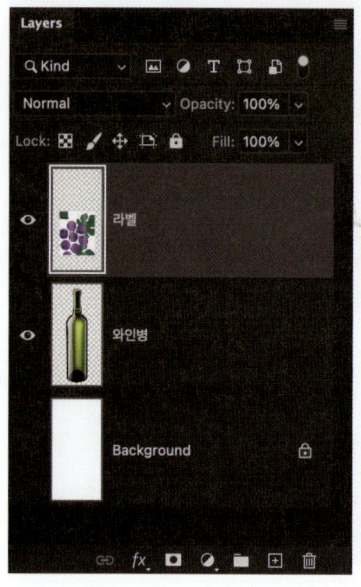

(3) 변형 컨트롤 표시하기

단축키 Ctrl+T(Windows)/Cmd+T(Mac)를 눌러 라벨 레이어에 변형 컨트롤을 표시합니다.

(4) 자유 변형 지정하기

상단 컨트롤 패널에서 [자유 변형/뒤틀기 모드/Switch between free transform and warp modes] 아이콘을 클릭합니다.

(5) 원통 형태로 변형하기

뒤틀기(Warp) 아이콘을 클릭하여 가장 하단의 원통(Cylinder)을 클릭합니다.

(6) 포인트를 조절해서 자연스럽게 합성하기

포인트를 ❶~❹에 따라 조절하여 자연스러운 곡선을 만듭니다.

(7) 완성하기

SECTION 09 | 선택 영역 활성화하기

그래픽 디자인 작업을 진행하며 이미지의 특정 영역만 편집하고 싶을 수 있습니다. 포토샵의 선택 도구는 필요한 영역만 분리하고 조정하는 데 유용합니다. 다양한 유형의 선택을 위한 여러 도구를 제공합니다. 선택 도구를 이용해 이미지의 특정 영역만 선택하여 활성화하면 작은 점선이 마치 개미들이 행진하는 것처럼 움직이며 활성 영역을 시각적으로 표시합니다. 이러한 애니메이션 효과는 "개미들의 행진(Marching Ants)"이라고 불리며, 이 상태가 나타날 때 선택 영역이 활성화되었다고 정의합니다.

기본적인 모양 선택 도구부터 세밀한 모양까지 선택할 수 있는 선택 및 마스크 기능 등 여러 선택 도구들의 사용방법을 살펴보겠습니다.

1. 기본 선택 윤곽 도구들 사각형/타원형/단일행 살펴보기

사각형 선택 도구 및 타원형 선택 도구와 같은 모양 선택 도구를 사용하여 정사각형과 원과 같은 기본 모양을 선택할 수 있습니다. 왼쪽 도구 패널에 위치하고 있으며 길게 눌러 도구를 바꿀 수 있습니다. 선택 윤곽 도구를 선택한 후 시작하려는 지점을 클릭하고 마우스를 드래그하여 선택 영역을 만듭니다.

❶ 사각형 선택 윤곽 도구(Rectangular Marquee Tool): 드래그하여 사각형 모양의 영역을 선택할 수 있습니다. 정사각형을 선택 시에는 Shift 를 누른 채로 드래그합니다.

❷ 타원형 선택 윤곽 도구(Elliptical Marquee Tool): 드래그하여 원형이나 타원 모양의 영역을 선택할 수 있습니다. 정원을 선택 시에는 Shift 를 누른 채로 드래그합니다.

❸ 단일 행 선택 윤곽 도구(Single Row Marquee Tool): 1px의 가로선이 선택됩니다. 선의 가로길이는 열린 문서의 폭, 높이는 1px입니다.

❹ 단일 열 선택 윤곽 도구(Single Column Marquee Tool): 1px의 가로선이 선택됩니다. 선의 세로길이는 열린 문서의 폭, 높이는 1px입니다.

2. 선택 영역 컨트롤 패널과 가장자리를 부드럽게 하는 페더 옵션 살펴보기

선택 윤곽 도구를 사용하여 문서에 선택 영역을 만들면 상단 컨트롤 패널에서 옵션을 이용하여 선택 영역을 수정할 수 있습니다.

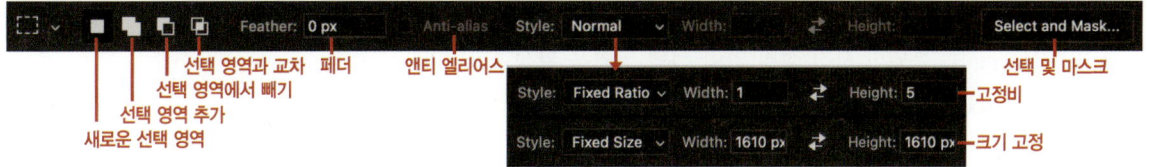

❶ 새로운 선택 영역(New Selection)

❷ 선택 영역 추가(Add to Selection)
- 상단 컨트롤 패널에서 선택 영역 추가(Add to Selection) 단추를 누른 후 드래그하여 필요한 만큼 선택 영역을 더합니다.
- Shift를 누른 채로 필요한 만큼 드래그하여 더합니다.

❸ 선택 영역에서 빼기(Subtract from Selection)
- 상단 컨트롤 패널에서 선택 영역에서 빼기(Subtract from Selection) 단추를 누른 후 드래그하여 필요한 만큼 선택 영역을 비활성화합니다.
- Alt(Windows)/Opt(Mac)를 누른 상태에서 필요한 만큼 드래그하여 선택 영역을 해제합니다.

❹ 선택 영역과 교차(Intersect with Selection): 선택 영역이 교차될 때 공통 영역만 선택 영역을 활성화합니다.

❺ 페더(Feather)로 가장자리 부드럽게 선택하기

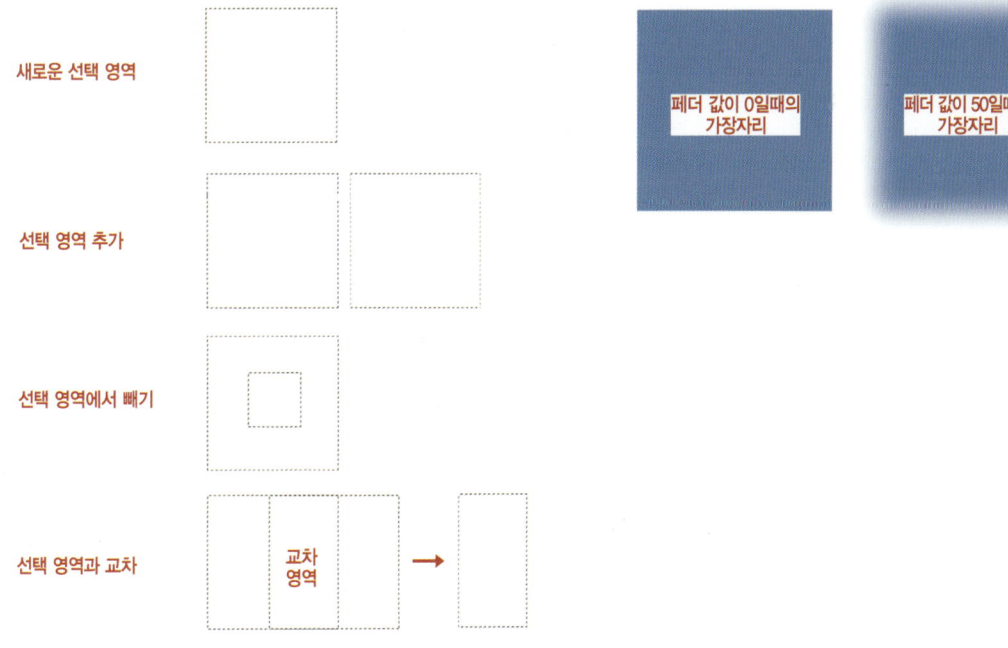

❻ 앤티 엘리어스(Anti-alias)
- 앤티 엘리어스 옵션을 체크하면 픽셀화가 적은 부드러운 선택 영역을 만듭니다.
- 앤티 앨리어스는 가장자리와 배경 픽셀 사이의 색상 전환을 부드럽게 하여 선택 영역과 이미지의 가장자리를 매끄럽게 만듭니다.

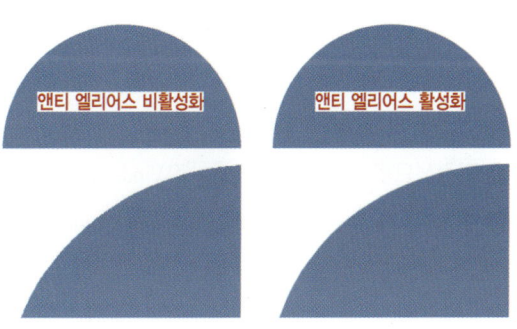

❼ 스타일(Style): 스타일을 클릭하면 세 가지 옵션이 있는 새 드롭다운 메뉴가 열립니다.
  • 표준(Normal): 특별한 사전 설정 없이 선택 영역을 활성화합니다.
  • 고정비(Fixed Ratio): 특정한 비율을 미리 설정해야 할 때 비율을 정하고 사용합니다.
  • 크기 고정(Fixed Size): 정확한 사이즈의 선택 영역이 필요할 때 유용합니다. 폭과 높이를 입력하여 정확한 선택 영역을 활성화할 수 있습니다.

3. 선택 영역 활성화 후 조작하기

선택 도구로 선택 영역을 활성화했다면 무엇을 할 수 있을까요? 필요에 따라 여러 가지 방법으로 해당 영역을 편집할 수 있습니다. 이 방법들은 기본 선택 윤곽 도구 외에 올가미 도구, 개체 선택 도구 등 포토샵의 모든 선택 영역이 활성화될 때 동일하게 사용할 수 있는 방법과 단축키들입니다. 그 외 필터와 효과 등을 선택 영역이 활성화된 상태에서 적용한다면 활성화된 부분에만 해당 효과가 적용됩니다.

(1) 선택 영역 반전하기

❶ 최상단 메뉴의 [선택〉반전/Select〉Inverse]를 클릭합니다.
❷ 단축키 Ctrl+Shift+I(Windows)/Cmd+Shift+I(Mac)를 눌러서 선택 영역을 반전합니다.

(2) 선택 영역 이동하기

선택 영역이 활성화되었을 때 클릭 후 드래그하여 이동합니다.

(3) 선택 영역 해제하기

❶ 최상단 메뉴의 [선택〉선택 해제/Select〉Deselct]를 클릭합니다.
❷ 단축키 Ctrl+D(Windows)/Cmd+D(Mac)를 눌러서 선택 영역을 해제합니다.

(4) 선택 영역 잘라내기

❶ Ctrl+X(Windows)/Cmd+X(Mac)를 눌러서 선택 영역만큼 잘라냅니다. 잘라낸 부분은 Ctrl+V(Windows)/Cmd+V(Mac)를 눌러서 붙여넣기를 할 수 있습니다.
❷ Ctrl(Windows)/Cmd(Mac)를 누른 상태에서 마우스 커서가 가위 모양으로 바뀌면 잘라낼 수 있습니다.

(5) 선택 영역 지우기

Delete를 눌러서 삭제합니다

(6) 선택 영역 칠하기

❶ 전경색으로 칠하기: Alt+Delete(Windows)/Opt+Delete(Mac)
❷ 배경색으로 칠하기: Ctrl+Delete(Windows)/Cmd+Delete(Mac)

(7) 선택 영역 자유 변형하기

Ctrl+T(Windows)/Cmd+T(Mac)를 누르면 자유 변형 컨트롤 패널이 활성화됩니다.

(8) 선택 영역 복사하고 붙여넣기

❶ Ctrl+C(Windows)/Cmd+C(Mac)를 눌러서 선택 영역을 복사한 후 Ctrl+V(Windows)/Cmd+V(Mac)를 눌러서 붙여넣기를 합니다.

❷ 새로운 레이어로 붙여넣기가 됩니다. 클립 보드로 복사되므로 포토샵 외 다른 프로그램에서 지원한다면 붙여넣기가 가능합니다.

(9) 선택 영역 새 레이어로 만들기

단축키 Ctrl+J(Windows)/Cmd+J(Mac)를 누릅니다.

(10) 마지막에 활성화된 선택 영역 다시 선택하기

❶ 최상단 메뉴의 [선택 > 다시 선택/Select > Reselect]를 클릭합니다.
❷ 단축키 Shift+Ctrl+D(Windows)/Shift+Cmd+D(Mac)를 누릅니다.

4. 자유형의 선택 영역을 만드는 올가미 도구들

올가미 도구를 사용하면 마우스로 그릴 수 있는 한 원하는 모든 유형의 모양을 선택할 수 있습니다. 만약 그래픽 태블릿이 있다면 더 섬세하게 선택 영역을 만들 수 있습니다.

포토샵에는 세 가지 유형의 올가미 도구가 있습니다. 툴바에서 올가미 도구를 마우스 오른쪽 버튼으로 클릭하면 다른 두 도구를 볼 수 있습니다.

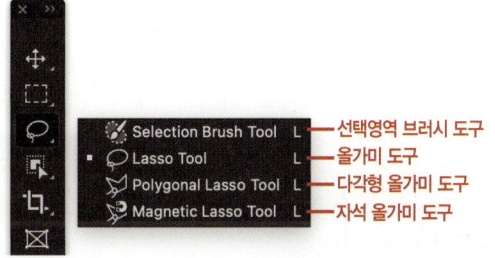

(1) 올가미 도구(Lasso Tool)

❶ 왼쪽 도구 패널에서 올가미 도구를 클릭한 후 마우스를 드래그하여 선택 영역을 그립니다. 선택을 완료하려면 선택 영역을 시작했던 지점으로 마우스 버튼을 놓습니다.

❷ 시작 지점에 도달하기 전에 마우스 버튼을 놓아도 선택 영역이 직선으로 자동으로 닫힙니다.

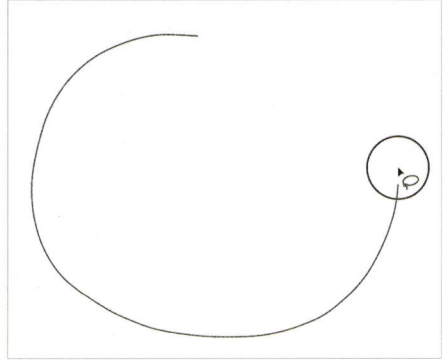
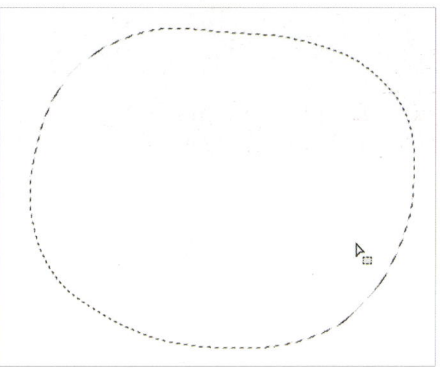

(2) 다각형 올가미 도구(Polygonal Lasso Tool)

❶ 경계가 분명하고 가장자리가 곧은 선택 영역을 만드는 데 유용합니다.
❷ 다각형 올가미 도구 L을 선택한 후 문서에서 클릭하면 선택 영역의 시작점이 설정됩니다.
❸ 드래그하여 선택하려는 개체의 둘레를 따라 선택하고 시작점 위로 가져간 다음 클릭하여 선택 영역을 활성화합니다.

(3) 자석 올가미 도구(Magnetic Lasso Tool)

❶ 곡선이 많은 선택에 유용합니다. 이미지의 가장자리를 감지하고 마우스 커서를 가장자리를 따라 움직이면 선택 영역이 자동으로 만들어집니다.
❷ 다른 올가미 도구와 마찬가지로 시작점을 클릭하거나 아무 곳이나 두 번 클릭하여 선택 영역을 활성화합니다.

❸ 자석 올가미 도구의 추가 옵션
- 가장자리 추가
  - Caps Lock 을 누르면 마우스 커서가 중앙에 십자선이 있는 원으로 변경됩니다.
  - 컨트롤 패널에서 폭의 수치를 변경하여 원의 크기를 변경 가능합니다.
  - 원 안의 영역을 감지하여 가장자리를 찾아서 선택 영역을 만듭니다.

- 포인트 삭제: 자동으로 생성되는 최근 점을 삭제하고 되돌아가려면 Backspace(Windows)/Delete(Mac)를 눌러서 실행합니다. 전체 해제하려면 Esc를 누릅니다.
- 더 섬세한 선택하기: 컨트롤 패널의 Frequency 숫자를 늘리면 앵커 포인트 수가 늘어나며 더 섬세한 선택을 가능하게 합니다.

(4) 선택 영역 브러시 도구(Selection Brush Tool)(신기능)

❶ 브러시와 올가미 도구가 합쳐져 세밀하고 빠르게 선택 영역을 만들 수 있습니다.
❷ 이미지에서 선택 영역을 만들 부분을 브러시로 그리듯이 선택 영역을 만듭니다. 이 기능을 사용하면 빠른 마스크 모드나 선택 및 마스크 작업 영역에서 브러시 도구를 사용하지 않고도 더 적은 단계로 브러시로 영역을 선택할 수 있습니다.
❸ 왼쪽 도구 메뉴에서 올가미 도구 그룹을 길게 눌러 선택 영역 브러시 도구를 클릭합니다.
❹ 상단 컨트롤 패널에서 선택 영역 브러시 도구의 옵션을 설정하여 작업할 수 있습니다.

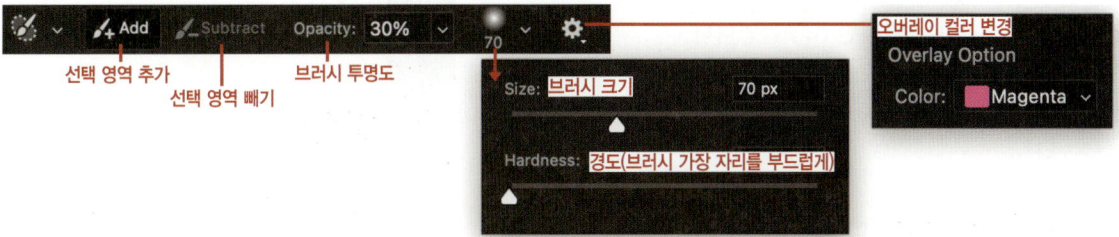

- 추가(Add): 선택 영역을 만듭니다.
- 빼기(Subtract): 그려진 선택 영역에서 불필요한 부분을 지웁니다.
- 불투명도(Opacity): 칠해지는 영역의 불투명도를 조절할 수 있습니다(100%도 완전히 불투명하게 보이지 않습니다).
- 브러시
  - 크기(Size): 브러시 크기를 바꿀 수 있습니다.
  - 경도(Hardness): 경도를 조절해 브러시의 가장자리를 부드럽게 바꿀 수 있습니다.
- 오버레이 색상 설정(Overlay Option): 오버레이 색상 설정으로 칠해지는 색상을 변경할 수 있습니다.

❺ 선택 영역 브러시 도구 사용방법

- 선택 영역으로 활성화하고자 하는 부분을 그리듯이 칠하여 선택합니다.
- 필요 없는 부분은 빼기를 누르고 그리듯이 칠하여 해제합니다.

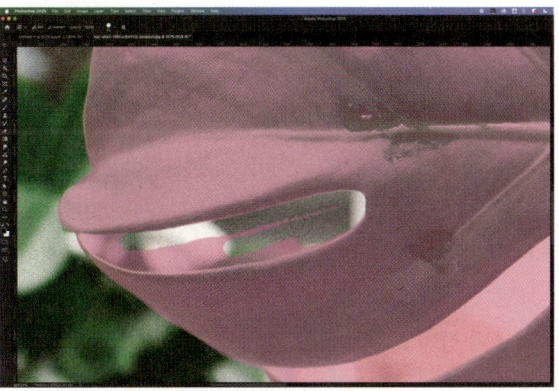

- 완료되면 왼쪽 패널의 이동 도구를 클릭합니다.
- 브러시로 그린 부분이 선택 영역으로 활성화됩니다.

5. 한 번에 빠르게! 자동으로 선택 영역을 만드는 개체 선택 도구들

개체 선택 도구들은 이미지의 개체들을 빠르고 간편하게 선택 영역으로 활성화하는 편리한 도구들입니다.

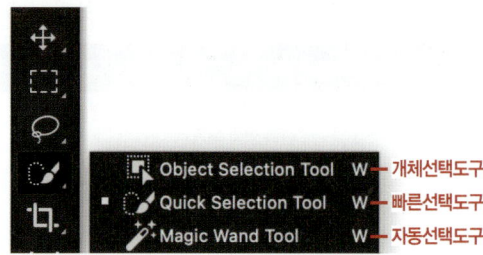

(1) 개체 선택 도구(Object Selection Tool)

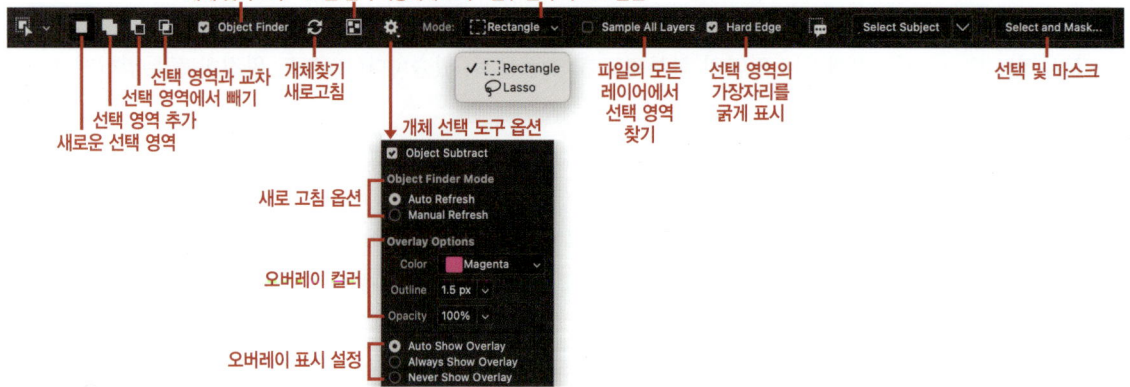

❶ 이미지에서 하늘, 물, 건물, 산, 사람, 동물 등 개체를 자동으로 선택할 때 편리한 기능입니다.

❷ 선택 영역을 단축키로도 더하거나 뺄 수 있습니다. 키보드에서 Ctrl(Windows)/Shift(Mac)를 눌러 다른 개체 또는 영역을 선택 영역에 추가하고 Alt(Windows)/Opt(Mac)를 눌러 개체 또는 영역을 선택 영역에서 뺄 수 있습니다.

❸ 모든 레이어 샘플링(Sample All Layer)을 선택하면 문서에 포함된 모든 보이는 레이어에서 유사한 색을 찾아 자동으로 선택합니다.

❹ 오버레이 표시에서 일부분만 선택 영역으로 활성화하고 싶다면 원하는 부분을 드래그합니다. 드래그 시 상단 컨트롤 패널에서 사각형 또는 올가미 모양으로 골라서 사용할 수 있습니다.

❺ 개체 선택 도구로 이미지에서 선택 영역을 만들려면 왼쪽 도구 패널에서 [개체 선택 도구]를 클릭하여 선택한 후 상단 컨트롤 패널에서 개체 찾기 도구(Object Finder)를 활성화합니다.

❻ 선택 영역으로 활성화 할 수 있는 영역은 마우스 커서를 두면 오버레이 색상(기본 핑크색)으로 표시됩니다. 클릭하면 오버레이로 표시된 영역이 선택 영역으로 자동으로 활성화됩니다.

(2) 빠른 선택 도구(Quick Selection Tool)

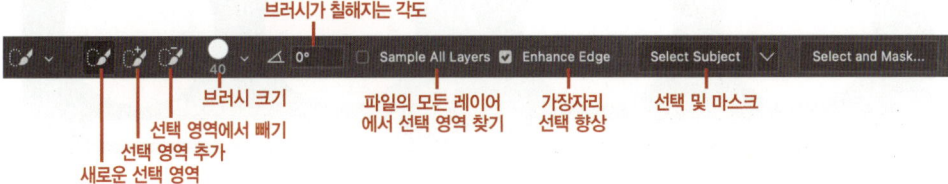

❶ 빠른 선택 도구는 자동 선택 도구와 비슷하지만, 이미지 위에 그리듯이 드래그하여 선택 영역을 추가하고 뺍니다.

❷ 이미지에서 선택 영역을 드래그하면 가장자리를 자동으로 감지하여 선택 영역을 만듭니다. 키보드에서 [,]를 클릭하여 브러시 크기를 변경할 수 있습니다.

(3) 자동 선택 도구(Magic Wand Tool)

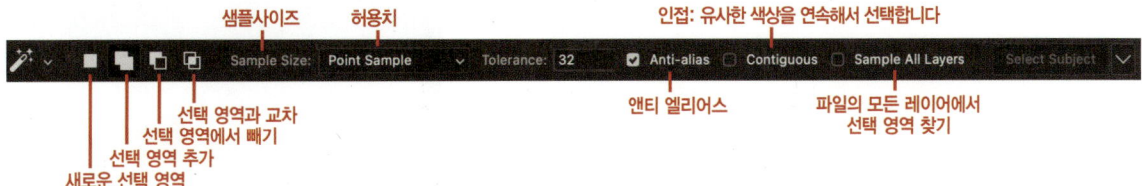

> **Tip** 자동선택도구 컨트롤패널 세부항목
> - 샘플사이즈(Sample Size): 수치를 높이면 자동 선택 도구로 선택되는 픽셀 수가 늘어납니다.
> - 허용치(Tolerance)
>   - 일반적으로 32 정도를 지정하여 사용합니다.
>   - 유사한 색상을 더 많이 포함하고 싶은 경우(그레이디언트, 가장자리가 흐린 그림) 상단 컨트롤 패널에서 허용치(Tolerance)의 값을 높입니다.
>   - 너무 높은 허용치 값은 원하지 않는 영역까지 선택할 수 있고 너무 낮을 경우 필요한 영역을 선택하지 못할 수 있습니다.
> - 연속성(Contiguous): 체크박스를 해제하면 유사한 색상을 문서에서 모두 선택 영역으로 활성화합니다.

❶ 자동 선택 도구는 색상에 따라 영역을 선택합니다.
❷ 검은색 배경에 분홍색 원이 있는 이미지의 경우 자동 선택 도구로 분홍색 원을 선택하면 분홍색 영역을 자동으로 선택할 수 있습니다. 허용치 값을 조정하여 그레이디언트를 선택하였습니다.

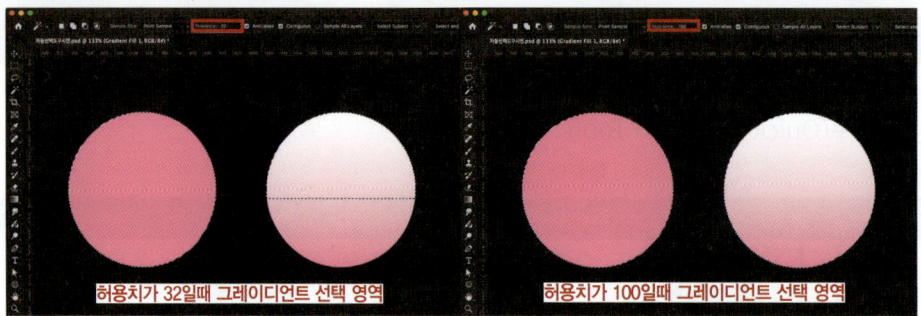

(4) 피사체 선택

❶ 이미지에서 가장 큰 영역을 자동으로 선택합니다.
❷ 최상단 메뉴의 [선택〉피사체/Select〉Subject]를 클릭합니다.

(5) 하늘만 선택

❶ 이미지에서 하늘을 자동으로 선택합니다.
❷ 최상단 메뉴의 [선택〉하늘/Select〉Sky]를 클릭합니다.

6. 빠른 마스크 모드(Quick Mask Mode)로 디테일을 살려서 선택 영역 만들기

빠른 마스크 모드는 선택한 영역을 반투명한 빨간색 오버레이로 일시적으로 보여주고 선택할 영역과 선택되지 않은 영역을 볼 수 있습니다. 브리시와 지우개 도구를 포함한 여러 선택 도구를 함께 이용하여 선택 영역을 만들 수 있어 컨트롤이 쉽고 복잡한 이미지도 쉽게 선택 영역을 만들 수 있습니다.

또한, 개체 선택 도구을 보완하는 역할로도 사용할 수 있습니다. 빠른 마스크 모드로 브리시를 이용해 디테일을 보완해 주면 보다 선명하고 자연스러운 가장자리를 만들 수 있습니다.

(1) 빠른 마스크 모드(Quick Mask Mode) 활성화하기

❶ 왼쪽 도구 패널 하단의 빠른 마스크 모드 버튼을 클릭합니다. 단축키 Q를 눌러서 활성화할 수 있습니다.

❷ 빠른 마스크 모드가 활성화되면 모양이 변경되며 선택된 레이어가 레이어 패널에서 붉은 색으로 변합니다.

❸ 브리시 도구를 이용해서 ❹ 문서에서 선택 영역으로 만들고 싶은 부분을 선택하거나 칠하면 해당 부분이 붉은 색으로 변합니다.

(2) 표준 모드로 돌아가면서 선택 영역 활성화하기

❶ 다시 한번 왼쪽 도구 패널 하단의 빠른 마스크 모드 버튼을 클릭하여 선택 영역을 활성화하고 표준 모드로 돌아갑니다.

❷ 빠른 마스크 모드가 해제되면서 칠해두었던 영역들이 선택 영역으로 활성화됩니다.

(3) 빠른 마스크 옵션(Quick Mask Options) 대화상자에서 옵션 조정하기

위쪽 도구 패널 하단의 빠른 마스크 모드 버튼을 더블 클릭하면 [빠른 마스크 옵션] 대화상자가 열립니다.

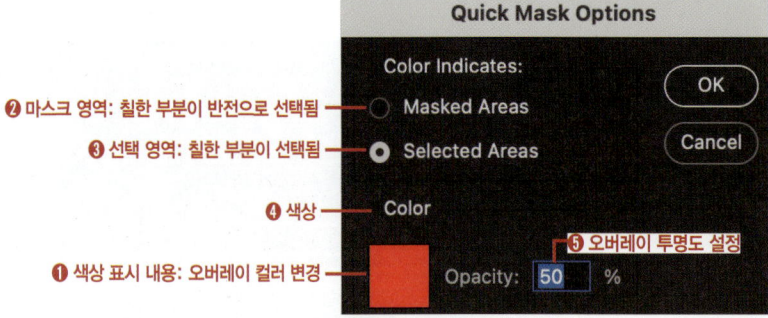

❶ 색상 표시 내용(Color Indicates): 오버레이 컬러를 변경합니다.
❷ 마스크 영역(Masked Areas): 칠한 부분을 반전하여 선택 영역으로 활성화합니다.
❸ 선택 영역(Selected Areas): 칠한 부분이 선택 영역으로 활성화됩니다.
❹ 색상(Color): 빠른 마스크 모드의 칠 색상을 변경합니다.
❺ 불투명도(Opacity): 불투명도를 변경합니다.

> **Tip** 빠른 마스크가 활성화 되면 채널 패널에서 빠른 마스크 채널을 확인할 수 있습니다.

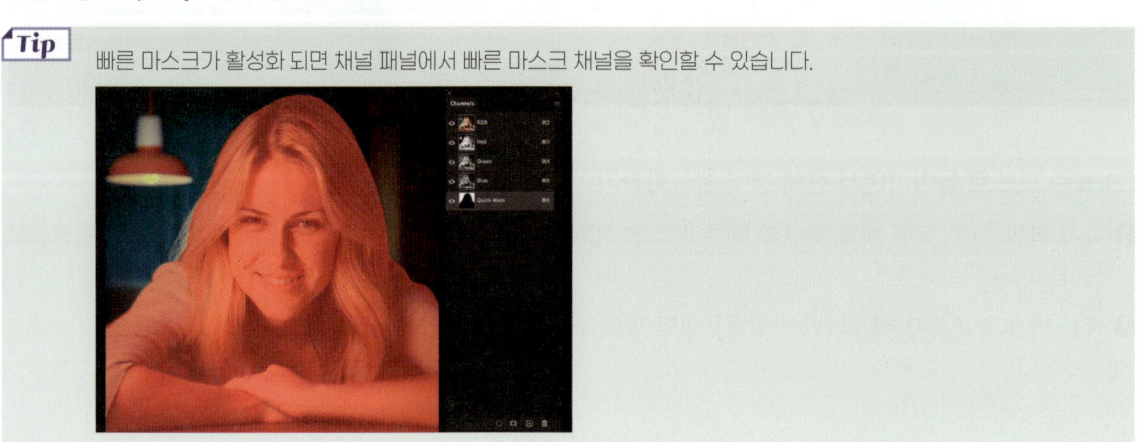

7. 복잡한 이미지도 섬세하게! 선택 및 마스크(Select and Mask)

선택 및 마스크 기능은 포토샵의 강력한 도구로, 복잡한 이미지에서 정밀한 선택과 마스킹을 가능하게 합니다. 다양한 선택 도구, 가장자리 다듬기 옵션, 실시간 미리보기를 제공하며, 색상 인식과 객체 인식 모드로 정확도를 높입니다. 이 기능은 헤어, 모피, 잎사귀 같은 섬세한 대상을 효과적으로 분리하여 고품질의 이미지 편집을 지원합니다. 또한 생성된 선택 영역을 레이어 혹은 마스크로 바로 분리하여 내보낼 수 있습니다.

(1) 선택 및 마스크 대화상자 열고 살펴보기

❶ 선택 영역이 활성화된 상태에서 기본 선택 윤곽 도구들을 비롯한 선택 도구들의 상단 컨트롤 패널에서 [선택 및 마스크/Select and Mask] 창을 열 수 있는 버튼이 있습니다. 또는 최상단 메뉴의 [선택〉선택 및 마스크/Select〉Select and mask]를 선택합니다. 선택 및 마스크 대화상자가 열립니다.

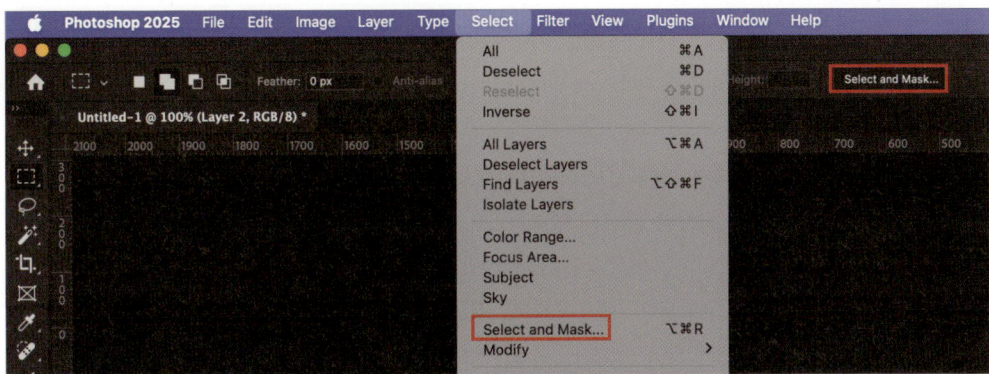

- **빠른 선택 도구(Quick Selection Tool)**: 이미지의 가장자리를 따라 자동으로 선택 영역을 만듭니다.
- **가장자리 다듬기 브러시 도구(Refine Edge Brush Tool)**: 선택 영역이 활성화된 후에 가장자리를 디테일하게 다듬는 브러시 도구입니다.
- **브러시 도구(Brush Tool)**: 선택 또는 제거할 영역을 브러시를 이용해 미세하게 조정합니다.

❷ 브러시 도구를 선택하면 컨트롤 패널에서 브러시의 크기를 변경할 수 있습니다.
- 개체 선택 도구(Object Selection Tool): 자동으로 개체를 찾아 선택합니다.
- 올가미 도구(Lasso Tool): 자유형의 선택 영역을 만듭니다.
- 손 도구(Hand Tool): 미리보기에서 위치를 변경합니다.
- 돋보기 도구(Zoom Tool): 미리보기를 확대/축소합니다.
- 가는 선 다듬기(Refine Hair): 가느다랗고 복잡한 머리카락이나 동물의 털 등 복잡한 가장자리를 선택 영역으로 활성화해야 할 때 좋은 기능입니다.
- 속성: 여러 가지 보기 모드(View Mode)를 클릭하면 드롭다운 메뉴에서 미리보기를 설정할 수 있습니다.
- 어니언 스킨(Onion Skin): 선택 영역을 애니메이션 제작 시 많이 사용되는 어니언 스킨으로 미리보기 합니다. 문서에 포함된 다른 레이어가 함께 표시됩니다. 투명도 슬라이더를 사용하여 투명도를 조정할 수 있습니다.
- 개미들의 행진(Marching Ants): 선택 영역의 가장자리를 개미들의 행진으로 미리보기를 합니다.
- 오버레이(Overlay): 선택 영역을 투명한 색상 오버레이로 시각화합니다. 빠른 마스크 모드와 같이 선택 영역을 반전할 수 있습니다.
- 검정 바탕(On Black): 검정 배경 위에 선택 영역이 보입니다.
- 흰색 바탕(On White): 흰색 배경 위에 선택 영역이 보입니다.
- 흑백(Black&White): 선택 영역이 흑백 이미지로 보입니다.
- 레이어 바탕(On Layers): 문서의 하위 레이어 위에 선택 영역이 보입니다.
- 가장자리 표시(J): 가장자리 감지(Edge Detection) 기능을 사용할 때 활성화합니다. 가장자리 영역을 표시합니다.
- 원본 표시(Show Original): 선택 및 마스크에서 적용한 변경사항을 제거한 원본의 이미지를 미리보기로 표시합니다.
- 실시간 다듬기(Real Time Refinement): 가장자리 브러시 도구를 활성화하고 다듬기 모드에서 색상 인식(Color Aware) 모드를 선택하면 활성화 여부를 선택합니다. 활성화 상태에서는 다듬은 영역의 결과가 업데이트되어 미리보기에서 확인할 수 있습니다. 그 외에는 항상 활성화되어 있습니다.
- 고화질 미리보기(High Quality Preview): 변경사항의 정확한 미리보기를 렌더링합니다. 이 옵션을 선택하면 이미지 작업 중에 마우스 왼쪽 단추를 누른 채로(마우스를 아래로) 고해상도 미리보기를 볼 수 있습니다. 이 옵션을 선택 해제하면 마우스 누르고 있어도 저해상도 미리보기가 표시됩니다.
- 사전 설정(Preset): 선택 및 마스크 대화상자에서 설정한 내용을 불러오거나 저장하여 다른 작업 시 불러와 사용할 수 있습니다.
- 피사체 선택(Select Subject): 로컬 드라이브와 클라우드로 처리 방법을 선택할 수 있습니다. 자동으로 이미지 내의 큰 피사체를 선택 영역으로 활성화합니다.
- 다듬기 모드(Refine Mode): 가장자리 감지, 가는 선 다듬기, 가장자리 다듬기 브러시 도구를 사용할 때 어떻게 가장자리를 다듬을 것인지 적합하게 설정합니다.
- 색상 인식(Color Aware): 단순하며 대조되는 배경이 있는 이미지를 작업할 때 선택합니다.
- 개체 인식(Object Aware): 복잡한 배경의 머리카락이나 털이 있는 이미지를 작업할 때 선택합니다.
- 가장자리 감지(Edge Detection): 선택 영역의 가장자리만 편집합니다. 반경(Radius) 가장자리의 굵기를 변경합니다.

- **전역 다듬기(Global Refinements)**: 활성화된 선택 영역의 가장자리를 옵션을 사용해서 보완하거나 수정할 수 있습니다.
- **매끄럽게(Smooth)**: 선택 영역 가장자리를 매끄럽게 수정합니다.
- **페더(Feather)**: 선택 영역 가장자리를 흐리게 수정합니다.
- **대비(Contrast)**: 선택 영영 가장자리를 대비값을 선명하게 수정합니다. 값이 너무 높을 때 앤티 엘리어싱이 없을때처럼 부드러움이 없는 가장자리로 활성화되어 픽셀화가 생길 수 있습니다.
- **가장자리 이동(Shift Edge)**: 활성화된 선택 영역의 가장자리를 세밀하게 안쪽으로 이동하거나 바깥쪽으로 이동하여 가장자리를 변경 할 수 있습니다.
- **선택 취소(Clear Selection)**: 활성화된 선택 영역을 취소합니다.
- **반전(Invert)**: 활성화된 선택 영역을 반전합니다.
- **출력 설정(Output Setting)**: 부등호 아이콘(〉)을 클릭하여 색상 정화와 출력 방법 옵션을 확인할 수 있습니다.
- **색상 정화(Decotaminate Colors)**: 선택 영역 가장자리의 색상을 주변 픽셀과 조화롭게 개선하여 배경에서 객체를 깔끔하게 분리합니다. 가장자리가 부드러울수록 더 자연스러운 결과를 얻을 수 있습니다. 강도는 슬라이더로 조절 가능하며, 기본값은 100%입니다. 원본 이미지를 직접 변경하므로 출력 위치 옵션이 새 레이어로 내보내기가 기본으로 설정됩니다.
- **출력 방법(Output to)**: 선택 및 마스크에서 지정한 선택 영역을 아래 방법으로 활성화하거나 파일로 내보낼 수 있습니다.
  - 선택 영역(Selection)
  - 레이어 마스크(Layer Mask)
  - 새 레이어(New Layer)
  - 레이어 마스크가 있는 새 레이어(New Layer with Layer Mask)
  - 새 문서(New Document)
  - 레이어 마스크가 있는 새 문서(New Document with Layer Mask)

❸ 선택 및 마스크에서 선택 영역을 모두 지정한 뒤 해당 선택 영역을 출력 방법 드롭다운 메뉴에서 하나를 골라 선택한 후 확인을 클릭하여 활성화된 선택 영역을 문서로 불러옵니다.

❹ 선택 및 마스크 기능을 정리하자면, 이미지의 특정 부분을 정밀하게 선택하고 편집하는 도구입니다. 복잡한 가장자리도 섬세하게 선택되고 자동으로 감지되어 빠르게 선택 영역을 만들 수 있습니다. 활성화된 선택 영역은 합성, 색상 조정 등 다양한 그래픽 작업의 기초가 됩니다.

8. 선택 영역의 가장자리 수정하기

❶ 활성화된 선택 영역의 모양 그대로 가장자리를 확대하거나 축소하여 변형할 수 있습니다.
❷ 최상단 메뉴의 [선택〉수정/Select〉Modify]를 클릭하여 원하는 기능을 선택합니다.

- 일반: 레이어의 가장자리를 따라 활성화된 선택 영역입니다.

- 테두리(Border): 활성화된 선택 영역을 둘러싸는 테두리 선택 영역입니다.

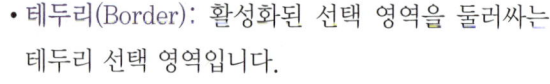

- 매끄럽게(Smooth): 활성화된 선택 영역의 모서리를 둥글게 변화시킵니다.

- 확대(Expand): 활성화된 선택 영역을 확대합니다.

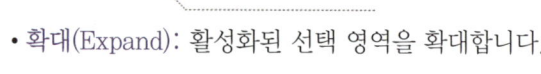

- 축소(Contract): 활성화된 선택 영역을 축소합니다.

- 페더(Feather): 선택 영역의 가장자리를 흐리고 부드럽게 합니다.

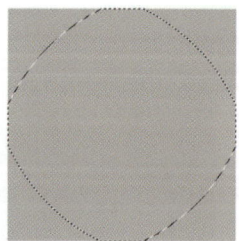

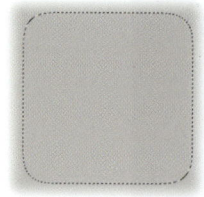

9. 1분 실습_자동 선택으로 하늘 한 번에 바꾸기

(1) 파일 열기

최상단 메뉴의 [파일 〉 열기/File 〉 Open]을 클릭하여 대화상자에서 '클래스2_9_1분실습_개체 선택 도구.jpeg' 파일을 불러옵니다.

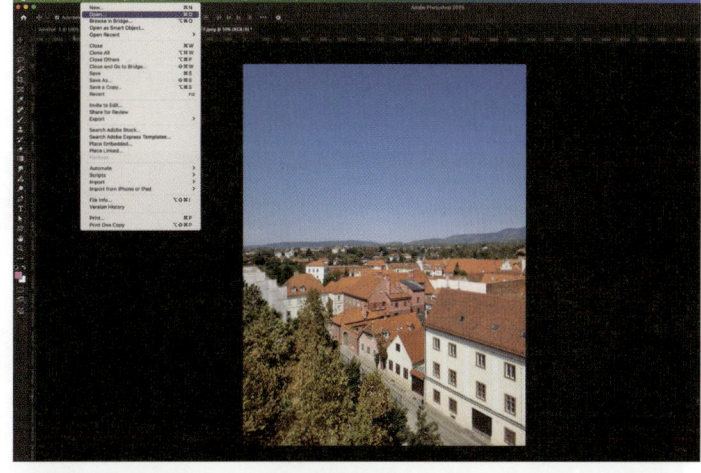

(2) 하늘 선택하기

최상단 메뉴의 [선택 〉 하늘/Select 〉 Sky]를 클릭하여 하늘을 선택합니다.

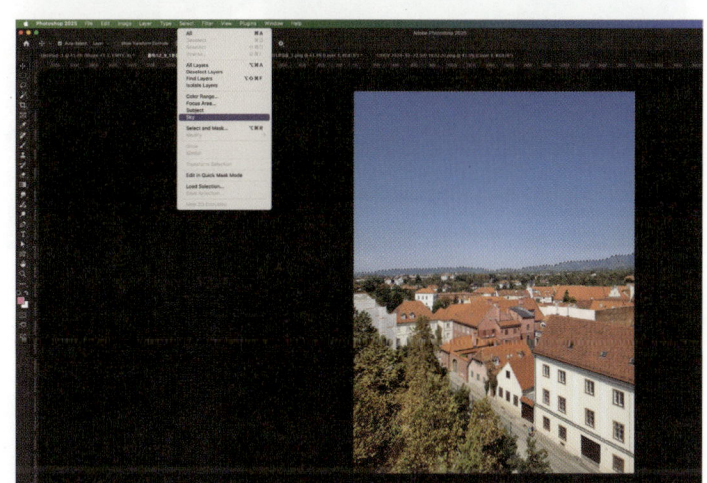

(3) 하늘 대체 기능 열기

최상단 메뉴의 [편집 〉 하늘 대체/Edit 〉 Sky Replacement]를 클릭하여 하늘 대체 대화상자를 엽니다.

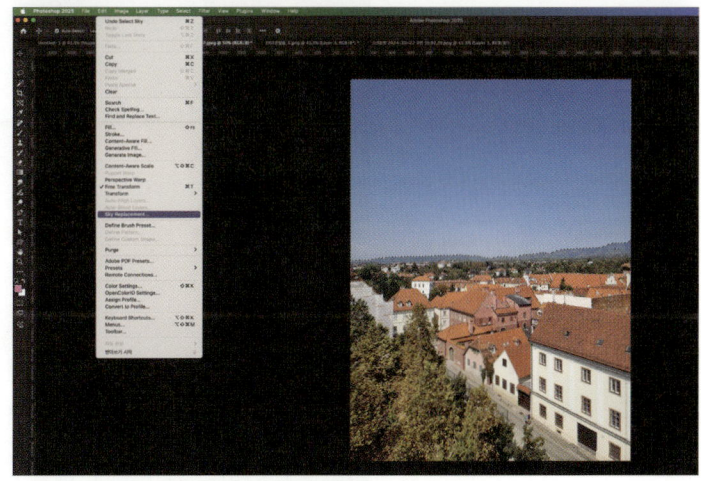

(4) 다양한 스타일의 하늘 살펴보고 적용하기

❶ 하늘 대체 대화상자에 다양한 스타일의 하늘이 있습니다.
❷ 옵션에서 장관(Spectacular) 탭으로 이동합니다.
❸ 006번 하늘을 선택하면 선택 영역이 노을이 진 드라마틱한 하늘로 대체됩니다.
❹ 필요한 경우 대화상자에서 하늘의 크기, 명도, 밝기, 반전 등을 조정할 수 있습니다.

(5) 완성하기

하늘을 변경하였습니다.

10. 1분 실습_빠른 마스크 모드와 개체 선택을 혼용해 디테일한 선택 영역 만들기

(1) 파일 열기

최상단 메뉴의 [파일 〉 열기/File 〉 Open]을 클릭하여 대화상자에서 '클래스2_9_1분실습_빠른마스크모드.psd' 파일을 불러옵니다.

(2) 개체 선택 도구 설정

❶ 왼쪽 도구 패널에서 개체 선택 도구(Object Selection Tool)를 클릭합니다.
❷ 상단 컨트롤 패널에서 선택 영역에 추가(Add to Selection)을 클릭합니다.
❸ 상단 컨트롤 패널에서 개체 찾기 도구(Object Finder)에 체크합니다.

(3) 캔버스에서 선택 영역 만들기

❶ 개체 선택 도구로 도넛을 클릭합니다.
❷ 그릇을 클릭하면 선택 영역에 추가를 활성화해 두었기 때문에 선택 영역이 자동으로 합쳐집니다.

(4) 빠른 마스크로 선택 영역 보완하기

❶ 선택 영역이 활성화된 상태에서 왼쪽 도구 패널 하단의 빠른 마스크 아이콘을 클릭합니다. 선택 영역이 붉은색 오버레이로 보여집니다. 도넛과 그릇 사이나 그릇과 테이블의 경계가 정확히 선택 영역으로 만들어지지 않았습니다.
❷ 브러시 도구를 선택하여 도넛과 그릇 사이의 부분을 칠하여 선택 영역으로 포함합니다.
❸ 지우개 도구를 선택하여 그릇과 테이블 사이의 불필요한 선택 영역을 지웁니다.

(5) 선택 영역 활성화하기

❶ 왼쪽 도구 패널 하단의 빠른 마스크 아이콘을 클릭하여 빠른 마스크 모드를 해제합니다.
❷ 선택 영역이 보완되어 활성화되었습니다.

11. 1분 실습_선택 및 마스크 기능으로 복잡한 머리카락 선택하기

(1) 파일 열기

최상단 메뉴의 [파일 〉 열기/File 〉 Open]을 클릭하여 대화상자에서 '클래스2_9_1분실습_리파인헤어.psd' 파일을 불러옵니다.

(2) 선택 영역 활성화하기

❶ 왼쪽 도구 패널에서 '빠른 선택 도구(Quick Selection Tool)'를 선택합니다.
❷ 사진 속의 여성의 가장자리를 따라 드래그하여 선택 영역을 활성화합니다.

(3) 선택 및 마스크

❶ 상단 컨트롤 패널에서 '선택 및 마스크(Select and Mask)'를 클릭하여 대화상자를 엽니다.
❷ 보기(View)를 클릭하여 흰색 바탕(On White)을 선택합니다.

(4) 가는 선 다듬기 기능으로 선택 영역 편집

❶ 대화상자 상단의 '가는 선 다듬기(Refine Hair)'를 클릭합니다. 왼쪽 브러시 도구 중 '가장자리 다듬기 브러시 도구'를 선택합니다. 브러기 도구의 옵션을 조절합니다.
❷ 선택이 완전하지 않은 부분을 브러시로 지워냅니다.

(5) 새 레이어로 내보내기

❶ 선택 및 마스크 대화상자의 오른쪽 하단의 '출력 위치(Out put to)'를 클릭합니다.
❷ '새 레이어(New Layer)'로 선택합니다.
❸ 확인을 클릭합니다.

(6) 완성

머리카락이 섬세히 분리되었습니다.

SECTION 10 | 실행 취소와 작업 내역 패널 살펴보기

포토샵 및 디지털 그래픽 작업에서는 다양한 편리한 기능이 있지만, 가장 유용한 것 중 하나는 작업을 취소하고 이전 단계나 처음 상태로 돌아갈 수 있다는 점입니다.

1. 단일 및 다중 실행 취소하기

(1) 실행 취소하기

❶ 단축키 Ctrl+Z(Windows)/Cmd+Z(Mac)로 마지막 작업을 취소하고 이전 단계로 되돌아갑니다.
❷ 반복해서 누르면 원하는 만큼 이전 단계로 되돌아갑니다. 기본 설정은 50번의 단계까지 되돌아갈 수 있습니다.

(2) 환경 설정에서 실행 취소 단계를 늘리기

필요하다면 설정을 통해서 실행 취소 단계를 늘릴 수 있습니다.

❶ 최상단 메뉴의 [편집 〉 환경설정 〉 성능/Edit 〉 Preferences 〉 Performance]를 클릭합니다.
❷ 작업 내역 상태(History States)를 찾아 옵션을 수정합니다. 기본값은 보통 50입니다. 이 숫자를 원하는 만큼 높일 수 있습니다(최대 1000).
❸ 숫자를 조정한 후 '확인(OK)'을 클릭하여 변경사항을 저장합니다. 이렇게 설정하면 Ctrl+Z로 더 많은 단계를 되돌릴 수 있게 됩니다. 또한, 작업 내역 패널에서도 더 많은 단계를 볼 수 있게 됩니다.

> **Tip** 작업 내역 상태 수를 늘리면 Photoshop이 더 많은 메모리를 사용하게 되므로, 컴퓨터 성능에 영향을 줄 수 있습니다. 필요 이상으로 높게 설정하지 않는 것이 좋습니다. 100-200정도 설정하여도 일반적으로 충분합니다.

2. 최종 저장 버전으로 되돌리기

문서를 최종 저장된 시점으로 되돌립니다. 최상단 메뉴의 [파일 〉 되돌리기/File 〉 Revert]를 클릭합니다. 단축키 F12를 눌러서 되돌릴 수 있습니다.

3. 작업 내역 패널 활용하기

작업 내역 패널에서 어떤 기능을 사용하였는지 변화의 단계를 파악하고 되돌아갈 수 있습니다. 사용자가 기능을 추가하여 문서에 변화가 생길 때마다 자동으로 작업 내역 패널에 변경사항이 업데이트됩니다.

(1) 작업 내역 패널 열고 살펴보기

❶ 최상단 메뉴의 [창 〉 작업내역/Window 〉 History]를 선택합니다.
❷ 작업 영역이 필수(기본값)일 때는 오른쪽 메뉴 패널에서 클릭하여 열 수 있습니다.

(2) 클릭하여 원하는 지점으로 변경하기

❶ 가장 오래된 상태는 목록 맨 위에 있고 최근 상태는 아래에 있습니다.
❷ 패널에서 자동으로 업데이트된 작업 내역 중 되돌리고 싶은 내역을 클릭하면 되돌아갑니다.
❸ 다시 마지막 시점으로 돌아가기 위해서는 가장 하단의 작업 내역을 선택합니다.

> **Tip** 작업 내역 패널의 내용은 휘발성입니다. 문서를 닫으면 패널 내용도 초기화됩니다. 작업 내역 패널은 환경 설정의 실행 취소 단계만큼 기록합니다. 작업 내역을 늘리려면 이번 섹션의 '1. 단일 및 다중 실행 취소하기-(2) 환경 설정에서 실행 취소 단계를 늘리기'를 참고하여 설정을 변경합니다.

(3) 클릭하여 작업 내역 삭제하기

불필요하다고 생각되는 작업 내역은 삭제할 수 있습니다. 원하는 작업 내역을 선택한 뒤 패널 하단의 휴지통 아이콘을 클릭합니다.

(4) 이미지 스냅숏 활용하기

❶ 이미지 스냅숏은 작업 과정의 특정 시점을 임시적으로 저장하는 기능입니다. 이름을 지정하여 쉽게 식별할 수 있으며, 전체 작업 세션을 보존할 수 있습니다.
❷ 복잡한 작업이나 실험적인 기법을 시도할 때 미리 스냅숏을 만들면, 결과가 마음에 들지 않을 경우 쉽게 이전 상태로 돌아갈 수 있습니다.
❸ 이미지 스냅숏 기능도 문서를 닫으면 초기화됩니다.
- 스냅숏 생성하기: 작업 패널의 하단에 있는 카메라 아이콘을 클릭하거나 오른쪽의 메뉴 아이콘을 클릭 후 드롭다운 메뉴에서 새 스냅숏(New Snapshot)을 클릭하면 작업 내역 상위에 현재 문서의 스냅숏이 생성됩니다.
- 작업 도중 열려진 문서에서 여러 기능을 써서 작업 도중 스냅숏 아이콘을 클릭하면 생성된 시점으로 되돌아가고 다시 새로운 기능을 사용하면 작업 내역이 추가됩니다.
- 스냅숏 아이콘의 이름 부분을 더블 클릭하여 이름을 변경할 수 있습니다.

> **Tip** 비연속 작업 내역 허용 옵션 설정하기
> 스냅숏을 사용할 때 작업 내역 옵션에서 [비연속 작업 내역 허용]을 활성화하지 않고 변경하면 작업 내역 삭제되어 불편할 수 있습니다. 작업 내역 패널의 오른쪽 메뉴 아이콘을 클릭하여 [작업 내역 옵션/History Option]을 클릭 후 대화상자에서 [비연속 작업 내역 허용/Allow Non-Linear History]을 체크합니다.

- 스냅숏 새 문서로 복사하기: 스냅숏 아이콘의 이름 부분에서 우클릭하여 '새 문서(New Document)'를 클릭하면 스냅숏이 새로운 문서로 열립니다.

(5) 작업 내역 특정 시점을 새 문서로 복사하기

❶ 작업 내역 패널 하단의 문서 아이콘을 클릭하면 새로운 문서가 복사되어 새 창으로 열립니다.
❷ 새로운 문서는 작업 내역에서 사용자가 선택한 변경사항까지 복사됩니다.

4. 작업 내역 브러시 살펴보기

이미지의 특정 부분만 선택적으로 이전 상태로 되돌릴 수 있는 기능입니다.
❶ 작업 내역 패널에서 되돌리고 싶은 작업 내역의 왼쪽 끝의 아이콘을 클릭하여 소스로 지정합니다. 작업 내역 브러시 모양의 아이콘이 표시됩니다.
❷ 왼쪽 메뉴 패널에서 작업 내역 브러시를 선택합니다.
❸ 되돌리고 싶은 특정 부분에 브러시를 칠합니다.
❹ 브러시로 칠해지는 부분이 지정된 소스와 동일하게 되돌아갑니다.

5. 기능이 적용 중일 때 취소하기

❶ 어떠한 기능을 적용할 때 진행 중인 작업을 멈추려면 [Esc]를 누릅니다.
❷ Mac OS에서는 [Cmd]+[.]을 누를 수도 있습니다.

카드뉴스 만들기

이번 튜토리얼은 포토샵의 작업 영역과 인터페이스에 대해 체크하고 기본적인 새 문서의 생성과 파일 열기, 레이어의 복제와 자유 변형(Free Transform)의 사용 방법을 보여줍니다. 포토샵의 기본 기능을 익혀 카드 뉴스를 만들 수 있습니다.

LEVEL UP 튜토리얼로 체크하는 포토샵 핵심 기능

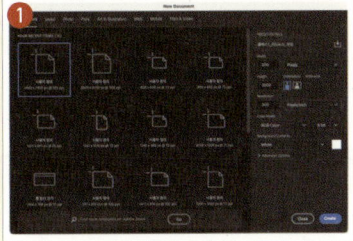
원하는 사양의 새로운 문서를 생성하기

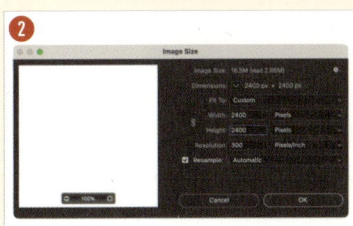
이미지와 캔버스 크기를 원하는 대로 바꾸기

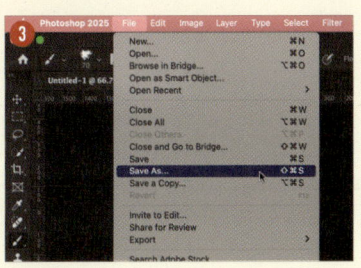
파일을 열고 닫고 저장하기

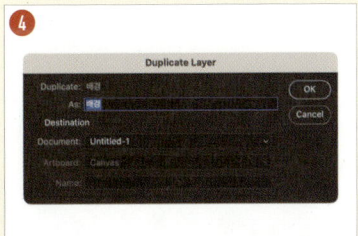
레이어를 복제하기

문서를 작업 영역에 한눈에 보이도록 배치하기

자유 변형(Free Transform)으로 레이어 변형

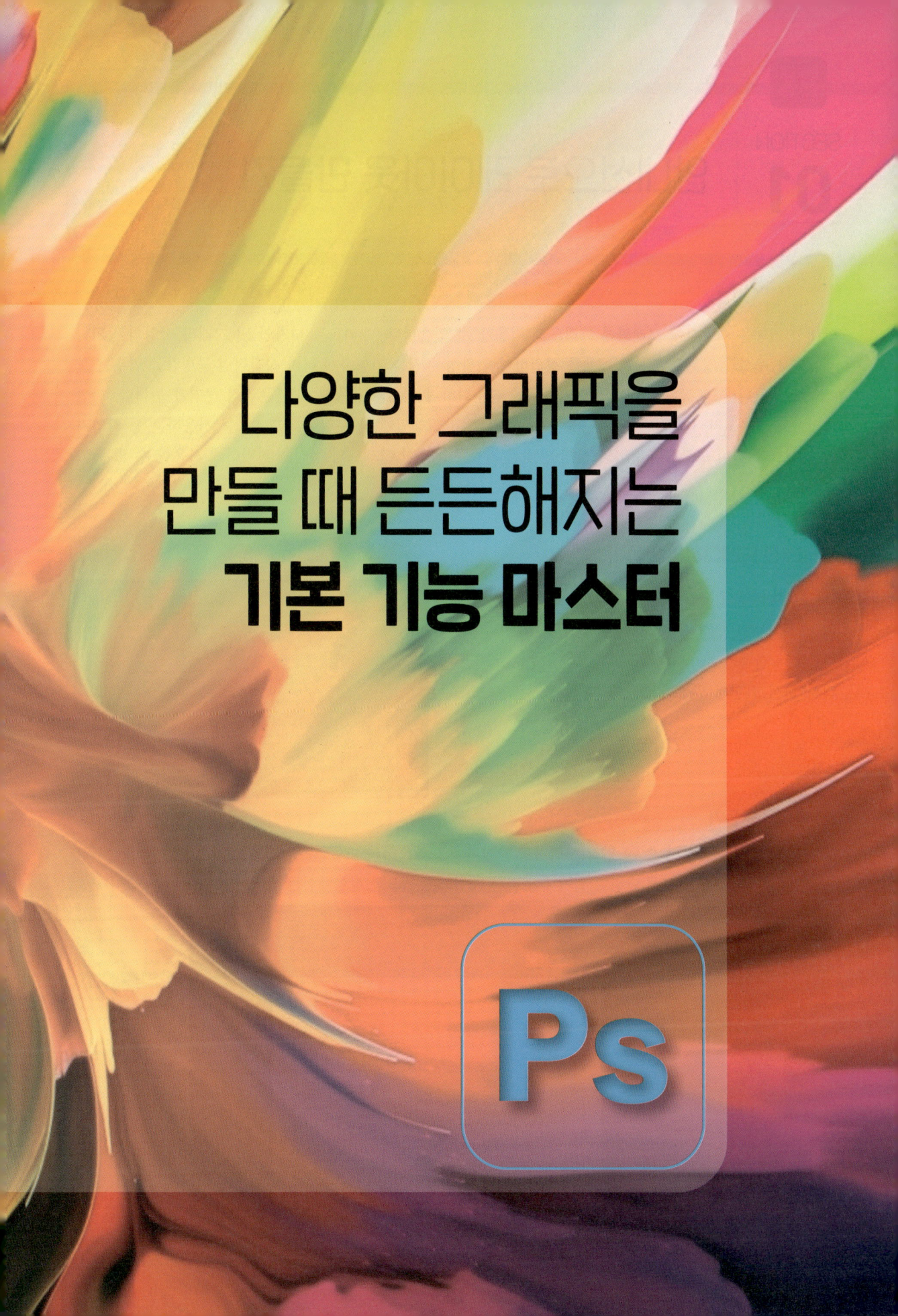

SECTION 01 | 안내선으로 레이아웃 만들기

안내선 기능을 이용하여 그래픽에 그리드를 적용할 수 있습니다. 그리드는 디자인 및 그래픽 작업의 정확한 레이아웃 구성과 정돈된 위치에 개체를 정렬하여 일관성 유지를 가능하게 하며 시각적인 균형감을 맞추는 보조역할을 합니다. 복잡한 그래픽의 레이아웃을 단순화하며 개체의 위치에 대한 논리적 근거가 됩니다. 다만 그리드에 맞추고자 창의적인 아이디어를 억누르지 않고 그래픽에 맞는 적절한 그리드를 사용하는 등 작업자의 적절한 선택이 필요합니다. 포토샵의 안내선 기능은 이러한 그리드의 장점을 편리하게 사용할 수 있는 기능입니다.

1. 안내선 드래그하여 만들기

(1) '자' 표시하기

최상단 메뉴의 [보기〉눈금자/View〉Rulers]를 누릅니다. 또는 단축키 Ctrl+R(Windows)/Cmd+R(Mac)을 눌러서 문서 화면의 왼쪽과 상단에 '자'를 표시할 수 있습니다.

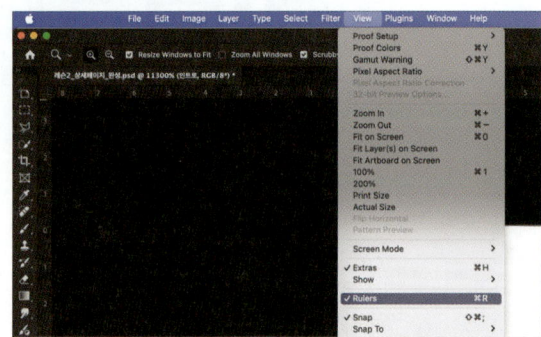

(2) 안내선 만들기

❶ 눈금자 영역을 클릭한 후 ❷ 원하는 위치로 안내선을 드래그하여 만들 수 있습니다. 이 방법은 직관적이고 편리하지만, 정확한 픽셀 단위로 위치해야 하는 가이드가 필요한 상황에서는 불편함이 있을 수 있습니다.

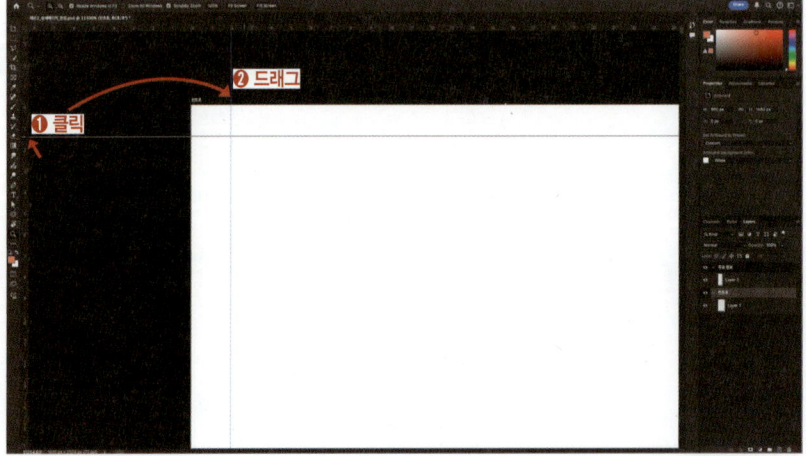

2. 새 안내선을 이용하여 원하는 위치에 안내선 만들기

❶ 최상단 메뉴의 [보기 〉 안내선 〉 새 안내선/View 〉 Guides/New Guide]를 클릭하여 새 안내선 패널을 엽니다.

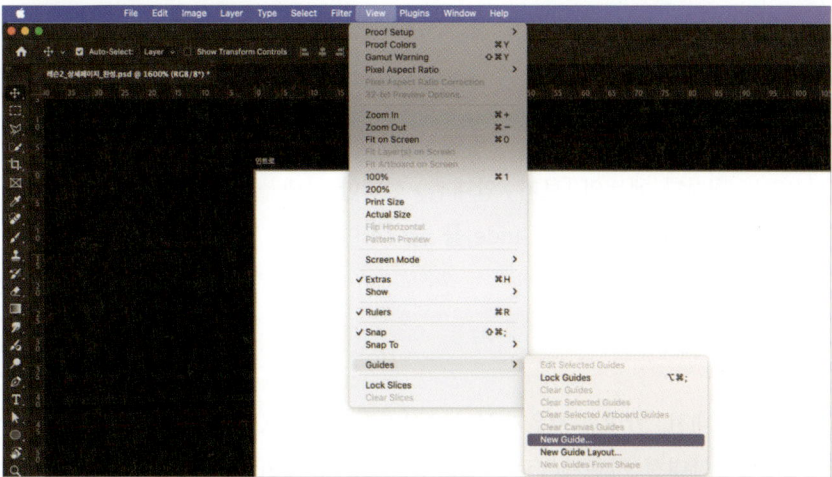

❷ 안내선의 방향과 위치, 컬러를 추가할 수 있습니다. 대지 혹은 파일의 왼쪽 모서리 X, Y좌표가 보통 '0, 0'입니다. 원하는 만큼 위치(Position) 항목에서 수치를 입력하여 지정 위치에 정확한 안내선을 하나씩 추가할 수 있습니다.

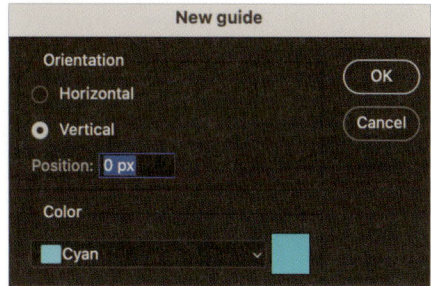

3. 안내선 지우고 수정하기

(1) 안내선 위치 이동하기

❶ 안내선이 잠겨있지 않다면 안내선 위에 커서를 두면 아이콘이 바뀝니다. 그 상태에서 드래그하여 이동합니다.

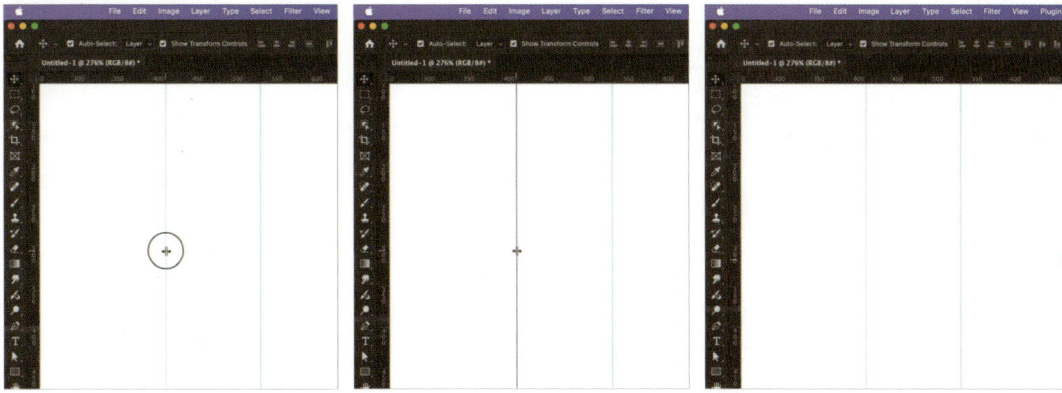

❷ 최상단 메뉴의 [보기 〉 안내선 〉 선택한 안내선 편집/View 〉 Guides/Edit Selected Guides]를 클릭하여 선택한 안내선의 위치를 편집할 수 있습니다.

(2) 안내선 하나만 삭제하기

지우고자 하는 안내선을 클릭하여 선택한 상태에서 키보드에서 Delete 를 누릅니다. 또는 최상단 메뉴의 [보기 〉 안내선 〉 선택한 안내선 지우기/View 〉 Guides/Clear Selected Guide]를 클릭하여 삭제할 수 있습니다.

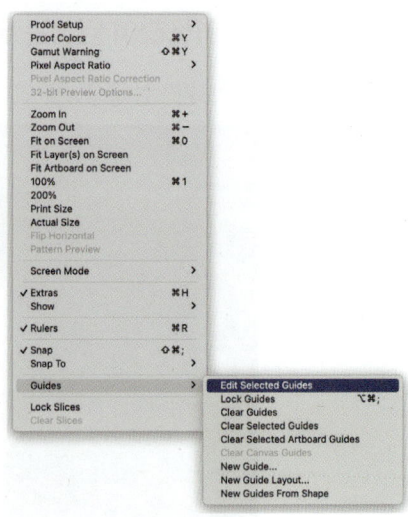

(3) 모든 안내선 삭제하기

❶ 최상단 메뉴의 [보기 〉 안내선 〉 안내선 지우기/View 〉 Guides/Clear Guide]를 클릭하여 삭제할 수 있습니다.
❷ [보기 〉 안내선 〉 캔버스 안내선 지우기/View 〉 Guides 〉 Clear Canvas Guides]와 [보기 〉 안내선 〉 선택한 대지 안내선 지우기/View 〉 Guides/Clear Selected Artboard Guides]를 이용하여 아트보드 별로 안내선을 한 번에 삭제할 수 있습니다.

4. 안내선 잠그고 풀기

(1) 안내선 잠그기

❶ 안내선이 고정되어 있으면 작업할 때 실수로 드래그하여 이동하는 것을 방지할 수 있습니다.
❷ 최상단 메뉴의 [보기 〉 안내선 〉 안내선 잠그기/View 〉 Guides 〉 Lock Guides]를 눌러서 안내선을 움직이지 않도록 고정시킵니다.

(2) 안내선 풀기

앞서 '안내선 잠그기'를 활성화하였다면 해당 메뉴에 체크박스가 표기됩니다. 한 번 더 클릭하여 잠금을 해제합니다.

5. 1분 실습_새 안내선 레이아웃 설정하기

❶ 파일 열기
최상단 메뉴의 [파일 〉 열기/File 〉 Open]을 클릭하여 대화상자에서 '클래스 3_1_1분실습_새안내선레이아웃.psd' 파일을 불러옵니다.
❷ 새 안내선 레이아웃을 이용하여 여러 안내선을 한 번에 적용하기
최상단 메뉴의 [보기 〉 안내선 〉 새 안내선 레이아웃/View 〉 Guides/New Guide Layout]을 클릭하여 새 안내선 레이아웃 패널을 엽니다.

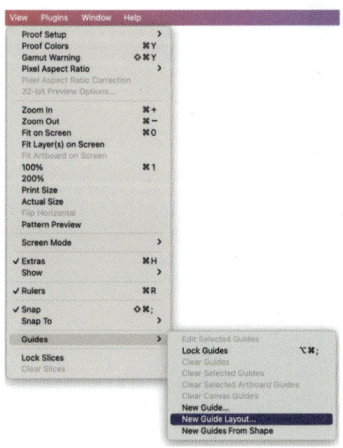

❸ 패널에서 대상(Target)의 드롭다운을 선택하여 '대지 1' 대지를 선택 후 사진과 같이 수치를 입력하여 적용합니다.

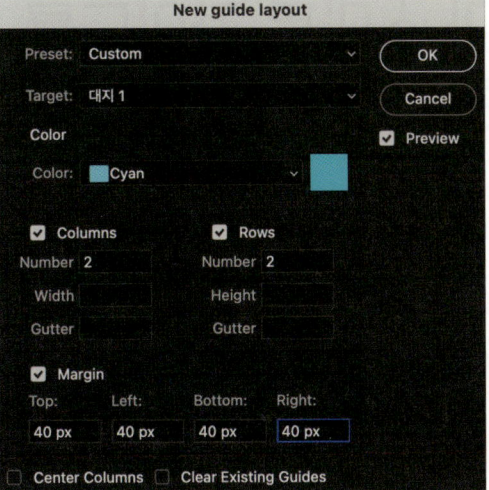

❹ 문서에 안내선이 추가되었습니다.

> **Tip** **새 안내선 레이아웃 메뉴 추가 설명**
>
> 패널에서 열과 행의 번호(Number)는 안내선을 나눌 숫자, 폭(Width)은 안내선과 안내선 사이의 거리가 얼마일지를 설정합니다. 새 안내선 레이아웃 패널을 이용하면 마치 오피스 앱의 장표를 만들 듯이 안내선을 설정할 수 있습니다. 만약 열(Columns)을 4, 행(Rows)을 6으로 입력한다면 가로 4칸, 세로 6칸이 있는 안내선이 만들어지며, 이때 간격(Gutter)을 20px로 입력한다면 각각의 칸 사이가 20px씩 띄어져 있는 안내선이 만들어지게 됩니다. 그리고 폭(Width)과 높이(Height)는 각각의 칸의 크기를 설정합니다. 폭과 높이를 입력하지 않으면 자동으로 캔버스나 아트보드의 사이즈에 맞춰서 일정하게 칸이 나눠집니다. 사전 설정을 클릭하면 드롭다운 메뉴가 보여지고, Save preset 옵션으로 설정한 새 안내선 레이아웃을 저장할 수 있습니다. 반복하여 제작하는 케이스에는 레이아웃을 저장하여 load preset으로 불러와 활용해 볼 수 있습니다.

SECTION 02 | 스냅과 스마트 가이드를 이용하여 정확한 배치하기

스냅을 이용하면 레이어를 이동할 때 안내선이나 격자 등에 가까이 다가가면 레이어가 마치 자석처럼 '스냅'되어 정확한 위치에 레이어를 이동할 수 있는 기능입니다.

1. 스냅 활성화/비활성화하기

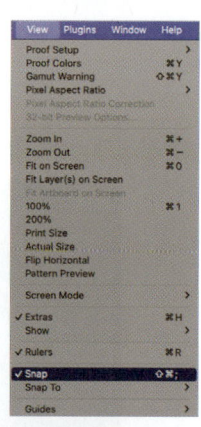

❶ 스냅 활성화: 최상단 메뉴의 [보기 〉 스냅/View 〉 Snap]을 클릭하여 활성화합니다. 체크가 되어있다면 스냅 기능이 활성화되어 있는 상태입니다.
❷ 스냅 비활성화: 최상단 메뉴의 [보기 〉 스냅/View 〉 Snap]을 클릭하여 비활성화합니다.

2. 스냅할 대상을 지정하기

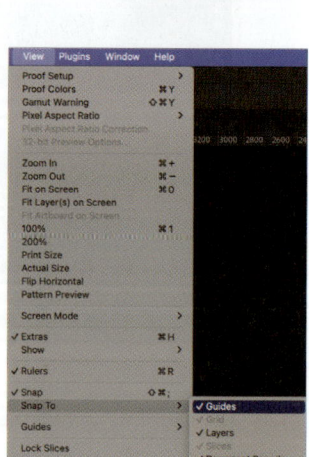

❶ 최상단 메뉴의 [보기 〉 스냅 대상/View 〉 Snap to]에서 스냅을 지정할 수 있는 대상을 선택할 수 있습니다.
  • 안내선: 안내선에 스냅합니다.
  • 격자: 격자에 스냅합니다. 격자가 숨겨져 있으면 활성화되지 않습니다.
  • 레이어: 레이어의 내용에 스냅합니다.
  • 분할 영역: 분할 영역 가장자리에 스냅합니다. 분할 영역이 숨겨져 있으면 활성화되지 않습니다.
  • 문서 경계: 문서의 가장자리에 스냅합니다.
  • 전체: 모든 [스냅 옵션]을 선택합니다.
  • 없음: 모든 [스냅 옵션]을 해제합니다.
❷ 체크가 되어있다면 해당 스냅 기능이 활성화되어 있음을 나타냅니다.
❸ [이동 도구]를 사용하는 동안 Ctrl(Windows)/Cmd(Mac)를 눌러 일시적으로 스냅 기능을 해제할 수 있습니다.

3. 스마트 가이드 활용하기

레이어를 이동하면 자동으로 인접 개체를 감지하고 스냅하여 완벽한 정렬을 돕습니다. 실시간으로 거리와 크기를 보여주며, 다양한 정렬 옵션을 제공해 작업 속도와 정밀도를 높입니다. 필요에 따라 켜고 끌 수 있으며 직관적인 기능으로 초보자도 쉽게 사용할 만큼 편리한 기능입니다.

❶ 스마트 가이드 활성화/비활성화하기: 최상단 메뉴의 [보기〉표시〉스마트 가이드/View〉Show〉Smart Guides]를 클릭하여 활성화합니다.

❷ 레이어의 중심과 가장자리를 표시: 스마트 가이드가 활성화된 상태에서 레이어를 선택하여 드래그하면 레이어의 위치와 측정 정보, 중심과 가장자리 등 위치 정보가 분홍색으로 표시됩니다.

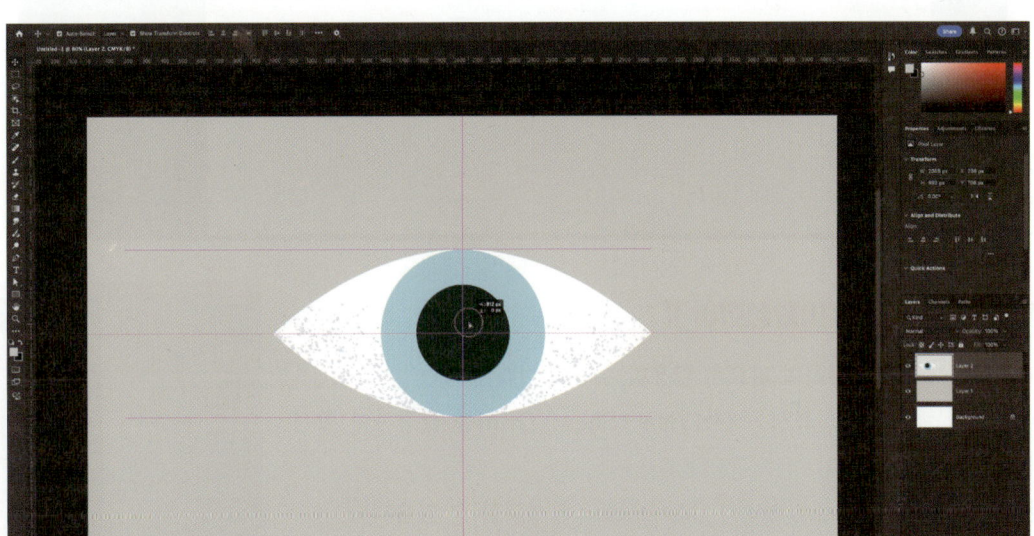

❸ 레이어의 가장자리 인식: 레이어의 가장자리가 인식되어 딱 맞게 배치할 수 있습니다.

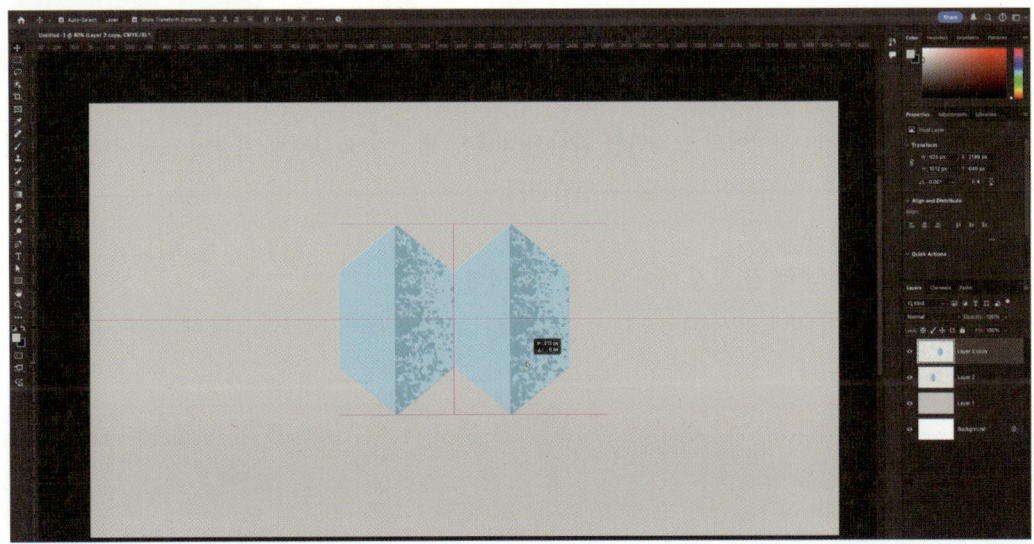

❹ 레이어와 레이어의 사이의 간격 표시: 레이어를 Alt(Windows)/Opt(Mac)를 누르면서 드래그하여 레이어를 복사하면 레이어와 레이어 사이의 간격을 알 수 있어 균일하게 복사할 수 있습니다. 사용할 때마다 새로운 레이어가 표시됩니다.

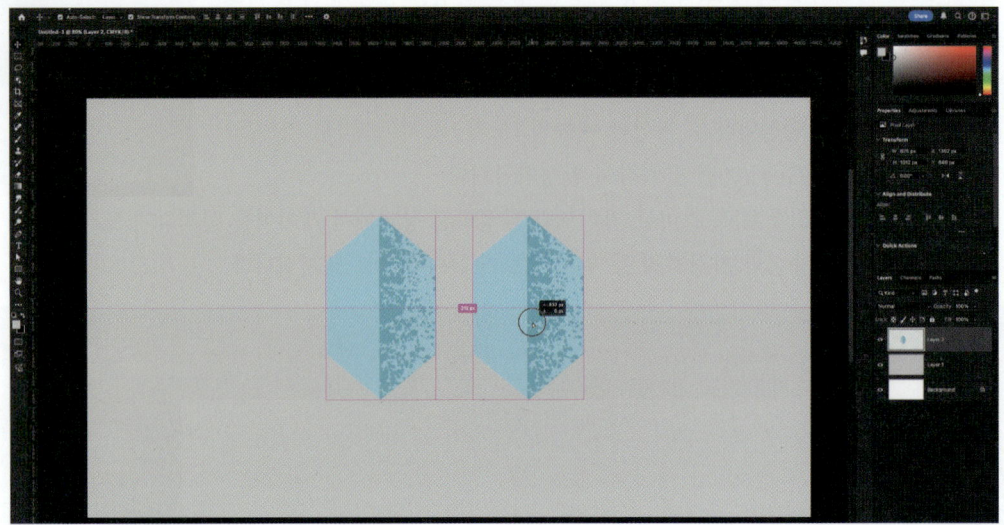

4. 격자 표시 활성화/비활성화하기

문서에 모눈 격자를 표시하여 필요시 활용할 수 있습니다.

❶ 최상단 메뉴의 [보기〉표시〉격자/View〉Show〉Grid]를 클릭하여 활성화합니다.

❷ 단축키 Ctrl+'(Windows)/Cmd+'(Mac)으로도 활성화할 수 있습니다.

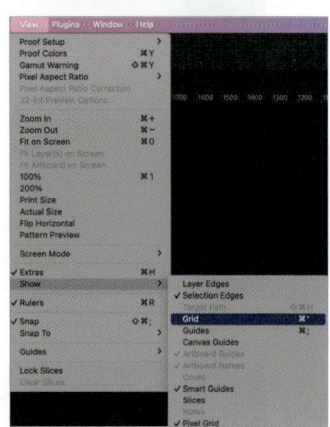

5. 파란색 레이어 경계 표시 해제하기

레이어 위에 커서를 올리면 레이어의 크기만큼 파란색 바운딩 박스가 표시되는 기능이 있습니다. 편리한 기능이지만 보기에 불편하다면 해제하여 사용할 수 있습니다.

❶ 이동 도구를 선택합니다.

❷ 상단 컨트롤 패널의 오른쪽 끝 설정 아이콘을 클릭합니다.

❸ [커서를 놓으면 레이어 경계 표시(Show layer bounds on hover)]의 체크박스를 해제하여 레이어 경계 표시를 해제할 수 있습니다.

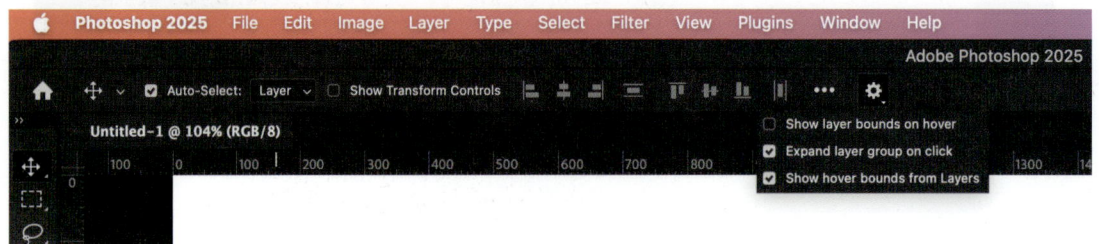

SECTION 03 | 선과 도형 그리기

포토샵은 래스터 기반의 픽셀 이미지를 주로 만들고 편집하지만, 도형은 벡터 레이어로 만들어 편집할 수 있습니다. 벡터 레이어는 모양 도구나 펜 도구를 사용하여 그리는 선과 곡선을 말합니다. 해상도의 영향을 받지 않아 확대하거나 개체의 변형을 반복하여도 화소가 손실되지 않아 가장자리가 선명하게 유지되며 앵커 포인트와 핸들을 이용해 형태의 편집도 할 수 있습니다.

1. 다양한 모양 만들기

(1) 모양 도구 위치

왼쪽 도구 패널에서 모양 도구 아이콘을 길게 눌러 다양한 모양 도구를 찾을 수 있습니다.

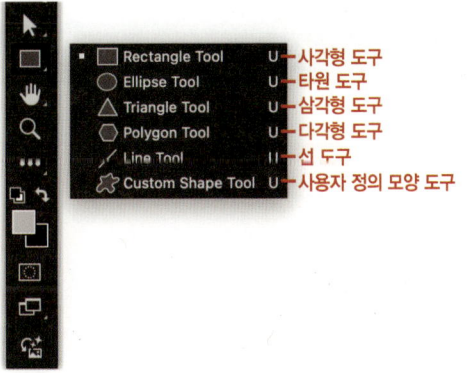

(2) 모양 도구 컨트롤 패널

포토샵의 모양 레이어는 벡터 기반으로, 일반 픽셀 레이어와 달리 확장성이 뛰어납니다. 상단 컨트롤 패널에서 도형의 칠(Fill)과 획(Stroke)을 쉽게 조정할 수 있어, 색상 변경이나 획 굵기 설정 등 세부사항을 자유롭게 수정할 수 있습니다.

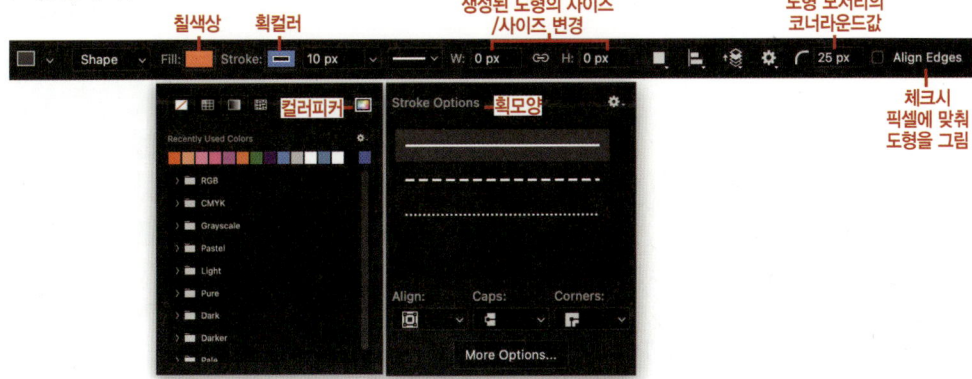

(3) 모양 도구로 도형 만들기

❶ 모양 도구를 이용하여 도형을 만들려면 왼쪽 패널에서 원하는 형태의 도구를 선택합니다.

• 사각형 도구(Rectangle Tool)

• 타원 도구(Ellipse Tool)

• 삼각형 도구(Triangle Tool)

• 다각형 도구(Polygon Tool)

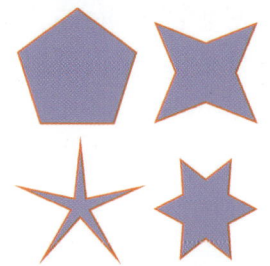

❷ 커서를 캔버스에서 두고 드래그하여 원하는 모양과 크기로 만듭니다.

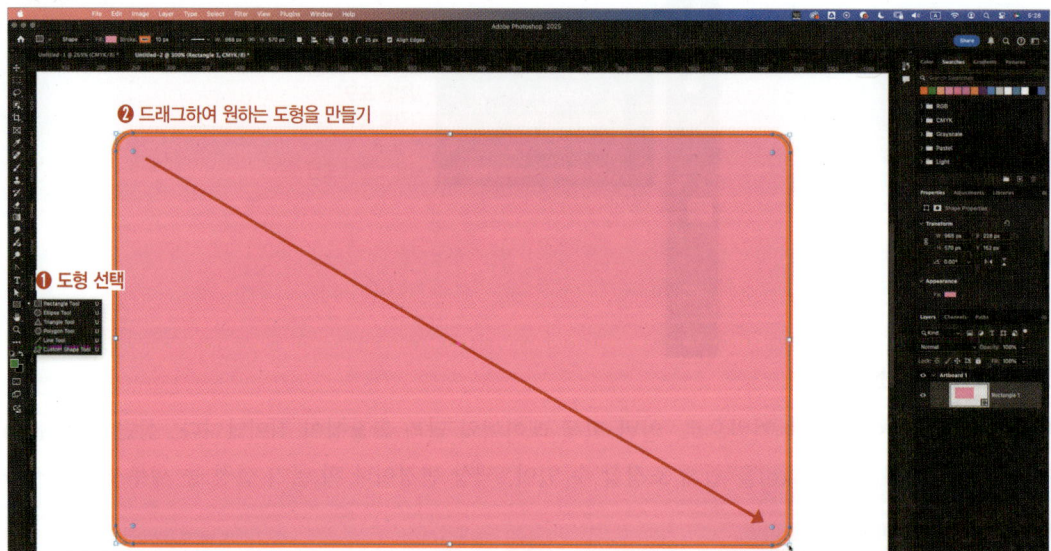

(4) 다양한 형태의 선(Line) 만들기

선을 그릴 때 옵션을 지정하여 대시가 있는 점선 형태의 선을 그릴 수 있습니다.

❶ 도형 도구에서 선 도구를 선택합니다.
❷ 상단 컨트롤 패널에서 선 모양 옵션을 길게 누릅니다.
❸ 점선 스타일을 선택합니다.
❹ 대화상자 하단의 '옵션 확장(More Options…)'을 길게 눌러 획 대화상자를 엽니다.

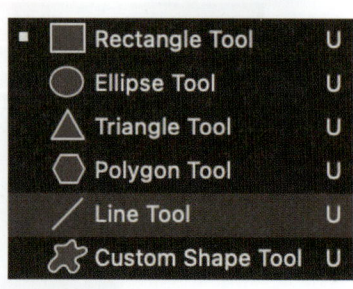

❺ 선의 모양과 대시의 간격을 설정하고 확인을 클릭합니다. 다시 선 도구로 캔버스에 드래그하면 점선 형태의 선을 그릴 수 있습니다.

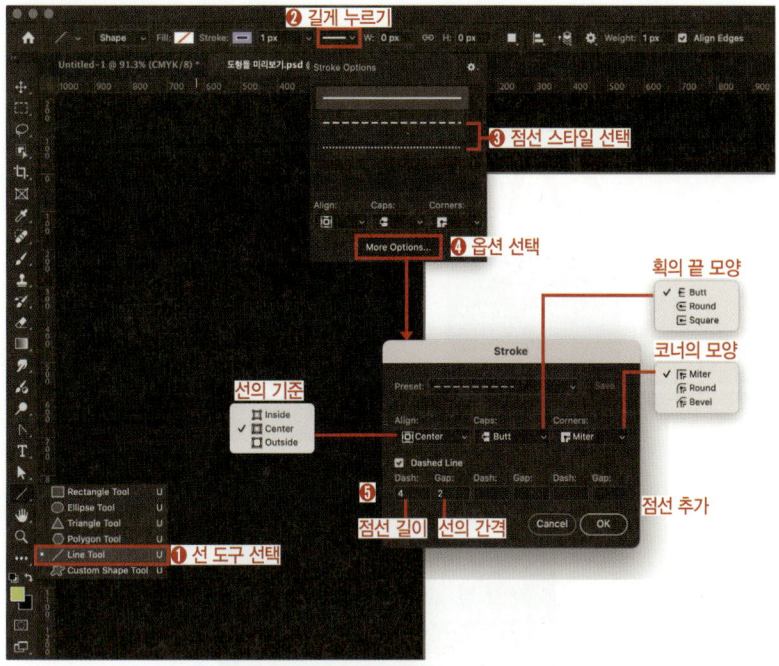

(5) 사용자 정의 모양 도구(Custom Shape Tool)

사전 정의된 다양한 모양을 도형으로 한 번에 불러올 수 있습니다. 사용자가 직접 만든 도형도 적용할 수 있는 유용한 기능입니다.

❶ 도형 도구에서 사용자 정의 모양 도구를 선택합니다.
❷ 상단 컨트롤 패널에서 원하는 모양을 선택합니다.
❸ 캔버스에 드래그하면 선택한 모양을 도형으로 그릴 수 있습니다.
❹ Shift 를 누른 채 드래그하면 비율을 유지합니다.
❺ 직접 만든 도형을 등록하려면 'Path'로 도형을 캔버스에 생성한 후 최상단 메뉴에서 [Edit 〉 Define Custom Shape]를 선택합니다.

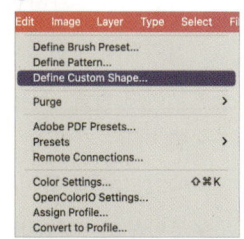

(6) 별 모양의 다각형 만들기

다각형 도형 도구를 선택한 후 문서의 빈 곳을 한 번 클릭하여 다각형 도형 대화상자를 엽니다. 다각형뿐만 아니라 모든 도형 도구들을 선택 후 문서에서 클릭하면 대화상자가 열리고 크기나 코너 라운드 등 간단한 사전 설정 후 만들 수 있습니다.

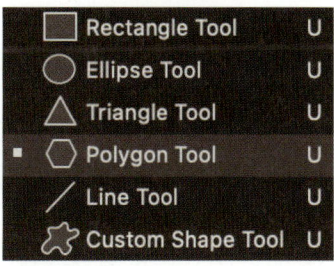

(7) 만든 모양의 사이즈와 컬러 및 코너 라운드 수정하기

❶ 대화상자에서 옵션을 조정하여 다양한 별 모양 및 다각형 도형 레이어를 만들 수 있습니다.

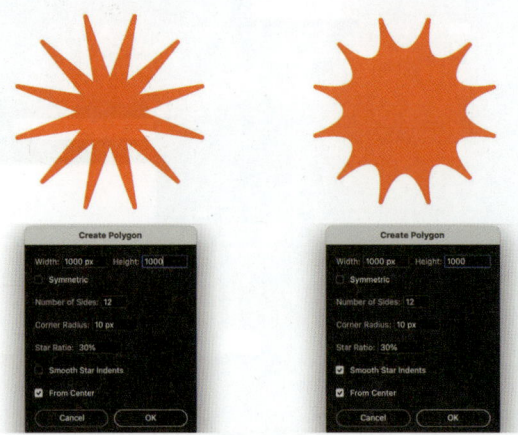

❷ 다각형 도형 대화상자 옵션

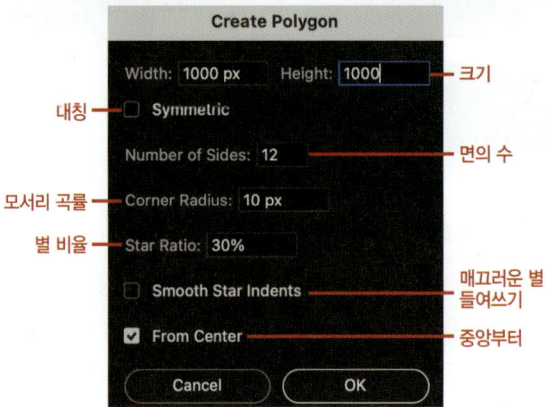

- **크기**: 다각형 도형의 크기를 사전 설정합니다.
- **대칭**: 체크박스 선택 시 정비례 형태의 도형이 만들어집니다.
- **면의 수**: 다각형의 면(또는 꼭짓점)의 수를 지정하는 옵션입니다. 3을 입력하면 삼각형을, 12를 입력하면 십이각형이 만들어집니다.
- **모서리 곡률**: 도형의 모서리가 둥글게 처리됩니다.
- **별 비율**: 값이 낮을수록 뾰족한 부분이 더 강조됩니다. 전통적인 별 모양은 30~40%입니다.
- **매끄러운 별 들여쓰기**: 체크박스 선택 시 별 모양의 안쪽 각진 부분이 부드럽게 만들어집니다.
- **중앙부터**: 체크박스 선택 시 대화상자에서 사전 설정한 내용을 문서에서 드래그하여 만들 때, 클릭점이 도형의 중심점이 됩니다.

(8) 모양 패스를 일반 레이어로 래스터화 하기

❶ 모양 및 패스 레이어는 일부 효과 등을 사용할 때 제한이 있습니다. 레이어 패널에서 이를 래스터화 할 수 있습니다.
❷ 래스터화된 모양 및 패스 레이어는 벡터 성질을 잃기 때문에 이후에는 확대/축소 시 화소의 변화가 있습니다.
❸ 레이어 패널에서 우클릭하여 '레이어 래스터화(Rasterize Layer)'를 선택합니다.

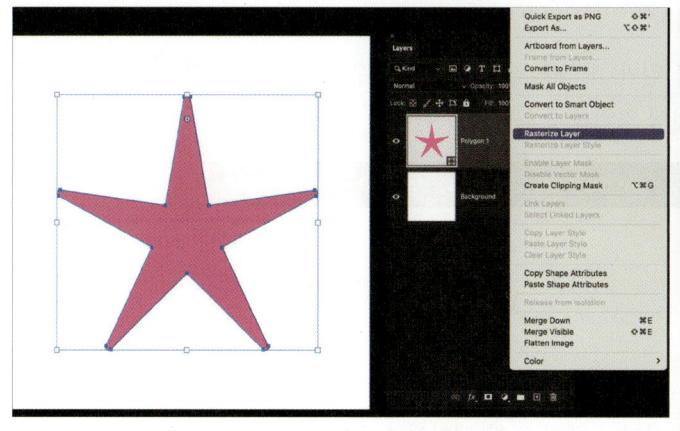
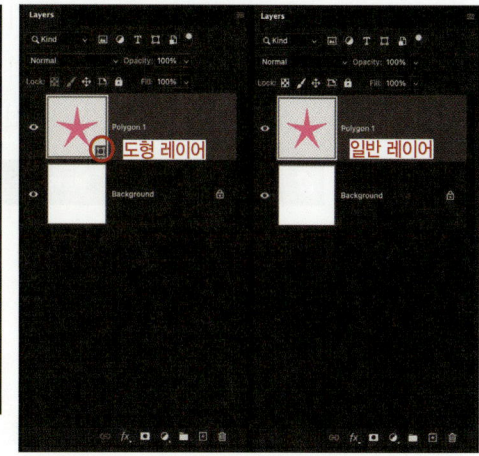

2. 펜 도구로 패스 만들기

정교한 선과 모양을 펜 도구로 만들고 편집할 수 있습니다. 펜 도구로 만든 앵커 포인트와 핸들로 이루어져 있는 이 윤곽선을 패스(Path)라고 합니다. 패스는 열린 패스 혹은 닫힌 패스로 만들 수 있으며, 자유 형태의 도형과 정교한 선택 영역 등 다양한 작업에 사용합니다. 패스의 앵커 포인트와 핸들을 편집하여 패스의 모양을 쉽게 바꿀 수 있습니다.

펜 도구로 만드는 패스는 처음에는 조금 어려울 수 있으나 여러 번의 연습을 통해 익숙해지면 작업 효율성과 정확성이 크게 향상됩니다. 숙달된 사용자는 복잡한 형태도 빠르고 정밀하게 만들 수 있어, 디자인의 품질과 생산성을 동시에 높일 수 있습니다.

(1) 다양한 펜 도구 살펴보기

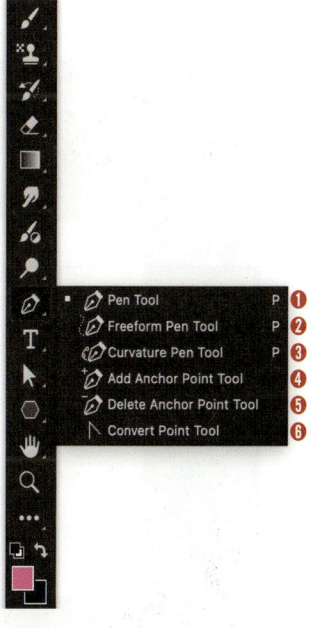

❶ 펜 도구(Pen Tool): 정확한 선과 곡선을 그리고 복잡한 형태의 선택 영역을 만들 수 있습니다.

❷ 자유 형태 펜 도구(Freeform Pen Tool): 표준 펜 도구의 간소화된 버전입니다. 클릭을 누른 채로 패스를 그리고 클릭을 떼면 패스가 생성됩니다. 펜 도구보다 자유롭고 편하게 패스를 만들 수 있습니다.

❸ 곡률 펜 도구(Curvature Pen Tool): 앵커 포인트를 연결하는 곡선을 자동으로 그립니다.

❹ 기준점 추가 도구(Add Anchor Point Tool): 패스에 앵커 포인트를 클릭하여 추가합니다.

❺ 기준점 삭제 도구(Delete Anchor Point Tool): 패스에 앵커 포인트를 클릭하여 삭제합니다.

❻ 기준점 변환 도구(Convert Point Tool): 곡선으로 연결된 패스의 앵커 포인트를 클릭해 날카롭게 바꾸거나, 반대로 부드러운 곡선으로 바꿀 수 있습니다.
- 변환하고자 하는 앵커 포인트를 클릭합니다.
- 곡선 포인트를 직선 포인트로 바꾸려면 한 번 클릭합니다.
- 직선 포인트를 곡선 포인트로 바꾸려면 클릭한 후 드래그합니다.

(2) 일반 Path와 모양 Path 지정해서 만들기

펜 도구 선택 시 상단 컨트롤 패널에서 모양과 일반 패스를 설정하여 만들 수 있습니다. 모양 패스는 편집 가능한 벡터 도형을, 일반 패스는 작업 경로나 선택 영역을 활성화하기 위하여 사용됩니다.

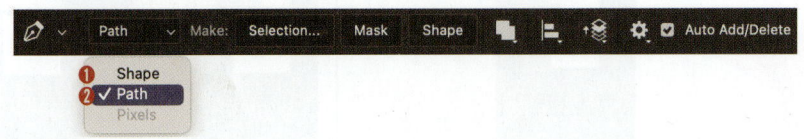

❶ 모양 패스(Shape Path)
  - 컬러가 있는 획과 면 속성이 있습니다.
  - 이어 패널에 독립된 Shape 레이어로 만들어지며 벡터 도형 레이어로 크기 변형에 화소 손상 없이 색상, 크기, 효과 등을 편집할 수 있습니다.

❷ 일반 패스(Path)
  - 채우기나 선 속성이 없는 순수한 패스입니다.
  - 별도의 레이어를 만들지 않습니다.
  - Fill Path나 Stroke Path 명령으로 활용 가능합니다.
  - 주로 선택 영역이나 클리핑 패스로 사용됩니다.

3. 1분 실습_ 펜 도구로 다양한 패스를 그려보기

(1) 파일 열기

최상단 메뉴의 [파일 〉 열기/File 〉 Open]을 클릭하여 대화상자에서 '클래스3_3_1분실습_패스연습.psd' 파일을 불러옵니다.

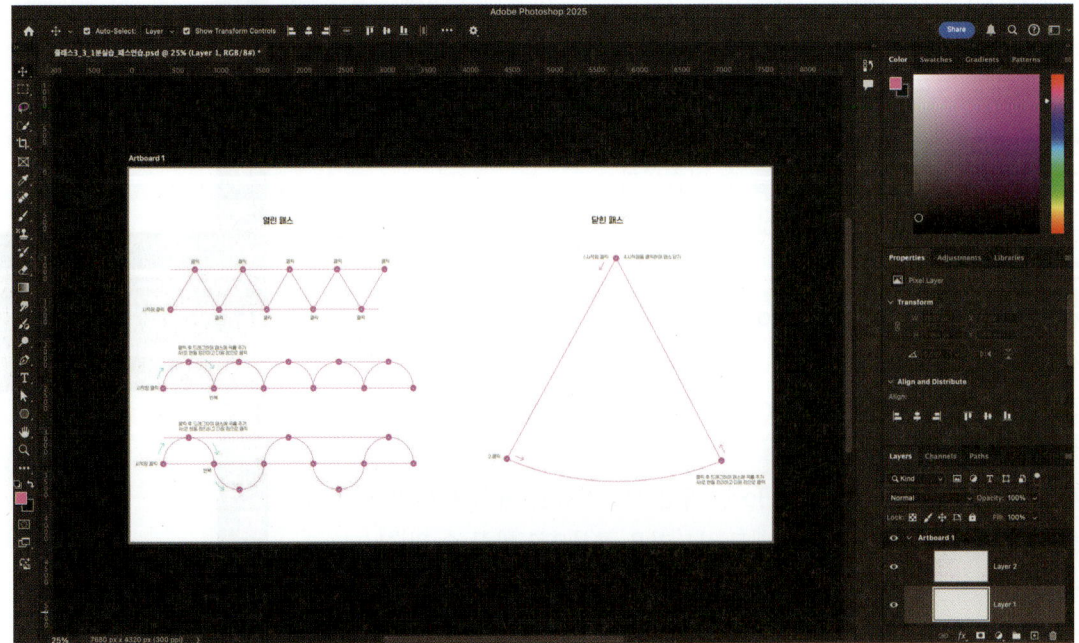

(2) 획의 컬러와 굵기 옵션 설정하기

왼쪽 도구 패널에서 펜 도구를 선택하고 상단 컨트롤 패널에서 칠 색상은 '없음'으로, 획 색상은 자유롭게 선택합니다. 굵기는 10px 이상으로 설정합니다.

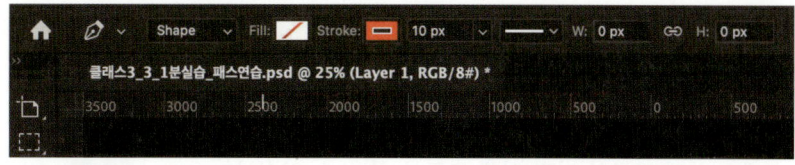

(3) 직선 열린 패스 그리기

시작점을 클릭 후 푸른 점을 클릭하여 직선적인 열린 패스를 연결합니다. Esc 를 눌러 종료합니다.

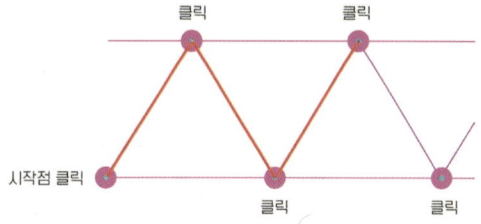

(4) 곡선 열린 패스 그리기

❶ 시작점을 클릭한 후 바로 옆의 두 번째 푸른 점을 클릭합니다. 2개의 점이 연결되어 획이 만들어집니다. 커서를 떼지 말고 오른쪽으로 드래그하여 획의 곡률을 둥글게 변화시킵니다. Shift 를 누르면 정원에 가까운 곡률을 더 쉽게 만들 수 있습니다.

❷ 곡률을 맞췄으면 Alt (Windows)/Opt (Mac)를 누른 채로 마우스 커서가 ^ 모양으로 변화할 때 포인트를 클릭하여 핸들을 정리합니다.

❸ 반복하여 곡선 열린 패스를 연결합니다. 아래로 드래그하여 곡률을 맞춥니다.

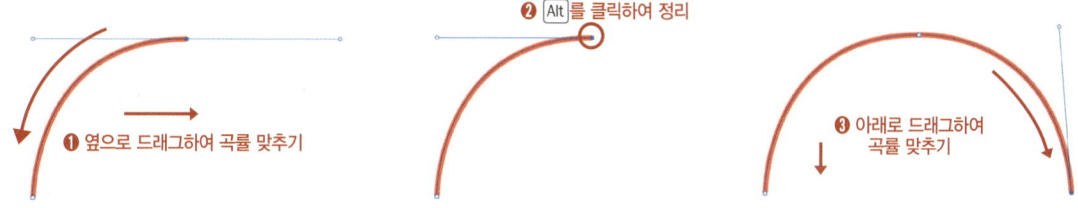

(5) 펜 도구로 도형(닫힌 패스) 그리기

❶ 직선과 곡선 열린 패스를 시작점부터 순서대로 그려나갑니다.

❷ 닫힌 패스를 만들기 위해 시작점 위에 커서를 올리면 ○ 모양이 커서 옆에 표기됩니다. 클릭하여 패스를 닫습니다.

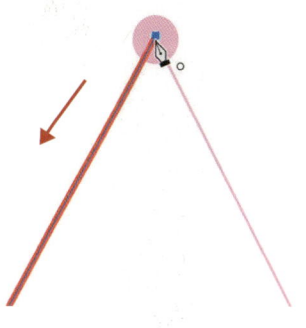

4. 패스 선택 도구로 포인트 수정하기

직접 선택 도구(Direct Selection Tool)를 사용하면 패스의 앵커 포인트나 방향점을 직접 선택하여 조정할 수 있습니다. 거칠게 그려진 곡선의 모양을 부드럽게 다듬거나, 곡률을 세밀하게 수정하여 더 자연스러운 패스를 만들 수 있습니다.

(1) 직접 선택 도구 위치

왼쪽 도구 패널에서 패스 선택 도구와 직접 선택 도구를 찾을 수 있습니다.

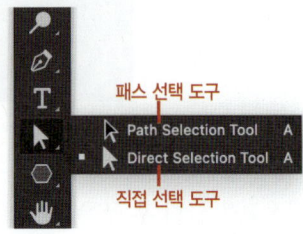

(2) 2가지 패스 선택 도구

❶ 패스 선택 도구(Path Selection Tool): 패스 전체를 한 번에 선택하여 이동, 복사, 변형할 수 있습니다.
❷ 직접 선택 도구(Direct Selection Tool): 패스의 개별 앵커 포인트의 위치를 수정하거나 삭제하고 패스의 핸들을 조절하여 패스의 형태를 변경할 수 있습니다. 포인트와 포인트 사이의 패스를 개별로 삭제할 수 있습니다.

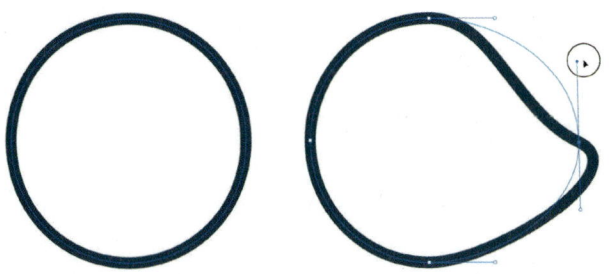

5. 패스 패널을 이용해 패스를 추가하고 관리하기

펜 도구나 모양 도구로 새로운 패스를 그리면 [패스] 패널에 [작업 패스]가 생성됩니다. 이 작업 패스는 임시적인 성격을 지니고 있습니다. 주의할 점은 작업 패스를 저장하지 않은 상태에서 선택을 해제하고 새로운 패스를 그리기 시작하면, 이전에 만들었던 작업 패스는 사라지고 새로운 작업 패스로 대체된다는 것입니다. 이런 특성 때문에 작업 중인 패스를 보존하고 싶다면, 패스 패널을 이용하여 저장하여 사용할 수 있습니다.

(1) 패스 패널 열기

기본 설정에서 패스 패널은 하단의 패스 탭을 클릭하여 볼 수 있습니다. 최상단 메뉴에서도 볼 수 있습니다.

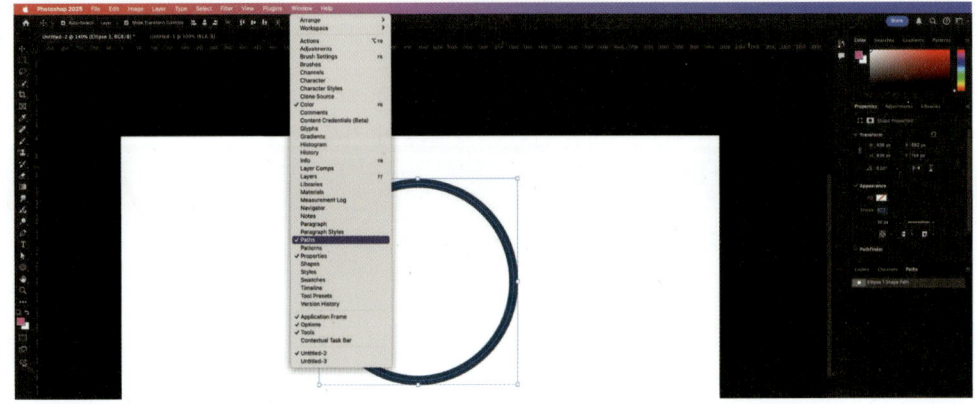

(2) 패스 패널 자세히 보기

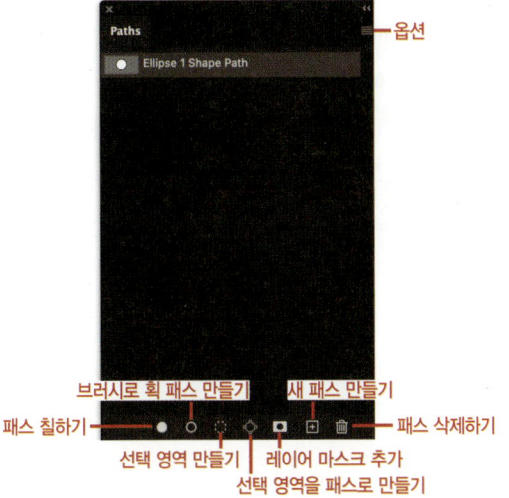

❶ 패스 칠하기
- 칠하고자 하는 패스를 선택하고 Alt(Windows)/Opt(Mac)를 누르면서 패스 칠하기 아이콘을 클릭합니다. 대화상자가 열리며 전경색, 배경색 또는 패턴 등으로 패스를 칠할 수 있습니다.
- 모양 패스(Shape Path)는 적용되지 않습니다.

❷ 브러시로 획 패스 만들기
- 패스의 아웃라인을 따라 설정된 브러시로 래스터 가장자리를 만듭니다.
- 브러시 획으로 가장자리를 만들려면 패스를 선택하고 '선택 영역을 패스로 만들기' 아이콘을 클릭합니다.
- 레이어 패널에서 새로운 레이어를 추가하여 선택합니다.
- 왼쪽 도구 패널에서 브러시를 선택 후 원하는 브러시를 선택합니다.
- 다시 패스 패널에서 '브러시로 획 패스 만들기' 아이콘을 클릭하면 패스의 가장자리를 따라 선택한 브러시로 가장자리를 따라가는 선을 만들 수 있습니다.

❸ 선택 영역 만들기: 선택한 패스를 선택 영역으로 활성화합니다.

❹ 선택 영역을 패스로 만들기: 활성화된 선택 영역을 패스로 만듭니다.

❺ 레이어 마스크 추가

❻ 새 패스 만들기: 패스를 레이어처럼 추가하여 만들고 관리할 수 있습니다.

❼ 패스 삭제하기

6. 패스를 일러스트레이터 파일로 내보내기

최상단 메뉴의 [파일 > 내보내기 > Illustrator로 패스 내보내기/File > Export > Paths to Illustrator]를 클릭하여 선택한 패스를 .ai 파일로 내보낼 수 있습니다. 내보내기가 된 패스는 일반 패스로 칠과 획의 색상은 표현되지 않습니다.

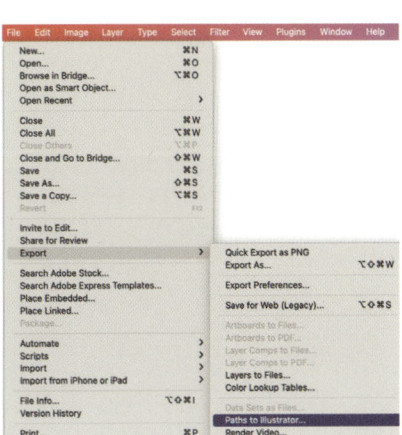

7. 포토샵의 베지어 패스(Bézier path)란?

베지어 곡선은 프랑스 엔지니어 '피에르 베지에'의 이름을 따서 명명되었으며, 포토샵을 포함한 컴퓨터 그래픽에서 사용할 수 있는 매끄러운 곡선의 수학적 표현입니다.

패스는 정교한 벡터 기반 선과 모양으로 오브젝트를 생성하는 기능입니다. 하나의 패스는 선분과 시작점과 끝점의 앵커 포인트가 있습니다. 앵커 포인트에는 선의 곡률을 지정할 수 있는 핸들이 있습니다. 핸들의 방향선은 패스의 얼마나 구부러질 것인지 영향을 주고, 휘어짐의 정도를 결정합니다.

(1) 패스의 구성 요소

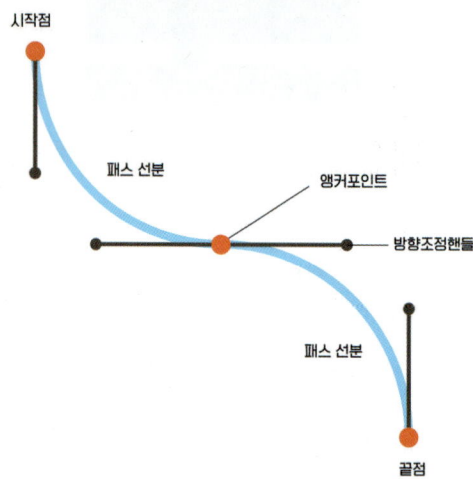

❶ 앵커 포인트(Anchor Point): 패스의 시작점과 선분과 선분 사이를 연결하는 직선 혹은 곡선과 열린 패스의 끝점입니다.
❷ 방향점/방향선 핸들(Direction Point/Handle): 곡선의 방향과 강도를 조절하는 점과 선입니다.
❸ 패스 선분(Path Segment): 앵커 포인트 사이를 연결하는 선이나 곡선입니다.

(2) 베지어 패스의 특징

❶ 크기를 자유롭게 조절해도 화질이 깨지지 않으며 편집이 용이하여 수정이 자유롭습니다.
❷ 정교한 곡선 표현이 가능하여 자유 형태의 개체를 사용자가 다채롭게 만들 수 있습니다.

SECTION 04 | 레이어 효과와 스타일: 클릭 한 번으로 만드는 프로급 효과

레이어 효과와 스타일은 다양한 시각적 효과를 더할 수 있는 기능입니다. 다른 레이어로 복사하거나 여러 효과 및 스타일을 중첩하여 사용할 수 있습니다. 효과를 제거하여도 원본 레이어는 손상되지 않습니다. 텍스트에 적용된 레이어 스타일은 텍스트 레이어의 내용을 변경해도 레이어 스타일과 효과는 자동으로 조정되는 특징이 있습니다. 레이어 및 그룹 레이어에 여러 효과를 적용할 수 있으며 레이어 스타일 대화 상자를 통해 사용자가 직접 원하는 대로 여러 효과를 조합하여 독특한 스타일을 만들어 볼 수 있습니다.

1. 레이어 스타일 추가하기

❶ 레이어 패널에서 효과를 적용할 레이어를 선택하고 ❷ 패널 하단의 [레이어 효과] 아이콘을 선택한 후 메뉴에서 효과를 선택하면 대화상자가 열립니다.

❸ 레이어 메뉴에서 최상단 메뉴의 [레이어〉레이어 스타일/Layer〉Layer Style]을 선택하고 메뉴에서 효과를 선택하면 대화상자가 열립니다.

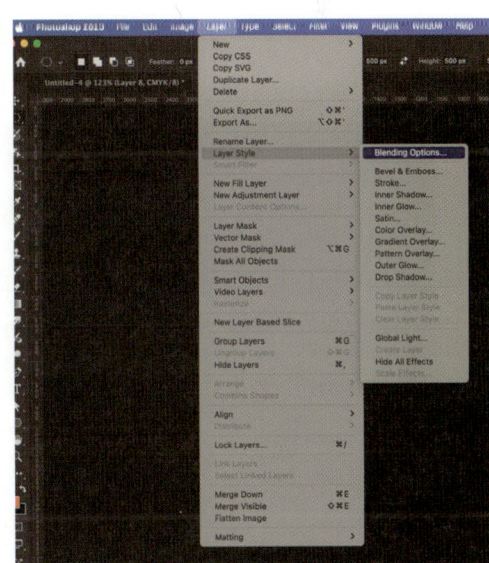

2. 레이어 스타일 대화상자 살펴보기

레이어 스타일 대화상자는 레이어에 다양한 시각 효과를 적용하고 조정하는 창입니다. 왼쪽의 레이어 스타일 일람에서 원하는 효과를 선택하고, 오른쪽의 옵션 설정에서 선택한 효과의 세부 값을 조정할 수 있습니다.

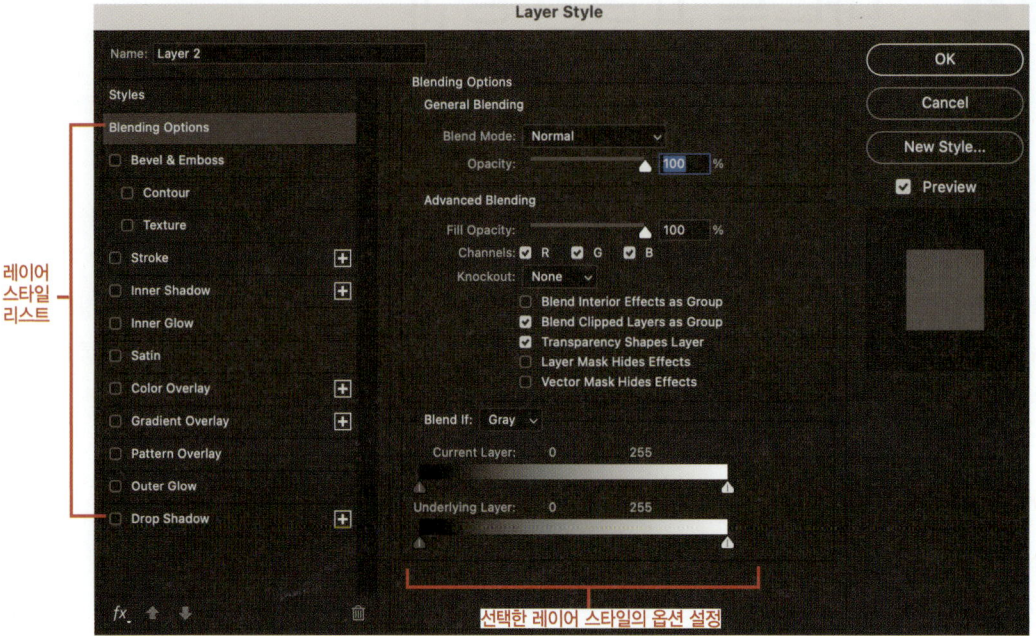

3. 다양한 레이어 스타일 미리보기

❶ 경사와 엠보스(Bevel&Emboss): 레이어에 입체감을 적용

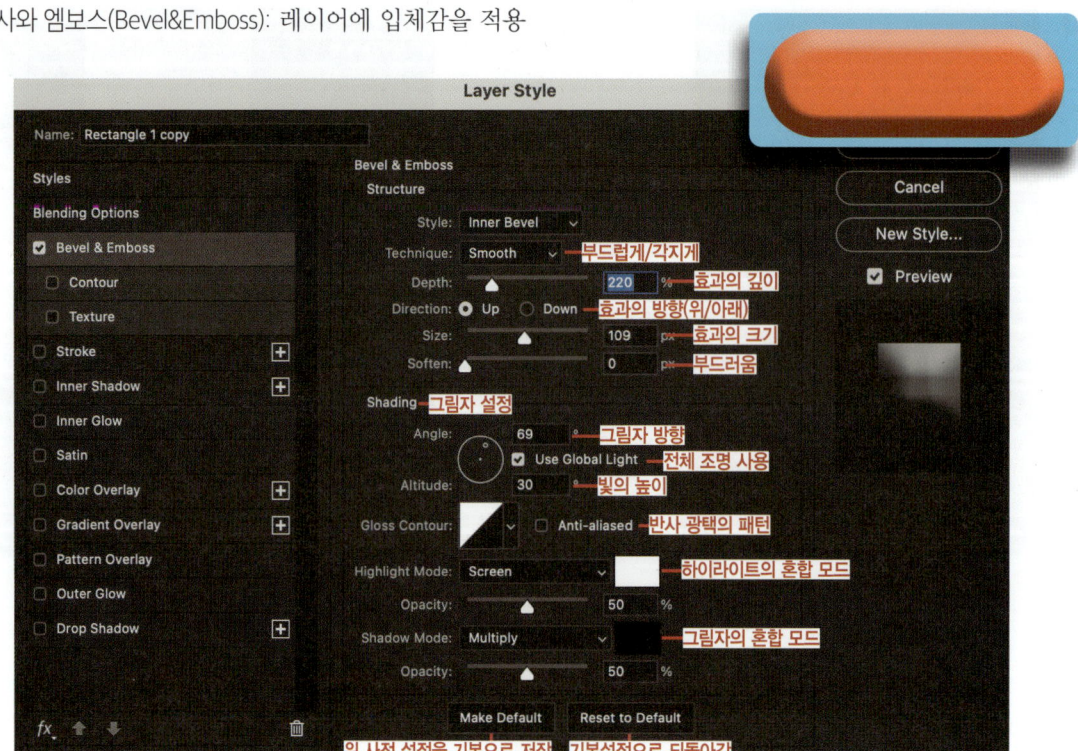

- 전체 조명 사용(Use Global Light)
  - 레이어 스타일의 조명 각도를 하나로 통일시켜주는 기능입니다.
  - 체크하면 여러 레이어에 일관된 빛의 방향을 적용할 수 있어 자연스러운 결과물을 만들 수 있습니다. 조명이나 그림자의 방향을 레이어 별로 각각 다르게 지정하고 싶은 경우 체크를 해제하여 적용합니다.

❷ 획(Stroke): 개체의 가장자리에 외곽선을 적용

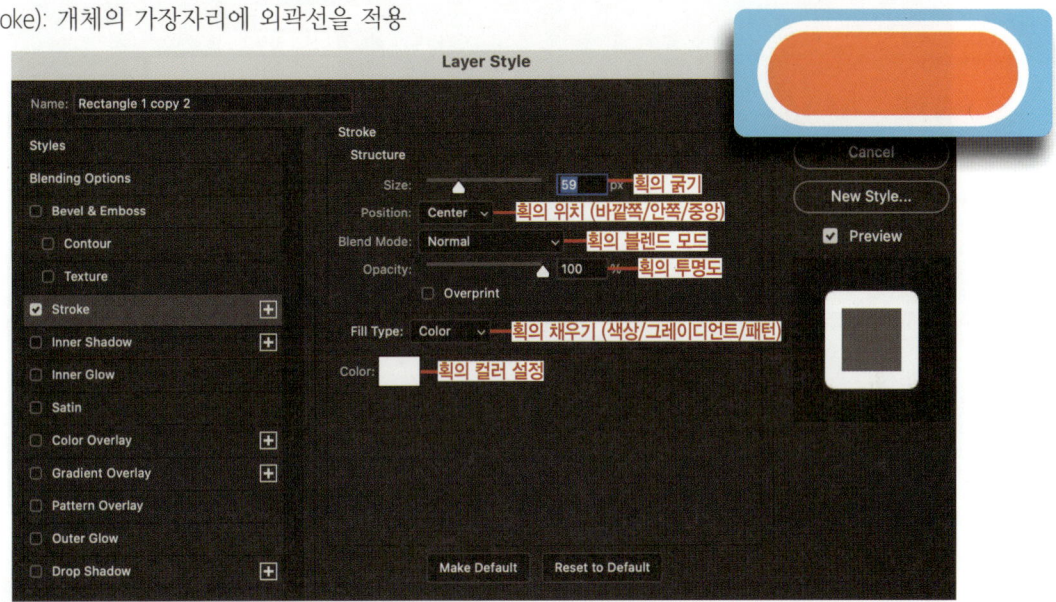

- 중복 인쇄(Over Print)
  - 중복 인쇄 기능은 실제 조판 인쇄 시 색상이 겹치는 부분에서 하단 색상을 제거하지 않아 마치 곱하기 모드처럼 투명하게 인쇄가 되는 설정입니다.
  - 디지털 작업에서는 크게 필요하지 않으며 실제 인쇄 작업 시에도 보편적으로는 사용을 잘 하지 않는 설정입니다. 체크를 해제하고 사용하는 경우가 많습니다.

❸ 내부 그림자(Inner Shadow): 안쪽으로 그림자를 넣는 효과

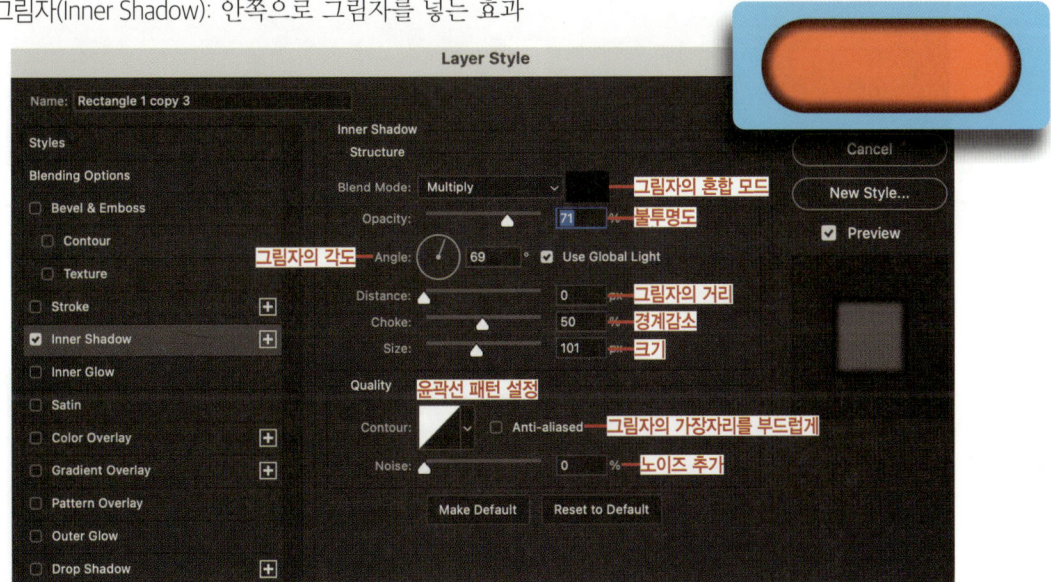

- 경계 감소(Choke): 그림자의 가장자리를 얼마나 압축할지 결정하는 값으로, 값이 클수록 그림자가 더 단단하고 뚜렷해집니다.

❹ 내부 광선(Inner Glow): 안쪽에서 빛나는 효과

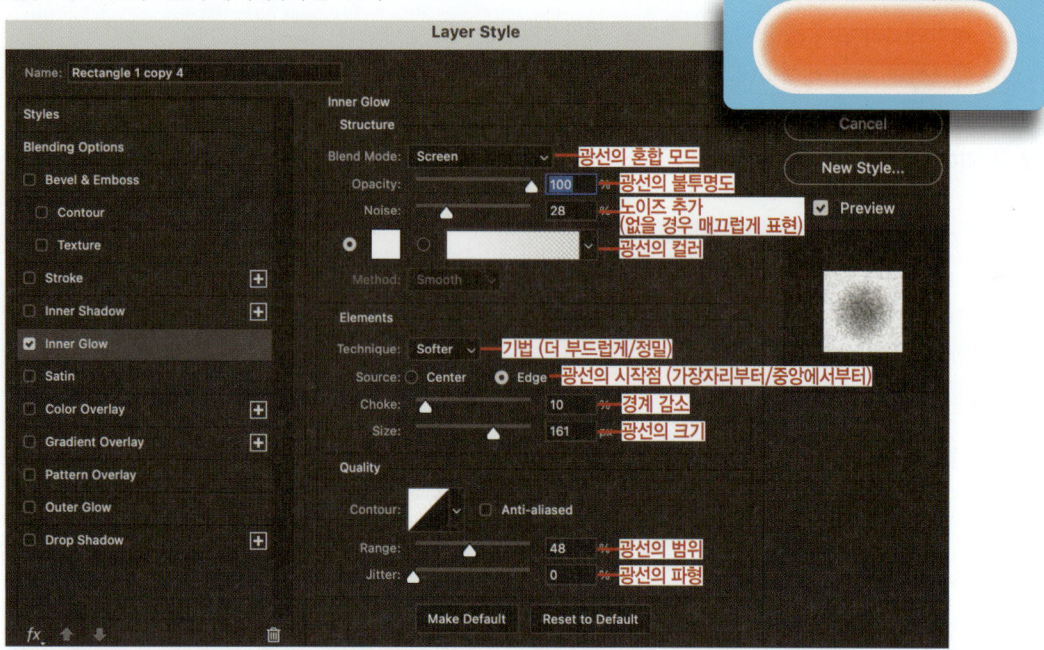

❺ 새틴(Satin): 새틴 천과 같은 광택이 있고 반사되는 효과

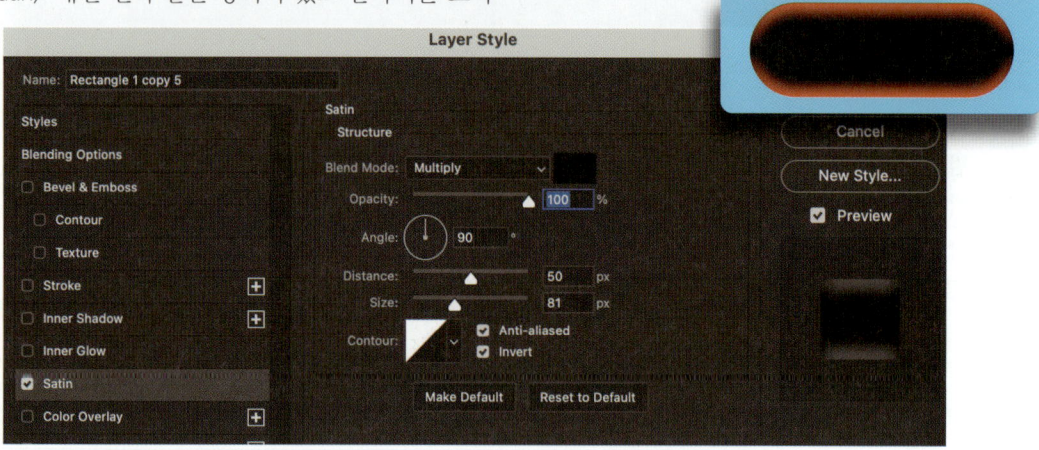

❻ 색상 오버레이(Color Overlay): 지정한 단색 컬러를 레이어 전체에 덮어씌우는 기능

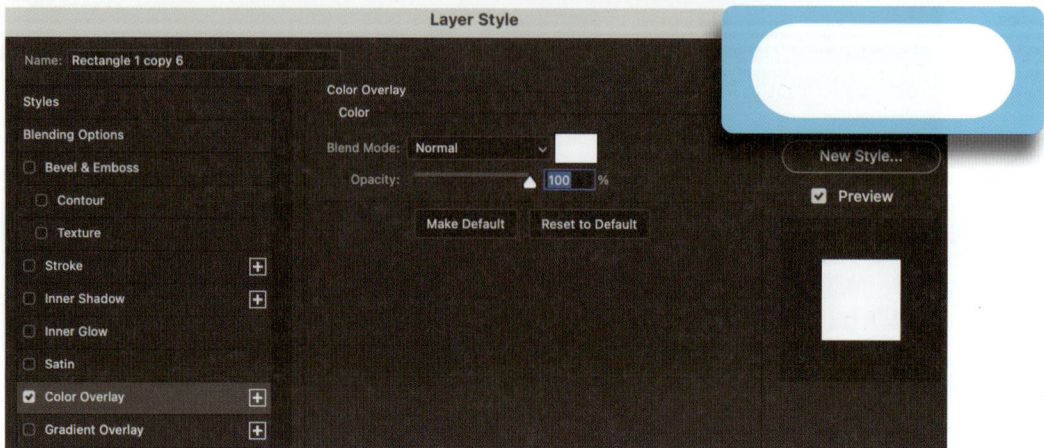

❼ 그레이디언트 오버레이(Gradient Overlay): 지정한 그레이디언트를 레이어 전체에 덮어씌우는 기능

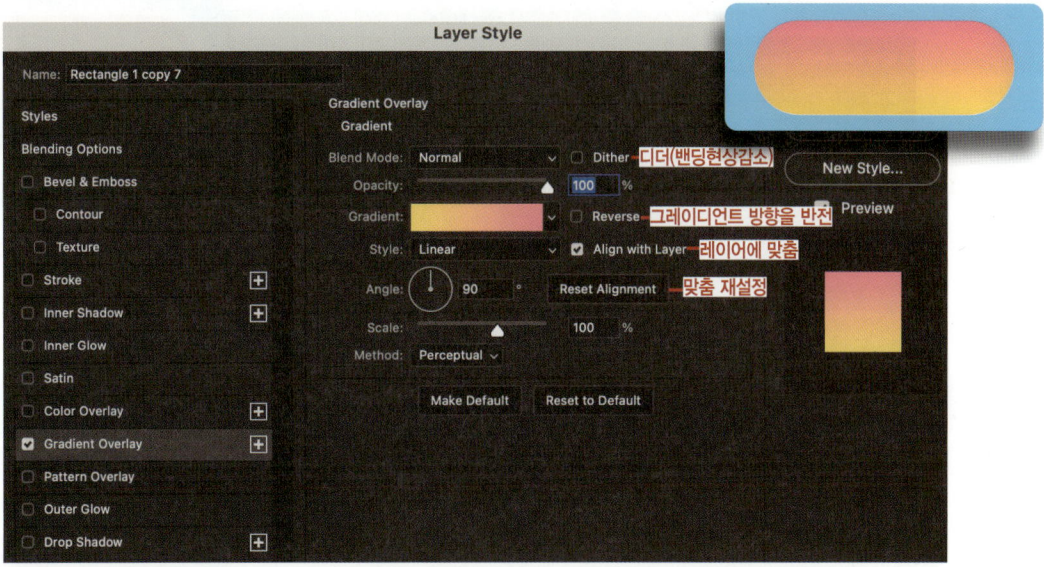

- 디더(Over Print): 그레이디언트의 색상 단계를 부드럽게 만듭니다.
- 레이어에 맞춤(Align with Layer): 그레이디언트를 레이어 중심에 자동으로 정렬합니다.
- 맞춤 재설정(Reset Alignment): 수동으로 이동한 그레이디언트 위치를 초기화합니다.

❽ 패턴 오버레이(Pattern Overlay): 지정한 패턴을 레이어 전체에 덮어씌우는 기능

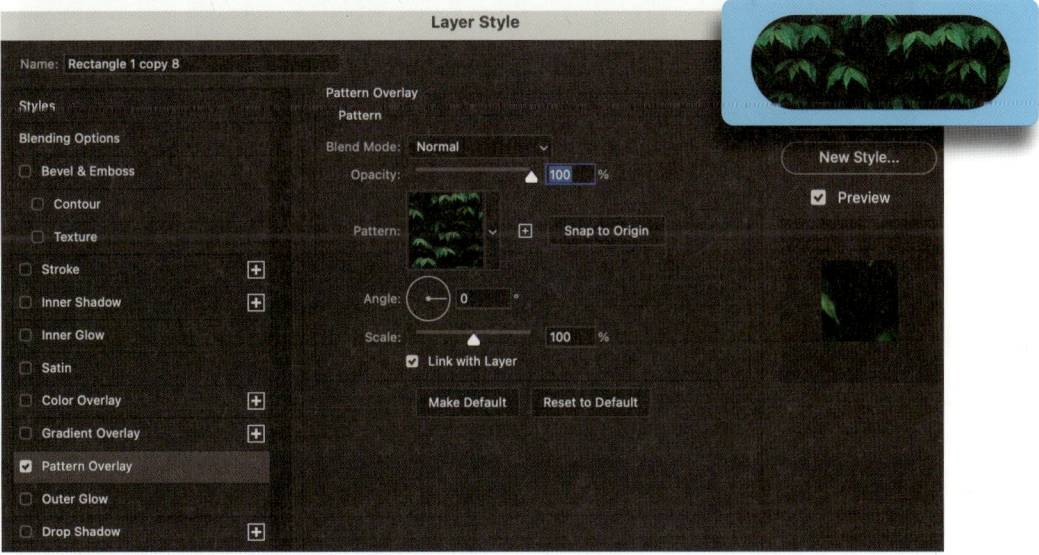

- 원본에 스냅(Snap to Origin): 패턴의 시작점을 원점으로 맞춥니다.
- 레이어와 연결(Link with Layer): 체크를 해제하여 비활성화하면 패턴이 고정되어 레이어가 회전, 변형되어도 패턴은 그대로 유지됩니다.

❾ 외부 광선(Outer Glow): 바깥쪽으로 빛나는 효과

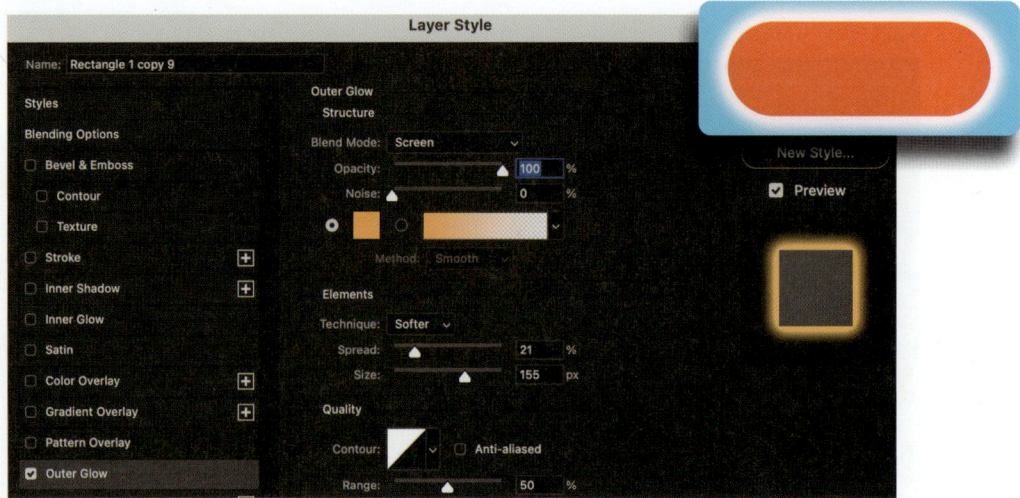

❿ 드롭 섀도(Drop Shadow): 바깥쪽으로 그림자를 드리우는 효과

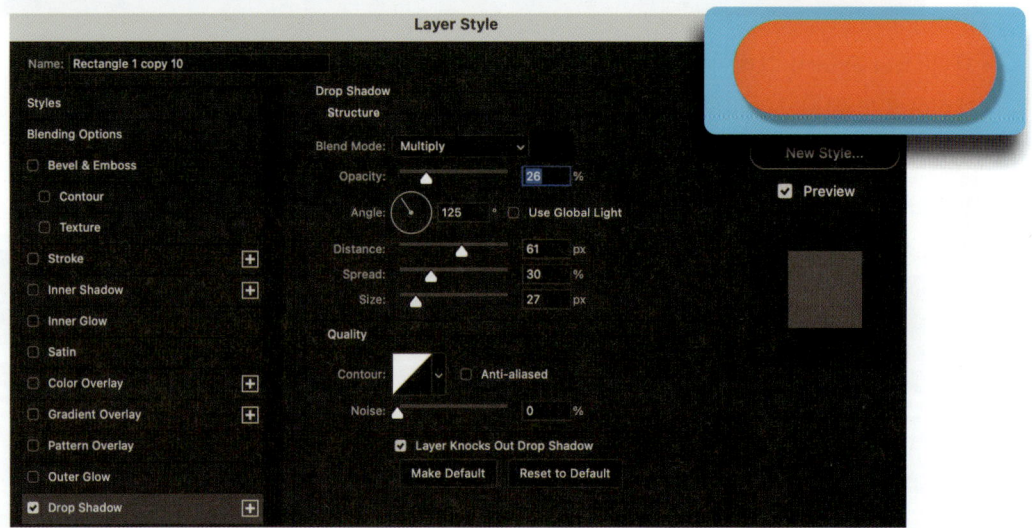

- 레이어 녹아웃 그림자(Layer Knocks Out Drop Shadow): 레이어 아래 그림자가 보이지 않게 하여 자연스럽고 실제와 같은 그림자를 표현하는 기능으로, 체크된 상태로 사용하는 것이 자연스럽습니다.

4. 레이어 효과 복사, 삭제, 수정하기

레이어 스타일을 복사하여 다른 레이어에 붙여넣기 하면, 동일한 효과를 적용할 수 있습니다.

(1) 복사

❶ 복사할 레이어 효과를 레이어 패널에서 선택합니다.
❷ Alt (Windows)/Opt (Mac)를 누른 채 붙여넣기를 할 레이어로 드래그하여 레이어 효과를 복제합니다.
❸ 또는 레이어를 우클릭하여 드롭다운 메뉴에서 '레이어 스타일 복사(Copy Layer Style)'를 클릭하여 복사합니다. 붙여넣기를 하고자 하는 레이어를 우클릭하여 '레이어 스타일 붙여넣기(Paste Layer Style)'를 클릭하여 붙여넣기를 합니다.

(2) 삭제

❶ 레이어 패널에서 지우고 싶은 효과를 선택합니다.
❷ 효과를 패널 하단의 삭제 아이콘으로 드래그하여 삭제합니다.

(3) 수정

❶ 레이어 패널에서 효과를 더블 클릭하여 레이어 스타일 대화상자에서 수정할 수 있습니다.

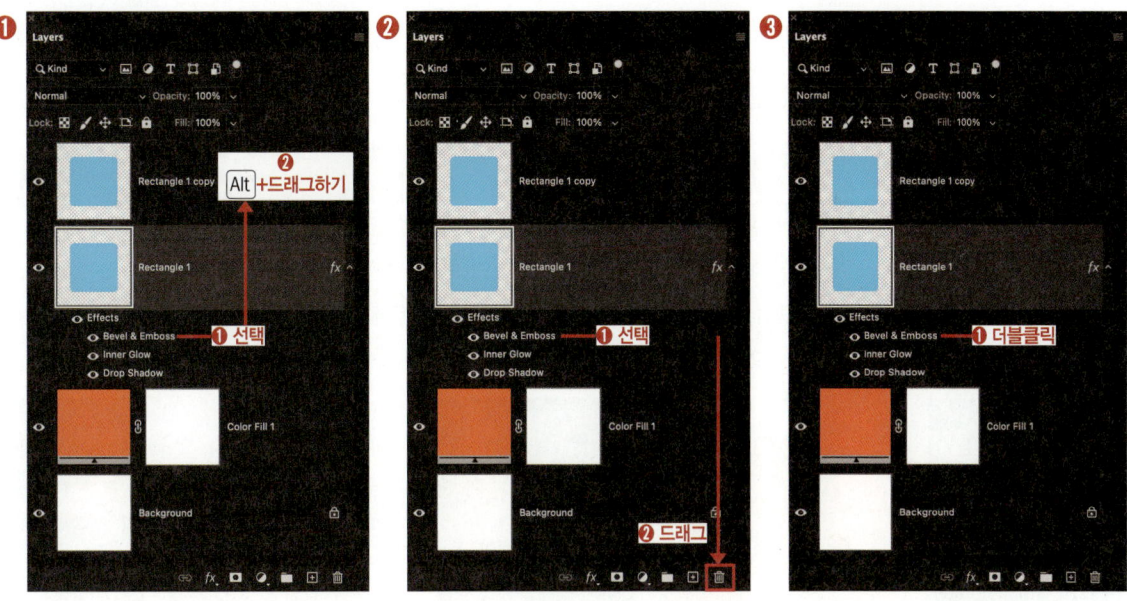

5. 레이어 효과를 일반 레이어로 변환하기

최상단 메뉴의 [레이어 > 레이어 스타일/레이어 만들기/Layer > Layer Style > Create Layers]를 선택합니다.

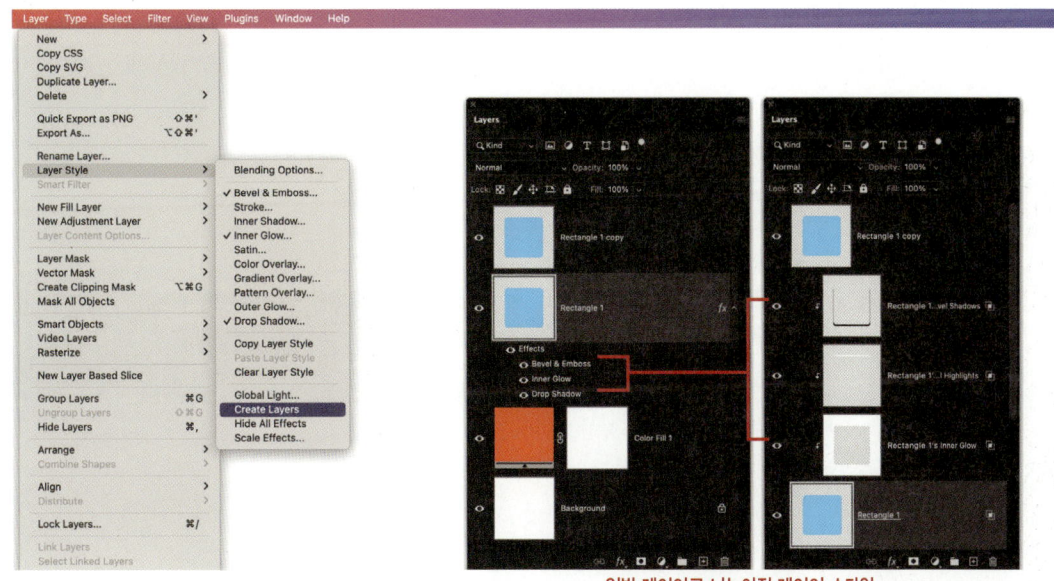

▲ 일반 레이어로 나누어진 레이어 스타일

6. 사전 설정된 스타일 패널로 레이어 스타일 불러오고 추가하기

미리 정의된 스타일을 빠르게 적용하거나 사용자 정의 스타일을 만들어 저장할 수 있어 작업 효율성이 높아집니다. 복잡한 효과 조합을 저장해 관리하기 편하며 반복 작업을 줄일 수 있어 디자인 작업의 속도와 일관성을 크게 향상시킵니다.

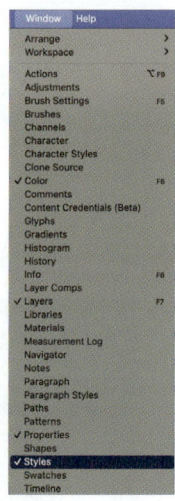

(1) 스타일 패널 열기

최상단 메뉴의 [창 〉 스타일/Window 〉 Styles]를 선택합니다.

(2) 사전 설정된 스타일 적용하기

사전 설정된 스타일을 확인하고 선택하여 캔버스에 놓인 레이어 혹은 레이어 패널로 드래그합니다. 레이어 패널에서 배경, 잠긴 레이어 또는 그룹에는 레이어 스타일을 적용할 수 없습니다. 적용된 효과는 레이어 패널에서 해당 효과를 더블 클릭하여 레이어 스타일 대화상자에서 수정할 수 있습니다.

 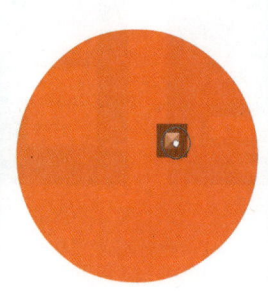 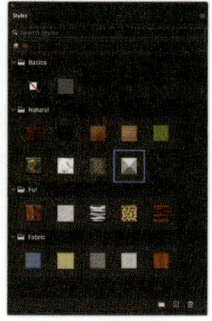 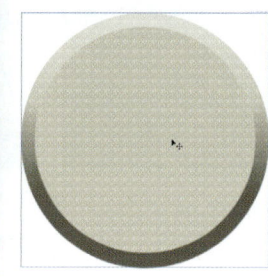 

레이어에 적용된 효과들

(3) 레이어 효과를 스타일 패널에 저장하기

효과가 적용된 레이어를 선택해 스타일 패널 하단의 [새 스타일 만들기] 아이콘을 클릭하여 새 스타일을 저장합니다. 추후 필요시 클릭 한 번으로 간단히 효과를 불러올 수 있습니다.

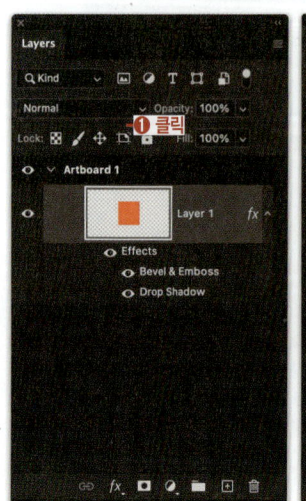  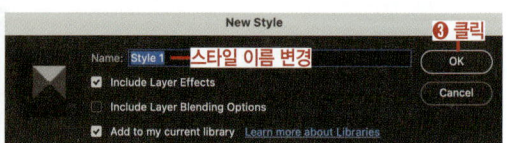

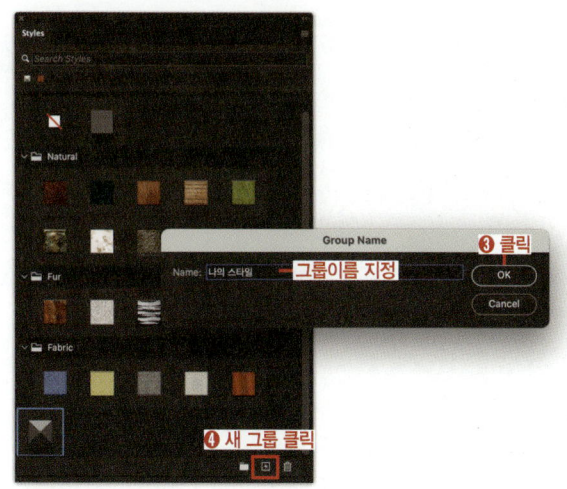

7. 1분 실습_레이어 스타일로 네온사인 이미지 만들기

(1) 파일 열기

최상단 메뉴의 [파일〉열기/File〉Open]을 클릭하여 대화상자에서 '클래스3_4_1분실습_ 네온사인.psd' 파일을 불러옵니다.

(2) 글자에 레이어 스타일 추가하기

❶ 레이어 패널에서 글자 레이어를 선택합니다.
❷ 하단의 '레이어 효과' 아이콘을 선택합니다.
❸ 메뉴에서 '획(Stroke)' 효과를 선택하면 대화상자가 열립니다.

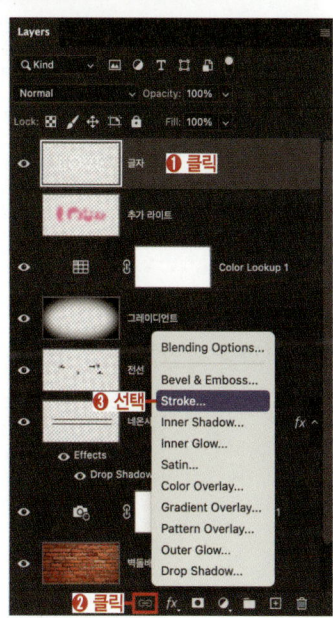

(3) 획 레이어 스타일 옵션 설정하기

획 효과의 굵기는 1, 컬러는 ff44eb, 위치는 바깥으로 설정합니다.

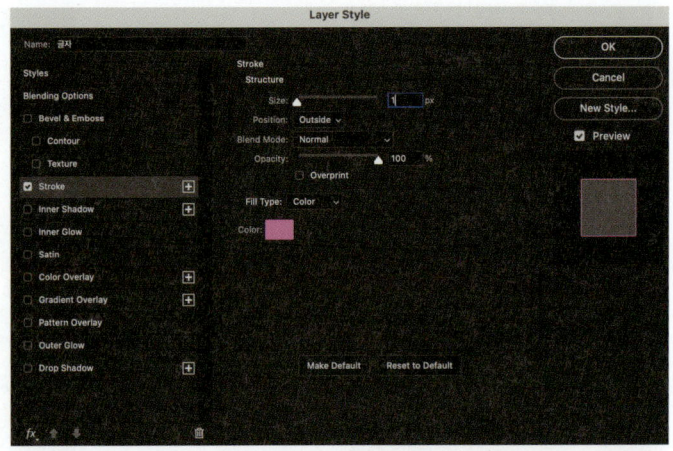

(4) 내부 광선 스타일 옵션 설정하기

❶ 레이어 스타일 리스트에서 '내부 광선(Inner Glow)'을 선택합니다.
❷ 불투명도는 53, 컬러는 ffdd3c, 그 외는 기본 설정을 따릅니다.

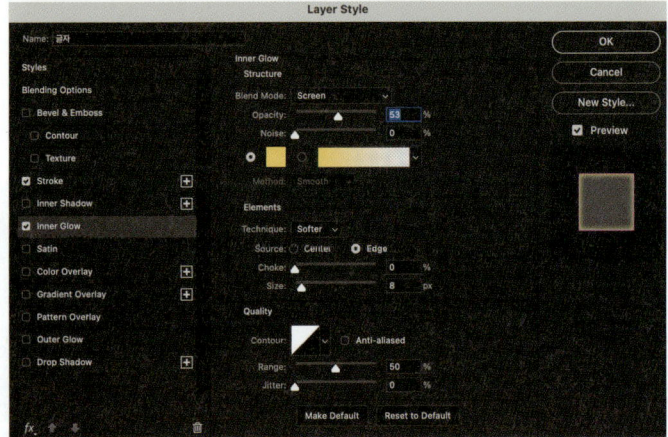

(5) 외부 광선 스타일 옵션 설정하기

❶ 레이어 스타일 리스트에서 '외부 광선(Outer Glow)'을 선택합니다.
❷ 불투명도는 100, 컬러는 f663ff, 스프레드는 10, 크기는 57로 설정한 뒤 대화상자에서 '확인(OK)'을 눌러 변경사항을 저장합니다.
❸ 레이어 패널에서 '추가 라이트' 레이어의 보이기 아이콘을 클릭하여 보이게 합니다.

(6) 결과물 확인하기

네온사인 느낌으로 레이어 스타일이 적용되었습니다.

SECTION 05 | 레이어 혼합 모드로 풍부한 시각 효과 연출

2개의 레이어가 있을 때 상위 레이어와 하위 레이어를 특정 방식으로 색조, 채도, 광도 또는 이러한 구성 요소의 조합을 기준으로 레이어를 혼합하는 기능입니다.

혼합 모드를 사용하면 마스크 기능 없이 이미지의 특정 영역에 오버레이, 텍스처 또는 여러가지 조정을 적용할 수 있습니다. 적용한 기능은 픽셀을 변경하지 않고 시각적 출력만 변경하므로 해당 블렌드 레이어를 삭제하거나 숨기면 언제든지 원본 레이어를 다시 수정할 수 있는 비파괴적 효과입니다.

> **Tip** 레이어의 혼합 모드란?
> 기본 레이어 + 블렌드 레이어
> = 시각적 출력 결과

1. 블렌드 레이어에 혼합 모드 적용하기

혼합 모드를 적용하려면 최소 두 개의 레이어가 필요합니다. 아래 레이어는 기본 레이어이고, 위 레이어가 혼합 효과를 보여주는 블렌드 레이어입니다. 혼합 모드는 블렌드 레이어에 적용됩니다.

❶ 레이어 패널에서 블렌드 레이어가 될 레이어를 선택한 후 레이어 패널의 왼쪽 상단의 드롭다운 메뉴를 클릭합니다.
❷ 원하는 혼합 모드를 선택하여 적용합니다. 기본적으로 모든 레이어는 표준으로 설정되고, 그룹은 통과로 설정됩니다.

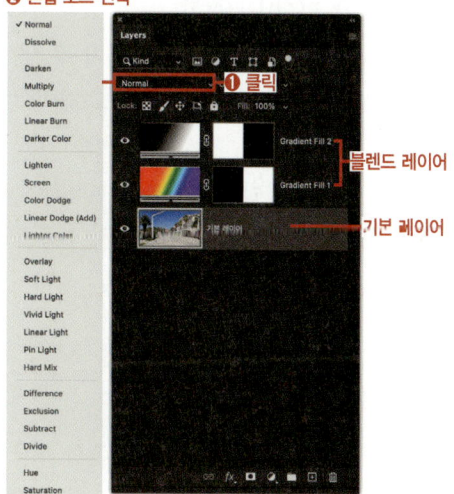

2. 혼합 모드 살펴보기

대부분의 혼합 모드는 불투명도 100%에서 가시적인 결과를 확인할 수 있습니다. 레이어 패널에서 불투명도(Opacity)를 조절하여 자연스럽거나 강렬한 혼합 모드를 만듭니다.

(1) 표준(Normal)

기본 블렌딩 모드입니다. 기본 레이어가 밑에 있어도 아래 레이어와 혼합되지 않습니다. 만약 아래 레이어와 혼합된 상태를 만들고 싶다면 불투명도(Opacity) 수치를 조절합니다.

(2) 디졸브(Dissolve)

❶ 블렌드 레이어에 자잘한 노이즈 효과를 생성하여 거친 질감을 표현합니다.

❷ 불투명도가 100%일 때는 가시적인 결과가 보이지 않습니다. 50% 정도로 적절한 표현으로 보일 때까지 수치를 조절합니다.

(3) 어둡게 하기(Darken)

❶ 기본 레이어와 블렌드 레이어의 두 색상 중 가장 어두운 색상을 유지합니다. 블렌드 레이어와 기본 레이어 색상이 같으면 변경사항이 없습니다. 어두운 부분을 강조하거나 그림자 효과를 표현하기에 효과적입니다.

❷ 전체적으로 이미지가 어두워지며 블렌드 레이어의 흰색 영역은 투명하게 보여 기본 레이어가 그대로 보여집니다.

(4) 곱하기(Multiply)

❶ 곱하기는 가장 많이 사용하는 혼합 모드 중 하나입니다.

❷ 블렌드 레이어의 흰색이 투명하게 바뀌면서 전체 컬러는 기본 레이어에 바탕색없이 겹쳐집니다. 결과는 항상 기본 레이어보다 어둡고 진하게 보여집니다. 블렌드 레이어의 흰색은 투명하게 보입니다.

(5) 색상 번(Color Burn)

❶ 색상 번은 곱하기 모드와 유사하게 블렌드 레이어가 투명하게 겹쳐 보입니다.

❷ 블렌드 레이어와 기본 레이어의 대비를 높여 중간 톤의 채도를 높이고 하이라이트를 줄여서 곱하기보다 더 어둡게 보이도록 합니다.

(6) 선형 번(Linear Burn)

❶ 선형 번은 혼합 색상의 값에 따라 기본 색상의 밝기를 감소시킵니다.

❷ 결과는 곱하기보다 어둡지만, 색상 번 보다 채도가 낮습니다. 이미지의 전반적인 대비를 크게 높이며, 곱하기보다 더 극단적으로 어둡고 진하게 혼합됩니다.

> **Tip** 리니어(Linear)란?
> "리니어(Linear)"는 직선적이고 균일한 변화나 관계를 나타내는 개념으로 사용되는 단어입니다.

(7) 어두운 색상(Darker Color)

❶ 블렌드 레이어와 기본 레이어의 각 픽셀 색상 값을 비교하여 더 어두운 색상만 표시됩니다.

❷ 어둡게 하기(Darken) 모드와 유사하지만, 더 극단적인 결과를 만듭니다. 자연스러운 블렌딩보다는 뚜렷한 대비를 만듭니다. 픽셀을 혼합하지 않아 불투명하게 보입니다.

(8) 밝게 하기(Lighten)

❶ 검정색 픽셀은 투명해지고 흰색을 포함한 색상이 있는 밝은 컬러들은 픽셀에 밝기 효과를 숩니다.

❷ 기본 레이어를 기준으로 대부분 전체적으로 더 밝은 톤의 결과가 보입니다. 흰색은 완전히 혼합되지 않아 변화없이 흰색으로 보여집니다.

❸ 하이라이트를 주거나 어두운 배경에 밝은 요소를 합성할 때 사용합니다.

(9) 스크린(Screen)

❶ 스크린 모드는 전체적인 밝기를 높이는 데 매우 효과적이며, 이미지의 밝은 부분을 강조하고 특히 어두운 이미지를 밝게 만들거나 빛 관련 효과를 추가할 때 자주 사용됩니다.

❷ 검은색은 투명해지고, 흰색은 완전히 불투명해집니다. 밝은 색상은 더 강해지고, 어두운 색상은 투명도가 높아집니다.

(10) 색상 닷지(Color Dodge)

❶ 매우 강렬한 밝기 효과를 원할 때 유용합니다. 극적인 하이라이트나 특수 효과를 만들 수 있습니다.
❷ 검은색은 변화가 없으며, 흰색은 완전히 밝은 영역을 만듭니다.

(11) 선형 닷지(추가)[Linear Dodge(Add)]

❶ 색상 닷지와 유사하게 전체적으로 밝은 이미지로 혼합하지만, 대비가 중화되어 균일한 느낌으로 보여집니다.
❷ 스크린 모드보다 더 밝게 혼합됩니다.

(12) 밝은 색상(Lighter Color)

❶ 블렌딩 레이어와 기본 레이어의 색상이 혼합되었을 때 가장 밝은 색상을 보여줍니다. 두 색상이 동일하면 변경사항이 적용되지 않습니다.
❷ 흰색은 완전히 흰색으로 혼합되며 검은색은 변화가 없습니다.

(13) 오버레이(Overlay)

❶ 기본 레이어의 색상 밝기를 기반으로 혼합합니다. 이미지의 대비를 증가시켜 색상을 더 선명하게 혼합하고 생동감을 더합니다.
❷ 블렌드 레이어의 밝은색은 스크린 혼합 모드와 같이, 반대로 어두운 색은 곱하기 모드처럼 혼합됩니다.

(14) 소프트 라이트(Soft Light)

오버레이와 비슷한 혼합 모드입니다. 오버레이보다 부드러운 대비 효과로 은은하게 이미지를 밝게 혼합합니다.

(15) 하드 라이트(Hard Light)

❶ 블렌드 레이어의 어두운 컬러는 곱하기와 유사하게 혼합되며 밝은색은 스크린과 유사하게 혼합됩니다.
❷ 밝은 부분은 더 밝아지며 어두운 부분은 색이 겹쳐져 전체 이미지의 대비를 크고 강렬하게 증가시킵니다.

(16) 선명한 라이트(Vivid Light)

색상 번과 색상 닷지를 더한 것처럼 혼합됩니다. 어두운 컬러는 색상 번처럼 어둡게, 밝은 컬러는 컬러 닷지처럼 밝게 혼합되어 보입니다.

(17) 선형 라이트(Linear Light)

'선형 번-어두움'과 '선형 닷지(추가)-밝음'를 결합한 효과로 혼합합니다. 매우 강렬하고 극단적인 대비 효과를 만듭니다.

(18) 핀 라이트(Pin Light)

선형 라이트와 유사하지만, 중간 톤이 거의 사라져 밝고 어두운 부분이 얼룩 같은 경계로 바뀌어 보입니다.

(19) 하드 혼합(Hard Mix)

❶ 이미지를 검정, 흰색 또는 6가지 기본색상(빨강, 초록, 파랑, 청록, 다홍, 노랑)으로 단순화합니다.
❷ 단순화되면서 중간 톤이 완전히 사라지며 이미지의 디테일이 손실되어 거친 느낌으로 혼합됩니다.

(20) 차이(Difference)

❶ 독특한 네거티브 효과나 색상 반전 효과를 만듭니다.
❷ 흰색은 하위 레이어의 색상을 완전히 반전시키며 검은색은 혼합 효과가 없습니다.
❸ 회색 및 다른 색상들은 독특한 색상 혼합 효과를 만듭니다.

(21) 제외(Exclusion)

블렌드 레이어의 흰색이 차이보다 낮은 톤의 반전을 만들며 회색의 경우 부분적인 반전 효과가 있어 차이와 비슷한 색상 반전 효과를 유사하게 보여주지만, 보다 부드러운 효과로 혼합됩니다.

(22) 빼기(Subtract)

곱하기 모드와 유사하게 전체 컬러가 혼합되지만, 검정은 투명하게 혼합됩니다. 반대로 흰색은 어둡게 혼합되어 어둡고 음영이 강한 이미지로 보여지게 됩니다.

(23) 나누기(Divide)

❶ 곱하기 모드와 유사하게 전체 컬러가 혼합되지만 밝게 혼합됩니다. 전체 이미지가 밝아집니다.
❷ 블렌드 레이어의 흰색은 변화가 없으며 검정색은 밝게 보입니다. 블렌드 레이어가 흑백일 경우 스크린보다 선명하게 밝은 효과를 냅니다.

(24) 색조(Hue)

❶ 블렌드 레이어의 색조(Hue)를 하위 레이어에 적용합니다.
❷ 이미지의 전체적인 색상을 변경하지만, 밝기와 채도는 그대로 유지합니다.
❸ 회색, 흰색, 검은색과 같은 뉴트럴 컬러는 색조가 존재하지 않아 혼합 효과가 없습니다. 채도가 높은 색상일수록 더 뚜렷한 효과를 보여줍니다.

(25) 채도(Saturation)

❶ 블렌드 레이어의 채도(Saturation)를 하위 레이어에 적용합니다. 하위 레이어의 색조(Hue)와 명도(Luminosity)는 유지됩니다.
❷ 색조 혼합 모드와 마찬가지로 뉴트럴 컬러는 혼합 효과가 없습니다.

(26) 색상(Color)

❶ 블렌드 레이어의 색조(Hue)와 채도(Saturation)를 하위 레이어에 적용합니다.
❷ 뉴트럴 컬러는 하위 레이어를 무채색으로 혼합합니다. 반대로 흑백 이미지에 컬러를 혼합할 때 자연스러운 결과를 기대할 수 있습니다.

(27) 광도(Luminosity)

블렌드 레이어의 명도(Luminosity)를 하위 레이어에 적용합니다.

3. 레이어의 불투명도 조절하기

(1) 레이어 패널에서 조절하기

투명도를 조절하고자 하는 레이어를 선택 후 레이어 패널 상단의 '불투명도'의 값을 입력하거나 슬라이더로 불투명도를 조절합니다.

(2) 레이어 스타일 대화상자에서 조절하기

❶ 레이어를 선택합니다.
❷ 레이어 패널 하단의 레이어 스타일 추가 아이콘을 클릭합니다.
❸ '혼합 옵션'을 클릭합니다.
❹ 레이어 대화상자가 열리면 대화상자에서 레이어의 불투명도를 설정할 수 있습니다.

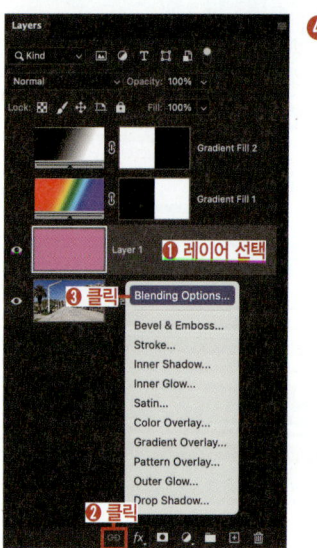
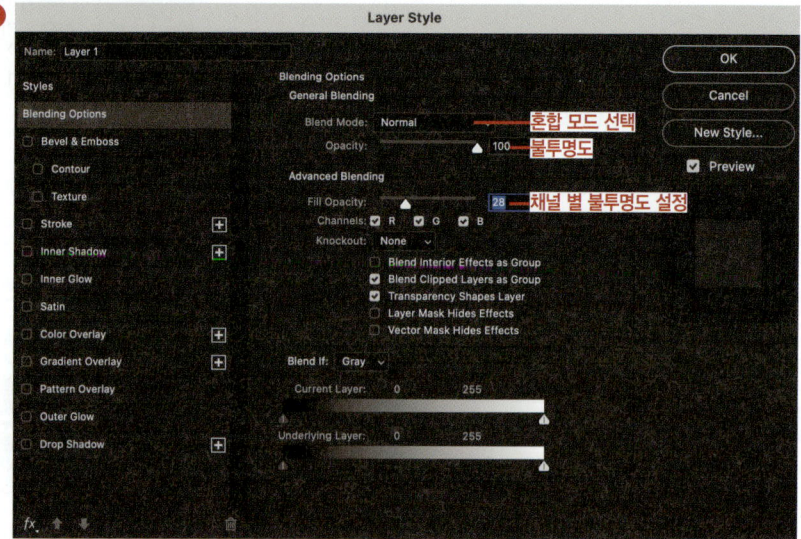

4. 블렌딩 메뉴가 회색으로 표시되어 적용되지 않을 경우

문서의 컬러 모드가 32비트일 경우 혼합 모드 일부의 선택이 제한 되는 경우가 있습니다. 최상단 메뉴의 [이미지〉모드/Image〉Mode]를 클릭하여 8비트 또는 16비트로 변경합니다.

5. 1분 실습_혼합 모드로 게임 아트 리터치하기

(1) 파일 열기

최상단 메뉴의 [파일 〉 열기/File 〉 Open]을 클릭하여 대화상자에서 '클래스3_5_1분실습_게임아트리터치.psd' 파일을 불러옵니다.

(2) 레이어별로 블렌드 모드 적용하기

❶ 가장 상단의 '검_오버레이' 레이어를 선택합니다.
❷ 혼합 모드를 오버레이로 선택하면 레이어의 흰색이 오버레이로 변화하면서 한결 밝아진 톤으로 합성됩니다.

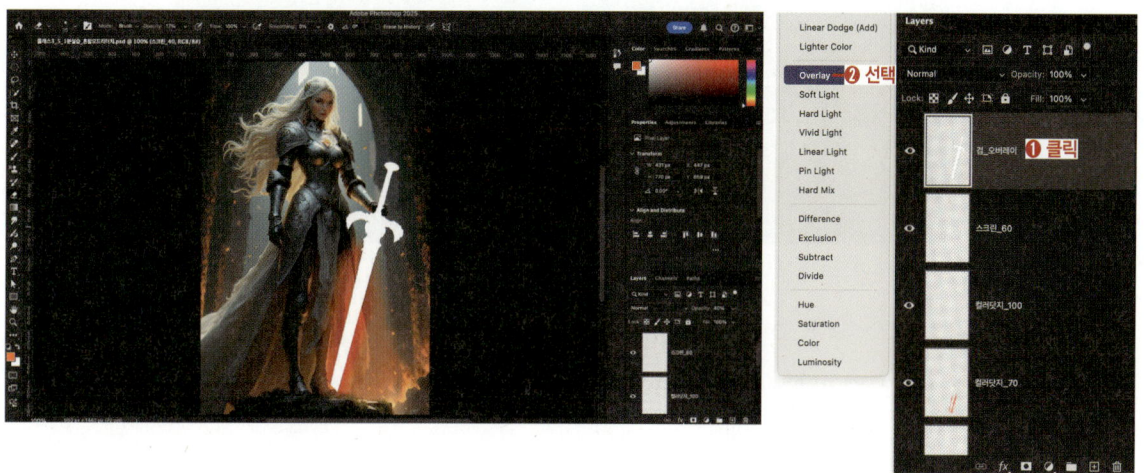

(3) 레이어별로 블렌드 모드 적용하기

레이어 패널에서 '컬러닷지_70' 레이어를 선택하여 혼합 모드를 'Color Dodge'로 변경하고 Opacity를 70으로 변경합니다. '컬러닷지_100' '스크린_60' 레이어도 이름에 표기된 혼합 모드를 찾아 바꾸고 Opacity의 퍼센트를 변경합니다.

(4) 결과물 확인하기

레이어의 컬러가 백그라운드 레이어와 혼합 모드를 통해 자연스럽게 리터치되었습니다.

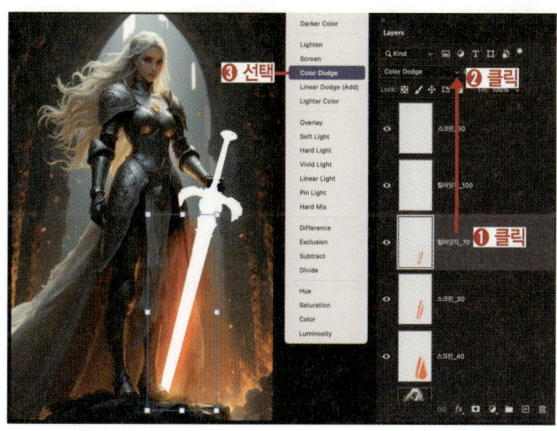 

6. 1분 실습_클리핑 마스크로 이중 노출 그래픽 만들기

(1) 파일 열기

최상단 메뉴의 [파일〉열기/File〉Open]을 클릭하여 대화상자에서 '클래스3_5_1분실습_이중노출.psd' 파일을 불러옵니다.

(2) 혼합 모드 변경하기

❶ 레이어 패널에서 '배경' 레이어를 선택합니다.
❷ 혼합 모드를 '스크린'으로 변경합니다.
❸ 불투명도를 80%로 변경합니다.

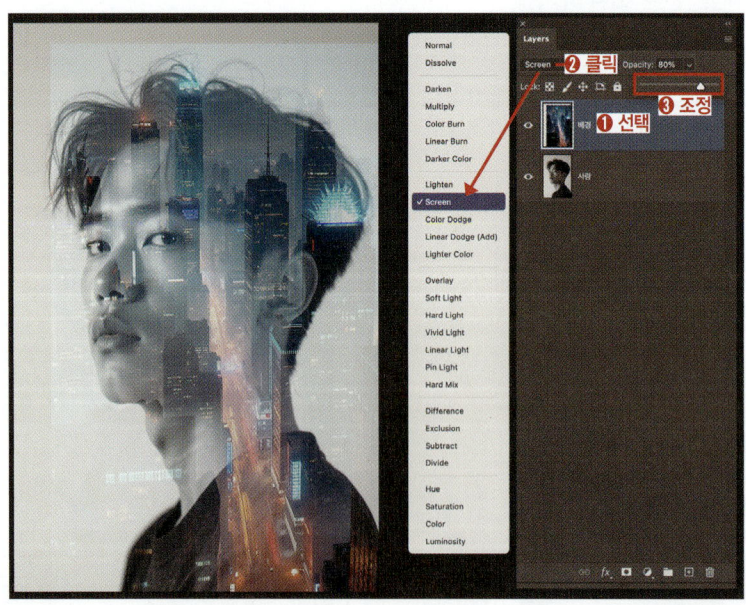

(3) 레이어 마스크 적용하기

❶ '배경' 레이어를 선택한 상태로 레이어 패널 하단의 '레이어 마스크' 아이콘을 클릭하여 레이어 마스크를 적용합니다.

(4) 전경색 선택

❶ 레이어 마스크에서 검정은 숨기고 흰색은 드러내는 역할을 합니다. 왼쪽 도구 패널에서 기본 전경/배경색 아이콘을 클릭합니다. 검정색이 전경색에 위치한 것을 확인합니다.

(5) 브러시 도구 설정

❶ 왼쪽 도구 패널에서 브러시 도구를 선택합니다.
❷ 상단 컨트롤 패널에서 브러시 설정 아이콘을 클릭하면 드롭다운 메뉴가 열립니다.
❸ 일반 브러시(General Brushes)를 선택 후 ❹ 부드러운 원(Soft Round) 브러시로 설정합니다.
❺ 브러시 크기는 400px로 변경합니다.

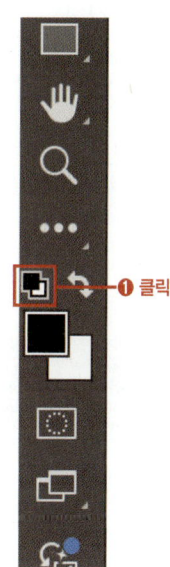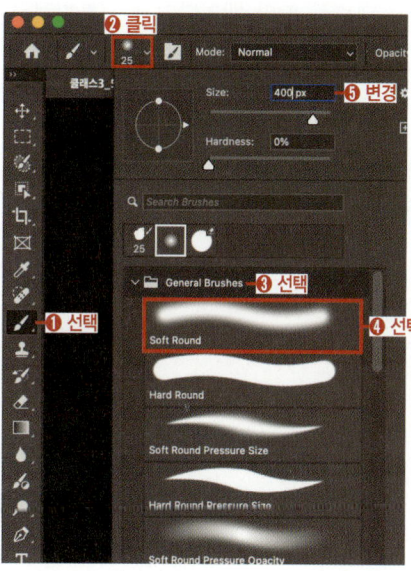

(6) 배경 레이어 자연스럽게 지워서 완성하기

레이어 마스크 축소판이 선택되어진 상태에서 브러시 도구를 이용해 배경 레이어를 자연스럽게 지워서 합성을 완료합니다.

SECTION 06 | 문자 도구로 텍스트 입력하고 편집하기

포토샵 문자 도구는 텍스트를 입력하고 편집하는 기본 기능에 더해, 벡터 기반의 자유로운 크기 조절이 가능합니다. 패스를 따라 배치하거나 뒤틀기로 모양을 변형할 수 있으며, 포스터, SNS, 로고 디자인 등 광범위한 디자인 작업에 활용됩니다.

1. 문자 도구 살펴보기

(1) 문자 도구 위치와 다양한 문자 도구 살펴보기

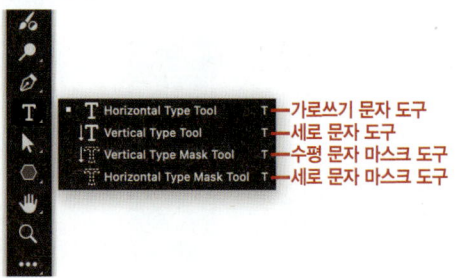

❶ 가로쓰기 문자 도구(Horizontal Type Tool): 기본 가로형 텍스트를 입력하고 텍스트 레이어를 만듭니다.
❷ 세로 문자 도구(Vertical Type Tool): 포인트 텍스트를 수직으로 입력할 수 있습니다.
❸ 세로/수평 문자 마스크 도구(Vertical Type Mask Tool)
  • 텍스트를 입력하면 마스크로 표시되며 선택 영역처럼 점선으로 표시됩니다.
  • 텍스트의 방향이 세로/가로 방향으로 입력됩니다.

(2) 문자 도구 컨트롤 패널 살펴보기

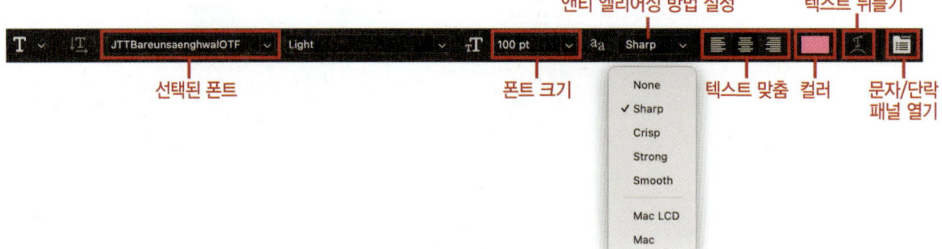

2. 텍스트 입력하기

(1) 단일 행 문자 입력

❶ 가로쓰기 문자 도구를 선택합니다.
❷ 캔버스에 클릭하면 Lorem ipsum 더미 텍스트가 나타납니다.
❸ Backspace (Windows)/Delete (Mac)를 눌러 더미 텍스트를 지우고 원하는 문자를 입력합니다.

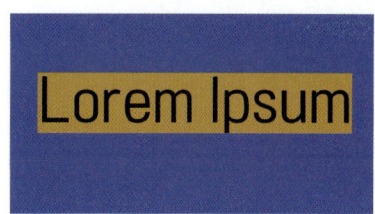

(2) 단락 텍스트 입력

❶ 가로쓰기 문자 도구를 선택합니다.
❷ 캔버스에 필요한 크기만큼 사각형 모양으로 드래그합니다.
❸ 더미 텍스트가 포함된 단락 텍스트 박스가 생성됩니다.
❹ Backspace (Windows)/Delete (Mac)를 눌러 더미 텍스트를 지우고 원하는 문자를 입력합니다.

(3) 입력한 텍스트 수정

수정이 필요한 텍스트를 드래그하여 필요한 내용을 입력합니다.

3. 문자 패널과 단락 패널 살펴보고 텍스트 편집하기

(1) 문자 패널 살펴보고 텍스트 편집하기

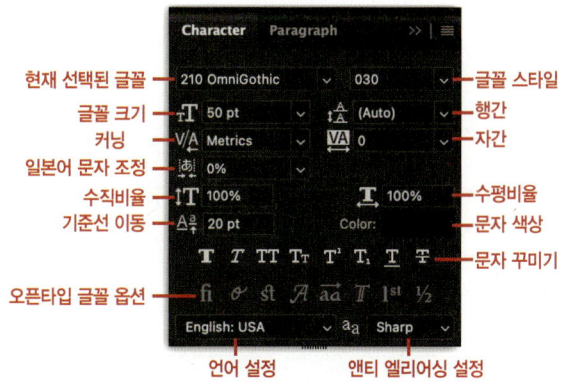

❶ 글꼴(Font)
  • 현재 선택한 글꼴이 표시됩니다.
  • 사용 가능한 모든 글꼴 목록을 표시합니다.
  • 시스템 글꼴과 Adobe Fonts를 포함합니다.
❷ 글꼴 스타일(Font Style): 현재 선택한 글꼴이 스타일을 제공하는 글꼴이라면(굵게, 기울임 등) 바꿀 수 있습니다.

❸ 글꼴 크기(Font Size): 텍스트의 크기를 포인트(pt) 단위로 설정합니다.

❹ 행간(Leading): 텍스트 줄 사이의 수직 간격을 조절합니다.

❺ 커닝(Kerning)
- 커닝은 특정 문자의 글자 쌍 사이의 간격을 조절합니다.
- 국문보다 영문에서 많이 활용됩니다.

❻ 자간(Tracking): 선택된 문자의 사이사이 전체적인 간격을 조절합니다.

❼ 수직 비율(Vertical Scale): 문자의 세로 크기를 비율로 조절합니다.

❽ 수평 비율(Horizontal Scale): 문자의 가로 크기를 비율로 조절합니다.

❾ 기준선 이동(Baseline Shift): 텍스트의 기준선을 위 또는 아래로 이동합니다.

❿ 색상(Color): 문자의 색상을 선택합니다.

⓫ 앤티앨리어싱(Anti-aliasing): 텍스트 가장자리의 부드러움을 조절합니다.

⓬ 언어(Language): 텍스트의 언어를 설정하여 하이픈 및 맞춤법 검사에 활용합니다.

⓭ 문자 꾸미기
- 올 캡스(All Caps): 모든 문자를 대문자로 변환합니다.
- 작은 캡스(Small Caps): 소문자를 작은 대문자로 변환합니다.
- 위 첨자(Superscript)/아래 첨자(Subscript): 문자를 위 첨자나 아래 첨자로 설정합니다.
- 밑줄(Underline): 텍스트에 밑줄을 추가합니다.
- 취소선(Strikethrough): 텍스트에 취소선을 추가합니다.

⓮ OpenType 기능
- OpenType 글꼴이 지원하는 경우에만 사용 가능합니다.
- 리게처, 스타일리스틱 세트, 분수 등 OpenType 글꼴의 고급 기능을 활성화합니다.

(2) 단락 패널 살펴보기 단락 편집하기

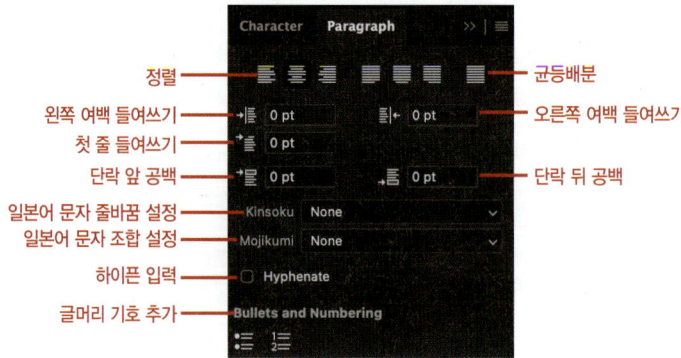

❶ 정렬(Alignment)
- 텍스트를 기준에 맞춰 정렬합니다.
- 왼쪽, 가운데, 오른쪽으로 단락의 시작을 정렬할 수 있습니다.

❷ 균등 배분(Justification)
- 텍스트를 단락 안에 균등하게 맞춥니다.
- 왼쪽, 가운데, 오른쪽으로 강제 정렬할 수 있습니다.

❸ 들여쓰기(Indentation)
- 왼쪽 여백 들여쓰기: 단락의 왼쪽 여백을 조절합니다.
- 오른쪽 여백 들여쓰기: 단락의 오른쪽 여백을 조절합니다.
- 첫 줄 들여쓰기: 단락의 첫 줄만 들여쓰기합니다.

❹ 단락 앞/뒤 공백(Add Space Before/after Paragraph): 2개 이상의 단락이 있을 때 단락 사이의 간격을 조절합니다. 단락 사이의 구분을 만듭니다.

❺ 하이픈 넣기(Hyphenate)
- 단어 또는 특정 단락에 자동으로 하이픈(-)을 추가할 수 있습니다.
- 패널 오른쪽 상단의 메뉴 아이콘을 클릭하여 '하이픈 넣기(Hyphenation)'를 클릭한 뒤 옵션을 설정하고 단락 패널에서 하이픈 넣기 체크박스를 활성화합니다.
- 하이픈 넣기 설정은 로마자에만 적용할 수 있습니다. 한글 글꼴 및 동아시아 문자의 경우는 하이픈 넣기를 사용할 수 없습니다.

❻ 글머리 기호 추가(Bullet and Numbering): 문장 또는 단락 앞에 글머리 기호를 추가합니다. 한번 더 눌러서 해제할 수 있습니다.

> **Tip** 키보드로 아래와 같이 입력하여 간편하게 사용자 지정 글머리 기호를 만들 수 있습니다.
> - * <space>
> - \# <space>
> - \> <space>
> - \+ <space>

> **Tip** 일본어 관련 옵션 숨기기
> 단락 패널의 오른쪽 상단 메뉴 아이콘을 클릭하여 '기본 기능(Default Features)'을 클릭하여 메뉴를 숨길 수 있습니다.

4. 문자 변형하기

문자를 변형해 그래픽에 사용하게 되면 디자인에 독창성과 의미를 더합니다. 메시지를 효과적으로 전달하며, 가독성과 심미성의 균형을 맞추는 데 탁월합니다.

독특한 문자 그래픽은 기억에 오래 남고, 특정 감정이나 분위기를 표현할 수 있으며 사용자의 창의력을 자유롭게 표현할 수 있는 하나의 수단으로 활용할 수 있습니다.

(1) 문자 뒤틀기

❶ 문자 도구를 선택합니다.
❷ 텍스트 레이어를 선택합니다.
❸ 상단 옵션 바에서 '뒤틀어진 텍스트 만들기' 아이콘(T자 문자가 휘어있는 아이콘)을 클릭합니다.

❹ 스타일 드롭다운 메뉴에서 원하는 뒤틀기 효과(Arc, Flag, Wave 등)를 선택합니다.
❺ 가로/세로 굽힘 정도와 방향을 조절하면 원하는 형태가 완성됩니다.

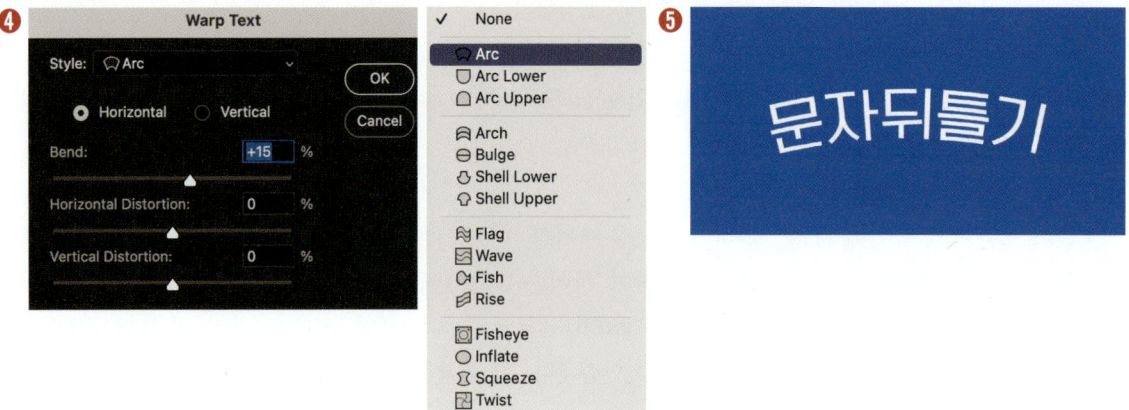

(2) 문자를 모양으로 변경하기

❶ 텍스트 레이어를 선택합니다. 최상단 메뉴의 [파일〉모양으로 변환/Type〉Convert to Shape]를 선택합니다.
❷ 직접 패스 선택 도구를 이용해 선분을 조절하여 모양을 자유롭게 변형할 수 있습니다.

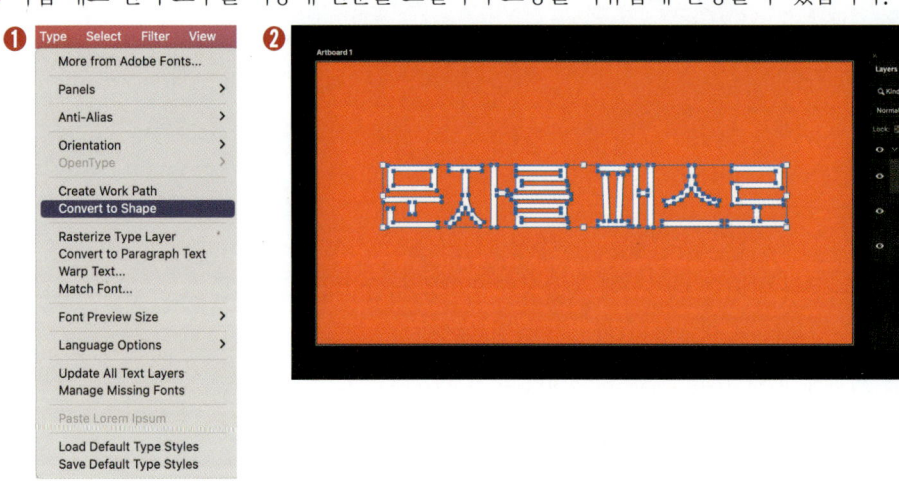

(3) 문자를 일반 레이어로 변경하기

❶ 레이어 패널에서 텍스트 레이어를 선택 후 해당 레이어를 우클릭합니다.
❷ 우클릭 후 나타나는 드롭다운 메뉴에서 '문자 래스터화(Rasterize Type)'를 선택합니다.
❸ 텍스트 레이어가 일반 레이어로 변경됩니다.

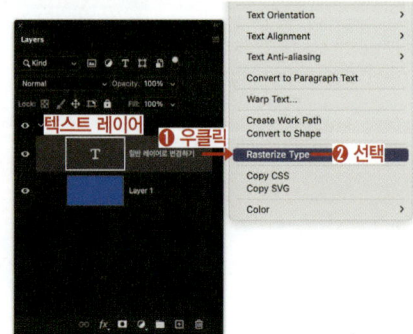
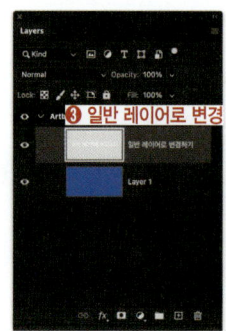

5. 어도비 폰트에서 새로운 폰트 설치하기

윈도우즈, 맥OS 등 운영 체제에서 새로운 폰트를 설치하면 자동으로 포토샵의 폰트 리스트에 사용할 수 있는 폰트로 나타납니다.

어도비 폰트는 크리에이티브 클라우드 구독자에게 제공되는 서비스로, 고품질 폰트들을 상업적 라이선스와 함께 제공합니다. 포토샵에서 글꼴 메뉴를 통해 어도비 폰트 사이트에 접근할 수 있으며, 원하는 폰트를 쉽게 활성화하고 사용할 수 있습니다. 활성화된 폰트는 자동으로 동기화되어 모든 크리에이티브 클라우드 앱에서 즉시 사용 가능합니다. 이 서비스는 별도의 폰트 설치 과정 없이 다양한 폰트를 편리하게 사용할 수 있게 해주어 디자인 작업의 효율성을 높여주는 기능입니다.

(1) 크리에이티브 클라우드에서 새로운 폰트 설치하고 제거하기

❶ Creative Cloud 데스크톱 앱 실행하고 'Fonts' 아이콘을 클릭합니다. 또는 https://fonts.adobe.com/에 접속합니다.

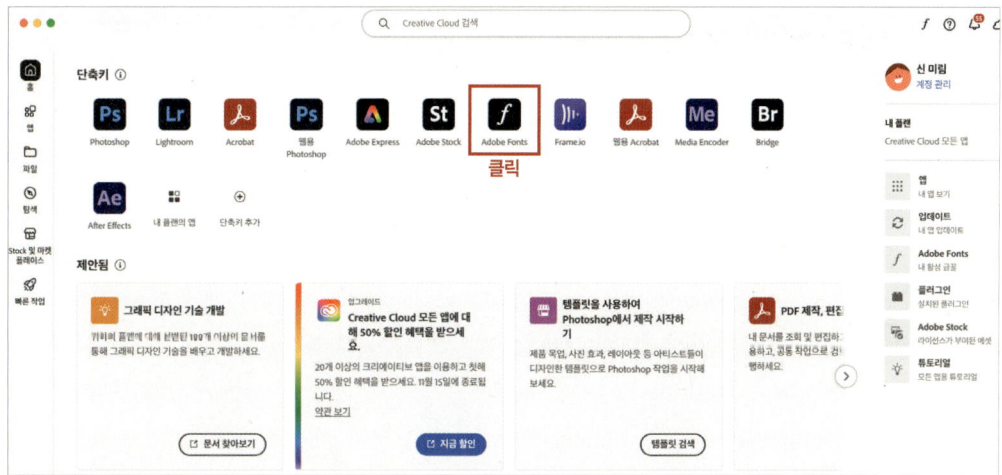

❷ 폰트의 이름을 검색하거나, 언어 및 쓰기 시스템에서 한국어 폰트를 찾을 수 있습니다.

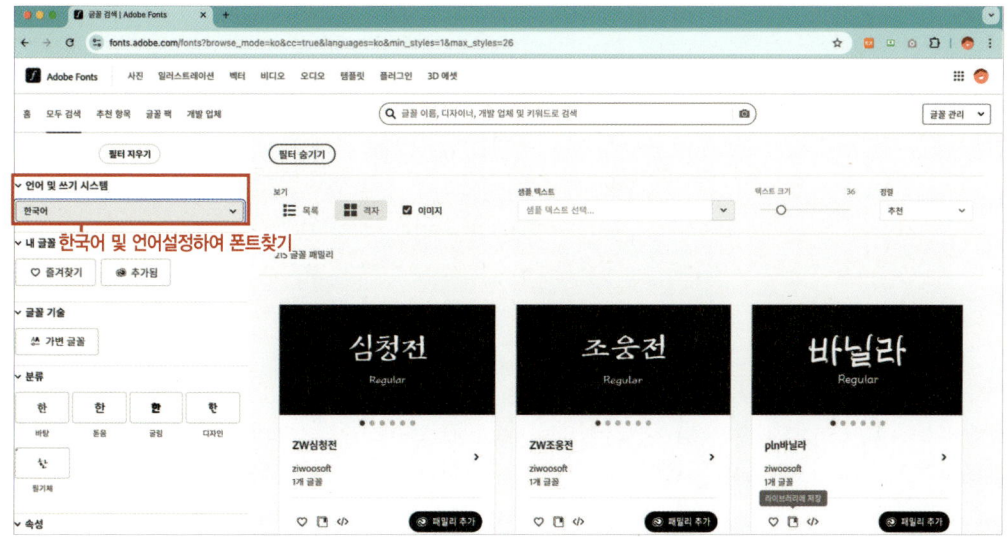

❸ 원하는 폰트가 있다면 '글꼴 추가'를 클릭합니다. 자동으로 시스템에 폰트가 설치됩니다. 폰트 개발자가 여러 가지 굵기나 시리즈가 포함되어 있는 패밀리 글꼴을 제공할 경우 한 번의 클릭으로 여러 폰트를 설치할 수 있습니다.

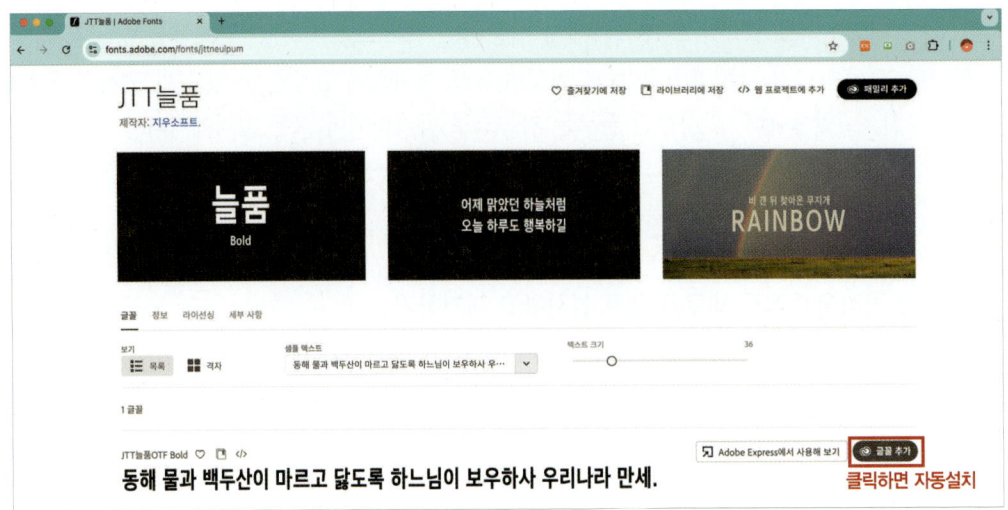

❹ 이미 설치되어있는 폰트는 '제거' 아이콘을 클릭하여 폰트를 제거할 수 있습니다.
❺ 포토샵에서 폰트 리스트를 확인하면 설치된 폰트를 확인할 수 있습니다. 만약 보이지 않으면 프로그램을 종료 후 재시작합니다.

SECTION 07 | 쏙 감춰주는 마스크와 프레임 도구

1. 클리핑 마스크

클리핑 마스크는 모양 레이어의 형태로 상위 레이어의 가장자리를 컷아웃 하여 보여주는 효과로 복잡한 합성, 텍스처 적용 등 다양한 그래픽 제작에 사용되는 기능입니다. 레이어를 잘라내지 않고 보존하기 때문에 어떤 형태든지 다시 마스크를 적용해 만들 수 있습니다.

(1) 레이어 준비

클리핑 마스크를 만들기 위해서는 최소 레이어 2개가 필요합니다. 마스크를 적용할 '상위 레이어'와 잘라내고자 하는 형태가 있는 '모양 레이어'입니다. 상위 레이어는 여러 개의 레이어에 적용이 가능하지만, 모양 레이어는 1개로 지정되어야 합니다.

(2) 클리핑 마스크 적용하는 3가지 방법

레이어 패널에서 모양 레이어는 아래, 상위 레이어는 위로 배치하여 둡니다. 모양 레이어는 상위 레이어에 가려져 보이지 않습니다.

❶ 최상단 메뉴의 [레이어 > 클리핑 마스크 만들기/Layer > Create Clipping Mask]를 선택합니다.
❷ 레이어 패널에서 우클릭하여 메뉴를 선택합니다.
❸ 단축키 Ctrl + Alt + G (Windows)/ Cmd + Opt + G (Mac)를 사용합니다.

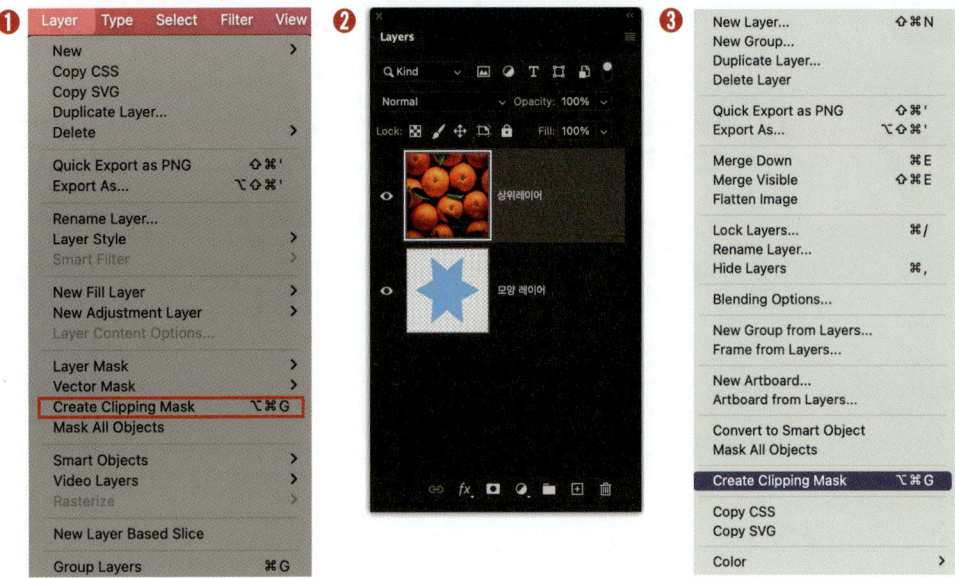

(3) 클리핑 마스크 결과 확인

❶ 클리핑 마스크가 적용되면 레이어 패널에서 상위 레이어가 우측으로 들여쓰기 되어 있고, 아래쪽 화살표가 표시됩니다. 모양 레이어는 가장 하단에 위치합니다.
❷ 상위 레이어가 모양 레이어의 형태로 잘린 것을 확인합니다.

2. 레이어 마스크

레이어 마스크는 원본 이미지를 손상하지 않고 레이어의 특정 부분을 추가하거나 숨기는 기능입니다. 레이어 마스크에 다양한 효과와 조정 레이어 등을 활용하여 다양한 시각 효과도 만들 수 있습니다. 클리핑 마스크의 경우 불투명도가 적용되지 않아 모양 레이어의 불투명도를 0%로 지정한다면 모양 레이어와 상위 레이어 전체가 보이지 않게 됩니다. 레이어를 일부분을 숨기거나 보이게 하는 등 불투명도가 필요한 상황에서는 레이어 마스크를 사용하시는 것이 편리합니다.

레이어 마스크 활용 시 핵심은 색상의 역할을 이해하는 것입니다. 흰색은 이미지를 드러내고, 검은색은 숨깁니다. 이 두 색상을 이용하여 이미지의 특정 부분을 선택적으로 표시하거나 가릴 수 있습니다. 더 나아가, 회색 톤을 활용하면 미묘한 투명도 조절이 가능해집니다. 이를 통해 부분적인 투명 효과부터 점진적인 페이드 효과까지 다양한 시각적 표현을 만들어낼 수 있습니다.

(1) 레이어 마스크 위치 살펴보기

최상단 메뉴의 [레이어 〉 레이어 마스크/Layer 〉 Layer Mask]를 클릭하여 레이어 마스크 메뉴의 경로를 확인합니다.

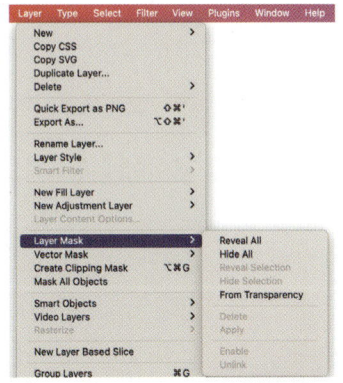

❶ 모두 나타내기(Reveal All)
- 전체가 흰색인 마스크를 생성합니다.
- 레이어의 모든 부분이 보이며, 이후 검은색으로 원하는 부분을 숨길 수 있습니다.

❷ 모두 숨기기(Hide All)
- 전체가 검은색인 마스크를 생성합니다.
- 레이어가 완전히 숨겨지며, 이후 흰색으로 원하는 부분을 드러낼 수 있습니다.

❸ 선택 항목 나타내기(Reveal Selection)
- 활성화된 선택 영역만 보이는 마스크를 만듭니다.
- 선택 영역 외의 부분은 숨겨지며, 정밀한 마스킹에 유용합니다.

❹ 선택 항목 숨기기(Hide Selection)
- 선택 항목 나타내기 기능과 반대로 활성화된 선택 영역을 숨기는 마스크를 만듭니다.
- 선택 영역만 마스킹이 적용되고 나머지 부분은 보이게 됩니다.

❺ 투명도에서(From Transparency)
- 레이어의 투명한 부분을 기반으로 마스크를 생성합니다.
- 투명한 부분을 편집 가능한 마스크로 변환하여 다양한 효과를 적용할 수 있습니다.

❻ 적용(Apply)
- 마스크를 레이어에 영구적으로 적용합니다.
- 마스크 효과가 레이어에 직접 적용되어 더 이상 수정할 수 없게 됩니다.

❼ 사용 가능(Disable)
- 마스크 효과를 일시적으로 비활성화합니다.
- 마스그를 삭제하지 않고 효과만 끄거나 켤 수 있이 유용합니다.

❽ 연결(Unlink)
- 마스크와 레이어의 연결을 해제합니다.
- 마스크와 레이어를 독립적으로 이동하거나 변형할 수 있게 됩니다.

❾ 삭제(Delete)
- 현재 레이어의 마스크를 완전히 제거합니다.
- 마스크 효과가 사라지고 원래 레이어 상태로 돌아갑니다.

3. 1분 실습_레이어 마스크로 점진적인 투명도 적용하기

(1) 파일 열기

최상단 메뉴의 [파일〉열기/File〉Open]을 클릭하여 대화상자에서 '클래스3_7_1분실습_레이어마스크.psd' 파일을 불러옵니다.

(2) 레이어 마스크 적용하기

❶ 레이어 패널에서 'Work' 레이어를 클릭합니다.
❷ 레이어 패널 하단의 '레이어 마스크' 아이콘을 클릭하여 레이어 마스크를 적용합니다.

(3) 그레이디언트 도구 선택하기

❶ 왼쪽 도구 패널에서 그레이디언트 도구를 클릭합니다.
❷ 상단 컨트롤 패널의 그레이디언트 설정을 클릭합니다.
❸ 드롭다운 메뉴에서 블랙-화이트의 기본 그레이디언트를 선택합니다.

(4) 투명도 적용하기

❶ 레이어 패널에서 레이어 마스크 축소판을 선택합니다.
❷ 레이어 마스크 축소판이 선택된 상태에서 아래에서 위로 드래그하여 그레이디언트를 적용합니다. 검정은 숨기고 흰색은 드러내는 역할을 하므로 검정색은 투명하게 보이며 중간톤인 회색은 점진적인 투명도로 표현됩니다.

4. 벡터 마스크

벡터 마스크는 레이어 마스크와 유사한 기능으로 패스를 이용하여 정교한 마스크가 필요할 경우 효율적인 기능입니다. 패스를 이용하여 마스킹하므로 가장자리를 '패스 선택 도구'나 '직접 선택 도구'를 활용하여 쉽게 수정할 수 있는 차이점이 있습니다.

(1) 패스를 벡터 마스크로 적용하기

❶ 펜 도구, 도형 도구를 사용하여 일반 패스로 원하는 모양의 패스를 그립니다. 마스킹을 적용하고자 하는 레이어를 선택한 상태로 패스 패널에서 패스를 선택합니다.

❷ 최상단 메뉴의 [레이어〉벡터 마스크〉현재 패스/Layer〉Vector Mask〉Current Path]를 선택합니다.
❸ 패스 모양대로 레이어를 마스킹하여 가릴 수 있습니다.

 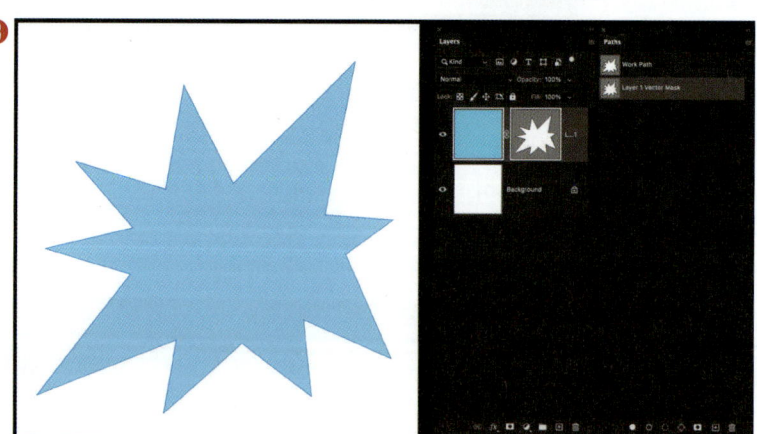

5. 프레임 도구

프레임 도구는 벡터 기반의 사각형, 원형 등 다양한 모양 안에 이미지를 마스킹할 수 있게 해줍니다.

(1) 프레임 도구 위치
왼쪽 도구 패널에서 프레임 도구를 찾을 수 있습니다. 클릭하여 선택합니다.

(2) 프레임 도구의 컨트롤 패널
❶ 사각형 프레임: 마우스로 새로운 사각형 프레임을 드래그하여 생성합니다.
❷ 원형 프레임: 마우스로 새로운 원형 프레임을 드래그하여 생성합니다.

(3) 프레임 도구를 사용하여 프레임 만들기
❶ 프레임 도구를 프레임을 드래그하여 빈 프레임을 생성합니다.
❷ 마우스 커서를 놓으면 프레임 안에 자동으로 레이어가 삽입됩니다.

(4) 프레임 안에 이미지 삽입하고 변경하기
❶ 프레임이 적용된 레이어는 레이어 패널에서 프레임 레이어로 보여집니다. 레이어 패널에서 프레임 레이어를 선택합니다.
❷ 최상단 메뉴의 [파일 〉 포함 가져오기, 연결 가져오기/File 〉 Place Embedded... or Place Linked...]를 선택합니다.
❸ 파일에 프레임을 넣으려는 다른 레이어가 있다면 클릭 후 ❹ 레이어를 비어있는 이미지 축소판으로 드래그하여 프레임에 적용합니다.

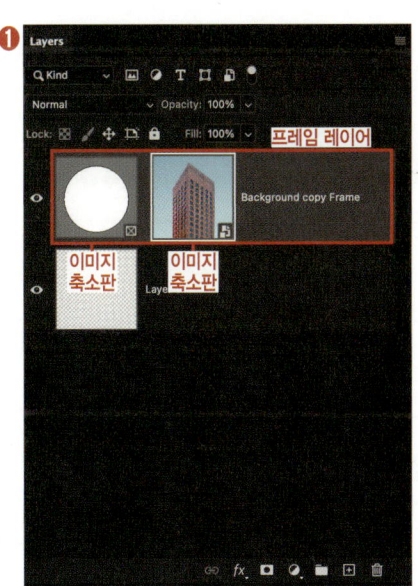
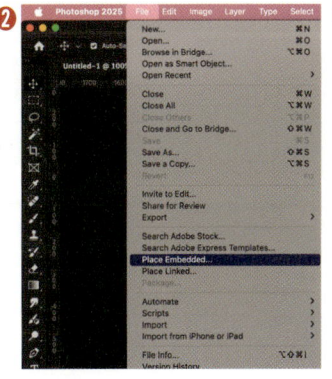

❹ 프레임 안에 이미지가 적용되며 프레임에 맞게 이미지의 크기는 자동으로 변경됩니다.
❺ 프레임에 적용된 이미지는 레이어를 화소 손상 없이 비파괴적으로 편집할 수 있도록 항상 고급 개체로 가져와 집니다.

(5) 프레임 또는 프레임 내용 선택

❶ 프레임과 프레임의 이미지 모두 선택
- 캔버스에서 해당 프레임을 선택하거나 레이어 패널에서 선택합니다.
- 프레임과 프레임 이미지를 동시에 이동하거나 편집할 수 있습니다.

❷ 이미지만 선택
- 캔버스에서 이미지를 더블 클릭합니다.
- 레이어 패널에서 연결된 이미지의 축소판을 클릭합니다.
- 자유변형으로 크기를 조절하고 이동 도구로 이동할 수 있습니다.

❸ 프레임만 선택
- 프레임의 테두리를 한 번 클릭합니다.
- 레이어 패널에서 프레임 레이어에 있는 프레임 축소판을 클릭합니다.
- 자유 변형으로 크기를 조절하고 이동 도구로 이동할 수 있습니다.

(6) 모양 또는 텍스트를 프레임으로 만들기

❶ 프레임으로 만들려는 텍스트 레이어 또는 모양 레이어를 레이어 패널에서 선택합니다. 마우스로 우클릭하여 드롭다운 메뉴에서 [프레임으로 변환(Convert to Frame)]을 클릭합니다.
❷ 새 프레임 대화상자가 열리면 이름을 입력하고 필요하다면 프레임의 특정 폭과 높이를 설정합니다.
❸ 확인을 클릭하면 선택한 레이어의 모양대로 프레임 레이어가 생성됩니다.

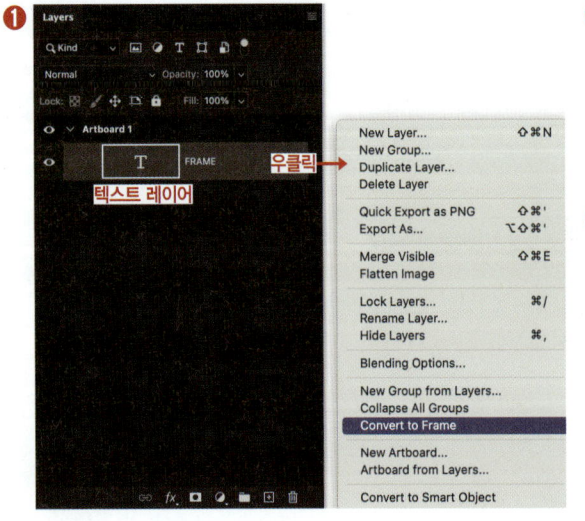
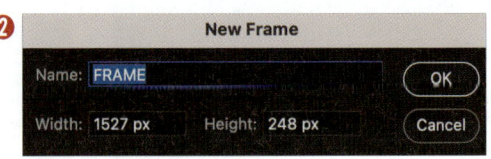

(7) 프레임 가장자리에 테두리 추가하기

테두리를 추가하려는 프레임 레이어를 선택하면 속성(Properties) 패널의 옵션이 자동으로 변경됩니다. 획(Stroke)을 선택하여 굵기와 컬러, 선의 방향을 지정하여 테두리를 추가합니다.

6. 1분 실습_클리핑과 레이어 마스크로 입체적인 느낌의 그래픽 만들기

(1) 파일 열기

최상단 메뉴의 [파일 > 열기/File > Open]을 클릭하여 대화상자에서 '클래스3_7_1분실습_마스킹.psd' 파일을 불러옵니다.

(2) 클리핑 마스크 적용하기

레이어 패널에서 '배경' 레이어를 선택하고 우클릭한 후 Create Clipping Mask를 클릭하여 클리핑 마스크를 적용합니다.

(3) 레이어 마스크 적용하기

❶ 레이어 패널에서 인물 레이어를 선택합니다.
❷ 레이어 패널 하단의 '레이어 마스크' 아이콘을 클릭하여 레이어 마스크를 추가합니다.

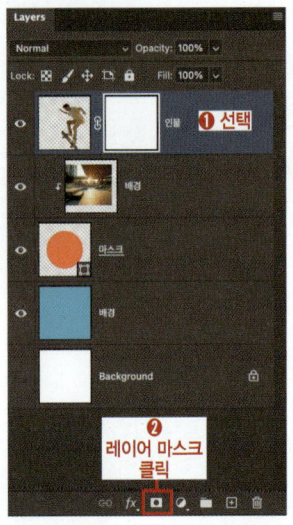

(4) 선택 영역 활성화하기

레이어 패널에서 배경 레이어를 선택합니다. 레이어의 축소판을 Ctrl(Windows)/Cmd(Mac)를 누르면서 클릭하여 레이어 모양대로 선택 영역을 활성화합니다.

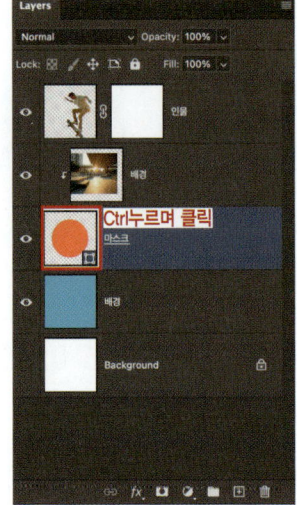

(5) 선택 영역 반전하기

최상단 메뉴의 [선택 > 반전/Select > Inverse]를 클릭하여 선택 영역을 반전합니다.

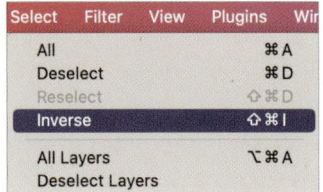

(6) 불필요한 부분 마스킹하기

❶ 레이어 패널에서 인물 레이어의 레이어 마스크를 선택합니다.
❷ 전경색을 검정색으로 변경합니다.
❸ 브러시 선택 후 이를 이용해 튀어나와 있는 다리 부분만 칠하여 마스킹합니다.
❹ 배경 레이어의 모양대로 선택 영역이 활성화되어 있어 원형을 깔끔하게 마스킹할 수 있습니다.

SECTION 08 | 자르기와 원근 조절 도구

1. 자르기 도구(Crop Tool)

자르기 도구는 이미지의 크기나 캔버스의 크기를 더 크게 확장하거나 원하는 영역만 선택하여 이미지를 자를 수 있습니다. 캔버스 크기와 이미지 크기 기능이 합쳐져 있는 기능입니다. ai 이미지를 만들 수 있는 생성형 확장, 모양 인식 채우기를 사용하여 이미지의 빈 곳을 자동으로 채울 수도 있습니다.

(1) 자르기 도구와 원근 자르기 도구의 위치

왼쪽 도구 패널에서 자르기 도구가 있습니다. 길게 클릭하면 원근 자르기 도구가 보입니다.

❶ 자르기 도구(Crop Tool)
❷ 원근 자르기 도구(Perspective Crop Tool)

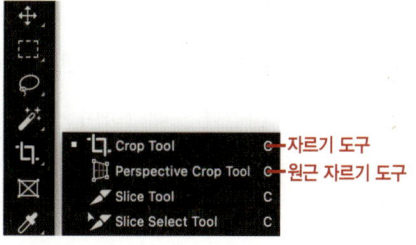

(2) 자르기 도구 컨트롤 패널 살펴보기

자르기 도구를 선택하면 상단 컨트롤 패널에서 추가 옵션을 선택해 사용할 수 있습니다.

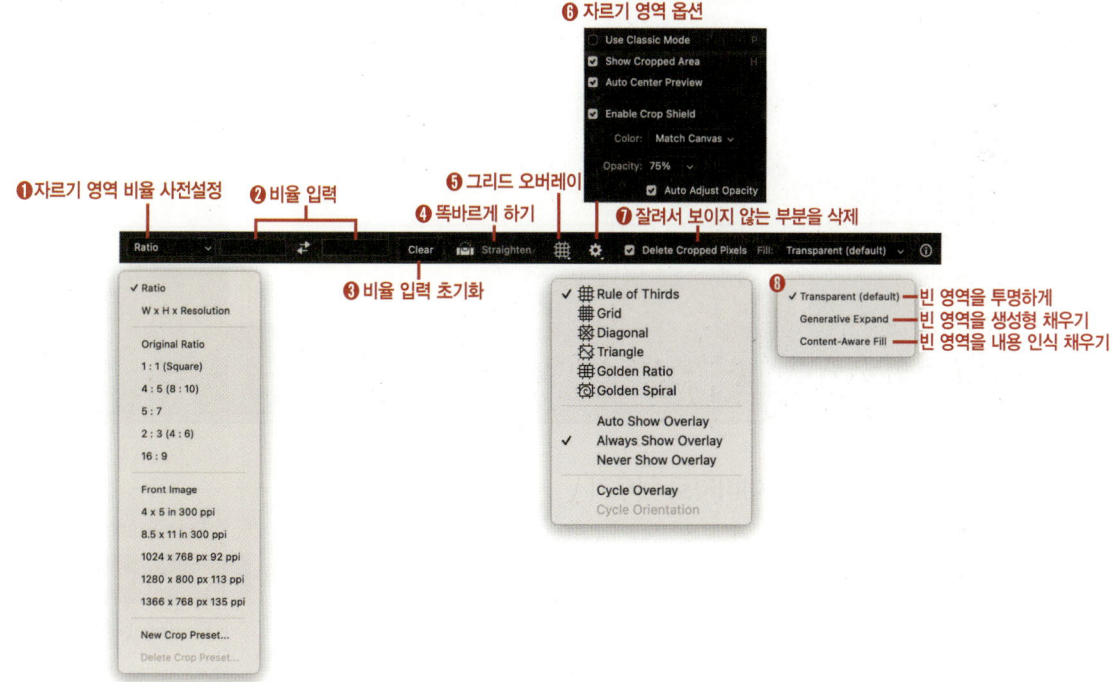

❶ 자르기 영역 비율 사전 설정: 사전 설정을 통해 표준화된 사이즈를 선택해 이미지를 자릅니다.
❷ 비율 및 수치 입력: 사용자가 원하는 비율 및 사이즈를 입력하여 정확한 사이즈로 자를 수 있습니다.
❸ 비율 입력 초기화: 입력된 비율 및 사이즈를 지우고 초기화합니다.
❹ 똑바르게 하기: 기울어진 이미지를 수평으로 바로잡습니다.
❺ 그리드 오버레이: 자르기 도구로 이미지에 드래그할 때 설정한 그리드가 보입니다. 구도를 미리 확인할 수 있습니다.
❻ 자르기 영역 옵션: 자르기 도구를 사용할 때 도구 옵션을 설정합니다.
❼ 잘려서 보이지 않는 영역을 삭제: 체크박스를 선택하고 자르기 도구로 현재 이미지보다 작게 잘랐을 때 보이는 영역 이외는 지워집니다. 원본을 손상하고 싶지 않다면 체크박스를 해제합니다.
❽ 채우기
  • 배경(기본값)[Background(default)]: 자르기 도구로 캔버스를 확대했을 때 빈 영역은 투명하게 채워집니다.
  • 생성형 확장(Generative expand): ai 생성형 채우기로 빈 영역이 채워집니다.
  • 내용 인식 채우기(Content-aware fill): 현재 이미지에서 샘플링하여 ai 이미지로 채워집니다.

(3) 자르기 도구로 캔버스 크기 변형하기

❶ 원하는 크기만큼 드래그하여 선택 영역을 만듭니다.
❷ 다시 선택하고 싶다면 [Esc]를 눌러 취소한 뒤 다시 만듭니다.
❸ 원하는 영역이 선택 되었다면 [Enter]를 눌러 변경 내용을 확장합니다.
❹ 캔버스 크기가 선택 영역에 맞게 변화합니다.

(4) 이미지를 확장하여 생성형 이미지로 채우기

❶ 컨트롤 패널에서 '생성형 확장(Generative Expand)' 옵션을 클릭합니다.

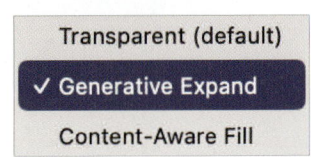

❷ 현재 이미지 크기보다 더 크게 선택 영역을 만듭니다.

❸ 생성형 채우기 대화상자에서 텍스트 프롬프트를 입력할 수 있습니다. 별도의 프롬프트가 없이 진행하여도 이미지가 확장된 부분에 생성형 이미지가 생성됩니다.

2. 1분 실습_기울어진 이미지를 반듯하게 보정하기

(1) 파일 열기

최상단 메뉴의 [파일〉열기/File〉Open]을 클릭하여 대화상자에서 '클래스3_8_1분실습_자르기도구.psd' 파일을 불러옵니다.

CHAPTER 03 다양한 그래픽을 만들 때 든든해지는 기본 기능 마스터 195

(2) 자르기 도구 선택하기

❶ 왼쪽 도구 패널에서 '자르기 도구(Crop Tool)'를 클릭합니다.
❷ 상단 컨트롤 패널에서 '똑바르게 하기(Straigten)' 아이콘을 클릭합니다.

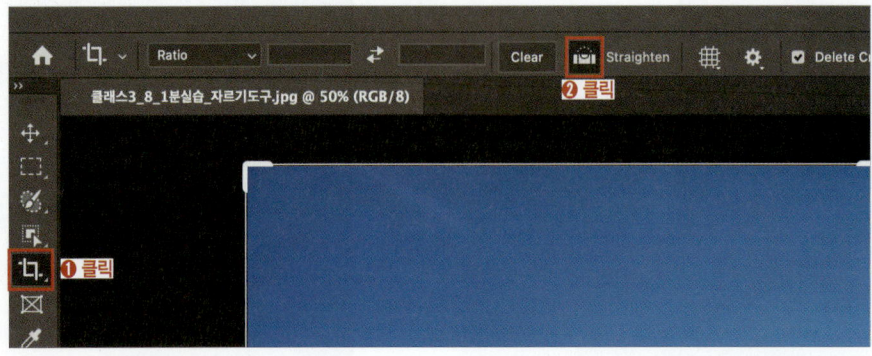

(3) 사진의 기울어짐을 보정하기

똑바르게 하기 기능이 활성화된 상태에서 기울어진 난간을 따라 드래그하여 기울어진 이미지를 보정합니다.

(4) 변경사항 적용하기

키보드에서 Enter 를 눌러 변경사항을 적용합니다.

3. 원근 자르기 도구(Perspective Crop Tool)

사진 속 사물의 왜곡을 바로잡고, 평평한 이미지로 잘라냅니다. 특히 건물 사진이나 풍경 사진에서 자주 발생하는 왜곡을 해결하는 데 효과적입니다.

(1) 원근 자르기 도구의 컨트롤 패널 살펴보기

원근 자르기 도구는 자르기 도구를 길게 눌러서 선택할 수 있습니다. 도구를 선택하면 상단 컨트롤 패널의 옵션을 설정하여 사용할 수 있습니다.

❶ 전면 이미지(Front Image)
- 이미지를 자르더라도 원본 이미지의 가로와 세로 비율과 해상도를 유지하여 자른 부분을 확대합니다.
- 전면 이미지를 클릭하면 활성화되며, 지우기를 클릭하면 비활성화됩니다.
- 비활성화된 상태에서 원근 자르기를 실행하면 자르기 영역대로 이미지 크기는 변환됩니다.

❷ 격자 표시: 원근 자르기 도구를 실행할 때 보이는 격자를 표시하거나 해제합니다.

4. 1분 실습_ 원근 자르기 도구로 원근감 있는 이미지를 평평하게 변환하기

(1) 파일 열기

좌상단 메뉴의 [파일〉열기/File〉Open]을 클릭하여 대화상자에서 '클래스3_8_1분실습_원근자르기도구.psd' 파일을 불러옵니다.

(2) 원근 자르기 도구

왼쪽 도구 패널에서 원근 자르기 도구를 선택합니다. 액자 안쪽의 그림 이미지의 왼쪽 상단부터 드래그하여 원근 자르기 도구를 적용합니다.

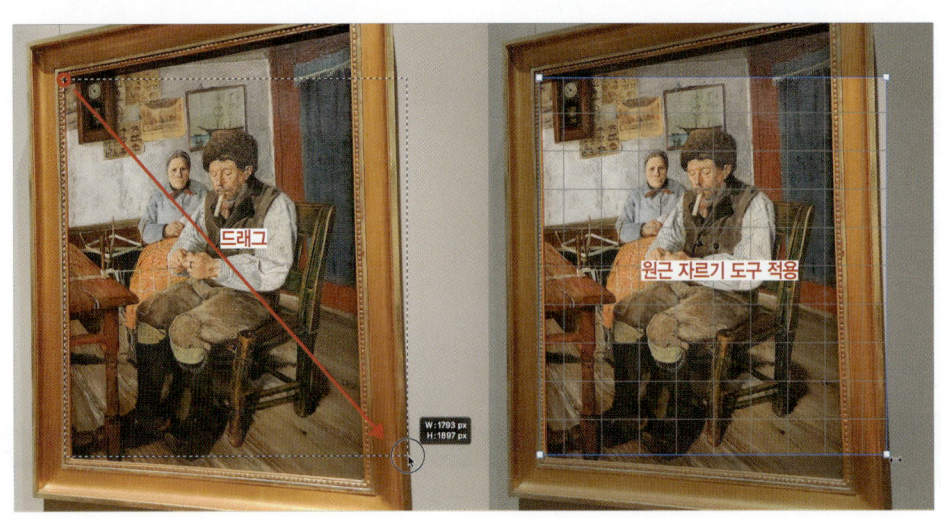

(3) 포인트 움직여 영역 맞추기

적용된 원근 자르기 도구의 양 끝 모서리를 움직여 액자의 안쪽으로 선택되도록 영역을 조정합니다.

(4) 변경사항 적용하기

상단 컨트롤 패널에서 체크 아이콘을 클릭하여 변경사항을 적용합니다.

(5) 결과물 확인하기

기울어진 이미지가 평평하게 수정되었습니다.

5. 원근 뒤틀기(Perspective Warp)

이미 원근감이 느껴지는 이미지를 조절하여 다른 각도의 원근감을 느낄 수 있도록 수정하고 입체감을 더하는 기능입니다. 각 면을 독립적으로 조절하여 원근 효과를 만들 수 있습니다.

(1) 원근 뒤틀기 기능 찾기

최상단 메뉴의 [편집 〉 원근 뒤틀기/Edit 〉 Perspective Warp]를 클릭하여 원근 뒤틀기 기능을 실행할 수 있습니다.

(2) 원근 뒤틀기 컨트롤 패널 살펴보기

❶ 레이아웃: 원근 뒤틀기 영역을 이미지 위에 만듭니다. 영역은 여러 개 만들 수 있습니다.
❷ 뒤틀기: 레이아웃이 완료되면 뒤틀기를 눌러서 원근감을 조정할 수 있습니다.
❸ 뒤틀기 적용 이후 조정: 사전 설정 된 기준점으로 뒤틀기 영역을 수정합니다.

6. 1분 실습_ 원근 뒤틀기 기능으로 패키지 박스의 원근감 수정하기

(1) 파일 열기

최상단 메뉴의 [파일 〉 열기/File 〉 Open]을 클릭하여 대화상자에서 '클래스3_8_1분실습_원근뒤틀기.psd' 파일을 불러옵니다.

(2) 원근 뒤틀기 기능 선택하기

최상단 메뉴의 [편집 〉 원근 뒤틀기/Edit 〉 Perspective Warp]를 클릭합니다.

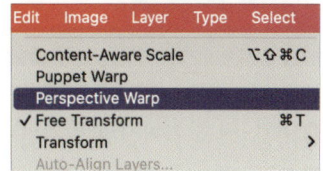

(3) 원근 뒤틀기 영역 만들기

❶ 이미지에 사각형을 드래그하여 영역을 만듭니다.
❷ 다른 면의 영역도 만들면 맞붙는 선은 자동으로 정렬되게 됩니다.
❸ 모서리 포인트를 드래그하여 박스에 맞도록 영역을 수정합니다.

(4) 원근감 조절하기

❶ 상단 컨트롤 패널의 '뒤틀기(Warp)'를 클릭하여 영역을 확장합니다.

❷ 모서리 포인트를 드래그하여 원하는 각도의 원근감을 조절합니다.

❸ 상단 컨트롤 패널의 체크 아이콘을 클릭하여 변경사항을 확장합니다.

7. 내용 인식 비율 기능으로 스마트한 이미지 자르기

이미지를 자르거나 늘릴 때 중요한 요소의 크기는 큰 변동없이, 배경은 자연스럽게 조정하여, AI 기반으로 사진의 비율과 크기를 스마트하게 변경하는 기능입니다.

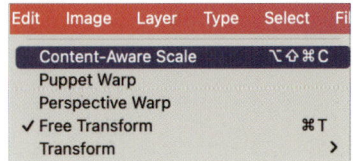

(1) 내용 인식 비율 위치 찾기

최상단 메뉴의 [편집 〉 내용 인식 비율/Edit 〉 Content-Aware Scale]을 클릭하여 원근 뒤틀기 기능을 실행할 수 있습니다.

(2) 내용 인식 비율 사용하기

이미지에 내용 인식 비율 기능을 활성화한 후 이미지의 크기를 변경하면 중심이 되는 인물의 크기는 유지되면서 배경은 줄어들어 이미지의 불필요한 부분을 편리하게 자를 수 있습니다.

(3) 내용 인식 비율의 컨트롤 패널 살펴보기

❶ 위치: 현재 이미지의 위치입니다.

❷ 크기: 변경되는 이미지의 비율입니다.

❸ 콘텐츠 인식 적용 강도: 0%에 가까울수록 일반적인 크기 조정(Scale)과 유사하게 이미지의 전체가 줄어들거나 확대됩니다.

- 30% 이하: 일반적인 크기 조정과 비슷하지만 약간의 변형은 필요할 경우
- 50~70%: 콘텐츠 인식으로 자연스러운 변형으로 적용
- 80~100%: 확실한 콘텐츠 보존

❹ 보호 설정

❺ 피부톤 보호

LEVEL UP 튜토리얼 02
상품이 잘 팔리는 상세 페이지 만들기

이번 튜토리얼은 포토샵에서 자주 활용되는 레이어 편집, 문자 도구, 클리핑 마스크, 레이어 마스크, 조정 레이어, 도형 도구 등을 다루며, 기본 기능 사용법과 그래픽 제작 워크플로우를 보여줍니다. 이를 통해 실무에서 활용도가 높은 제품 상세 페이지 디자인 방법을 익힐 수 있습니다.

LEVEL UP 튜토리얼로 체크하는 포토샵 핵심 기능

1. 포함 가져오기(Place Embedded)와 연결 가져오기(Place Linked)로 이미지를 가져와 배치

2. 조정 레이어를 추가해 레이어의 색상 변경하기

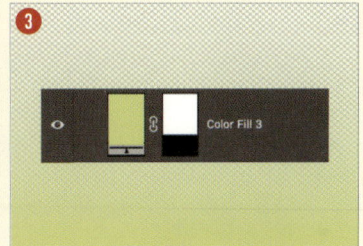

3. 레이어 마스크를 이용해 투명도 적용하기

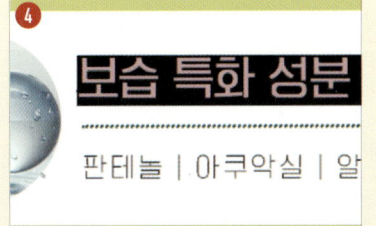

4. 문자 도구를 이용해 텍스트를 입력하기

5. 클리핑 마스크로 이미지를 원하는 형태로 잘라서 배치하기

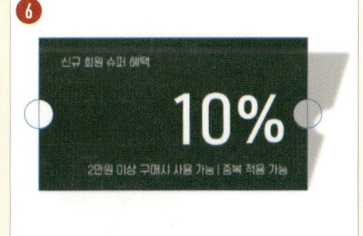

6. 도형 레이어 생성 및 편집으로 프레임과 디자인 요소 만들기

CHAPTER 03 다양한 그래픽을 만들 때 든든해지는 기본 기능 마스터

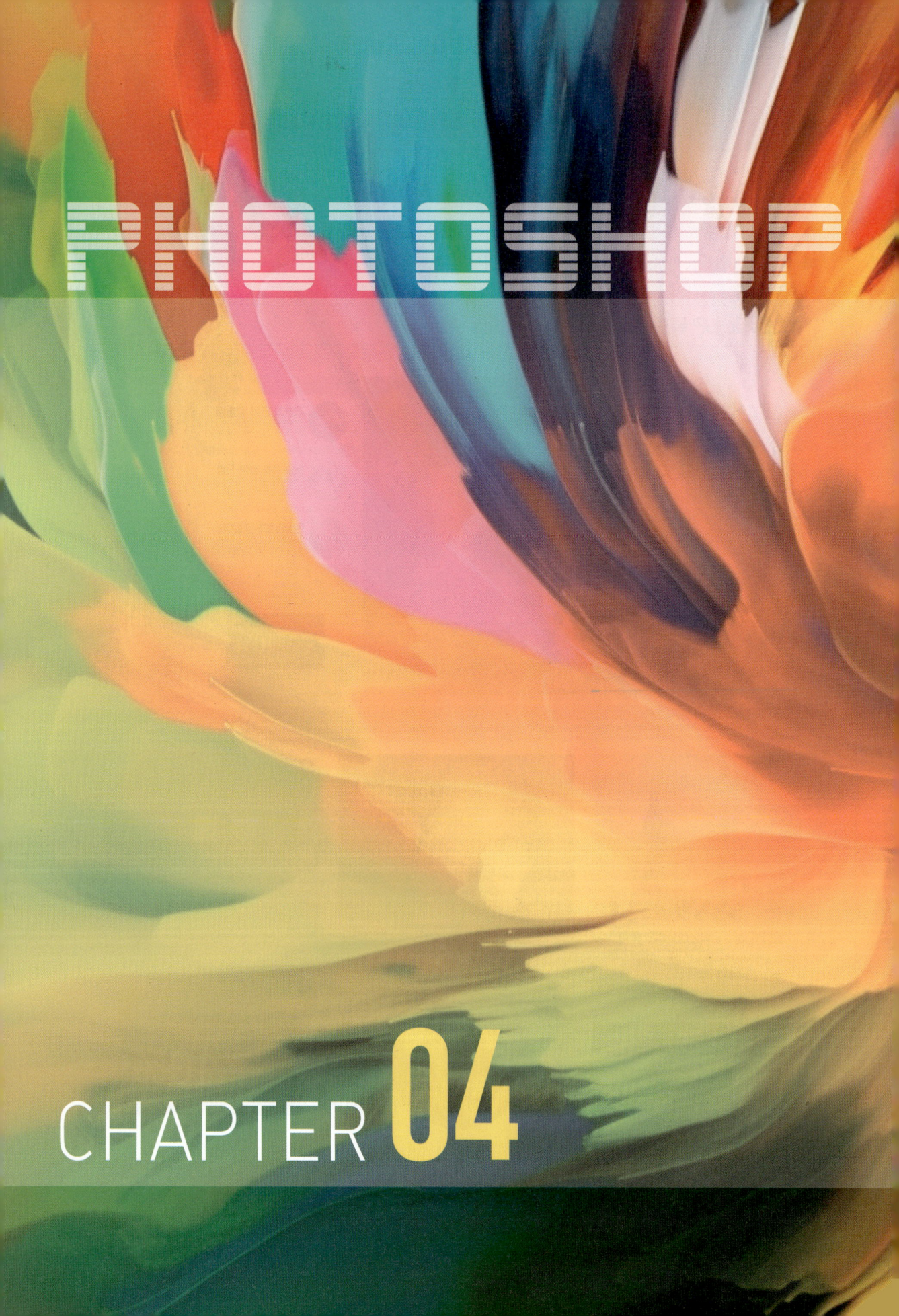

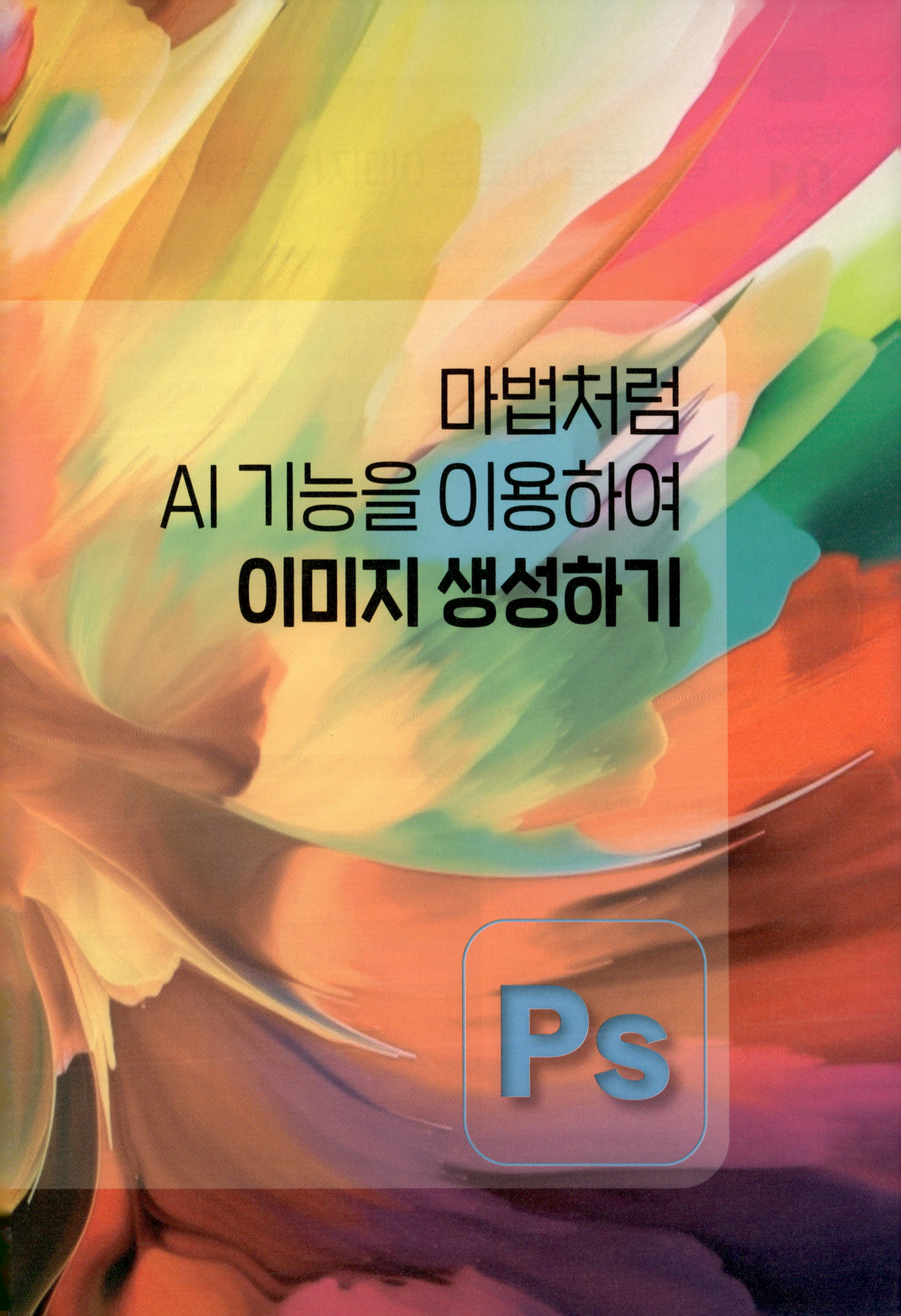

SECTION 01 | 텍스트로 새로운 이미지 생성하기

이미지 생성 기능은 AI 기반 이미지 생성 기술을 활용하여 텍스트 프롬프트만으로 완전히 새로운 이미지를 만들어냅니다. 복잡한 이미지 제작 시간을 단축시키고 새로운 접근 방식을 탐색하는 데 도움을 주어 이미지 제작 과정을 혁신적으로 변화시키고 있습니다. 창의적인 아이디어를 빠르게 시각적으로 표현해 다양한 창작 가능성을 사용자에게 제공하고 있습니다.

1. 이미지 생성 기능 살펴보기

(1) 이미지 생성 기능 위치

❶ 문서가 열려 있는 상태에서 최상단 메뉴의 [편집〉이미지 생성/Edit〉Generate Image]를 클릭합니다.
❷ 왼쪽 도구 패널 하단의 '이미지 생성' 아이콘을 클릭하여 대화상자를 열 수 있습니다.

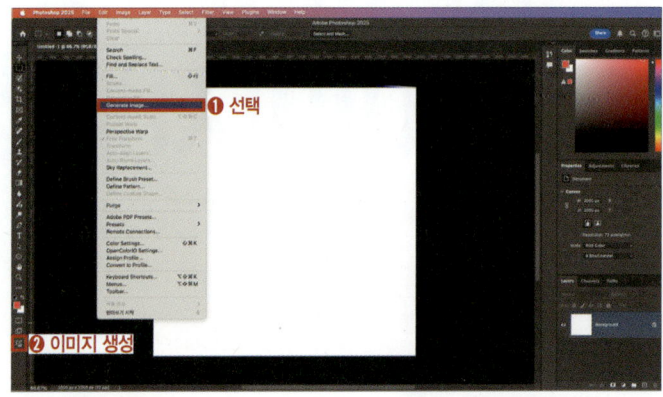

(2) 이미지 생성 대화상자 살펴보기

❶ 프롬프트 입력창: 텍스트를 통해 원하는 이미지 특징과 묘사하기
❷ 콘텐츠 유형
  • 아트(Art): 예술적, 창의적 스타일의 그림에 가까운 이미지 생성
  • 사진(Photo): 사실적, 실제 사진과 같은 이미지 생성
❸ 스타일 선택
  • 참조 이미지: 원하는 스타일의 이미지를 참조로 사용하여 특정 스타일이나 분위기를 반영하여 이미지 생성
  • 효과: 사전 설정된 다양한 효과를 추가하기

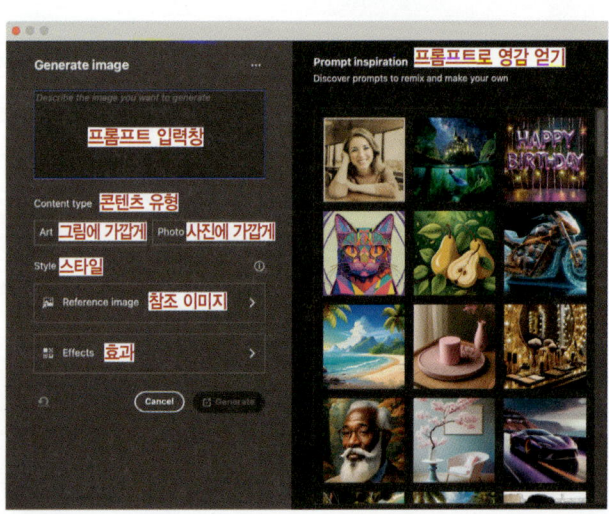

❹ 프롬프트로 영감 얻기: 이미지 생성 대화상자에서 프롬프트로 영감을 얻을 수 있습니다. 예시 이미지를 클릭하면 프롬프트 창에 해당 이미지의 프롬프트가 나타납니다. 참고하여 생성할 이미지에 대해 설명할 내용을 작성합니다.

(3) 텍스트 프롬프트 작성하기

포토샵의 텍스트 프롬프트 기능은 100여 개의 언어를 지원하므로, 한국어로도 쉽게 AI 이미지를 생성할 수 있습니다. 원하는 이미지의 특징을 정확히 표현하기 어렵다면, 텍스트 기반 AI 도구를 활용하여 프롬프트 아이디어를 얻을 수 있습니다.

❶ 챗 GPT, 구글 Gemini 등 여러 텍스트 기반 AI 도구를 이용하여 텍스트 프롬프트에 대한 아이디어 얻기(유/무료): 이미지 생성을 위한 프롬프트 작성을 요청합니다. 해당 프롬프트를 참고하여 포토샵에서 이미지 생성에 활용합니다.

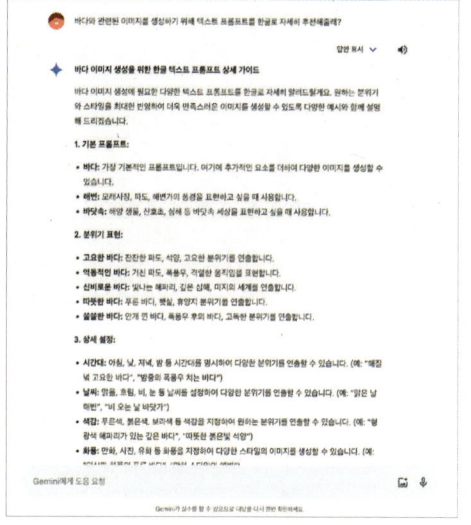

❷ Claude를 이용하여 텍스트 프롬프트에 대한 아이디어 얻기(유료): 이미지를 업로드하여 유사한 이미지를 생성할 수 있는 프롬프트에 대한 아이디어를 얻을 수 있습니다.

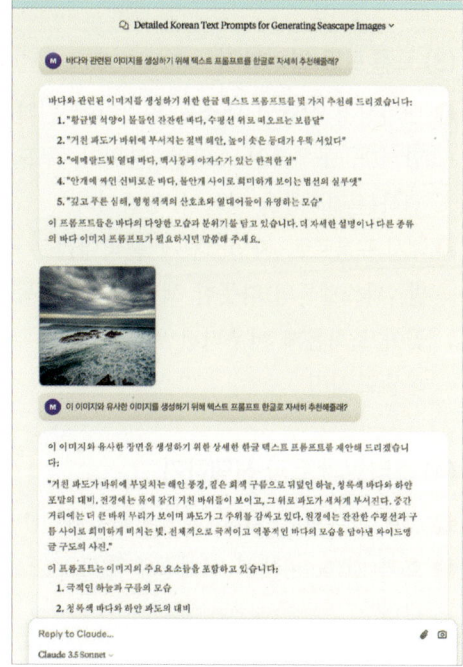

2. 1분 실습_이미지 생성으로 새로운 이미지 만들기

(1) 새 문서 만들기

최상단 메뉴의 [파일〉열기/File〉New]를 클릭하여 대화상자가 나오면 '폭 : 2000Pixel, 높이 : 2000Pixel, 해상도 : 150ppi'로 설정하여 새 문서를 만듭니다.

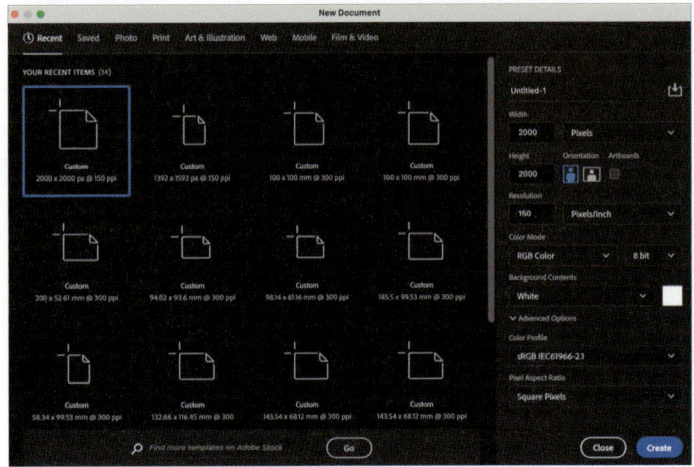

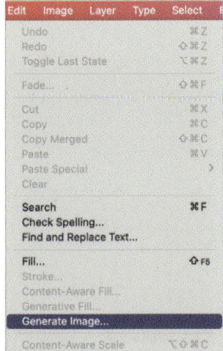

> **Tip** 포토샵 이미지 생성의 장점 중 하나는 필요한 해상도를 사전 설정할 수 있는 편리함이 있습니다. 대부분의 웹 기반 이미지 생성 도구들은 웹 표준 해상도로 출력됩니다.

(2) 이미지 생성 대화상자 열기

최상단 메뉴의 [편집〉이미지 생성/Edit〉Generate Image]를 클릭합니다. 생성형 AI 이미지를 만들기 위한 대화상자가 열립니다.

(3) 프롬프트 입력하기

❶ 대화상자 상단의 텍스트 입력창에 원하는 이미지를 상세히 묘사합니다. 구체적인 스타일, 분위기, 구도 등을 자세히 설명할수록 원하는 결과물을 얻을 수 있습니다.
❷ 예시 프롬프트: 자연스럽게 흘러내리는 풍성한 장미와 작약 꽃다발, 파스텔톤의 따뜻한 색감, 신선한 녹색 잎사귀와 화이트 안개꽃이 조화롭게 어우러진 웨딩 스타일 부케, 부드러운 자연광, 고해상도 사진

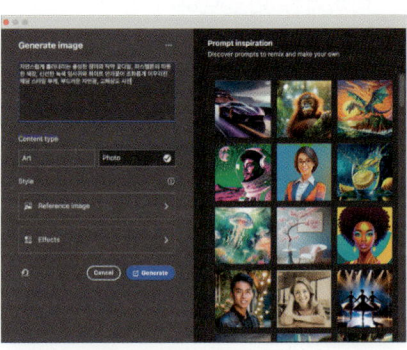

(4) 스타일과 효과 선택하기

❶ 콘텐츠 유형(Content type)에서 사진(Photo)을 선택합니다.
❷ 효과(Effects)에서 극사실주의(Hyper realistic)를 찾아 선택합니다.

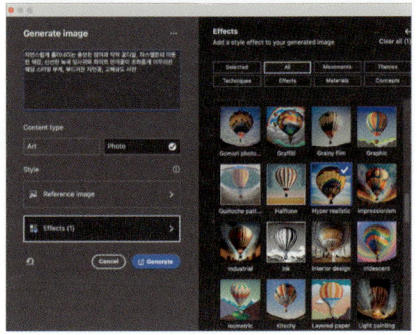

(5) 생성하기

❶ 모든 설정이 완료되면 하단의 Generate 버튼을 클릭합니다. AI가 입력된 프롬프트와 설정을 바탕으로 이미지를 생성하기 시작합니다. 생성 속도는 사용자의 환경에 따라 차이가 있지만, 평균적으로 30초~1분 이내에는 생성이 완료됩니다.

❷ 총 3가지의 결과로 만들어지며 속성 패널에서 프롬프트를 변경하거나 그대로 '생성'을 클릭하여 계속 다른 이미지를 생성할 수 있습니다.

❸ 만들어진 이미지는 속성 패널 변경에서 모든 결과를 확인할 수 있습니다.

❹ 해당 파일을 .psd로 저장하면 추후에 파일을 열었을 때 프롬프트와 변경 내용 모두 다시 확인 및 재생성이 가능합니다.

❺ 생성된 이미지를 편집하거나 다른 문서에서 활용하려면 레이어를 복제하거나 이미지로 내보내기하여 활용합니다.

3. AI 이미지의 상업적 활용 가이드

현재 어도비에선 포토샵 및 파이어 플라이에서 생성된 AI 이미지에 대한 완전한 상업적 사용에 대한 안내를 제공하고 있습니다. 생성된 이미지의 가이드가 필요하다면 'https://www.adobe.com/kr/creativecloud/photography/hub/guides/photoshop-ai-copyright.html' 주소를 방문하여 자세한 내용을 확인하시기를 추천드립니다.

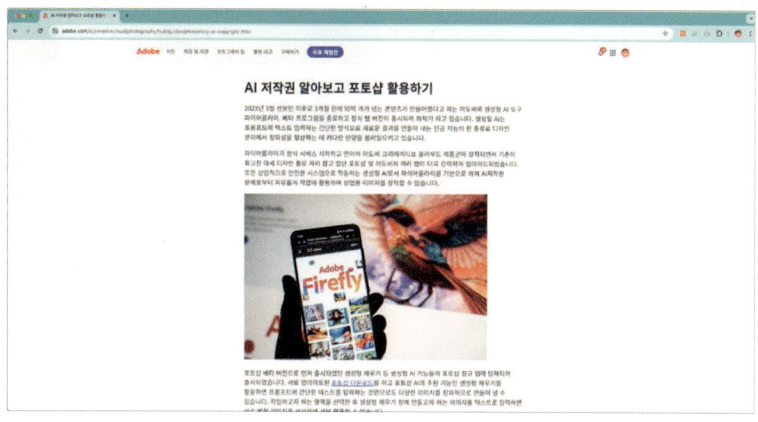

SECTION 02 | 생성형 채우기로 이미지의 일부를 바꾸기

이미지 생성(Generate Image)이 텍스트를 기반으로 완전히 새로운 AI 이미지를 생성하는 기능이라면 생성형 채우기(Generative Fill)는 이미지의 선택 영역이나 비어있는 부분에서 문서의 이미지를 샘플링하여 자동으로 생성하거나 채워주는 성격이 강합니다. 그래서 아무것도 없는 빈 이미지에서 생성형 채우기를 적용한다면 만족할만한 결과를 얻지 못할 수도 있습니다. 기존의 이미지에 요소를 추가하거나 변경하고 싶을 때 활용하면 효과적입니다.

1. 1분 실습_생성형 채우기로 이미지에 새로운 요소 추가하기

(1) 파일 열기
최상단 메뉴의 [파일〉열기/File〉Open]을 클릭하여 대화상자에서 '클래스4_2_1분실습_요소추가하기.psd' 파일을 불러옵니다.

(2) 상황별 작업 표시줄 열기
❶ 최상단 메뉴의 [편집〉생성형 채우기/Window〉Contextual Task Bar]를 클릭합니다.
❷ 상황별 작업 표시줄은 선택한 도구에 대한 옵션이 변경됩니다.
❸ 선택 영역이 활성화됐을 때 [생성형 채우기] 옵션을 바로 선택할 수 있도록 변경되므로 사용하기 편리합니다.

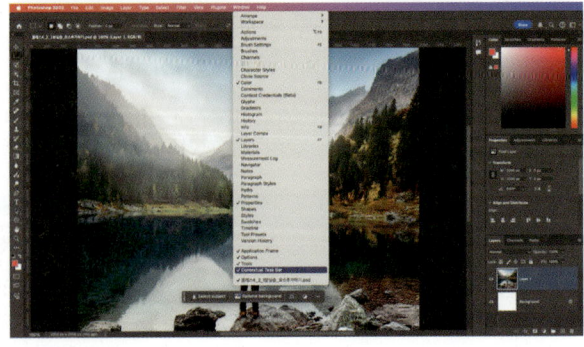

(3) 선택 영역 활성화하여 이미지 생성하기
❶ 이미지의 일부를 사각형 선택 윤곽 도구나 사용하기 편리한 선택 도구를 활용하여 호수 위에 선택 영역을 만듭니다.
❷ 상황별 작업 표시줄에서 '생성형 채우기(Generative Fill)'를 클릭합니다.

❸ 텍스트 '돛단배'를 프롬프트 창에 입력합니다.
❹ Generate를 눌러 이미지를 생성합니다.

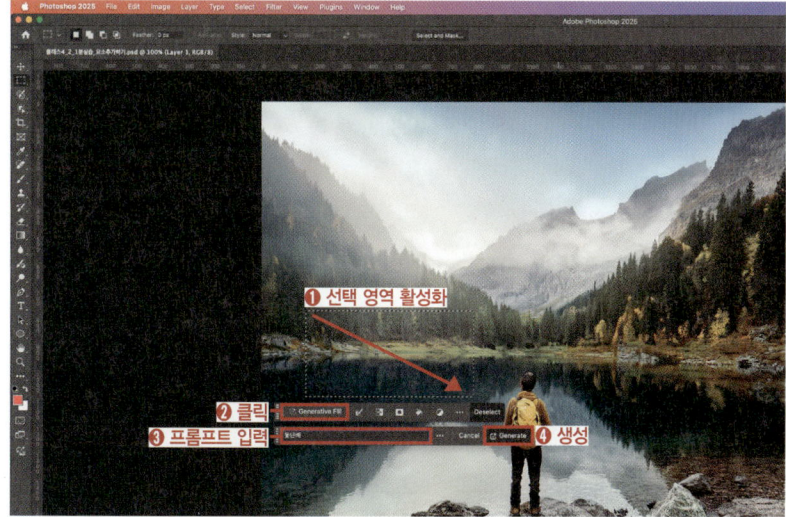

2. 1분 실습_불필요한 부분을 없애기

(1) 파일 열기

최상단 메뉴의 [파일 > 열기/File > Open]을 클릭하여 대화상자에서 '클래스4_2_1분실습_요소삭제하기.psd' 파일을 불러옵니다.

(2) 없애고 싶은 부분 선택하기

갈매기가 날아다니는 부분을 올가미 도구 및 선택 도구로 선택 영역을 만듭니다.

(3) 생성형 채우기로 불필요한 부분 지우기

❶ 상황별 작업 표시줄에서 '생성형 채우기(Generative Fill)'를 클릭합니다.
❷ 텍스트를 프롬프트 창에 입력하지 않고 비워둡니다.
❸ Generate를 눌러 이미지를 생성합니다.

(4) 결과물 확인하기

생성형 채우기로 배경과 자연스럽게 이미지가 생성되어 갈매기가 모두 사라집니다.

3. 1분 실습_ 새로운 배경 만들기

(1) 파일 열기

최상단 메뉴의 [파일 > 열기/File > Open]을 클릭하여 대화상자에서 '클래스4_2_1분실습_배경바꾸기.psd' 파일을 불러옵니다.

(2) 배경 지우기

상황별 작업 표시줄에서 '배경 제거(Remove background)'를 클릭하여 이미지에서 배경을 제거합니다.

(3) 배경 생성 준비하기

배경이 제거되면 상황별 작업 표시줄에서 '배경 생성(Generate background)'을 클릭합니다.

(4) 배경 생성하기

❶ 텍스트 '고층 빌딩 전망대에서 일몰을 바라보는 도시 풍경, 오렌지빛 하늘과 실루엣으로 보이는 아파트 단지, 따뜻한 햇살이 비치는 도시 전경, 하이퍼리얼리스틱 스타일'을 프롬프트 창에 입력합니다.
❷ Generate를 눌러 이미지를 생성합니다.

❸ 이미지 결과를 확인합니다.

4. 1분 실습_인물 사진에서 다른 스타일의 옷을 새롭게 생성하기

(1) 파일 열기

최상단 메뉴의 [파일〉열기/File〉Open]을 클릭하여 대화상자에서 '클래스4_2_1분실습_옷생성하기.psd' 파일을 불러옵니다.

(2) 선택 영역 활성화하기

❶ 왼쪽 패널에서 올가미 도구를 이용해서 상반신을 선택 영역으로 활성화합니다.

(3) 새로운 옷 생성하기

❶ 상황별 작업 표시줄에서 '생성형 채우기(Generative Fill)'를 클릭합니다.
❷ 텍스트 '베이지색 오버사이즈 니트 스웨터'를 프롬프트 창에 입력합니다.
❸ Generate를 눌러 이미지를 생성합니다.

SECTION 03 | 파이어 플라이로 이미지 생성하기

1. 파이어 플라이 알아보기

어도비 파이어 플라이(Adobe Firefly)를 이용해서 AI 이미지 생성을 할 수 있습니다. 파이어 플라이는 포토샵의 이미지 생성, 생성형 채우기의 기능이 포함되어 있지만, 별도의 프로그램 설치가 필요 없는 웹 기반의 독립형 AI 이미지 생성 도구입니다.

텍스트 입력으로 이미지를 생성할 수 있으며, 구성과 스타일 설정을 통해 더 구체적인 결과물을 만들 수 있습니다. 2025년에는 텍스트와 이미지로 영상 생성 기능도 추가되었습니다. 파이어 플라이는 무료로 체험할 수 있으며, 어도비 앱 구독자의 경우 월 500개 이상의 생성 크레딧이 제공됩니다. 정교한 편집이 필요할 때는 포토샵과 연계하여 사용하면 더욱 효과적입니다.

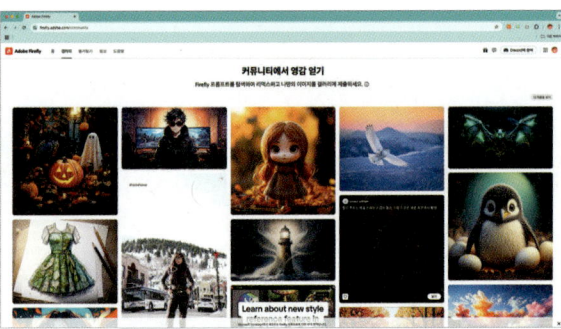

2. 파이어 플라이로 새로운 이미지 만들기

(1) 파이어 플라이 접속하여 메뉴 찾기

사용하고 있는 브라우저에서 'firefly.adobe.com/'을 검색해 사이트를 엽니다. 사용하고 있는 어도비 계정으로 로그인합니다. 생성형 AI로 만들기 메뉴 중 '텍스트를 이미지로'를 클릭합니다.

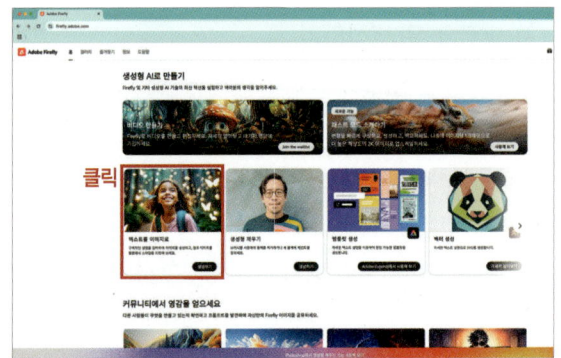

(2) 텍스트 프롬프트 입력하기

❶ 텍스트 입력창에 원하는 이미지의 설명을 자세하게 작성합니다. "식물원 분위기의 온실 카페, 내추럴 우드 테이블, 라탄 의자, 풍성한 녹색 식물들, 유리천장으로 들어오는 햇살, 공기 중의 부드러운 안개, 자연 사진 스타일"과 같이 구체적인 스타일, 분위기, 구도 등 상세하게 적습니다.

❷ '생성하기' 버튼을 클릭합니다.

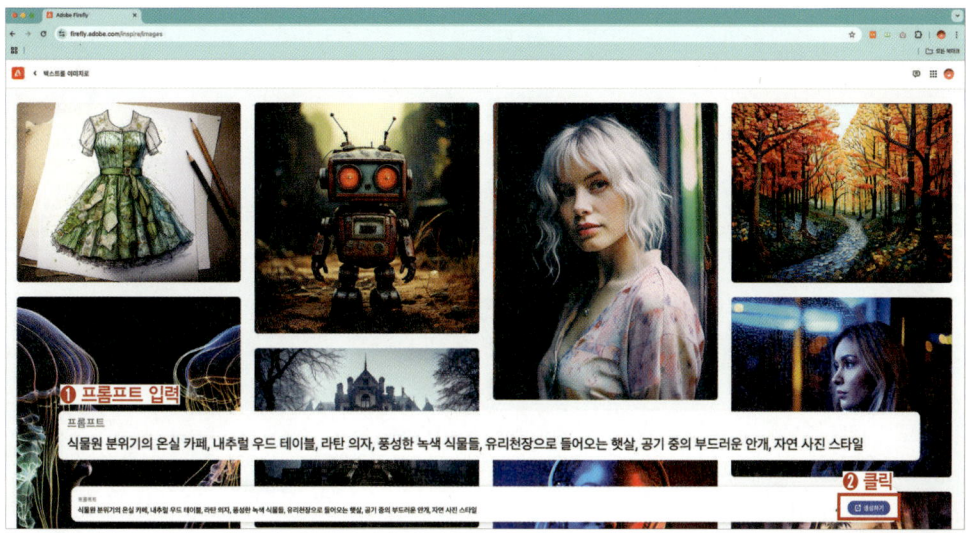

(3) 이미지 생성 결과 확인

사용자의 환경에 따라 약간의 시간이 소요되며, 입력한 텍스트에 따라 이미지가 생성됩니다. 생성된 이미지는 결과를 확인하고 다시 생성할 수 있으며, 다운로드하여 그래픽 작업에 활용할 수 있습니다.

(4) 이미지 비율과 스타일 사전 설정 추가하기

❶ 이미지 생성 시 필요한 비율(1 : 1, 16 : 9, 4 : 3 등)을 선택하여 생성할 수 있습니다.

❷ 파이어 플라이에서 제공하는 다양한 스타일을 선택하여 생성 이미지를 다양한 스타일로 만들 수 있습니다.

❸ 구성과 스타일을 추가하면 프롬프트 아래에 어떤 스타일이 추가되었는지 표기됩니다.

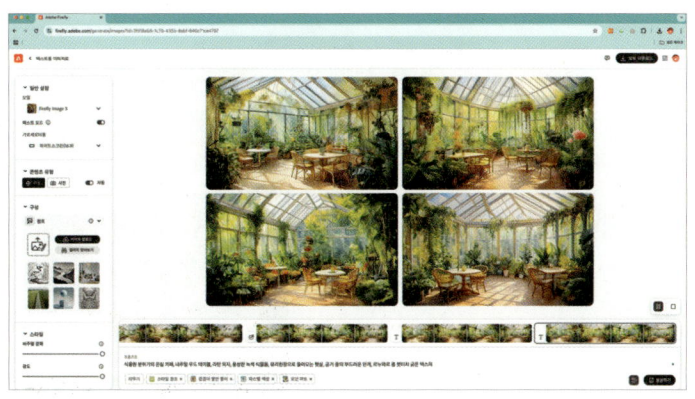

3. 1분 실습_구성과 참조를 이용하여 질감이 있는 타이포그래피 만들기

(1) 파이어 플라이에 구성과 참조 이미지 업로드하기

❶ 최상단 메뉴의 [파일 〉 열기/File 〉 Open]을 클릭하여 대화상자에서 '클래스3_3_1분실습_스타일_텍스처.jpg'와 '클래스3_3_1분실습_구성.jpg' 파일을 다운로드합니다.

❷ 텍스트를 이미지로 화면에서 왼쪽에 구성과 참조 이미지를 업로드할 수 있는 기능이 있습니다.

❸ 구성에 '클래스3_3_1분실습_구성.jpg' 파일을, 참조에 '클래스3_3_1분실습_스타일_텍스처.jpg' 파일을 업로드합니다.

❹ 구성의 강도 슬라이더를 오른쪽 끝으로 당겨 강도를 최대로 높입니다.

❺ 스타일의 비주얼 강화, 강도 슬라이더도 오른쪽 끝으로 당겨 강도를 최대로 높입니다.

❻ 아래로 내리면 색상과 조명을 조절할 수 있습니다. 조명은 '스튜디오 조명'으로, 카메라 각도는 '클로즈 업'으로 설정합니다.

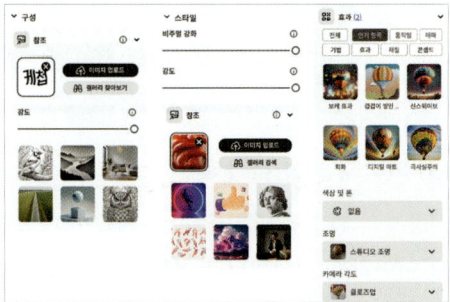

(2) 프롬프트 입력하기

프롬프트 창에 텍스트 "케첩으로 만든 글자, 흰색 빈 접시, 회색 바닥"을 입력합니다.

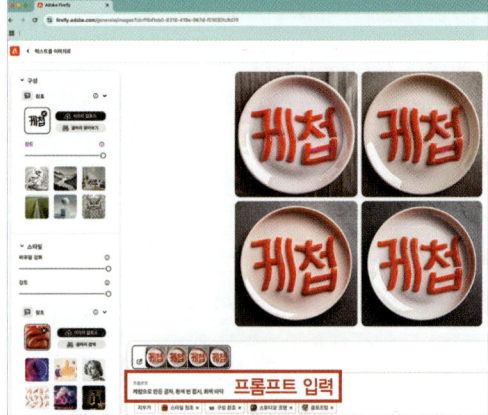

(3) 생성 이미지 결과 확인하기

생성된 이미지 결과를 확인하고 필요시 '생성하기' 버튼을 다시 클릭해 재생성합니다.

수정 가능한 입체적인 텍스트 스타일 만들기

레이어 스타일을 이용하여 내용을 수정하여도 스타일은 변화 없이 유지되는 입체적인 타이포 그래피를 만드는 방법을 보여줍니다. 여러 레이어 스타일을 중첩으로 사용하고 편집과 복사를 학습할 수 있습니다.

LEVEL UP 튜토리얼로 체크하는 포토샵 핵심 기능

새로운 폰트 설치하기

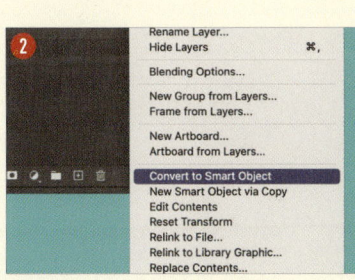
텍스트 입력하고 고급 개체로 변환하기

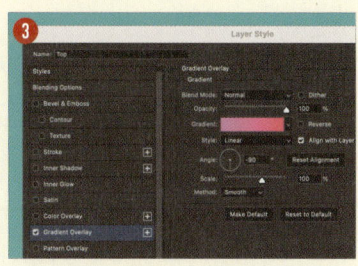
레이어 스타일을 추가하고 편집하기

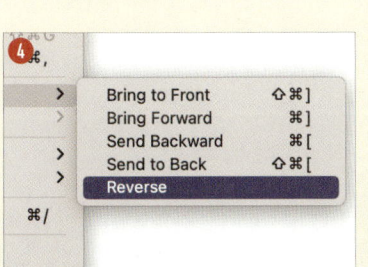
여러 레이어를 정돈하기

여러 레이어에 레이어 스타일 붙여넣기

3D 느낌의 수정 가능한 텍스트를 포토샵으로 만들기

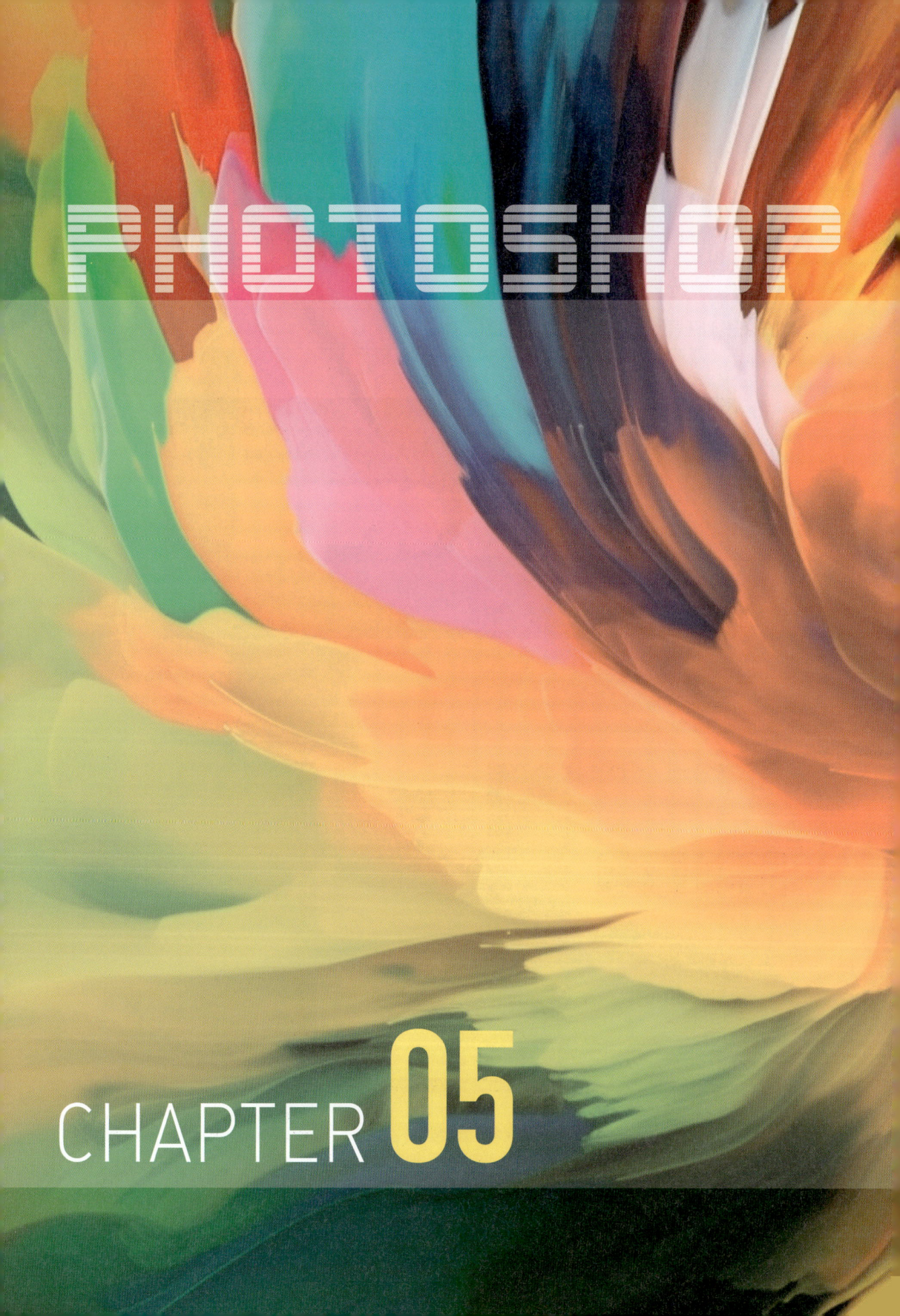

SECTION 01 | 이미지의 선명도를 조절하는 기본 도구 3가지

흐림 효과 도구, 선명 효과 도구, 손가락 도구는 특정 부분을 흐리고 선명하게 리터칭하는 데 유용한 도구들입니다.

1. 도구 위치

왼쪽 도구 패널에서 3가지 도구를 확인할 수 있습니다. 흐림 효과 도구를 길게 눌러 모든 메뉴를 확인할 수 있습니다.

2. 흐림 효과 도구(Blur Tool)

흐림 효과 도구는 이미지의 선명도를 부드럽게 조절하는 기능으로, 브러시처럼 직접 칠하는 방식으로 특정 부분부터 이미지 전체 적용이 가능하며, 레이어 마스크와 함께 사용하여 선택적으로 적용할 수 있습니다.

(1) 흐림 효과 도구 컨트롤 패널 살펴보기

❶ 브러시 크기 및 종류: 브러시의 크기나 형태를 조절하고 포토샵에 설치된 다른 브러시를 선택할 수 있습니다.
❷ 브러시 설정: 브러시 설정 패널을 열 수 있습니다.
❸ 모드: 레이어의 혼합 모드에 따른 흐림 효과를 적용할 수 있습니다.
❹ 강도: 흐림 효과가 적용될 강도를 변경할 수 있습니다.
❺ 브러시 각도: 브러시가 칠해지는 각도를 변경할 수 있습니다.
❻ 모든 레이어 샘플링: 보이는 모든 레이어에 흐림 효과를 적용할 수 있습니다.
❼ 필압 설정: 태블릿을 사용할 경우 활성화 상태에서 사전 설정된 브러시 필압을 적용할 수 있습니다.

(2) 흐림 효과 도구 적용

선명도를 낮추고 싶은 부분을 흐림 효과 도구로 선택합니다. 선택한 부분을 브러시로 칠하듯 문질러서 적용합니다.

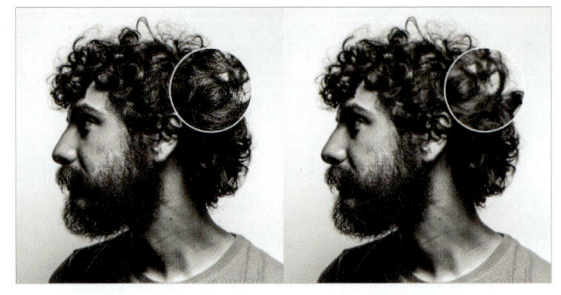

3. 선명 효과 도구(Sharpen Tool)

선명 효과 도구는 이미지의 선명도와 대비를 향상시키는 리터칭 도구입니다. 브러시 크기와 강도를 조절할 수 있어 섬세한 작업이 가능합니다. 이미지에서 흐릿한 부분을 보정하거나 텍스처를 강조하는 데 주로 활용됩니다.

(1) 선명 효과 도구 컨트롤 패널 살펴보기

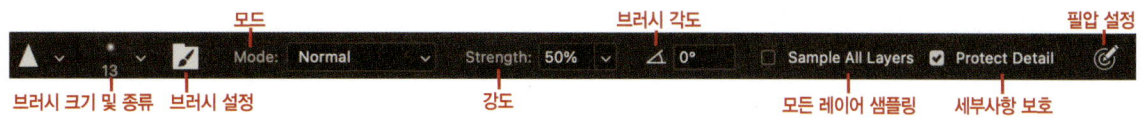

❶ 세부사항 보호: 세부사항 보호를 활성화하면 과도한 선명화를 방지하여 자연스러운 디테일을 유지합니다.
❷ 그 외 설정은 흐림 효과 도구와 동일합니다.

(2) 선명 효과 도구 적용

선명도를 높이고 싶은 부분을 선명 효과 도구로 선택합니다. 선택한 부분을 브러시로 칠하듯 문질러서 적용합니다. 과도하게 사용할 경우 노이즈가 보일 수 있습니다.

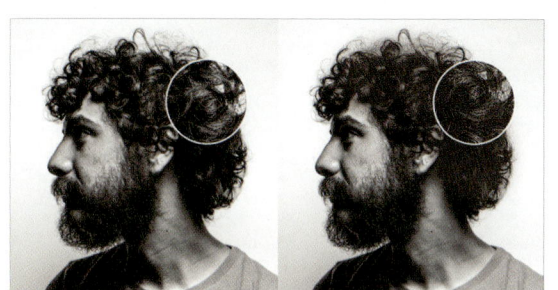

4. 손가락 도구(Smudge Tool)

손가락 도구는 이미지의 픽셀을 밀거나 당겨서 색상을 혼합하는 포토샵의 편집 도구입니다. 자연스러운 번짐 효과를 만들 수 있으며, 브러시 크기와 강도 조절로 섬세한 작업을 할 수 있습니다. 디지털 아트워크에서 자연스러운 색상 블렌딩이나 예술적 효과를 포함해 사진 리터칭에 유용한 기능입니다.

(1) 손가락 도구 컨트롤 패널 살펴보기

❶ 손가락 페인팅: 전경색이 브러시 라인으로 표현되고 함께 섞여서 블렌딩됩니다.
❷ 그 외 설정은 흐림 효과 도구, 선명 효과 도구와 동일합니다.

(2) 손가락 도구 시연

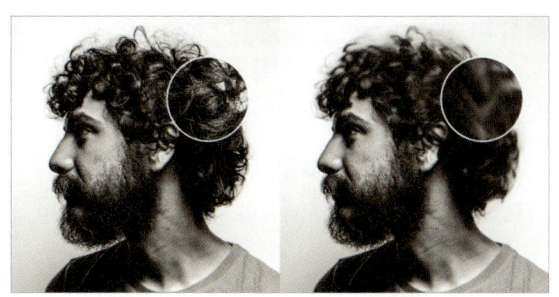

SECTION 02 | 이미지의 밝기와 채도를 조절하는 보정 도구 3가지

포토샵의 닷지, 번, 스펀지 도구는 이미지의 밝기와 채도를 부분적으로 수정하는 브러시 형태의 보정 도구입니다. 주로 사진의 특정 부분을 강조하거나 톤을 보정할 때 사용됩니다.

1. 도구 위치

왼쪽 도구 패널에서 3가지 도구를 확인할 수 있습니다. 닷지 도구를 길게 눌러 모든 메뉴를 확인할 수 있습니다.

2. 닷지 도구(Dodge Tool)

이미지의 선택한 영역을 밝게 만드는 보정 도구입니다. 브러시 형태로 직접 칠할 수 있으며, 하이라이트/중간톤/쉐도우 범위 설정과 노출 강도 조절이 가능합니다. 주로 어두운 부분을 밝게 하거나 특정 영역을 강조할 때 사용됩니다.

(1) 닷지 도구 컨트롤 패널 살펴보기

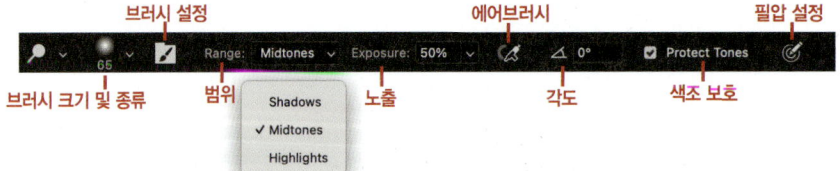

❶ **브러시 크기 및 종류**: 브러시의 크기나 형태를 조절하고 포토샵에 설치된 다른 브러시를 선택할 수 있습니다.
❷ **브러시 설정**: 브러시 설정 패널을 열 수 있습니다.
❸ **범위**
- **어두운 영역(Shadows)**: 이미지의 어두운 영역을 변경합니다.
- **중간 영역(Midtones)**: 이미지의 회색 중간 영역을 밝게 변경합니다.
- **밝은 영역(Highlights)**: 스크린 모드와 비슷하게 강하게 밝아집니다. 이미지의 밝은 영역을 변경합니다.
❹ **노출**
- 밝아지는 강도를 조절합니다. 일반적으로 20~30%의 중간값을 사용합니다.
- 낮은 노출값으로 여러 번 덧칠하여 섬세한 작업을 하거나 100에 가까운 값으로 한 번에 특정 영역을 밝게 만들 수 있습니다.

❺ 에어브러시
- 활성화하면 길게 클릭 시 효과가 중첩됩니다.
- 가장자리를 부드럽게 표현하려면 '브러시 크기 및 종류' 옵션에서 '부드러운 원'을 선택해서 적용하는 것이 효과적입니다.

❻ 각도: 브러시가 칠해지는 각도를 변경할 수 있습니다.

❼ 색조 보호
- 활성화된 상태에서는 자연스러운 보정 효과가 적용됩니다.
- 이미지의 원래 색조와 채도를 보호하고 밝기 위주로 적용되어 색상 변화를 최소화합니다.

❽ 필압 설정: 태블릿을 사용할 경우 활성화 상태에서 사전 설정된 브러시 필압을 적용할 수 있습니다.

(2) 닷지 도구 적용

닷지 도구로 밝기를 높이고 싶은 부분을 선택합니다. 선택한 부분을 브러시로 칠하듯 문질러서 적용합니다.

3. 번 도구(Burn Tool)

이미지의 밝기를 부분적으로 낮추는 도구입니다. 원하는 영역을 선택적으로 어둡게 만들 수 있습니다. 사진의 밝은 부분을 자연스럽게 보정할 때 주로 활용됩니다.

(1) 번 도구 컨트롤 패널 살펴보기

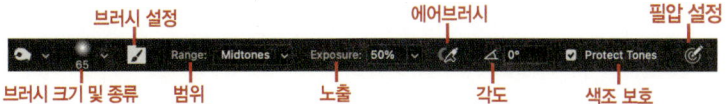

옵션은 닷지 도구의 설명과 동일합니다.

(2) 번 도구 적용

4. 스펀지 도구(Sponge Tool)

이미지의 채도를 부분적으로 조절하는 도구입니다. 상단 컨트롤 패널에서 채도 증가(Saturate)와 감소(Desaturate) 모드를 선택할 수 있으며, 브러시 형태로 직접 칠하여 색의 선명도를 조절할 수 있습니다. 특정 부분의 색감을 강화하거나 약화할 때 활용합니다.

(1) 스펀지 도구 컨트롤 패널 살펴보기

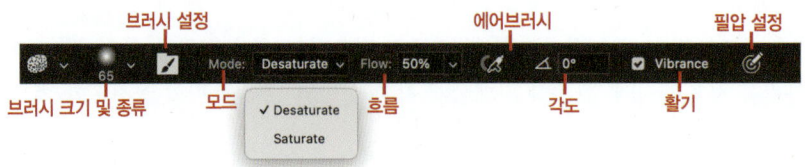

❶ 모드
- 채도 감소(Desaturate): 선택하고 브러시로 이미지를 칠하면 칠한 부분의 채도가 낮아집니다.
- 채도 증가(Saturate): 선택하고 브러시로 이미지를 칠하면 칠한 부분의 채도가 높아집니다.

❷ 흐름: 채도의 변화되는 강도를 설정할 수 있습니다. 숫자가 높을수록 강하게 변화합니다.

❸ 활기
- 활기가 활성화된 상태에서는 채도가 낮은 색상을 우선적으로 조절하여 자연스러운 채도로 조절합니다.
- 강하게 채도를 높이고 싶을 경우는 해제하여 적용합니다.

❹ 그 외 설정은 닷지 도구, 번 도구와 동일합니다.

(2) 스펀지 도구 적용

SECTION 03 | 복구하고 제거하는 보정 도구들

이미지에서 불필요한 요소나 부분적인 필요 없는 요소를 제거하고, 자연스럽게 복원하며, 콘텐츠를 인식하여 자연스럽게 채우거나 이동할 수 있는 도구들입니다.

1. 도구 위치

왼쪽 도구 패널에서 제거 도구를 길게 눌러 모든 관련 도구들을 확인할 수 있습니다.

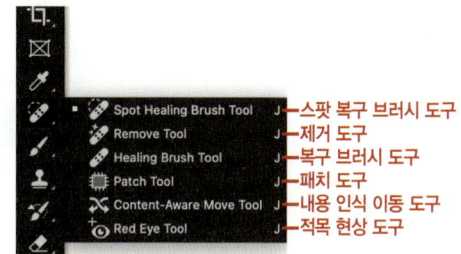

2. 스팟 복구 브러시 도구(Spot Healing Brush Tool)

스팟 복구 브러시는 이미지의 작은 결함을 브러시를 칠하듯 제거할 수 있으며, 주변 픽셀을 자동 분석해 자연스럽게 보정합니다. 특히 얼굴의 잡티나 스크래치 제거에 효과적입니다.

(1) 스팟 복구 브러시 도구 컨트롤 패널 살펴보기

❶ 브러시 크기 및 종류: 브러시의 크기나 형태를 조절하고 포토샵에 설치된 다른 브러시를 선택할 수 있습니다.
❷ 모드
  • 결함을 보정할 때 혼합 모드를 선택할 수 있습니다.
  • 각 혼합 모드의 설정에 따라 결과물이 달라집니다.
  • 완벽히 지우고 싶을 때는 '표준', '대체'를 선택하는 것이 일반적입니다.
❸ 유형
  • 내용 인식(Content-Aware): 주변 영역의 내용을 분석하여 자동으로 보정합니다. 텍스처와 패턴을 자동으로 매칭시켜 자연스럽게 보정하는 고급 복구 기능으로, 보편적으로 많이 사용됩니다.

- 텍스처 만들기(Create Texture): 주변 픽셀을 기반으로 새로운 텍스처를 생성하여 반복적인 패턴이나 균일한 표면을 효과적으로 복구하는 기능입니다.
- 근접 일치(Proximity Match): 브러시 주변의 픽셀을 직접 샘플링하여 단순하고 작은 영역을 빠르게 보정하는 기본적인 복구 기능입니다.

❹ 모든 레이어 샘플링: 보이는 모든 레이어에 효과를 적용할 수 있습니다.
❺ 각도: 타원형 브러시가 칠해지는 각도를 변경할 수 있습니다.
❻ 필압 설정: 태블릿을 사용할 경우 활성화 상태에서 사전 설정된 브러시 필압을 적용할 수 있습니다.

3. 1분 실습_스팟 복구 브러시 도구로 점 지워보기

(1) 파일 열기

최상단 메뉴의 [파일〉열기/File〉Open]을 클릭하여 대화상자에서 '클래스5_3_1분실습_점지우기.psd' 파일을 불러옵니다.

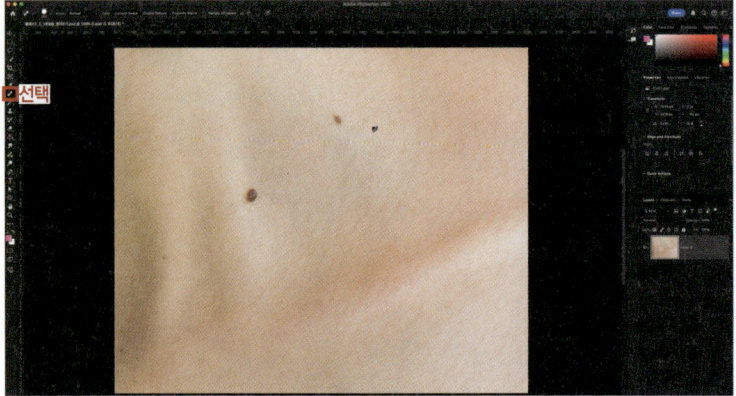

(2) 도구 선택하기

왼쪽 도구 패널에서 '스팟 복구 브러시 도구(Spot Healing Brush Tool)'를 선택합니다.

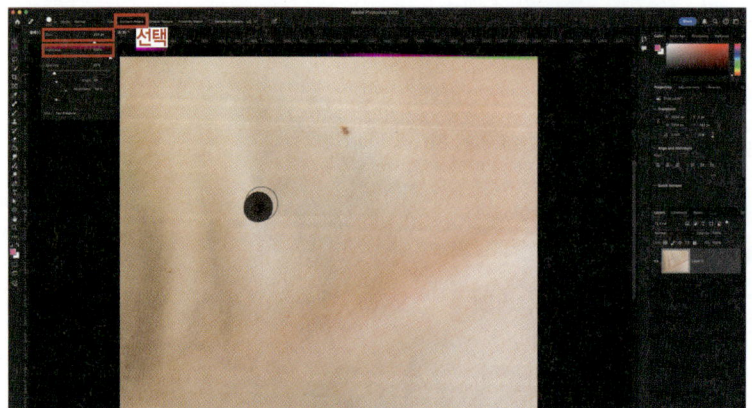

(3) 적용하기

❶ 상단 컨트롤 패널에서 내용 인식(Content-Aware)을 선택하고 브러시 사이즈는 200, 경도는 100%로 설정합니다.
❷ 점 위주를 포함하여 크게 클릭 후 드래그하여 선택합니다.

(4) 결과물 확인하기

선택 영역의 주위가 자동으로 인식되어 점이 제거되었습니다.

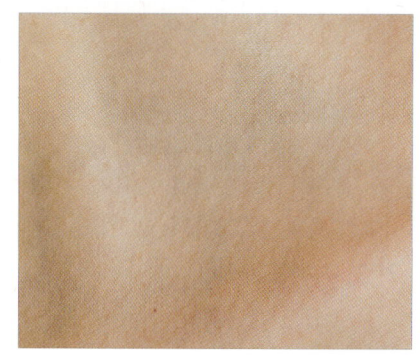

4. 제거 도구(Remove Tool)

AI 내용 인식(Content-Aware) 기술을 활용해 선택된 주변 영역을 분석하여 자연스럽게 불필요한 요소를 자동으로 제거하는 도구입니다.

(1) 제거 도구 컨트롤 패널 살펴보기

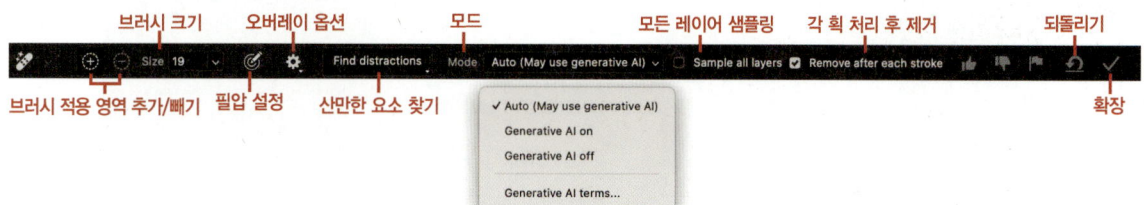

❶ 브러시 적용 영역 추가/빼기
  - 제거 도구는 브러시로 칠하듯 불필요한 영역을 선택할 수 있습니다.
  - 브러시로 선택 영역을 더하거나 뺄 수 있습니다.

❷ 브러시 크기: 선택 영역을 그릴 때 브러시 크기를 변경할 수 있습니다.

❸ 필압 설정: 태블릿을 사용할 경우 활성화 상태에서 사전 설정된 브러시 필압을 적용할 수 있습니다.

❹ 오버레이 옵션: 선택 영역을 표시하는 오버레이 컬러 등을 바꿀 수 있습니다.

❺ 산만한 요소 찾기
  - 제거 도구는 2024년 신기능으로 불필요한 요소를 자동으로 인식합니다.
  - 클릭하여 드롭다운 메뉴에서 불필요한 요소를 선택하여 제거할 수 있습니다.

❻ 모드: 이미지의 불필요한 요소를 제거할 때는 AI 기능이 적용되며, 해당 기능을 켜고 끌 수 있습니다.

❼ 모든 레이어 샘플링: 보이는 모든 레이어에 효과를 적용합니다.

❽ 각 획 처리 후 제거
  - 브러시 기능으로 제거를 진행할 때 각 획이 끝날 때마다 즉시 제거를 실행하여 실시간으로 결과를 확인할 수 있습니다.
  - 작은 영역을 여러 번 수정할 때 유용하며 큰 영역을 제거할 때는 비활성화 상태에서 작업하는 것을 추천합니다.

5. 1분 실습_ 브러시로 칠하듯 불필요한 요소 제거하기

(1) 파일 열기

최상단 메뉴의 [파일 > 열기/File > Open]을 클릭하여 대화상자에서 '클래스5_3_1분실습_제거도구_1.png' 파일을 불러옵니다.

(2) 도구 선택하기

❶ 왼쪽 도구 패널에서 '제거 도구(Remove Tool)'를 선택합니다.
❷ 상단 컨트롤 패널에서 브러시 사이즈를 80으로 변경합니다.
❸ '생성형 AI 켜기' 모드를 활성화합니다.

(3) 적용하기

❶ 왼쪽에 있는 할아버지를 브러시로 칠하듯이 마우스로 드래그하여 선택합니다.
❷ 마우스 클릭을 해제하면, 생성 진행 대화상자가 잠깐 표시되고 할아버지가 사라집니다.
❸ 오른쪽에 있는 할아버지도 동일한 방법으로 제거합니다.

(4) 결과물 확인하기

선택 영역의 주위가 자동으로 인식되어 불필요한 요소가 제거되었습니다.

6. 1분 실습_산만한 요소 찾기로 불필요한 요소 제거하기

제거 도구를 사용하면 이미지의 주요 피사체를 제외한 배경의 불필요한 요소들(전선, 케이블, 사람 등)을 자동으로 감지하여 손쉽게 삭제할 수 있습니다.

(1) 파일 열기

최상단 메뉴의 [파일〉열기/File〉Open]을 클릭하여 대화상자에서 '클래스5_3_1분실습_제거도구_2.jpeg' 파일을 불러옵니다.

(2) 도구 선택하기

❶ 왼쪽 도구 패널에서 '제거 도구(Remove Tool)'를 선택합니다.
❷ 상단 컨트롤 패널에서 '산만한 요소 찾기(Find Distractions)'를 클릭합니다.
❸ '전선 및 케이블'을 선택합니다.

(3) 적용하기

자동으로 이미지에서 전선 요소를 찾아 제거합니다.

(4) 결과물 확인하기

불필요한 요소가 제거되었습니다.

7. 복구 브러시 도구(Healing Brush Tool)

복구 브러시 도구는 이미지의 특정 지점을 샘플링하여 질감, 명암, 색상을 자연스럽게 블렌딩하여 주변 영역과 조화롭게 보정합니다. 스팟 복구 브러시 도구나, 제거 도구가 이미지 내에서 경계가 뚜렷한 특정 영역을 주위와 자연스럽게 블렌딩하여 제거한다면 복구 브러시 도구는 유사하게 지우는 기능으로 활용할 수도 또는 이미지 내의 특정 지점을 선택 부분에 추가하는 기능도 있습니다. '복제 도장 도구'와 유사한 기능이나 샘플 부분을 복사할 때 최대한 이질감이 없도록 자동으로 색상, 명도, 채도 등을 보정합니다.

(1) 복구 브러시 도구 컨트롤 패널 살펴보기

❶ 브러시 크기 및 경도 설정
- 브러시의 크기를 픽셀 단위로 조절합니다. 마우스 드래그나 숫자 입력으로 설정합니다.
- 브러시 가장자리의 페더 정도를 조절합니다. 0%는 부드러운 가장자리, 100%는 선명한 가장자리를 만듭니다.

❷ 복제 원본: 복제 원본 패널을 엽니다.

❸ 혼합 모드: 브러시로 칠해질 때 혼합 모드를 선택합니다.

❹ 샘플: 복제할 영역의 샘플링 방식을 선택합니다. Sampled는 지정 영역, Pattern은 패턴 사용을 의미합니다.

❺ 패턴: 사전설정이 된 패턴이나 사용자가 별도로 저장한 패턴을 사용하여 복구 브러시를 칠합니다.

❻ 맞춤: 샘플링 시작점을 고정할지 여부를 설정합니다. 체크하면 시작 지점이 고정됩니다.

❼ 레거시 사용: 이전 버전의 복구 브러시 알고리즘을 사용합니다.

❽ 샘플 지정
- 현재 레이어만을 샘플링할지 모든 레이어의 데이터를 샘플링할지 선택합니다.
- 정확한 복구를 위해 레이어 범위를 지정합니다.

❾ 각도: 타원형 브러시의 회전 각도를 설정합니다.

❿ 필압 설정: 태블릿 사용 시 필압에 따른 브러시 강도를 조절합니다.

⓫ 확산: 브러시 획의 퍼짐 정도를 조절합니다. 값이 클수록 더 넓게 퍼지는 효과가 적용됩니다.

(2) 복제 원본 패널(Clone Source)로 다중 복제 소스 만들기

❶ 복제 브러시 도구는 이미지 내의 여러 영역을 Alt(Windows)/Opt(Mac)를 누르면서 클릭하여 복제 소스를 만들 수 있습니다.
❷ 복제 원본 패널을 열고 상단의 스탬프 아이콘을 클릭 후 지정 영역을 만든 후 두 번째 스탬프 아이콘을 클릭해 이미지의 다른 부분을 지정 영역으로 복제 소스를 만들 수 있습니다.
❸ 복제 소스는 크기와 각도를 수정하여 칠할 수 있으며 오버레이나 투명도도 이 복제 원본 패널에서 편집하여 사용할 수 있습니다.

(3) 복구 브러시 도구 사용해보기

❶ 복제 소스를 만들고자 하는 영역을 Alt(Windows)/Opt(Mac)를 누르면서 클릭합니다.
❷ 이미지에서 소스를 복제하고자 하는 부분에 브러시로 칠하듯이 적용합니다.
❸ 패턴을 선택해서 이미지에 적용할 수 있습니다. 패턴이 이미지에 자연스럽게 블렌딩되어 적용됩니다.

8. 패치 도구(Patch Tool)

패치 도구는 올가미 도구처럼 선택 영역을 활성화하여 다른 영역의 텍스처로 자연스럽게 교체하는 도구입니다. 선택 영역을 드래그하여 원하는 소스 영역과 매끄럽게 블렌딩되며, 내용 인식 기능으로 주변 영역과 자동으로 보정할 수 있습니다. 넓은 영역의 리터칭, 피부 보정, 풍경 수정 등에 효과적이며, 원본과 대상을 자유롭게 전환할 수 있습니다.

(1) 패치 도구 컨트롤 패널 살펴보기

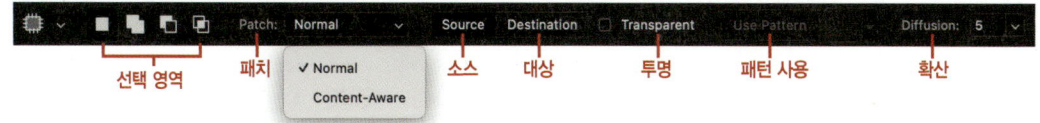

❶ 선택 영역: 영역을 선택하는 기본 도구입니다. 새로운 선택, 선택 추가, 선택 제외, 선택 교차가 가능합니다.
❷ 패치: 선택 영역의 처리 방식을 지정합니다. Normal은 해당 이미지의 소스를 샘플링하는 일반 패치를, Content-Aware는 AI를 사용하여 자연스러운 패치 효과를 만듭니다.
❸ 소스: 선택 영역이 복사할 소스가 됩니다. 원본이 되는 영역을 지정할 때 사용합니다.
❹ 대상: 선택 영역이 붙여 넣어질 대상이 됩니다. 수정이 필요한 영역에 적용할 때 사용합니다.

❺ 투명: 투명 레이어의 처리 방식을 설정합니다. 체크하면 투명도가 있는 소스로 채워집니다.

❻ 패턴 사용: 선택한 패턴으로 영역을 채웁니다.

❼ 확산: 패치된 영역과 주변의 블렌딩 강도를 조절합니다. 값이 클수록 더 부드럽게 혼합됩니다.

(2) 패치 도구 사용하기

9. 내용 인식 이동 도구(Content-Aware Move Tool)

선택한 영역을 이동하면 가장자리를 주변 콘텐츠와 자연스럽게 블렌딩하며, 원본 위치는 주변 이미지를 분석하여 자동으로 채워집니다.

(1) 내용 인식 이동 도구 컨트롤 패널 살펴보기

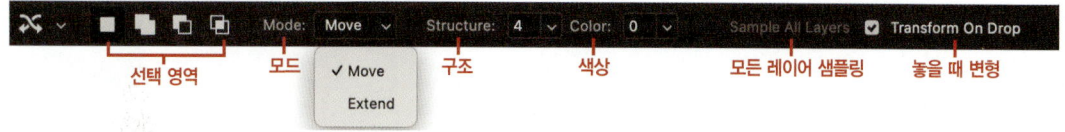

❶ 선택 영역
- 선택 영역을 이동하거나 확장할 영역을 선택하는 기본 도구입니다.
- 새로운 선택, 선택 추가, 선택 제외, 선택 교차가 가능합니다.

❷ 모드
- 이동(Move): 선택 영역을 새 위치로 이동하며 원본 위치는 자동으로 채워집니다.
- 확장(Extend): 선택 영역을 복제하여 확장하는 기능을 제공합니다.

❸ 구조
- 선택 영역과 주변 콘텐츠의 유사성을 조절합니다.
- 1~7 사이 값으로 설정하며, 높을수록 원본 구조를 더 엄격하게 유지합니다.

❹ 색상
- 이동된 영역과 주변의 색상 블렌딩을 조절합니다.
- 0~10 사이 값으로 설정하며, 높을수록 색상 일치도가 향상됩니다.

❺ 모든 레이어 샘플링: 모든 레이어의 정보를 사용하여 더 정확한 결과를 제공합니다.

❻ 놓을 때 변형: 이동 후 크기, 회전, 기울이기 등의 변형이 가능합니다. 체크 시 이동 완료 후 자유 변형 핸들이 나타납니다.

(2) 내용 인식 도우 사용하기-이동(Move) 모드를 이용해 개체를 옮기기

내용 인식 이동 도구를 선택 후 이동 모드로 개체를 이동할 수 있습니다.

(3) 내용 인식 도우 사용하기-확장(Move) 모드를 이용해 개체를 확장하기

내용 인식 이동 도구를 선택 후 확장 모드로 개체를 확장할 수 있습니다.

 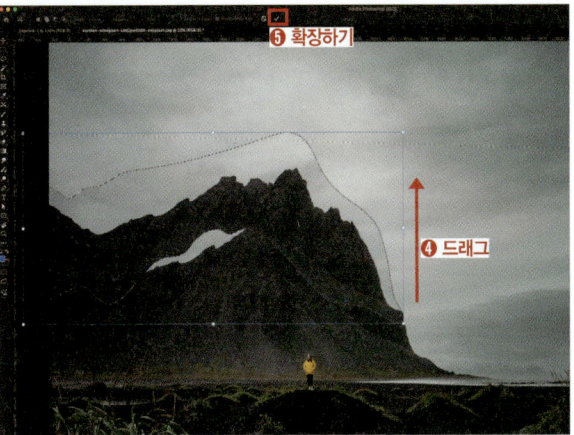

10. 적목 현상 도구(Red Eye Tool)

야간 플래시 촬영으로 인해 발생하는 눈동자의 붉은색 반사를 자연스럽게 보정하는 전용 도구입니다. 동공의 어두운 색을 자동으로 감지하여 복원하며, 동공 크기와 어두워지는 정도를 조절할 수 있습니다. 사람과 동물 모두에게 사용 가능하며 자연스러운 눈동자 색상으로 복구합니다.

(1) 적목 현상 도구 컨트롤 패널 살펴보기

❶ 눈동자 크기: 플래시로 발생한 붉은 동공의 보정 범위를 지정하며, 수치가 높을수록 더 넓은 영역을 교정합니다.
❷ 어둡게 할 양: 동공의 어두운 정도를 설정하는 값으로, 수치가 높을수록 더 깊은 색으로 처리됩니다.

(2) 적목 현상 도구 사용하기

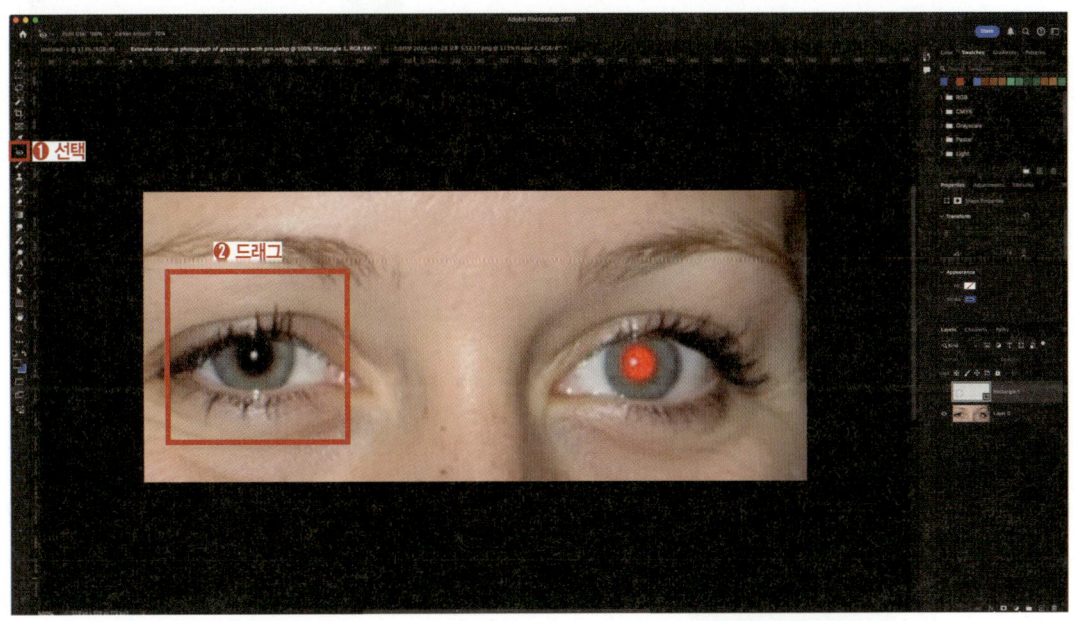

SECTION 04 | 복제 및 수정을 위한 도장 도구들

도장 도구는 이미지의 한 영역을 복사하여 다른 영역에 붙여넣는 복제 도구로, 이미지 수정이나 불필요한 요소를 제거하는 데 사용됩니다. 최근에는 내용 인식 도구들의 발전으로 사용성이 약화되는 추세입니다. 하지만, 섬세한 작업이 필요한 경우나 AI가 정확히 인식하지 못하는 특수한 상황 등 상황에 맞춰 사용해야 할 경우가 있습니다.

1. 도구 위치

왼쪽 도구 패널에서 도장 도구를 길게 눌러 모든 도장 도구들을 확인할 수 있습니다.

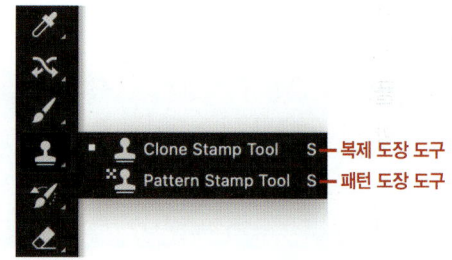

2. 복제 도장 도구(Clone Stamp Tool)

이미지의 특정 영역을 샘플링하여 다른 부분에 브러시로 칠하듯 복사하는 도구입니다.

(1) 복제 도장 도구 컨트롤 패널 살펴보기

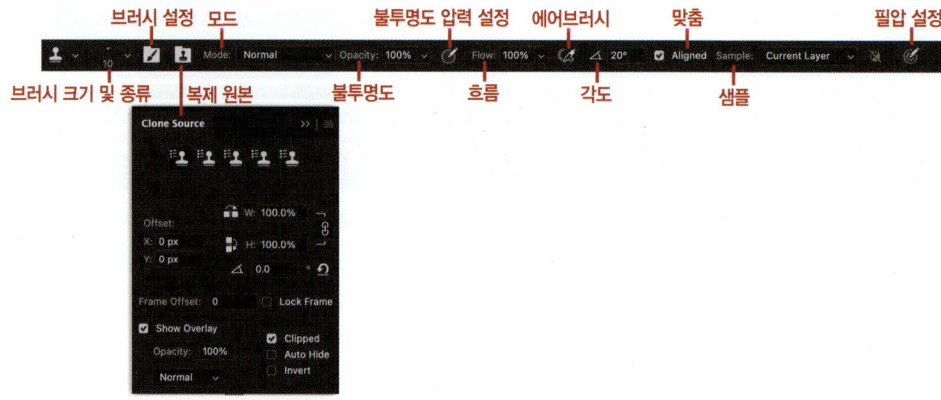

❶ 브러시 크기 및 경도 설정: 브러시의 크기와 가장자리 페더를 조절합니다.
❷ 브러시 설정: 브러시 설정 패널을 열어 브러시의 세부 조정을 합니다.
❸ 복제 원본: 복제 원본 패널을 엽니다.

   ※ 복제 원본 패널(Clone Source)은 CHAPTER 05의 SECTION 03 중 복구 브러시의 내용과 동일합니다.

❹ 모드: 복제 도장 도구를 사용하여 칠할 때 혼합 모드를 선택할 수 있습니다.

❺ 불투명도: 100%는 완전 불투명, 낮을수록 투명해집니다.

❻ 불투명도 압력 설정
- 활성화하면 불투명도가 있을 때 태블릿 압력을 사용합니다.
- 비활성화하면 선택된 브러시의 압력 설정에 따릅니다.

❼ 흐름: 숫자가 높을수록 강하게 변화합니다.

❽ 에어브러시: 활성화하면 길게 클릭 시 효과가 중첩됩니다.

❾ 각도: 타원형 브러시의 회전 각도를 설정합니다.

❿ 맞춤
- 체크하여 활성화하면 Alt로 지정한 샘플 지점이 이동합니다. 마우스를 떼고 다른 곳을 클릭해도 샘플 지점이 이동하면서 복사합니다.
- 비활성화 시에는 마우스를 떼고 다시 복제를 시작했을 때 샘플 지점이 변화없이 최초 샘플 지점이 복제가 됩니다.
- Align 설정 여부에 따른 복제
  - Align 체크: 연속되는 텍스처를 복제
  - Align 해제: 동일한 요소를 여러 위치에 복제

⓫ 샘플: 복제할 샘플링 레이어를 선택합니다.

⓬ 필압 설정: 태블릿 사용 시 필압에 따른 브러시 강도를 조절합니다.

(2) 복제 도장 도구 사용하기

❶ 복제 도장 도구를 왼쪽 도구 패널에서 선택 후 Alt(Windows)/Opt(Mac)를 누른 상태에서 클릭하여 샘플 영역을 지정하고 클릭하여 복제합니다. 컨트롤 패널의 옵션 설명을 참고하여 옵션을 설정합니다.

❷ 아래 이미지처럼 스팟 복구 브러시 등 내용 인식이 가능한 자동 도구로 이미지의 일부를 지우고자 할 경우 텍스처가 적절하지 못하게 지워져 어색한 부분이 느껴질 수 있습니다. 이런 경우에는 시간이 걸리지만, 복제 도장 도구를 이용하여 수동으로 해결하는 방법이 있습니다.

3. 패턴 도장 도구(Pattern Stamp Tool)

포토샵에 사전 설정된 패턴이나 사용자가 만든 패턴을 브러시처럼 칠할 수 있는 도구입니다.

(1) 패턴 도장 도구 컨트롤 패널 살펴보기

❶ 패턴 도장 도구 컨트롤 패널은 복제 도장 도구와 동일하지만, 사전 설정된 패턴 패널을 바로 확인하고 선택할 수 있으며 인상파 옵션이 있는 차이점이 있습니다.

❷ 인상파: 활성화할 경우 패턴을 약간 어긋나게 다른 각도로 복제하여 불규칙한 느낌으로 인상주의 화가들의 거친 붓터치 같은 예술적이고 회화적인 느낌으로 복제합니다.

(2) 패턴 도장 도구 사용하기

사전 정의된 패턴을 이용해 브러시의 칠을 패턴으로 채울 수 있습니다. 패턴은 사전 정의된 패턴 이외에도 어떤 이미지라도 패턴으로 만들 수 있습니다.

❶ 패턴 도장 도구를 선택합니다.
❷ 원하는 패턴을 선택합니다.
❸ 브러시로 칠하듯 문서를 칠합니다.

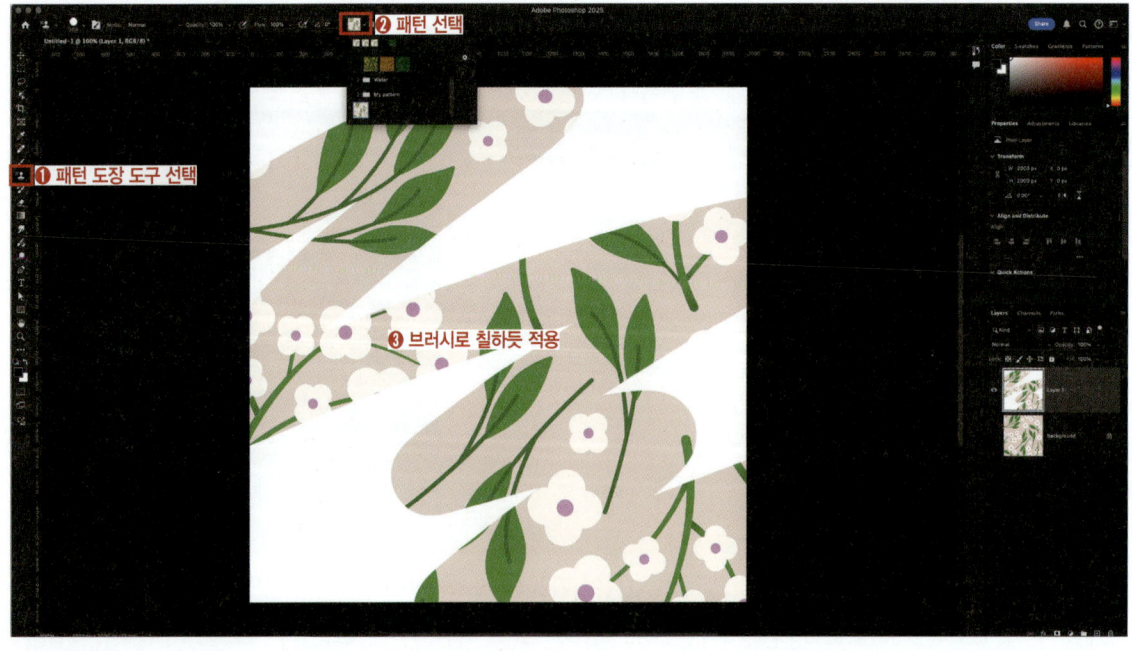

SECTION 05 | 레이어를 자동으로 혼합하고 정렬하기

1. 레이어 자동 맞춤(Auto-Align Layers)

2개의 레이어의 가장 유사한 부분을 자동으로 정렬하는 기능입니다. 이미지의 위치를 거의 동일하게 정렬하므로 자연스러운 합성을 할 수 있습니다.

2. 1분 실습_자동 맞춤으로 합성하기

(1) 파일 열기

최상단 메뉴의 [파일 〉 열기/File 〉 Open]을 클릭하여 대화상자에서 '클래스5_5_1분실습_레이어 자동 맞춤.psd' 파일을 불러옵니다.

(2) 레이어 선택하기

레이어 패널에서 레이어 1과 레이어 2를 Ctrl(Windows)/Cmd(Mac)를 눌러 모두 선택합니다.

(3) 레이어 자동 맞춤 메뉴 찾기

최상단 메뉴의 [편집 > 레이어 자동 맞춤/Edit > Auto-Align Layers…]를 클릭합니다.

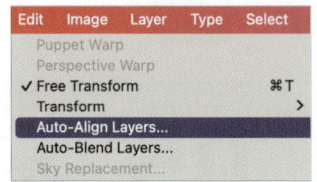

(4) 옵션 선택하고 적용하기

❶ 레이어 자동 맞춤 대화상자가 나오면 '자동(Auto)'을 클릭하여 자동 맞춤을 적용합니다.
❷ 확인을 눌러 선택 내용을 적용합니다.

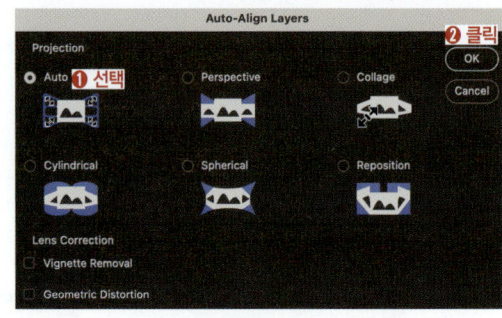

(5) 레이어 마스크로 합성 완료하기

❶ 'Layer 2'를 선택 후 레이어 패널 하단의 '레이어 마스크' 아이콘을 클릭합니다.
❷ 전경색을 기본 검정색으로 설정 후, ❸ 브러시를 선택합니다.
❹ 레이어 마스크를 선택합니다.
❺ 브러시로 오른쪽 중간의 주방 안쪽 부분을 칠하여 사람을 보이게 합니다.
❻ 합성을 완료한 후, 테두리는 자르기 도구로 정리합니다.

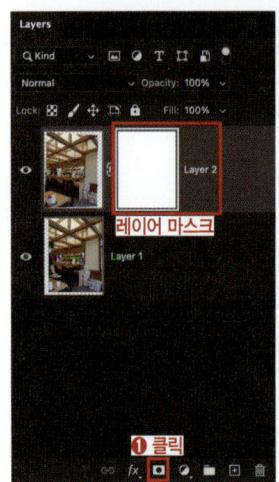

3. 레이어 자동 혼합(Auto-Blend Layers)

여러 레이어의 색상과 노출을 자연스럽게 혼합하며, 초점이 서로 다른 영역을 자동으로 분석하여 자연스러운 합성 효과를 보여줍니다.

4. 1분 실습_자동 혼합으로 합성하기

(1) 파일 열기

최상단 메뉴의 [파일〉열기/File〉Open]을 클릭하여 대화상자에서 '클래스5_5_1분실습_레이어 자동 혼합.psd' 파일을 불러옵니다.

(2) 레이어 선택하기

레이어 패널에서 레이어 1과 레이어 2를 Ctrl(Windows)/Cmd(Mac)를 눌러 모두 선택합니다.

(3) 레이어 자동 맞춤 메뉴 찾기

최상단 메뉴의 [편집〉레이어 자동 혼합/Edit〉Auto-Blend Layers]를 클릭합니다.

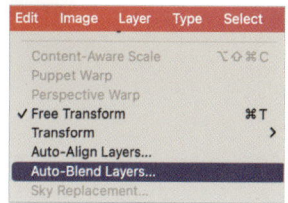

(4) 옵션 선택하고 적용하기

❶ 레이어 자동 혼합 대화상자가 나오면 '이미지 스택(Stack Images)'을 클릭하여 자동 혼합을 적용합니다.
❷ 확인을 눌러 선택 내용을 적용합니다.

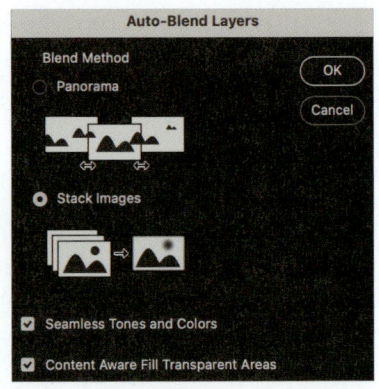

(5) 레이어 마스크로 합성 완료하기

자동 혼합 기능으로 합성을 완료하였습니다.

러스틱한 스탬프 텍스처 아트워크 만들기

효과 갤러리로 하나의 이미지에 여러 효과를 중첩하여 적용하는 과정을 보여줍니다. 거칠고 예술적인 느낌의 스탬프 텍스처로 아트워크를 표현할 수 있는 방법을 확인하고 직접 만들어 볼 수 있습니다.

LEVEL UP 튜토리얼로 체크하는 포토샵 핵심 기능

① 레이어 스타일을 프로처럼 사용하기

② 필터를 이용해 가장자리를 거칠게 만들기

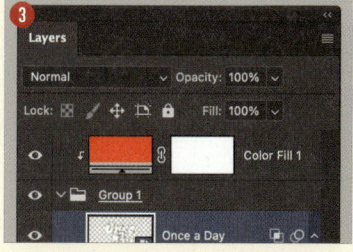
③ 조정 레이어를 이용한 스마트한 색상 변환 방법

④ 도장(Stamp) 필터를 이용해 예술적 텍스처 추가하기

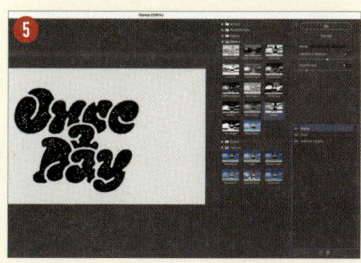
⑤ 필터 갤러리에서 여러 필터를 혼합하여 사용하기

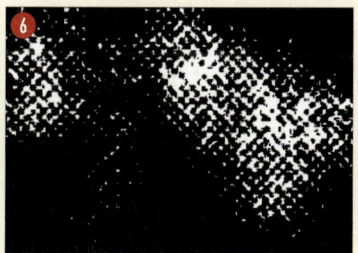
⑥ 구름 효과 필터를 이용한 텍스처 만들기

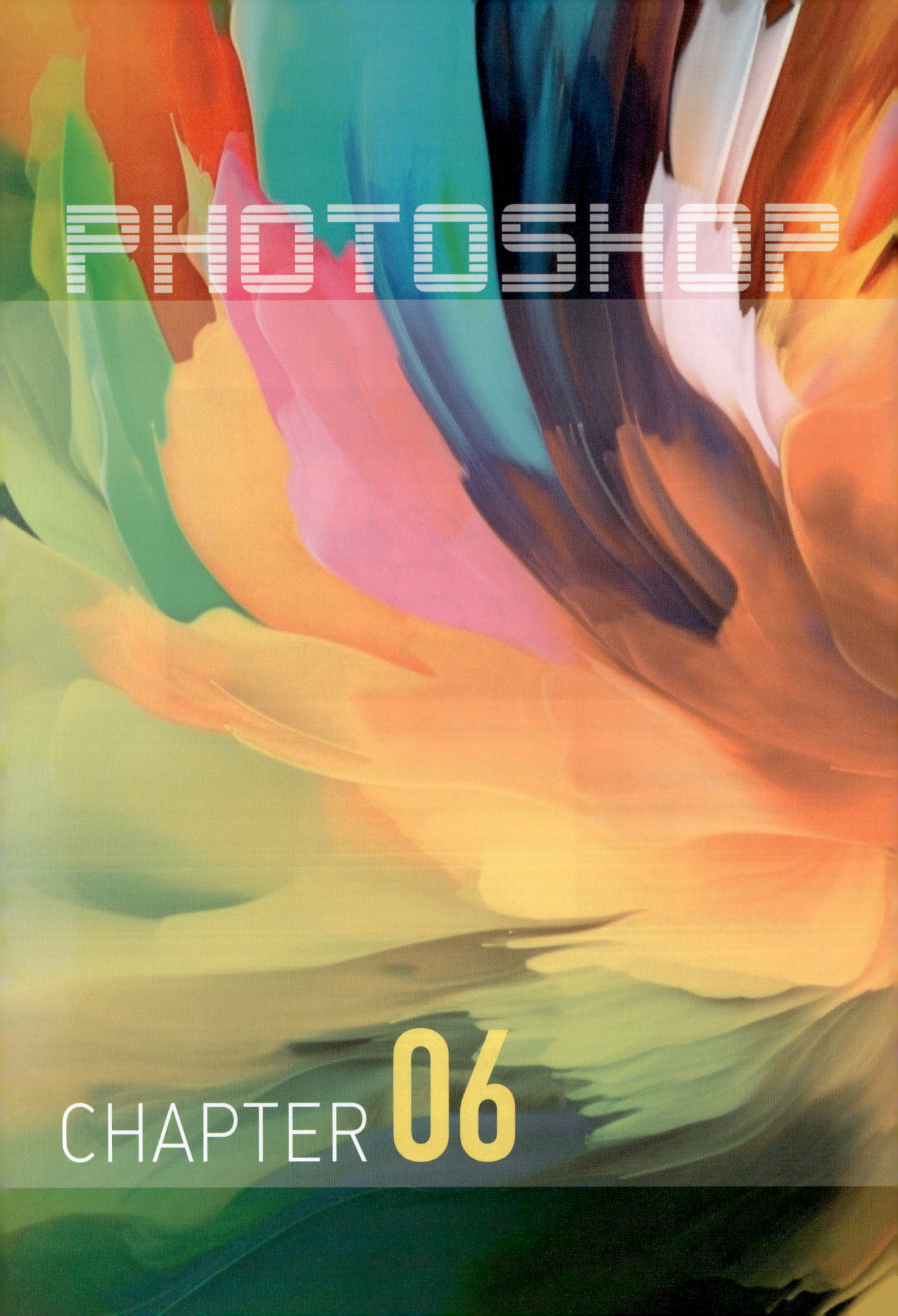

SECTION 01 | 컬러 모드에 대해 알아보고 변경하기

1. RGB와 CMYK모드의 차이점

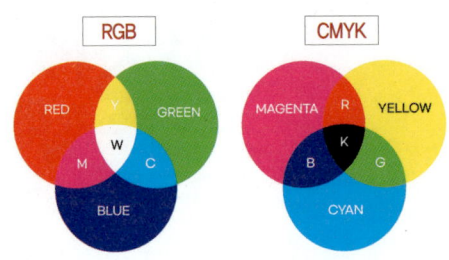

RGB (Red, Green, Blue)	CMYK (Cyan, Magenta, Yellow, Key black)
• 빛의 삼원색을 이용한 가산 혼합 • 디지털 디스플레이용(모니터, 스마트폰 등) • 웹, 모바일 등 디지털 디스플레이 출력 이미지에 적합	• 잉크의 색상을 이용한 감산 혼합 • 실제 인쇄물 제작에 적합 • 4가지 잉크가 혼색되어 색상을 표현

2. 컬러 모드 변경하기

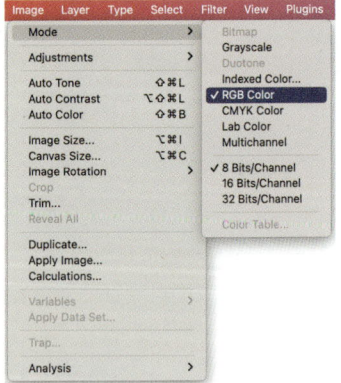

❶ 문서가 열려진 상태에서 최상단 메뉴의 [이미지 > 모드/Image > Mode]를 클릭하여 원하는 컬러 모드와 비트로 변경할 수 있습니다.
❷ 일반적인 웹용 그래픽 작업이라면 RGB 모드에서 작업합니다.
❸ RGB에서 CMYK로 변환 시에는 색상이 어둡게 변할 수 있으므로 주의가 필요합니다.
❹ 작업 초기부터 인쇄용 그래픽 작업이라면 시작부터 모드를 CMYK로 설정 후 작업하는 것이 변동성을 줄일 수 있습니다.

3. 포토샵에서 지원하는 다양한 컬러 모드

(1) 컬러 모드의 종류

❶ Bitmap: 흑과 백, 두 가지 색상만 사용하여 선명한 라인과 단순한 패턴 표현을 할 수 있습니다. Grayscale 모드에서 활성화할 수 있습니다.
❷ Grayscale: 256단계의 회색조 8비트로 표현되며 색 정보 없이 밝기 정보만 포함되어 흑백 사진이나 음영을 섬세하게 표현합니다.

❸ Duotone: 흑백 이미지에 두 색상을 적용하여 다양한 조화를 만들고 사진이나 일러스트에 독특한 분위기를 만들 수 있습니다. Grayscale 모드에서 활성화할 수 있습니다.
❹ Indexed Color: 색상을 256가지 이하로 제한하여 파일 크기를 줄여 효율적인 웹용 이미지를 제작할 수 있습니다. 주로 GIF나 PNG 포맷으로 사용됩니다.
❺ RGB Color: 빛의 삼원색으로 디지털 화면에 최적화된 색상 표현 모드입니다.
❻ CMYK Color: 4가지 색상의(시안, 마젠타, 노랑, 검정) 감산 혼합을 기준으로 전문 인쇄물 제작에 사용되는 표준 모드로 디지털 디스플레이 환경에서는 적합하지 않습니다.
❼ Lab Color: 정확한 색상 표현이 가능한 고급 색상 보정 모드로 다양한 장치(예 모니터, 스캐너, 프린터) 간의 색상 오차를 줄이고 일관된 색상을 유지할 수 있으나 일반적인 그래픽 작업에서는 많이 사용되지 않습니다.
❽ Multichannel: 팬톤 색상(Pantone Colors), 별색, 형광색, 엠보싱, 금박 등의 5도 이상의 특수 컬러 인쇄 시 채널을 나누기 위해 사용되는 모드입니다.

(2) 비트설정

❶ 8 Bits/Channel
  • JPEG, PNG, GIF 등 일반적인 이미지 파일 포맷에서 사용됩니다.
  • 특별한 설정 없이 8비트로 작업하여도 무방합니다.
❷ 16 Bits/Channel
  • 파일 크기가 8비트 이미지보다 크며, 작업 시 더 많은 메모리를 요구합니다.
  • RAW 파일 편집, 고해상도 이미지 작업 등 섬세한 색상 표현이 가능한 전문 사진 작업에서 사용됩니다.
❸ 32 Bits/Channel: 일반 디지털 이미지 작업보다는 3D 렌더링, VFX, 영화 제작, HDR 합성 작업 등에 사용됩니다.

4. 이미지를 구성하는 채널 알아보기

(1) 포토샵 채널의 이해

채널은 이미지의 색상 정보를 분리하여 저장하는 그레이스케일 이미지입니다. 각 채널은 해당 색상의 밝기값을 0~255단계로 저장하며, 이러한 채널들의 조합으로 전체 이미지의 색조가 구성됩니다.

(2) RGB 채널

RGB는 Red(빨강), Green(초록), Blue(파랑) 세 개의 채널로 구성되어 있으며, 각 채널이 해당 색상의 강도를 개별적으로 표현합니다.

(3) CMYK 채널

CMYK는 Cyan(청록), Magenta(자주), Yellow(노랑), Black(검정) 네 개의 채널로 구성되어 있으며, 각 채널은 인쇄에 필요한 색상과 명암을 개별적으로 표현합니다.

SECTION 02 | 컬러를 선택하고 칠하기

포토샵에서는 전경색과 배경색을 설정하여 브러시, 채우기 등 다양한 작업에 활용할 수 있습니다. 컬러 픽커를 통해 정확한 RGB, CMYK 등의 색상값을 설정할 수 있으며, 스포이드 도구를 사용하여 기존 이미지에서 원하는 색상을 추출할 수도 있습니다. 이렇게 설정한 컬러를 레이어에 칠하여 다양한 그래픽 작업에 활용합니다.

1. 원하는 컬러로 설정하기

(1) 컬러 픽커 사용하여 원하는 컬러 선택하기

왼쪽 패널 하단의 전경색/배경색 상자를 클릭하여 컬러 픽커 대화상자를 엽니다. 컬러 픽커에서는 다양한 방법으로 원하는 컬러를 선택할 수 있습니다.

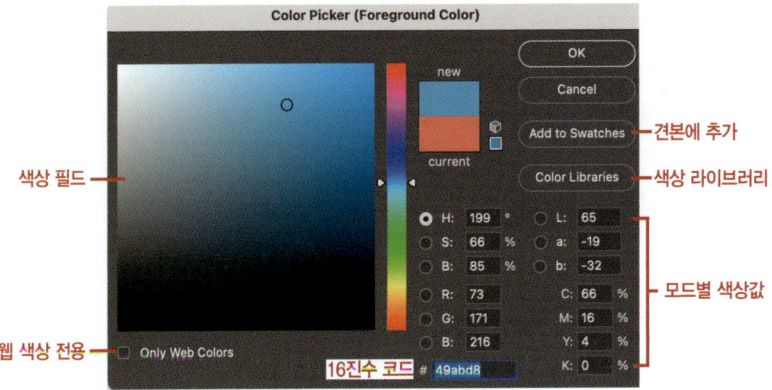

❶ 색상 필드에서 직접 선택: 원하는 컬러를 클릭하여 선택합니다.
❷ RGB/CMYK/HSB/Lab 값 입력: 색상의 값을 알고 있다면 입력하여 원하는 색상을 선택합니다.

컬러	RGB	CMYK
빨강	R: 255, G: 0, B: 0	C: 0%, M: 100% Y: 100%, K: 0%
초록	R: 0, G: 255, B: 0	C: 100%, M: 0% Y: 100%, K: 0%
파랑	R: 0, G: 0, B: 255	C: 100%, M: 100% Y: 0%, K: 0%
검정	R: 0, G: 0, B: 0	C: 0%, M: 0% Y: 0%, K: 100%
흰색	R: 255, G: 255, B: 255	C: 0%, M: 0% Y: 0%, K: 0%
노랑	R: 255, G: 255, B: 0	C: 0%, M: 0% Y: 100%, K: 0%

❸ 16진수 코드(#) 입력: 16진수 컬러 코드는 6자리의 16진수로 색상을 표현하는 방식입니다.

❹ 웹 안전 색상 선택
- 웹 안전 색상은 모든 웹 브라우저에서 동일하게 표시되는 216가지의 표준화된 색상을 의미합니다.
- 컬러 픽커 창의 'Only Web Colors' 옵션을 체크하면 자동으로 선택한 색상을 가장 가까운 웹 안전 색상으로 변환해줍니다
- 현재는 디스플레이의 수백만 가지의 색상을 표현할 정도로 해상도가 높아지고 색상 렌더링 기술이 향상되어 사용 빈도가 많이 낮아진 기능입니다.

(2) 전경색/배경색 설정하기(Foreground Color/Background Color)

전경색은 칠, 브러시, 페인트 버킷 등 도구로 작업할 때 기본으로 적용되는 주색상이며, 배경색은 지우개 도구 사용하거나 레이어를 삭제할 때 나타나는 보조 색상입니다. 컬러 픽커, 스포이드, 컬러 패널 등에서 원하는 컬러를 선택하면 전경색과 배경색이 변경되며 겹치는 순서로 현재 무엇이 선택되어있는지 확인할 수 있습니다.

왼쪽 도구 패널 하단의 두 개의 겹친 상자에서 위쪽이 전경색, 아래쪽이 배경색을 나타냅니다.

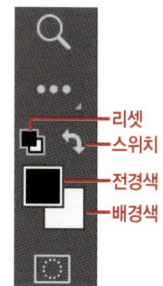

> **Tip** 단축키를 이용하여 전경색과 배경색 편리하게 사용하기
> - D : 기본값으로 색상 리셋(전경색 검정, 배경색 흰색)
> - X : 전경색과 배경색 스위치

(3) 스포이드 도구(Eyedropper Tool)로 색상 추출하기

이미지의 특정 부분의 색상을 클릭으로 추출하여 전경색이나 배경색으로 설정할 수 있습니다.

❶ 도구 선택하기
- 왼쪽 도구 패널의 스포이드 아이콘 클릭합니다.
- 단축키 I 를 입력합니다.
- 브러시 도구 사용 중 Alt(Windows)/Opt(Mac)를 누르면 임시로 스포이드 도구로 전환할 수 있어 빠르게 색상 추출이 가능합니다.

❷ 스포이드 도구로 색상 추출하기: 스포이드 도구를 선택한 상태에서 이미지에서 원하는 영역을 클릭하여 전경색으로 추출합니다. 클릭한 영역에 한해서 추출됩니다.

❸ 색상 샘플러 도구(Color Sampler Tool)로 여러 색상 정보 확인하기
- 왼쪽 도구 패널에서 스포이드 아이콘을 길게 눌러 색상 샘플러 도구를 선택할 수 있습니다.
- 이미지에서 원하는 영역을 클릭하면 정보(Info) 패널이 열리면서 선택한 색상의 수치를 확인할 수 있습니다.

2. 레이어를 원하는 컬러로 칠하기

포토샵에서는 다양한 방법으로 레이어에 색상을 적용할 수 있습니다. Fill 기능으로 전체 레이어를 빠르게 색상이나 그레이디언트, 패턴으로 채우거나, 페인트 버킷도구로 특정 영역만 선택적으로 채울 수 있습니다.

(1) 레이어를 Fill로 칠하기

❶ 최상단 메뉴의 [편집〉칠/Edit〉Fill]을 클릭하여 칠 대화상자를 열어 레이어를 채울 수 있습니다. 혹은 단축키 Shift + Delete 나 Shift + F5 를 사용합니다.
❷ 칠 대화상자에서 전경색, 배경색, 패턴 등의 채우기 설정과 혼합 모드, 불투명도 한 번에 설정하여 레이어를 채울 수 있습니다.

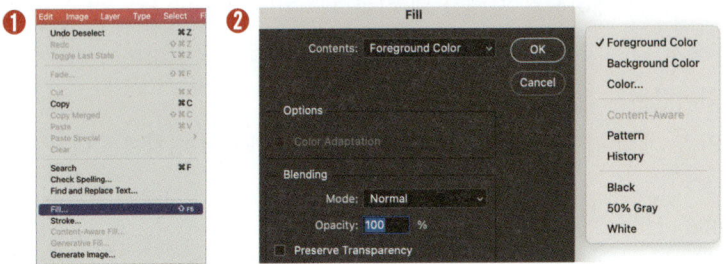

(2) 단축키로 전경색/배경색으로 레이어 채우기

단축키를 이용해 레이어 전체를 색으로 채울 수 있습니다.
❶ Alt + Delete (Windows)/ Opt + Delete (Mac): 전경색으로 채우기
❷ Ctrl + Delete (Windows)/ Cmd + Delete (Mac): 배경색으로 채우기

(3) 레이어를 그레이디언트로 칠하기

❶ 그레이디언트 도구로 추가하기: 왼쪽 도구 패널에서 그레이디언트 도구를 클릭하여 선택합니다. 상단 컨트롤 패널에서 원하는 그레이디언트 컬러를 선택한 후 문서에 드래그하여 채우기를 적용합니다.

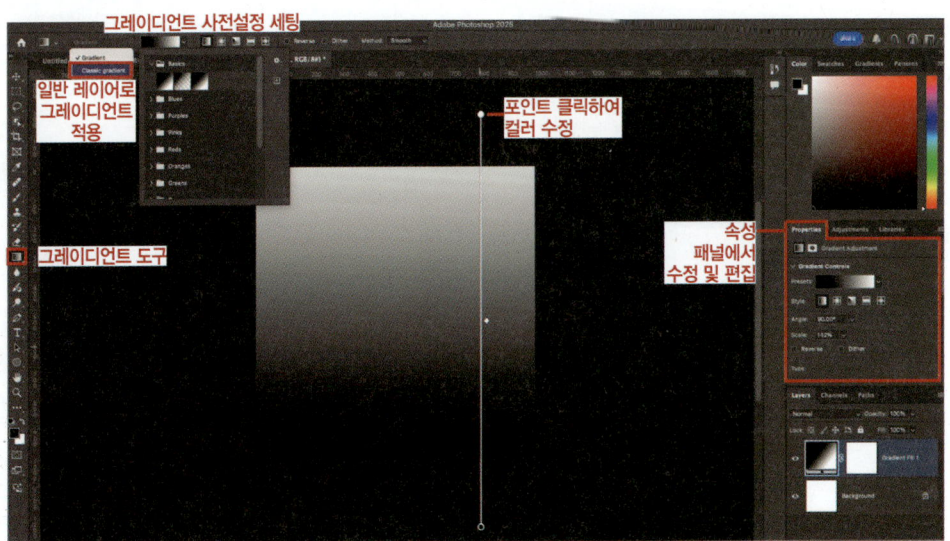

❷ 조정 레이어가 없는 레거시 방식으로 그레이디언트 추가하기: 그레이디언트 도구가 선택된 후 상단 컨트롤 패널에서 '클래식 그레이디언트(Classic gradient)' 옵션으로 변경합니다. 문서에 드래그하여 그레이디언트를 채우면 일반 레이어로 그레이디언트를 적용할 수 있습니다.

❸ 조정 레이어로 추가하기: 레이어 패널 하단에서 '조정 레이어 추가(Add Adjustment Layer)' 아이콘을 클릭 후 '그레이디언트' 레이어를 추가합니다.

(4) 페인트 버킷(Paint Bucket Tool)으로 칠하기

❶ 왼쪽 도구 패널에서 그레이디언트 도구를 길게 눌러 페인트 통 도구를 선택합니다.

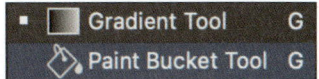

❷ 문서를 클릭하면 선택된 전경색 혹은 배경색으로 레이어를 채울 수 있습니다.

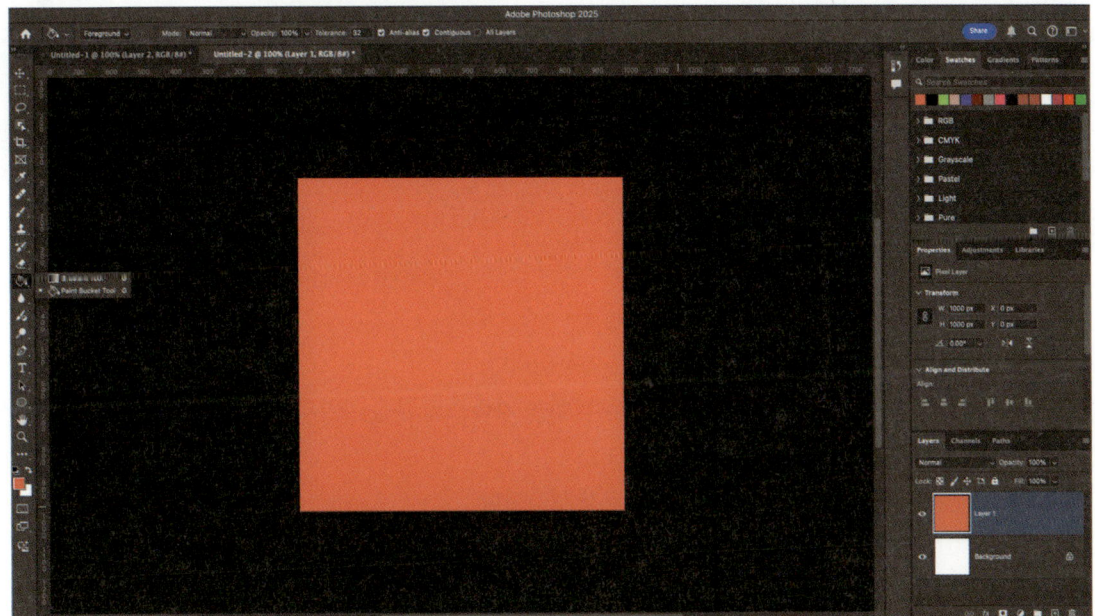

SECTION 03 | 원클릭으로 색상을 자동 조정하는 방법

자동 톤, 자동 대비, 자동 색상 3가지 자동 기능은 원클릭으로 빠른 보정이 가능한 기능입니다. 시간이 촉박하거나 간단한 보정이 필요할 때 유용합니다. 하지만 세부적인 조정이 불가능하고, 때로는 과도하거나 부자연스러운 결과가 나올 수 있는 한계가 있습니다.

1. 자동 보정 메뉴 위치

최상단 메뉴의 [이미지 > 자동 톤, 자동 대비, 자동 색상/ Image> Auto Tone, Auto Contrast, Auto Color]를 클릭합니다.

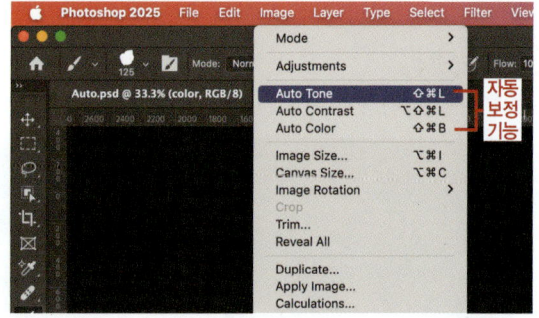

2. 자동 보정 적용

❶ 자동 톤(Auto Tone)
- 이미지의 전체적인 톤을 자동으로 최적화하는 기능입니다.
- RGB 각 채널의 가장 어두운 픽셀과 가장 밝은 픽셀을 기준으로 톤을 재분배하여 이미지의 디테일을 향상시킵니다.
- 전반적으로 명암과 색상이 모두 개선되는 효과가 있습니다.

❷ 자동 대비(Auto Contrast)
- 이미지의 전반적인 대비를 자동으로 조정하는 기능입니다.
- 가장 어두운 픽셀과 가장 밝은 픽셀을 기준으로 전체적인 명암 분포를 넓혀 이미지를 선명하게 만듭니다.

❸ 자동 색상(Auto Color)
- 이미지의 색상 균형과 색조를 자동으로 조정합니다. 특정 색상이 전체적으로 편중된 현상을 보완하고 중성적인 색조를 만들어줍니다.
- 잘못된 화이트 밸런스로 인한 색상 문제를 빠르게 보정할 때 유용합니다.

원본   자동 톤   자동 대비   자동 색상

SECTION 04 조정 기능과 조정 레이어 살펴보기

포토샵의 조정(Adjustments) 기능은 이미지의 밝기, 대비, 색상, 채도 등을 보정하고 수정할 수 있는 기능입니다. 이러한 요소들을 정밀하게 조절하여 색상 균형을 최적화할 수 있으며, 작업 의도에 맞게 이미지의 특정 톤과 감성을 표현할 수 있습니다.

1. 조정 기능과 조정 레이어

(1) 조정
최상단 메뉴의 [이미지〉조정/Image〉Adjustments]에서 필요한 조정 기능을 선택하여 생성할 수 있습니다. 조정 기능이 적용된 레이어는 원본을 되돌릴 수 없습니다.

(2) 조정 레이어
❶ 최상단 메뉴의 [레이어〉새 조정 레이어/Layer〉New Adjustment Layer]를 클릭하여 생성할 수 있습니다.
❷ 레이어 패널 하단의 조정 레이어 아이콘을 클릭하여 드롭다운 메뉴에서 원하는 조정 레이어를 추가할 수 있습니다.

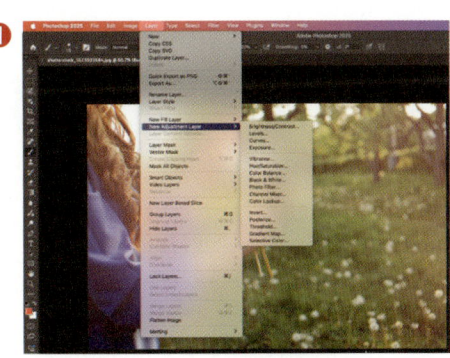
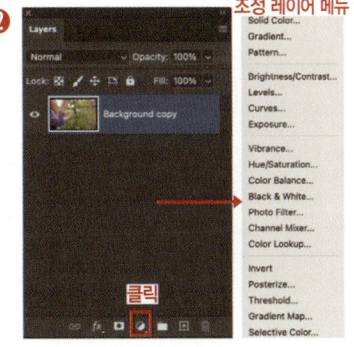

❸ 조정 레이어의 경우 원본을 보존하면서 레벨, 커브, 색상/채도 등 다양한 조정 기능을 레이어에 적용할 수 있으며 필요시 원본의 수정이 가능합니다.
❹ 조정 레이어는 기본적으로 레이어 마스크와 함께 생성됩니다. 조정 레이어에 레이어 마스크를 추가로 생성하여 조합해서 활용하면 이미지의 특정 부분만 선택적으로 보정할 수 있어 세심하게 편집도 가능합니다.
❺ 조정 레이어를 추가하면 선택한 레이어의 상위에 조정 레이어가 조정별로 각각 추가되며 '속성' 패널에서 값을 조절하여 필요한 만큼 이미지를 보정할 수 있습니다.
❻ 대부분의 조정 기능과 조정 레이어의 기능은 중복되어있으나 조정에만 포함되어 있는 기능도 있습니다.

(3) 조정 패널

최상단 메뉴의 [창 〉 조정/Window 〉 Adjustments]에서 조정 메뉴를 더블 클릭하여 레이어에 조정 레이어로 바로 적용할 수 있습니다.

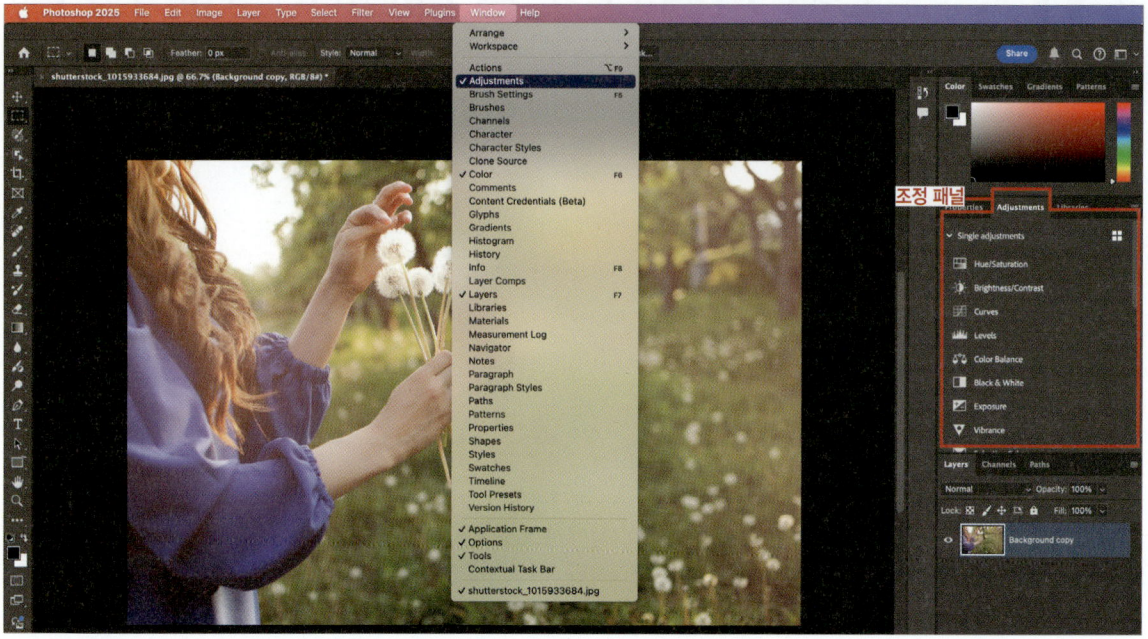

2. 다양한 조정(Adjustment) 기능의 종류와 특징

각 조정 기능에 대한 활용 방법과 특징을 확인합니다. ❶부터 ⓘ까지의 기능들은 '조정' 메뉴와 '조정 레이어' 양쪽에서 모두 사용할 수 있습니다. ⓴~㉕의 기능들은 조정 레이어로 생성이 불가능하며, '조정' 메뉴에서만 사용할 수 있습니다.

❶ 단색(Solid Color): 단일 색상으로 레이어를 채우는 조정 레이어입니다. 생성하면 컬러 픽커가 열립니다. 레이어를 더블 클릭하여 색상을 수정할 수 있습니다.

❷ 그레이디언트(Gradient): 그레이디언트로 레이어를 채우는 조정 레이어입니다. 생성하면 그레이디언트 채우기 대화상자가 열립니다. 대화상자를 이용하여 그레이디언트를 사전 설정하거나 생성 후 레이어를 더블 클릭하여 색상을 수정할 수 있습니다.

❸ 패턴(Pattern): 패턴으로 레이어를 채우는 조정 레이어입니다. 생성하면 패턴 채우기 대화상자가 열립니다. 대화상자를 이용하여 사전 설정하거나 생성 후 레이어를 더블 클릭하여 다른 패턴으로 변경할 수 있습니다.

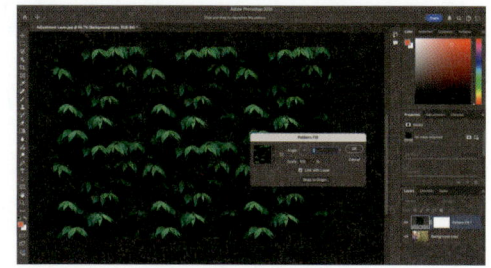

❹ 명도/대비(Brightness/Contrast): 이미지의 전체적인 밝기와 대비를 조절하는 조정 레이어를 생성합니다.

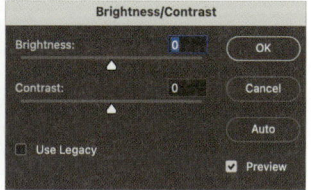

- 전체적으로 밝게 하고 싶을 때: Brightness 슬라이더를 오른쪽 (+)으로 이동합니다.
- 전체적으로 어둡게 하고 싶을 때: Brightness 슬라이더를 왼쪽 (-)으로 이동합니다.
- 선명도를 높이고 싶을 때: Contrast 슬라이더를 오른쪽 (+)으로 이동합니다.
- 부드러운 느낌을 주고 싶을 때: Contrast 슬라이더를 왼쪽 (-)으로 이동합니다.

❺ 레벨(Levels): 어두운 영역, 중간톤, 밝은 영역을 개별 조정하여 보다 전문적인 톤 보정이 가능합니다.

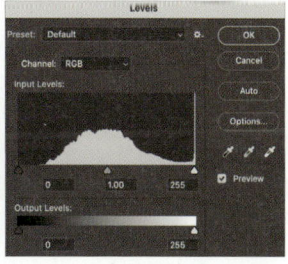

- 전체적인 밝기 조절이 필요할 때: Input Levels의 중간 슬라이더(1.00)를 좌우로 조절합니다.
  - 오른쪽으로 이동: 전체적으로 어둡게
  - 왼쪽으로 이동: 전체적으로 밝게

❻ 곡선(Curves): 곡선 그래프로 명암과 색상을 세밀하게 조정할 수 있으며, 보정해야 할 포인트를 추가하여 부분적인 조정이 가능합니다.

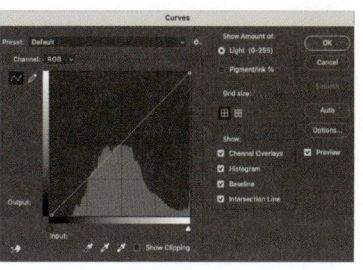

- **전체적으로 밝게 보정하기**: 커브 선의 중간 부분을 위로 올립니다. 위로 올릴수록 전체 톤이 밝아집니다.

 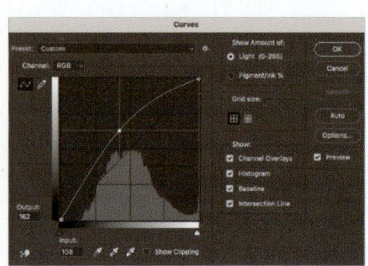

- **대비 보정하기**: 커브 선을 4등분으로 나눈다고 가정하고 어두운 영역에서 1/4 지점을 약간 아래로 내리고 반대로 밝은 영역 3/4 지점에서 약간 위로 올려서 완만한 'S'자 커브를 만듭니다. 밝은 부분은 밝게 어두운 부분은 어둡게 대비가 강해집니다. 반대로 전체적으로 부드럽게 만들고 싶으면 역 'S'자 커브로 보정합니다.

 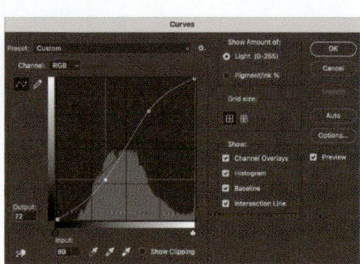

- **스포이드 도구로 특정 영역 보정하기**: 스포이드 도구는 이미지에서 어떤 톤을 조절할지 기준을 설정하는 도구입니다.
  - 검정 스포이드: 이미지에서 가장 어두운 부분을 설정하여 톤을 변경하고 명암비를 높입니다.
  - 회색 스포이드: 이미지의 중간톤을 설정하여 전체적인 밝기를 조절합니다.
  - 흰색 스포이드: 이미지에서 가장 밝은 부분을 흰색으로 설정하여 명암비를 낮춥니다.

 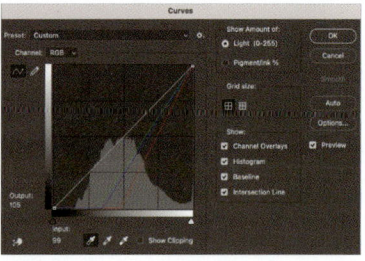

❼ **노출(Exposure)**: 카메라의 노출값을 조절하는 것처럼 이미지의 밝기를 조절하는 도구입니다. RAW 포맷의 원본 이미지에서 더 효과적으로 보정이 가능합니다.

 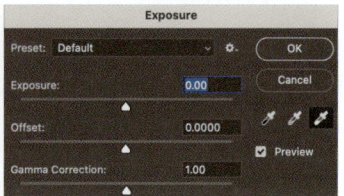

❽ **활기(Vibrance)**: 채도가 낮은 색상을 중심으로 채도를 자연스럽게 높여 보정합니다. 일반 채도(Saturation)와 달리 피부톤을 보호하며, 이미 채도가 높은 색상은 영향이 적어 자연스러운 결과물을 얻을 수 있습니다.

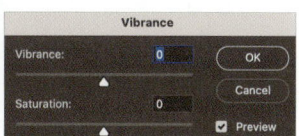

❾ **색조/채도(Hue/Saturation)**: 색조(색상), 채도(선명도), 명도를 종합적으로 조절할 수 있는 도구입니다.

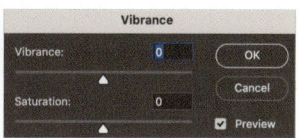

- **특정 영역 색상을 한정한 후 변경하기**: 직접 조정 도구로 변경하고자 하는 색상을 클릭하여 선택하면 대화 상자 하단의 컬러 슬라이더를 움직여 컬러를 한정할 수 있습니다.

❿ **색상 균형(Color Balance)**: 이미지의 전반적인 색상 균형을 조절하여 색온도나 색상 보정에 효과적인 조정 레이어입니다. 그림자, 중간톤, 하이라이트 각각의 영역을 각각 보정할 수 있으며, 시안-레드, 마젠타-그린, 옐로우-블루의 균형을 조절할 수 있습니다. 중간톤을 먼저 선택해 색상 균형을 맞춘 후 그림자와 하이라이트로 가장 어둡고 밝은 영역을 순차적으로 보정합니다.

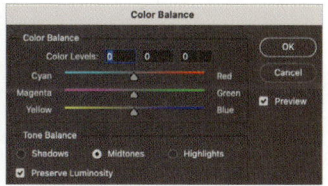

- **형광등 조명 보정**: Midtones이 선택된 상태에서 'Magenta ↔ Green : -5~-10(Magenta쪽)'으로 슬라이더를 이동하여 초록색 톤을 조절합니다.
- **피부톤 보정**: Midtones이 선택된 상태에서 'Cyan ↔ Red : +10~+20(Red쪽), Yellow ↔ Blue : +5~+50(Yellow쪽)'으로 슬라이더 이동합니다.

❶ 흑백(Black&White): 컬러 이미지를 흑백으로 변환하면서 원본의 각 색상 채널을 세밀하게 조절할 수 있는 도구입니다. 빨강, 노랑, 초록 등 각 색상의 밝기값을 개별적으로 조정하여 풍부한 톤을 가진 흑백 사진을 만들 수 있으며, 색조 효과도 추가할 수 있습니다.

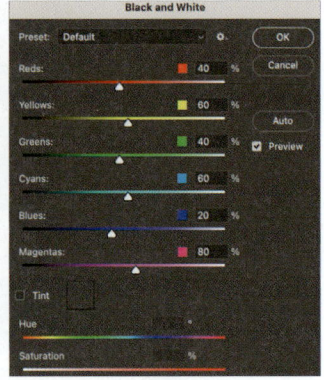

❷ 포토 필터(Photo Filter): 실제 카메라 렌즈 필터와 같은 효과를 디지털로 구현한 도구입니다. 웜필터, 쿨필터 등 기본 제공되는 필터들을 사용하거나 사용자가 직접 색상을 선택할 수 있으며, 농도를 조절하여 자연스럽게 색상 톤을 이미지에 적용합니다.

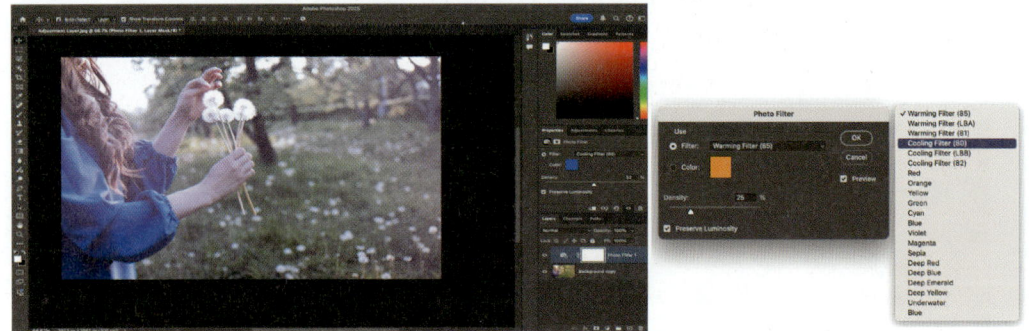

❸ 채널 혼합(Channel Mixer): RGB나 CMYK의 각 색상 채널을 독립적으로 믹싱할 수 있는 전문가용 도구입니다. 곡선(Curves)이나 레벨(Levels)에도 채널별 컬러 선택은 가능하나 채널 혼합이 더 정교하게 RGB 등 출력 채널 별 톤 조절이 가능하여 섬세하게 보정할 수 있는 기능입니다.

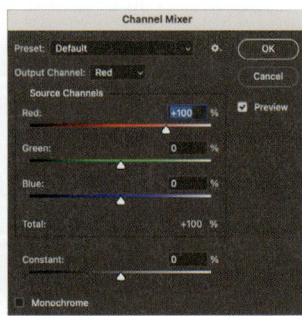

- 각 채널별 보정하기: 컬러 채널별 슬라이더를 움직여 보정합니다.
- 흑백 이미지로 보정하기: 사전설정(Preset)의 Black&White 필터를 선택합니다. Monochrome에 체크합니다.

⓮ 색상 검색(Color Lookup): 색상 톤, 대비, 색 보정 값 등 미리 정의된 색상 테이블(LUT ; Look Up Table)을 적용하여 이미지의 전체적인 색감을 변경합니다. 사전 설정된 영화나 유명 브랜드의 필름 같은 특정한 색감을 클릭 한 번으로 쉽고 간편하게 보정을 할 수 있습니다. LUT 파일은 .cube, .3dl, .look 등의 확장자가 있으며, .look의 경우는 Adobe에서 만든 LUT 파일입니다. 검색을 통해 유료, 무료 등으로 다운로드하여 추가할 수 있고 프리미어 프로 등 영상 앱에서도 사용이 가능합니다.

- 원하는 사전 설정 선택하기: 3DLUT file을 클릭하여 드롭다운 메뉴에서 원하는 사전 설정을 골라 이미지에 적용할 수 있습니다.

⓯ 반전(Invert): 이미지의 모든 색상값을 반전하여 네거티브 이미지를 만들거나 반대로 네거티브 이미지를 포지티브 이미지로 만들 수 있습니다.

⓰ 포스터화(Posterize): 팝아트나 그래픽 효과와 같이 변경된 이미지를 만듭니다. 이미지의 색조 단계를 줄여 거칠고 독특한 느낌을 표현합니다. 레벨 슬라이더를 움직여 단순화 정도를 제어할 수 있습니다.

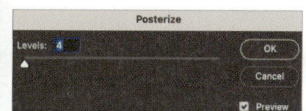

⓱ 한계값(Threshold): 이미지를 흑과 백 두 가지 톤으로 변환하는 조정 레이어입니다. 한계값을 기준으로 그보다 밝은 픽셀은 흰색으로, 어두운 픽셀은 검은색으로 변환됩니다. 실루엣이나 스텐실 효과를 만들 때 효과적입니다.

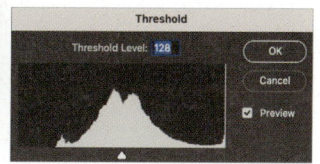

⑱ 그레이디언트 맵(Gradient Map): 어두운 영역은 그레이디언트의 시작 색상으로, 밝은 영역은 끝 색상으로 변환되어 독특한 색상 효과나 이미지를 기반으로 듀오톤 효과를 만들 수 있습니다. 혼합 모드를 '곱하기'나 '컬러' 등으로 변경하여 이미지에 그레이디언트 효과를 자연스럽게 보정할 수 있습니다.

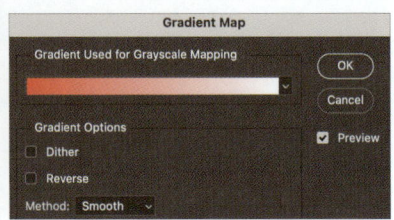

⑲ 선택 색상(Selective Color): 색상 영역을 독립적으로 조절할 수 있는 색보정 조정 레이어입니다. 보정하고자 하는 컬러를 선택하고 해당 컬러별로 슬라이더를 조절하여 색상 조절이 가능하므로 선택 영역을 활성화하지 않아도 컬러별로 색을 보정할 수 있습니다.

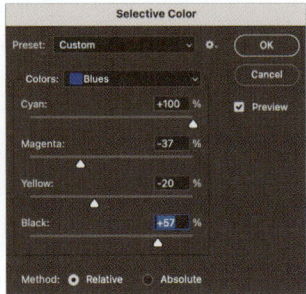

⑳ 어두운 영역/밝은 영역(Shadows/Highlights): 어두운 부분과 밝은 부분을 독립적으로 조정할 수 있는 보정 도구입니다. 주로 역광 사진의 어두운 부분을 살리거나, 과다 노출된 하이라이트 부분의 디테일을 복구하는 데 사용됩니다.

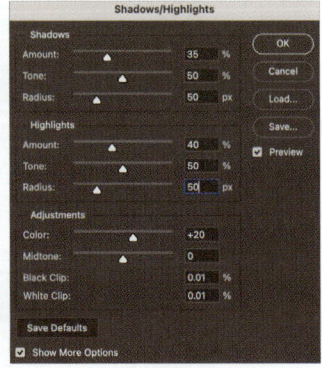

• 세부 옵션 열기: Show more option을 체크하면 세부 옵션 대화상자로 변경됩니다.

㉑ HDR 토닝(HDR Toning): HDR(High Dynamic Range)은 '높은 동적 범위'를 의미합니다. 인간의 눈이 실제로 보는 밝기의 범위로 카메라가 담지 못하는 실제 눈으로 보는 것과 비슷한 이미지를 구현하는 보정 도구입니다.

㉒ 채도 감소(Desaturate): 채도 감소(Desaturate)는 이미지의 채도를 완전히 제거하여 흑백으로 변환하는 가장 단순한 방법입니다. 흑백(Black&White)조정 기능과 달리 색상 조절이 불가능하지만, 빠르게 흑백 효과를 얻을 수 있습니다. 색 보정이 필요없는 간단한 흑백 변환이나 레이어의 부분적 채도 제거에 활용됩니다. 그레이스케일 모드와 차이점은 채도 감소로 변환한 흑백 이미지는 RGB 채널이 모두 존재합니다. 반면 그레이스케일 모드로 만든 흑백 이미지는 그레이 채널 하나만 존재합니다.

㉓ 색상 일치(Match Color): 색상 일치 Match Color는 소스 레이어를 사용하여 색상과 밝기를 작업하고 있는 이미지에 적용하는 기능입니다. 주로 여러 사진의 색감을 일관성 있게 통일하거나, 특정 레퍼런스 이미지의 분위기를 다른 이미지에 적용할 때 사용됩니다.

 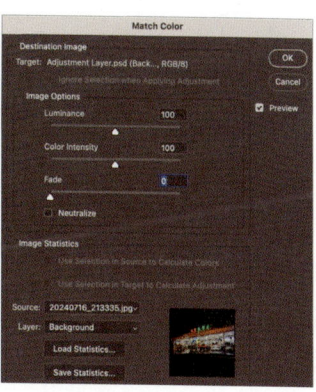

- 색상 일치 시작하기
  - 색상을 변경할 대상 레이어, 레퍼런스로 사용할 소스 레이어 2개의 레이어가 필요합니다.

- 소스로 사용할 이미지를 포토샵으로 열어줍니다.
- 색상을 변경할 작업 레이어를 선택 후 색상 일치(Match Color) 클릭하여 선택 시 이 레이어는 대상(Target) 레이어가 됩니다.
- 소스 이미지 선택하기: Match Color 대화상자 하단의 소스(Source)를 클릭하여 레퍼런스로 사용할 소스 이미지를 선택하여 적용합니다.
- 밝기 보정하기: 광도(Luminance) 옵션의 슬라이더를 오른쪽으로 이동하여 밝게 보정합니다.
- 색상 강도 보정하기: 색상 강도(Color Intensity) 슬라이더를 왼쪽으로 이동하면 레퍼런스 이미지에 더 가깝게 색상 보정합니다.
- 레퍼런스 이미지 강도 약하게 하기: 페이드(Fade) 옵션의 슬라이더를 높여서 레퍼런스 이미지의 강도를 약화합니다(불투명도와 비슷한 느낌으로 적용).
- 색상의 밸런스 맞추기: 중화(Neutralize) 옵션을 체크하여 이미지 전체의 색상 밸런스를 조정합니다.

- 소스 레이어의 특정 부분만 매치 컬러로 적용하기
  - 소스에서 특정 부분을 선택 도구로 선택 영역을 활성화한 후 대상 레이어에서 매치 컬러를 실행합니다.
  - 대화상자에서 '소스에서 선택한 내용을 사용하여 색상 계산(Use Selection in Source to Calculate Colors)'에 체크하여 활성화합니다.
  - 소스 레이어의 전체가 아닌 특정 영역의 색상만 사용하고 싶을 때 사용합니다.
- 대상 레이어의 선택 영역을 매치 컬러로 적용하기
  - 대상 레이어에서 선택 도구로 선택 영역을 활성화한 후 매치 컬러를 실행합니다.
  - 대화상자에서 '대상에서 선택한 내용을 사용하여 조정 계산(Use Selection in Target to Calculate Adjustment)'에 체크하여 활성화합니다.
  - 대상 레이어에서 선택 영역으로 활성화된 부분에만 색상 일치가 적용됩니다.

㉔ 색상 대체(Replace Color): 특정 색상을 선택하여 새로운 색상으로 변경할 수 있는 포토샵의 조정 도구입니다. 색상 선택 스포이드, 허용 오차(Fuzziness) 조절, HSL(색조/채도/명도) 값 조정이 가능하며, 미리보기를 통해 마스크 영역을 확인할 수 있습니다.

 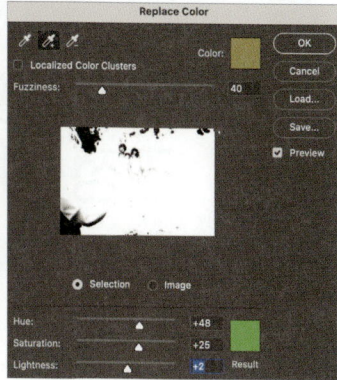

- 특정 색상 변경하기
  - 스포이드 툴을 선택하여 변경하고자 하는 색상을 선택합니다.
  - 대화상자의 HSL(색조/채도/명도)를 움직여 원하는 컬러로 변경합니다.
- 변경 색상 추가하기: 스포이드 툴 중 (+) 마크가 있는 스포이드를 클릭하여 선택 후 이미지에서 유사 색상을 선택하여 선택 영역을 추가하고 컬러를 자연스럽게 변경합니다.
- 미리보기 변경하기: 선택 또는 이미지를 클릭하여 미리보기를 변경합니다.
- 지역화된 색상 집합(Localized Color Clusters)
  - 유사한 색상을 그룹화로 변경하는 기능입니다.
  - 체크 시 선택한 인근의 컬러가 중점적으로 변경되고 체크를 해제하면 이미지 전체에서 유사한 색상을 한 번에 변경 가능합니다.
- 허용량(Fuzziness): 선택한 색상과 비슷한 색상을 얼마나 포함할지 결정하는 수치로 낮을수록 변경되는 색상의 폭이 작습니다.

㉕ 균일화(Equalize): 이미지의 명암 분포를 고르게 조정하는 도구입니다. 어두운 부분은 밝게, 밝은 부분은 어둡게 만들어 전체적인 명암 대비를 향상시켜 선명한 이미지로 보정합니다.

SECTION 05 | 이미지의 컬러와 톤을 조정 기능으로 바꿔보기

1. 1분 실습_ 그레디이언트 맵으로 신비로운 인물 사진

조명을 사용한 것처럼 인물 사진에 신비로운 컬러를 추가합니다.

(1) 파일 열기

최상단 메뉴의 [파일 > 열기/File > Open]을 클릭하여 대화상자에서 '클래스6_5_1분실습_그레이디언트맵.psd' 파일을 불러옵니다.

(2) 조정 레이어 추가하기

❶ 레이어 패널에서 조정 레이어 아이콘을 클릭합니다.
❷ '그레이디언트 맵(Gradient Map)'을 추가합니다.
❸ 속성 패널에서 그레이디언트 슬라이더를 클릭하여 대화상자를 엽니다.

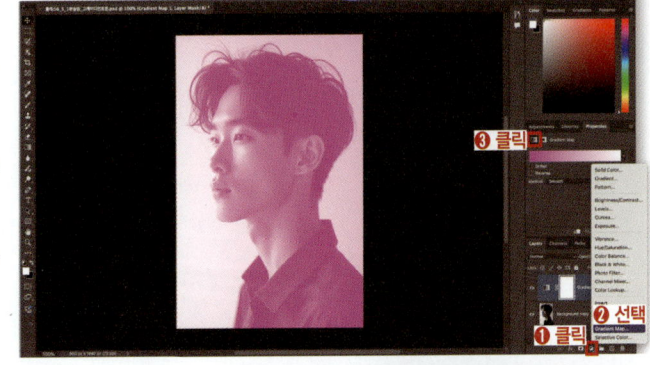

(3) 그레이디언트 컬러와 위치 변경하기

❶ 사전 설정된 그레이디언트 컬러 중 Purples 그룹의 두 번째에 위치해 있는 'Purple_02' 컬러를 클릭하여 선택합니다.
❷ 오른쪽 마젠타 컬러의 위치(Location)를 '85'로 수정합니다. 확인을 클릭하여 변경사항을 저장합니다.

(4) 조정 레이어 혼합 모드 변경하기

❶ 레이어 패널에서 ❷ 그레이디언트 조정 레이어의 혼합 모드를 '색상(Color)'으로 변경합니다.

(5) 결과물 확인하기

간단하게 듀오톤 인물 사진을 완성했습니다.

> **Tip** 더 강렬하게 그레이디언트 맵을 추가하고 싶다면 그레이디언트 조정 레이어를 복사하여 곱하기 모드로 변경해봅니다.

2. 1분 실습_ 채도를 높여서 생생한 사진으로

(1) 파일 열기

최상단 메뉴의 [파일 > 열기/File > Open]을 클릭하여 대화상자에서 '클래스6_5_1분실습_채도.psd' 파일을 불러옵니다.

(2) 조정 레이어 추가하기

❶ 레이어 패널에서 조정 레이어 아이콘을 클릭합니다.
❷ '색조/채도(Hue/Saturation…)'를 추가합니다.

(3) 색조/채도(Hue/Saturation) 값 수정하기

속성 패널의 색조/채도 값을 수정합니다. 'Master'로 선택되어있는 상태에서 Hue를 -5 Saturation을 +15로 입력합니다.

(4) 지정 색조를 수정하기

❶ 'Master'를 클릭하여 드롭다운 메뉴에서 'Yellows'를 선택한 후 하단 슬라이더를 움직여 33°(ⓐ)/52°(ⓑ), 75°(ⓒ)/124°(ⓓ)의 값으로 이동합니다.

❷ Hue를 +15, Saturation을 +10, Lightness를 +10으로 수정합니다.

(5) 결과물 확인하기

과일의 채도를 올려 더 생생한 느낌으로 보정하였습니다.

3. 1분 실습_ 여러 이미지의 톤을 일정하게 보정하기

(1) 파일 열기

최상단 메뉴의 [파일〉열기/File〉Open]을 클릭하여 대화상자에서 '클래스6_5_1분실습_색상일치.psd'와 '클래스6_5_1분실습_색상일치_소스.psd' 파일을 불러옵니다.

(2) 대상 레이어 선택하기

3가지의 이미지가 있는 '클래스6_5_1분실습_색상일치.psd' 파일의 레이어 패널에서 1번 레이어를 선택합니다.

(3) 색상 일치(Match color) 기능 선택하기

최상단 메뉴의 [이미지〉조정〉색상 일치/Image〉Adjustments〉Match Color…]를 클릭하여 색상 일치 대화상자를 엽니다.

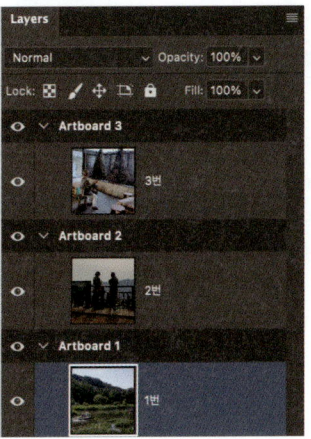

(4) 소스 레이어 선택하고 색상 일치 적용하기

❶ 색상 일치 대화상자 하단의 소스 레이어를 클릭하여 '소스' 레이어를 선택합니다.
❷ 대상 레이어에 소스 레이어의 색조가 적용됩니다. 확인을 클릭하여 변경 사항을 적용합니다.

(5) 반복해서 적용하기

❶ 레이어 패널에서 2번과 3번 레이어도 모두 색상 일치를 반복하여 적용합니다.
❷ 3가지의 이미지가 소스 이미지와 색상 일치되어 유사한 톤으로 보정되었습니다.

> **Tip** 웨딩이나 특별한 이벤트가 있을 때 많은 사진들의 톤이 유사할 경우 일관적인 느낌을 전달 할 수 있습니다.

4. 1분 실습_ 색상 검색으로 낮 이미지를 밤으로 바꾸기

(1) 파일 열기

최상단 메뉴의 [파일 〉 열기/File 〉 Open]을 클릭하여 대화상자에서 '클래스6_5_1분실습_색상검색.psd' 파일을 불러옵니다.

(2) 조정 레이어 추가하기

❶ 레이어 패널에서 조정 레이어 아이콘을 클릭합니다.
❷ '색상 검색(Color Lookup)'을 추가합니다.

(3) 3DLUT 선택하여 적용하기

❶ 속성 패널에서 3DLUT 목록을 클릭합니다.
❷ 드롭다운 메뉴에서 'Moonlight.3DL'을 선택합니다. 레이어 패널에서 조정 레이어로 추가된 것을 확인할 수 있습니다.

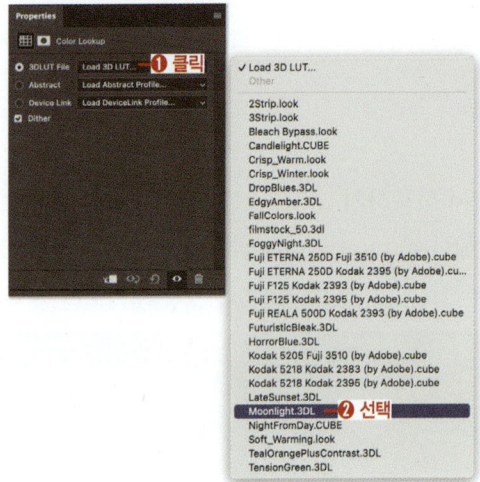

(4) 다른 레이어를 추가해서 밤 느낌 더하기

레이어 패널에서 'Dark' 레이어와 'Color Fill 1'의 레이어 축소판 옆의 보이기 아이콘을 클릭하여 완성합니다.

> **Tip** 다양한 3DLUT 파일을 선택하여 이미지에 어떤 변화가 있는지 확인해 보세요.

5. 1분 실습_ 역광 사진 보정하기

(1) 파일 열기

최상단 메뉴의 [파일 > 열기/File > Open]을 클릭하여 대화상자에서 '클래스6_5_1분실습_역광.psd' 파일을 불러옵니다.

(2) 기능 선택하기

최상단 메뉴의 [이미지 〉 조정 〉 어두운 영역/밝은 영역/Image 〉 Adjustments 〉 Shadows/Highlights…]를 클릭하여 대화상자를 엽니다.

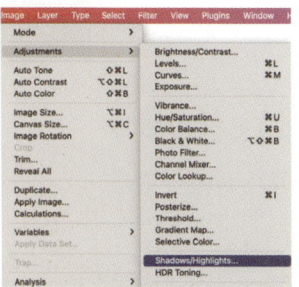

(3) 수치 조절하기

대화상자가 열리면 상단 어두운 영역의 양(Amount)을 70%로 변경합니다. 확인을 클릭해 변경사항을 적용합니다.

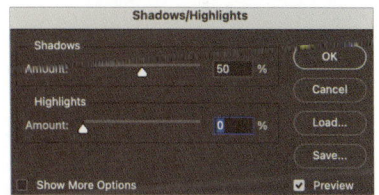

(4) 결과물 확인하기

역광이 조절되어 이미지의 어두운 부분의 디테일도 잘 보이도록 보정되었습니다.

6. 1분 실습_ 레벨과 곡선으로 여러 레이어의 컬러톤 자동 보정하기

(1) 파일 열기

최상단 메뉴의 [파일 〉 열기/File 〉 Open]을 클릭하여 대화상자에서 '클래스6_5_1분실습_자동보정.psd' 파일을 불러옵니다.

(2) 곡선 조정 레이어 추가하기

❶ 레이어 패널에서 곡선(Curves) 레이어를 추가합니다.
❷ 속성(Properties) 패널에서 Alt(Windows)/Opt(Mac)를 누르면서 '자동(Auto)' 버튼을 클릭합니다. '자동 색상 교정 옵션(Auto Color Correction Options)' 대화상자가 열립니다.

(3) 옵션 변경하기

❶ 옵션에서 '단색 대비 향상(Enhance Monochromatic Contrast)'을 선택합니다.
❷ 하단의 '어두운 영역(Shadow)'을 클릭하여 컬러를 #003b72으로 변경합니다.
❸ 클립(Clip)을 4%로 변경합니다.
　※ 변경된 타겟 컬러 저장 안내창이 나오면 'No'를 선택합니다.

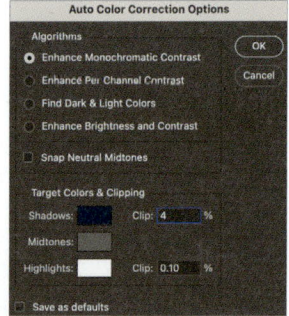

(4) 레벨 조정 레이어 추가하기

레벨 조정 레이어를 추가 후 '(2) 곡선 조정 레이어 추가하기'와 동일하게 자동 색상 교정 옵션 대화상자를 열어 동일한 옵션을 적용합니다.

(5) 아트워크 완성하기

필요시 수동으로 레벨과 커브를 조금씩 수정하여 대비를 올려 아트워크를 완성합니다.

SECTION 06 | 이미지의 특정 부분 컬러를 변경하기

1. 색상 범위(Color Range)를 이용해 원하는 컬러 선택하기

색상 범위는 이미지에서 특정 색상 영역을 정밀하게 선택할 수 있는 도구입니다. 색상 범위는 색상 기반의 정밀한 선택이 가능하며, 스포이드로 여러 색상을 추가/제외하면서 유사 색상을 자동으로 선택합니다. 올가미 도구나 개체 선택 도구, 자동 선택 도구 등은 개체의 영역이나 인접한 픽셀 값을 기준으로 선택하므로, 복잡한 색상이 많은 이미지의 선택 영역을 활성화할 시에는 색상 범위를 사용하는 것이 효과적입니다.

(1) 색상 범위 메뉴 위치

최상단 메뉴의 [선택〉색상 범위/Select〉Color Range...]를 클릭하여 색상 범위 기능을 사용할 수 있습니다.

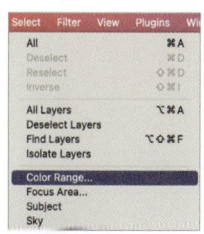

(2) 색상 범위를 이용하여 선택 영역 활성화하기

❶ 이미지에서 선택 색상을 찾기
  • Select에서 Sampled Colors가 선택된 상태에서 이미지에서 클릭하여 선택합니다.
  • 선택한 색상은 전경색과 우측 상단의 색상 패널에서 변경사항을 확인할 수 있습니다.
❷ 사전 설정된 색상을 사용하기: Select를 클릭해 드롭다운 메뉴에서 기본적인 사전 설정 컬러를 선택하여 이미지에서 분포되어 있는 선택 색상을 선택하고 피부톤 등의 특수한 설정도 가능합니다.

❸ 선택한 색상에서 색상을 추가하고 빼기: (+) 스포이드로 색상 추가하고 (-) 스포이드로 색상을 제외할 수 있습니다.
❹ 미리보기로 현재 선택된 색상을 확인하기
- Selection 옵션으로 대화상자에서 현재 선택된 컬러를 백색으로 확인할 수 있습니다.
- 하단의 Selection Preview 옵션으로 문서에서 선택된 컬러를 확인할 수 있습니다.
- Quick mask로 바꾸고 Invert 옵션을 체크하면 선택 영역이 붉게 표시되어 보기 편리합니다.
❺ 지역화된 색상 집합(Localized Color Clusters): 유사한 색상을 그룹화로 변경하는 기능입니다. 체크할 경우 선택한 인근의 컬러가 중점적으로 선택하며 체크를 해제하면 이미지 전체에서 유사한 색상을 선택합니다.
❻ 허용량(Fuzziness): 수치가 낮을수록 선택되는 색상의 폭이 적습니다.
❼ 색상 범위에서 선택한 선택 영역은 대화상자에서 저장하고 불러올 수 있습니다.

2. 1분 실습_ 사진 속 특정 색상 선택하고 변경하기

(1) 파일 열기

최상단 메뉴의 [파일 〉 열기/File 〉 Open]을 클릭하여 대화상자에서 '클래스6_6_1분실습_색상바꾸기.psd' 파일을 불러옵니다.

(2) 색상 범위 대화상자 열고 선택 영역 만들기

❶ 최상단 메뉴의 [선택 〉 색상 범위/Select 〉 Color Range]를 클릭하여 '색상 범위' 대화상자를 엽니다.
❷ 스포이드로 가운데 스쿠터의 컬러를 선택한 후 (+) 스포이드로 주변 컬러를 선택해 스쿠터의 푸른색이 모두 선택되도록 범위를 추가합니다. 확인을 눌러 선택 영역을 활성화합니다.

(3) 선택 영역 정리하기

❶ Invert 옵션을 체크하여 선택 영역이 반전되어 있습니다.
❷ 최상단 메뉴의 [선택 〉 반전/Select 〉 Invert]를 선택하여 선택 영역을 반전시킵니다.
❸ 이미지를 자세히 보면 스쿠터 외의 불필요한 선택 영역이 있습니다. 올가미 도구로 비활성화하여 정리합니다.

(4) 조정 레이어 추가하고 색상 변경하기

레이어 패널에서 조정 레이어 아이콘을 클릭하여 '색조/채도(Hue/Saturation)'를 추가합니다. 색조 슬라이더를 움직여 컬러를 변경합니다.

3. 이미지의 일부에 조정 효과를 적용하는 조정 브러시(Adjustment Brush)

브러시로 칠하듯 원하는 부분만 자연스럽게 이미지의 특정 영역에 선택적으로 밝기, 대비, 채도 등을 조정할 수 있는 보정 도구입니다. 조정 레이어처럼 마스크 기능이 자동으로 적용되므로 원본을 손상하지 않고 언제든 수정할 수 있습니다.

(1) 조정 브러시 도구 찾기

조정 브러시 도구는 왼쪽 도구 패널에 배치되어 있습니다. 클릭하여 선택합니다.

(2) 조정 브러시 컨트롤 패널 옵션

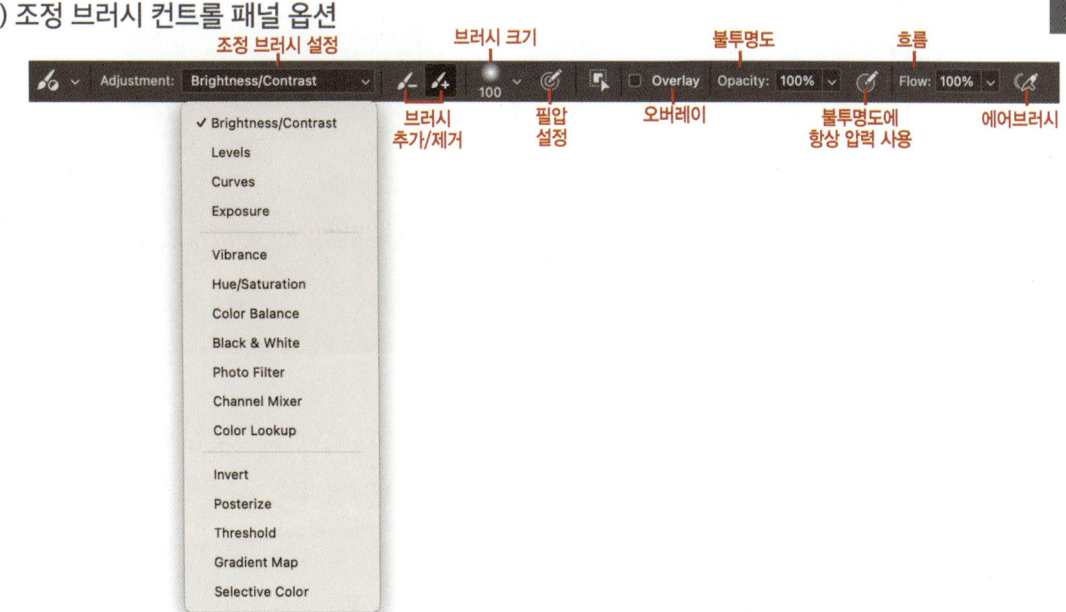

❶ 조정 브러시 설정: 칠할 부분에 어떤 조정을 적용할지 선택합니다.
❷ 브러시 추가/제거: 지우개처럼 (−) 브러시로 칠한 영역을 지울 수 있습니다.
❸ 브러시 크기: 브러시의 크기와 설정을 변경하고 다른 브러시로 변경할 수 있습니다.
❹ 오버레이: 브러시로 칠한 영역을 오버레이로 미리보기 합니다. 체크를 해제하면 선택한 조정 효과가 보입니다.
❺ 불투명도: 브러시의 불투명도를 조절할 수 있습니다. 조정레이어의 불투명도와는 별도의 기능입니다.
❻ 흐름: 브러시가 칠해지는 속도입니다.

4. 1분 실습_ 조정 브러시로 자유롭게 일부 색상 변경하기

(1) 파일 열기

최상단 메뉴의 [파일 〉 열기/File 〉 Open]을 클릭하여 대화상자에서 '클래스6_6_1분실습_조정브러시.psd' 파일을 불러옵니다.

(2) 조정 브러시 설정하고 칠하기

❶ 왼쪽 도구 패널에서 '조정 브러시'를 선택합니다.
❷ 상단 컨트롤 패널에서 '색조/채도(Hue/Saturation)'를 선택합니다.
❸ 일반 브러시(General Brushes)를 선택 후 부드러운 원(Soft Round) 브러시를 선택합니다.
❹ 브러시 크기는 600px로 설정합니다. 레몬 중심에서 클릭하면 레이어 패널에서 조정 레이어가 생성되면서 조정 브러시가 적용됩니다.

(3) 조정 브러시 영역 수정하기

속성 패널에서 색조(Hue)를 +60으로 수치를 변경하여 초록색으로 조정합니다. 레이어 마스크 축소판이 선택되었는지 확인하고 브러시의 크기를 줄여 레몬을 따라 칠하듯 색조를 변경합니다.

> **Tip** 브러시로 칠하듯 작업이 어렵다면 선택 영역으로 색조를 변경하는 방법도 있습니다. 선택 도구로 선택 영역을 활성화한 후 조정 브러시를 클릭하면 선택 영역에 조정 브러시가 활성화됩니다.

SECTION 07 | Camera Raw 필터로 여러 조정을 스마트하게

1. Camera Raw 필터 살펴보기

Camera Raw 필터는 RAW 파일뿐만 아니라 JPEG, TIFF 등 다양한 이미지 포맷에서 RAW 파일처럼 자세하게 편집할 수 있는 이미지 보정 도구입니다. 여러 조정 옵션을 미리보기로 확인하면서 한 번에 적용할 수 있어 편리합니다.

(1) RAW 파일 vs JEPG

RAW 파일은 디지털 카메라 촬영 시 출력 데이터로 설정하여 생성할 수 있으며 카메라 센서가 감지한 모든 원본 정보를 그대로 담고 있습니다. 스마트폰의 카메라 앱에서도 별도 설정을 통해 RAW 파일로 촬영이 가능합니다. 높은 화질로 다양한 후보정이 편리하며 전문적인 사진을 촬영하는 전문 작가나 업종에서 사용됩니다.

(2) Camera Raw 필터 메뉴 위치

CS4 버전 이후 기능이 확장되며 Camera Raw 필터는 RAW 파일 외에 일반 JEPG 등 압축된 이미지 편집도 가능하게 되었습니다. 최상단 메뉴의 [필터 > Camera Raw 필터/Filter > Camera Raw Filter]를 클릭하여 대화상자를 엽니다.

(3) Camera Raw 필터 패널 살펴보기

우측 상단의 옵션을 클릭하면 각 옵션에 맞는 리스트로 변경됩니다. 기본적으로 편집(Edit)으로 시작하며 필요한 기능을 우측 상단 옵션에서 선택 후 옵션 리스트에서 편집하고 싶은 기능을 선택하여 이미지를 편집 및 조정할 수 있습니다.

❶ 편집(Edit): 이미지의 노출과 대비, 화이트 밸런스 조정 등의 색상과 톤 편집, 렌즈의 아웃포커싱 등 이미지에 관련한 모든 편집을 할 수 있습니다.
❷ 지오메트리(Geometry): 이미지를 변형하여 편집할 수 있습니다.
❸ 제거(Remove): 필요 없는 부분을 지우개 도구로 지우거나 생성형 AI를 사용하여 개체를 지울 수 있습니다.
❹ 새 마스크 만들기(Create New Mask): 피사체, 하늘, 배경 등 선택 영역으로 만들어 이미지의 특정 부분만 편집할 수 있습니다.
❺ 적목 현상(Red Eye): 사람 눈에 촬영된 적목 현상뿐만 아니라 동물의 눈에 촬영된 적목 현상도 옵션으로 설정하여 지울 수 있습니다.
❻ 사전 설정(Presets): 다양한 프리셋 기능으로 원클릭으로 편리하게 이미지를 보정할 수 있습니다.
❼ 기타 옵션: 적용한 설정을 초기화시켜 처음으로 되돌리거나 설정과 사전 설정을 저장하거나 불러올 수 있습니다.
❽ 샘플러: 선택한 부분의 컬러 정보를 확인할 수 있습니다.
❾ 격자 오버레이: 미리보기에 격자 오버레이를 추가할 수 있습니다.

2. Camera Raw 필터 핵심 기능

(1) 편집(Edit)의 밝게(Light) 패널

❶ 이미지의 전체 밝기와 대비, 톤을 조절합니다.
❷ 조정의 명도/대비, 레벨과 커브, 노출, 어두운 영역/밝은 영역과 유사한 기능입니다.

(2) 편집(Edit)의 효과(Effect) 패널

❶ 뿌옇게 촬영된 이미지, 색이 뭉치는 밴딩 현상 등을 조절하여 선명한 이미지로 보정합니다.
❷ 이미지 주변을 어둡게 하는 비네팅, 자잘한 질감 등을 추가하는 그레인 효과를 추가하여 특별한 느낌의 이미지를 만듭니다.

(3) 편집(Edit)의 색상 혼합(Color Mixer)

❶ 컬러별로 색조와 명도, 밝기를 수정할 수 있습니다.
❷ 조정의 색조/채도, 색상 균형, 색상 대체와 유사한 기능입니다.

(4) 편집(Edit)의 색상 보정(Color Grading)

그림자, 중간 영역, 하이라이트의 색조를 각각 선택해 이미지의 전체 톤을 손쉽게 변경합니다.

(5) 편집(Edit)의 세부(Detail)

이미지를 선명하게 하고 노이즈를 감소합니다.

(6) 제거(Remove)

Camera Raw 필터에서 생성형 AI 기능을 바로 사용할 수 있어 메뉴를 이동하지 않아도 불필요한 부분을 지울 수 있습니다.

(7) 새 마스크 만들기(Create New Mask)

❶ 포토샵의 다양한 기능(브러시, 컬러 랜지, 빠른 선택, 피사체, 배경, 그레이디언트)을 활용하여 마스크로 선택 영역을 지정하고 마스크 부분에 대한 컬러, 밝기/대비, 색조, 커브 등의 효과를 바로 지정하여 이미지를 보정합니다.
❷ 이미지 일부분의 밝기와 컬러 보정에 유용합니다.

(8) 사전 설정(Presets)

❶ 모바일 사진 애플리케이션처럼 다양한 필터를 클릭 한 번으로 이미지에 적용하여 보정하는 편리한 기능입니다.
❷ 인물, 음식, 풍경 등 다양한 촬영 결과물을 기준으로 사전 설정을 제공하고 있습니다.

3. 스마트 필터 만들기

(1) 스마트 필터란?

스마트 필터는 조정 레이어, 조정 브러시와 마찬가지로 Camera Raw 필터 및 적용되는 기능을 원본을 손상하지 않고 별도의 레이어로 만들어 편집하는 기능입니다.

(2) 레이어에 스마트 필터 적용하기

❶ 레이어 패널에서 레이어를 우클릭 후 '고급 개체로 변환(Convert to Smart Object)'을 클릭합니다.
❷ 변환된 고급 개체 레이어에 Camera Raw 필터를 적용하면 스마트 필터 레이어가 생성됩니다.
❸ 레이어 패널에서 스마트 필터 레이어를 확인할 수 있으며 적용된 기능이 리스트로 보여집니다.

(3) 스마트 필터의 수정 및 편집하기

❶ 이렇게 적용된 스마트 필터는 조정 레이어처럼 수정과 편집이 가능하고 원본을 손상하지 않아 반복적인 작업이 가능합니다.
❷ 레이어 패널에서 'Camera Raw 필터'를 더블 클릭하여 다시 대화상자를 엽니다. 필요한 조정을 추가하거나 삭제하여 수정합니다.

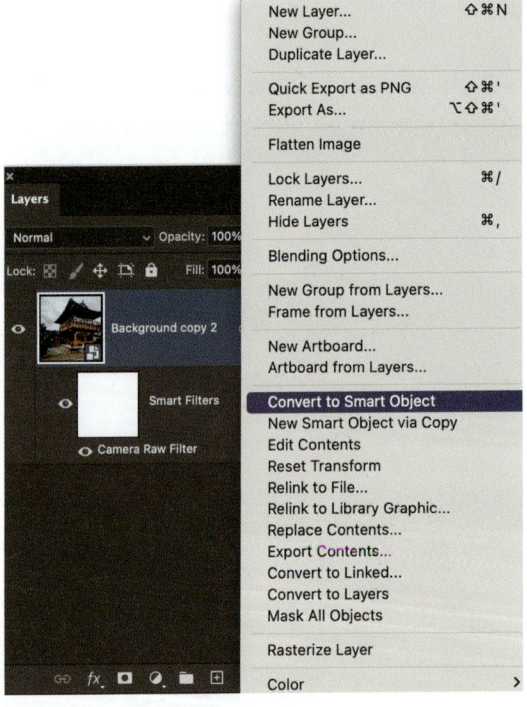

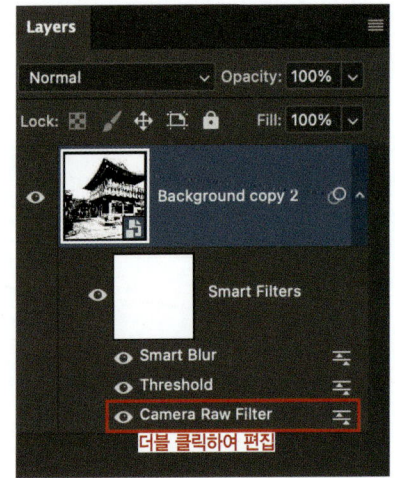

(4) 일반 조정이나 필터 기능을 스마트 필터에 적용하기

스마트 필터가 적용된 레이어는 조정, 필터 기능의 효과들을 추가할 수 있습니다. 고급 개체 레이어(스마트 오브젝트)에 적용 시 조정 레이어처럼 레이어 패널의 스마트 필터 내에 목록으로 표시되어 효과의 추가, 편집, 삭제를 손쉽게 관리할 수 있습니다.

4. 1분 실습_뿌옇게 촬영된 이미지를 선명하게 보정하기

(1) 파일 열기

최상단 메뉴의 [파일 > 열기/File > Open]을 클릭하여 대화상자에서 '클래스6_7_1분실습_스마트필터.psd' 파일을 불러옵니다.

(2) 스마트 필터 적용하기

최상단 메뉴의 [필터 > 스마트 필터용으로 변환/Filter > Convert for Smart Filters]를 클릭하여 일반 레이어를 스마트 필터로 적용합니다.

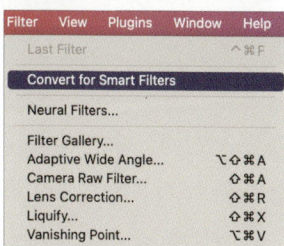

(3) Camera Raw 필터 적용하기

최상단 메뉴의 [필터 > Camera Raw 필터/Filter > Camera Raw Filter]를 클릭하여 Camera Raw 필터 대화상자를 엽니다.

(4) 이미지를 전체적으로 선명하게 보정하기

❶ 편집(Edit)의 효과(Effect) 패널을 찾아 선명도를 조절합니다.
❷ 디헤이즈(Dehaze)를 +55로, 명료도(Clarity)를 +10으로 값을 입력합니다.

(5) 마스크를 이용해 부분적으로 보완하기

❶ 우측 아이콘 중 새 마스크 만들기(Create New Mask)를 클릭합니다.
❷ 선형 그레이디언트(Linear Gradient)를 선택하여 ❸ 이미지의 상단에 마스크를 만듭니다.
❹ 아래로 스크롤을 내려 옵션 패널 중 효과(Effect)를 선택해 디헤이즈(Dehaze)를 +45로, 명료도(Clarity)를 +25로 값을 입력합니다.

(6) 컬러 보완하기

❶ 다시 편집 아이콘을 선택한 후 편집(Edit)의 밝게(Light) 패널에서 대비(Contrast)를 +20으로 입력하여 대비를 높입니다.
❷ 색상 보정(Color Grading) 패널에서 하이라이트의 푸른색으로 조절하여 하늘과 계곡의 생생함을 추가합니다.

레트로 느낌으로 여행 사진 보정하기

그레이디언트와 노이즈 효과를 중첩 적용하고 포토 필터, 노출, 활기 등의 조정 레이어를 추가하여 레트로 무드의 사진으로 보정하는 과정을 보여줍니다. 노이즈 효과를 적용하여 거칠고 예술적인 질감의 레트로 스타일을 완성할 수 있습니다.

 # LEVEL UP 튜토리얼로 체크하는 포토샵 핵심 기능

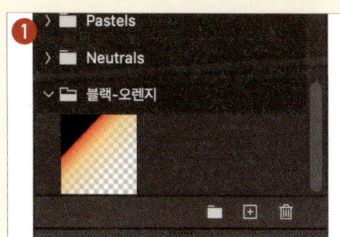

그레이디언트의 스와치를 불러오기

그레이디언트로 레이어 칠하고 편집하기

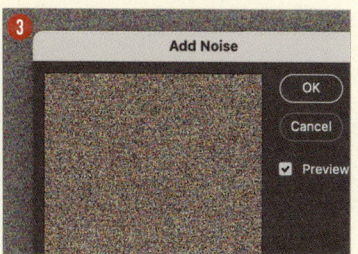

이미지에 노이즈 효과 추가하기

레이어의 불투명도 변경하기

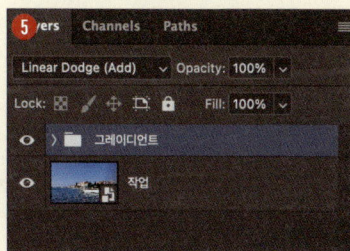

그룹의 혼합 모드를 변경하기

포토 필터를 이용해 사진의 컬러와 톤을 쉽게 바꾸기

SECTION 01 | 꼭 필요한 포토샵의 핵심 필터 알아보기

포토샵 필터는 단순한 이미지 보정부터 왜곡, 복잡한 예술적 표현까지 아우르는 다재다능한 기능입니다. 다양한 시각적 표현을 직관적인 인터페이스로 확인하면서 효과적으로 만들 수 있습니다.

1. 포토샵 필터 살펴보기

최상단 메뉴의 [필터/Filter]를 클릭하여 드롭다운 메뉴에서 다양한 포토샵 필터를 확인할 수 있습니다. 필터 갤러리, 뉴럴 필터, Camera RAW, 픽셀 유동화 등 특수 필터부터 선명 효과, 흐림 효과 등 기본 필터까지 확인할 수 있습니다.

2. 선명하게 만드는 Sharpen 필터

이미지의 윤곽선을 강화하여 또렷하게 보이는 느낌으로 보정할 수 있는 선명 효과 필터입니다.

(1) 선명하게(Sharpen)/가장자리 선명하게(Sharpen Edges)/더 선명하게(Sharpen More)

이미지 전체에 균일한 선명도를 증가시켜 간단한 선명도 조정이 필요할 때 사용합니다. 옵션을 통한 미세 조정은 불가능합니다.

(2) 고급 선명 효과(Smart Sharpen)

대화상자를 이용하여 섬세하게 선명도를 컨트롤 할 수 있으며 그림자와 하이라이트 영역의 선명도를 별도로 조정할 수 있습니다.

❶ 양(Amount): 전체 이미지의 선명화 강도를 조절합니다.
❷ 반경(Radius): 이미지의 가장자리를 기준으로 선명화 적용 범위를 얼마나 멀리까지 적용할 것인지 설정합니다.
❸ 노이즈 감소(Reduce Noise): 이미지의 노이즈를 감소하여 선명한 이미지를 만드는 기능입니다.
❹ 블러 삭제(Remove Gaussian Blur): 블러 효과가 있으면 제거하여 선명도를 높입니다.

(3) 언샵 마스크(Unsharp Mask)

명암 차이가 대조되는 픽셀 주변을 조정하여 선명도를 향상합니다. 정교하게 선명도를 세심하게 조절할 수 있습니다.

❶ 양(Amount): 전체 이미지의 선명화 강도를 조절합니다.
❷ 반경(Radius): 선명화 적용 범위를 얼마나 멀리까지 적용할 것인지 설정합니다.
❸ 임곗값(Threshold): 값이 낮아지면 선명도가 더 향상합니다.

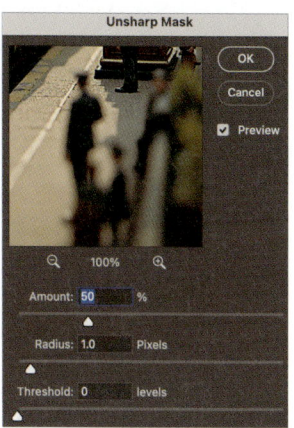

3. 이미지를 부드럽게 만드는 주요 흐림 효과(Blur) 필터

(1) 가우시안 블러(Gaussian Blur)

❶ 가장 기본적이고 널리 사용되는 블러 필터로 이미지 전체를 자연스럽도록 흐리게 만들 수 있습니다.
❷ 대화상자의 Radius(반경) 슬라이더를 이동하여 흐림 강도를 조절합니다.

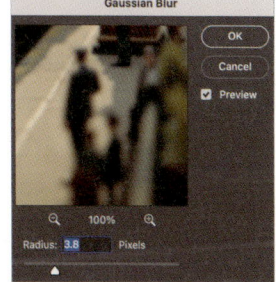

(2) 렌즈 블러(Lens Blur)

❶ 실제 카메라 렌즈의 피사계 심도를 시뮬레이션하는 필터로 사진과 같은 자연스러운 흐림 효과를 만들 수 있습니다. 조리개 모양과 하이라이트 값을 조절하여 전문적인 사진 효과를 연출합니다.

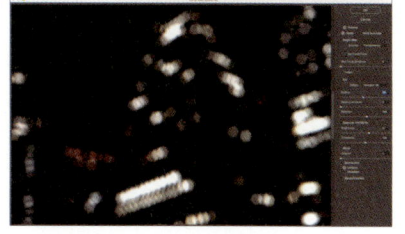

- Shape: 조리개의 모양을 변경하여 보케 효과의 모양을 변경할 수 있습니다.
- Radius: 수치를 높이면 전체 이미지의 블러 강도를 강하게 변경할 수 있습니다.
- Blade Curvature: 조리개 날의 곡률로 수치가 낮아지면 모양이 또렷한 보케 효과를 만들 수 있습니다.
- Rotation: 조리개 모양의 회전 각도를 조정할 수 있습니다(보케 생성 시 보케 회전 가능).
- Specular Highlights: 보케의 밝기와 선명도를 조절합니다. Brightness와 Threshold를 조절하여 밝기를 조절할 수 있습니다.

❷ 하이라이트가 선명한 야경, 어두운 배경의 조명이 있을 경우 빛망울이라고 불리는 보케 효과를 만들 수 있습니다.

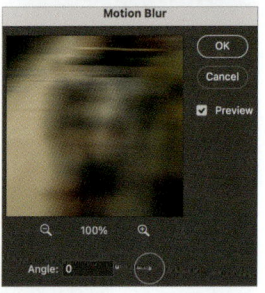

(3) 모션 블러(Motion Blur)

❶ 방향과 속도감을 표현하는 필터로 이미지에 동적인 효과를 줄 수 있습니다.
❷ 각도와 거리값을 조절하여 다양한 움직임의 느낌을 만들 수 있습니다.

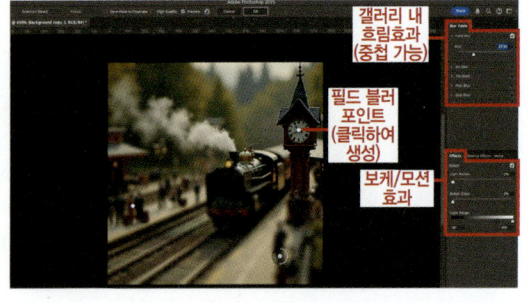

(4) 필드 블러(Field Blur)

❶ 블러 갤러리는 다양한 흐림 효과 기능들을 한 번에 적용할 수 있도록 별도의 대화상자가 열립니다.
❷ 필드 블러는 블러 갤러리의 대표적인 필터로 흐림 효과를 추가하고 싶은 이미지의 특정 영역에 포인트를 찍어 필요한 부분에 흐림 효과를 적용할 수 있습니다.
❸ 각 포인트의 강도를 개별적으로 조절하여 자연스럽고 세심한 흐림 효과를 만들 수 있습니다.

(5) 조리개 흐림 효과(Iris Blur)

❶ 블러 갤러리의 효과 중 하나인 조리개 흐림 효과는 원형의 조리개 모양의 컨트롤 패널로 원을 중심으로 흐려지는 흐림 효과를 편리하게 적용할 수 있습니다.
❷ 원의 모양과 선명도를 조절할 수 있습니다.

4. 다양한 질감과 예술 효과를 추가하는 필터들

(1) 노이즈 추가(Add Noise)

❶ 최상단 메뉴의 [필터 〉 노이즈 〉 노이즈 추가/Filter 〉 Noise 〉 Add Noise]를 클릭합니다. 노이즈 추가는 이미지 전체에 자잘한 입자를 입혀 질감을 표현하는 효과입니다.

 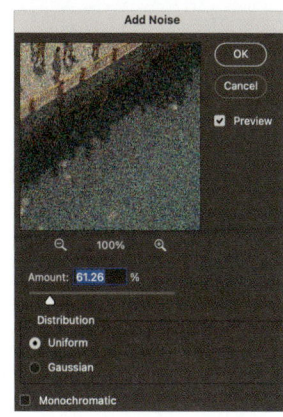

❷ Amount(양)로 전체 강도를 조절합니다.

❸ Uniform(균일)을 선택하면 모든 입자가 동일한 크기로 고르게 입혀지며 Gaussian(정규)은 입자의 크기가 조금 더 다양하고 밀도가 높게 분포가 됩니다.

❹ Monochromatic(단색) 옵션을 활성화하여 노이즈의 컬러를 흑백으로 변경할 수 있습니다.

(2) 컬러 하프톤(Color Halftone)

❶ 최상단 메뉴의 [필터〉픽셀화〉색상 하프톤/Filter〉Pixelate〉Color Halftone]를 클릭합니다. 컬러 하프톤은 이미지를 인쇄물처럼 망점으로 표현하는 효과입니다.

❷ Max Radius(최대 반경)로 점의 크기를 조절합니다.

❸ Channel(채널) 값으로 각 색상 채널별 망점의 각도를 조절할 수 있으며, 거칠게 인쇄된 오래된 인쇄물과 같은 복고적인 느낌을 연출할 수 있습니다.

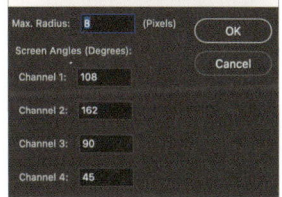

(3) 모자이크(Mosaic)

❶ 최상단 메뉴의 [필터〉픽셀화〉모자이크/Filter〉Pixelate〉Mosaic]를 클릭합니다. 모자이크는 이미지를 정사각형 픽셀로 단순화하는 효과입니다. 외부에 노출되지 않고 가려야할 부분에 적용하거나 8비트 게임이나 픽셀아트 같은 레트로 효과를 만들 때 활용할 수 있습니다.

❷ Cell Size(셀 크기)로 픽셀의 크기를 조절합니다. 값이 클수록 큰 픽셀이 만들어지며 이미지가 더 크게 블록화되어 표현됩니다.

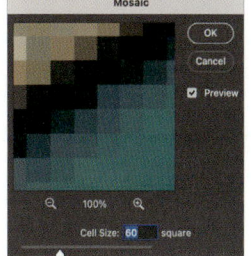

(4) 메조틴트(Mezzotint)

❶ 최상단 메뉴의 [필터〉픽셀화〉메조틴트/Filter〉Pixelate〉Mezzotint]를 클릭합니다. 메조틴트는 이미지를 점, 선으로 바꿔 예술적인 느낌으로 변환할 수 있습니다.

❷ Type(유형)을 클릭하여 드롭다운 메뉴에서 여러 패턴 중 하나를 선택하여 적용할 수 있습니다. Fine Dots(미세 점), Long Lines(긴 선), Short Lines(짧은 선) 등 다양한 패턴을 선택하여 판화나 스케치 같은 예술적인 효과로 보정합니다.

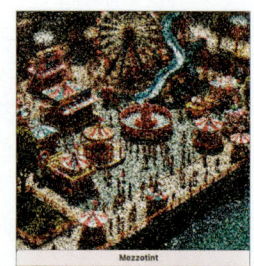

(5) 다양한 효과 필터들 한 눈에 미리보기

❶ 엠보스(Emboss): 판화와 같이 이미지를 단색화하고 양각과 음각을 드러냅니다. 최상단 메뉴의 [필터〉스타일화〉엠보스/Filter〉Stylize〉Emboss]를 클릭합니다.

❷ 유화(Oil Paint): 붓터치가 느껴지는 질감을 추가하고 이미지를 단순화하여 그림처럼 적용합니다. 최상단 메뉴의 [필터〉스타일화〉유화/Filter〉Stylize〉Oil Paint]를 클릭합니다.

❸ 윤곽선 추적(Trace Contour): 이미지의 윤곽선을 추적하여 단순화합니다. 최상단 메뉴의 [필터〉스타일화〉윤곽선 추적/Filter〉Stylize〉Trace Contour]를 클릭합니다.

❹ 가장자리 찾기(Find Edges): 가장자리를 기준으로 연필로 스케치한듯한 효과를 적용합니다. 최상단 메뉴의 [필터〉스타일화〉가장자리 찾기/Filter〉Stylize〉Find Edges]를 클릭합니다.

❺ 바람(Wind): 이미지에 속도감을 더합니다. 최상단 메뉴의 [필터〉스타일화〉바람/Filter〉Stylize〉Wind]를 클릭합니다.

❻ 점묘화(Pointillize): 점들이 모여 컬러를 표현하는 미술 채색 방식의 점묘화 형식으로 효과가 적용됩니다. 최상단 메뉴의 [필터〉스타일화〉점묘화/Filter〉Stylize〉Pointillize]를 클릭합니다.

5. 필터로 이미지를 왜곡하기

이미지를 자유자재로 변형하여 독특한 시각적 효과를 만드는 왜곡 필터들을 알아봅니다. 디스플레이스로 텍스처를 자연스럽게 입히고, 핀치와 구면화로 볼록렌즈 효과를 주며, 웨이브와 물결로 동적인 움직임도 표현할 수 있습니다.

(1) 변위(Displace)

❶ 최상단 메뉴의 [필터〉왜곡〉변위/Filter〉Distort〉Displace]를 클릭합니다. 변위는 담요, 바람에 흩날리는 깃발 등 표면의 왜곡이 심한 소스 이미지를 사용하여 이미지를 자연스럽게 왜곡하는 필터입니다.
❷ Horizontal/Vertical Scale로 수평/수직 방향의 왜곡 강도를 조절할 수 있습니다.

(2) 핀치(Pinch)

❶ 최상단 메뉴의 [필터〉왜곡〉핀치/Filter〉Distort〉Pinch]를 클릭합니다. 핀치는 볼록렌즈나 오목렌즈 효과를 연출할 수 있습니다.
❷ Amount 값으로 효과의 강도를 조절하며, 양수값은 이미지를 안쪽으로, 음수값은 바깥쪽으로 당깁니다.

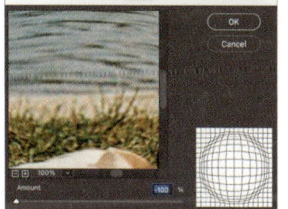

(3) 극좌표(Polar Coordinates)

❶ 최상단 메뉴의 [필터〉왜곡〉극좌표/Filter〉Distort〉Polar Coordinates]를 클릭합니다. 극좌표는 이미지를 큰 원형으로 회전하듯이 변환합니다.
❷ Rectangular to Polar/Polar to Rectangular 옵션으로 회전 방향을 선택할 수 있습니다. 원형 패턴이나 특수한 왜곡 효과를 만들 때 활용됩니다.

(4) 잔물결(Ripple)

❶ 최상단 메뉴의 [필터〉왜곡〉잔물결/Filter〉Distort〉Ripple]를 클릭합니다. 잔물결은 물결 모양의 왜곡을 주는 효과입니다.

❷ Amount로 물결의 강도를, Size로 물결의 크기를 조절할 수 있습니다. 수면 반사나 진동 효과를 표현할 때 사용됩니다.

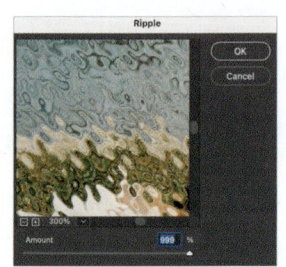

(5) 기울임(Shear)

❶ 최상단 메뉴의 [필터 > 왜곡 > 기울임/Filter > Distort > Shear]를 클릭합니다. 기울임은 이미지를 곡선을 따라 비틀어 왜곡하는 효과입니다.
❷ 곡선은 그래프의 형태로 직접 조절할 수 있으며, Repeat Edge Pixels 옵션을 선택해 빈 영역을 자동으로 채울 수 있습니다.

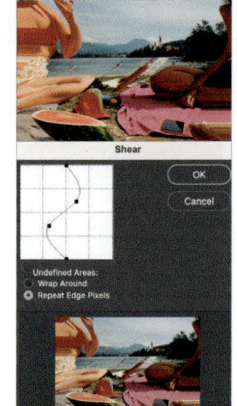

(6) 구형화(Spherize)

❶ 최상단 메뉴의 [필터 > 왜곡 > 구형화/Filter > Distort > Spherize]를 클릭합니다. 구형화는 핀치와 비슷하지만, 카메라의 렌즈로 왜곡되는 것이 아닌 구체 표면을 감싸는 것처럼 왜곡되는 효과로 어떤 물체의 둥근 표면에 패턴이나 글자 등을 합성할 때 더 자연스럽게 왜곡할 수 있습니다.
❷ Amount로 어느 정도 둥글게 왜곡할 것인지를 조절할 수 있으며 Mode에서 Normal/Horizontal/Vertical 중 방향을 선택할 수 있습니다.

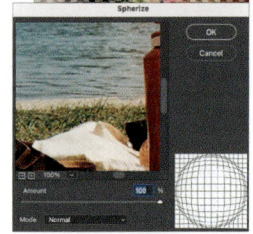

(7) 돌리기(Twirl)

❶ 최상단 메뉴의 [필터 > 왜곡 > 돌리기/Filter > Distort > Twirl]을 클릭합니다. 돌리기는 소용돌이나 나선형 패턴을 만들 때 활용됩니다.
❷ 이미지의 가운데를 중심점으로 기준을 했을 때 얼마나 비틀 것인지 Angle 값으로 회전 각도를 조절할 수 있습니다.

(8) 파형(Wave)

❶ 최상단 메뉴의 [필터 > 왜곡 > 파형/Filter > Distort > Wave]를 클릭합니다. 파형은 이미지에 물결이나 진동 같은 주기적인 왜곡을 주는 효과입니다.

❷ 파형의 개수, 진폭, 파장, 유형 등을 세밀하게 조절할 수 있으며, 물결이나 깃발 휘날림 효과를 표현할 때 사용됩니다.

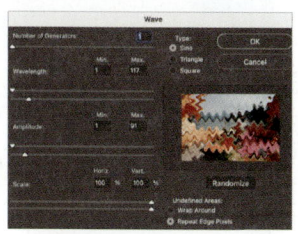

(9) 지그재그(ZigZag)

❶ 최상단 메뉴의 [필터〉왜곡〉지그재그/Filter〉Distort〉ZigZag]를 클릭합니다. 지그재그는 이미지의 가운데를 중심점으로 기준했을 때 물결이 일어나는 것처럼 이미지의 표면이 지그재그로 파형이 생성됩니다.

❷ Style에서 Around Center/Out from Center/Pond Ripples 중 선택하여 중심점과 회전 방향을 조정할 수 있습니다.

SECTION 02 | 필터 갤러리로 다양한 그래픽 효과를 편리하게!

1. 필터 갤러리 살펴보기

포토샵에서 제공하는 다양한 예술적 효과 필터를 한 번에 미리보고 적용할 수 있습니다. 각 필터의 효과가 이미지에 어떤 변화를 주는지 실시간으로 확인하고 조절할 수 있습니다. 여러 효과를 중첩하여 독특하고 자유로운 자신의 창의성을 표현할 수 있습니다.
필터는 이미지에 직접 적용하기도 하고 레이어에 적용한 후 합성을 위한 소재로 사용하기도 합니다.

(1) 필터 갤러리 메뉴 위치

최상단 메뉴의 [필터〉필터 갤러리/Filter〉Filter Gallery...]를 클릭하여 필터 갤러리 대화상자를 열어 이미지에 필터를 적용할 수 있습니다.

(2) 필터 갤러리 대화상자

❶ 필터 리스트: 포토샵에서 제공하는 기본 필터 목록으로, 카테고리별로 유사한 효과들이 정리되어 있어 원하는 효과를 쉽게 찾을 수 있습니다.
❷ 필터 옵션 설정: 선택한 필터의 세부 설정값을 조절할 수 있는 영역으로, 각 필터마다 고유한 조절 옵션을 제공하여 원하는 효과를 정밀하게 구현할 수 있습니다.
❸ 적용된 필터 리스트: 현재까지 적용된 필터들의 목록을 보여주며 각 필터의 적용 순서를 확인하고 관리할 수 있습니다.
❹ 필터 삭제/추가하기: 필터 리스트에서 새로운 필터를 추가하거나 제거하여 여러 필터를 조합하면서 복합적인 효과를 만들 수 있습니다.

2. 필터 갤러리로 표현하는 예술 효과

예술효과(Artistic)는 실제 미술에서 사용하는 기법을 기반으로 이미지에 효과를 적용합니다.

❶ 색연필(Colored Pencil): 색연필로 그린 듯한 질감과 윤곽선 표현합니다.

❷ 오려내기(Cutout): 종이를 오려 붙인 것 같은 단순화된 이미지를 표현합니다.

❸ 드라이 브러시(Dry Brush): 마른 붓으로 그린 듯한 거친 질감 추가합니다.

❹ 필름 그레인(Film Grain): 필름 입자와 같은 자잘한 노이즈 효과를 표현합니다.

 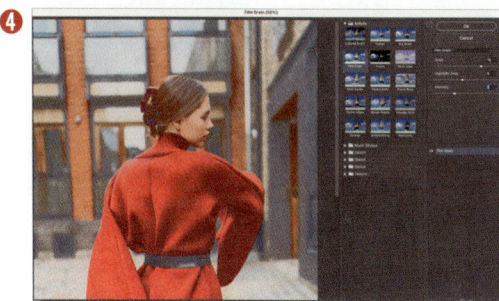

❺ 프레스코(Fresco): 르네상스와 바로크 시대에 벽화를 뜻하는 프레스코화처럼 거칠고 평평한 느낌을 표현합니다.

❻ 네온광(Neon Glow): 네온사인처럼 빛나는 효과를 표현합니다.

 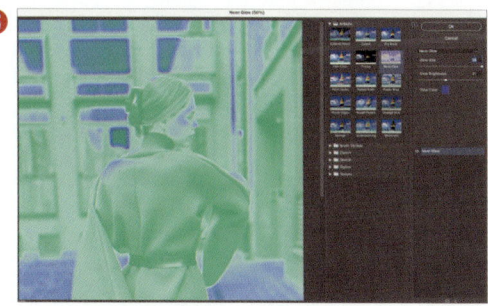

❼ 페인트 바르기(Paint Daubs): 물감을 두드려 찍은 듯한 질감을 표현합니다.

❽ 팔레트 나이프(Palette Knife): 팔레트 나이프로 칠한 듯이 가장자리를 뭉개어 단순하게 표현합니다.

❾ 비닐랩(Plastic Wrap): 비닐로 감싼 듯한 광택과 왜곡을 표현합니다.
❿ 포스터 가장자리(Poster Edges): 윤곽선을 강조하여 포스터와 같은 그림 느낌으로 표현합니다.

⓫ 거친 파스텔(Rough Pastels): 이미지의 가장자리를 세세한 선으로 뭉개는 효과를 표현합니다.
⓬ 문지르기(Smudge Stick): 번지듯 문지른 효과를 표현합니다.

⓭ 스폰지(Sponge): 스펀지로 표면을 두드리는 것처럼 텍스처를 추가합니다.
⓮ 언더페인팅(Underpainting): 가장자리를 뭉개어 밑칠 작업처럼 면으로 러프하게 표현합니다.

⓯ 수채화(Watercolor): 가장자리를 수채화처럼 번지는 효과로 부드럽게 표현합니다.

3. 다양한 브러시 획 필터로 회화 효과 더하기

브러시 획(Brush Strokes)은 회화적 붓 터치의 특성을 살려 독특한 질감과 효과를 이미지에 표현합니다.

❶ 강조된 가장자리(Accented Edges): 가장자리에 하이라이트와 번지는 효과로 윤곽을 강조하면서 부드럽게 표현합니다.

❷ 각진 획(Angled Strokes): 이미지와 윤곽에 사선의 텍스처를 더하고 전체적으로 매끄럽고 부드럽게 표현합니다.

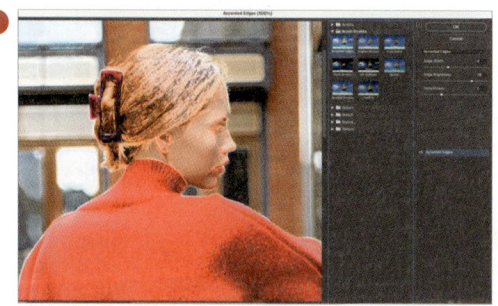 

❸ 그물눈(Crosshatch): 교차되는 사선 패턴의 텍스처를 적용하여 독특한 표면을 표현합니다.

❹ 어두운 획(Dark Strokes): 어두운 영역을 강조하여 드라마틱한 대비를 보여줍니다.

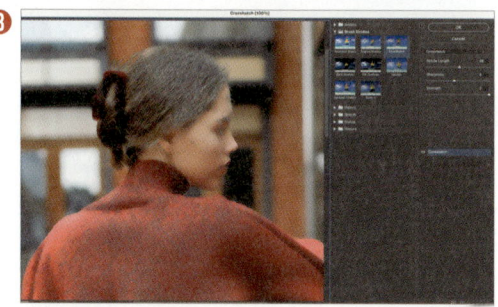 

❺ 잉크 윤곽선(Ink Outlines): 잉크로 덧칠한 것처럼 선명한 외곽선 강조 효과를 표현합니다.

❻ 뿌리기(Spatter): 물감을 흩뿌린 듯한 불규칙한 점묘 효과를 표현합니다.

 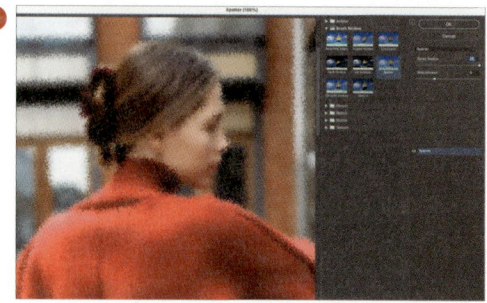

❼ 스프레이 획(Sprayed Strokes): 지정한 방향으로 바람이 부는 것처럼 속도감 있는 가장자리 표현합니다.

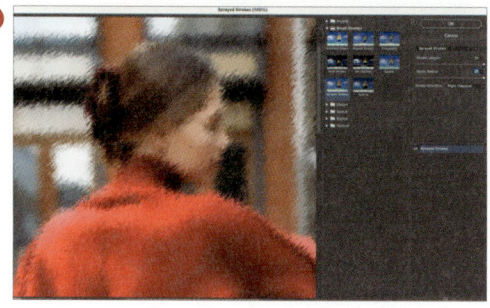

❽ 수묵화(Sumi-e): 대비를 강하게 높여 어두운 영역의 가장자리를 강조하고 이미지 전체를 부드럽게 뭉개어 단순화하는 효과를 표현합니다.

4. 빛의 반사와 굴절로 독특한 효과를 표현하는 왜곡 필터

왜곡(Distort)은 빛의 굴절과 반사 현상을 활용하여 이미지에 유리나 물결과 같은 시각적 효과를 구현합니다.
❶ 광선 확산(Diffuse Glow): 이미지에 부드러운 빛 번짐을 추가하여 몽환적이고 환상적인 분위기를 연출합니다.
❷ 유리(Glass): 불규칙한 유리 표면을 통해 보는 것처럼 이미지를 굴절시키고 왜곡과 반사 표현합니다. 유리의 텍스처를 옵션 창에서 선택할 수 있습니다.

❸ 바다 물결(Ocean Ripple): 수면의 잔잔한 물결처럼 이미지를 자연스럽게 일렁이게 만드는 효과를 표현합니다.

5. 스케치 필터로 만드는 예술적 아트워크

스케치 효과(Sketch)는 전통적인 목탄, 연필, 크레용 등 다양한 드로잉 도구와 기법을 단색 톤으로 디지털로 재현하여 다양한 예술적 스케치 효과를 이미지에 표현하는 필터 카테고리입니다.

❶ 저부조(Bas Relief): 마치 동전에 각인된 부조와 같이 평면적 이미지를 양각/음각 효과로 입체감 있게 표현합니다.

❷ 분필과 목탄(Chalk&Charcoal): 분필과 목탄으로 그린 듯한 대비가 강한 스케치 효과를 표현합니다.

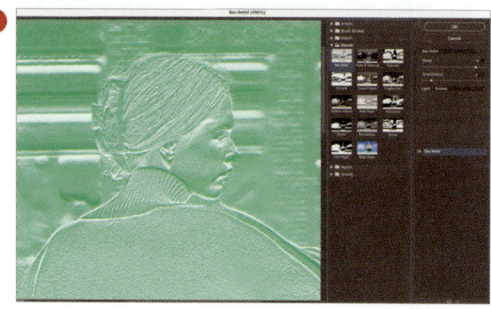
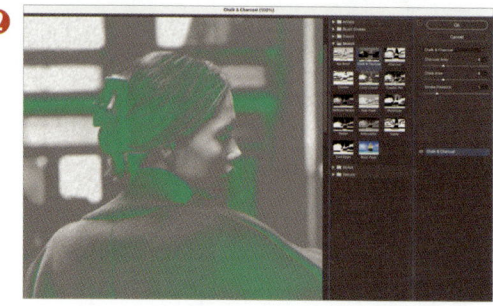

❸ 목탄(Charcoal): 목탄으로 드로잉하듯 이미지를 거친 질감의 스케치와 같이 표현합니다.

❹ 크롬(Chrome): 크롬 금속처럼 광택감 있는 재질과 반짝이는 하이라이트 그림자 효과로 입체감 있게 표현합니다.

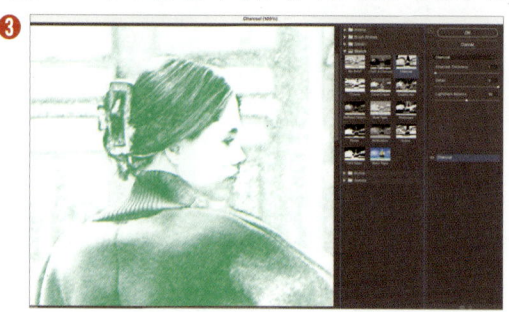

❺ 크레용(Conté Crayon): 콘테 크레용의 텍스처를 더한 스케치 효과를 표현합니다.

❻ 그래픽 펜(Graphic Pen): 세밀하게 그리는 펜화처럼 섬세하고 날카로운 선화 텍스처로 이미지를 변경합니다.

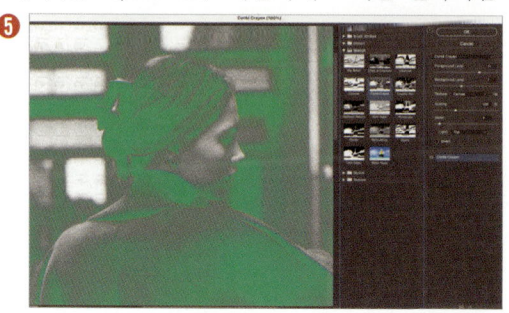

❼ 하프톤 패턴(Halftone Pattern): 인쇄물의 망점 패턴을 적용한 효과를 표현합니다.

❽ 메모지(Note Paper): 노트 용지에 스케치한 듯한 질감과 약간의 입체감을 적용합니다.

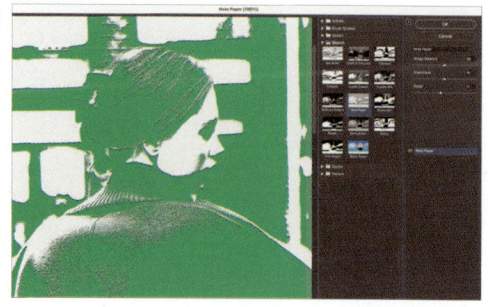

❾ 복사(Photocopy): 복사기에서 출력한 것과 같은 거칠고 독특한 느낌을 표현합니다.

❿ 석고(Plaster): 석고 표면에 부조 조각을 하는 것처럼 높낮이가 느껴지는 음영 효과를 표현합니다.

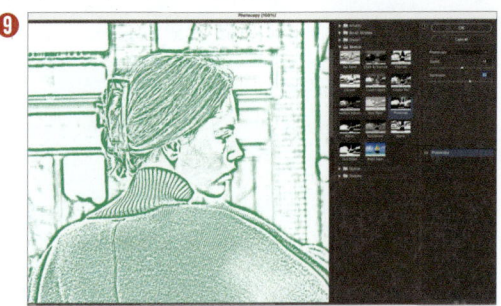 

⓫ 망사 효과(Reticulation): 미세한 망점으로 이루어진 입자 표현합니다.

⓬ 도장(Stamp): 판화나 고무 도장을 찍은 듯한 거칠고 단순화한 이미지로 변경합니다.

⓭ 가장자리 찢기(Torn Edges): 가장자리를 찢어진 종이 같은 질감 표현하여 전체적으로 단순화하는 효과를 표현합니다.

⓮ 물 종이(Water Paper): 이미지 전체에 수채화 종이의 질감을 더합니다.

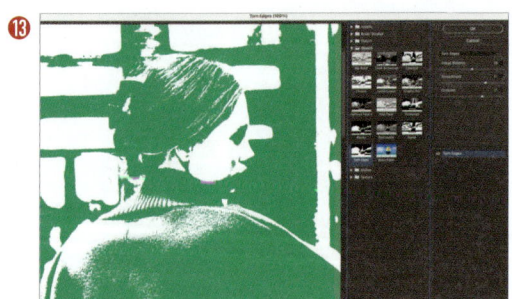 

6. 스타일화(Stylize) 필터로 표현하는 개성 있는 스타일

❶ 가장자리광선(Glowing Edges): 이미지의 윤곽선을 네온 빛처럼 발광하는 효과로 강조하여 표현합니다. 어두운 배경에서 더욱 드라마틱한 효과를 얻을 수 있습니다.

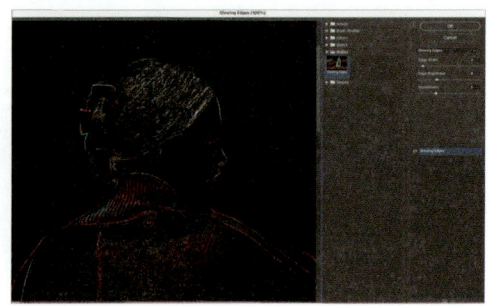

7. 다채로운 질감의 텍스처 필터

텍스처(Texture)는 모자이크, 균열, 입자 등 다양한 물리적 재질과 패턴을 적용하여 이미지에 자연스러운 질감과 입체감을 표현합니다.

❶ 균열(Craquelure): 오래된 그림처럼 미세한 균열이 있는 표면 질감 표현합니다.

❷ 그레인(Grain): 사진 필름의 입자나 노이즈와 같은 거친 질감 효과를 표현합니다.

 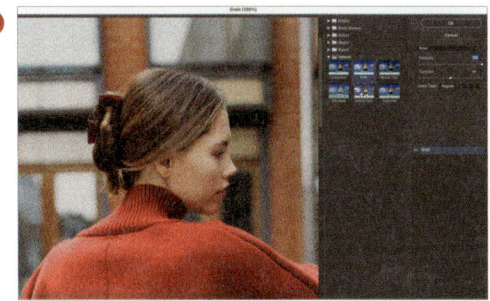

❸ 모자이크 타일(Mosaic Tiles): 타일의 질감을 이미지 표면에 적용합니다.

❹ 이어 붙이기(Patchwork): 사각형의 조각을 패치워크 퀼트처럼 이어 붙인 효과로 픽셀 아트와 같이 사각형으로 구성된 이미지를 표현합니다.

❺ 채색 유리(Stained Glass): 스테인드글라스처럼 색유리 조각의 모자이크 효과를 표현합니다.

❻ 텍스처화(Texturizer): 캔버스, 벽돌, 모래 등 다양한 질감을 이미지 표면에 적용하여 입체감을 살려 표현합니다.

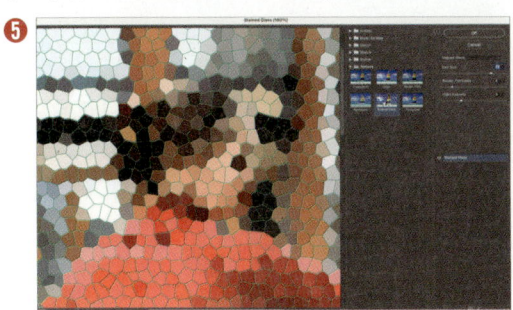 

SECTION 03 | 다양한 필터 효과로 모던한 아트워크 만들기

1. 1분 실습_ 흥미로운 느낌을 더하는 하프톤 이펙트

(1) 파일 열기

최상단 메뉴의 [파일 > 열기/File > Open]을 클릭하여 대화상자에서 '클래스7_3_1분실습_하프톤.psd' 파일을 불러옵니다.

(2) 필터 갤러리 대화상자 열기

최상단 메뉴의 [필터 > 필터 갤러리/Filter > Filter Gallery...]를 클릭하여 필터 갤러리 대화상자를 엽니다.

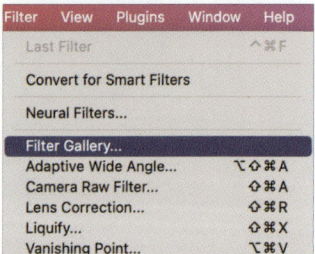

(3) 그레인 필터 적용하기

❶ 필터 갤러리 텍스처(Texture) 카테고리에서 그레인(Grain)을 추가하여 표면에 거친 느낌을 추가합니다.
❷ 옵션 설정 창에서 'Intensity(강도) : 50, Contrast(대비) : 60, Grain Type(입자 유형) : Regular'로 설정합니다.

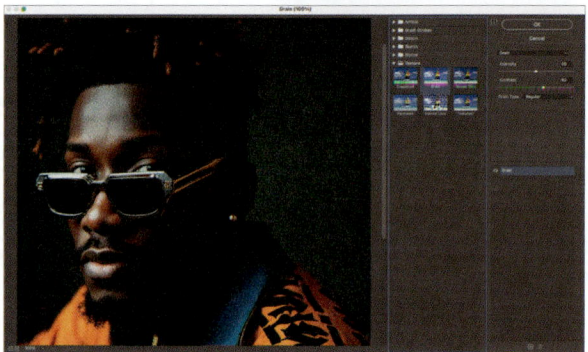

(4) 필터 추가하기

❶ 오른쪽 하단의 필터 추가하기 (+)를 클릭하여 필터를 추가합니다.
❷ 예술효과(Artistic) 카테고리에서 ❸ 필름 그레인(Film Grain)을 선택합니다.
❹ 옵션 설정 창에서 'Grain(입자) : 8, Highlight Area(하이라이트 영역) : 4, Intensity(강도) : 10'으로 설정합니다.

(5) 색상 하프톤 적용하기

최상단 메뉴의 [필터 〉 픽셀화 〉 색상 하프톤/Filter 〉 Pixelate 〉 Color Halftone]을 찾아 '색상 하프톤' 대화상자를 열어 이미지와 같이 수치를 입력합니다.

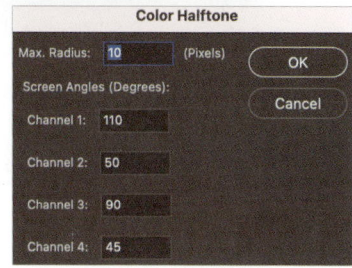

(6) 필터의 혼합 모드 변경하기

❶ '(5) 색상 하프톤 적용하기'에서 스마트 필터로 적용된 색상 하프톤을 레이어 패널에서 더블 클릭 시 블렌딩 옵션 대화상자가 열립니다.
❷ 혼합 모드를 '어둡게'로 변경합니다.
❸ 확인을 클릭하여 변경사항을 적용합니다.

(7) 노이즈 추가하기

노이즈를 추가하여 이미지의 표면에 거친 느낌을 추가합니다. 최상단 메뉴의 [필터 > 노이즈 > 노이즈 추가/Filter > Noise > Add Noise]를 선택하여 대화상자가 열리면 양(Amount)을 15%로 설정하고, 단색(Monochromatic)을 체크하여 활성화합니다.

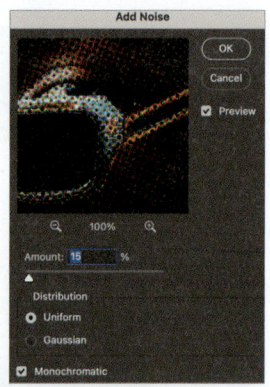

(8) 결과

인쇄가 거칠게 된 듯한 느낌의 독특한 색상 하프톤 이펙트를 완성하였습니다. 필요시 조정 레이어 중 곡선이나 레벨을 이용하여 밝기와 대비를 조절합니다.

2. 1분 실습_ 신비롭게 빛나는 문자 메시지

(1) 파일 열기

최상단 메뉴의 [파일 > 열기/File > Open]을 클릭하여 대화상자에서 '클래스7_3_1분실습_신비로운타이포그래피.psd' 파일을 불러옵니다.

(2) 고급 개체로 변환

레이어 패널에서 'HAPPY HOLYDAY' 레이어를 우클릭하여 '고급 개체로 변환(Convert to Smart Object)'을 선택합니다. 일반 레이어가 고급 개체로 변환됩니다.

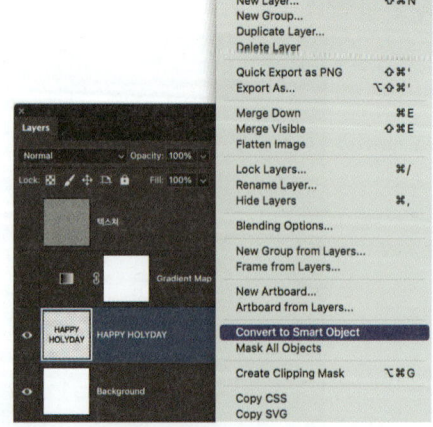

(3) 가장자리를 부드럽게

최상단 메뉴에서 [필터 > 흐림 효과 > 가우시안 블러/Filter > Blur > Gaussian Blur]와 [필터 > 노이즈 > 중간값/Filter > Noise > Median] 2개의 블러를 레이어에 순차적으로 적용하여 가장자리를 부드럽게 처리합니다.

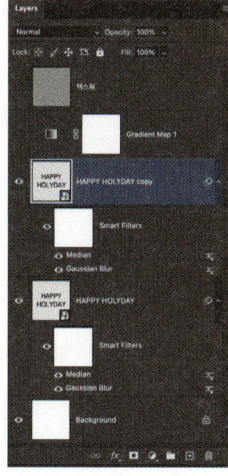

(4) 레이어 복제

레이어 패널에서 '(3) 가장자리를 부드럽게'에서 필터를 적용한 레이어를 선택한 상태로 단축키 Ctrl+J(Windows)/Cmd+J(Mac)를 눌러 레이어를 복제합니다.

(5) Path Blur 추가하기

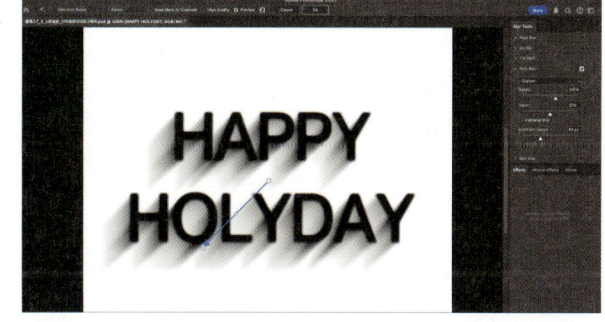

❶ 복제한 레이어 중 아래에 있는 레이어를 선택합니다.
❷ 최상단 메뉴의 [필터〉흐림 효과 갤러리/Filter〉Blur Gallery] 실행하여 '경로 흐림 효과(Path Blur)'를 선택합니다.
❸ 화살표를 왼쪽 아래로 향하게 하여 경로를 지정합니다.
❹ 옵션 창에서 속도(Speed)를 300%, 뾰족한 끝(Taper)을 20, 중심 효과 흐림(Centered Blur)의 체크박스를 해제합니다. 끝점 속도(End Point Speed)는 80px로 입력합니다.
❺ 대화상자 상단의 확인(OK)을 클릭하여 변경사항을 적용합니다.

(6) 아트워크 완성하기

레이어 패널에서 'Gradient Map 1' 레이어와 '텍스처' 레이어의 보이기 아이콘을 클릭하여 완성합니다.

3. 1분 실습_ 가루가 흩뿌려진 듯한 아트 포스터

(1) 파일 열기

최상단 메뉴의 [파일 > 열기/File > Open]을 클릭하여 대화상자에서 '클래스7_3_1분실습_아트포스터.psd' 파일을 불러옵니다.

(2) 혼합 모드 변경

레이어 패널에서 '작업' 레이어의 혼합 모드를 '디졸브(Dissolve)'로 변경합니다.

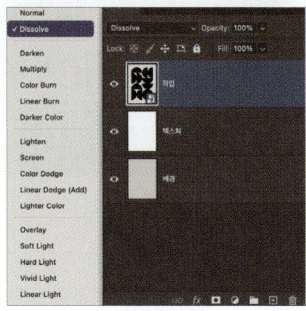

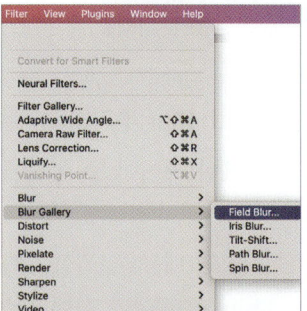

(3) 흐림 효과 갤러리 실행

최상단 메뉴의 [필터 > 흐림 효과 갤러리/Filter > Blur Gallery] 실행하여 '필드 블러(Field Blur)'를 선택하여 대화상자를 불러옵니다.

(4) 필드 블러 적용하기

❶ 오른쪽 상단과 왼쪽 하단을 클릭하여 포인트를 생성합니다. 블러 값을 75로 입력합니다
❷ 필요 없는 포인트는 [Backspace](Windows)/[Delete](Mac)를 눌러 삭제합니다.
❸ 대화상자 상단의 확인(OK)을 클릭하여 변경사항을 적용합니다.

(5) 아트워크 완성하기

이미지의 가장자리가 가루처럼 부서지는 느낌으로 아트 포스터를 완성하였습니다.

4. 1분 실습_ 리소그래피 스타일로 만들어보는 인스타그램 피드

(1) 파일 열기

최상단 메뉴의 [파일 > 열기/File > Open]을 클릭하여 대화상자에서 '클래스7_3_1분실습_리소그래피.psd' 파일을 불러옵니다.

(2) 하프톤 패턴 적용하기

❶ '인물' 레이어가 선택된 상태에서 최상단 메뉴의 [필터 > 필터 갤러리/Filter > Filter Gallery]를 클릭하여 필터 갤러리 대화상자를 엽니다.
❷ 스케치 효과(Sketch) 카테고리에서 하프톤 패턴(Halftone Pattern)을 선택합니다.
❸ 'Size(크기) : 5, Contrast(대비) : 32, Pattern Type(패턴 유형) : Dot'으로 옵션값을 설정합니다.

※ 하프톤 패턴 적용 시 전경색으로 이미지의 컬러가 변경됩니다. 튜토리얼에는 #f6493b 코드를 사용하였습니다.

(3) 색조/채도 조정 레이어 추가하기

❶ '인물' 레이어가 선택된 상태에서 레이어 패널 히든에서 '조정 레이어' 아이콘을 클릭합니다.
❷ 색조/채도(Hue/Saturation)를 추가합니다.
❸ 슬라이더를 움직여 핑크톤의 컬러로 변경합니다.

(4) 곡선 조정 레이어 추가하기

❶ 다시 레이어 패널 하단에서 '조정 레이어' 아이콘을 클릭하여 '곡선(Curves)'을 추가합니다.
❷ 그래프를 움직여 밝기와 대비를 조절합니다.

(5) 레이어를 그룹으로 만들고 복제하기

❶ 인물과 조정 레이어 2개, 총 3개의 레이어를 Shift를 누른 상태에서 클릭하여 모두 선택합니다.
❷ 레이어 패널 하단의 폴더 아이콘을 클릭합니다. 선택한 레이어가 포함된 그룹 레이어가 생성됩니다.
❸ 새로 생성한 그룹을 선택한 상태에서 단축키 Ctrl+J(Windows)/Cmd+J(Mac)를 눌러 동일 위치에 복제합니다.

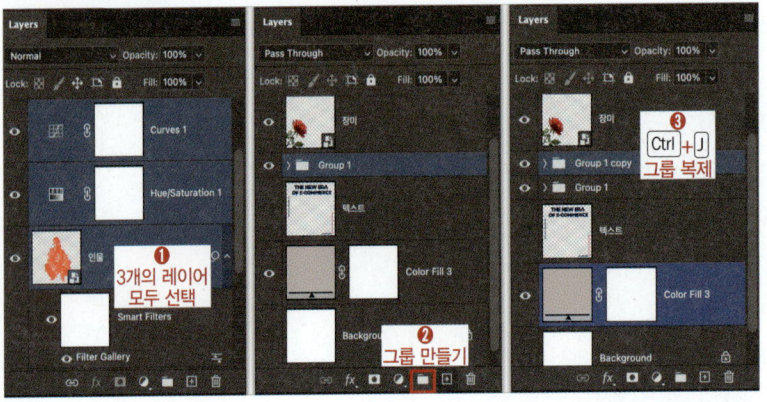

(6) 혼합 모드 변경하고 위치 바꾸기

❶ 복제되어 새로 생성된 'Group 1 copy'의 혼합 모드를 '곱하기'로 변경합니다.
❷ 왼쪽 도구 패널에서 이동 도구를 선택 후 그룹을 오른쪽으로 드래그하여 어긋나게 위치를 변경합니다.
❸ 상단 컨트롤 패널에서 자동 선택(Auto-Select)를 그룹(Group)으로 바꾸면 그룹별로 선택되어 이동 시 편리합니다.

(7) 색조 변경하기

새로 생성된 'Group 1 copy' 그룹을 열어 색조/채도(Hue/Saturation) 조정 레이어의 색조를 슬라이더를 움직여 대비되는 초록색 계열의 색조로 변경합니다.

(8) 동일하게 적용하기

'장미' 레이어를 '(2) 하프톤 패턴 적용하기~(4) 곡선 조정 레이어 추가하기' 단계를 반복하여 효과를 적용합니다.

※ 조정 레이어에 클리핑 마스크를 적용하면 다른 레이어에 효과가 반영되지 않습니다.

(9) 아트워크 완성하기

'텍스트' 레이어와 '텍스처' 보이기 아이콘을 클릭합니다. 리소그래피 특유의 단색 컬러 오버프린트가 느껴지는 아트워크를 완성했습니다.

5. 1분 실습_유리를 통해 보는 것 같은 글래스 이펙트

(1) 파일 열기

최상단 메뉴의 [파일〉열기/File〉Open]을 클릭하여 대화상자에서 '클래스7_3_1분실습_글래스이펙트.psd' 파일을 불러옵니다.

(2) Glass 필터의 텍스처 추가

❶ 최상단 메뉴의 [필터〉필터 갤러리/Filter〉Filter Gallery...]를 클릭하여 필터 갤러리 대화상자를 엽니다.
❷ 필터 갤러리 왜곡(Distort) 카테고리에서 유리(Glass)를 클릭합니다.
❸ 옵션 설정에서 텍스처(Texture) 설정 옆의 드롭다운 아이콘을 클릭합니다.
❹ 드롭다운 클릭 시 나오는 'Load Texture' 메뉴를 클릭하여 Vertical.psd 파일을 불러옵니다. PSD 파일을 Glass 필터의 소스로 활용할 수 있습니다.
❺ 옵션을 'Distortion : 15, Smoothness : 15, Texture : Vertical, Scaling : 60%'로 설정하여 효과를 설정합니다.

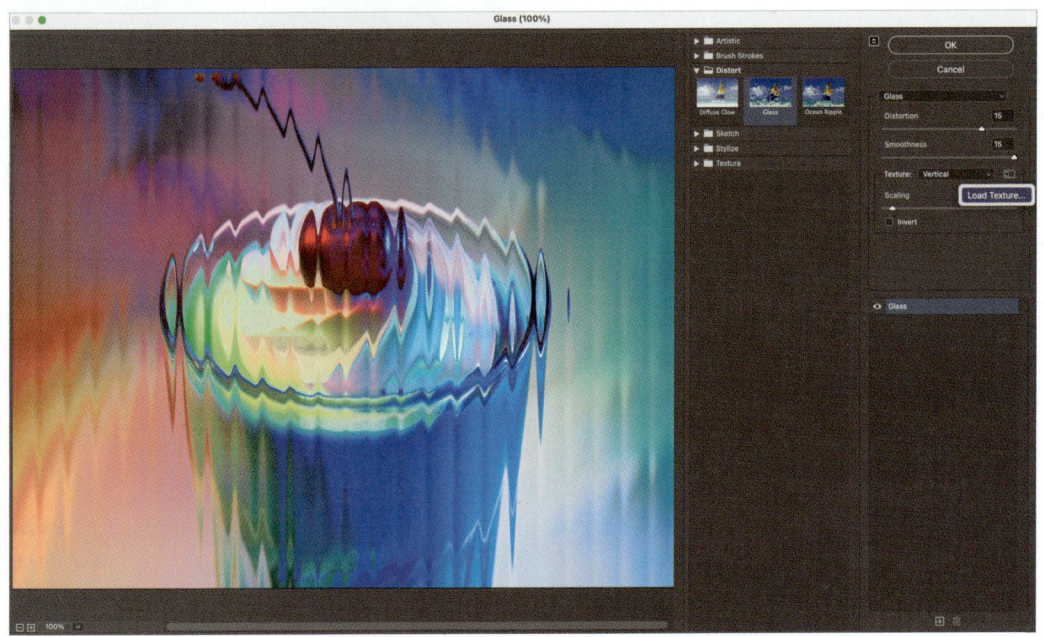

(3) 아트워크 완성하기

유리를 통해 보는 것처럼 굴절이 느껴지는 아트워크를 완성하였습니다.

스마트 목업 파일 만들기

스마트 오브젝트와 Displace 필터를 활용하여 사실적인 포스터 목업을 제작하는 과정을 보여줍니다. 레이어 스타일과 클리핑 마스크로 질감을 표현하며, 스마트 오브젝트의 특성을 활용해 이미지 교체가 용이한 포스터 목업 템플릿을 만들 수 있습니다.

 # LEVEL UP 튜토리얼로 체크하는 포토샵 핵심 기능

스마트 오브젝트 레이어 생성하기

포스터 이미지 삽입하기

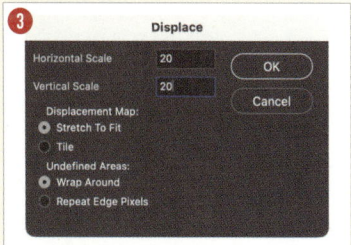

Displace 필터로 포스터 이미지를 자연스럽게 구기기

혼합 옵션을 이용한 자연스러운 하이라이트 설정 방법

클리핑 마스크 적용하기

스마트 오브젝트를 이용해 다른 이미지로 교체하기

SECTION 01 | 파워풀한 보정 효과! 뉴럴 필터

1. 뉴럴 필터(Neural Filters) 찾고 실행하기

Neural Filters는 포토샵의 기존 필터들과 달리 AI 기술을 활용하여 더욱 자연스럽고 효과적인 필터로 특히 얼굴의 피부나 표정, 헤어 스타일, 색상을 보정하는 부분에서 뛰어난 성능을 보여줍니다. 전문가부터 초보자까지 쉽게 활용할 수 있는 장점이 있습니다.

(1) 뉴럴 필터 메뉴 위치

최상단 메뉴의 [필터〉뉴럴 필터/Filter〉Neural Filters]를 클릭하여 대화상자를 엽니다. 메뉴 위치에서 뉴럴 필터를 실행하면 대화상자가 열립니다.

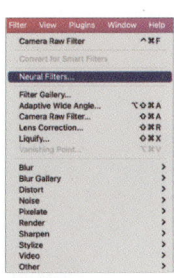

(2) 뉴럴 필터 패널 살펴보기

❶ 모든 필터: 포토샵에서 제공하는 여러 뉴럴 필터를 살펴보고 개별적으로 다운로드가 가능합니다.
❷ 대기 목록: 포토샵의 Neural Filters 중에서 아직 베타 버전이거나 실험적인 기능들을 모아 놓은 목록입니다.
❸ 출력 옵션: 적용한 필터 결과를 레이어, 스마트 필터 등 선택한 레이어로 내보내기가 가능합니다.
❹ 필터 다운로드 및 활성화: 필요한 필터를 다운로드하여 활성화 후 이미지 보정 작업에 활용합니다.

2. 다양한 뉴럴 필터 살펴보기

(1) 인물(Portraits)

❶ 피부를 매끄럽게(Skin Smoothing): 인물의 피부를 부드럽게 보정합니다.

❷ 스마트 인물 사진(Smart Portrait): 인물의 표정을 바꾸거나 나이를 조절하여 인상에 변화를 줍니다.

❸ 메이크업 변환(Makeup Transfer): 소스 이미지를 이용하여 인물 사진에 메이크업을 추가합니다.

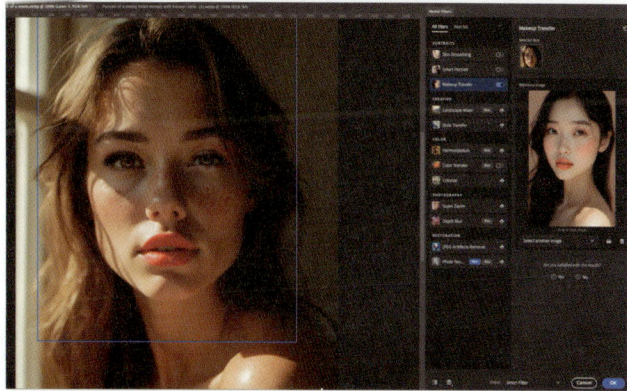

(2) 크리에이티브(Creative)

❶ 풍경 사진 믹서[Landscape Mixer(Beta)]: 사전 설정을 이용하여 풍경 사진의 계절, 밤과 낮 등 시간의 변화를 변경합니다.

❷ 스타일 변환(Style Transfer): 사전 설정 및 소스 이미지의 스타일에 맞춰 이미지를 변경합니다.

(3) 색상(Color)

❶ 일치[Harmonization(Beta)]
- 파일 내의 다른 레이어를 소스 레이어로 이미지 전체의 색상을 조절합니다.
- 뉴럴 필터로 일치를 적용하고자 할 때 투명 영역이 있는 레이어를 선택한 후에 필터를 실행해야 정상적으로 작동합니다.

❷ 색상 변환[Color Transfer(Beta)]: 사전 설정이나 파일 내의 다른 레이어를 사용하여 이미지 전체의 톤을 조절합니다.

❸ 색상화(Colorize): 오래된 흑백 이미지에 자동으로 새로 컬러를 적용하여 전체 컬러를 변경합니다.

(4) 포토그래피(Photography)

❶ 강력한 확대/축소(Super Zoom): 이미지를 확대할 때 해상도 저하를 보완하며 크기를 키울 수 있습니다.

❷ 깊이 흐림[Depth Blur(Beta)]: 주요 서브젝트를 중심으로 아웃 포커싱 효과를 추가합니다.

(5) 복구(Restoration)

❶ JPEG 아티펙트 제거(JPEG Artefacts Removal): 웹에서 여러 번 공유를 통해 압축되어 흐려진 이미지나 저화질 JPEG 이미지를 개선하는 기능입니다.

❷ 사진 복구[Photo Res...(New, Beta)]: 이미지의 접히거나 구겨진 부분을 보완하여 깔끔하게 보정합니다.

SECTION 02 | 유동적인 형태 왜곡을 만드는 픽셀 유동화

1. 픽셀 유동화(Liquify) 살펴보기

이미지를 마치 액체처럼 자유롭게 변형할 수 있는 필터입니다. 다양한 도구로 이미지를 밀고, 당기고, 비틀어 창의적인 왜곡 효과나 세밀한 보정을 할 수 있습니다. 또한, 페이스 라인과 눈, 코, 입 등 얼굴의 요소를 세부적으로 조절할 수 있는 옵션이 있어 편리하게 인물 사진의 보정을 할 수 있습니다.

(1) 픽셀 유동화 메뉴 위치

최상단 메뉴의 [필터 > 픽셀 유동화/Filter > Liquify]를 클릭하여 대화상자를 엽니다.

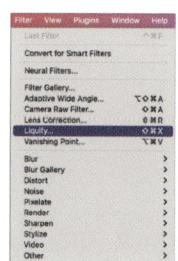

2. 픽셀 유동화의 주요 도구

(1) 픽셀 유동화 대화상자 살펴보기

❶ 픽셀 유동화 기능은 기본적으로 브러시를 이용해서 칠하듯이 드래그하여 왜곡을 적용합니다.

❷ 브러시 크기와 압력을 적절히 조절하면서 작은 조정부터 점진적으로 변형합니다.

(2) 왼쪽 아이콘 도구

❶ 뒤틀기(Forward Warp Tool): 드래그하는 방향으로 픽셀을 밀어내어 이미지를 왜곡합니다.

❷ 재구성(Reconstruction Tool): 픽셀 유동화 도구로 왜곡된 부분을 원래 상태로 복원합니다.

❸ 매끄럽게(Smooth Tool): 거칠게 왜곡된 가장자리나 특정 부분을 부드럽게 변화합니다.

❹ 시계방향 돌리기(Twirl Tool): 소용돌이 형태의 왜곡을 적용하며, 마우스를 클릭한 상태로 유지하여 적용합니다.

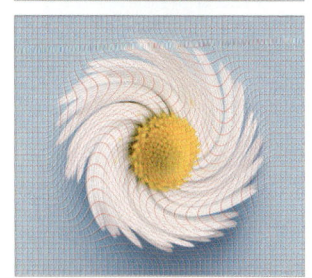

❺ 오목(Pucker Tool): 클릭한 지점을 중심으로 픽셀을 안쪽으로 오므리는 효과로, 마우스를 클릭한 상태로 유지하여 적용합니다.

❻ 볼록(Bloat Tool): 클릭한 지점을 중심으로 픽셀을 바깥으로 부풀리는 효과로, 마우스를 클릭한 상태로 유지하여 적용합니다.

❼ **왼쪽 밀기(Push Left Tool)**: 위로 드래그하면 픽셀이 왼쪽으로, 아래로 드래그하면 픽셀이 오른쪽으로, 왼쪽으로 드래그하면 픽셀이 아래로, 오른쪽으로 드래그하면 픽셀이 위로 뒤틀기 도구와 다르게 한 방향으로 픽셀을 왜곡할 수 있습니다.

❽ **마스크 고정(Freeze Mask Tool)**: 브러시로 칠하듯이 오버레이로 마스크 영역을 표시하며, 마스크 영역은 픽셀 유동화 효과가 적용되지 않습니다.

❾ **마스크 고정 해제(Thaw Tool)**: 오버레이로 표시한 마스크 영역을 브러시로 칠하듯이 삭제합니다.

❿ **얼굴(Face Tool)**: 인물 사진 보정에 특화된 기능으로 얼굴의 주요 특징(눈, 코, 입 등)을 조정하고 변형합니다.

(3) 속성

❶ **브러시 도구 옵션(Brush Tool Options)**: 선택된 픽셀 유동화 브러시의 세부 옵션값 설정(크기, 밀도, 강도, 압력 등)을 변경하여 섬세하게 조정합니다.

❷ 얼굴 인식 픽셀 유동화(Face-Aware Liquify): 인물 사진의 얼굴을 자동으로 인식하여 눈, 코, 입, 얼굴형 등을 개별적으로 조정합니다.

❸ 메시 불러오기(Load Mesh Options): 변형 패턴을 저장하고 재사용할 수 있습니다. 동일한 변형을 다른 이미지에 적용할 때 유용합니다.

❹ 마스크 옵션(Mask Options): 마스크 고정 도구로 설정한 마스크를 반전하거나 마스크 전체를 삭제합니다. 이미지의 투명한 영역이나 활성화된 선택 영역을 픽셀 유동화 대화상자의 마스크 옵션에서 마스크로 지정하여 픽셀 유동화를 보호하여 선택적인 리퀴파이 효과를 적용합니다.

❺ 보기 옵션(View Options): 메시나 마스크의 표시/숨기기를 설정합니다.

❻ 브러시 재구성 옵션(Brush Reconstruct Options): 잘못된 변형을 수정하거나 이미지를 초기화할 수 있습니다.
- 재구성(Reconstruct): 변형된 이미지를 슬라이더를 움직여 필요한 시점으로 복원합니다.
- 모두 복구(Restore All): 적용한 모든 왜곡을 삭제하고 처음 상태로 되돌립니다.

SECTION 03 | 얼굴을 자연스럽고 아름답게 보정하기

1. 1분 실습_ 피부의 잡티 제거하고 화사하게 보정하기

(1) 파일 열기

최상단 메뉴의 [파일〉열기/File〉Open]을 클릭하여 대화상자에서 '클래스7_3_1분실습_피부보정.psd' 파일을 불러옵니다.

(2) 눈에 띄는 큰 잡티 지우기

❶ 레이어 패널에서 '작업' 레이어를 선택하고 왼쪽 도구 패널에서 스팟 복구 브러시를 선택합니다.
❷ 눈에 띄는 큰 잡티를 보정합니다.

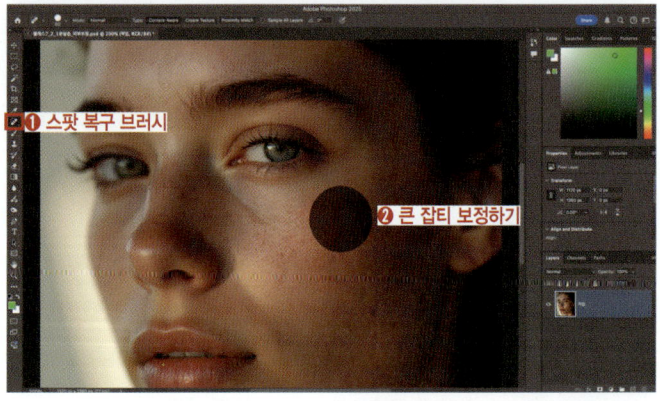

(3) 스마트 필터 변환하기

최상단 메뉴의 [필터〉스마트 필터용으로 변환/Filter〉Convert for Smart Filters]를 클릭하여 '작업' 레이어를 스마트 필터로 만듭니다.

(4) 뉴럴 필터로 피부 보정

❶ 최상단 메뉴의 [필터 〉 뉴럴 필터/Filter 〉 Neural Filters]를 클릭하여 대화상자를 열고 '피부를 매끄럽게(Skin Smoothing)' 필터를 선택합니다.

❷ Blur를 65, Smoothness를 +20으로 변경합니다.

(5) 레이어 복제

레이어 패널에서 '작업' 레이어를 선택한 상태로 단축키 Ctrl+J(Windows)/Cmd+J(Mac)를 눌러 레이어를 복제합니다.

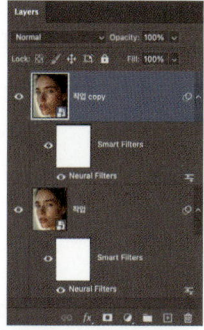

(6) 필터 추가하기

최상단 메뉴의 [필터 〉 노이즈 〉 중간값/Filter 〉 Noise 〉 Median]을 클릭합니다. 7~10 정도로 전체 이미지의 가장자리 경계를 흐리게 만듭니다.

(7) 노이즈 추가하기

❶ 최상단 메뉴의 [필터 〉 노이즈 〉 노이즈 추가/Filter 〉 Noise 〉 Add noise]를 클릭합니다.

❷ 대화상자에서 양(Amount)은 3으로 설정하고, 균일(Uniform)을 선택합니다.

❸ 노이즈를 흑백으로 적용하기 위해 단색(Monochromatic)을 체크합니다.

(8) 하이라이트 강조하기

작업 카피 레이어를 더블 클릭하여 레이어 스타일 대화상자를 열고 블렌딩 옵션 하단의 '밑에 있는 레이어(Underlying Layer)'의 슬라이더를 조절합니다. 확인을 눌러 변경사항을 저장합니다.

※ 더 섬세한 하이라이트를 원한다면 Alt, Opt를 누르면서 슬라이더를 클릭하면 나눠집니다. 나누어진 슬라이더를 움직여 조절합니다.

(9) 네가티브 레이어 마스크

레이어 마스크를 바로 반전하여 적용시킬 수 있습니다. 레이어 패널에서 '작업 Copy' 레이어를 선택한 상태에서 Alt, Opt를 누르면서 '레이어 마스크' 아이콘을 클릭합니다.

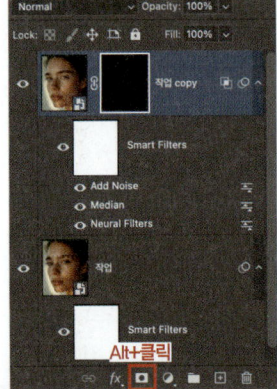

(10) 브러시 선택하여 지우기

❶ 왼쪽 도구 패널에서 브러시 도구를 선택합니다.
❷ 상단 컨트롤 패널에서 일반 브러시(General Brushes) 카테고리에서 부드러운 원(Soft Round) 브러시를 선택합니다.
❸ 사이즈를 150px 정도로 변경합니다.
❹ 잡티가 있는 부분을 칠하듯 마스킹하여 '작업' 레이어의 일부분이 보이게 하여 보정합니다.

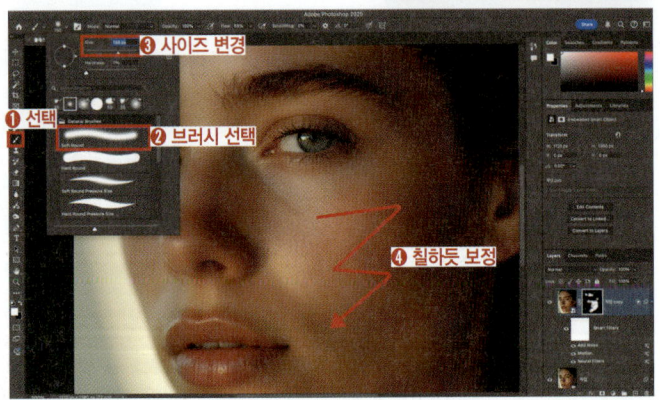

> **Tip** 자연스러운 솜털 질감을 표현하고자 '(7) 노이즈 추가하기'에서 노이즈를 추가하였는데 더 매끄럽게 표현하고자 한다면 노이즈 질감의 불투명도를 낮추거나, 제거하여 더 매끈하게 보정할 수 있습니다.

(11) 화사하게

곡선(Curves) 등 밝기를 조절하는 조정 레이어를 추가하여 전체 밝기를 높여 화사하게 완성합니다.

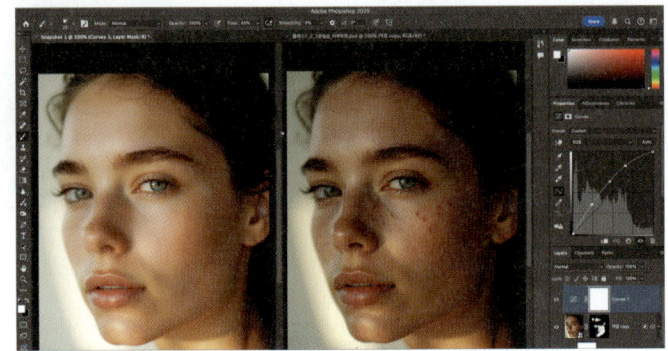

2. 1분 실습_ 눈동자의 컬러를 바꿔 신비로운 눈빛으로 보정하기

(1) 파일 열기

최상단 메뉴의 [파일 〉 열기/File 〉 Open]을 클릭하여 대화상자에서 '클래스8_3_1분실습_컬러렌즈.psd' 파일을 불러옵니다.

(2) 레이어 복제

레이어 패널에서 '작업' 레이어를 선택한 상태로 단축키 Ctrl+J(Windows)/Cmd+J(Mac)를 눌러 레이어를 복제합니다.

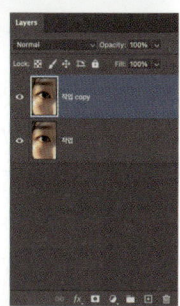

(3) 패스로 선택 영역 활성화하기

❶ 패스 패널에서 '눈' 패스의 축소판을 Ctrl(Windows)/Cmd(Mac)를 누르면서 클릭합니다.
❷ 선택 영역으로 활성화합니다.

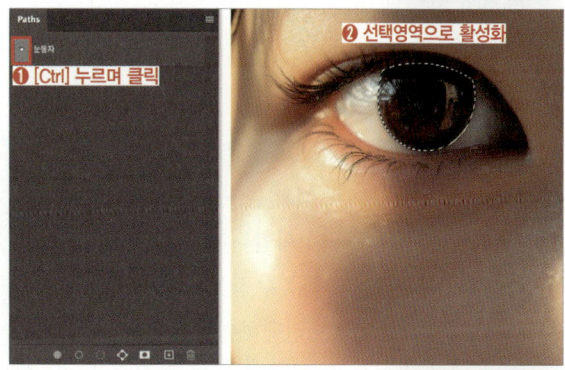

(4) 레이어 마스크 만들기

선택 영역이 활성화된 상태에서 하단의 '레이어 마스크' 아이콘을 클릭하여 레이어 마스크를 추가합니다.

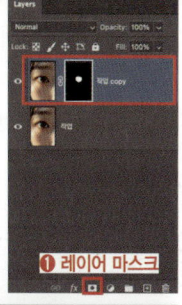

(5) 눈동자의 색조 바꾸기

❶ 레이어 패널에서 조정 레이어 중 색조/채도(Hue/Saturation) 조정 레이어를 추가합니다.
❷ 우클릭하여 눈동자만 색조가 변경될 수 있도록 클리핑 마스크를 적용합니다.
❸ 색조 슬라이더를 오른쪽 끝으로 움직여 푸른색 계열의 색조로 변경합니다.

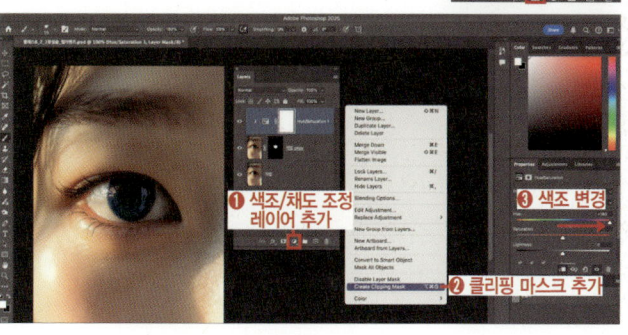

(6) 눈동자의 밝기와 대비 추가하기

조정 레이어 중 곡선(Curves) 조정 레이어를 추가하고 우클릭하여 클리핑 마스크를 적용합니다.

❶ 스포이드 중 가장 아래의 '흰색 스포이드'를 선택해 눈동자의 왼쪽의 하이라이트 영역을 클릭합니다.

❷ 곡선 그래프의 중앙을 살짝 위로 올려 하이라이트를 더합니다.

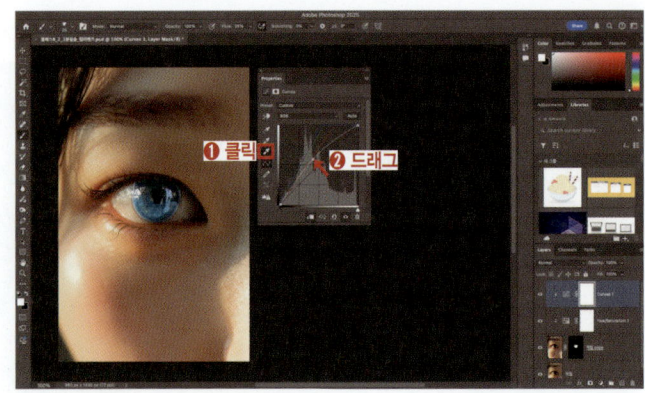

(7) 레이어 병합하기

❶ '작업 Copy' 레이어와 클리핑 마스크를 적용한 색조/채도 레이어, 곡선 레이어 3개의 레이어를 Shift 를 누르면서 클릭하여 모두 선택합니다.

❷ 선택된 레이어를 우클릭하여 드롭다운 메뉴 중 병합(Merge Layers)을 클릭하여 3개의 레이어를 병합하여 하나로 만듭니다.

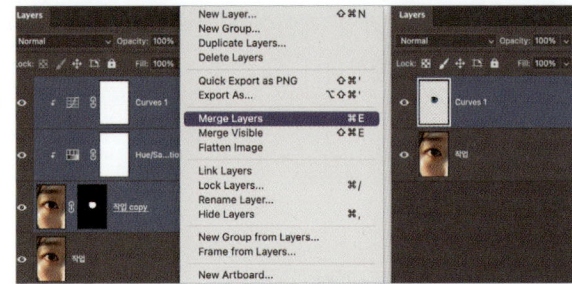

(8) 선택 영역 활성화하기

❶ 레이어 패널의 축소판에서 병합한 레이어를 Ctrl(Windows)/Cmd(Mac)를 누르면서 클릭하여 선택 영역으로 활성화합니다.

❷ 최상단 메뉴의 [선택〉수정〉페더/Select〉Modify〉Feather]를 선택하여 대화상자가 나오면 페더 반경을 15로 입력하고 확인을 눌러 변경사항을 적용합니다.

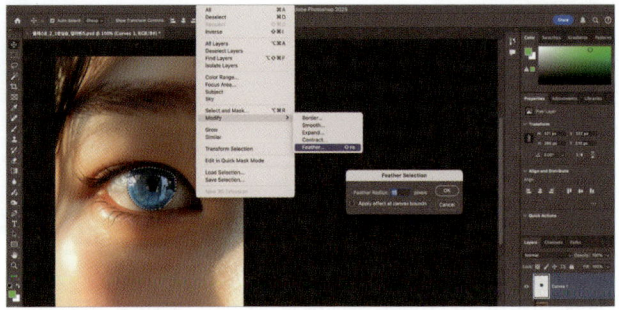

(9) 가장자리를 부드럽게

❶ 최상단 메뉴의 [선택〉반전/Select〉Inverse]를 선택하여 선택 영역을 반전합니다.

❷ Backspace(Windows)/Delete(Mac)를 3번 눌러 가장자리를 지워 부드럽게 만들어 완성합니다.

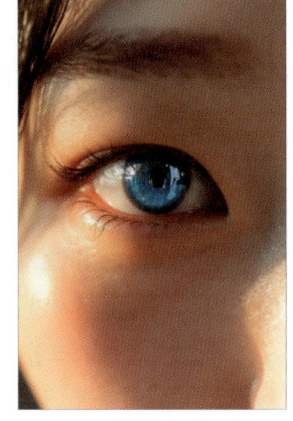

3. 1분 실습_ 헤어 컬러 변경하기

(1) 파일 열기

최상단 메뉴의 [파일 〉 열기/File 〉 Open]을 클릭하여 대화상자에서 '클래스8_3_1분실습_헤어컬러.psd' 파일을 불러옵니다.

(2) Camera Raw 필터 실행

❶ 최상단 메뉴의 [필터 〉 Camera Raw 필터/Filter 〉 Camera Raw Filter]를 클릭하여 대화상자를 엽니다. 오른쪽 메뉴 아이콘에서 '새 마스크 만들기(Create New Mask)'를 클릭합니다.
❷ 오른쪽 메뉴 아이콘에서 '새 마스크 만들기(Create New Mask)'를 클릭합니다. 자동으로 인물 피사체에 대해 마스크를 만들 수 있도록 인식됩니다.
❸ 인물의 인식이 완료되면 대화 상자에 인식된 인물(Person)이 아이콘으로 표시됩니다. 인물 아이콘을 클릭하여 마스크 옵션 패널을 불러옵니다.

(3) 인물 마스크의 다양한 자동 마스크 옵션

옵션이 열리면 헤어를 클릭한 후 생성(Create)을 클릭하여 세부 옵션 패널을 열고 마스크를 활성화합니다.

(4) 헤어 컬러 변경하기

❶ Color 카테고리에서 Color 아이콘을 클릭합니다.
❷ 원하는 컬러(코랄 핑크)를 선택합니다. 헤어 컬러가 지정 색상을 반영하여 자연스럽게 변경됩니다.
❸ 필요시 다른 옵션의 슬라이더를 움직여 세부적으로 조정합니다.

(5) 투톤 컬러로 변경하기

Color 카테고리에서 Temperature를 -60 정도로 조절한 후 Hue 슬라이더를 움직여 컬러를 조절하면 두 컬러가 그라데이션처럼 자연스럽게 섞이는 투톤 헤어로 변경할 수 있습니다.

SECTION 04 | 다이어트가 필요 없는 날씬한 몸매로 만드는 리터치

1. 1분 실습_ 전신 사진을 날씬하게 리터치하기

(1) 파일 열기

최상단 메뉴의 [파일 > 열기/File > Open]을 클릭하여 대화상자에서 '클래스8_4_1분실습_전신사진.psd' 파일을 불러옵니다.

(2) 다리 길이 늘이기

❶ '인물' 레이어가 선택된 상태에서 무릎 부근에 '사각형 선택 윤곽 도구'를 이용하여 선택 영역을 활성화합니다.

❷ Ctrl + T (Windows) / Cmd + T (Mac)를 눌러 자유 변형을 적용합니다.

❸ Shift 를 누른 상태로 아래로 당겨 다리 길이와 인물의 전체 길이를 늘입니다.

❹ Enter 를 눌러 변경사항을 적용합니다.

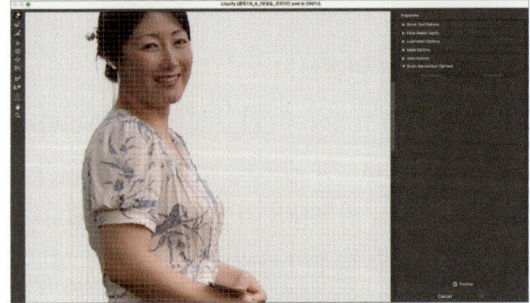

(3) 픽셀 유동화(Liquify)

최상단 메뉴의 [필터 > 픽셀 유동화/Filter > Liquify]를 클릭하여 대화상자를 엽니다.

(4) 뒤틀기 도구로 라인 보정하기

❶ 왼쪽 아이콘 도구 중 가장 상단의 뒤틀기(Forward Warp Tool) 도구를 선택하여 허리와 엉덩이 아래쪽을 조금씩 밀어서 힙 라인을 보정합니다.

❷ 오른쪽 브러시 도구 옵션(Brush Tool Options)에서 브러시의 크기를 수치로 조절하거나 [,] 를 이용하여 적절한 브러시로 바꾸어 가면서 작업합니다.

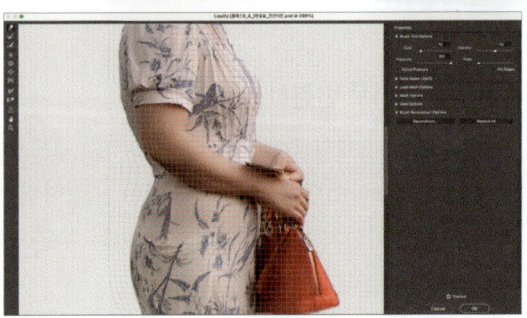

※ 메쉬 라인을 보이게 하려면 오른쪽 보기 옵션(View Options)에서 'Show Mesh'의 체크를 클릭합니다.

(5) 마스크를 이용하여 지나친 왜곡 막기

❶ 왼쪽 아이콘 도구 중 마스크 고정(Freeze Mask Tool)을 클릭하여 가방과 손 부분을 브러시로 칠하듯 마스킹합니다.
❷ 다시 뒤틀기 도구를 선택해 배를 왼쪽으로 살짝 밀어서 배 라인을 보정합니다.
❸ 오른쪽 옵션 중 마스크 옵션(Mask Options)에서 'None'을 클릭하여 마스크를 해제합니다.

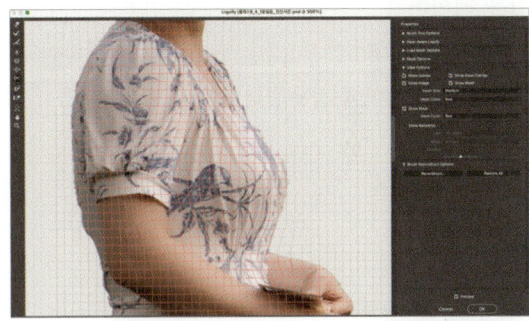

(6) 한 방향으로 보정해 자연스럽게

❶ 왼쪽밀기(Push Left Tool)를 선택하여 겨드랑이 근처에서 위로 살짝 드래그하여 팔뚝의 굵기를 보정합니다.
❷ 팔 아래를 오른쪽으로 살짝 드래그하여 손목에서 팔꿈치까지 전완근의 굵기를 줄입니다.
❸ 가슴 아래를 위로 살짝 드래그하여 보정합니다.

(7) 얼굴 보정하기

오른쪽 메뉴에서 '얼굴 인식 픽셀 유동화(Face-Aware Liquify)'를 선택하고 눈의 크기와 페이스 라인을 조정합니다. 확인을 눌러 변경사항을 적용합니다.

(8) 전체를 밝게 변경하여 마무리하기

조정 레이어 중 레벨(Levels), 명도/대비(Brightness/Contrast) 등을 추가하여 전체 이미지를 밝고 화사하게 변경하여 완성합니다.

2. 1분 실습_ 퍼펫 도구로 굽은 어깨를 반듯하게 펴기

(1) 파일 열기

최상단 메뉴의 [파일 〉 열기/File 〉 Open]을 클릭하여 대화상자에서 '클래스8_4_1분실습_거북목.psd' 파일을 불러옵니다.

(2) 퍼펫 뒤틀기 적용하기

인물 레이어가 선택된 상태에서 최상단 메뉴의 [편집 〉 퍼펫 뒤틀기/Edit 〉 Puppet Warp]를 클릭하여 퍼펫 뒤틀기를 레이어에 적용합니다.

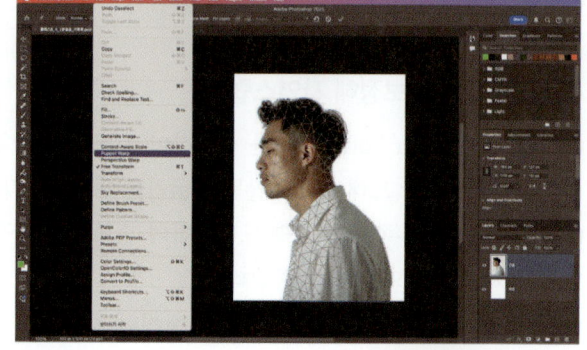

(3) 퍼펫 핀 적용하기

메시가 적용된 이미지 위에 클릭하여 퍼펫 핀을 추가합니다.

(4) 핀 이동하기

목에 위치한 핀과 머리의 핀을 오른쪽으로 당겨 전체 자세를 바르게 보정합니다.

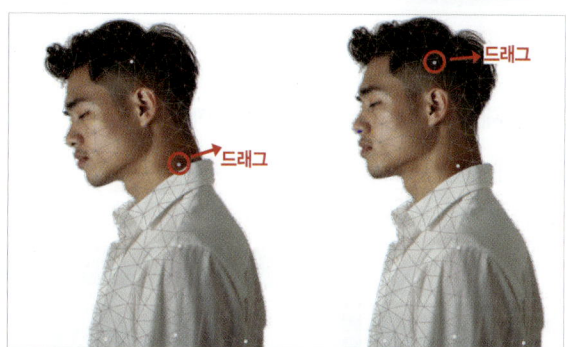

(5) 변경사항 적용하여 완성하기

퍼펫 뒤틀기를 이용하여 굽은 목과 어깨를 반듯하게 보정하여 인상을 변화하였습니다.

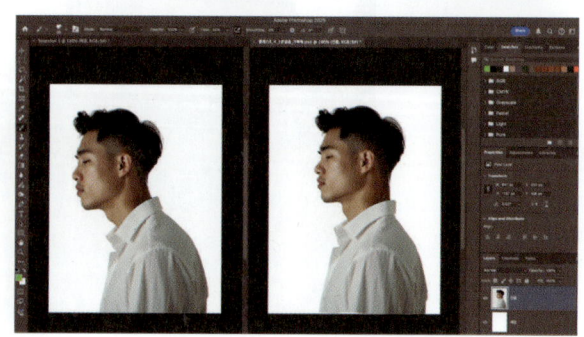

LEVEL UP 튜토리얼 07
증명사진 보정하기

이번 튜토리얼은 픽셀 유동화 필터로 얼굴형과 이목구비를 자연스럽게 보정하고, 선택 및 마스크 도구로 인물을 정교하게 클리핑하는 과정을 보여줍니다. 또한, 스팟 복구 브러시를 이용해 피부톤과 잡티를 보정하고, 색조/채도 조정으로 입술에 생기를 더하는 과정도 확인할 수 있습니다. 그레이디언트 배경을 적용하여 전문적인 증명사진을 완성할 수 있습니다.

LEVEL UP 튜토리얼로 체크하는 포토샵 핵심 기능

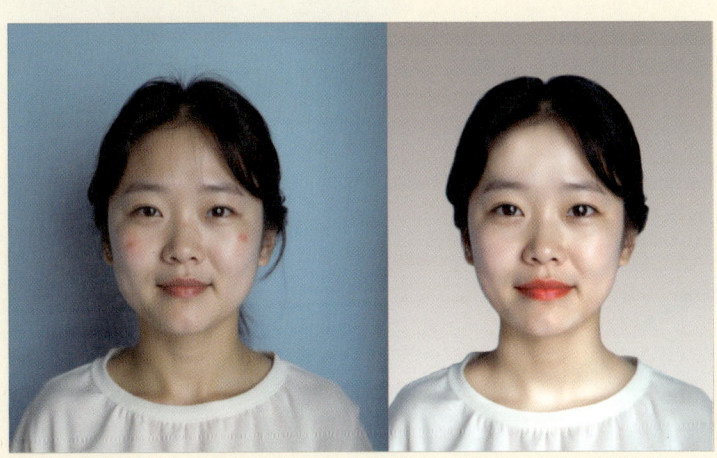

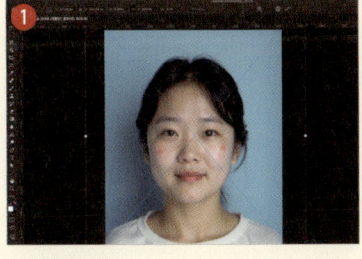
이미지 불러오기

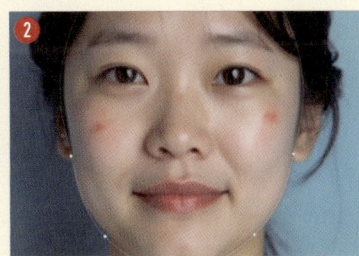
픽셀 유동화로 얼굴형과 이목구비 보정하기

'선택 및 마스크' 도구로 인물을 정교하게 분리하고 레이어 마스크 적용

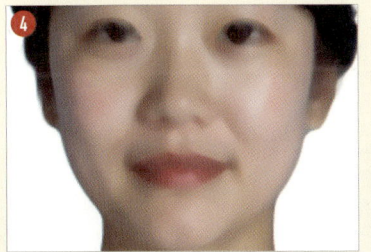
피부톤 개선 및 잡티 제거

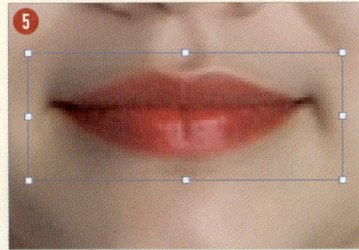
입술 보정과 생기 더하기

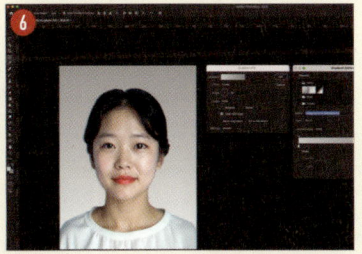
레벨 조정으로 전체적인 밝기 조절과 그레이디언트 배경 추가

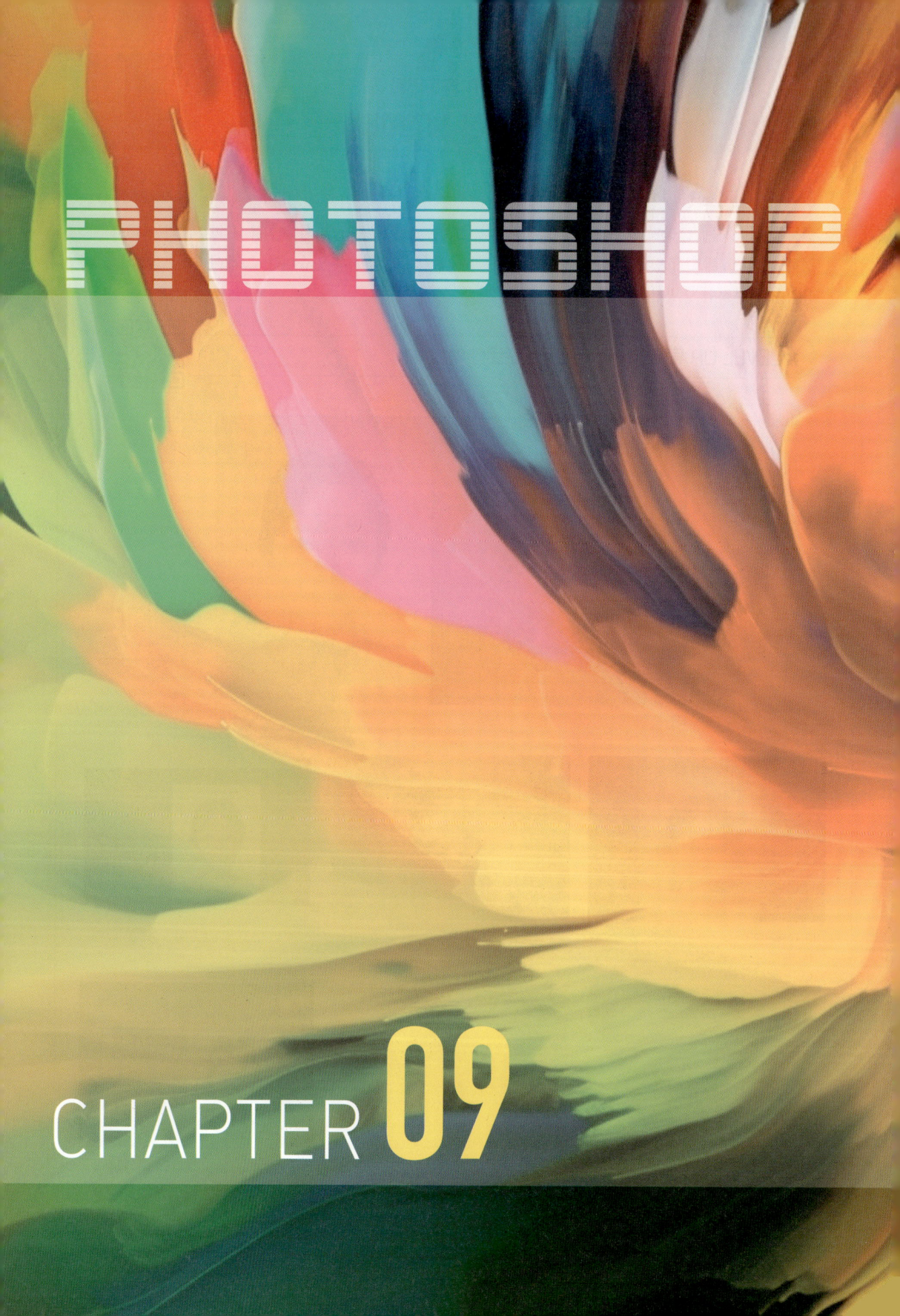

SECTION 01 | 다양한 그림자를 적용하여 이미지를 생생하게

1. 1분 실습_ 창문으로 들어오는 빛 그림자 추가하기

(1) 파일 열기

최상단 메뉴의 [파일〉열기/File〉Open]을 클릭하여 대화상자에서 '클래스9_2_1분실습_창문의그림자.psd' 파일을 불러옵니다.

(2) 혼합 모드 변경하기

❶ 레이어 패널에서 '빛' 레이어를 선택합니다.
❷ 혼합 모드를 '오버레이(Overlay)'로 변경합니다.
❸ 불투명도를 80%로 변경합니다.

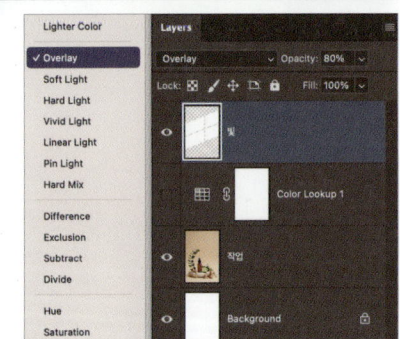

(3) 가우시안 블러 적용하기

'빛' 레이어에 가우시안 블러를 적용합니다. 최상단 메뉴의 [필터〉흐림 효과〉가우시안 흐림 효과/Filter〉Blur〉Gaussian Blur]를 선택한 후 대화상자의 수치를 25로 변경하고 확인을 눌러 흐림 효과를 적용합니다.

(4) 어두운 느낌으로 드라마틱하게

레이어 패널에서 색상 검색(Color Lookup) 레이어의 보이기 아이콘을 클릭합니다.

2. 1분 실습_ 자연스러운 그림자 추가하기

(1) 파일 열기

최상단 메뉴의 [파일〉열기/File〉Open]을 클릭하여 대화상자에서 '클래스9_2_1분실습_맥주보틀.psd' 파일을 불러옵니다.

(2) 레이어 복제하기

'작업' 레이어가 선택된 상태에서 Ctrl+J(Windows)/Cmd+J(Mac)를 눌러 레이어를 복제합니다. 이동 도구를 선택하여 '작업' 레이어를 옆으로 이동합니다.

(3) 가우시안 블러 적용하기

이동한 '작업' 레이어에 가우시안 블러를 적용합니다. 최상단 메뉴의 [필터〉흐림 효과〉가우시안 흐림 효과/Filter〉Blur〉Gaussian Blur]를 선택한 후 대화상자의 수치를 20으로 변경하고 확인을 눌러 흐림 효과를 적용합니다.

(4) 블러 갤러리에서 경로 흐림 효과 적용하기

❶ 가우시안 블러를 적용한 '작업' 레이어에 최상단 메뉴의 [필터〉흐림 효과 갤러리/Filter〉Blur Gallery]를 실행하여 '경로 흐림 효과(Path Blur)'를 선택합니다. 블러 타입을 후막동조(Rear Sync Flash)로 변경합니다.

> **Tip 후막동조 효과**
> 블러 효과의 끝부분이 더 선명하게 표현되고 움직임의 방향성을 더 자연스럽게 표현하는 설정입니다.

❷ 속도(Speed)를 100%로 변경합니다.
❸ 경로를 설정하는 화살표의 오른쪽 끝 동그라미가 2개 있는 아이콘을 클릭 후 드래그하여 방향을 변경합니다. 동그라미 2개 아이콘을 더블 클릭하여 끝점 방향도 변경할 수 있습니다.
❹ 끝점 속도(End Point Speed)를 245px로 변경합니다.
  ※ 필요시 동그라미 2개 아이콘의 경로를 원하는 방향으로 드래그하여 변경합니다.
❺ 상단의 확인(OK) 버튼을 클릭하여 변경사항을 저장합니다.

(5) 노출로 밝기 추가하기

❶ 레이어 패널에서 '작업' 레이어가 선택된 상태에서 ❷ '노출(Exposure)' 레이어를 추가합니다.
❸ 속성 패널에서 노출(Exposure)값을 0.28로 수정합니다.
❹ 클리핑 마스크 아이콘을 클릭하여 조정 레이어를 '작업' 레이어에만 적용되도록 합니다.

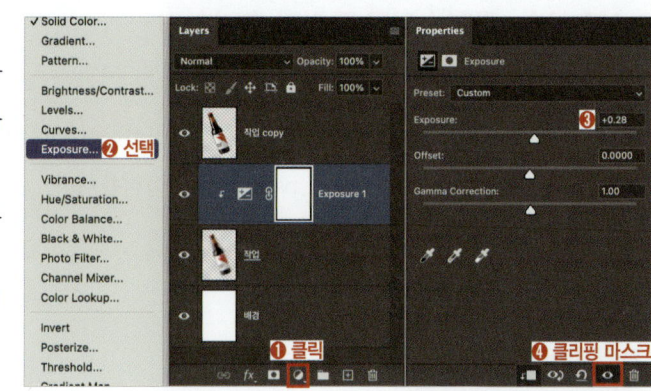

(6) 혼합 모드와 불투명도 변경하기

레이어 패널에서 '작업' 레이어를 선택한 후 혼합 모드를 '곱하기(Multiply)'로 변경하고, 불투명도를 85%로 변경합니다.

(7) 배경 추가하기

❶ 레이어 패널에서 '배경' 레이어를 선택 후 '단색(Solid Color)' 조정 레이어를 추가합니다.
❷ 그레이 컬러(#818181)를 선택하여 회색 배경을 추가하여 완성합니다.

3. 1분 실습_ 반사되는 그림자 만들기

(1) 파일 열기

최상단 메뉴의 [파일 > 열기/File > Open]을 클릭하여 대화상자에서 '클래스9_2_1분실습_반사그림자.psd' 파일을 불러옵니다.

(2) 레이어 복제하기

'작업' 레이어가 선택된 상태에서 Ctrl+J(Windows)/Cmd+J(Mac)를 눌러 레이어를 복제합니다.

(3) 이미지 뒤집기

❶ 복제된 '작업 Copy' 레이어를 선택하고 최상단 메뉴의 [편집 > 변형 > 세로로 뒤집기/Edit > tranform > Flip Vertical]을 선택합니다.

❷ 뒤집어진 레이어를 아래로 드래그하여 위치를 변경합니다.

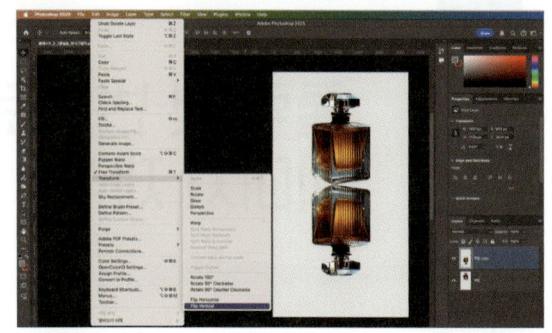

(4) 원근 뒤틀기 적용하기

최상단 메뉴의 [편집 > 원근 뒤틀기/Edit > Perspective Warp]를 클릭하여 원근 뒤틀기 기능을 실행할 수 있습니다.

(5) 원근감 변경하기

❶ 이미지를 드래그하여 뒤틀기 영역을 설정한 후 상단의 '뒤틀기(Warp)'를 클릭하여 원근 뒤틀기 영역을 활성화합니다.

❷ 영역 모서리의 포인트를 클릭한 후 드래그하여 원근감을 맞춰 이미지를 수정합니다.

❸ 컨트롤 패널의 체크 기호 아이콘을 클릭하여 변경사항을 이미지에 적용합니다.

(6) 레이어 마스크 적용하기

❶ 레이어 패널에서 레이어 마스크 아이콘을 클릭해 '레이어 마스크'를 적용합니다.

❷ 왼쪽 도구 패널에서 '그레이디언트' 도구를 클릭합니다.

❸ 기본 흑/백 그레이디언트를 선택합니다.

❹ 아래로 드래그하여 레이어 마스크에 불투명도를 적용합니다.

SECTION 02 | 클릭 몇 번으로 완성하는 입체적인 이미지 제작

1. 소실점(Vanishing Point) 기능 살펴보기

원근감을 자동으로 인식하고 적용하여 더욱 자연스럽고 효과적인 편집이 가능한 기능으로, 특히 건물이나 패키지 박스 등 2점이나 3점 투시점이 있어 원근감이 느껴지는 퍼스펙티브(Perspective) 앵글 이미지에 패턴이나 이미지, 텍스처를 원근감 있게 합성하거나 편집하는 부분에서 뛰어난 성능을 보여줍니다.

(1) 소실점 실행 방법

최상단 메뉴의 [필터 〉 소실점/Filter 〉 Vanishing Point…]를 클릭하여 대화상자를 엽니다.

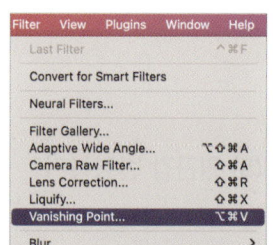

(2) 소실점 패널 살펴보기

❶ **평면 편집 도구(Edit Plane Tool)**: 평면 선택 및 편집하며, 기존에 만든 평면의 포인트를 움직여 크기와 세밀한 모양을 조절합니다.

❷ **평면 만들기 도구(Create Plane Tool)**: 4개의 점을 찍어 평면 설정합니다.

❸ **선택 윤곽 도구(Marquee Tool)**: 붙여넣은 합성할 이미지를 평면으로 드래그하여 배치합니다. Alt(Windows)/Opt(Mac)를 누르면서 드래그 시 이미지를 복제할 수 있습니다.

④ 도장 도구(Stamp Tool): 선택한 영역을 복제합니다. 패턴이나 복잡한 부분을 보완할 수 있습니다.
⑤ 브러시 도구(Brush Tool): 브러시 도구는 평면에만 적용됩니다. 솔리드 컬러를 브러시 칠로 칠하거나 그림자나 하이라이트를 추가할 수 있습니다.
⑥ 변형 도구(Transform Tool): 붙여 넣은 이미지의 크기를 조절합니다. 이미지를 반전할 수 있습니다.
⑦ 스포이드 도구(Eyedropper Tool): 이미지에서 색상을 추출합니다.
⑧ 측정 도구(Measure Tool): 클릭-드래그로 격자면의 각도와 길이를 측정합니다.
⑨ 손 도구(Hand Tool): 작업 창 내에서 화면을 이동합니다.
⑩ 돋보기 도구(Zoom Tool): 화면을 확대/축소하여 세부 작업을 위한 화면을 조절합니다.

(3) 소실점 기능 주의사항

① 이미지 합성하기: 이미지를 복사한 후 소실점 패널에서 단축키 Ctrl+V(Windows)/Cmd+V(Mac)를 눌러 클립보드에 복사한 이미지를 소실점 패널로 불러옵니다.
② 선택 윤곽 도구(Marquee Tool)로 이미지의 위치를 변경하고 변형 도구(Transform Tool)로 이미지의 크기를 조절합니다.
③ 평면이 붉은색 외곽으로 만들어질 때: 평면 만들기 도구(Create Plane Tool)로 평면을 만들 때 4개의 점을 찍어 사각형을 만들면 그리드가 표기되지 않고 붉은색 외곽라인으로 표시가 될 때는 평면 편집 도구(Edit Plane Tool)로 모서리를 이동하여 평면을 그리드가 보이도록 수정합니다.
④ 확장 후 수정의 어려움: 평면에 이미지를 복사해서 붙여넣고 배치한 후에는 래스터라이즈 되어 해당 이미지의 크기나 위치를 편집할 수 없습니다.
⑤ 드물게 입력 설정이 한글인 경우 이미지를 붙여 넣는 단축키가 반영되지 않는 버그가 있을 수 있습니다. 키보드 입력 언어를 영어로 바꿔서 붙여넣기를 합니다.

2. 1분 실습_원근감이 살아있는 옥외 광고 디자인

(1) 파일 열기

최상단 메뉴의 [파일〉열기/File〉Open]을 클릭하여 대화상자에서 '클래스9_3_1분실습_옥외광고.psd' 파일을 불러옵니다.

(2) 소실점 대화상자 열기

최상단 메뉴의 [필터〉소실점/Filter〉Vanishing Point]를 클릭하여 대화상자를 엽니다.

(3) 평면 만들기

❶ 평면 만들기 도구(Create Plane Tool)를 선택합니다.
❷ 왼쪽 상단의 모서리부터 시작해 순차적으로 포인트를 찍어 평면을 만듭니다.

(4) 평면 추가하기

앞서 만든 평면에서 오른쪽 가운데 모서리를 클릭하여 Ctrl(Windows)/Cmd(Mac)를 누른 상태로 오른쪽으로 드래그하여 평면을 연장합니다.

(5) 평면 편집하기

평면 편집 도구(Edit Plane Tool)를 이용하여 모서리를 움직여 평면을 전광판과 유사하게 위치를 맞춥니다. 확인(OK)을 눌러 대화상자를 닫습니다. 대화상자를 닫으면 문서에는 변화는 보이지 않습니다.

(6) 소스 이미지를 클립보드에 복사하기

❶ 레이어 패널에서 '선물상자' 레이어의 보이기 아이콘을 클릭한 후 축소판을 Ctrl(Windows)/Cmd(Mac)를 누르면서 클릭하여 선택 영역으로 활성화합니다.
❷ 최상단 메뉴의 [편집 〉 복사/Edit 〉 Copy]를 눌러 선택 영역을 클립보드에 복사합니다.
❸ Ctrl+D(Windows), Cmd+D(Mac)를 눌러 활성화된 선택 영역을 종료합니다.
❹ 복사 후 다시 보이기 아이콘을 클릭하여 가려둡니다.

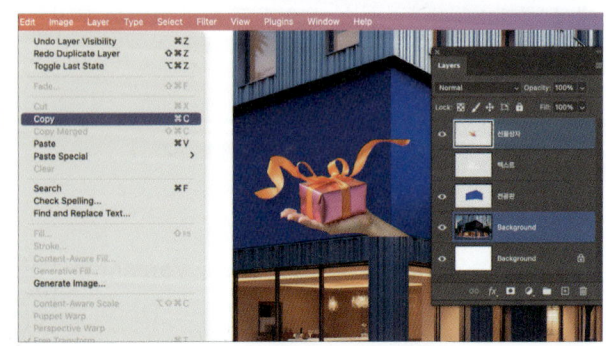

(7) 새 레이어 만들기

단축키 Ctrl+Shift+N(Windows)/Cmd+Shift+N(Mac)를 눌러 새 레이어를 생성합니다. 이름은 '소실점_선물상자'로 설정합니다.

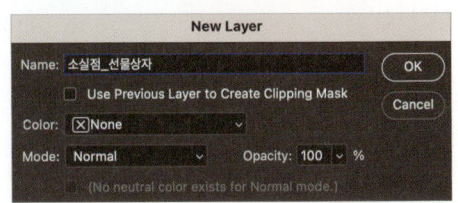

(8) 복사한 이미지를 소실점 대화상자로 불러오기

❶ 한 번 더 최상단 메뉴의 [필터 〉 소실점/Filter 〉 Vanishing Point]를 클릭하여 대화상자를 엽니다.
❷ 대화상자가 열리면 단축키 Ctrl+V(Windows)/Cmd+V(Mac)를 눌러 클립보드에 복사한 선물상자 이미지를 불러옵니다.
❸ 선택 윤곽 도구(Marquee Tool)로 불러온 이미지를 평면으로 드래그하여 적용합니다.

(9) 원근감이 느껴지도록 이미지 적용

❶ 변형 도구(Transform Tool)를 이용하여 이미지의 모서리의 포인트를 드래그하여 평면에 더 적합하도록 편집할 수 있습니다.
❷ 이미지를 적절히 변형 후에 확인(OK)을 클릭하여 소실점 편집을 종료합니다.

(10) 반복하여 텍스트 레이어 적용

텍스트 레이어도 동일한 방법으로 소실점 대화상자로 불러와 반대 평면에 적용하여 완성합니다.

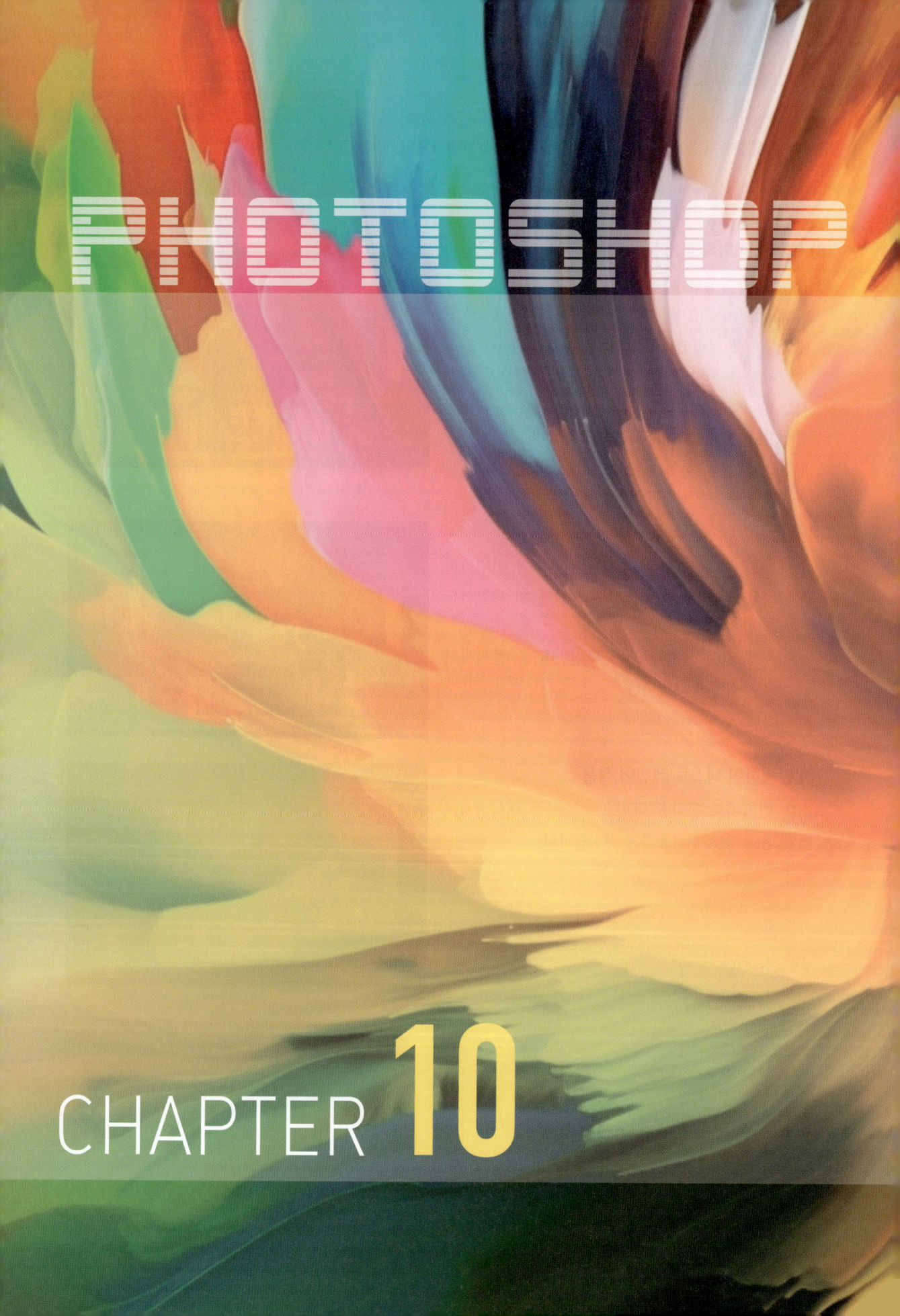

회화 표현을 확장하는
디지털
일러스트레이션의 세계

Ps

SECTION 01 | 디지털 페인팅의 기초, 브러시 가이드

1. 브러시 도구로 시작하는 디지털 아트

브러시 도구는 자유로운 페인팅과 드로잉을 위한 도구로, 디지털 일러스트레이션을 제작할 때 필수적인 도구입니다. 컨트롤 패널에서 크기, 투명도, 흐름 등의 옵션을 조절하여 실제 브러시로 종이에 칠과 드로잉을 하듯 섬세한 작업이 가능합니다.

브러시 도구는 태블릿과 같은 입력 기기의 압력을 감지하여 다양한 옵션 변화를 제공합니다. 마우스를 사용할 경우 이러한 변화를 크게 체감하기 어려울 수 있습니다.

(1) 브러시 도구(Brush Tool)

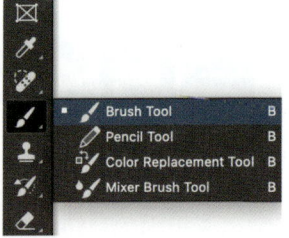

❶ 자연스러운 페인팅이 가능한 기본 브러시 도구입니다. 다양한 브러시를 선택하고 세부 옵션 설정을 통해 자유로운 드로잉이 가능합니다.

❷ 왼쪽 도구 패널에서 브러시 도구를 선택할 수 있으며, 파일에 칠하듯 드래그하여 적용합니다. 길게 눌러 다른 도구들도 호출할 수 있습니다.

(2) 브러시 도구 컨트롤 패널 살펴보기

브러시 도구를 선택하면 상단 컨트롤 패널이 변경됩니다.

❶ 사전 설정
- 현재 설정된 브러시를 사전 설정하여 저장하거나 사전 설정을 불러올 수 있습니다.
- 크기나 컬러 등을 지정하여 빠른 작업에 도움을 줍니다.

❷ 브러시
- 포토샵에 설치된 여러 브러시의 리스트를 확인하고 브러시를 선택합니다.
- 브러시의 사이즈와 강도, 원형율을 조절합니다.

❸ 브러시 설정: 여러 설정을 이용하여 브러시를 사용자화하여 수정합니다. 또는 새 브러시를 생성할 때 브러시 옵션을 설정합니다.

❹ 혼합 모드(Mode): 브러시로 칠할 때 어떤 혼합 모드로 칠해질지 설정합니다.

❺ 불투명도(Opacity): 브러시로 칠할 때 불투명도를 설정합니다.

❻ 불투명도 압력: 불투명도 압력 제어를 끄면(Off) 선택한 브러시의 설정된 불투명도 값이 적용되고, 켜면(On) 기본적으로는 투명하게 칠해지며 태블릿일 경우 펜의 누르는 압력에 따라 불투명도가 자동으로 조절됩니다 (마우스일 경우 큰 변화 감지가 어려울 수 있음).

❼ 흐름(Flow): 브러시의 잉크가 얼마나 빠르게 나오는지를 조절하는 설정입니다. Flow 값이 낮을 경우 끊겨서 거칠게 칠해지며 높을 경우는 매끄러운 느낌으로 칠해집니다.

❽ 에어브러시(에어 브러시 스타일 강화 효과 사용 가능): 마치 스프레이 락커를 계속 누르면서 한 곳에 뿌리면 점점 진해지는 것처럼 에어브러시가 활성화되어 있을 때는 클릭한 지점에 브러시가 중첩적으로 동작하면서 점점 더 많이 칠해집니다.

❾ 보정(Smoothing): 손 떨림을 보정하여 더 매끄러운 선을 그릴 수 있도록 설정합니다.

❿ 브러시 각도: 브러시 구성 요소를 회전할 수 있습니다.

⓫ 압력
- 아이콘을 눌러서 활성화할 경우 브러시가 입력되는 압력에 따라 굵기가 변경됩니다.
- 마우스처럼 압력 감지가 안 되는 경우는 특별한 차이를 못 느낄 수 있으며, 브러시에 사전 설정으로 압력이 설정된 경우에도 감지하기 힘들 수 있습니다.
  ※ 일반 브러시(General Brushes) 카테고리에서 선명한 원(Hard Round) 등과 같이 별도의 압력 설정이 없는 브러시일 경우 이 아이콘의 활성화에 따라 압력을 간편히 추가할 수 있습니다.

⓬ 대칭 그리기
- 중심축을 기준으로 한쪽을 그리면 반대쪽이 대칭으로 자동 생성됩니다.
- 사전 설정을 이용하여 다양한 방식으로 한 번의 드로잉을 여러 각도로 동시에 생성합니다.

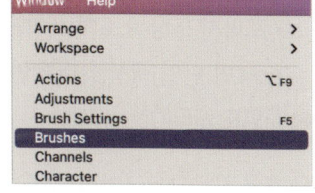

(3) 브러시 패널

최상단 메뉴의 [창〉브러시/Window〉Brushes]를 클릭하여 브러시 패널과 브러시 설정 패널을 열 수 있습니다.

(4) 브러시 패널에서 다양한 브러시 선택하고 사이즈 변경하기

❶ 브러시 크기: 수치를 변경하거나 슬라이더를 움직여 선택된 브러시의 크기를 원하는 정도로 변경
❷ 세부 옵션: 브러시 패널의 세부 옵션 열기
❸ 브러시 설정: 브러시 설정 패널 열기
❹ 브러시 찾기: 브러시 이름을 검색하여 브러시 찾기
❺ 최근 사용한 브러시
❻ 설치된 브러시: 사용자의 기기에 설치된 브러시 확인
❼ 미리보기 크기: 브러시 미리보기 변경
❽ 새 그룹 생성: 여러 브러시를 하나의 그룹으로 묶어서 관리
❾ 새 브러시 생성: 선택한 브러시를 새 브러시로 생성
❿ 브러시 삭제: 불필요한 브러시 삭제

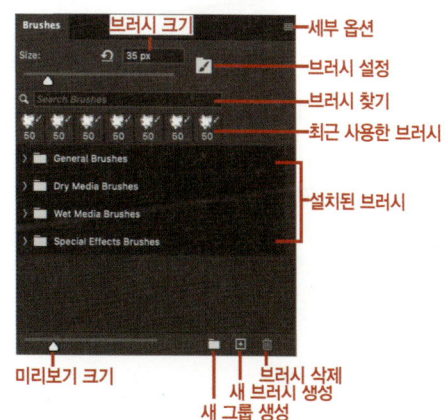

2. 지터와 틸트, 브러시 획을 구성하는 기본 요소들

포토샵에서 브러시는 하나의 소스가 여러 설정을 통해 반복되면서 하나의 선이나 텍스처로 보여지게 됩니다. 지터와 틸트 옵션은 브러시를 구성하는 소스가 어떻게 보여지고 입력 기기의 각도에 따라 변화되는 모습을 설정하는 방법입니다.

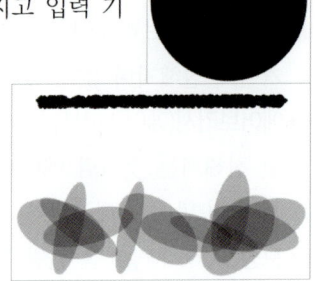

검정색 원 요소를 '브러시 구성 요소'라고 할 때, 브러시로 정의 후 크기, 각도, 원형율 지터를 적용하여 위와 같이 러프한 브러시 획으로 변경할 수 있습니다. 상단의 브러시 획을 확대한다면 하단처럼 '브러시 구성 요소'가 임의로 모양이 변형되며 브러시 획을 구성한다는 사실을 확인할 수 있습니다.

(1) 지터(Jitter)

'흔들림' 또는 '변동'을 의미하며, 브러시를 구성하는 요소에 무작위성을 부여합니다.

❶ 크기 지터(Size Jitter): 브러시 구성 요소의 크기를 랜덤하게 변화시킵니다.

❷ 각도 지터(Angle Jitter)
- 브러시 구성 요소의 각도를 무작위로 변화시킵니다.
- 0~360도 사이에서 요소들이 임의로 회전하여 자연스러운 느낌을 표현합니다.
  ※ 구성 요소가 원형일 경우 변화가 보이지 않습니다.

❸ 원형율 지터(Roundness Jitter): 브러시 구성 요소의 원형율을 무작위로 변화시킵니다.

❹ 색상 지터(Hue Jitter)
- 브러시 구성 요소의 색상을 전경색, 배경색 사이에서 무작위로 변화시킵니다.

- 0%면 단일 색상, 100%면 두 색상 사이에서 완전히 랜덤하게 변화하여 다채로운 혼색 효과를 보여줍니다.

❺ 투명도 지터(Opacity Jitter): 브러시 구성 요소의 투명도를 무작위로 변화시킵니다.

❻ 흐름 지터(Flow Jitter): 수채화 같은 습식 재료의 자연스러운 번짐 효과를 기대할 수 있습니다.

(2) Tilt(틸트)

태블릿 펜의 기울기를 의미합니다. 펜을 수직으로 세우면 0도로 인식되며 펜을 눕힐수록 각도가 크게 변경됩니다. 보통 최대 약 60도까지 인식이 됩니다.

(3) 펜 압력(Pen Pressure)

태블릿 펜으로 태블릿의 화면이나 판을 누르는 강도에 따라 압력을 인지하여 표현되는 브러시의 굵기가 변화합니다.

(4) 분산(Scatter)

브러시로 획을 그을 때 획의 경로에서 상하좌우로 요소들이 흩뿌려져서 분산됩니다. 지터와 다르게 선의 경로를 벗어나 표현되는 차이가 있습니다.

3. 브러시 설정 패널에서 브러시를 편집하기

(1) 브러시 설정 메뉴 위치

❶ 최상단 메뉴의 [창〉브러시/Window〉Brushes]를 클릭하여 브러시 패널과 브러시 설정 패널을 열 수 있습니다. 브러시 설정 패널은 브러시 패널과 함께 열립니다.

❷ 선택한 브러시의 세부 옵션을 변경하거나 새 브러시를 생성할 수 있습니다.

❸ 왼쪽 패널에서 브러시 도구가 선택된 상태여야 활성화됩니다.

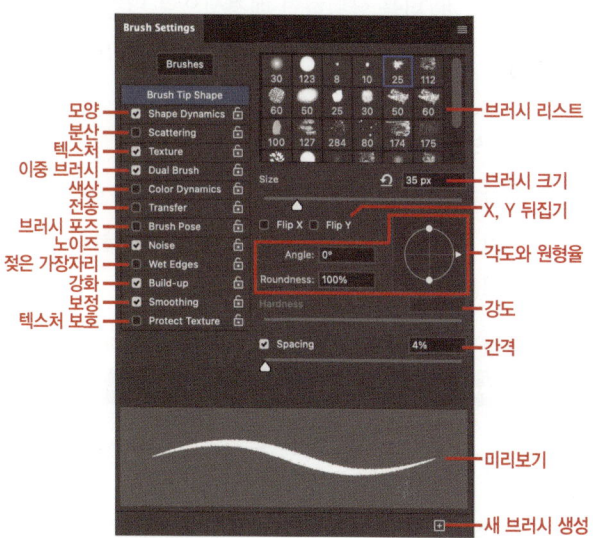

(2) 브러시 설정 패널 살펴보기

브러시는 하나의 개체를 브러시 설정의 다양한 모양 옵션을 통해 포토샵에서 표시되는 방법을 설정하고 브러시 파일로 저장하여 활용할 수 있습니다.

4. 포토샵의 다양한 브러시 도구 살펴보기

(1) 연필 도구(Pencil Tool)

❶ 선명하고 날카로운 선을 그릴 수 있는 도구로, 앤티-앨리어스가 적용되지 않아 가장자리가 픽셀 그대로 보여집니다.

❷ 픽셀 단위의 정교한 작업과 선명한 외곽선이 필요한 픽셀 아트 등의 제작에 적합합니다.

❸ 사이즈를 1px로 설정 시 한 번 클릭하면 픽셀 단위로 칠할 수 있습니다.

❹ 왼쪽 도구 패널에서 브러시 도구를 길게 눌러 선택 후 파일에 칠하듯 드래그하여 적용합니다.

(2) 연필 도구 컨트롤 패널 살펴보기

※ 브러시 도구 컨트롤 패널과 기능이 중복됩니다.

❶ 크기: 연필 도구의 크기와 원형율을 변경합니다.

❷ 설정: 브러시 설정 패널을 활성화합니다.

❸ 혼합 모드: 브러시로 칠할 때 어떤 혼합 모드로 칠해질지 설정합니다.

❹ 불투명도: 브러시 획의 칠해지는 투명도를 설정합니다.

❺ 불투명도 압력: 펜의 누르는 압력에 따라 불투명도가 자동으로 조절됩니다.

❻ 보정: 손 떨림을 보정하여 더 매끄러운 선을 그릴수 있도록 설정합니다.

❼ 보정 옵션: 보정 값이 1% 이상으로 설정되어 있을 때 활성화됩니다.

❽ 각도: 원형율이 정원이 아닐 때 각도를 변경하여 칠해지는 획을 회전할 수 있습니다.
❾ 자동 지우기: 더블 클릭하면 배경색으로 변경되어 칠해집니다.
  ※ 자동 지우기는 연필 도구에만 있는 기능입니다.

(3) 혼합 브러시 도구(Mixer Brush Tool)

실제 물감처럼 색을 섞고 혼합할 수 있는 도구로, 수채화처럼 색상의 혼색이 표현되도록 채색할 수 있습니다. 브러시 도구를 길게 눌러 선택하고 상단 컨트롤 패널에서 옵션을 설정하여 사용합니다.

❶ 브러시: 브러시의 사이즈와 강도, 원형율을 조절합니다.
❷ 설정: 포토샵에 설치된 여러 브러시의 리스트를 확인하고 브러시를 선택합니다. 여러 설정을 이용하여 브러시를 사용자화하여 수정합니다. 또는 새 브러시를 생성할 때 브러시 옵션을 설정합니다.
❸ 색상 피커: 색상 피커를 열어 원하는 컬러를 선택합니다.
❹ 브러시 로드: 색상 피커로 선택한 색상이 칠해져 축축함과 불러오기, 혼합 등 컨트롤 패널의 옵션에 따라 캔버스에 칠해진 색상과 함께 혼합되며 칠해집니다.
❺ 브러시 로드 안 함: 활성화되면 설정된 컬러가 투명하게 변경됩니다. 색상이 칠해지지 않고 마치 마른 브러시나 물만 묻힌 브러시처럼 캔버스에 칠해진 색상을 지우거나 희석시키는 효과로 칠해집니다.
❻ 혼합 모드: 브러시로 칠할 때 혼합 모드를 설정이 가능합니다.
❼ 축축함(Wet): 브러시의 습도를 설정합니다. 습도가 높을수록 색이 연하게 칠해져 색이 더 쉽게 혼합되며, 낮을수록 진하게 칠해지며 혼합되는 강도가 낮아집니다.
❽ 불러오기(Load): 브러시에 묻히는 물감의 양을 조절합니다.
❾ 혼합(Mix): 캔버스에 칠해진 기존 색상과 새 색상의 혼합 비율로 놓을수록 강하게 섞입니다.
❿ 흐름(Flow): 값이 낮을 경우 끊기서 거칠게 칠해지며, 높을 경우는 매끄러운 느낌으로 칠해집니다.
⓫ 에어브러시(Airbrush): 아이콘을 클릭하여 에어브러시가 활성화되어 있을 때는 클릭한 지점에 색상이나 획이 계속 쌓여갑니다.
⓬ 획 보정 설정: 손 떨림을 보정하여 더 매끄러운 선을 그릴 수 있도록 설정합니다.
⓭ 보정 옵션: 보정 값이 1% 이상으로 설정되어 있을 때 활성화됩니다.
⓮ 각도: 원형율이 정원이 아닐 때 각도를 변경하여 칠해지는 획을 회전할 수 있도록 합니다.
⓯ 모든 레이어 샘플링: 파일에 있는 모든 레이어에서 색을 혼합합니다. 비활성화 시 선택한 레이어에서만 색을 혼합합니다.
⓰ 압력: 브러시가 입력되는 압력에 따라 칠하는 굵기가 변경됩니다.

SECTION 02 | 실수해도 괜찮아! 지우개 도구 살펴보기

지우개 도구는 브러시 도구를 사용 시 실수한 부분을 선택 영역 활성화 없이 간단하게 드래그하여 지울 수 있으며 이미지를 합성할 때도 불필요한 부분을 쉽게 정리할 수 있습니다. 배경 지우개, 자동 지우개를 이용해 특정 색상 영역이나 유사 색상을 한 번에 지울 수 있어 상황에 적절하게 선택하여 작업의 효율을 높일 수 있습니다.

1. 3가지 지우개 도구의 메뉴 위치

왼쪽 도구 패널에서 지우개 도구를 선택할 수 있으며, 길게 눌러 배경 지우개 도구와 자동 지우개 도구를 꺼낼 수 있습니다.

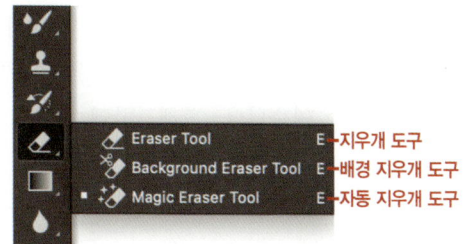

2. 지우개 도구(Eraser Tool)

선택한 브러시의 모양대로 자유롭게 드래그하여 불필요한 부분을 제거합니다. [,]를 이용하여 지우개 크기를 확대/축소합니다. 지우개 도구를 선택하면 상단 컨트롤 패널이 변경됩니다.

(1) 지우개 도구 컨트롤 패널 살펴보기

❶ 브러시: 브러시의 종류와 사이즈, 그리고 원형율을 변경합니다.
❷ 브러시 설정: 지우개 브러시를 설치된 브러시 내에서 변경합니다.
❸ 모드(Mode): 지우개 브러시의 형태를 연필, 브러시, 블록의 형태를 선택합니다.
❹ 불투명도(Opacity): 브러시로 지울 때 불투명도를 설정합니다.
❺ 불투명도 압력: 불투명도 압력 제어를 끄면(Off) 선택한 브러시의 설정된 불투명도 값이 적용되고, 켜면(On) 기본적으로는 투명하게 칠해지며 태블릿일 경우 펜의 누르는 압력에 따라 불투명도가 자동으로 조절됩니다 (마우스일 경우 큰 변화 감지가 어려울 수 있음).
❻ 흐름(Flow): Flow 값이 낮을 경우 끊겨서 거칠게 칠해지며 높을 경우는 매끄러운 느낌으로 칠해집니다.
❼ 에어브러시: 마치 스프레이 락커를 계속 누르면서 한 곳에 뿌리면 점점 진해지는 것처럼, 에어브러시가 활성화되어 있을 때는 클릭한 지점에 지우기가 중첩적으로 동작하면서 점점 더 많이 지워집니다.

❽ 보정(Smoothing): 손 떨림을 보정하여 더 매끄러운 선을 그릴 수 있도록 설정합니다.
❾ 보정 옵션: 보정 값이 1% 이상으로 설정되어 있을 때 활성화됩니다.
❿ 각도: 브러시 구성 요소를 회전할 수 있습니다.
⓫ 작업 내역으로 지우기
- 작업 내역 브러시(History brush tool) 기능처럼 이미지의 특정 부분만 이전 상태로 되돌릴 때 유용합니다.
- 작업 내역 패널 [Window 〉 History]에서 되돌리고 싶은 내역을 선택 후 왼쪽 끝의 아이콘을 클릭하여 소스로 지정 후 지우개 도구 상단 컨트롤 패널에서 '작업 내역으로 지우기'를 체크하여 활성화합니다.
- 선택된 레이어의 지정된 작업 내역 이후의 내용들은 지워집니다.
⓬ 압력: 아이콘을 눌러서 활성화할 경우 브러시가 입력되는 압력에 따라 굵기가 변경됩니다.
⓭ 대칭: 중심축을 기준으로 한쪽을 지우면 반대쪽이 대칭으로 함께 지워집니다.

3. 배경 지우개 도구(Background Eraser Tool)

이미지의 색상을 샘플링 하여 샘플링된 색상 위주로 자동으로 지우개 도구가 적용됩니다. 또는 배경색을 기준으로 특정 색상을 선택하여 지울 수 있습니다. 드래그하여 불필요한 부분을 자유롭게 제거합니다.

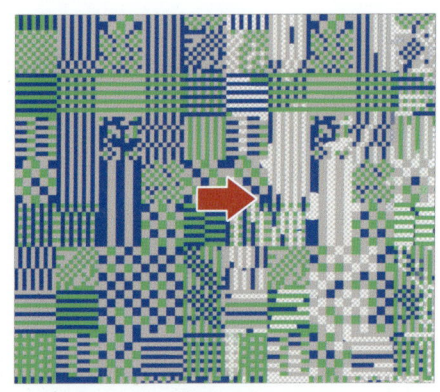

4. 자동 지우개 도구(Magic Eraser Tool)

클릭과 동시에 유사한 색상 영역이 바로 지워집니다. 제거하고자 하는 색상이 넓은 단색 영역 또는 솔리드 컬러가 넓게 퍼져 있을 때 효과적입니다. 컨트롤 패널의 허용치를 조절하여 지워지는 색상 영역을 조절합니다.

SECTION 03 | 크리에이티브하게 브러시 만들고 활용하기

1. 1분 실습_ 직접 만들어보는 거친 라인 브러시

(1) 새 파일 만들기

❶ 최상단 메뉴의 [파일〉새로 만들기/File〉New]를 클릭합니다.

❷ 대화상자에서 폭(Width)은 200Pixel, 높이(Height)는 200Pixel, 해상도(Resolution)는 72ppi로 입력 후 '만들기(Create)' 버튼을 클릭합니다. 입력한 사양의 새 파일이 생성됩니다.

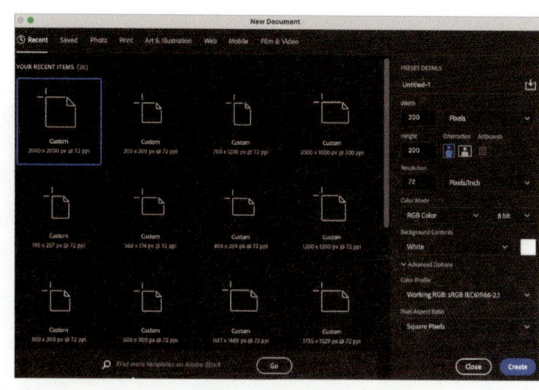

(2) 전경색/배경색 기본 설정하기

키보드에서 D를 눌러 전경색과 배경색을 검정, 흰색의 기본 색상으로 설정합니다.

(3) 브러시 구성 요소 만들기

❶ 왼쪽 도구 패널에서 타원 도구를 선택한 후 대지의 빈 곳에 클릭하여 대화상자를 불러옵니다.

❷ 대화상자에서 가로 50px, 세로 50px의 정원을 생성합니다.

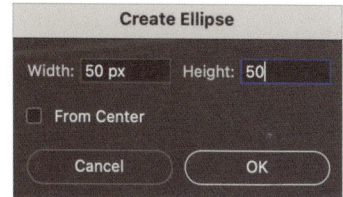

(4) 브러시 정의하기

❶ 레이어 패널에서 앞서 생성한 레이어의 축소판을 Ctrl(Windows)/Cmd(Mac)를 누르면서 클릭하여 선택 영역을 활성화합니다.

❷ 선택 영역이 활성화된 상태에서 최상단 메뉴의 [편집〉브러시 사전 설정 정의/Edit〉Define Brush Preset]을 클릭하여 브러시를 사용자 정의합니다.

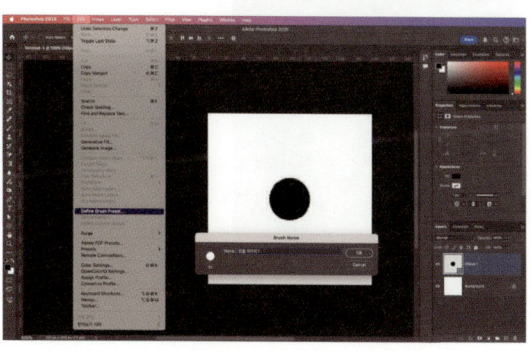

(5) 브러시 설정하기

❶ 최상단 메뉴의 [창 > 브러시/Window > Brushes]를 클릭하여 브러시 패널과 브러시 설정 패널을 열 수 있습니다. 브러시 패널에서 앞서 정의한 브러시를 선택합니다.
❷ 브러시 설정 패널을 열어 원형율(Roundness)을 75%로 설정합니다.
❸ 모양(Shape Dynamic)을 체크합니다.
❹ 크기 지터(Size Jitter)를 30% 조절(Control)은 펜 압력(Pen Pressure)으로 변경합니다.
❺ 최소 직경(Minimum Diameter)를 60%로 변경하여 끝이 너무 뾰족하지 않도록 설정합니다.
❻ 각도 지터(Angle Jitter)를 20%로 변경하여 브러시 구성요소가 획을 칠할 때 회전되도록 합니다.
❼ 분산(Scattering)을 체크합니다.
❽ 분산(Scatter)을 15%, 조절은 펜 압력, 개수(Count)는 2, 개수 지터(Count Jitter)는 15%, 조절은 펜 압력으로 설정합니다.

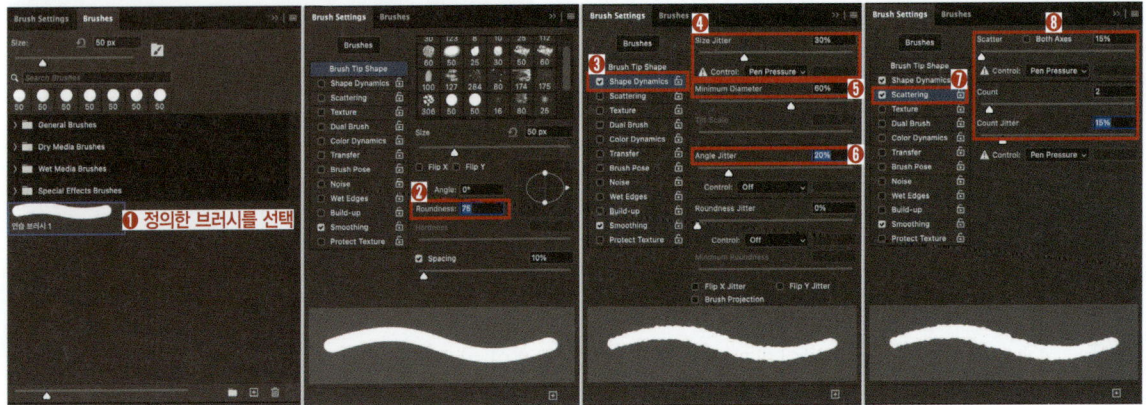

(6) 브러시 저장하기

❶ 브러시 설정 패널의 하단의 (+) 버튼을 클릭합니다.
❷ 이름을 '거친 라인 브러시'로 입력 후, ❸ 확인(OK) 버튼을 클릭합니다.
❹ 새 브러시가 생성됩니다.

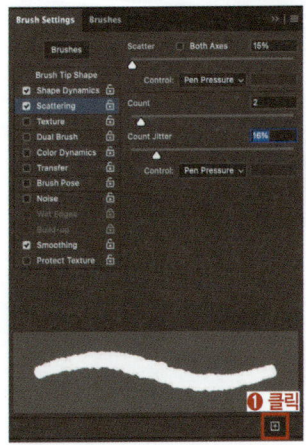  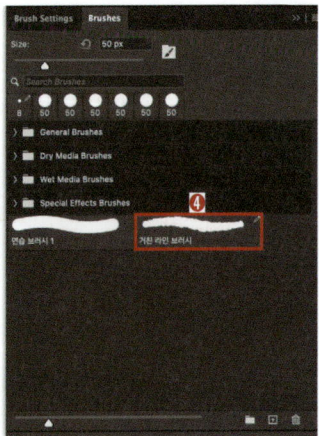

(7) 브러시 테스트

빈 문서를 열어 브러시를 테스트합니다.

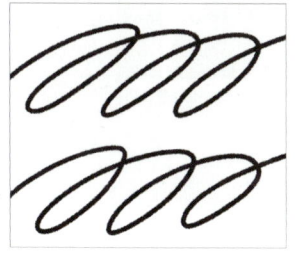

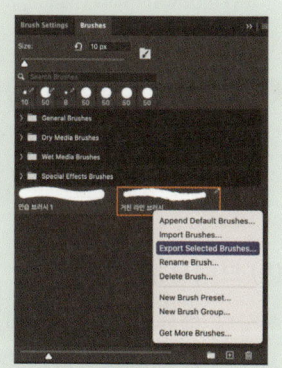

Tip 저장한 브러시는 다시 편집하여 저장하여 조금씩 다른 버전을 만들 수도 있습니다. 브러시 패널에서 선택 후 우클릭하여 드롭다운 메뉴에서 '선택한 브러시 내보내기(Export Selected Brushes)'를 클릭하여 파일로 내보낼 수 있습니다. 내보낸 브러시 파일은 다른 사람과 공유하거나 디지털 파일 판매 플랫폼을 통해 판매도 가능합니다.

2. 1분 실습_ 직접 만들어보는 텍스쳐 브러시

(1) 새 파일 만들기

❶ 최상단 메뉴의 [파일〉새로 만들기〉File〉New]를 클릭합니다.

❷ 대화상자에서 폭(Width)은 200Pixel, 높이(Height)는 200Pixel, 해상도(Resolution)는 72ppi로 입력 후 '만들기(Create)' 버튼을 클릭합니다. 입력한 사양의 새 파일이 생성됩니다.

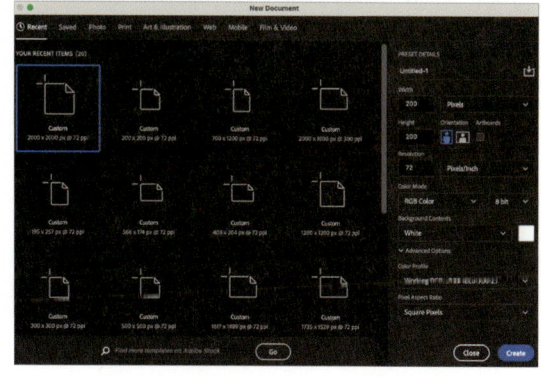

(2) 전경색/배경색 기본 설정하기

키보드에서 D를 눌러 전경색과 배경색을 검정, 흰색의 기본 색상으로 설정합니다.

(3) 브러시 구성 요소 만들기

❶ 왼쪽 도구 패널에서 타원 도구를 선택합니다.
❷ 대지의 빈 곳에 클릭하여 대화상자를 불러옵니다.
❸ 대화상자에서 가로 190px, 세로 190px을 입력합니다.
❹ 확인(OK)를 클릭하여 정원을 생성합니다.
❺ 왼쪽 도구 패널에서 이동 도구를 선택 후 상단 컨트롤 패널에서 캔버스를 선택합니다.
❻ 정렬 아이콘을 이용하여 원을 캔버스의 정 가운데로 정렬합니다.

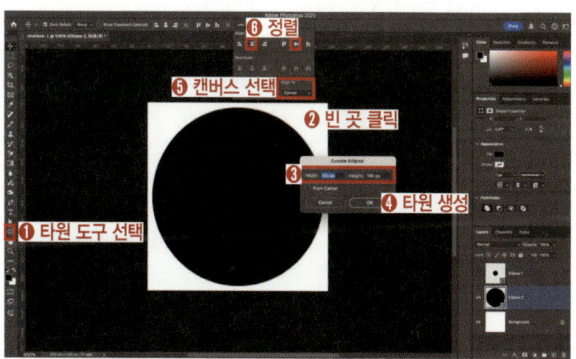

(4) 브러시 정의하기

① 레이어 패널에서 앞서 생성한 레이어의 축소판을 Ctrl (Windows)/Cmd (Mac)를 누르면서 클릭하여 선택 영역을 활성화합니다.
② 선택 영역이 활성화된 상태에서 최상단 메뉴의 [편집〉브러시 사전 설정 정의/Edit〉Define Brush Preset]을 클릭하여 브러시를 사용자 정의합니다.

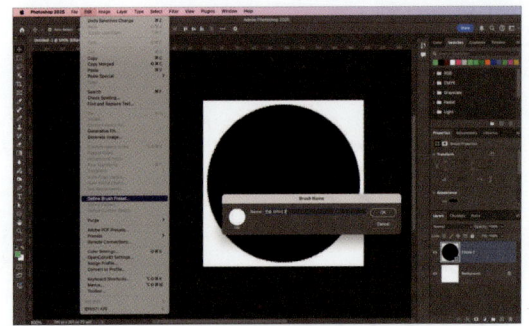

(5) 브러시 설정하기

최상단 메뉴의 [창〉브러시/Window〉Brushes]를 클릭하여 브러시 패널과 브러시 설정패널을 열 수 있습니다.

① 브러시 패널에서 앞서 정의한 브러시를 선택합니다.
② 브러시 설정 패널을 열어 텍스처(Texture)를 체크합니다.
③ 풀(Grass) 그룹의 가장 오른쪽에 있는 패턴을 선택합니다.
④ 비율(Scale)을 50%, 명도(Brightness)를 −25, 대비(Contrast)를 100으로 설정합니다.
⑤ 모드(Mode)를 곱하기(Multifly)로 설정합니다. 미리보기에 패턴이 적용된 모습이 보여집니다.

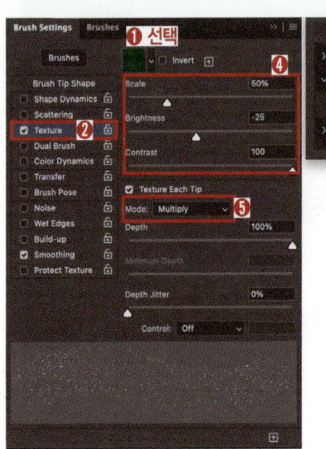

> **Tip** 포토샵 현재 버전에서는 텍스처 브러시를 같은 위치에 반복해서 칠할 때 패턴을 매번 다르게 적용하는 기능이(Randomized Texture) 적용되지 않습니다.

(6) 브러시 저장하고 테스트하기

브러시 설정 패널의 하단의 (+) 버튼을 클릭하여 '텍스처 브러시'로 별도 저장한 후 빈 문서를 열어 새로 생성한 브러시를 테스트합니다.

> **Tip** 디폴트 설치된 포토샵의 다양한 브러시를 혼합하여 사용하거나 실제로 필기 도구나 미술 도구를 종이에 드로잉 한 후 스캔하여 디지털 데이터로 만들어 이를 브러시로 정의하여 자신만의 독특한 커스텀 브러시를 제작해볼 수 있습니다.

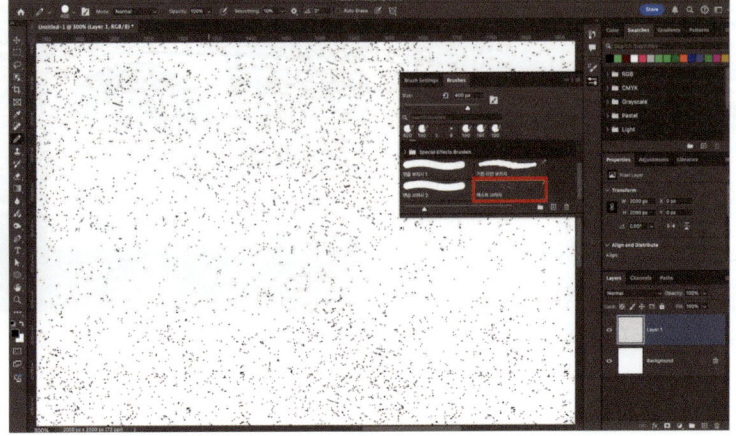

3. 1분 실습_패스를 이용하여 브러시 아웃라인 만들기

(1) 파일 열기

최상단 메뉴의 [파일 > 열기/File > Open]을 클릭하여 대화상자에서 '클래스10_3_1분실습_브러시라인.psd' 파일을 불러옵니다.

(2) 선택 영역 활성화하기

'인물' 레이어의 축소판을 Ctrl(Windows)/Cmd(Mac)를 누르면서 클릭하여 레이어 모양대로 선택 영역을 활성화합니다.

(3) 선택 영역 확대하기

❶ 최상단 메뉴의 [선택 > 수정 > 확대/Select > Modify > Expand]를 클릭합니다.
❷ 대화상자가 열리면 50px로 변경합니다.

(4) 선택 영역을 패스로 만들기

패스 패널 하단의 'Make work path from selection' 아이콘을 클릭하여 선택 영역을 패스로 생성합니다.

(5) 브러시 도구 선택

❶ 전경색을 클릭해 #ff6846으로 설정합니다.
❷ 왼쪽 도구 패널에서 브러시 도구를 선택합니다.
❸ 상단 컨트롤 패널에서 브러시 모양을 선택해 [드라이 재질 브러시 > KYLE 궁극의 목탄색 연필 25픽셀 중간 2/Dry Media Brushes > KYLE Ultimate Charcoal Pencil 25px Med2]를 선택하고 브러시 크기는 50px로 변경합니다.

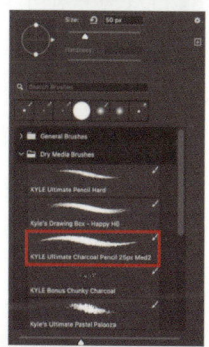

(6) 패스를 브러시 획으로 변경하기

패스 패널 하단의 'Stroke path with brush' 아이콘을 클릭하여 패스를 브러시 획으로 생성합니다.

4. 1분 실습_ 포토샵에서 제공하는 다양한 무료 브러시 설치하기

Kyle T. Webster는 세계적으로 유명한 디지털 브러시 아티스트이자 일러스트레이터입니다. 어도비에서는 Kyle T. Webster가 직접 제작한 다양한 브러시와 시즌별로 새로운 브러시를 사용자를 위해 무료로 제공하고 있습니다.

(1) 브러시 패널 열기

최상단 메뉴의 [창 〉 브러시/Window 〉 Brushes]를 클릭하여 브러시 패널을 엽니다.

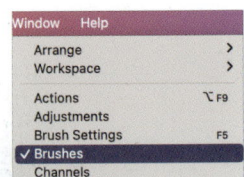

(2) 옵션 살펴보기

❶ 브러시 패널 오른쪽 상단의 옵션 버튼을 클릭합니다.
❷ 드롭다운 메뉴에서 '추가 브러시 다운로드(Get More Brushes)'를 클릭합니다.

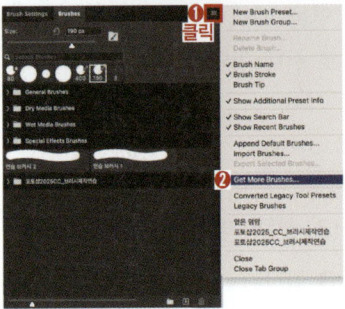

(3) 브러시 다운로드

자동으로 브라우저 창이 열리며 브러시 리스트 페이지로 이동합니다. 리스트를 살펴보고 원하는 브러시가 있다면 다운로드를 클릭하여 내려받습니다.

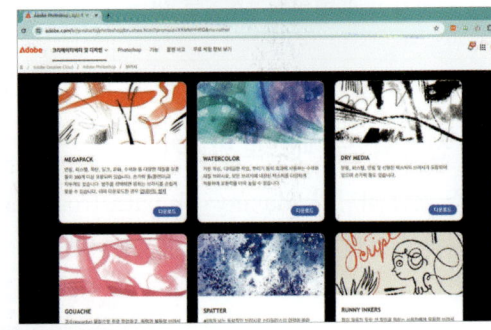

(4) 브러시 가져오기

❶ 다시 포토샵의 브러시 패널의 오른쪽 상단의 옵션 버튼을 클릭 후 '브러시 가져오기(Import Brushes)'를 클릭합니다.
❷ 브러시 파일의 확장자는 '.abr'입니다. 다운로드한 브러시 파일을 선택하여 포토샵으로 불러옵니다.

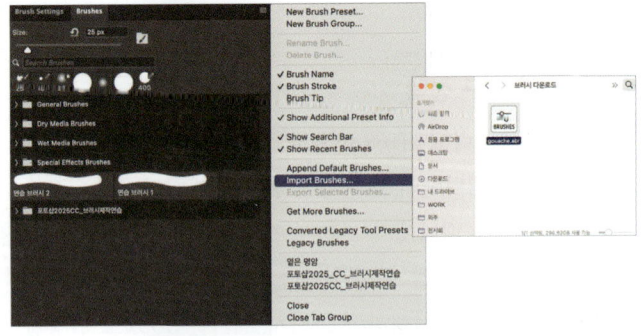

(5) 테스트 해보기

빈 문서를 하나 생성합니다. 왼쪽 도구 패널에서 브러시 도구를 선택하여 설치한 브러시를 테스트합니다.

SECTION 04 | 나만의 시그니처 패턴 만들기, 정의부터 배치까지

1. 1분 실습_패턴 정의

(1) 파일 열기

최상단 메뉴의 [파일〉열기/File〉Open]을 클릭하여 대화상자에서 '클래스10_2_1분실습_패턴정의.psd' 파일을 불러옵니다.

(2) 패턴 정의 메뉴 찾기

최상단 메뉴의 [편집〉패턴 정의/Edit〉Define Pattern]을 클릭합니다.

(3) 패턴 정의하기

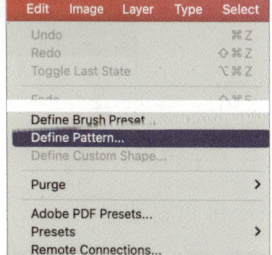

대화상자가 나타나면 패턴의 이름을 '파란꽃 패턴'으로 입력하고 확인(OK)을 클릭합니다.

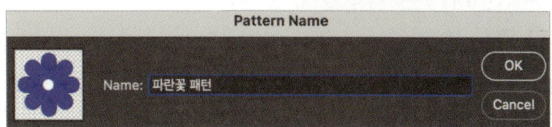

(4) 새 파일 만들기

❶ [파일〉새로 만들기/File〉New]를 선택합니다.
❷ 가로 1200Pixel, 세로 1200Pixel, 해상도 72ppi로 설정하여 새 파일을 생성합니다.

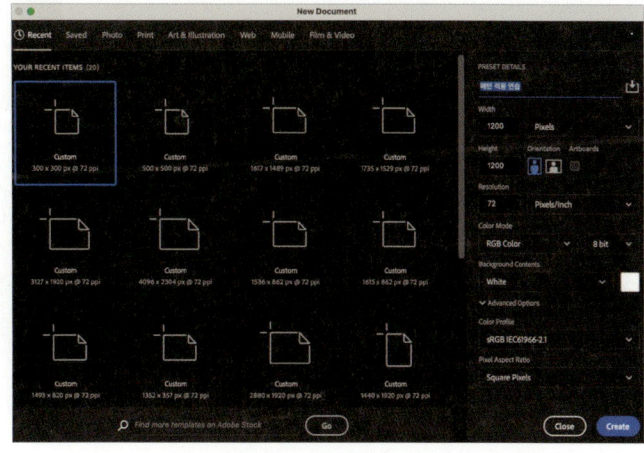

(5) 패턴 적용하기

❶ 새로 만든 파일에 새 레이어를 하나 생성합니다.
❷ [편집 〉 칠/Edit 〉 Fill]을 선택합니다.
❸ 칠 대화상자가 나타나면 '사용'에서 '패턴'을 선택합니다.
❹ '사용자 정의 패턴' 항목에서 방금 정의한 패턴을 선택합니다.
❺ 필요시 불투명도를 설정할 수 있습니다. 확인(OK)을 클릭하여 패턴을 적용합니다.

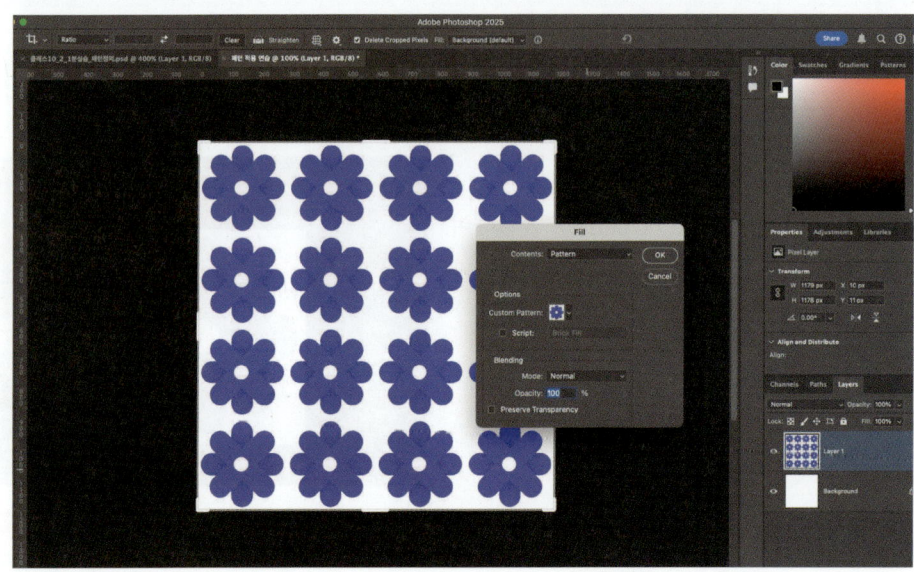

2. 1분 실습_패턴을 다양하게 자동으로 배치하기

(1) 새 파일 만들기

❶ [파일 〉 새로 만들기/File 〉 New]를 선택합니다.
❷ 가로 2000Pixel, 세로 2000Pixel, 해상도 72ppi로 설정하여 새 파일을 생성합니다.

(2) 패턴 불러오기

❶ 오른쪽 상단의 패턴 패널의 옵션 버튼을 클릭하여 드롭다운 메뉴에서 [패턴 가져오기/Import Pattern]을 클릭합니다.
❷ 대화상자가 나오면 '클래스10_패턴.pat' 파일을 선택하여 패턴을 포토샵으로 불러옵니다.

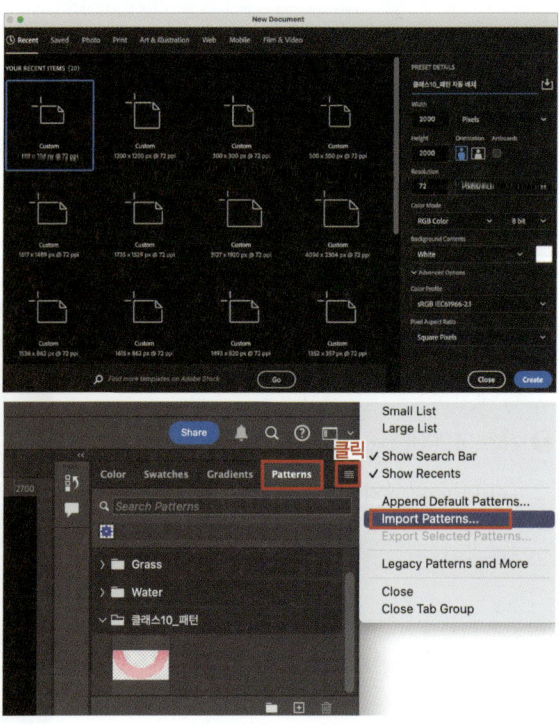

(3) 패턴 칠 옵션 변경하기

❶ [편집 〉 칠/Edit 〉 Fill]을 선택합니다.
❷ 칠 대화상자가 나타나면 '사용'에서 '패턴'을 선택합니다.
❸ '사용자 정의 패턴' 항목에서 방금 정의한 패턴을 선택합니다.
❹ 스크립트에 체크하고 '벽돌 칠(Brick Fill)'이 선택된 상태에서 확인(OK)을 클릭합니다.

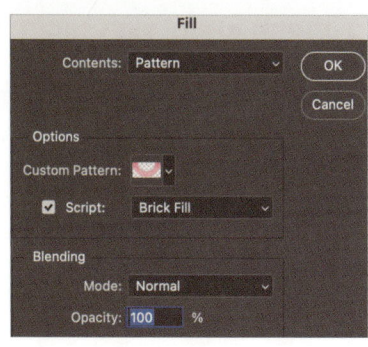

(4) 벽돌형으로 패턴 적용하기

❶ 세부 옵션 대화상자가 열리면 '간격(Spacing)'을 -20으로 변경합니다.
❷ 확인(OK)을 클릭하여 자동으로 패턴을 배치합니다.

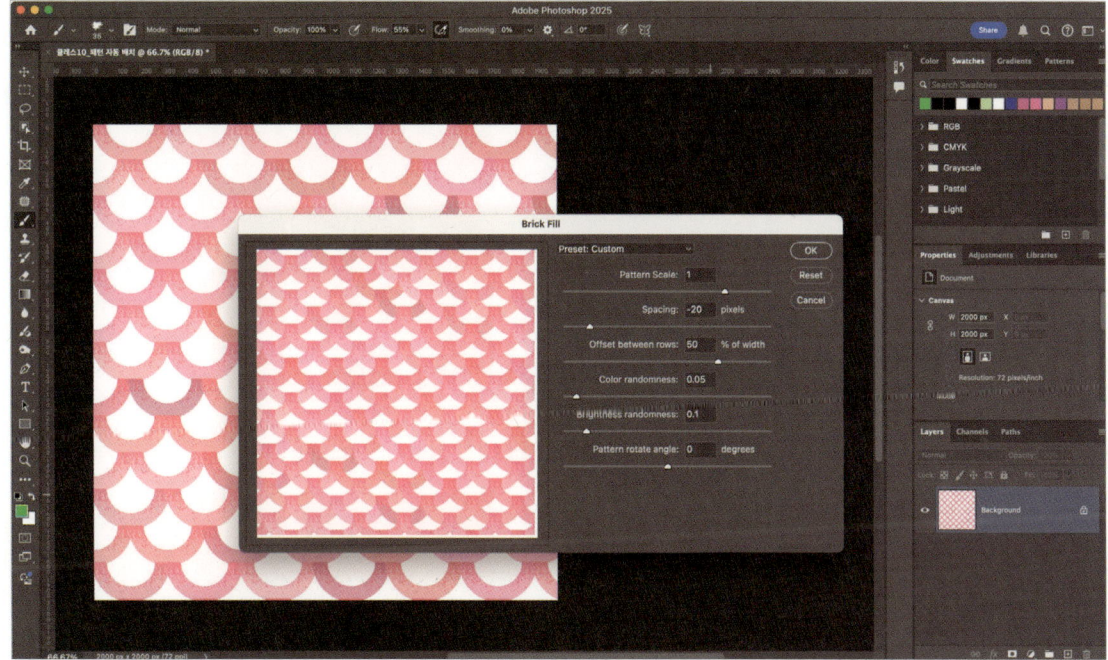

3. 다양한 방법의 패턴 채우기 미리보기

포토샵에서 정의된 패턴을 다양한 방법으로 자동으로 배치할 수 있습니다.

❶ 벽돌 칠(Brick Fill)

❷ 그물 직물(Cross Weave)

❸ 패스를 따라 가져오기(Place Along Path)

❹ 임의 칠(Random Fill)

❺ 나선형(Spiral)

❻ 대칭 칠하기(Symmetry Fill)

직접 그려보는 디지털 일러스트레이션 생일 축하 엽서

스케치를 바탕으로 대칭 그리기 기능을 활용해 기본 외곽선과 채색을 진행하고, 다양한 브러시 설정과 레이어 혼합 모드를 활용하여 질감과 디테일을 표현하는 과정을 보여줍니다. 클리핑 마스크와 레이어를 단계별로 추가하며 깊이감 있는 디지털 일러스트레이션 엽서를 완성할 수 있습니다.

LEVEL UP 튜토리얼로 체크하는 포토샵 핵심 기능

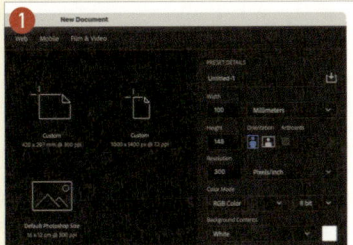
엽서 규격의 새 문서 생성하기

스케치 파일을 가져오고 불투명도 조절로 가이드라인 설정

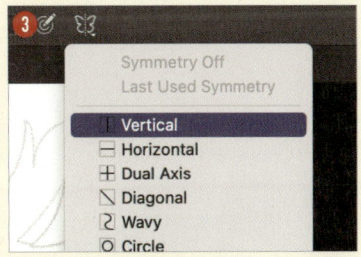
수직 대칭 기능을 활용한 효율적인 일러스트레이션 작업

선명한 원형 브러시로 외곽선 그리기와 기본 채색

디졸브 모드와 부드러운 브러시로 자연스러운 텍스처 표현

클리핑 마스크와 레이어 혼합 모드로 입체감과 디테일 추가

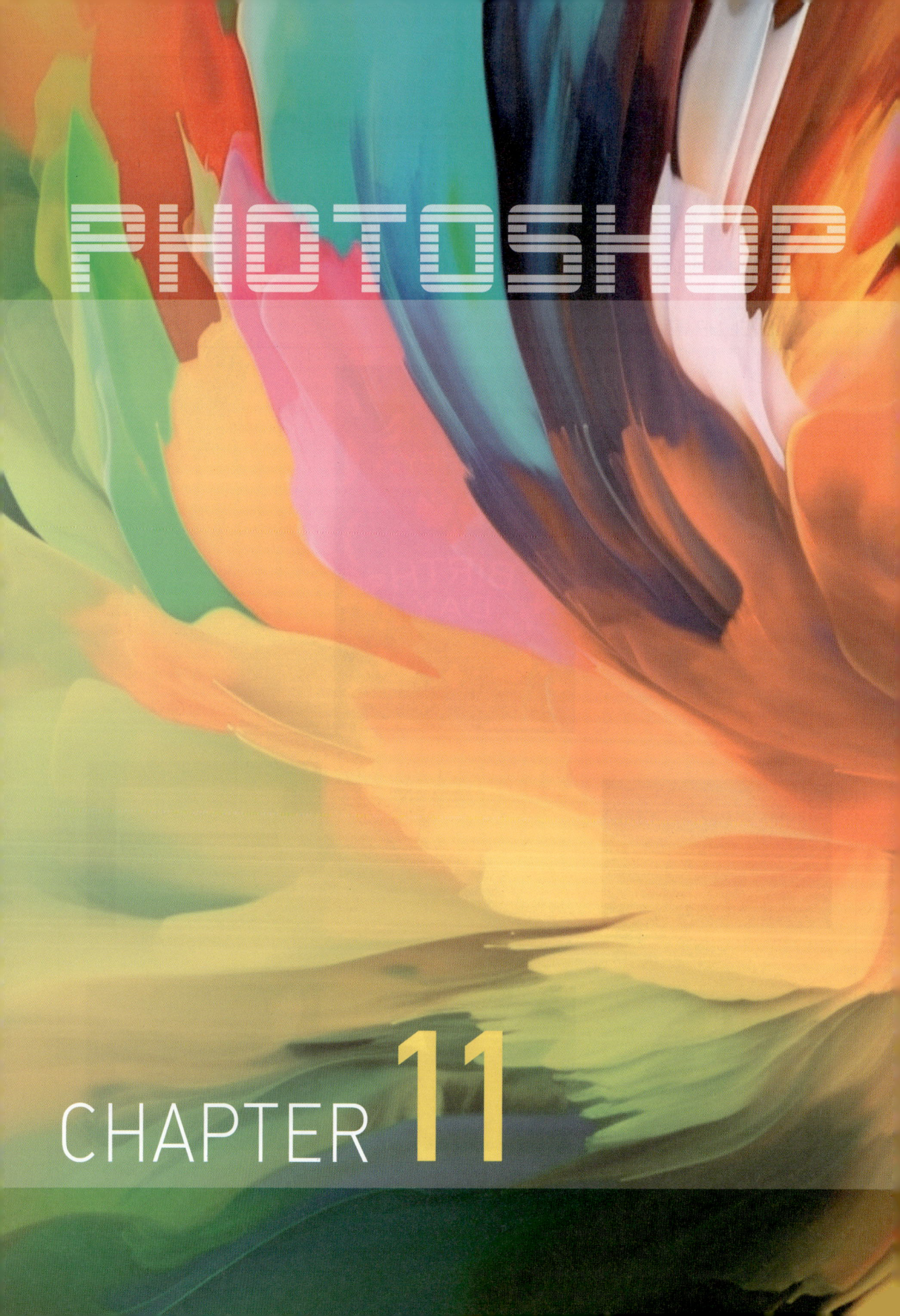

SECTION 01 | 영상 제작을 위한 비디오 레이어와 타임라인 패널

포토샵은 사진 보정과 이미지 편집, 2D 그래픽 제작을 위한 그래픽 소프트웨어입니다. 하지만 기초적인 영상 편집 기능도 제공합니다. 타임라인을 통해 레이어별 애니메이션을 만들 수 있고, 키프레임을 활용해 움직임과 변화를 줄 수 있습니다. 간단한 모션 그래픽이나 GIF 애니메이션, 짧은 영상 클립 제작에 활용하기 좋습니다. 단, 복잡한 영상 작업은 프리미어 프로나 애프터 이펙트 같은 영상 전문 소프트웨어를 사용하는 것이 편의성이 높아 효율적입니다.

1. 영상 제작에 맞추어 포토샵 작업 영역 설정하기

(1) 새 파일을 HD 1080에 맞춰서 만들기

최상단 메뉴의 [파일〉새로 만들기/File〉New]를 클릭합니다. 사전 설정에서 '영화 및 비디오(Film&Video)'를 클릭한 후 'HDTV 1080'을 선택하여 새 파일을 생성합니다.

(2) 타임라인 패널 열기

최상단 메뉴의 [창〉타임라인/Window〉Timeline] 또는 [창〉작업 영역〉동작/Window〉Workspace〉Motion]을 클릭합니다.

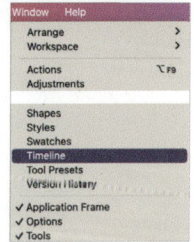

(3) 타임라인 활성화

❶ 타임라인 패널이 포토샵 하단에 생성이 됩니다.
❷ 타임라인 가운데 '비디오 타임라인 만들기(Create Video Timeline)'를 클릭하여 활성화합니다.

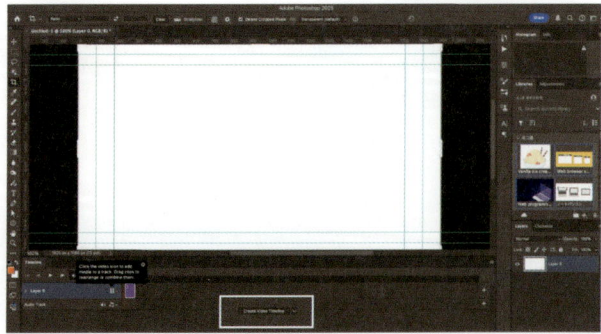

2. 타임라인 패널과 영상 편집 기능 체크

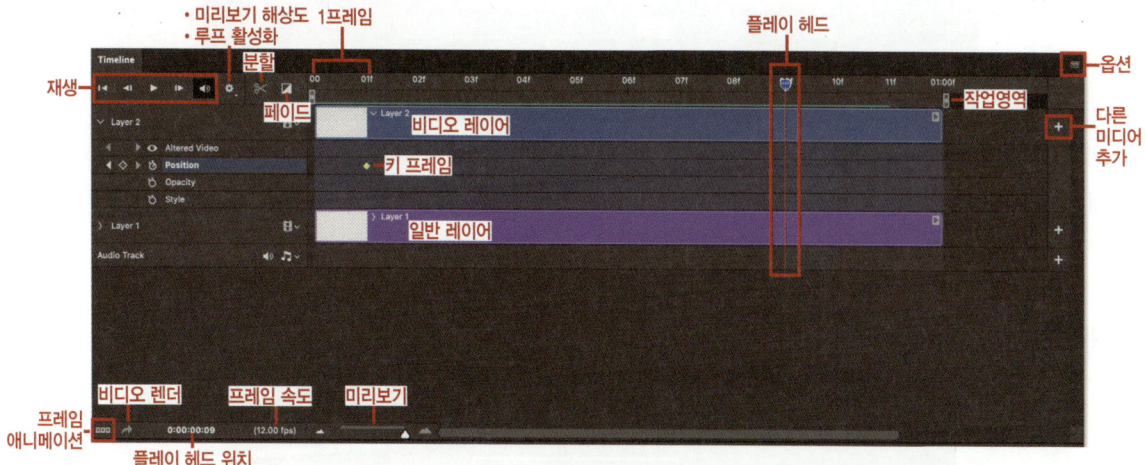

(1) 새 레이어 추가하기

❶ 레이어 패널에서 (+) 아이콘을 클릭하여 일반 레이어를 생성합니다.

❷ 타임라인 패널과 레이어 패널에 모두 레이어가 표기됩니다.

❸ 타임라인에 표시되는 레이어는 할당된 시간대로 가로 방향으로 길어집니다.

※ 프리미어 프로, 애프터 이펙트와 같은 전문 영상 소프트웨어와 동일한 방식입니다.

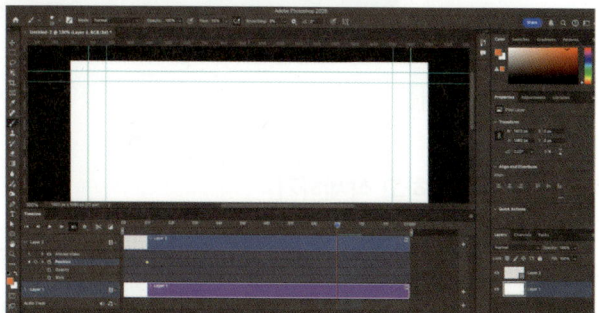

(2) 새 비디오 레이어 추가하기

❶ 최상단 메뉴의 [레이어 〉 비디오 레이어 〉 새 빈 비디오 레이어/Layer 〉 Video Layer 〉 New Blank Video Layer]를 클릭합니다.

❷ 타임라인에서 푸른색 레이어로 표시되며 레이어 패널에서도 필름 아이콘이 추가됩니다.

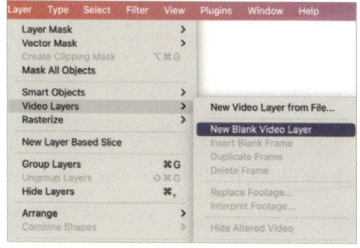

> **Tip** 일반 레이어와 비디오 레이어의 차이점
> - 레이어 패널에서 추가하는 일반 레이어는 하나의 레이어에 하나의 프레임만 포함됩니다.
> - 일반 레이어는 재생되는 시간을 변경할 수는 있지만 프레임을 추가하여 변화를 줄 수 없습니다. 그러므로 일반 레이어로 영상을 만들려면 여러 개의 혹은 아주 많은 일반 레이어를 연결해서 만들어 냅니다. 이는 프레임 바이 프레임(Frame by Frame) 애니메이션의 기법과 동일하며 전통적인 애니메이션 방식 중 하나입니다.
> - 비디오 레이어는 하나의 레이어에 여러 프레임의 내용이 포함되어 있어 프레임 별로 내용을 추가하거나 변경할 수 있어 타임라인에서 프레임 단위로 편집할 수 있습니다. 하나의 프레임으로 영상을 편집하므로 관리가 간편한 장점이 있습니다.

(3) 비디오 그룹 만들기

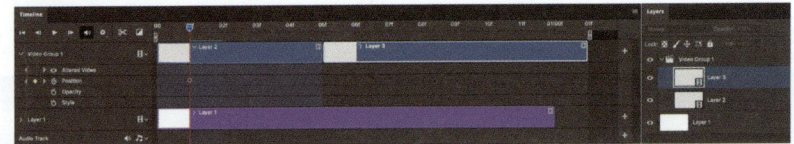

❶ 여러 레이어가 하나의 타임라인 레이어에 위치하여 그룹화된 상태입니다.
❷ 2개 이상의 레이어 및 비디오 레이어를 드래그하여 하나의 타임라인에 위치하도록 변경하면 레이어 패널에서 자동으로 비디오 그룹이 생성됩니다.

(4) 레이어 선택하고 이동하기

❶ 타임라인 패널에서 레이어를 클릭하면 하이라이트가 표시되어 선택됨을 알 수 있습니다.
❷ 선택된 레이어를 클릭한 후 드래그하여 원하는 위치로 이동합니다.

(5) 레이어 분할하고 삭제하기

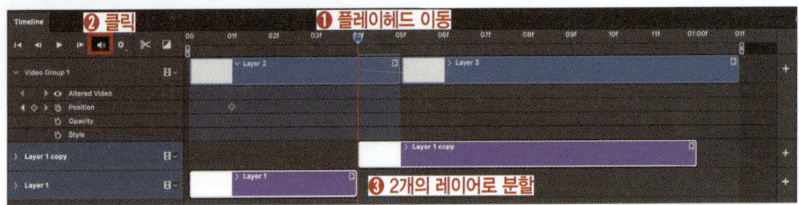

❶ 나누고자 하는 레이어를 선택 후 플레이헤드를 이용해 원하는 시점에 위치합니다.
❷ 타임라인 상단 패널의 가위 모양의 아이콘을 클릭합니다.
❸ 플레이헤드를 기준으로 레이어가 나누어집니다.
❹ 불필요한 레이어는 Backspace(Windows)/Delete(Mac)를 눌러 삭제합니다.
❺ Copy&Paste로 레이어 복사/붙여넣기를 할 수 있으며 최상단 메뉴의 [편집〉복사, 붙여넣기/Edit〉Copy, Paste]를 클릭하여도 가능합니다.

(6) 플레이헤드(Playhead), 타임 인디케이터(Time Indicator) 사용하기

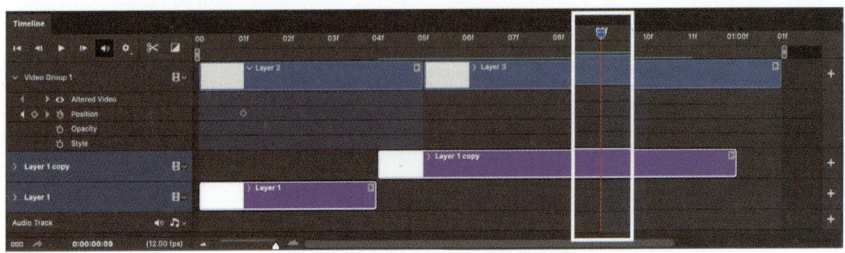

타임 인디케이터는 영상 편집 소프트웨어에서 일반적으로 현재 재생 위치를 나타내는 세로 선으로, 영상의 특정 시점을 표시하고 편집할 때 기준점이 되는 인터페이스입니다. 인디케이터를 드래그하여 원하는 시점으로 이동하여 편집점이나 원하는 시점으로 이동합니다.

영상은 움직이지 않는 정적 이미지와 달리 '시간'이라는 차이점이 있습니다. 사용자가 시간을 설정하여 이미지를 점진적으로 변형하여 영상을 제작합니다. 이 타임 인디케이터 인터페이스를 포토샵에서는 플레이헤드(Playhead)라고 정의합니다.

(7) 플레이헤드(Playhead) 이동하기

플레이헤드는 드래그하여 쉽게 이동할 수 있지만 옵션을 통해 정확한 위치나 프레임별로 이동이 가능합니다. 타임라인 패널의 오른쪽 메뉴 상단의 옵션 버튼을 클릭하여 드롭다운 메뉴를 불러 옵니다. '이동(Go to)'을 클릭합니다.

❶ 시간(Time): 현재 플레이헤드가 멈춰서 있는 시간을 확인하고 원하는 시간을 입력하여 플레이헤드를 이동시킵니다.

❷ 다음 프레임(Next Frame): 1 프레임 뒤로 플레이헤드를 이동

❸ 이전 프레임(Previous Frame): 1 프레임 앞으로 플레이헤드를 이동

❹ 첫 번째 프레임(First Frame): 해당 파일의 가장 첫 번째 프레임으로 플레이헤드를 이동

❺ 마지막 프레임(Last Frame): 해당 파일의 가장 마지막 프레임으로 플레이헤드를 이동

❻ 작업 영역 시작(Start of Work Area): 설정된 작업 영역 시작으로 플레이헤드를 이동

❼ 작업 영역 끝(End of Work Area): 설정된 작업 영역 끝으로 플레이헤드를 이동

(8) 타임라인 레이어 확대하기

프레임을 더 확실히 확인하기 위해서 타임 라인 레이어를 확대할 수 있습니다. 패널 왼쪽 하단의 슬라이더 오른쪽으로 이동하여 확대합니다.

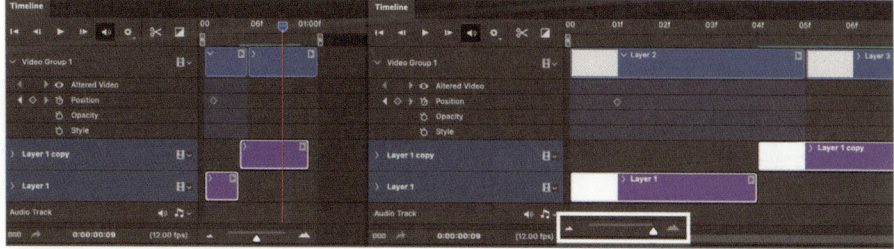

(9) 영상의 전체 길이 늘이고 줄이기

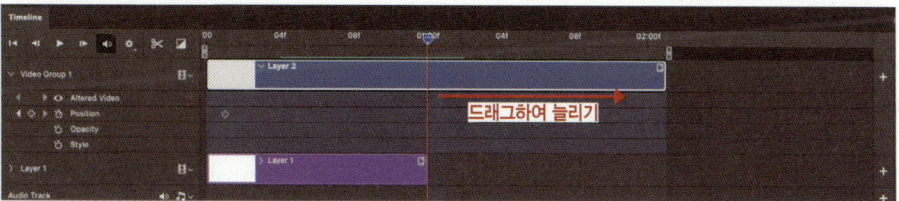

❶ 레이어의 오른쪽 끝을 클릭한 후 드래그하여 연장하면 전체 영상의 재생 길이가 증가합니다.

❷ 반대로 왼쪽으로 드래그하여 줄이면 재생 길이가 감소합니다.

❸ 레이어를 현재 재생시간 이후나 이전으로 이동하여도 변화합니다.

(10) 프레임 속도(Frame Rate) 변경하기

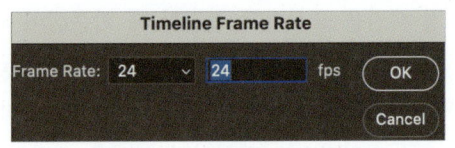

❶ 타임라인 패널의 오른쪽 메뉴 상단의 옵션 버튼을 클릭하여 드롭다운 메뉴를 불러옵니다.
❷ '타임라인 프레임 속도(Set Timeline Frame Rate)'를 클릭합니다. 대화상자가 열리면 프레임 속도를 변경합니다.
❸ 프레임 속도란 1초당 재생되는 이미지의 수를 의미합니다. 이모티콘의 경우 8~12프레임, 애니메이션의 경우 24~29.97프레임, 영화의 경우 24프레임을 사용한다고 일반적으로 알려져 있습니다.

(11) 재생하여 미리보기

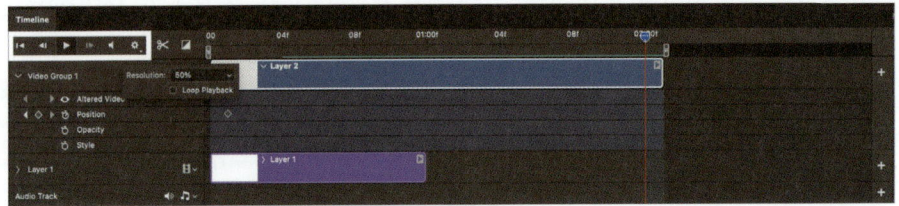

❶ 타임라인 왼쪽 상단에 재생 메뉴가 있습니다. 클릭하여 영상을 렌더링 전에 미리 볼 수 있습니다.
❷ 톱니 모양의 설정 아이콘을 클릭하여 미리보기 해상도와 루프 설정을 할 수 있습니다.

(12) 어니언 스킨 설정

❶ 타임라인 패널의 오른쪽 메뉴 상단의 옵션 버튼을 클릭하여 드롭다운 메뉴를 불러옵니다.
❷ '어니언 스킨 설정(Onion Skin Settings)'을 클릭합니다. 대화상자가 열리면 설정을 사용자에 맞게 수정합니다.
❸ 현재 프레임에서 앞/뒤로 몇 개의 프레임이 미리 보일지와 얼마나 불투명하게 보일지를 설정할 수 있습니다.
❹ '어니언 스킨 활성화(Enable Onion Skins)'를 체크 시 비디오 프레임에서 앞, 뒤 프레임의 미리보기가 캔버스에 보여집니다.

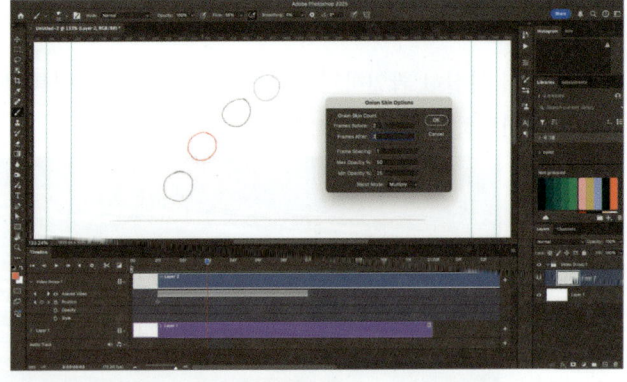

Tip 어니언 스킨은 '양파 껍질'이라는 뜻으로, 선택된 프레임의 이전/이후 프레임을 반투명하게 미리 보기 기능을 의미합니다. 전통적인 수작업 애니메이션에서 빛이 잘 통과하는 얇은 종이를 겹쳐서 그림을 그리던 방식에서 유래했습니다. 프레임 바이 프레임 애니메이션을 제작 할 때 기준점이 되어 자연스러운 애니메이션 드로잉을 할 수 있습니다.

(13) 모션 그래픽에 유용한 레이어 드롭다운 메뉴들

타임라인 패널의 왼쪽에서 레이어 이름 옆의 방향 아이콘을 클릭하면 모션 영상에 효과적인 드롭다운 메뉴들이 있습니다.

❶ 변경된 비디오(Altered Video)

- 비디오 레이어에서만 보여지는 메뉴로 포토샵의 비디오 레이어가 원본에서 수정되었음을 나타내는 표시입니다.
- 수정된 프레임에 회색 바가 표시되며 화살표 아이콘을 클릭하여 변경된 프레임에 빠르게 플레이헤드를 놓을 수 있습니다.

❷ 위치(Position)

- 플레이헤드로 프레임 1에 시계 아이콘을 클릭하여 위치 키프레임을 생성합니다.
- 레이어의 처음 위치가 설정됩니다.
- 플레이 헤드를 드래그하여 프레임 11로 이동합니다.
- 레이어를 오른쪽으로 이동하여 위치를 변경합니다.
- 자동으로 키프레임이 생성됩니다.
- 재생하여 확인하면 원이 오른쪽으로 이동합니다.

❸ 불투명도(Opacity)

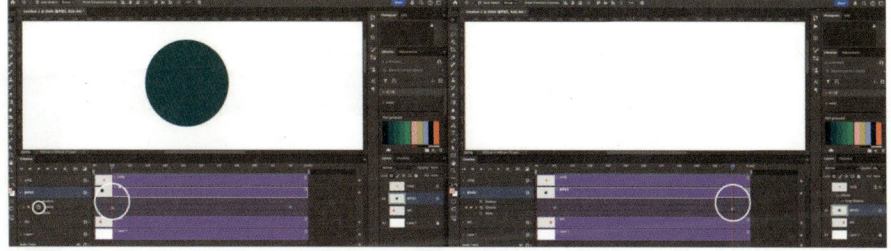

- 플레이헤드로 프레임 1에 시계 아이콘을 클릭하여 불투명도 키프레임을 생성합니다.
- 레이어의 처음 불투명도는 100%로 설정됩니다.
- 플레이 헤드를 드래그하여 프레임 11로 이동합니다.
- 레이어 패널에서 불투명도(Opacity)를 0%로 설정합니다. 자동으로 키프레임이 생성됩니다.
- 재생하여 확인하면 원이 사라집니다.

❹ 스타일(Style)

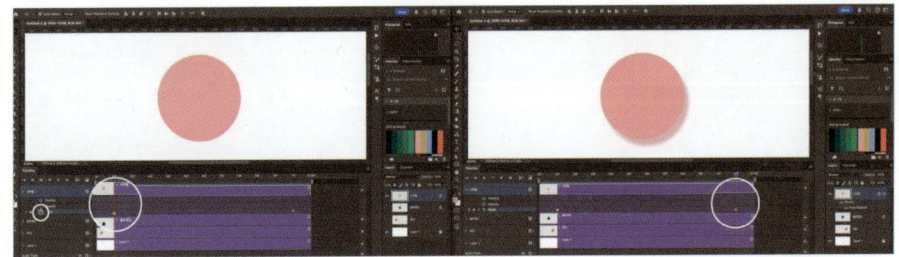

- 플레이헤드로 프레임 1에 시계 아이콘을 클릭하여 불투명도 키프레임을 생성합니다.
- 레이어는 아무런 스타일도 갖고 있지 않습니다.
- 플레이 헤드를 드래그하여 프레임 11로 이동합니다.
- 레이어 패널에서 더블 클릭하거나 하단의 '레이어 스타일' 아이콘을 클릭합니다.
- 드롭 섀도우를 적용합니다.
- 재생하여 확인하면 그림자가 나타납니다.

> **Tip** 위치, 불투명도, 스타일은 키프레임을 설정할 수 있습니다. 키프레임 아이콘은 타임라인에서 특정 속성(위치, 크기, 불투명)의 변화가 설정된 지점을 표시합니다. 이 지점들 사이에서 포토샵이 자동으로 중간값을 계산하여 부드러운 움직임이나 변화를 만들어 냅니다. '클래스11_1_1분실습_모션기능.psd' 파일을 열어 확인할 수 있습니다.

(14) 다른 미디어 추가하기

음악(AAC, MP3, WAV, …), 비디오(QuickTime_MOV, MPEG-4_MP4, …) 등 동적 미디어를 추가할 수 있습니다. 최대 4K(4096×4096), 4GB 이하 파일을 지원하고 있으나 사용자의 작업 환경에 따라 제한되거나, 작업 속도에 영향을 줄 수 있습니다. 타임라인 오른쪽의 (+) 아이콘을 클릭하여 다른 미디어를 추가합니다.

3. 영상으로 렌더링하기

(1) GIF 파일로 영상 렌더링하기

최상단 메뉴의 [내보내기 〉 웹용으로 저장(레거시)/Export 〉 Save for Web (Legacy)]을 클릭하여 웹용으로 저장 대화상자를 엽니다. 또는 단축키 Ctrl + Alt + Shift + S (Windows)/ Cmd + Opt + Shift + S (Mac)를 키보드에서 누릅니다.

※ 필요시 파일 사이즈와 포함 컬러를 조절하고 파일 포맷을 GIF로 변경하여 저장합니다.

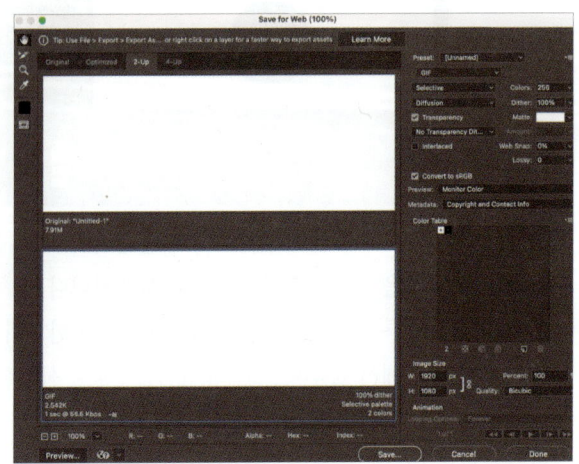

(2) MP4 등 일반 비디오로 렌더링하기

❶ 타임라인 패널의 오른쪽 메뉴 상단의 옵션 버튼을 클릭하여 드롭다운 메뉴를 불러옵니다.
❷ '비디오 렌더(Render Video)'를 클릭하여 대화상자를 엽니다. 또는 타임라인 패널의 왼쪽 하단의 화살표 아이콘을 클릭합니다.
❸ 대화상자에서 '렌더'를 클릭합니다. 설정한 폴더에 비디오 파일이 렌더링 되어 생성됩니다.
　※ Adobe Media Encoder의 설치가 필요할 수 있으며, 크리에이티브 클라우드에서 설치할 수 있습니다.

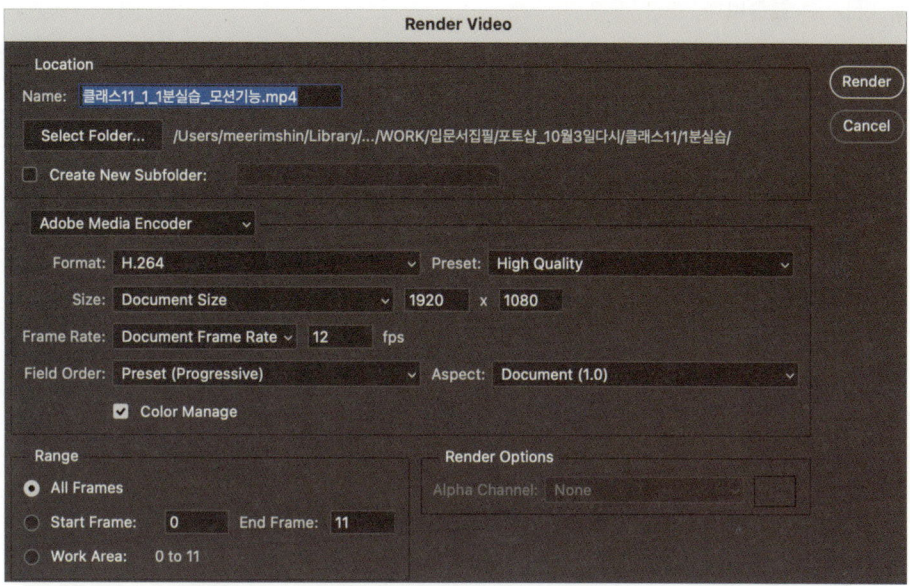

움직이는 이모티콘

이번 튜토리얼은 포토샵의 타임라인과 어니언 스킨 기능을 활용하여 프레임 애니메이션을 제작하는 가장 기초적인 과정을 보여줍니다. 레이어 변형과 복제를 통해 동작을 만들고, 타임라인을 이용하여 움직이는 이미지를 만들 수 있습니다.

LEVEL UP 튜토리얼로 체크하는 포토샵 핵심 기능

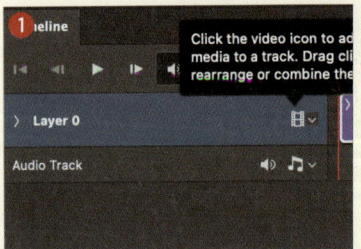

이모티콘 규격에 맞는 문서 생성과 타임라인 설정

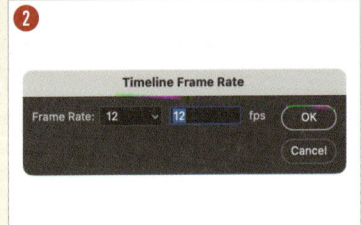

프레임 설정하기

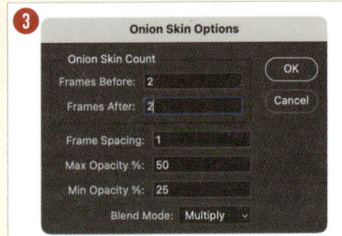

어니언 스킨 활용하기

연필/브러시 도구로 기본 동작 스케치

자유 변형으로 동작 만들기와 레이어 복제

선화와 컬러 작업 후 GIF 파일로 저장

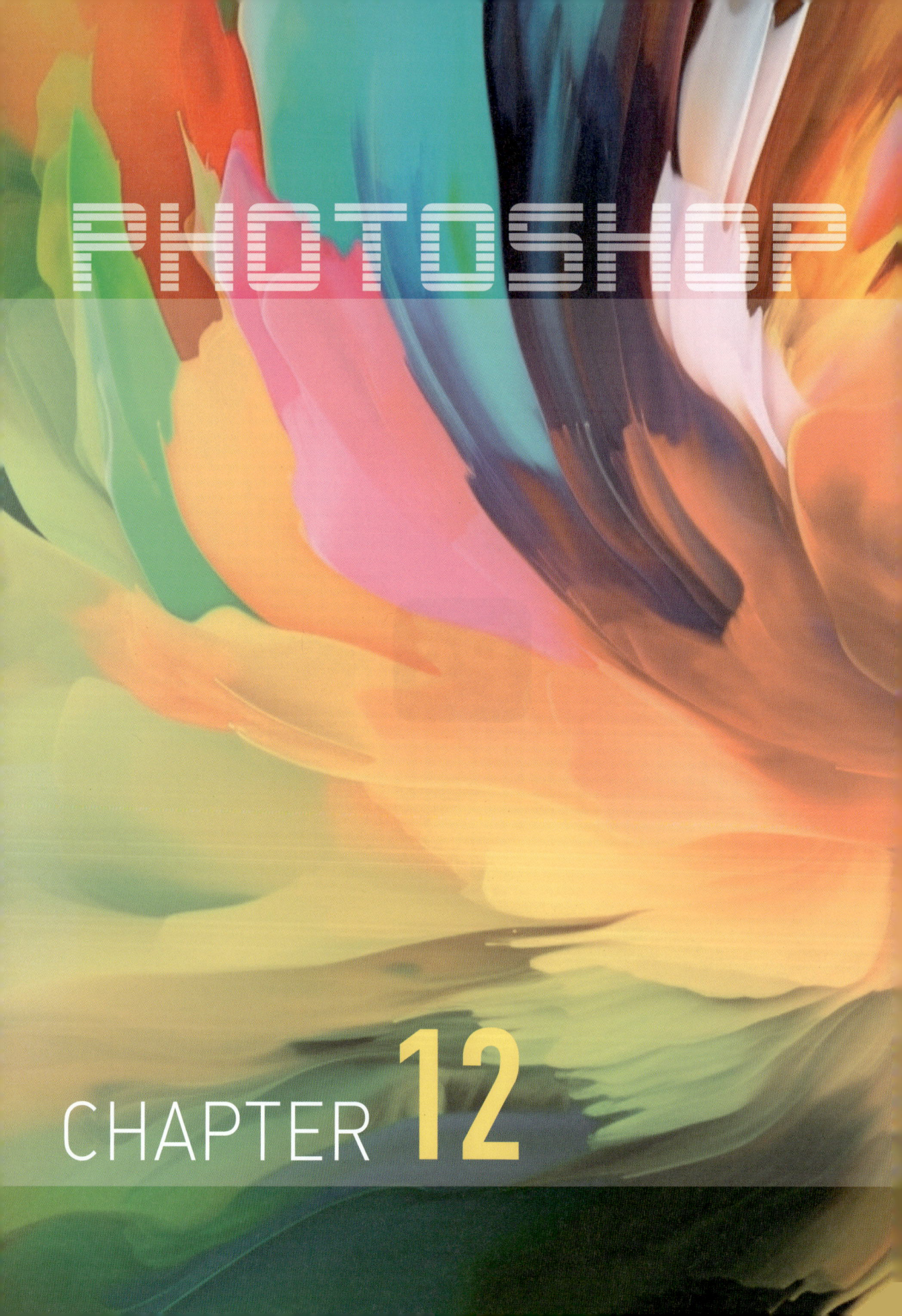

SECTION 01 반복 작업의 효율을 높이는 액션

Action은 반복적인 편집 작업을 자동화합니다. 이미지 크기 조정, 필터 적용, 색상 보정 등의 이미지 편집에 필요한 여러 작업 단계를 녹화하여 하나의 Action으로 기록해두고, 다른 이미지에 한 번의 클릭으로 동일한 작업을 적용할 수 있어 반복적인 작업의 시간 효율을 높일 수 있는 기능입니다.

1. 액션(Action) 패널 살펴보기

(1) 액션 패널 열기

최상단 메뉴의 [창 > 액션/Window > Actions]을 클릭하여 액션 패널을 불러옵니다. 포토샵에서 기본 사전 설정되어있는 액션 리스트가 리스트로 보이며, 패널 하단에는 새로운 액션을 추가할 수 있는 아이콘이 있습니다.

❶ 실행/기록 정지(Stop Playing/Recording)
❷ 기록 시작(Begin Recording)
❸ 선택 영역 재생(Play Selection)
❹ 새 세트 만들기(Create New Set)
❺ 새 액션 만들기(Create New Action)
❻ 삭제(Delete)

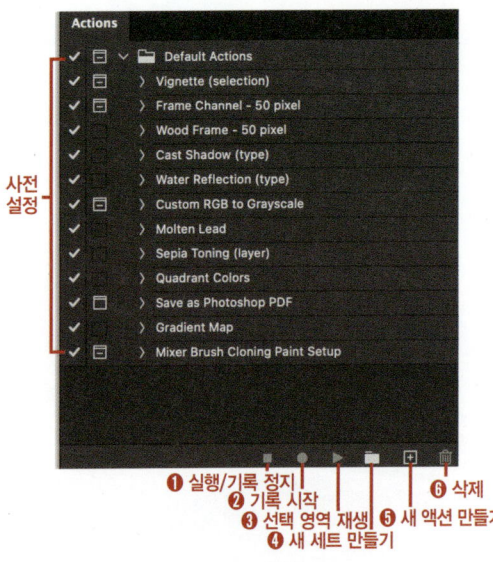

(2) 사전 설정을 이용해 액션(Action) 맛보기

이미지를 불러와 사전 설정 액션 리스트에서 'Custom RGB to Grayscale'을 클릭합니다. 이미지가 액션에 따라 자동으로 그레이 스케일 모드로 전환되며 색상이 변화합니다.

2. 액션 만들기

(1) 새 세트 만들기

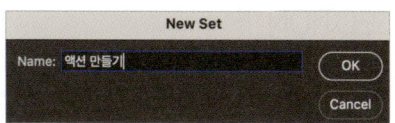

액션 패널 하단의 폴더 모양의 '새 세트 만들기(Create New Set)' 아이콘을 클릭하여 새 세트를 미리 생성합니다.

(2) 새 액션 만들기

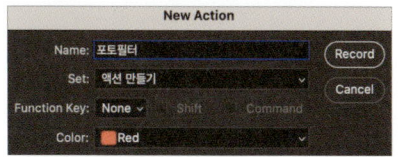

❶ 액션 패널 하단의 (+) 표기된 새 액션 만들기(Create New Action) 아이콘을 클릭하여 대화상자에 액션 이름을 입력합니다. 필요시 'Function Key'를 클릭해 단축키를 미리 설정합니다.

❷ 대화상자를 닫으면 자동으로 기록 시작(Begin Recording)이 활성화되며 빨강 색상의 동그라미 아이콘으로 변경됩니다.

(3) 조정 레이어 추가

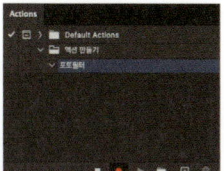

레이어 패널에서 조정 레이어 중 포토 필터를 추가합니다. 액션 리스트에도 자동으로 조정 레이어 적용이 기록됩니다.

(4) 기록 완료하기

실행/기록 정지(Stop Playing/Recording) 아이콘을 클릭하여 기록을 종료합니다.

(5) 액션 적용하기

다른 파일을 불러와 선택 영역 재생(Play Selection) 아이콘을 클릭해 앞서 생성한 액션을 적용합니다. 기록된 내용이 자동으로 새 파일에 빠르게 적용됩니다.

(6) 액션 편집하기

액션 패널에서 불필요한 기록을 삭제하거나 새로운 명령을 추가하여 액션을 편집할 수 있습니다.
브러시 스트로크, 패스 만들기, 선택 영역 생성 등 이미지의 특정 부분을 개별적으로 다루는 작업은 자동화하기 어렵지만, 이미지 크기 조정, 해상도 변경, 저장 최적화, 밝기/대비 조절, 레이어 스타일 적용 등 전체적으로 적용되는 기능은 액션으로 쉽게 자동화할 수 있습니다. 이렇게 만든 액션은 별도 파일(.atn)로 저장하고 내보낼 수 있으며, 다른 사용자가 만든 액션 파일을 불러와 사용할 수도 있습니다.

SECTION 02 | 실제 사이즈로 인쇄하기

포토샵은 다른 오피스 소프트웨어와 다르게 캔버스의 이미지나 레이어를 실물 사이즈와 동일하게 인쇄할 수 있는 기능이 있습니다.

1. 인쇄 설정 대화상자 열기

최상단 메뉴의 [파일 > 인쇄/File > Print]를 클릭해 인쇄 대화상자를 불러옵니다.

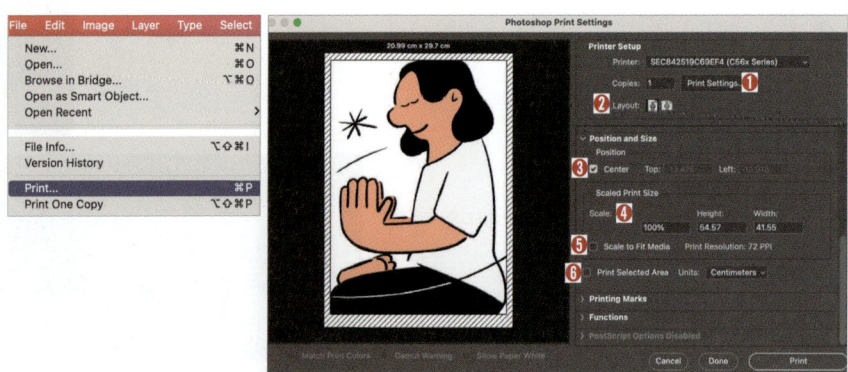

2. 설정을 통해 비율과 방향 변경하기

❶ 용지 종류 바꾸기: 인쇄 설정(Print Settings)을 클릭하여 프린트 설정 대화상자가 열리면 용지의 종류를 변경합니다. 설치된 프린터 기기 및 OS에 따라 용지 종류의 표기에 차이가 있을 수 있습니다.

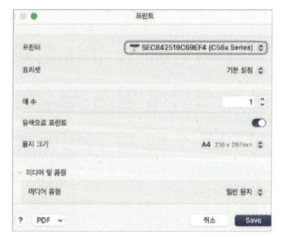

❷ 가로/세로 방향 바꾸기: 레이아웃(Layout)의 아이콘을 눌러서 방향을 전환합니다.

❸ 인쇄 위치 바꾸기: 위치(Positon)의 중앙(Center)아이콘을 해제한 후 미리보기에서 드래그하여 프린트 위치를 변경합니다.

❹ 실 사이즈로 프린트하기: 비율(Scale)을 100%로 유지합니다. 원하는 비율을 입력해 확대/축소할 수 있습니다.

❺ 용지에 꼭 맞게 인쇄하기: 미디어에 맞추어 비율 조정(Scale to Fit Media) 옵션 체크 시 용지에 모든 캔버스의 이미지가 인쇄될 수 있도록 확대되거나 축소됩니다.

❻ 선택한 영역만 인쇄하기: 선택 영역 인쇄(Print Selected Area) 옵션을 체크하고 미리보기에서 인쇄 영역을 선택합니다.

SECTION 03 | 눈금자와 메모 도구

1. 눈금자 도구(Ruler Tool)

문서나 개체 위에 임시의 측정선을 그어 측정선의 길이와 각도를 표시하여 요소별 거리, 각도 등을 정확히 확인할 수 있는 도구입니다.

(1) 눈금자(Ruler Tool) 도구 꺼내기

왼쪽 도구 패널의 스포이드 도구를 길게 눌러 표시자 도구를 선택합니다.

(2) 눈금자(Ruler Tool) 도구 사용하기

❶ 최상단 메뉴의 [창 〉 정보/Window 〉 Info]와 [창 〉 측정 로그/Window 〉 Measurement Log] 두 개의 패널을 불러옵니다.

❷ 눈금자로 측정이 필요한 부분을 드래그하여 측정선으로 측정합니다.

❸ 정보(Info) 패널에 각도와 길이가 측정됩니다.

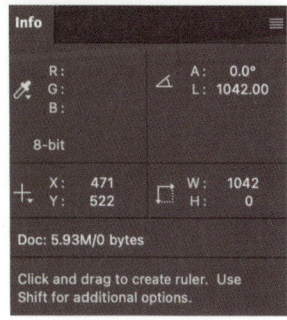

❹ 측정 로그(Measurement Log)에서 왼쪽 상단의 '측정 기록(Record Measurements)' 아이콘을 클릭합니다. 현재 측정한 값이 기록됩니다.

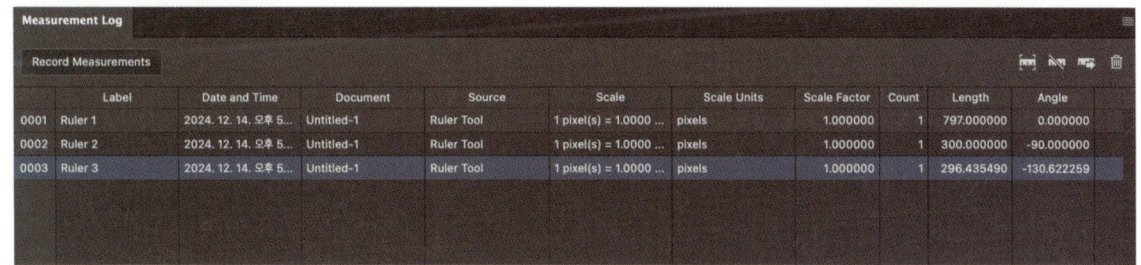

❺ 측정선을 제거하기 위해 상단 컨트롤 패널에서 '지우기(Clear)'를 클릭합니다.
❻ 눈금자의 측정선은 임시적으로 지운 후에는 복구가 불가합니다.

2. 메모 도구(Note tool)

작업 문서에 메모가 필요한 경우 직관적으로 표기할 수 있는 편리한 기능입니다.

(1) 메모 기능 사용하기

❶ 왼쪽 도구 패널의 스포이드 도구를 길게 눌러 메모 도구를 선택합니다.
❷ 문서에서 메모가 필요한 부분을 클릭하여 메모 아이콘을 활성화하면 자동으로 메모 패널이 열립니다. 필요한 내용을 입력합니다.
❸ 불필요한 메모는 메모 패널 하단의 휴지통 아이콘을 이용해 삭제합니다.

3. 카운트 도구(Count Tool)

문서 내 여러 개체의 수를 수동으로 기록해야 할 때 카운트 도구의 임시 표기를 이용해 숫자를 표기할 수 있습니다.

(1) 카운트 기능 사용하기

❶ 왼쪽 도구 패널의 스포이드 도구를 길게 눌러 카운트 도구를 선택합니다.
❷ 문서 내에서 기록이 필요한 부분에 클릭하여 숫자를 표기합니다.
❸ 클릭 시마다 숫자가 +1 늘어납니다.
❹ 상단 컨트롤 패널에서 카운트 그룹과 숫자의 사이즈, 컬러를 설정할 수 있습니다.

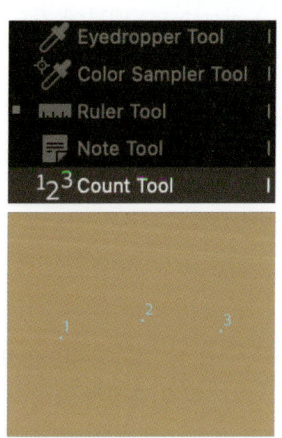

일러스트레이터를 마스터하면 출판물, 굿즈 제작부터 디지털 아트, UI/UX, 모션 영상 등 디지털 미디어 전반에 걸쳐 뛰어난 호환성을 자랑하는 벡터 그래픽을 제작할 수 있습니다. 강화된 3D 기능으로 정교한 입체적 디자인 요소를 구현할 수 있으며, 혁신적인 생성형 AI 기술을 활용해 텍스트 프롬프트만으로도 새로운 벡터 이미지를 생성할 수 있습니다.

일러스트레이터 CC 2025

PART 01

Ai

SECTION 01 | 일러스트레이터는 어떤 프로그램이고, 어떻게 활용할까요?

1. 일러스트레이터는 어떤 프로그램일까요?

포토샵이 사진 리터치와 편집, 2D 그래픽 디자인에 특화된 도구라면 일러스트레이터(Illustrator)는 벡터 그래픽 디자인을 위한 전문적인 소프트웨어입니다.

일러스트레이터의 가장 큰 특징은 벡터 기반 작업이라는 점입니다. 픽셀 기반의 포토샵과 달리, 벡터 그래픽은 수학적 계산을 통해 이미지를 생성하므로 크기를 자유롭게 조절해도 화질이 떨어지지 않습니다. 또한, 펜 도구와 다양한 그리기 도구들을 제공하여 복잡한 일러스트레이션 작업을 섬세하게 제작 가능합니다.

일러스트레이터에서도 일부 포토샵 효과를 지원하고 있으므로 단순한 필터나 효과의 적용은 파일을 포토샵으로 옮기지 않아도 바로 일러스트레이터 안에서 적용할 수도 있습니다.

일러스트레이터로 제작한 벡터 그래픽은 래스터 이미지에 비하여 적은 용량과 선명한 화질로 웹과 모바일 환경에 최적화하기 적합하며, 어도비 애프터 이펙트(AE)와 같은 모션 영상 제작 소프트웨어를 이용하여 영상을 제작할 수 있는 재료로 활용할 수 있습니다.

> **Tip** 일러스트레이터로 제작할 수 있는 그래픽
> - 로고 및 브랜드 요소: 다양한 크기로 활용되는 기업 로고나 브랜드 심볼 제작
> - 인쇄물 디자인: 명함, 포스터, 브로셔 등 각종 인쇄 매체 제작
> - 아이콘 디자인: 웹사이트나 앱에서 사용되는 아이콘 제작
> - 캐릭터 일러스트: 심플한 스타일의 캐릭터나 마스코트 디자인
> - 인포그래픽: 정보를 시각적으로 표현하는 그래픽 디자인

또한, 발전된 AI 생성형 기술로 편집이 용이한 벡터 오브젝트를 텍스트 프롬프트로 바로 생성할 수 있으며 간단한 3D 그래픽이나 모델을 제작하고 재질을 입혀 그래픽의 전체 퀄리티를 향상시킬 수 있습니다.

벡터 오브젝트를 편집하는 방법은 마이크로소프트의 파워포인트와 모바일 애플리케이션을 제작하는 피그마에서도 유사하게 사용하는 방법입니다. 일러스트레이터로 벡터 그래픽 제작의 기본을 학습하신다면, 향후 여러 그래픽 도구들을 더 빠르게 습득할 수 있는 기반이 될 것입니다.

SECTION 02 | 어도비 크리에이티브 클라우드에서 일러스트레이터 설치하고 실행하기

1. 크리에이티브 클라우드 앱에서 최신 버전 일러스트레이터 설치하기(CC 2025)

❶ 크리에이티브 클라우드 앱 설치하고 설치 언어 설정하기: PART 01의 CHAPTER 01 중 Section 02를 확인하여 어도비 크리에이티브 클라우드 앱을 설치합니다. '❶ 크리에이티브 클라우드 앱~❼ 포토샵의 설치 언어 변경하기'까지 진행합니다.

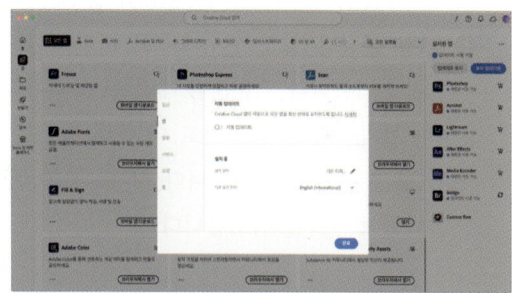

❷ 앱 리스트 확인: 어도비에서는 일러스트레이터를 비롯한 다양한 그래픽 관련 프로그램을 무료 체험 서비스하고 있습니다. 앱 리스트에서 일러스트레이터를 확인 후 '무료 체험판'을 클릭합니다.

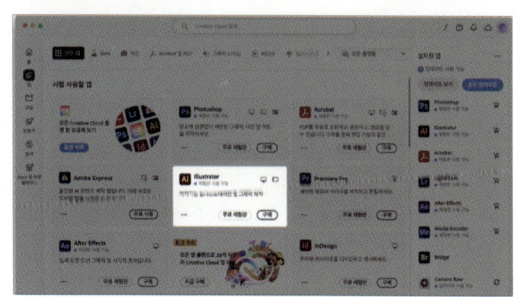

❸ 플랜 선택: 7일 무료 체험판 안내가 표기됩니다. 계속을 클릭하여 프로세스를 진행합니다.

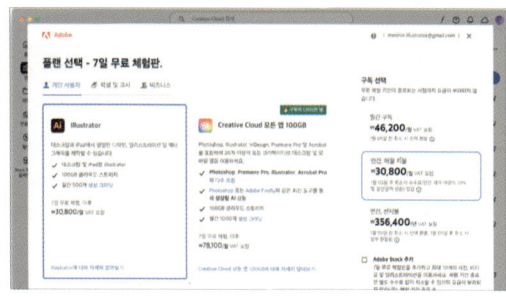

❹ 결제 정보 입력: 결제 정보를 입력합니다. 무료 체험 기간 이후에는 입력한 결제 정보로 결제가 이뤄지므로 결제를 원하지 않으면 기간 내 취소합니다. 장기적으로 사용할 계획이 있는 사용자라면 구독 플랜을 읽어보고 원하는 구독 플랜으로 변경합니다.

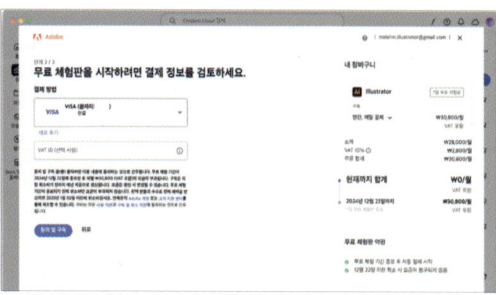

❺ 구독 및 설치 완료: '동의 및 구독'을 클릭하면 결제가 완료되고 자동으로 일러스트레이터가 설치가 진행된 후 실행됩니다. 만약 설치되지 않으면 앱 리스트에서 '설치'를 클릭합니다.

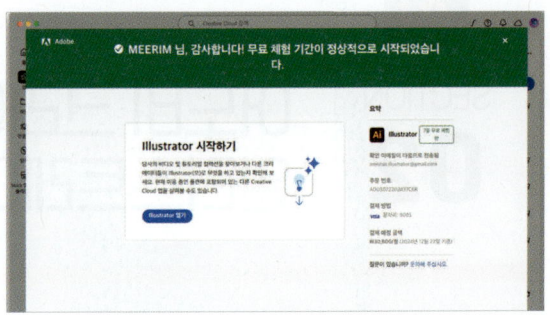

❻ 구독 취소하기: 구독 플랜을 취소하거나 변경하고자 할 때는 PART 01의 CHAPTER 01 중 Section 02의 '❻ 환경 설정'을 참고하여 오른쪽 상단의 프로필 아이콘을 클릭합니다. 'Adobe 계정'을 클릭합니다. 사용하는 브라우저 창이 열리고 내 플랜 리스트가 보입니다. '플랜 관리'를 클릭합니다. '무료 체험 취소하기'를 클릭하여 구독을 취소합니다.

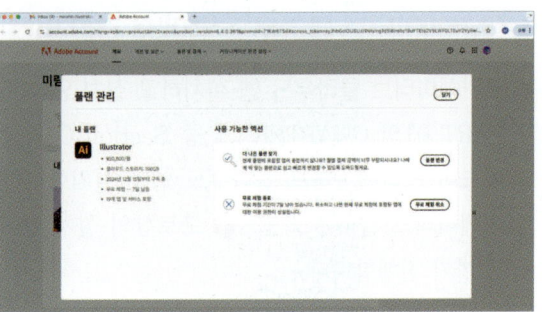

SECTION 03 | 일러스트레이터의 인터페이스 살펴보기

일러스트레이터의 유저 인터페이스를 살펴봅니다. 이 책은 Mac OS에서 영문 버전의 일러스트레이터에서 작업 영역(Worksapce)을 필수 클래식(Essentials Classic)으로 설정 시 기준으로 설명하고 있습니다. 설명은 국문 버전의 명칭도 함께 표기하였습니다. Windows에서 실행했을 때와 비교하면 메뉴의 위치 등 다소 차이가 있을 수 있으나, 전반적인 위치와 사용방법은 동일합니다.

1. 일러스트레이터 실행하기

실행 아이콘을 더블 클릭하거나 크리에이티브 클라우드의 앱 리스트에서 일러스트레이터를 찾아 '열기'를 클릭합니다.

2. 홈 화면

일러스트레이디가 실행 완료되면 홈 화면이 보입니다. 대시보드에서 일러스트레이터의 신기능과 새로운 소식 등을 체크할 수 있으며 최근 사용한 파일도 확인할 수 있습니다.

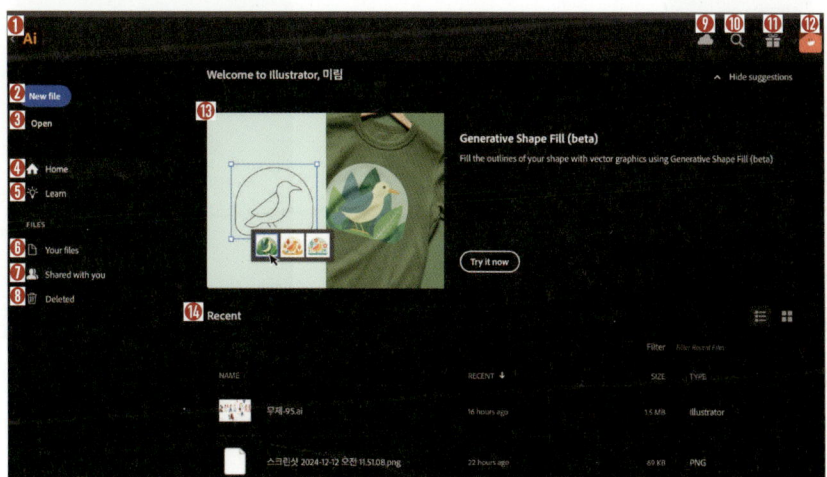

❶ 일러스트레이터 작업 화면으로 이동: 클릭 시 홈 화면이 종료되고 작업 화면으로 변경됩니다.

❷ 새로 만들기(New File): 새 문서 대화상자를 불러옵니다.

❸ 열기(Open): 파일을 불러옵니다.

❹ 홈(Home): 홈 화면으로 이동합니다.

❺ 학습(Learn): 일러스트레이터 사용법과 튜토리얼을 배울 수 있습니다.
❻ 내 파일(Your files): 클라우드에 저장된 나의 일러스트레이터 작업물을 확인합니다.
❼ 나와 공유됨(Shared with you): 다른 사람이 공유한 내역을 확인합니다.
❽ 삭제된 항목(Deleted): 클라우드 파일 중 삭제된 항목을 확인합니다. 영구 삭제하거나 복원할 수 있습니다.
❾ 클라우드 스토리지 용량 확인(Saved): 나의 클라우드 스토리지의 현재 사용 현황을 간략히 확인합니다.
❿ 찾기(Search): 검색어를 사용해 궁금한 기능을 검색하여 정보를 찾습니다.
⓫ 신기능과 팁: 일러스트레이터의 신기능과 사용 팁에 대해서 요약 내용을 확인합니다.
⓬ 어도비 계정 및 보유 플랜: 사용자의 계정 및 현재 구독 플랜에 대해 브라우저 창을 열어 확인합니다.
⓭ 제안(Hide suggestions): 일러스트레이터의 신기능과 학습 콘텐츠를 확인합니다.
⓮ 최근 파일 열기(Recent): 사용자가 최근 사용한 파일이 보이고 더블 클릭하여 해당 파일을 작업 화면으로 불러옵니다. 오른쪽 보기 옵션을 클릭하여 리스트와 미리보기 형태를 전환할 수 있습니다.

3. 일러스트레이터의 작업 영역 인터페이스 살펴보기

작업 영역(Worksapce)은 일러스트레이터 소프트웨어의 전체 창을 의미합니다.
※ 이 책에서는 '필수 클래식(Essentials Classic)'으로 대부분의 설명을 진행하고 있습니다.

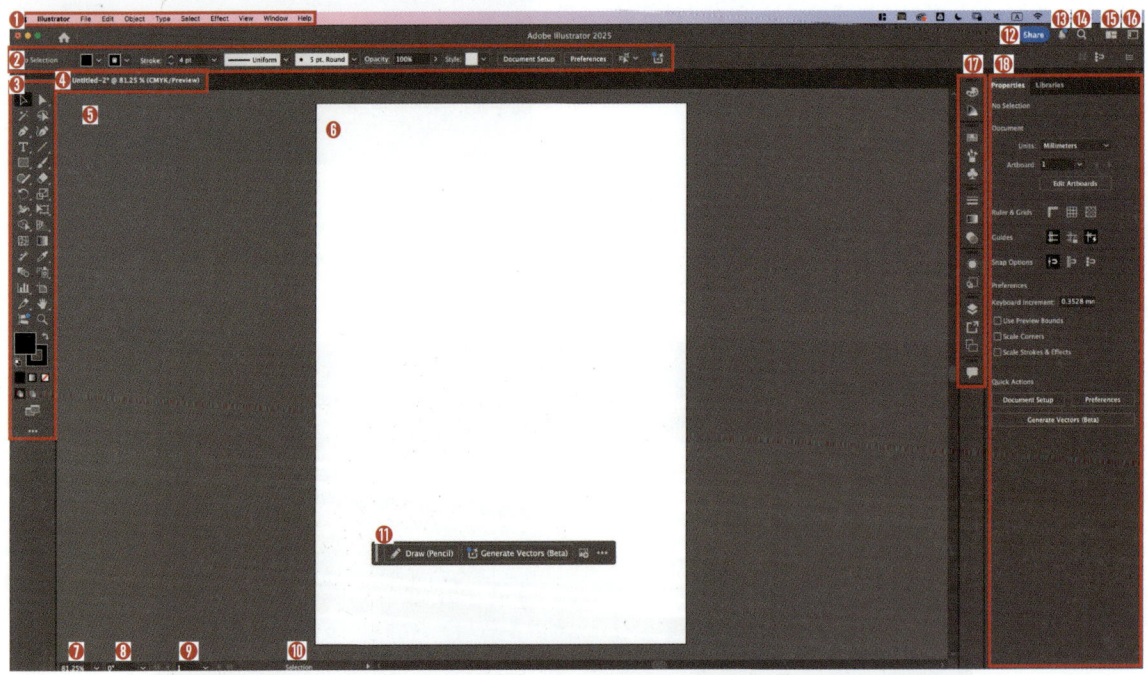

❶ (최)상단 메뉴바: 일러스트레이터의 주요 기능들이 카테고리별로 정리되어 있는 기본 메뉴 영역입니다.
❷ 옵션 바, 컨트롤 패널(Control Panel): 현재 사용 중인 도구의 다양한 설정값을 확인하고 조절할 수 있는 패널입니다.
❸ (왼쪽) 도구 패널(Tools Panel): 벡터 아트워크 제작의 기본이 되는 핵심 도구들이 모여있는 필수 패널입니다.
❹ 문서 이름 탭: 현재 열려 있는 문서(파일)의 이름과 색상 모드가 표기됩니다.
❺ 캔버스, 작업 화면: 오브젝트 및 여러 대지가 모여있는 일러스트레이터의 작업 공간입니다.

❻ 대지(Artboard): 캔버스 내에서 사용자가 정의한 인쇄 영역 혹은 문서 영역입니다. 하나의 파일 안에 여러 개의 대지를 만들고 이동할 수 있으며, 오브젝트의 편집은 대지 밖에서도 작업할 수 있습니다.

❼ 보기 비율(Zoom Level): 현재 작업 중인 문서의 확대/축소 비율을 퍼센트로 확인합니다.

❽ 회전 보기(Rotate View): 각도를 입력해 캔버스를 회전시킵니다.

❾ 대지 빠른 이동: 파일 안에 생성된 아트보드를 빠르게 이동합니다.

❿ 현재 선택된 도구: 현재 선택된 도구를 표시합니다.

⓫ 상황별 작업 표시줄(Contextual Task Bar): 현재 작업 중인 도구에 맞춰 필요한 설정들이 즉시 표시되는 편리한 메뉴 영역입니다.

⓬ 공유(Share): 현재 파일을 클라우드에 저장 후 다른 사람을 초대하여 같은 파일을 여러 사람과 함께 확인하며 업무를 진행하는 기능입니다.

⓭ 알림(New Notifications): 새로운 알림이 있을 경우 표기됩니다.

⓮ 도구, 도움말 검색(Discover): 검색어를 이용해 궁금한 기능의 사용방법과 어도비에서 제공하는 다양한 튜토리얼을 검색합니다.

⓯ 문서 정돈(Arrange Document): 현재 일러스트레이터에서 열려 있는 여러 개의 파일을 사전 설정을 이용해 화면 안에 정돈합니다.

⓰ 작업 영역 전환(Switch Workspace): 사용자의 작업에 맞춰 사전 설정된 작업 영역으로 인터페이스를 변환합니다.

⓱ 패널 축소판: 사용자의 필요에 따라 패널을 아이콘 형태로 최소화하거나 다시 펼칠 수 있는 기능입니다. 패널을 드래그하여 추가하거나 삭제할 수 있습니다.

⓲ (오른쪽) 패널(Panels): 일러스트레이터의 오른쪽에 위치한 작업 도구 모음입니다. 각 패널은 필요에 따라 접거나 펼칠 수 있어 사용자의 작업 환경에 맞춰 커스터마이징이 가능합니다.

4. 왼쪽 도구 패널(Tools panel) 살펴보기

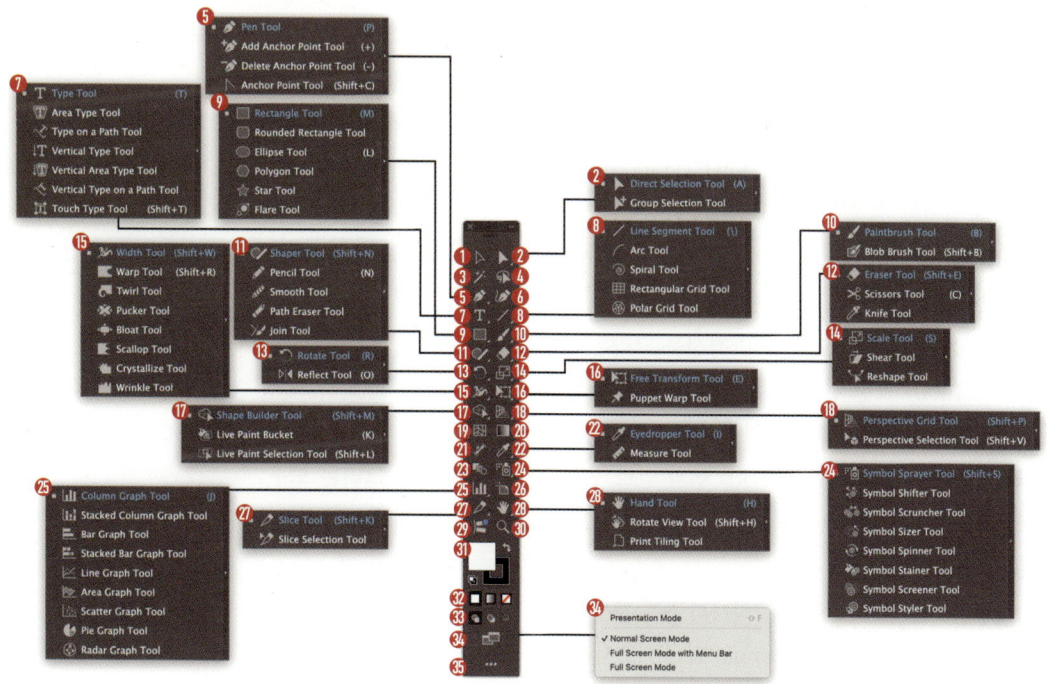

일러스트레이터에서 가장 많이 사용되는 오브젝트 편집 도구들을 쉽게 찾을 수 있도록 정리한 핵심 패널입니다. 모든 도구는 직관적인 아이콘으로 표시되어 있으며, 도구 선택 시 상단의 컨트롤 패널을 통해 브러시 크기, 투명도, 강도 등 다양한 설정을 실시간으로 조절할 수 있습니다. 도구 아이콘의 우측 하단에 작은 삼각형이 있다면, 숨겨진 관련 도구가 있다는 표시이므로 길게 클릭하여 추가 도구들을 확인합니다.

❶ 선택 도구(Selection Tool) [V]: 오브젝트 전체를 선택하고 이동/변형할 수 있는 기본 선택 도구

❷ 직접 선택 도구 그룹
- 직접 선택(Direct Selection Tool) [A]: 오브젝트의 포인트나 패스, 코너를 선택하여 편집할 수 있는 도구
- 그룹 선택(Group Selection Tool): 그룹 내 개별 오브젝트를 이동할 수 있는 도구

❸ 자동 선택 도구(Magic Wand Tool): 동일한 칠과 획 색상, 투명도 색상을 가진 오브젝트들을 자동으로 캔버스에서 선택하는 도구

❹ 올가미 선택 도구(Lasso Tool): 마우스를 자유롭게 드래그하여 원하는 영역의 오브젝트나 앵커 포인트를 선택할 수 있는 도구

❺ 펜 도구 그룹
- 펜 도구(Pen Tool) [P]: 포인트와 패스로 직선과 곡선을 자유롭게 그릴 수 있는 기본 벡터 드로잉 도구
- 고정점 추가 도구(Add Anchor Point Tool) [+]: 패스 위에 새로운 포인트를 추가하는 도구
- 고정점 삭제 도구(Delete Anchor Point Tool) [-]: 불필요한 포인트를 제거하는 도구
- 고정점 도구(Anchor Point Tool) [Shift]+[C]: 앵커 포인트의 유형을 변경하여 곡선을 조절할 수 있는 도구

❻ 곡률 도구(Curvature Tool) [Shift]+[`](Windows)/[Shift]+[W](Mac): 패스의 자연스러운 곡선을 그리고 조절할 수 있는 벡터 드로잉 도구

❼ 문자 도구 그룹
- 문자 도구(Type Tool) [T]: 텍스트를 입력하고 편집할 수 있는 기본 텍스트 도구
- 영역 문자 도구(Area Type Tool): 오브젝트 영역 안에 텍스트를 입력할 수 있는 도구
- 패스 상의 문자 도구(Type on a Path Tool): 곡선이나 직선 등 패스 경로를 따라 텍스트를 입력할 수 있는 도구
- 세로 문자 도구(Vertical Type Tool): 세로 방향의 텍스트를 입력할 수 있는 도구
- 세로 영역 문자 도구(Vertical Area Type Tool): 오브젝트 영역 안에 세로 방향의 텍스트를 입력할 수 있는 도구
- 패스 상의 세로 문자 도구(Vertical Type on a Path Tool): 곡선이나 직선 등 패스 경로를 따라 세로 방향의 텍스트를 입력할 수 있는 도구
- 문자 손질 도구(Touch Type Tool) [Shift]+[T]: 개별 글자의 위치와 모양을 자유롭게 조정할 수 있는 도구

❽ 선분 도구 그룹
- 선분(Line Segment Tool) [W]: 직선을 그리는 기본 도구
- 호(Arc Tool): 곡선 형태의 호를 그리는 도구
- 나선형(Spiral Tool): 회전하며 안쪽으로 감기는 소용돌이 모양의 나선을 그리는 도구
- 사각형(Rectangular Grid Tool): 행과 열로 구성된 사각형 격자를 그리는 도구
- 극좌표(Polar Grid Tool): 동심원과 방사형 선으로 구성된 원형 격자를 그리는 도구

❾ 도형 도구 그룹
- 사각형(Rectangle Tool) [M]: 직사각형과 정사각형을 그리는 기본 도형 도구
- 둥근 사각형(Rounded Rectangle Tool): 모서리가 둥근 사각형을 그리는 도구

- 원형 도구(Ellipse Tool) `L`: 원과 타원을 그리는 도구
- 다각형 도구(Polygon Tool): 삼각형부터 다양한 각을 가진 도형을 그리는 도구
- 별모양 도구(Star Tool): 다양한 꼭지점을 가진 별 모양을 그리는 도구
- 플레어 도구(Flare Tool): 렌즈 플레어나 태양광선 같은 빛 효과를 만드는 도구

❿ 브러시 도구 그룹
- 페인트 브러쉬(Paintbrush Tool) `B`: 다양한 브러시 효과를 활용해 예술적인 선을 그릴 수 있는 도구
- 물방울 브러시(Blob Brush Tool) `Shift`+`B`: 브러시로 그리는 스트로크가 자동으로 칠로 합쳐지는 효과가 있는 브러시 도구

⓫ 연필 도구 그룹
- 쉐이퍼(Shaper Tool) `Shift`+`N`: 자유 형태의 오브젝트를 자동으로 보정하여 변환해주는 도구
  ※ 2025년 2월 기준으로 정식 한국어 도구 이름이 지정되지 않아 표기를 위해 '쉐이퍼'로 한글 표기하였습니다.
- 연필(Pencil Tool) `N`: 자유롭게 드래그하여 패스와 오브젝트를 그리는 도구
- 매끄럽게(Smooth Tool): 거칠거나 많은 포인트가 있는 패스를 매끄럽게 다듬어 주는 도구
- 패스 지우개(Path Eraser Tool): 선택된 패스를 드래그하여 지우는 도구
- 연결(Join Tool): 끊어진 패스를 드래그하여 자연스럽게 이어주는 도구

⓬ 지우개 도구 그룹
- 지우개(Eraser Tool) `Shift`+`E`: 객체의 일부분을 완전히 제거하는 도구
- 가위(Scissors Tool) `C`: 패스의 특정 지점에서 패스를 분할하는 도구
- 칼(Knife Tool): 자동 보정된 곡선, 직선을 드래그하여 오브젝트를 분할하는 도구

⓭ 회전과 반사 도구 그룹
- 회전(Rotate Tool) `R`: 오브젝트를 원하는 각도로 회전시키는 도구
- 반사(Reflect Tool) `O`: 오브젝트를 특정 축을 기준으로 대칭되게 복사하는 도구

⓮ 크기 조절과 기울이기 도구 그룹
- 크기 조절(Scale Tool) `S`: 오브젝트의 크기 수치를 입력해 조절하는 도구
- 기울이기(Shear Tool): 오브젝트를 특정 각도로 기울일 수 있는 도구
- 모양 변경(Reshape Tool): 패스를 드래그하여 전체 형태를 수정하는 도구

⓯ 오브젝트 변형 그룹
- 폭(Width Tool) `Shift`+`W`: 패스의 두께를 부분적으로 조절하는 도구
- 변형(Warp Tool) `Shift`+`R`: 오브젝트를 자유롭게 비틀고 늘일 수 있는 도구
- 돌리기(Twirl Tool): 오브젝트를 소용돌이 모양으로 회전시키는 도구
- 오목(Pucker Tool): 오브젝트의 가장자리를 안쪽으로 당기는 도구
- 볼록(Bloat Tool): 오브젝트의 가장자리를 바깥쪽으로 부풀리는 도구
- 조개(Scallop Tool): 오브젝트의 가장자리에 물결 모양의 패턴을 만드는 도구
- 수정화(Crystallize Tool): 오브젝트의 가장자리에 날카로운 돌기를 만드는 도구
- 주름(Wrinkle Tool): 오브젝트의 가장자리에 불규칙한 주름을 만드는 도구

⓰ 자유 변형 그룹
- 자유변형(Free Transform Tool) `E`: 오브젝트의 크기, 회전, 기울기 등을 한 번에 조절할 수 있는 도구
- 퍼펫 뒤틀기(Puppet Warp Tool): 오브젝트 주위에 메시망을 만들고 핀을 이용해 자유롭게 변형하는 도구

⓱ 도형 구성 그룹
- 도형 구성(Shape Builder Tool) Shift+M: 여러 오브젝트를 드래그하여 합치거나 나눌 수 있는 도구
- 라이브 페인트(Live Paint Bucket) K: 패스로 이루어진 오브젝트를 클릭하여 색상을 채워 면으로 만드는 도구
- 라이브 페인트 선택(Live Paint Selection Tool) Shift+L: 라이브 페인트로 채워진 영역이나 선을 선택할 수 있는 도구

⓲ 원근감 도구 그룹
- 원근감 격자 도구(Perspective Grid Tool) Shift+P: 1점, 2점, 3점 투시도를 위한 특별한 격자를 만들고 조절하는 도구
- 원근감 선택(Perspective Selection Tool) Shift+V: 오브젝트를 원근감 격자에 맞춰 배치하고 편집할 수 있는 도구

⓳ 망 도구(Mesh Tool) U: 오브젝트에 여러 교차점을 만들어 각 지점마다 색상을 추가하거나 형태를 변형하는 도구

⓴ 그레이디언트 도구(Gradient Tool) G: 오브젝트에 여러 색상이 자연스럽게 혼합되는 그레디언트 컬러 칠을 만드는 도구

㉑ 치수 도구(Dimension Tool): 오브젝트나 패스의 각 면의 크기, 각도, 원의 지름을 측정하고 수치를 표기하는 도구

㉒ 측정 도구 그룹
- 스포이드(Eyedropper Tool) I: 오브젝트의 색상과 속성을 추출하여 다른 오브젝트에 적용하거나 견본으로 만드는 도구
- 측정(Measure Tool): 두 개 이상의 오브젝트 및 포인트의 거리와 각도를 측정할 수 있는 도구

㉓ 블렌드 도구(Blend Tool) W: 두 개 이상의 오브젝트 사이에 중간 단계의 복수의 오브젝트들을 자동으로 생성하는 도구

㉔ 심볼 그룹
- 심볼 분무기(Symbol sprayer) Shift+S: 등록된 심볼을 스프레이처럼 뿌려서 여러 개를 한 번에 배치하는 도구
- 심볼 이동기(Symbol Shifter Tool): 배치된 심볼들의 위치를 조절하는 도구
- 심볼 분쇄기(Symbol Scruncher Tool): 심볼들을 모으거나 흩어지게 하는 도구
- 심볼 크기 조절기(Symbol Sizer Tool): 배치된 심볼들의 크기를 조절하는 도구
- 심볼 회전기(Symbol Spinner Tool): 배치된 심볼들의 회전 각도를 조절하는 도구
- 심볼 염색기(Symbol Stainer Tool): 배치된 심볼들의 색상을 변경하는 도구
- 심볼 투명기(Symbol Screener Tool): 배치된 심볼들의 투명도를 조절하는 도구
- 심볼 스타일기(Symbol Styler Tool): 배치된 심볼들의 그래픽 스타일을 변경하는 도구

㉕ 그래프 도구 그룹
- 막대 그래프(Column Graph Tool) J: 데이터를 세로 막대로 표현하는 그래프를 만드는 도구
- 누적 막대 그래프 도구(Stacked Column Graph Tool): 여러 데이터를 하나의 세로 막대에 누적하여 표현하는 도구
- 가로 막대 그래프 도구(Bar Graph Tool): 데이터를 가로 막대로 표현하는 그래프를 만드는 도구
- 가로 누적 막대 그래프 도구(Stacked Bar Graph Tool): 여러 데이터를 하나의 가로 막대에 누적하여 표현하는 도구

- 선 그래프 도구(Line Graph Tool): 데이터의 변화를 선으로 연결하여 표현하는 도구
- 영역 그래프 도구(Area Graph Tool): 선 그래프의 아래 영역을 채워 데이터를 표현하는 도구
- 산포 그래프 도구(Scatter Graph Tool): 데이터를 점으로 표시하여 분포를 표현하는 도구
- 파이 그래프 도구(Pie Graph Tool): 데이터를 원형으로 나누어 비율을 표현하는 도구
- 레이더 그래프 도구(Radar Graph Tool): 여러 항목의 데이터를 다각형 모양으로 표현하는 도구

㉖ 아트보드(Artboard Tool) Shift+O: 하나의 파일에서 여러 개의 문서를 만들고 관리할 수 있는 도구

㉗ 분할 도구 그룹
- 분할 영역 도구(Slice Tool) Shift+K: 아트보드를 여러 영역으로 나누어 개별 저장할 수 있는 도구
- 분할 영역 선택 도구(Slice Selection Tool): 분할된 영역을 선택하고 편집할 수 있는 도구

㉘ 패닝 도구 그룹
- 손(Hand Tool) H: 작업 화면을 드래그하여 이동할 수 있는 도구
- 회전 보기 도구(Rotate View Tool) Shift+H: 화면을 회전하여 다양한 각도에서 작업할 수 있는 도구
- 타일링 인쇄 도구(Print Tiling Tool): 큰 작업물을 여러 페이지로 나누어 인쇄할 수 있는 도구

㉙ 경로상의 개체(Objects on Path): 오브젝트를 선택한 패스를 따라 배열할 수 있는 도구

㉚ 돋보기 도구(Zoom Tool) Z: 작업 화면을 확대하거나 축소할 수 있는 도구

㉛ 칠과 선, 색상 픽커 호출(Fill and Stroke)
- 칠(Fill): 오브젝트 내부를 채우는 색상이나 패턴
- 선(Stroke): 오브젝트의 외곽선의 색상, 두께, 스타일을 지정
- 더블 클릭 시 색상 픽커를 열어 원하는 색상으로 변경 가능

㉜ 칠과 획 속성 설정: 일반 컬러나 그레이디언트, 투명으로 색상의 속성을 설정

㉝ 그리기 모드 그룹
- 표준 그리기(Draw Normal) Shift+D: 일반적인 방식으로 오브젝트를 생성
- 배경 그리기(Draw Behind): 선택된 오브젝트 뒤에 새로운 오브젝트를 생성
- 내부 그리기(Draw Inside): 선택된 오브젝트 내부에만 새로운 오브젝트를 생성

㉞ 프레젠테이션 모드(Change Screen Mode) F
- 표준 화면 모드(Normal Screen Mode): 모든 패널과 도구가 보이는 기본 작업 화면 모드
- 메뉴 막대가 있는 전체 화면 모드(Full Screen Mode with Menu Bar): 상단 메뉴만 남기고 작업 영역을 최대화하는 모드
- 전체 화면 모드(Full Screen Mode): 모든 인터페이스를 숨기고 작업 영역만 보이는 모드

㉟ 도구 모음 편집(Edit Toolbar): 일러스트레이터의 모든 도구를 살펴보고 도구를 추가하거나 제거하는 등의 편집을 할 수 있는 도구

5. 패널 살펴보기

패널은 특정 기능을 하나의 작업창으로 분리해놓은 것으로, 기본적으로 화면 오른쪽에 배치되어 있습니다. 레이어(Layers), 색상(Color), 견본(Swatches), 투명도(Transparency), 정렬(Align) 등 자주 사용하는 패널을 꺼내어 그룹화 하거나 별도의 작업 공간으로 저장하여 필요시 불러와 작업 효율을 높일 수 있습니다. 최상단 메뉴의 [창/Windows]에서 일러스트레이터의 전체 패널을 확인할 수 있습니다.

대부분의 패널은 독립적으로 축소, 이동, 크기 조절, 그룹화가 가능합니다. 사용자는 자신의 작업 스타일에 맞게 패널을 드래그하여 크기를 조절하거나 축소하여 자유롭게 구성하고 배치할 수 있습니다.

❶ 3D 및 재질(3D and Materials): 오브젝트에 3D 효과와 재질을 적용
❷ 액션(Actions): 반복적인 작업을 기록하고 실행
❸ 정렬(Align): 여러 오브젝트의 위치를 기준에 맞추어 정렬
❹ 모양(Appearance): 오브젝트에 적용된 채우기, 선, 효과 등을 하나의 패널에서 관리
❺ 대지(Artboards): 사용자가 정의한 아트보드의 배치, 정렬, 이름을 관리하고 대지를 추가 또는 삭제
❻ 자산 내보내기(Asset Export): 선택한 오브젝트를 지정한 이미지 파일 형식으로 내보내는 패널
❼ 특성(Attributes): 선택한 오브젝트의 오버 프린트 설정, Image Map 설정(하나의 이미지에서 여러 영역을 나누어 각각 다른 링크를 걸 수 있게 하는 HTML 기능)

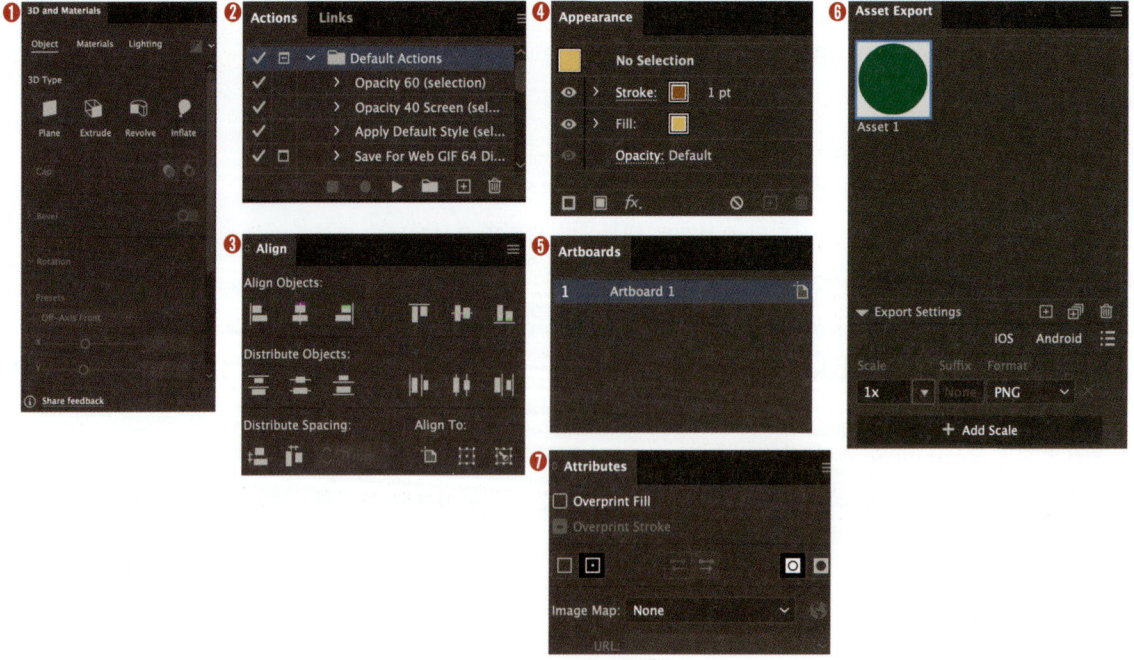

❽ 브러쉬(Brushes): 페인트 브러시 도구를 사용 시 다양한 브러시를 불러오고 선택하는 패널
❾ 색상(Color): 오브젝트의 색상을 선택하고 모드와 수치로 편집하는 패널
❿ 색상 안내(Color Guide): 선택한 색상에 대해 음영과 농도 팔레트를 제안하여 조화로운 색상 조합을 제안하는 패널
⓫ 주석(Comments): 공유 작업자와 작업물에 대한 의견을 논의

⑫ CSS 속성[(CSS Properties)(Deprecated)]: 하나 이상 또는 선택한 Illustrator 요소 전체를 CSS 파일로 내보내거나 코드를 생성

　※ Adobe XD와 같은 전용 UX/UI 디자인 소프트웨어의 개발로 더 나은 웹 디자인 도구를 제공하게 되어 해당 옵션이 사라질 가능성이 있습니다.

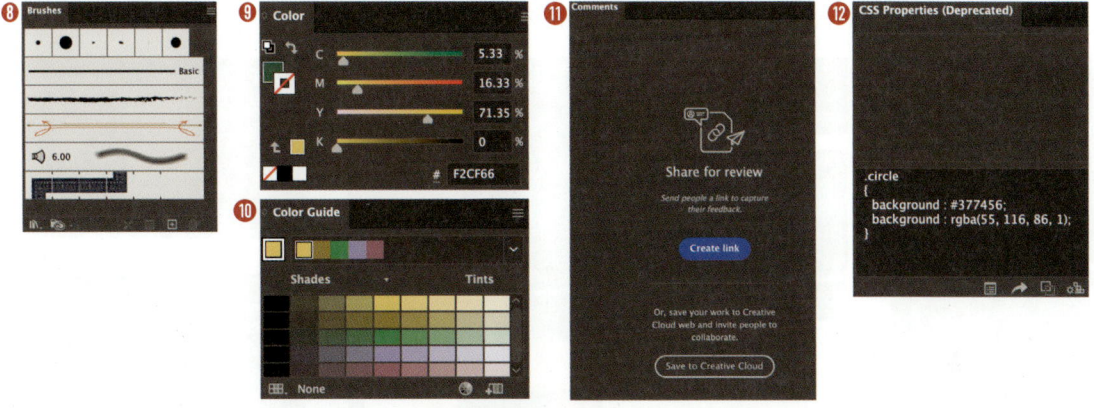

⑬ 문서 정보(Document Info): 현재 작업 중인 문서의 컬러모드, 유닛, 정보 등을 요약
⑭ 병합 미리보기(Flattener Preview): 투명도가 병합된 패스와 객체를 강조 표시하여 인쇄 결과를 예상하여 미리보기
⑮ 패턴 생성(Beta)[Generate Patterns(Beta)]: AI를 활용하여 텍스트 프롬프트로 자동으로 다양한 패턴을 생성
⑯ 생성된 변형(Generated Variations): 하나의 텍스트 프롬프트로 AI 생성 이미지의 히스토리
⑰ 그레이디언트(Gradient): 그레이디언트를 형태를 설정하고 색상을 편집하는 패널
⑱ 그래픽 스타일(Graphic Styles): 다양한 속성이 사전 설정되어 한 번의 클릭으로 오브젝트에 스타일을 복제 및 적용할 수 있는 그래픽 스타일리스트와 그래픽 스타일의 편집
⑲ 작업 내역(History): 실행했던 작업들의 기록을 확인하고 특정 시점으로 되돌릴 수 있는 패널

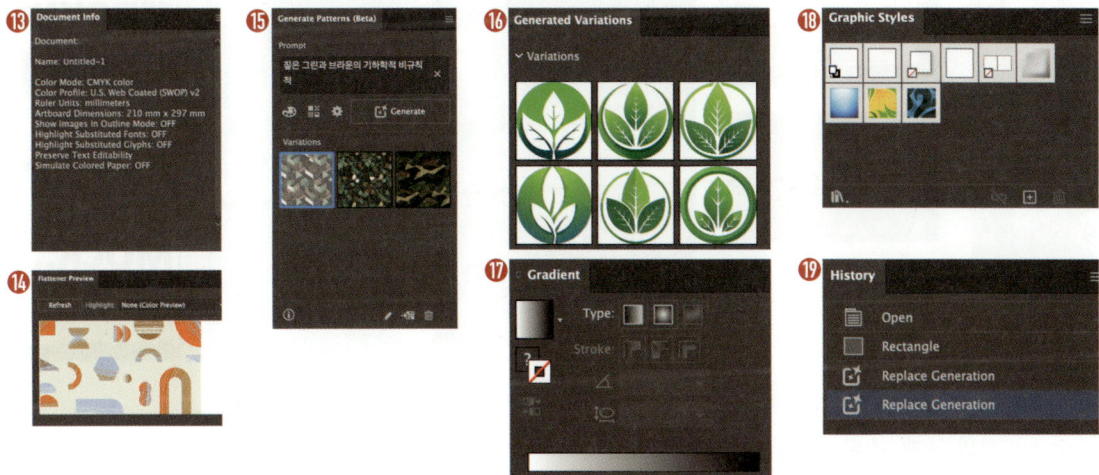

⑳ 이미지 추적(Image Trace): 래스터 이미지를 추적하여 벡터로 변환
㉑ 정보(Info): 선택한 오브젝트의 현재 위치 좌표와 사이즈 표기
㉒ 레이어(Layers): 현재 작업 중인 문서의 레이어의 표기·관리, 필터를 이용해 레이어를 종류별로 정렬하여

확인하거나 내보내기 및 새 레이어 생성

㉓ 라이브러리(Libraries): Creative Cloud 라이브러리의 에셋을 관리하는 패널로 등록 이후 일러스트레이터, 포토샵 등 다양한 어도비 스위트 안에서 연결하여 사용

㉔ 연결(Links): 현재 작업 중인 문서에 연결된 외부 파일들을 관리하는 패널

㉕ 자동 선택(Magic Wand): 유사한 특성을 가진 오브젝트를 자동으로 자동 선택 도구의 설정값을 조정

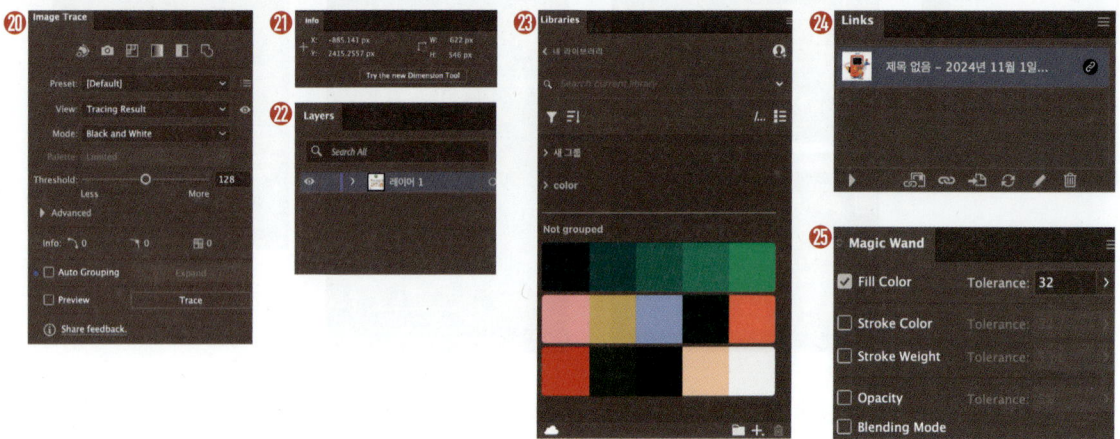

㉖ 목업(Mockup): 일러스트레이터에서 생성한 오브젝트를 사진 Mock-up 이미지에 자연스럽게 적용

㉗ 내비게이터(Navigator): 문서를 축소된 형태로 보며 빠르게 이동할 수 있는 패널

㉘ 패스파인더(Pathfinder): 여러 오브젝트를 결합, 분할, 제외하는 등 형태를 편집하는 패널

㉙ 패턴 옵션(Pattern Options): 패턴의 세부 설정을 조정하는 패널

㉚ 속성(Properties): 선택한 오브젝트의 다양한 속성을 편집할 수 있는 패널

㉛ Retype(Beta): 래스터 이미지나 윤곽선(outline) 텍스트의 유사한 폰트를 찾아서 안내하고 텍스트로 변환

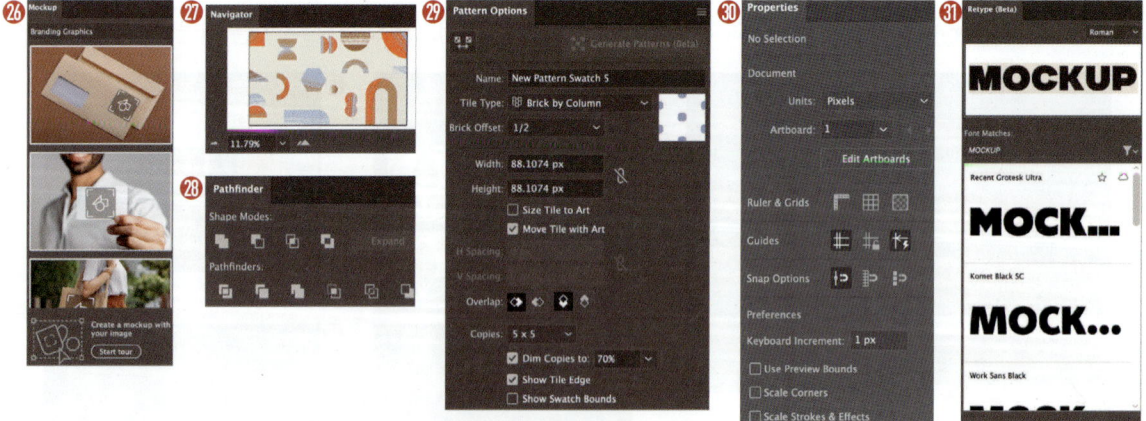

㉜ 분판 미리보기(Separations Preview): CMYK 색상별 인쇄 분판 결과 미리보기

㉝ 획(Stroke): 선의 두께, 스타일 등을 설정하는 패널

㉞ SVG 상호작용(SVG Interactivity): SVG 파일의 인터랙티브 기능을 설정

㉟ 견본(Swatches): 색상 및 패턴, 그레이디언트 견본을 저장하고 관리하는 패널

㊱ 심볼(Symbols): 반복 사용되는 아트워크를 심볼로 만들고 관리하는 패널

㊲ 변형(Transform): 오브젝트의 크기, 회전, 위치 등을 수정하는 패널

㊳ 투명도(Transparency): 오브젝트의 투명도와 혼합 모드 조정 및 레이어 마스크 적용

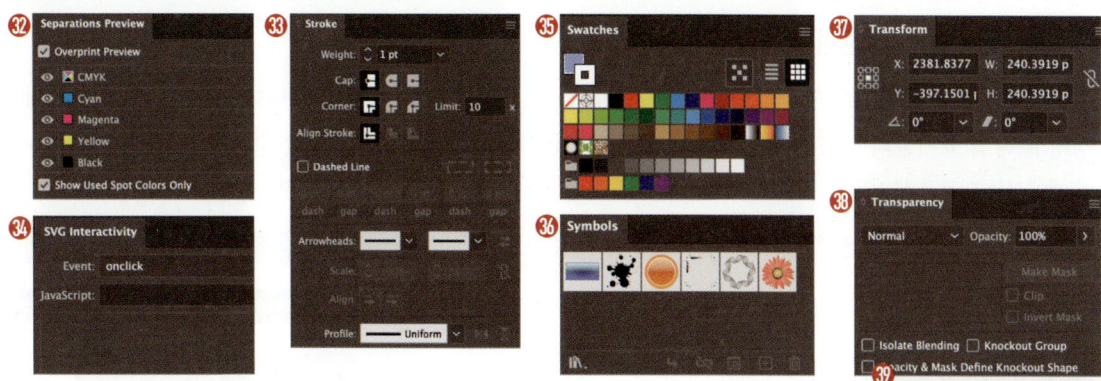

㊴ 문자(Type): 텍스트의 글꼴, 크기, 단락, 자간, 행간 등 문자 속성을 설정하는 패널
- 글리프(Glyphs): 특수 문자와 기호 선택
- 문자와 단락스타일(Character Styles, Paragraph Styles): 자주 사용하는 문자 스타일을 사전 설정으로 저장
- 탭(Tabs): 목차, 표, 정렬된 텍스트 등을 작성할 때 텍스트를 정렬

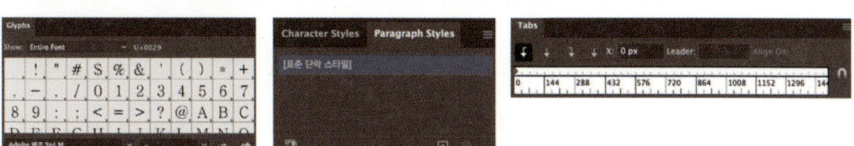

㊵ 변수(Variables): CSV 또는 XML 파일을 사용하여 데이터 기반의 반복적인 작업을 자동화 설정
㊶ 버전 기록(Version History): 문서의 버전 이력 관리(저장된 버전으로 되돌아갈 수 있으며, 클라우드에 저장된 파일만 표기)
㊷ 브러쉬 라이브러리(Brush Libraries): 사전 설정된 다양한 브러시 팩
㊸ 그래픽 스타일 라이브러리(Graphic Style Libraries): 사전 설정된 다양한 그래픽 스타일
㊹ 견본 라이브러리(Swatch Libraries): 사전 설정된 다양한 색상 견본
㊺ 심볼 라이브러리(Symbol Libraries): 사전 설정된 다양한 심볼팩

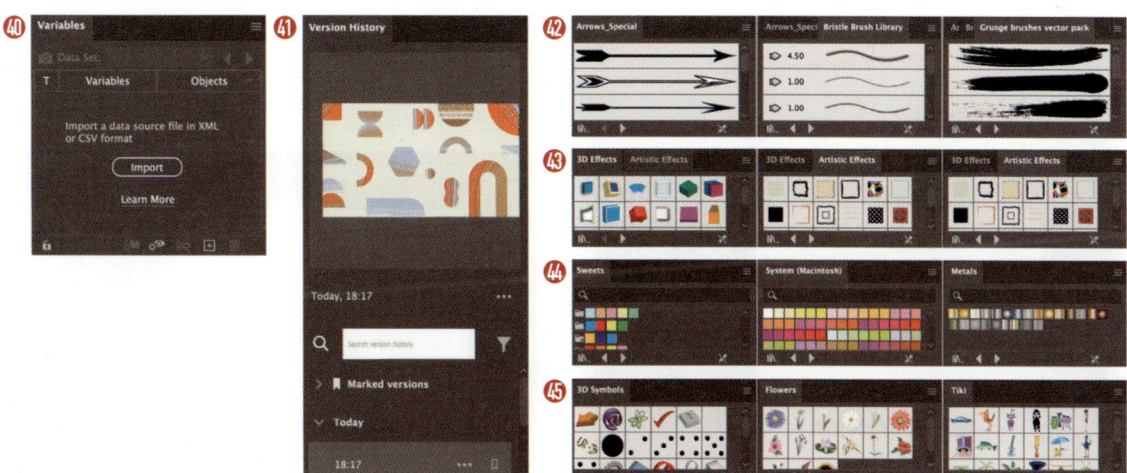

6. 상황별 작업 표시줄 설정하기

(1) 상황별 작업 표시줄(Contextual Task Bar)

포토샵과 동일하게 일러스트레이터에서도 상황별 작업 표시줄을 사용할 수 있습니다. 선택한 일부 도구에 따라 상황별 작업 표시줄의 내용이 변경되며 축약된 메뉴들을 바로 클릭하여 사용할 수 있는 편리한 기능입니다.
※ 이 책에서는 대부분의 메뉴에 '상황별 작업 표시줄'을 비활성화 상태로 진행하고 있습니다.

❶ 대지 도구로 선택 영역을 활성화했을 시 상황별 작업 표시줄

❷ 사각형 도구로 선택 영역을 활성화했을 시 상황별 작업 표시줄

❸ 선택 도구로 선택 영역을 활성화했을 시 상황별 작업 표시줄

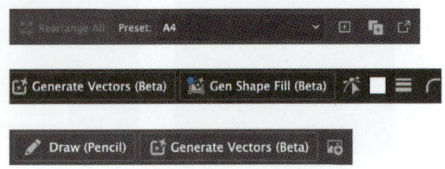

(2) 상황별 작업 표시줄 활성화/비활성화

최상단 메뉴의 [창〉상황별 작업 표시줄/Window〉Contextual Task Bar]의 체크박스를 해제하여 패널의 표시 여부를 선택합니다.

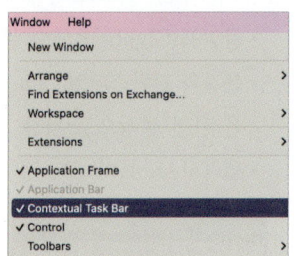

7. 다양한 작업 영역 살펴보고 나한테 맞도록 설정하기

일러스트레이터의 작업 영역(Workspace)은 사용자의 작업 스타일과 목적에 맞게 패널, 도구, 메뉴 등의 인터페이스 요소를 배치하고 저장할 수 있는 기능입니다. 기본(Essentials), 인쇄 및 보정(Print and Proofing), 페인팅(Painting) 등 미리 설정된 작업 영역을 선택하거나, 사용자가 직접 커스터마이징한 작업 환경을 저장하여 활용할 수 있습니다.

(1) 작업 영역(Workspace)

최상단 메뉴의 [창〉작업 영역/Window〉Workspace]에서 일러스트레이터에서 사전 설정된 다양한 작업 영역을 확인할 수 있습니다.
※ 이 책은 작업 영역 중 [필수 클래식/Essentials Classic]을 선택하여 기록하였습니다.

❶ 필수 클래식 작업 영역

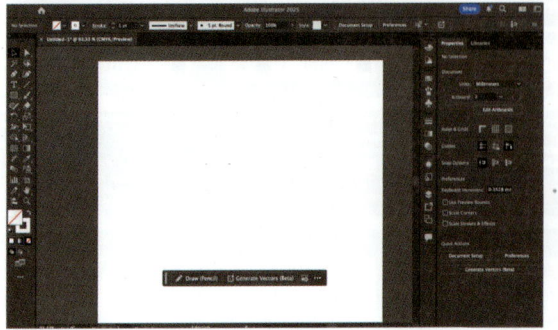

❷ 페인팅 작업 영역

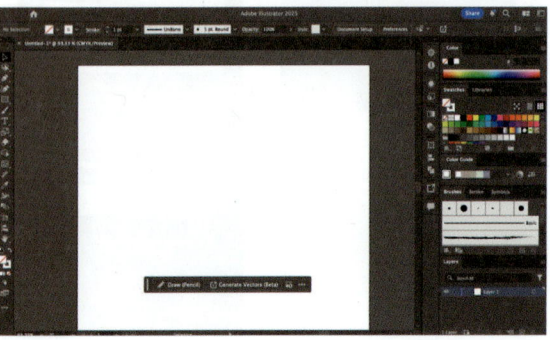

(2) 작업 영역 저장하고 불러오기

자주 쓰는 패널이나 화면 구성을 설정한 후 해당 시점에서 작업 영역을 저장하고 불러와 필요시 편리하게 사용할 수 있습니다.

❶ 패널 등을 사용자가 원하는 대로 설정한 후 최상단 메뉴의 [창〉작업 영역〉새 작업 영역/Window〉Workspace〉New Workspace]를 클릭한 후 현재의 설정을 새로운 작업 영역으로 저장합니다.

❷ 대화상자에서 작업 영역의 이름을 설정한 후 저장합니다.

❸ 최상단 메뉴의 [창〉작업 영역〉작업 영역 관리/Window〉Workspace〉Manage Workspace]를 클릭하여 저장된 작업 영역을 삭제하거나 복사할 수 있습니다.

❹ 저장된 작업 영역은 사용자의 필요에 따라 언제든지 불러와 사용할 수 있습니다.

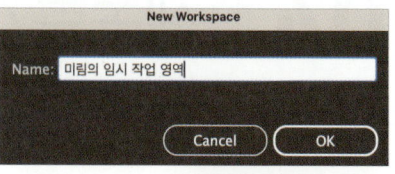
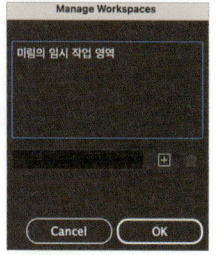

(3) 환경 설정을 이용해 인터페이스 컬러 변경하기

❶ 최상단 메뉴의 [Illustrator〉환경 설정/Illustrator〉Preferences]를 클릭하여 환경 설정 대화상자를 열어 사용자에게 맞게 일러스트레이터의 도구나 표기 단위, 메모리, 플러그인, 도움말 안내 등 다양한 인터페이스 설정을 수정할 수 있습니다.

❷ 환경 설정 대화상자의 왼쪽 메뉴에서 '사용자 인터페이스(User Interface)'를 선택합니다.

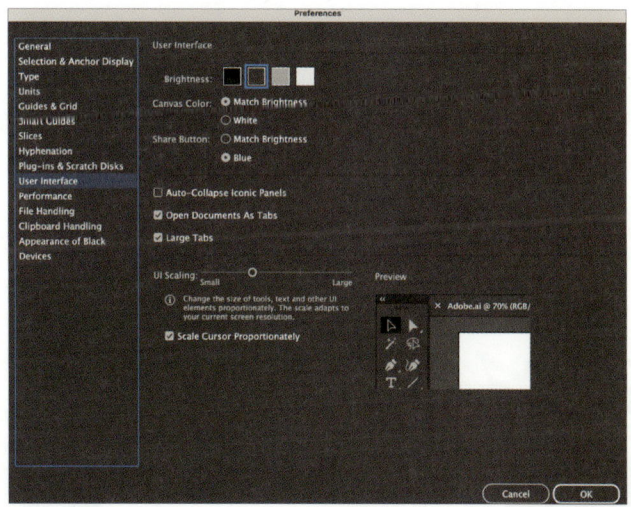

❸ 색상 테마의 가장 밝은 그레이 컬러를 선택하면 일러스트레이터의 전체 인터페이스 컬러를 변경할 수 있습니다.

SECTION 04 | 새로운 기능은 어떤 것이 있을까?

1. 일러스트레이터 CC 2025 신기능 살펴보기

(1) 패스 상의 오브젝트(Objects on Path)

오브젝트 또는 여러 개의 복수 오브젝트를 특정 패스 또는 도형의 패스를 따라 정렬합니다. 정렬된 오브젝트는 드래그만으로 간격을 수정하고 회전할 수 있습니다. 또한, 패스의 형태를 바꾸면 바뀐 패스를 따라 정렬 형태를 변형할 수도 있습니다.

(2) 향상된 이미지 추적(Enhanced Image Trace)

❶ 래스터 이미지를 벡터화하는 이미지 추적(Image Trace) 기능이 강화되었습니다.
❷ 그레이디언트 컬러를 더 정확하게 추출하고 투명도를 반영합니다. 유사한 색상을 자동 그룹화하여 생성하므로 추적 후 편집이 더 편리해졌습니다.
❸ 사용자의 견본 그룹을 이용해 특정 색상만 사용하여 독특한 이미지를 생성할 수 있습니다.
❹ 향상된 이미지 추적의 견본 컬러 적용 및 자동 그룹 결과

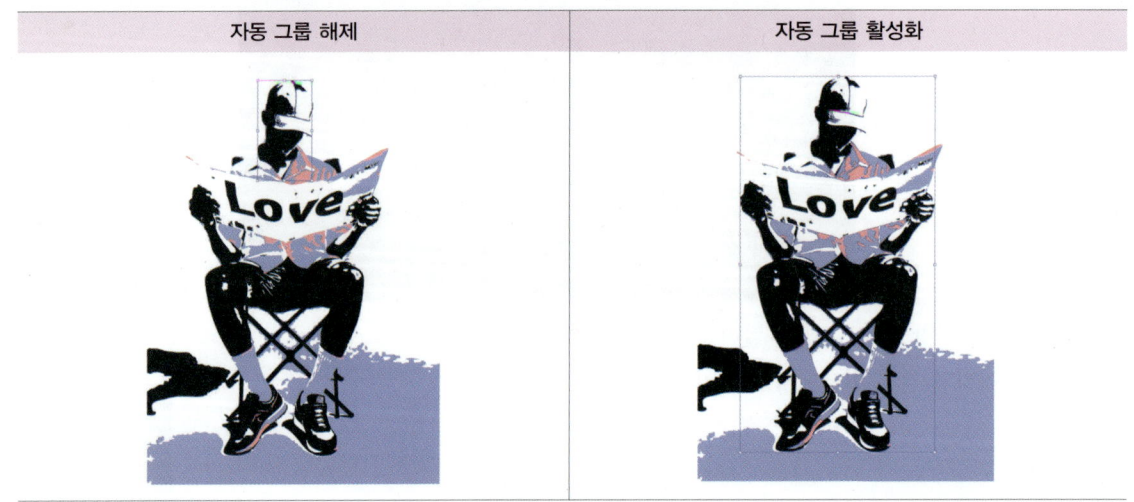

(3) 목업(Mockup)

❶ 디자인 프로토 타입을 다른 사람에게 가장 확실하게 보여줄 수 있는 목업 이미지를 일러스트레이터 내에서 간편하게 만들 수 있습니다.

❷ 사진 위에 아트워크를 배치하면 생성한 벡터 아트워크 오브젝트가 사진에 맞게 자동 조정되는 편리한 기능입니다.

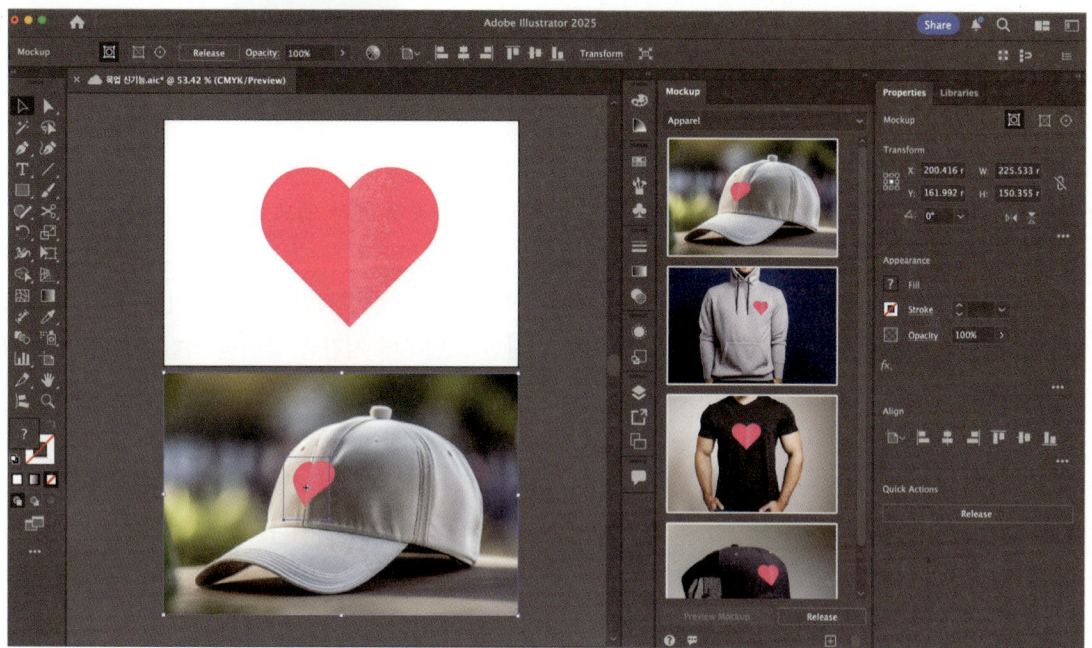

(4) 텍스트를 패턴으로(Beta)[Text to Pattern(beta)]

AI 생성형 기능으로 텍스트 프롬프트를 작성하면 그에 맞는 패턴을 자동으로 생성합니다. 생성한 패턴은 사용자가 창의적인 아이디어를 더할 수도 있으며 견본을 저장하여 다양한 그래픽에 적용할 수 있습니다.

(5) 생성형 모양 채우기(Beta)[Gen Shape Fill(Beta)]

❶ 기존 프롬프트를 이용해 새로운 벡터 오브젝트를 생성하는 것에서 발전하여, 외곽선이 있는 단순한 오브젝트를 AI 생성형 기능을 이용해 다채롭게 채울 수 있습니다.

❷ 사용자가 정의한 외곽 형태로 이미지를 즉시 생성하여 불필요한 대기 시간 없이 원하는 결과물을 바로 활용할 수 있습니다.

(6) 상황별 작업 표시줄 개선 사항(Contextual Taskbar Improvements)

❶ 선택 도구, 도형 도구 등 다양한 상황에 맞춰 빠르게 옵션을 이용하고 기능을 적용할 수 있도록 상황별 작업 표시줄이 개선되었습니다.

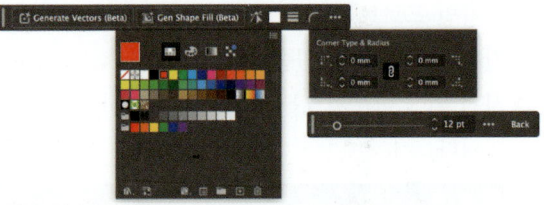

❷ 사각형을 생성하면 상황별 작업 표시줄 내에서 벡터 생성, 생성형 모양 채우기, 패스 수정, 획 굵기, 속성 패널 이동, 코너 라운드 수정 등 여러 기능을 상황별 작업 표시줄에서 바로 설정 가능합니다.

(7) 프로젝트 네오[Project Neo(beta)]

❶ 프로젝트 네오는 2023년 Adobe Max에서 발표되었으며 현재 공개 베타 앱으로 크리에이티브 클라우드의 베타 탭을 확인하여 접속할 수 있습니다.

❷ 여러 도형을 이용해서 제한적인 모델링을 할 수 있는 도구입니다. 제한적인 모델링이지만 3D 오브젝트의 부드러운 블렌딩이 가능하며, 형태의 편집이 쉬워 간단한 모델부터 시간을 들이면 복잡한 모델까지 제작 가능합니다.

❸ 클라우드 기반 소프트웨어(Cloud-based Software)로 사용자가 이용하고 있는 브라우저에서 바로 접속하여 3D 모델을 만들고 이를 일러스트레이터로 바로 가져와 입체적이고 원근감이 있는 2D 그래픽을 쉽게 제작할 수 있습니다. 제작한 3D 모델을 픽셀 아트 변환도 원클릭으로 가능합니다.

❹ 2025년 3월을 기준으로 아직 베타 버전으로 추후 변화가 주목되는 서비스입니다.

(8) 프로젝트 네오를 이용해 2D 오브젝트를 3D 오브젝트로 만들기

❶ 일러스트레이터에서 제작한 2D 오브젝트를 SVG 파일로 저장하여 준비합니다.

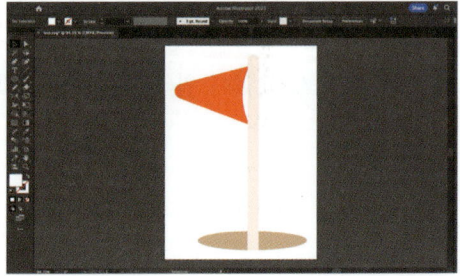

❷ 사용하시는 웹 브라우저에서 프로젝트 네오(https : //projectneo.adobe.com/)로 이동합니다.
❸ 오른쪽 상단에서 '생성'을 클릭하면 새 모델을 생성할 수 있도록 화면이 바뀝니다.
❹ 오른쪽 상단 메뉴에서 'SVG 가져오기'를 클릭하여 파일을 네오로 불러옵니다.
❺ 3D 모델로 SVG가 변환되며 필요시 형태를 수정하여 디테일을 보완할 수 있습니다.

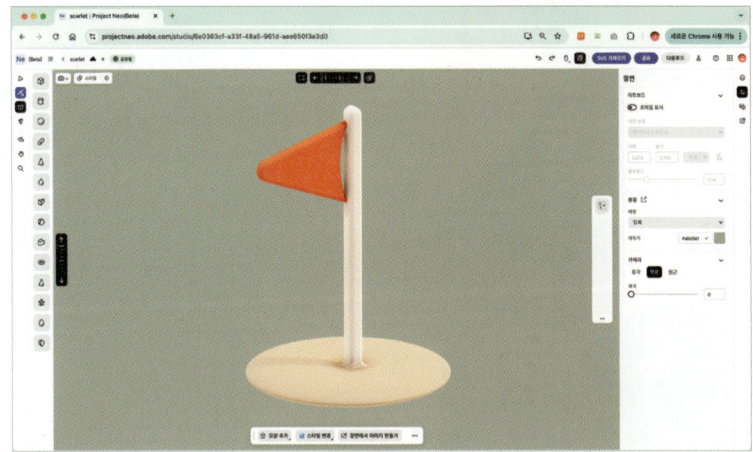

(9) 프로젝트 네오를 이용해 정확한 형태의 AI 이미지 생성하기

AI로 이미지 생성 시 원하는 정확한 각도를 구현하기 어려운 경우가 많습니다. 프로젝트 네오를 활용하면 기준 모델의 각도와 형태를 정확히 반영한 생성형 이미지를 만들 수 있어 오차를 최소화하고 작업 시간을 단축할 수 있습니다. 또한, 기본 모델의 각도와 형태를 조정한 후 새로운 프롬프트를 적용하면 다양한 각도의 이미지를 신속하게 생성할 수 있어 효율적입니다.

❶ 네오에서 3D 모델을 만들거나 불러온 후 히단 긴덱스드 메뉴에서 '상면에서 이미지 만들기'를 클릭합니다.
❷ 텍스트 프롬프트를 입력합니다.
　※ 프롬프트 예시 : 잎이 작고 풍성한 식물이 2~3개 배치된 욕실 세면대, 브라운 톤의 모던한 욕실, 세면대 옆에 놓인 핸드워시 제품의 프로모션 이미지
❸ 생성된 이미지를 확인합니다.

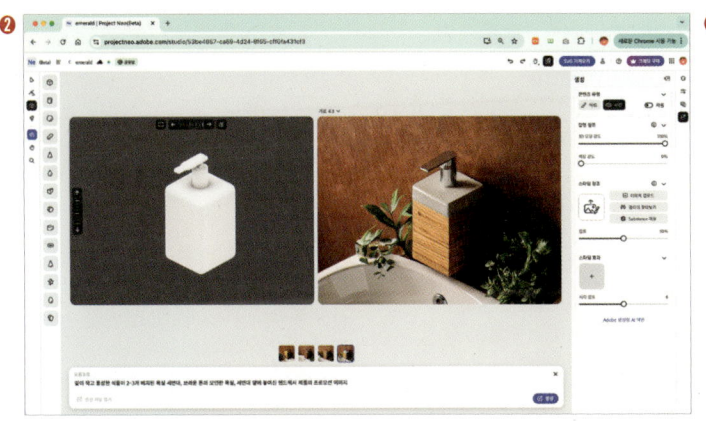

SECTION 01 | 새 파일 만들기

일러스트레이터 그래픽 작업을 하기 위해 문서를 만드는 것부터 시작합니다. 새 파일을 생성하기 위해서 [새로운 문서 만들기/New Document] 창을 열어야 하며, 총 3가지 방법이 있습니다. 포토샵과 동일하게 일러스트레이터도 하나의 기능을 실행하기 위해 여러 가지 방법으로 접근할 수 있습니다. 기능 설명을 살펴보고 자신에게 가장 편리한 방법으로 선택해서 먼저 손에 익혀보시는 것을 추천합니다.

1. 새로운 문서 만들기 대화상자 열기

(1) 새 파일을 만드는 3가지 방법

❶ 일러스트레이터 앱을 실행한 이후 좌측의 [새 파일/New file]을 클릭합니다.
❷ 최상단 메뉴의 [파일 > 새로 만들기/File > New]를 클릭합니다.

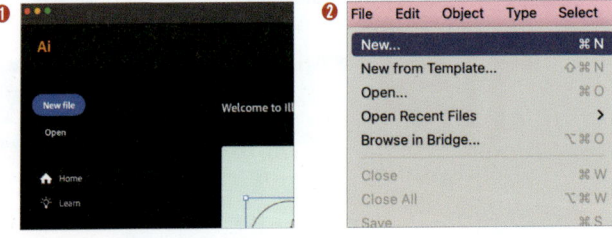

❸ 단축키 Ctrl+N(Windows)/Cmd+N(Mac)을 키보드에서 순서대로 누릅니다.

(2) 새로운 문서 만들기 대화상자 살펴보기

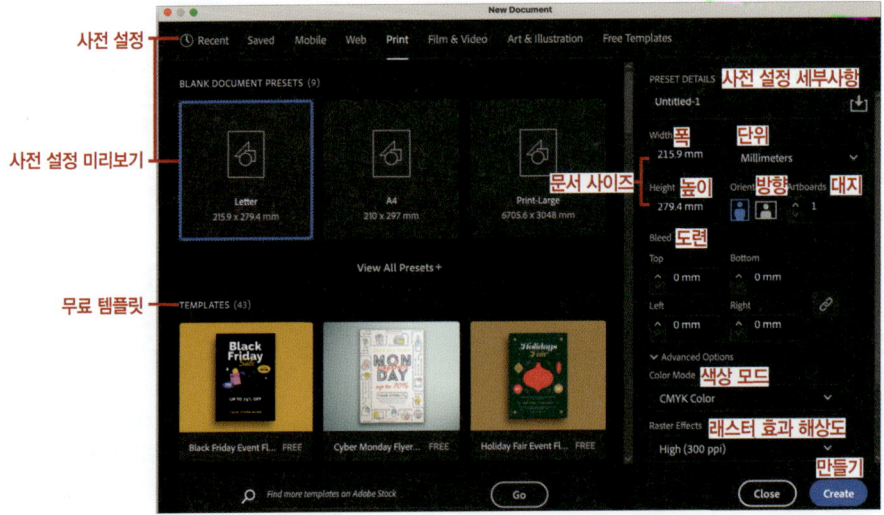

대화상자가 열리면 사전 설정을 설정하여 새 문서를 만들어 그래픽을 제작할 수 있습니다.

❶ 사전 설정 및 사전 설정 미리보기: 보편적으로 많이 사용하는 사이즈와 해상도가 미리 프리셋에 등록되어 있습니다. 클릭하여 간편하게 사용할 수 있습니다.
❷ 무료 템플릿(Templates): 일러스트레이터에서 제공하는 템플릿(양식)으로 바로 클릭하여 사용할 수 있습니다.
❸ 사전 설정 세부사항(Preset Details): 문서의 사이즈, 단위, 색상 모드 등을 미리 설정하여 문서를 열 수 있습니다.
❹ 사전 설정 저장: 입력한 사전 설정을 저장하여 필요시 불러와 빠르게 작업을 시작할 수 있습니다.
❺ 문서 사이즈: 폭(Width)과 높이(Height) 규격을 미리 설정하여 대지를 만들 수 있습니다.
❻ 단위: 문서의 측정 방법을 픽셀(Pixel), 밀리미터(Millimeters) 등 다양한 단위로 변경할 수 있습니다.
❼ 방향(Orientation): 대지의 방향을 변경합니다.
❽ 대지(Artboard): 일러스트레이터는 기본적으로 1개의 대지가 필요하며, 대지의 개수를 미리 설정하여 새로운 문서를 생성할 수 있습니다.
❾ 도련(Bleed)
  • 도련(刀鍊)은 종이의 가장자리를 가지런히 잘라낸다는 의미로 도련값을 설정할 경우 대지 바깥으로 종이를 잘라내는 빨강 색상의 재단선이 표시됩니다.
  • 일반적으로 인쇄 파일을 인쇄소로 송부할 때는 아트보드 안에 재단선(도련)을 포함시켜서 만드는 경우가 더 많습니다.
❿ 색상 모드(Color Mode): RGB, CMYK 등 문서의 색상 모드를 설정할 수 있습니다.
⓫ 래스터 효과 해상도(Raster Effects): 포토샵 효과를 적용할 시 래스터 이미지의 효과 해상도를 설정할 수 있습니다.
⓬ 만들기(Create): 사전 설정에 대한 옵션을 모두 설정하였으면 클릭하여 새 문서를 생성합니다. 대부분의 설정은 문서를 만든 이후에도 변경할 수 있습니다.

2. 템플릿으로 새로 만들기

일러스트레이터에서 제공하는 다양한 종류의 템플릿 파일을 불러와 그래픽 작업을 시작합니다. 템플릿(양식)은 문서 작성을 위한 미리 만들어진 기본 양식이나 틀을 의미합니다.

(1) 템플릿 파일 열기

❶ 최상단 메뉴의 [파일 > 템플릿으로 새로 만들기/File > New from Template...]를 클릭합니다.
❷ OS 대화상자가 열리고 'Blank Template'이 보이면 클릭하여 제공하는 템플릿을 살펴보고 필요한 템플릿을 열어 사용할 수 있습니다.
❸ 템플릿 파일을 열면 항상 '제목 없음' 새 문서로 생성되어 저장 시 다른 이름으로 저장이 되어 원본 템플릿 파일은 수정되지 않고 보존됩니다.

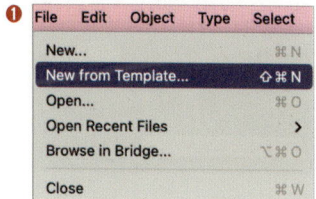 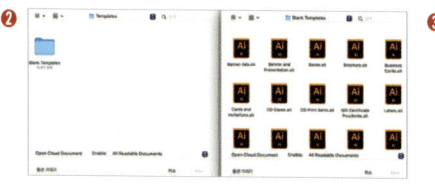 

SECTION 02 | 일러스트레이터에서 파일 열기

일러스트레이터는 AI(기본), EPS, PDF, SVG 등의 벡터 기반 파일을 열고 편집할 수 있으며, 편집의 제한은 있지만 PSD, JPEG, PNG 같은 래스터 이미지도 지원합니다.

1. 일러스트레이터에서 파일을 불러오는 6가지 방법

(1) 메뉴로 열기(Open)

❶ 최상단 메뉴의 [파일 〉 열기/File 〉 Open…]를 클릭하여 대화상자에서 파일을 선택하여 원하는 이미지를 불러옵니다.

❷ 단축키 Ctrl + O (Windows)/Cmd + O (Mac)를 눌러 동일하게 대화상자를 불러올 수 있습니다.

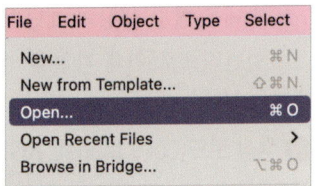

(2) 최근 파일 열기(Open Recent Files)

최상단 메뉴의 [파일 〉 최근 파일 열기/File 〉 Open Recent Files]를 클릭하면 최근에 사용한 파일 목록을 드롭다운 메뉴로 확인할 수 있어 빠르게 불러올 수 있습니다.

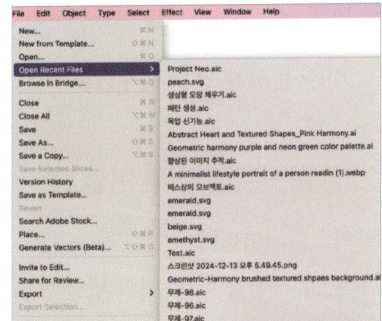

(3) 홈 화면에서 열기

홈 화면 왼쪽 메뉴의 열기(Open)를 눌러 대화상자를 열어 필요한 파일을 불러옵니다.

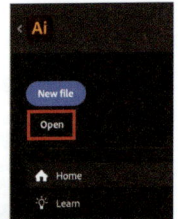

(4) 클라우드 파일 열기

❶ 열기(Open)를 눌러 OS 탐색 대화상자가 열리면 '클라우드 문서 열기(Open Cloud Document)'를 클릭합니다.

❷ 대화상자가 전환되면 저장된 클라우드 파일을 확인하고 열어 작업을 지속 진행합니다.

(5) 드래그하여 열기

❶ OS 탐색기에서 필요한 파일을 일러스트레이터로 드래그하여 파일을 불러옵니다.

❷ 문서 이름 탭이 있는 프레임으로 드래그하면 '열기'로, 문서 내로 드래그하면 '가져오기'로 파일이 일러스트레이터에서 열립니다.

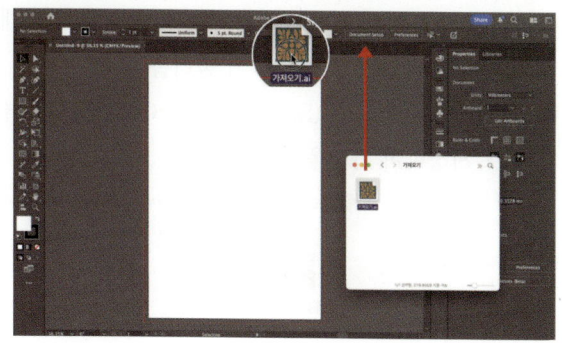

(6) Bridge에서 찾아보기(Browse in Bridge)

❶ 최상단 메뉴의 [파일〉Bridge에서 찾아보기/File〉Browse in Bridge…]를 클릭하면 브릿지 소프트웨어가 설치되어 있는 상태라면 브릿지가 바로 실행됩니다.

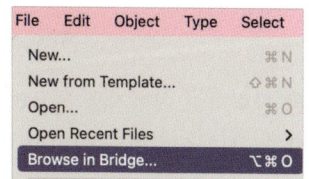

❷ 브릿지 앱은 크리에이티브 클라우드에서 찾아 설치할 수 있습니다. 구독 플랜에 따라 추가 요금 발생하니 주의해야 합니다.

❸ OS 대화상자나 탐색기에서 미리 보이지 않아 불편함이 있는 일부 파일 및 낮은 버전의 EPS, PDF 등을 브릿지에서 썸네일로 빠르게 확인할 수 있습니다.

2. 가져오기와 임베드 상태 확인하기

가져오기는 외부 파일을 현재 작업 중인 문서 내에 불러와 배치하는 기능입니다. 열기(Open) 기능을 사용할 경우 파일이 새 문서로 열립니다. 반면, 가져오기(Place) 기능을 사용할 경우 현재 작업 중인 문서 내에서 파일을 열 수 있으므로 오브젝트를 복사하고 붙여넣는 과정들을 간소화할 수 있습니다.

(1) 가져오기(Place) 메뉴 확인하기

최상단 메뉴의 [파일〉가져오기/File〉Place]를 클릭하면 OS별 탐색기 대화상자가 열리며 필요한 파일을 선택하여 가져올 수 있습니다.

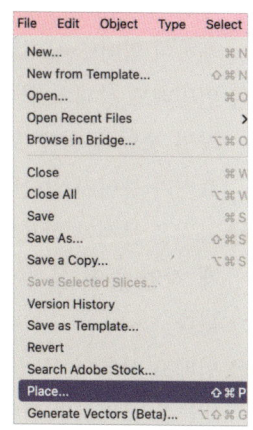

(2) 언임베드(Unembedded/Linked) 상태로 가져오기

언임베드 상태는 가져오기로 불러온 오브젝트나 이미지가 문서에 완벽히 포함되어 있지 않고 링크되어 있는 상태입니다. 문서에 포함되어 있지 않아 용량을 줄일 수 있고 외부 파일을 수정하면 링크된 파일도 변경 내용이 적용되어 필요시 작업의 효율성을 높일 수 있습니다.

❶ 가져오기를 클릭하여 탐색기 대화상자가 열리면 대화상자 아래 '연결(Link)'의 옵션의 체크가 활성화된 상태에서 '가져오기'를 클릭하여 불러옵니다.

❷ '가져오기 옵션 표시(Show Import Options)'를 클릭하면 PDF 파일의 페이지나 PSD 파일의 레이어를 별도로 지정하여 가져올 수 있습니다.

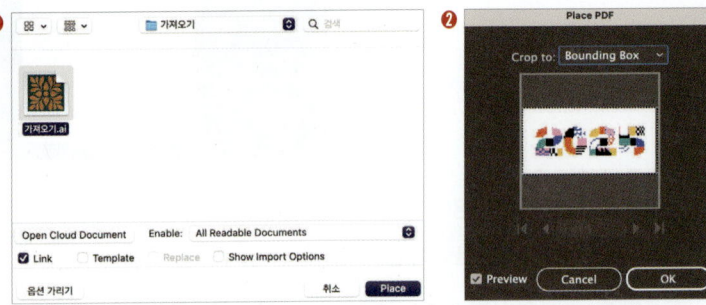

❸ 클릭하여 이미지를 적용하거나 문서에 필요한 만큼 드래그하여 크기를 설정할 수 있습니다.

❹ 링크된 이미지는 이미지 안에 X 표기가 보이며 상단 컨트롤 패널에서 링크 파일의 상태와 정보를 확인할 수 있습니다.

(3) 임베드 상태로 가져오기/포함 시키기

❶ 가져오기를 클릭하여 탐색기 대화상자가 열리면 대화상자 아래 '연결(Link)'의 체크를 해제하여 임베드 상태로 가져올 수 있습니다.

❷ 언임베드 상태와 반대로 가져온 문서는 현재 작업 중인 문서에 포함되며, 이미지 안에 X 표기가 보이지 않습니다.

❸ 가져온 문서가 삭제되거나 변화가 있어도 현재 작업 중인 문서에 변화를 일으키지 않습니다.

❹ 임베드 상태의 문서와 마찬가지로 상단 컨트롤 패널에서 현재 상태를 확인할 수 있습니다. '포함(Embed)' 버튼을 클릭하면 언임베드 문서도 임베드 상태로 변경됩니다.

❺ 작업 속도를 줄이기 위해 작업 중에는 언임베드로, 작업이 완료되어 타인에게 공유할 경우에는 임베드로 수정하는 등 필요에 따라 활용하는 사례가 보편적입니다.

(4) 연결(Links) 패널 살펴보기

최상단 메뉴의 [창〉연결/Window〉Links]를 클릭하여 연결(Links) 패널에서 현재 링크로 연결된 파일의 현황을 살펴보고 원본을 수정하거나 링크 파일을 교체할 수 있습니다.

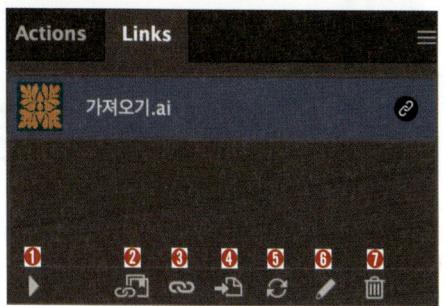

❶ 연결 정보 표시: 연결 파일의 이름 포맷, 현재 저장된 위치를 확인합니다.

❷ CC 라이브러리에서 다시 연결: 라이브러리에 포함된 에셋이나 오브젝트, 이미지로 연결 파일을 교체합니다.

❸ 재연결: 연결 파일을 교체합니다.

❹ 연결로 가기: 연결(Links) 패널에서 선택되어있는 이미지의 위치로 화면을 이동합니다.

❺ 연결 업데이트: 연결된 파일의 변화가 있을 시 업데이트를 적용합니다.

❻ Photoshop에서 편집: 연결 파일이 .ai일 경우 일러스트레이터에서 원본을 수정할 수 있도록 창이 바뀌며 래스터 파일일 경우 포토샵으로 전환합니다.

❼ 삭제: 연결된 파일을 삭제합니다.

3. 일러스트레이터에서 파일 닫기

작업을 완료 후 필요한 내용을 저장이 완료되었다면 파일을 닫습니다. 저장이 되었다면 언제든지 다시 열어 작업을 지속할 수 있습니다.

문서 이름 탭의 (X) 아이콘을 클릭하거나 단축키 Ctrl+W(Windows)/Cmd+W(Mac)를 눌러서 선택한 문서를 닫습니다. 또는 최상단 메뉴의 [파일〉닫기/File〉Close]를 클릭하여 드롭다운 메뉴에서 닫기 메뉴를 선택하여 문서를 닫을 수 있습니다.

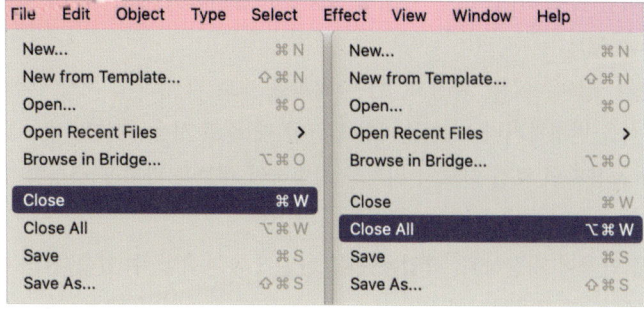

❶ 닫기(Close): 현재 작업 중인 문서를 닫습니다.

❷ 모두 닫기(Close All): 열려져 있는 모든 문서를 닫습니다.

SECTION 03 | 파일을 저장하는 다양한 방법들

1. 일러스트레이터의 기본 파일 저장 방법

일러스트레이터는 작업 중인 문서를 다양한 형식의 파일로 저장할 수 있습니다. 기본적인 .ai 파일 외 범용성이 높은 .pdf 파일과 .eps 파일, .svg 파일로 작업한 그래픽을 저장할 수 있습니다.

최상단 메뉴의 [파일/File]을 클릭하여 드롭다운 메뉴에서 여러 저장 메뉴를 선택하여 상황에 적절한 메뉴를 선택하여 문서를 저장합니다.

(1) 기본 파일 저장 메뉴

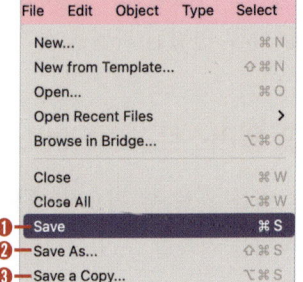

❶ 저장(Save)
- 현재 작업 중인 파일을 같은 위치에 덮어쓰기로 저장합니다.
- 작업 중 수시로 Ctrl+S(Windows) 또는 Cmd+S(Mac)를 사용해 진행 상황을 저장하는 것이 안전합니다.
- 저장된 적이 없는 새 문서를 저장할 때는, 다른 이름으로 저장(Save As)과 같이 파일 위치와 이름을 지정하는 저장 대화상자가 자동으로 나타납니다. 이는 새로 만든 파일이 아직 한 번도 저장되지 않았기 때문이며, 파일명과 저장 위치를 지정하면 이후부터는 같은 위치에 자동으로 덮어쓰기 저장이 가능합니다.

❷ 다른 이름으로 저장(Save As)
- 현재 작업 중인 파일을 새로운 이름, 확장자, 다른 위치로 새로 저장하며, 저장 후에는 새로 저장된 파일이 활성화됩니다. 파일 형식을 변경하거나 버전 관리가 필요할 때 주로 사용됩니다.
- 클라우드 스토리지와 사용자의 로컬 하드의 위치를 지정하여 새로운 파일을 생성할 수 있습니다.

❸ 사본 저장(Save a Copy)
- 현재 파일의 복사본을 만들어 저장하되, 작업은 원본 파일에서 계속할 수 있습니다. 백업이나 다른 버전을 만들어 파일 관리를 하고 싶을 때 유용합니다.
- 현재 작업 중인 파일과는 다른 새로운 파일이 생성되므로 현재 시점의 진행 상황의 파일을 저장하여 공유할 때도 활용됩니다.

(2) 일러스트레이터에서 생성할 수 있는 다양한 파일 확장자(Format)

다른 이름으로 저장(Save As), 사본 저장(Save a Copy)을 이용해서 파일 확장자(Format)를 변경할 수 있습니다.

❶ Adobe Illustrator(ai): 일러스트레이터의 기본 파일 형식으로, 작업자가 진행한 모든 편집 기능과 레이어, 효과를 온전히 보존하고 작업 내용을 그대로 저장할 수 있습니다. 다른 어도비 프로그램과의 호환성이 뛰어납니다.

❷ Illustrator EPS(eps): 어도비 외 다양한 그래픽 프로그램과 호환되는 범용 벡터 파일 형식입니다. 인쇄용 작업에 적합하며, 다른 소프트웨어에서도 벡터 품질을 유지하며 열 수 있습니다. 지원되지 않는 일부 기능이 제한될 수 있습니다.

❸ Illustrator Template(ait): 레이아웃, 스타일, 색상 등의 설정을 저장하여 반복적으로 자주 사용되는 문서의 기본 설정을 불러와 바로 사용할 수 있는 템플릿 전용 포맷입니다.

❹ Adobe PDF(pdf): 그래픽 작업 외 문서로서 대부분의 사용자가 동일하게 볼 수 있는 표준 문서 포맷입니다. 폰트, 이미지, 벡터 그래픽을 모두 포함하여 저장할 수 있으며, 인쇄용이나 용량을 관리하여 디지털 배포용 등 다양한 목적을 위해 사용되는 범용 문서 포맷입니다.

❺ SVG Compressed(svgz): SVG 파일을 GZIP 방식으로 압축한 포맷으로, 파일 크기를 줄여 웹에서의 로딩 속도를 향상시킵니다. 일반 SVG와 동일한 기능을 제공하면서도 용량이 작다는 장점이 있습니다.

❻ SVG(svg): 웹 표준 벡터 그래픽 포맷으로, 확장성이 뛰어나고 웹 브라우저에서 직접 렌더링됩니다. 코드 편집이 가능하고, 애니메이션이나 인터랙티브한 기능을 추가할 수 있어 웹 디자인에 적합합니다.

2. 문서를 PDF로 저장하기

일러스트레이터에서 작업 중인 문서를 PDF로 저장하면 문서를 확대해도 깨지지 않는 고해상도의 선명도와 디자인한 레이아웃을 유지할 수 있습니다. 또한, 텍스트를 선택하고 복사할 수 있도록 정보를 그대로 담아 만들 수 있습니다. 이처럼 문서를 PDF로 저장하면 벡터 그래픽의 장점은 유지하면서 특별한 소프트웨어 없이도 누구나 열람할 수 있는 문서를 제작할 수 있습니다. 일러스트레이터의 편집 기능을 유지할 경우 .ai 파일과 큰 차이 없이 바로 원본과 동일하게 파일을 열어 내용을 편집할 수 있습니다.

(1) 다른 이름으로 저장(Save As)으로 PDF 파일로 저장

❶ 최상단 메뉴의 [파일 〉 다른 이름으로 저장/File 〉 Save As]를 클릭하여 '다른 이름으로 저장' 대화상자를 불러옵니다. 파일이 저장될 위치를 선택 후 포맷을 클릭해 'Adobe PDF(pdf)'를 클릭합니다.

❷ 'Save Adobe PDF' 대화상자에서 필요한 옵션을 설정하고 'Save PDF' 버튼을 클릭해 PDF 파일을 생성합니다.

(2) 많이 사용되는 Save Adobe PDF 옵션 설정하기

❶ Illustrator 편집 기능 보전(Preserve Illustrator Editing Capabilities): 추후 다시 일러스트레이터에서 해당 PDF를 원본과 동일하게 편집 가능

❷ 페이지 축소판 포함(Embed Page Thumbnails): PDF 문서의 미리보기 썸네일 포함

❸ 상위 레벨 레이어에서부터 Acrobat 레이어 만들기(Create Acrobat Layers from Top-Level Layers): 일러스트레이터의 레이어를 PDF로 저장해도 유지

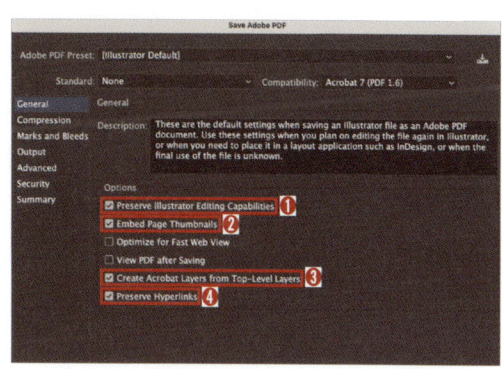

❹ 하이퍼링크 유지(Preserve Hyperlinks): 문서 내 하이퍼링크 기능 유지

❺ 보안(Security): 왼쪽 메뉴에서 보안(Security)을 클릭 후 비밀번호 옵션 추가(비밀번호 추가 및 보안 파일 만들기) 가능

❻ 문서를 열려면 암호 필요(Require a password to open the document): 비밀번호가 없으면 PDF 파일을 열어보는 것 자체를 제한

❼ 암호를 사용하여 보안 및 권한 설정값 편집 제한(Use a password to restrict editing Security and Permissions settings): PDF 파일을 열어보는 것은 가능하나 비밀번호 없이 해당 PDF 파일의 편집, 복사, 인쇄 해상도 변경 등의 기능을 제한

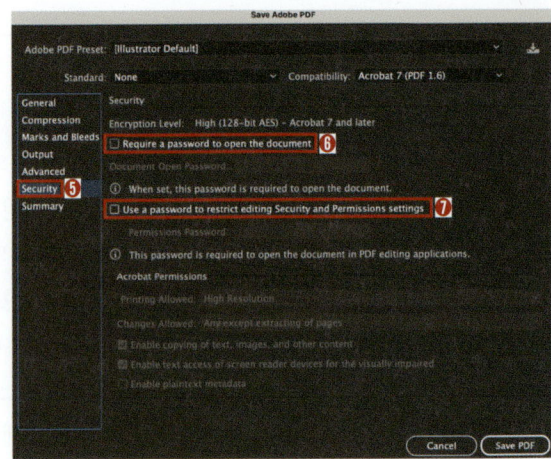

(3) 문서를 PDF로 저장(Save Docs As PDF)

❶ 현재 작업 중인 문서를 PDF 확장자로 빠르게 저장하는 기능입니다.
❷ 최상단 메뉴의 [파일〉스크립트〉문서를 PDF로 저장/File〉Scripts〉SaveDocsAsPDF]을 클릭하여 실행합니다.
❸ 디폴트로 일러스트레이터의 기본 PDF 프리셋(Illustrator Default) 설정을 사용하여 저장되며, 가장 최근에 사용했던 PDF 저장 설정값이 있다면 최근의 설정값으로 저장됩니다.

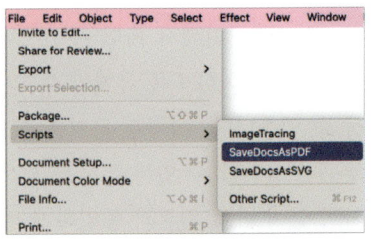

(4) Adobe PDF 사전 설정(Adobe PDF Presets)

최상단 메뉴의 [편집〉Adobe PDF 사전 설정/Edit〉Adobe PDF Presets…]을 클릭하여 사전 설정 대화상자를 열고 사전 설정을 편집, 추가 혹은 삭제도 가능합니다.

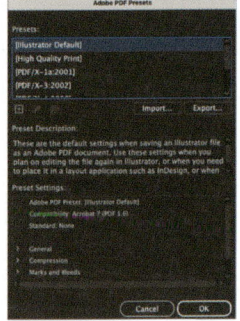

3. 특수한 저장 기능들

(1) 선택한 아트보드만 EPS, PDF 파일로 저장하기

복수의 대지가 문서에 있을 경우 저장 옵션에서 'Use Artboards'를 선택하여 지정 대지만 파일로 저장하여 생성할 수 있습니다. 다만, 이 방법은 .ai로 저장 시에는 비활성화됩니다.

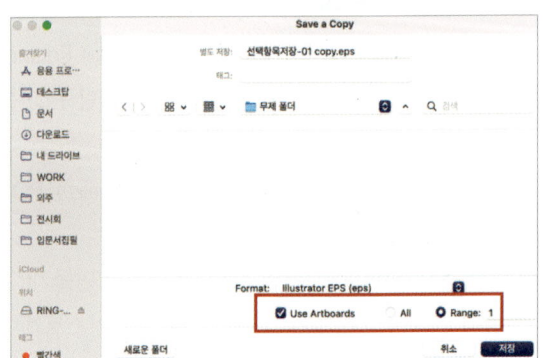

(2) 템플릿으로 저장(Save as Template)

❶ 동일한 포맷으로 제작해야 하는 명함, 비즈니스 문서, 프리젠테이션용 파일을 제작할 때 템플릿을 저장하고 필요시 불러와 사용하면 일관성을 유지하여 디자인 파일을 만들 수 있습니다.

❷ 일러스트레이터의 'Template' 폴더로 위치가 안내되지만 필요한 위치로 수정하여 저장할 수 있습니다.

❸ '템플릿으로 저장'으로 저장하면 .ait 확장자로 저장됩니다. .ait는 원본을 보존하며 새 문서를 만드는 용도, .ai는 실제 작업 파일을 저장하고 수정하는 용도입니다.

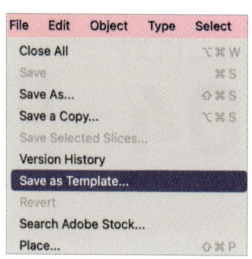

(3) 패키지(Package) 저장

❶ 패키지 저장 기능은 현재 작업 중인 문서에 포함된 모든 요소(예 오브젝트, 폰트, 링크된 파일, PDF 파일 등)을 종류별로 정리하여 하나의 폴더에 모아서 저장하는 기능입니다.

※ 폰트 파일의 경우 크리에이티브 클라우드에서 설치한 폰트는 모아지지 않습니다.

❷ 패키지 저장 기능은 기본적으로 비활성화되어 있지만, 현재 작업 중인 문서가 사용자의 로컬 드라이브에 저장될 경우 활성화됩니다.

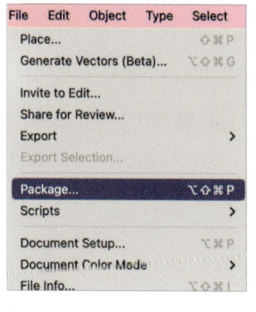 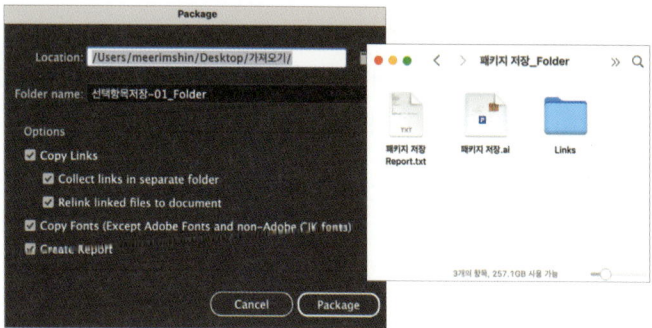

SECTION 04 이미지로 내보내기

1. 화면에 맞게 내보내기(Export for Screens)

벡터로 제작한 일러스트레이터의 그래픽을 웹이나 일반적인 환경에서 사용할 수 있도록 대지를 기준으로 일반 래스터 이미지(JPG, PNG 등)로 변환하여 내보낼 수 있습니다. 각 대지별로 이미지를 생성하거나 문서에 있는 모든 오브젝트들을 포함하여 이미지로 만들 수 있습니다.

(1) 대화상자 열고 주요 기능 살펴보기

최상단 메뉴의 [파일〉내보내기〉화면에 맞게 내보내기/File〉Export〉Export for Screens]를 클릭하여 '화면에 맞게 내보내기' 대화상자를 불러옵니다.

❶ 대지 선택(Select): 문서에 생성된 대지를 확인하고 내보낼 대지를 선택합니다.
❷ 모든 문서 선택(Full Document): 대지에 관계없이 캔버스에 나열된 모든 문서를 한 이미지로 묶어 내보내기를 합니다.
❸ 내보내기 위치(Export to): 이미지를 내보낼 위치를 사전 설정합니다.
❹ 확장자 및 해상도(Formats)
  • Scale의 드롭다운 메뉴에서 이미지의 규격 또는 해상도를 설정합니다.
  • Format의 드롭다운 메뉴에서 내보낼 이미지의 확장자(PNG, JPG, SVG, PDF, WebP)를 선택합니다.
❺ 서식 설정(Format Settings): PNG의 배경 투명도를 설정하거나 JPG의 앤티 엘리어싱을 설정합니다.
❻ 내보내기(Export Artboard): 모든 사전 설정 완료 후 내보내기하여 이미지 파일을 생성합니다.

2. 내보내기 형식(Export As)

화면에 맞게 내보내기(Export for Screens)가 대지 별로 앱/웹 환경에 맞추어 이미지를 빠르고 간단하게 내보내는 기능이 중점적이라면, 내보내기 형식은 이미지를 내보내는 기능을 포함해 .dwg(캐드 파일), .psd(포토샵 파일) 등 원본 파일은 유지한 상태로 다양한 형식으로 변환하여 내보내는 기능이 더 특화되어 있습니다.

3. 웹용으로 저장(레거시)[Save for Web(Legacy)]

웹용으로 저장은 웹 최적화에 특화된 레거시 기능으로 GIF 확장자로 내보낼 수 있는 일러스트레이터의 유일한 내보내기 기능이며 적은 용량의 파일이 필요할 경우 유용하게 사용하여 이미지 파일을 생성할 수 있는 기능입니다.

분할 도구로 생성한 각 분할 면을 이미지로 내보낼 시에도 웹용으로 저장을 이용해 필요한 분할면을 선택하여 내보낼 수 있습니다.

4. 저장 및 내보내기 지원 확장자

기능	확장자	
Save As	• Adobe Illustrator(ai) • Illustrator Template(ait) • SVG Compressed(svgz)	• Illustrator EPS(eps) • Adobe PDF(pdf) • SVG(svg)
Export for Screens	• PNG • JPG • PDF	• PNG 8 • SVG • WebP
Export As	• PNG(png) • CSS(Deprecated)(css) • Autodesk RealDWG(dxf) • JPEG(jpg) • Photoshop(psd) • Targa(TGA) • TIFF(tif) • Windows Metafile(wmf)	• BMP(BMP) • Autodesk RealDWG(dwg) • Enhanced Metafile(emf) • Adobe PDF(pdf) • SVG(svg) • Text Format(txt) • WebP(webp)
Save for Web	• GIF • PNG-8	• JPEG • JPEG

5. 1분 실습_선택한 오브젝트를 이미지로 내보내기

일러스트레이터에서는 선택한 오브젝트만 이미지로 변환하는 기능이 있습니다. 그래픽의 일부만 빠르게 여백 없이 가장자리에 딱 맞게 내보낼 수 있어 작업 속도의 효율을 높일 수 있고 다양한 파일 확장자와 해상도, 크기를 사전 설정할 수 있는 편리한 기능입니다.

(1) 파일 열기

최상단 메뉴의 [파일〉열기/File〉Open]을 클릭하여 대화상자에서 '클래스2_4_1분실습_자산내보내기.ai' 파일을 불러옵니다.

(2) 자산 내보내기(Asset Export) 패널 열기

최상단 메뉴의 [창 > 자산 내보내기/Window > Export Selection]을 클릭하여 자산 내보내기 패널을 엽니다.

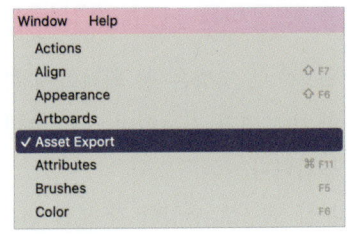

(3) 내보내기 에셋 추가하기

❶ 대지의 개체를 드래그하여 모두 선택한 후 '자산 내보내기' 패널의 (+) 버튼을 클릭하여 내보낼 자산을 추가합니다. 에셋의 이름을 클릭하면 파일명을 사전 설정할 수 있습니다.
❷ 내보내기(Export) 버튼을 클릭하여 PNG로 내보내기를 합니다.

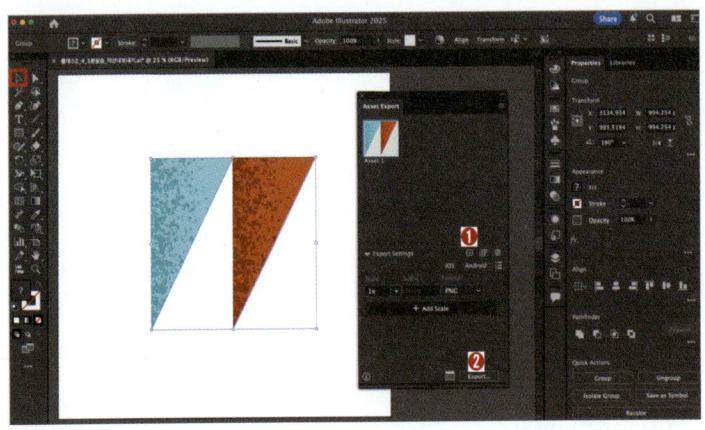

(4) 여러 오브젝트를 한 번에 내보내기에 추가하기

❶ 오브젝트가 선택된 상태에서 최상단 메뉴의 [오브젝트 > 에셋으로 내보내기 > 여러 에셋/Object > Collect For Export > As Multiple Assets]을 클릭합니다.
❷ 그룹별로 자산 내보내기 패널에 추가됩니다. 만약 그룹화가 되지 않은 오브젝트라면 개별로 추가됩니다.

SECTION 05 | 여러 시점으로 작업 영역 바라보기

1. 작업 화면을 확대, 축소하고 이동하기

작업 화면의 확대 기능은 세밀한 조절이나 패스 편집과 같은 정교한 작업을 가능하게 하고, 축소를 통해 전체적인 레이아웃과 밸런스를 파악할 수 있습니다. 또한, 필요한 부분을 캔버스 내에서 빠르게 찾아 수정할 수 있어 작업 효율성이 향상시킵니다.

(1) 작업 화면을 확대, 축소하기

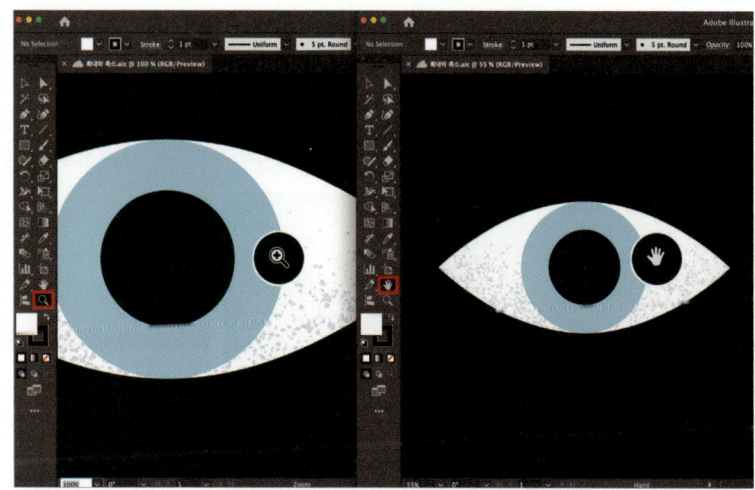

❶ 왼쪽 도구 패널에서 돋보기 도구(Zoom Tool)를 클릭하거나 단축키 Z를 눌러서 선택합니다.
❷ 커서가 돋보기 모양으로 변화합니다.
❸ 클릭하면 확대되고 Alt를 누른 상태로 클릭하면 축소됩니다.
❹ 클릭 후 이를 유지하면 점차적으로 확대되고, Alt를 누른 상태라면 점차적으로 축소됩니다.
❺ 클릭 후 오른쪽으로 드래그하면 확대되고, 왼쪽으로 드래그하면 축소됩니다.

> **Tip** 작업의 효율을 높이는 확대/축소 단축키
> - 화면 확대: Ctrl + + (Windows) / Cmd + + (Mac)
> - 화면 축소: Ctrl + − (Windows) / Cmd + − (Mac)
> - 창에 대지 맞추기(Fit Artboard in Window): Ctrl + 0 (Windows) / Cmd + 0 (Mac)
> - 윈도우에 모두 맞추기(Fit All in Window): Alt + Ctrl + 0 (Windows) / Opt + Cmd + 0 (Mac)
> - 실제 크기(Actual Size, 100%) 보기: Ctrl + 1 (Windows) / Cmd + 1 (Mac)

(2) 작업 화면을 이동하기

❶ 왼쪽 도구 패널에서 손 도구(Hand Tool)를 클릭하거나 단축키 H를 눌러서 선택합니다.
❷ 커서가 손 모양으로 변화합니다.
❸ 클릭 후 드래그하여 원하는 위치로 화면을 이동합니다.
❹ 다른 도구의 사용 중간에 스페이스 바를 누른 상태에서 임시로 손 도구가 적용됩니다.

(3) 내비게이터 패널로 화면을 조절하기

❶ 최상단 메뉴의 [창 > 내비게이터/Window > Navigator]를 클릭하여 내비게이터 패널을 엽니다.

❷ 패널 하단에서 배율을 수치로 입력하거나 산 모양의 'Zoom Level' 아이콘을 클릭하여 작업 화면을 확대/축소합니다. 또한, 패널 안의 사각형을 잡고 드래그하여 원하는 위치로 이동할 수 있습니다.

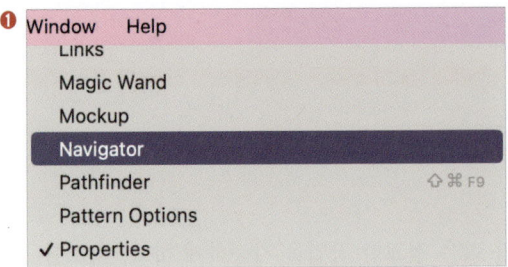 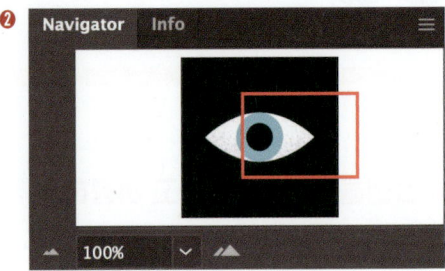

(4) 확대/축소 배율을 새 보기로 저장하기

현재의 배율 및 작업 영역에 보이는 오브젝트 위치를 저장 후 저장된 보기 리스트를 클릭하여 바로 불러낼 수 있습니다. 이는 현재 작업 영역의 보기에 대한 내용만을 저장하므로 오브젝트의 변형이나 위치 변동은 저장되지 않습니다.

❶ 현재 보기 비율을 50%, 대지의 위치를 가운데로 정렬하고 최상단 메뉴의 [보기 > 새 보기/View > New View]를 클릭하여 대화상자가 열리면 50%라고 이름을 입력하여 저장합니다.

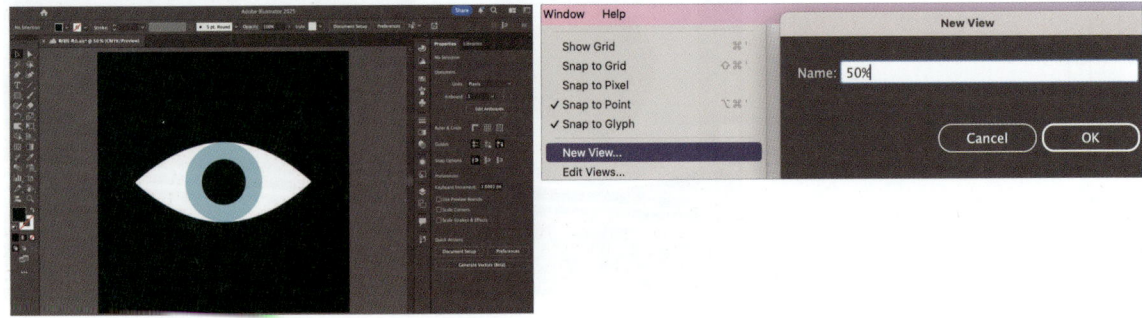

❷ 보기 비율과 대지 위치를 변동합니다.

❸ 저장한 보기를 클릭하면 50% 배율의 대지가 가운데 정렬된 초기의 작업 영역 화면이 변경됩니다. 필요 시 하단의 '보기 편집(Edit Views)'을 클릭하여 불필요한 보기를 삭제할 수 있습니다.

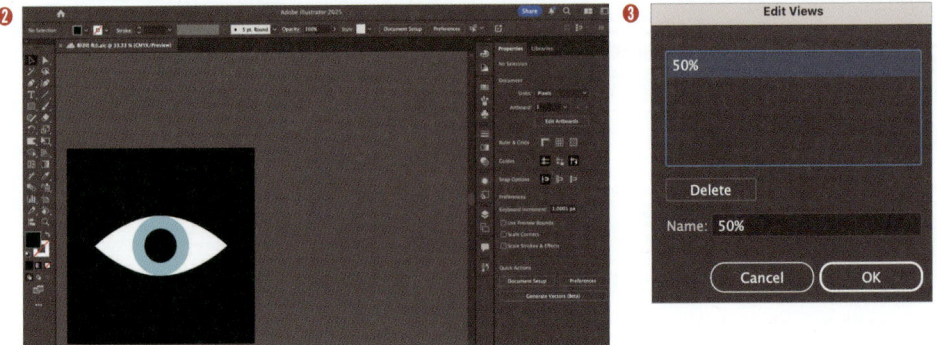

2. 회전 보기

필요한 각도로 작업 화면 전체를 회전하여 편리하게 그래픽을 만들 수 있습니다. 캔버스나 오브젝트는 회전하지 않으며 화면만 회전하여 자유로운 각도에서 사용자가 실제 종이를 돌려가면서 그리듯 편리한 작업 환경을 제공합니다.

(1) 회전 보기(Rotate View)

❶ 최상단 메뉴의 [보기 > 회전 보기/View > Rotate View]를 선택합니다. 또는 단축키 Shift + H 를 눌러도 활성화할 수 있습니다.
❷ 마우스 커서가 회전 표시로 변경됩니다.
❸ 화면을 드래그하여 원하는 각도로 자유롭게 회전할 수 있습니다.

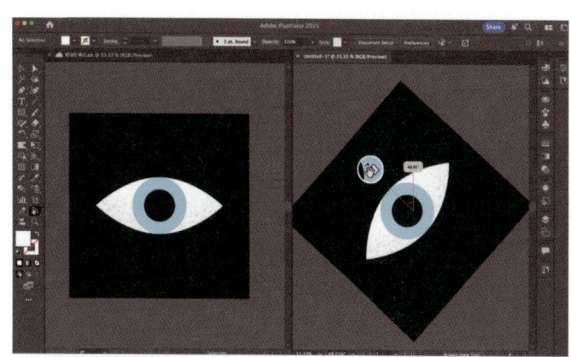

(2) 회전 보기 재설정(Reset Rotate View)

❶ 최상단 메뉴의 [보기 > 회전 보기 재설정/View > Reset Rotate View]를 선택합니다.
❷ ESC 를 누르거나 단축키 Shift + Ctrl + 1 (Windows)/ Shift + Cmd + 1 (Mac)을 누르면 회전된 화면이 원래대로 즉시 복귀됩니다.

(3) 선택 항목에 대한 회전 보기(Rotate View To Selection)

❶ 최상단 메뉴의 [보기 > 선택 항목에 대한 회전 보기/ View > Rotate View To Selection]을 선택합니다.
❷ 오브젝트의 기울어진 각도를 기준으로 화면이 자동으로 회전되면서 오브젝트는 똑바로 보입니다.

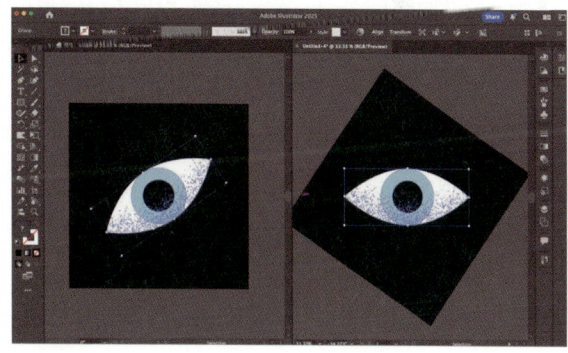

3. 특정 기준에 맞춰 화면 보기 설정하기

(1) CPU를 사용하여 보기(View using CPU)

❶ 그래픽 작업을 처리하는 GPU(Graphics Processing Unit) 대신 CPU(Central Processing Unit)에서 처리하여 화면을 렌더링하는 기능으로 복잡한 작업 시 성능이 저하되거나 그래픽 카드가 문제가 있을 경우 임시로 사용할 수 있는 기능입니다. 일반적으로 GPU를 사용합니다.
❷ 최상단 메뉴의 [보기 > CPU를 사용하여 보기/View > View using CPU]를 선택합니다. 또는 단축키 Ctrl + E (Windows)/ Cmd + E (Mac)를 눌러도 활성화할 수 있습니다.

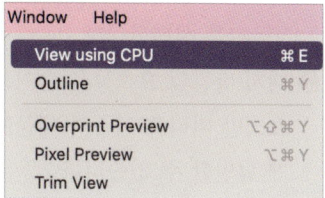

(2) 윤곽선 모드(Outline View)

❶ 최상단 메뉴의 [보기 > 윤곽선/View > Outline]을 선택합니다. 또는 단축키 Ctrl+Y(Windows)/Cmd+Y(Mac)를 눌러도 활성화할 수 있습니다.

❷ 모든 오브젝트가 선으로만 표시되어 형태와 구조를 확인할 수 있습니다.

❸ 채우기와 효과가 숨겨진 상태로 표시됩니다.

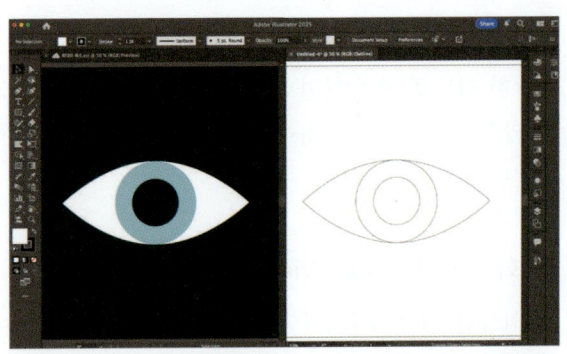

(3) 중복 인쇄 미리보기(Overprint Preview)

❶ 중복 인쇄(Overprint)란 상위 오브젝트의 컬러를 마치 곱하기 혼합 모드처럼 하위 오브젝트의 컬러와 중첩되어 인쇄되는 방식입니다.

❷ 대부분의 색상은 인쇄가 중복 출력되지만, 흰색의 경우 색상으로 선택되지 않아 인쇄되지 않습니다.

❸ 오버 프린트 설정이 적용된 개체를 찾아 색상이 겹치는 영역을 미리 확인하여 인쇄 결과를 예측할 수 있습니다.

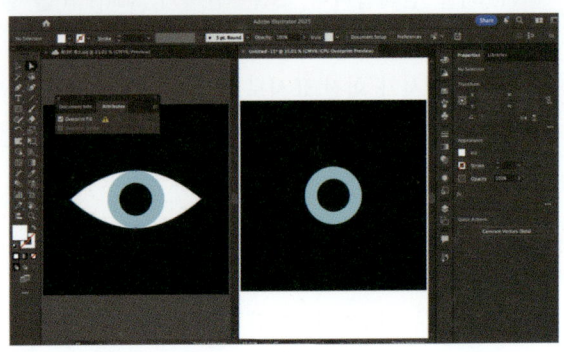

❹ 오브젝트에 중복 인쇄를 선택하려면 특성(Attributes) 패널에서 선택한 오브젝트를 Overprint 개체로 활성화합니다.

❺ 최상단 메뉴의 [보기 > 중복 인쇄 미리보기/View > Overprint Preview]를 선택합니다. 또는 단축키 Alt+Shift+Ctrl+Y(Windows)/Opt+Shift+Cmd+Y(Mac)를 눌러도 활성화할 수 있습니다.

(4) 픽셀 미리보기(Pixel Preview)

❶ 벡터 오브젝트를 래스터화 하였을 시 실제 픽셀 표시를 확인할 수 있습니다. 오브젝트가 웹 등의 디지털 미디어 환경에서 어떻게 보일지 미리 확인합니다.

❷ 최상단 메뉴의 [보기 > 픽셀 미리보기/View > Pixel Preview]를 선택합니다. 또는 단축키 Alt+Ctrl+Y(Windows)/Opt+Cmd+Y(Mac)를 눌러도 활성화할 수 있습니다.

(5) 트리밍 보기(Trim View)

❶ 최상단 메뉴의 [보기 > 트리밍 보기/View > Trim View]를 선택합니다.

❷ 대지 바깥의 요소들을 숨기고 대지와 대지에 포함된 요소만 미리 보여주기 때문에 출력될 영역만 편리하게 확인할 수 있습니다.

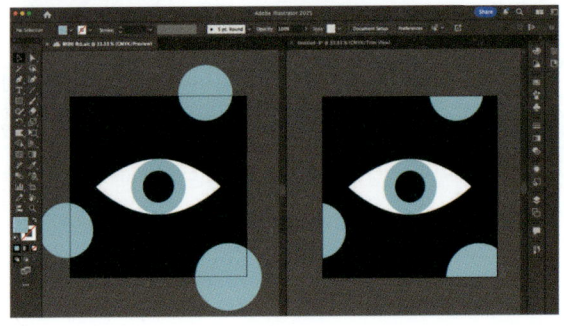

4. 프레젠테이션 모드와 다양한 화면 모드

❶ 프레젠테이션 모드(Change Screen Mode): 모든 도구를 가리고 아트보드와 오브젝트만 표시하여 발표 시 편리한 보기 모드

❷ 표준 화면 모드(Normal Screen Mode): 모든 패널과 도구가 보이는 기본 작업 화면 모드

❸ 메뉴 막대가 있는 전체 화면 모드(Full Screen Mode with Menu Bar): 상단 메뉴만 남기고 작업 영역을 최대화하는 모드

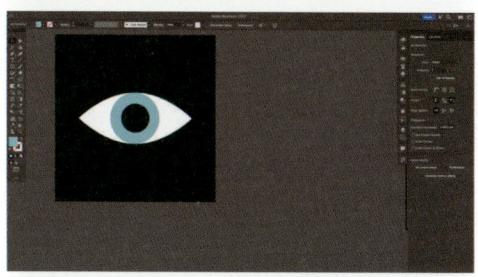

❹ 전체 화면 모드(Full Screen Mode): 모든 인터페이스를 숨기고 작업 영역만 보이는 모드

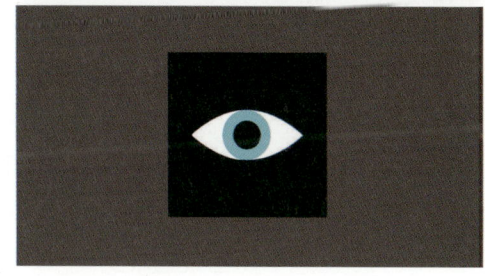

SECTION 06 | 안내선과 스냅 기능

1. 눈금자로 시작하는 그리드

최상단 메뉴의 [보기〉눈금자/View〉Rulers]에서 눈금자를 활성화 및 추가 메뉴를 확인할 수 있습니다.

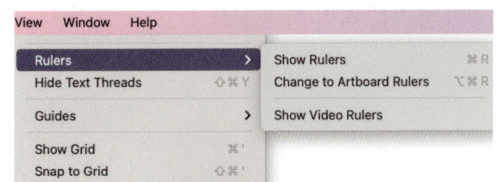

❶ 눈금자 표시(Show Rulers)
- 이미지나 오브젝트의 크기와 위치를 측정하는 기본적인 도구입니다.
- 활성화 시 작업 창의 상단과 좌측에 눈금자가 표시됩니다.
- 최상단 메뉴의 [보기〉눈금자〉눈금자 표시/View〉Rulers〉Show Rulers]를 선택합니다. 또는 단축키 Ctrl+R으로 활성화할 수 있습니다.

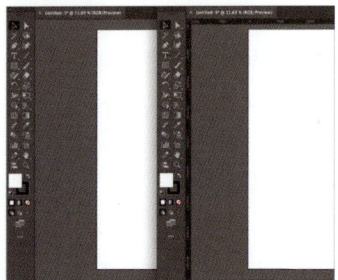

❷ 대지 눈금자로 변경(Change to Artboard Rulers)
- 활성화하면 각 아트보드 선택 시마다 작업 영역의 각 대지의 좌상단이 (0,0)으로 설정되어 대지별로 독립된 X, Y 좌표 위치를 확인할 수 있는 기능입니다.
- 최상단 메뉴의 [보기〉눈금자〉대지 눈금자로 변경/View〉Rulers〉Change to Artboard Rulers]를 선택합니다. 또는 단축키 Alt+Ctrl+R(Windows)/Opt+Cmd+R(Mac)으로 활성화할 수 있습니다.
- 왼쪽과 오른쪽의 대지 별로 눈금자의 위치의 실제 좌표는 상이하지만 '대지 눈금자로 변경'이 적용되어서 동일한 X, Y 좌푯값이 보입니다.

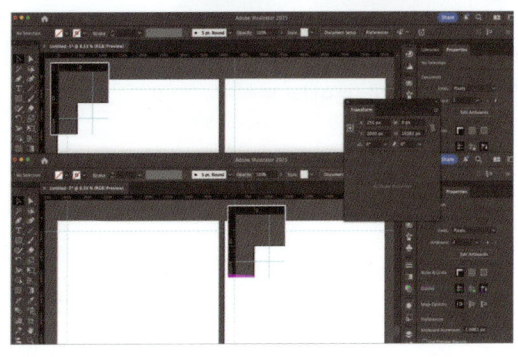

❸ 비디오 눈금자 표시(Show Video Rulers)
- 영상 작업을 위하여 대지 주위로 표기되는 특수 눈금자 기능입니다.
- 최상단 메뉴의 [보기〉눈금자〉비디오 눈금자 표시/View〉Rulers〉Show Video Rulers]를 선택합니다.

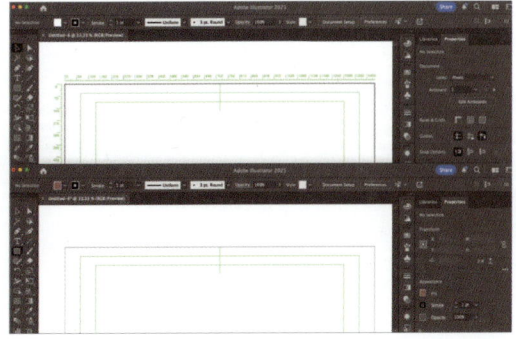

2. 정확한 배치를 위한 안내선

안내선(Guides)은 일러스트레이터에서 정확한 객체 배치와 정렬을 돕는 보조선입니다. 일러스트레이터 화면에만 표시되고 실제 내보내기를 하거나 인쇄 시에는 출력되지 않으며, 가로/세로/대각선 등 다양한 방향으로 생성할 수 있습니다.
눈금자에서 직접 작업 영역으로 드래그하여 만들 수 있고, 기존 오브젝트를 안내선으로 변환할 수 있습니다. 잠금과 숨기기 기능을 이용하여 작업 중 실수로 이동되는 것을 방지할 수 있습니다.

(1) 눈금자에서 안내선 만들기

❶ 눈금자 위에 마우스를 놓고 작업 영역으로 드래그하면 안내선이 생성됩니다.
❷ 수평 눈금자에서는 가로 안내선이, 수직 눈금자에서는 세로 안내선이 생성됩니다.
❸ 생성된 안내선은 자유롭게 위치를 조절할 수 있으며 정확한 수치 입력도 가능합니다.

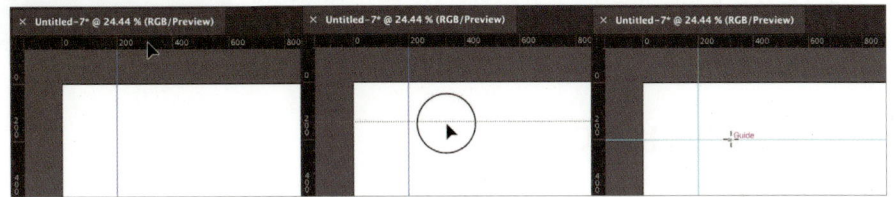

(2) 다양한 안내선 옵션 살펴보기

최상단 메뉴의 [보기〉안내선/View〉Guides]를 선택하여 안내선 메뉴를 살펴봅니다. 안내선을 잠그고 풀거나 수정할 수 있는 기능을 선택할 수 있습니다.

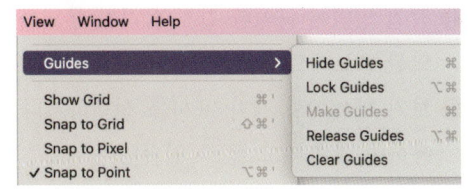

❶ 안내선 숨기기(Hide Guides)
- 표시된 안내선을 가려둡니다. 잠겨있는 레이어를 포함하여 모든 레이어에 적용되어 안내선이 숨겨집니다.
- 메뉴를 다시 클릭하여 활성화거나 단축키를 이용하여 안내선의 표시/숨기기를 전환할 수 있습니다.
- 단축키: Ctrl + ; (Windows) / Cmd + ; (Mac)

❷ 안내선 잠그기(Lock Guides)
- 안내선을 선택 도구나 직접 선택 도구를 드래그하면 개별 선택이 가능하여 이동할 수 있습니다. 안내선 잠그기 기능은 선택을 막아 이동되지 않도록 고정하는 기능입니다.
- 모든 안내선이 잠겨서 이동이나 수정이 불가해지며 메뉴를 다시 선택하거나 단축키로 해제할 수 있습니다.
- 레이어가 잠겨있는 경우에는 안내선을 포함한 모든 오브젝트가 잠김 상태가 되므로 안내선만 별도로 선택하여 이동할 수는 없습니다.
- 단축키: Alt + Ctrl + ; (Windows) / Opt + Cmd + ; (Mac)

❸ 안내선 만들기(Make Guides)
- 선택한 오브젝트를 안내선으로 변환하는 기능입니다. 오브젝트는 위치와 모양을 유지하여 안내선으로 변환됩니다.
- 단축키: Ctrl + 5 (Windows) / Cmd + 5 (Mac)

❹ 안내선 풀기(Release Guides)
- 안내선을 다시 일반 오브젝트로 되돌리는 기능입니다. 안내선이 원래의 오브젝트로 변환됩니다.
- **단축키**: Alt + Ctrl + 5 (Windows)/Opt + Cmd + 5 (Mac)

❺ 안내선 지우기(Clear Guides)
- 모든 안내선을 삭제하는 기능입니다.
- 레이어가 잠겨있는 경우에는 삭제되지 않습니다.

(3) 안내선의 색상 변환하기

❶ 안내선의 기본 색상 컬러는 밝은 시안 컬러이지만 필요시 환경 설정을 이용하여 색상을 변경할 수 있습니다. 작업에 맞게 눈에 잘 띄는 색상으로 설정하면 작업 효율을 높일 수 있습니다.

❷ 최상단 메뉴의 [환경설정 > 안내선과 격자/Preferences > Guides & Grid]를 선택하여 색상을 변경합니다.

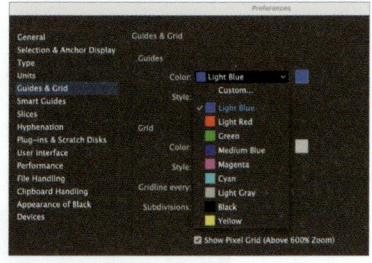

3. 정교한 레이아웃을 도와주는 격자 표시

(1) 격자 표시(Show Grid)

❶ 작업 영역에 균일한 간격의 격자 무늬를 표시하여 정확한 오브젝트 배치와 정렬을 돕는 기능입니다.

❷ 보기 메뉴에서 격자 표시를 선택하거나 단축키를 사용하여 쉽게 켜고 끌 수 있습니다.

❸ 격자는 실제 출력되지 않는 보조선으로, 환경 설정에서 간격과 색상을 조절할 수 있습니다.

❹ 최상단 메뉴의 [보기 > 격자 표시/View > Show Grid]를 선택합니다. 또는 단축키 Ctrl + " (Windows)/Cmd + " (Mac)를 눌러도 활성화할 수 있습니다.

(2) 투명 격자 표시(Show Transparency Grid)

❶ 투명한 영역을 체크무늬 패턴으로 표시하여 시각적으로 확인할 수 있는 기능입니다.

❷ 작업 영역 내의 투명한 오브젝트의 확인과 편집이 필요한 작업에서 유용하게 사용됩니다.

❸ 최상단 메뉴의 [보기 > 투명 격자 표시/View > Show Transparency Grid]를 선택합니다. 또는 단축키 Shift + Ctrl + D (Windows)/Shift + Cmd + D (Mac)를 눌러도 활성화할 수 있습니다.

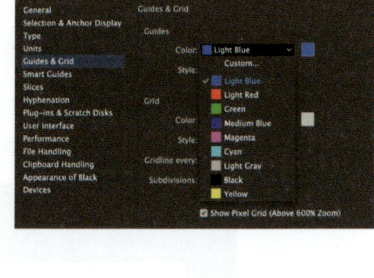

4. 픽셀 단위의 정교한 배치를 위한 스마트 가이드와 스냅 기능

(1) 격자에 물리기(Snap to Grid)

❶ 오브젝트를 이동할 때 가장 가까운 격자선에 자동으로 맞춰지는 기능입니다.
❷ 활성화 시 모든 오브젝트가 격자에 맞춰 정렬됩니다.
❸ 최상단 메뉴의 [보기〉격자에 물리기/View〉Snap to Grid]를 선택합니다. 또는 단축키 Shift+Ctrl+"(Windows)/Shift+Cmd+"(Mac)를 눌러도 활성화할 수 있습니다.

(2) 픽셀에 물리기(Snap to Pixel)

❶ 웹이나 화면용 작업 시 오브젝트가 픽셀 단위로 정확하게 정렬되도록 하는 기능입니다.
❷ 활성화되면 모든 새로운 오브젝트와 이동되는 오브젝트가 자동으로 픽셀에 맞추어 위치하게 됩니다.
❸ 웹 디자인이나 앱 디자인 작업 시 효율적으로 사용할 수 있습니다.
❹ 최상단 메뉴의 [보기〉픽셀에 물리기/View〉Snap to Pixel]를 선택합니다. 또는 단축키 Alt+Ctrl+"(Windows)/Opt+Cmd+"(Mac)를 눌러도 활성화할 수 있습니다.

(3) 점에 물리기(Snap to Point)

❶ 오브젝트의 앵커 포인트나 패스의 끝점이 다른 오브젝트의 점에 자동으로 맞춰지는 기능입니다. 패스 작업이나 복잡한 도형을 만들 때 매우 유용하게 사용됩니다.
❷ 최상단 메뉴의 [보기〉점에 물리기/View〉Snap to Point]를 선택합니다.

(4) 글리프에 물리기(Snap to Glyph)

❶ 텍스트 작업 시 글자의 기준선이나 글리프(문자 모양)에 자동으로 맞춰지는 기능입니다.
❷ 타이포그래피 작업이나 정교한 텍스트 레이아웃 작업 시 효과적입니다.
❸ 최상단 메뉴의 [보기〉글리프에 물리기/View〉Snap to Glyph]를 선택합니다.

(5) 스마트 가이드(Smart Guides)

❶ 오브젝트를 그리거나 이동할 때 다른 오브젝트 간의 정렬, 간격, 크기, 회전 각도 등을 자동으로 표시하고 실시간으로 보여주는 기능입니다.
❷ 대지나 오브젝트의 중심을 표시해 정확한 레이아웃 작업과 오브젝트 배치 시 매우 유용하며, 작업 효율을 크게 높여주므로 늘 활성화하여 작업하시기를 추천합니다.
❸ 최상단 메뉴의 [보기〉스마트 가이드/View〉Smart Guides]를 선택합니다. 또는 단축키 Ctrl+U(Windows)/Cmd+U(Mac)를 눌러도 활성화할 수 있습니다.

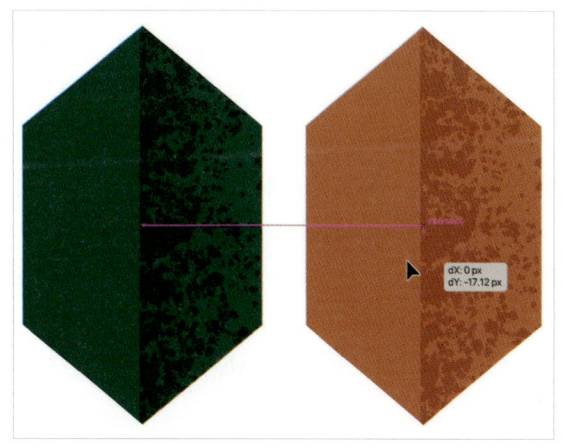

SECTION 07 | 문서의 색상 모드와 단위 변경하기

1. 목적에 맞도록 색상 모드 변경

(1) 문서 색상 모드(Document Color Mode)

❶ 일러스트레이터에서 작업하는 문서의 기본 색상 모드를 설정하는 기능입니다.
❷ CMYK는 인쇄용, RGB는 디지털/웹용으로 주로 사용됩니다.
❸ CMYK와 RGB 모드 간 전환이 가능하며, 모드 변경 시 색상 값이 자동으로 변환됩니다.
❹ 최종 출력 용도에 맞는 색상 모드를 미리 설정하는 것이 중요하며, 작업 중간에 변경하면 색상이 달라질 수 있습니다.
❺ 문서 모드는 문서 이름 탭 옆에 표시됩니다.
❻ 최상단 메뉴의 [파일 > 문서 색상 모드/File > Document Color Mode]를 선택합니다.

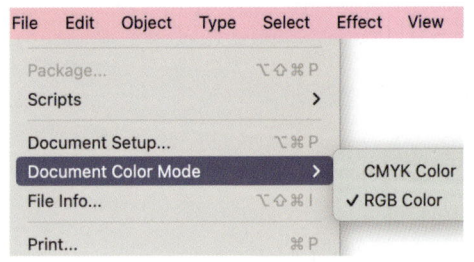
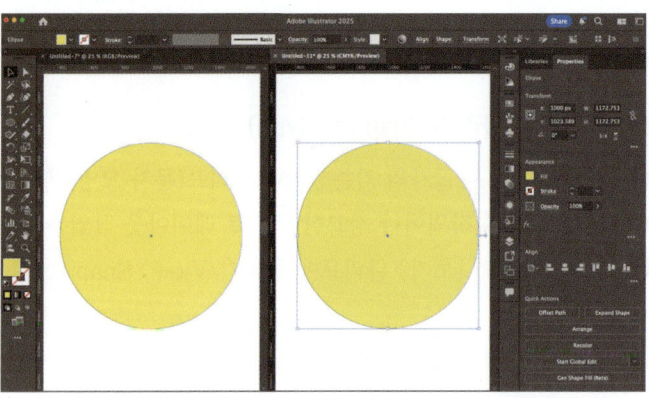

(2) 색상 설정(Color Settings)

❶ 색상 프로파일, 색상 모드, 변환 옵션 등을 설정 및 관리하여 Adobe의 다른 소프트웨어에서 사용 시 일관된 색상 표현을 위한 설정이 가능합니다.
❷ 작업 특성과 출력 환경에 맞는 색상 설정으로 정확한 색상 구현이 가능합니다.
❸ 최상단 메뉴의 [편집 > 색상 설정/Edit > Color Settings]를 선택합니다. 또는 단축키 Shift + Ctrl + K (Windows)/Shift + Cmd + K (Mac)를 눌러도 활성화할 수 있습니다.

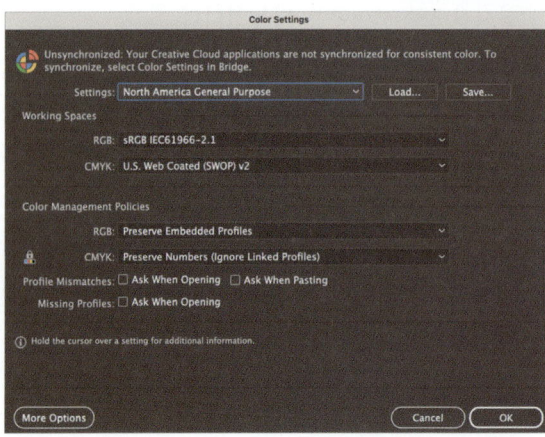

(3) 프로필 할당(Assign Profile)

❶ 문서에 원하는 색상 프로파일을 적용하거나 프로파일을 제거할 수 있습니다.
❷ 색상 프로파일은 서로 다른 출력 장치나 매체에서 일관된 색상을 구현하기 위해 사용됩니다.
❸ 최상단 메뉴의 [편집〉프로필 할당/Edit〉Assign Profile]을 선택합니다.

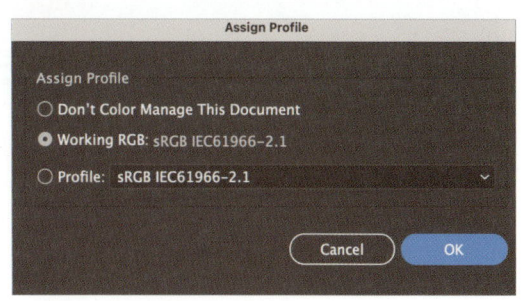

2. 파일의 단위 변경하기

디지털 디바이스의 스크린에 표시할 이미지를 제작할 때는 픽셀 단위를, 실물 인쇄 시에는 밀리미터나 센티미터 단위를 주로 사용합니다. 작업 용도에 맞는 단위 설정으로 정확한 크기 측정과 최종 출력물의 품질을 보장할 수 있습니다.

새로운 문서 만들기 대화상자에서 새 문서를 만들 때 단위를 설정할 수 있으며, 문서가 열린 이후에도 최상단 메뉴의 [환경 설정〉단위/Preferences〉Units]의 설정을 이용해 단위를 변경할 수 있습니다.

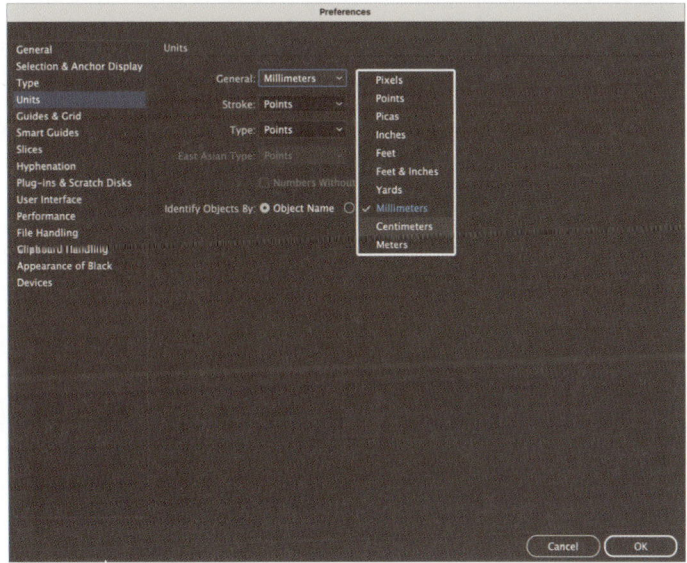

LEVEL UP 튜토리얼 01
디지털 아트워크를 만드는 프로세스

아이디어 구상부터 최종 결과물까지 체계적인 단계별 작업 순서를 요약하여 설명합니다. 이는 하나의 예시로, 모든 아티스트는 고유한 방법을 가지고 있으므로 작업자는 자신만의 고유한 작업 프로세스를 발전시켜 나갈 수 있습니다.

1. 기획 및 리서치 단계

❶ 작업을 시작하기 전 목적과 방향성을 명확히 하고 관련 자료를 수집하여 아이디어를 구체화합니다. 레퍼런스 이미지를 수집하고 스케치나 메모를 통해 아이디어를 발전시킵니다.

❷ 일반적인 업무일 경우 기획 부서 혹은 의뢰자(클라이언트)에게 기획안이나 작업 방향에 대해 문서나 설명, 회의를 통해 어떤 목적과 아트워크를 작업할 것인지 확인할 수 있습니다. 기획안이나 리서치를 토대로 시각적으로 만들 수 있는 키워드를 수집합니다.

❸ AI의 발전으로 키워드를 챗GPT 등의 텍스트 기반 AI 도구를 이용해서 추출하는 것도 좋습니다. 다만 여러 방향을 위해 본인이 직접 기획을 읽고 키워드나 시각화로 발상할 수 있는 시간도 꼭 가지시는 것을 권장합니다.

❹ 또한, 어떤 스타일로 최종적으로 산출될 것인지, 지정 파일 포맷이 필요한지, 웹 혹은 인쇄물 등 최종 사용처에 따른 컬러 모드, 아트워크의 사이즈나 비율 등을 미리 확인하여 둡니다.

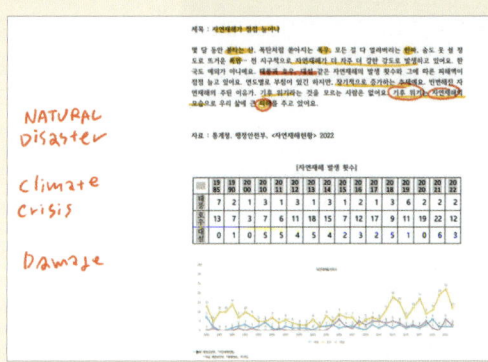

2. 아이디어 도출 단계

❶ 키워드를 기반으로 거칠게 스케치를 그려봅니다. 스케치를 여러 개 그려 아트워크를 구성할 요소들을 구체화할 수 있습니다.

❷ 요소들을 기반으로 레이아웃을 결정합니다. 레이아웃은 해당 아트워크의 목적에 가장 적절하도록 또다시 여러 번의 아이디어 스케치를 구상하여 결정합니다.

3. 스케치 단계

❶ 러프한 스케치를 어떤 사람이 보아도 어떻게 구성되는지 알 수 있도록 명확하게 정리합니다.
❷ 스케치는 컬러 작업에 비해 시간이 적게 걸리므로 업무를 함께하는 협업자들과 충분한 논의를 통해 수정을 반복하여 목적에 적합하도록 작업합니다.
❸ 시간적인 여유가 충분할 때에는 2~3개의 아이디어를 제출하여 논의하면 방향성을 더 구체화할 수 있습니다.

※ 여러 재해 중 수해와 산불에 대해 아이디어를 스케치로 구체화하였습니다.

4. 채색 단계

❶ 논의를 통해 스케치가 확정되었다면 이를 바탕으로 채색을 진행합니다.
❷ 목표 스타일에 따라 사용 소프트웨어를 결정합니다. 일반적으로 포토샵과 일러스트레이터를 모두 사용하여 작업합니다.
❸ 프로젝트의 목적에 맞게 적합한 컬러 팔레트를 선택합니다.
❹ 채색이 완료되면 의뢰자 또는 협업 부서와 논의하여 수정이 필요한 곳을 수정합니다.
❺ 업무를 진행하면 수정이 발생할 확률이 높으므로 레이어와 오브젝트 등을 수정이 용이하도록 병합하지 않고 라이브 상태로 관리하는 것이 좋습니다.

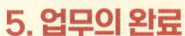

5. 업무의 완료

프로젝트의 목적에 적합하도록 아트워크가 완성되면 인쇄, 웹, 모바일 등 필요에 따라 아트워크를 사용하게 됩니다.

※ 어린이 잡지 고래가 그랬어 246호 세상의 뒷모습 삽화 작업

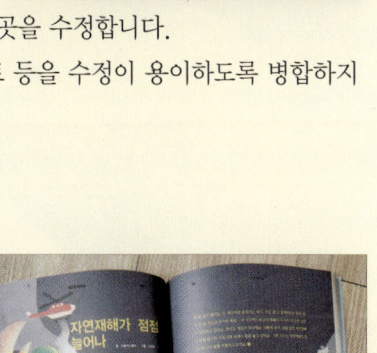

SECTION 01 | 오브젝트와 점, 선, 면

1. 벡터(Vector) 오브젝트의 구성

벡터 오브젝트는 수학적 좌표와 수식을 기반으로 하는 도형입니다. 기본 구성요소로는 X, Y 좌푯값을 가진 점이 있습니다. 수학에서 점(點)은 크기가 없고 위치만 있는 도형을 의미합니다. 선의 교차에 의하여 점이 생성되며 생성된 점은 선, 면, 도형의 기초가 됩니다. 이 책에서 '오브젝트'는 이러한 점, 선, 면을 포함하여 일러스트레이터에서 생성된 벡터 기반의 모든 개체를 의미합니다.

(1) 점·선·면

일러스트레이터에서 이 점(Point)들은 2개 이상이 연결되어 직선이나 곡선, 즉 선(Path)이 이루어집니다. 이 선이 최소 3개 이상 연결되어 패스가 닫히면 내부에 면이 만들어지며 만들어진 면은 어떠한 형태를 가진 도형으로 인식됩니다.

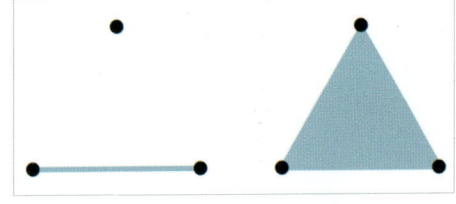

이러한 점, 선, 면의 조합으로 다양한 형태의 오브젝트를 만듭니다. 오브젝트는 수학적 좌표와 함수식으로 정의되어 있으므로 확대해도 픽셀이 깨어지지 않습니다.

'픽셀(Pixel)'은 디지털 이미지를 구성하는 가장 작은 단위의 점들입니다. 이미지를 확대하면 이 픽셀들의 크기가 함께 커지면서

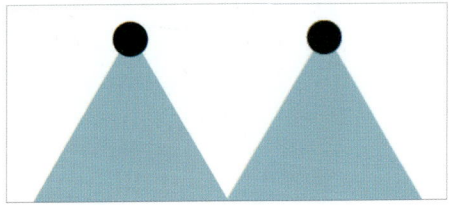

각각의 사각형 모양의 픽셀이 눈에 보이게 되고, 이로 인해 이미지의 가장자리가 계단형태로 보이거나 전체적으로 뭉개져 보이는 현상이 발생합니다. 이를 '픽셀레이션(Pixelation)'이라고 합니다.

벡터 방식은 이와 다르게 확대/축소 시 직선은 두 점의 좌푯값과 그 사이를 잇는 수식, 곡선은 방정식으로 정의한 수식이 실시간으로 다시 계산되기 때문에 래스터 이미지와 다르게 이미지의 가장자리가 훼손되지 않으며 이미지의 품질이 유지됩니다.

2. 점(Point)과 직선 생성하기

(1) 펜 도구로 점을 생성하고 선으로 연결하기

❶ 펜 도구는 점과 선을 생성하며 자유로운 형태의 오브젝트를 만들 수 있는 가장 기본적인 도구이자 벡터 그래픽을 만드는 핵심 도구입니다.

❷ 왼쪽 도구 패널에서 펜 도구를 클릭하거나 단축키 P를 눌러 선택합니다.

❸ 대지 혹은 작업 영역에 클릭하면 점(앵커 포인트)이 생성됩니다.

❹ 점 끝에는 패스(선)의 위치를 지정할 수 있는 임시 가이드 선이 보입니다. 가이드 선의 경로를 확인하고 원하는 위치를 다시 클릭하면 두 점이 선으로 연결됩니다.

❺ ESC를 클릭하여 패스의 생성을 완료하고 열린 패스 상태를 만들 수 있습니다.

❻ 열린 패스(Open Path)란 점이 이어져 선분의 상태이거나 시작점과 끝점이 완벽하게 닫히지 않아 완전한 면이 되지 않은 상태를 말합니다.

❼ 패스는 획(Stroke)의 성질을 추가하여 굵기를 변경할 수 있으며 굵기가 매우 굵어서 사각형처럼 보여도 확장하지 않는 이상 패스라는 특성은 변하지 않습니다.

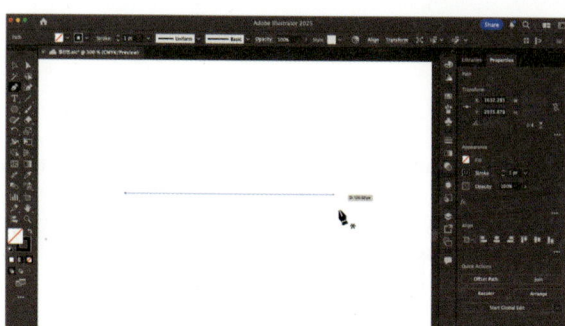 

(2) 펜 도구와 고정점 도구를 사용해 고정점 추가하고 삭제하기

❶ 이렇게 만든 패스는 고정점(앵커 포인트)을 추가하거나 제거하여 다양한 형태를 만드는 베이스가 됩니다.

❷ 고정점은 패스 위에만 추가하거나 삭제할 수 있습니다.

❸ 펜 도구를 선택된 상태에서 패스 위에 커서를 두면 자동으로 (+) 더하기 커서가 변경됩니다. 클릭하여 고정점을 추가할 수 있습니다.

❹ 고정점 위에 커서를 두면 자동으로 (−) 아이콘이 커서에 표기되어 클릭하여 고정점을 제거할 수 있습니다.

❺ 왼쪽 도구 패널의 고정점 도구들을 이용해서 고정점을 수정할 수 있습니다. 펜 도구를 길게 눌러 고정점 도구들을 확인합니다.

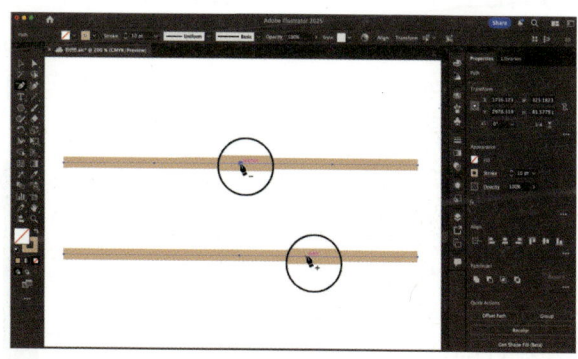

(3) 고정점 도구 위치

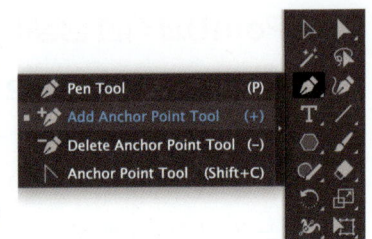

❶ 고정점 추가 및 삭제 도구를 선택 후 펜 도구와 동일하게 마우스 커서를 패스 위로 올리면 커서 모양이 변화하여 고정점의 추가/삭제를 실행할 수 있습니다.

❷ 패스 위에 '고정점 추가 도구(Add Anchor Point Tool)' 도구를 선택하면 (+) 아이콘이 커서에 표기됩니다. 패스 내 원하는 위치에 클릭하여 고정점을 추가합니다.

❸ 패스 위에 '고정점 삭제 도구(Delete Anchor Point Too)' 도구를 선택하면 (-) 아이콘이 커서에 표기됩니다. 패스 내 원하는 위치에 클릭하여 고정점을 추가합니다.

3. 곡선 만들고 변경하기

여러 가지 방법과 도구를 이용하여 곡률이 있는 선을 생성할 수 있습니다. 고정점의 위치를 변경하거나 방향 핸들을 이용하면 곡선의 흐름을 섬세하게 제어할 수 있으며, 긴 핸들은 완만한 곡선을, 짧은 핸들은 급격한 곡선을 만듭니다. 또한, 고정점의 위치를 변경하거나 곡률 도구로 선의 모양 자체를 변형할 수 있습니다.

(1) 펜 도구를 이용해 바로 곡선 만들기

시작하는 고정점을 클릭하여 생성 후 선이 종료되는 지점에 클릭하여 고정점을 생성한 상태로 마우스 클릭을 유지합니다. 방향 핸들이 보이면 원하는 방향으로 드래그하여 곡선을 생성합니다.

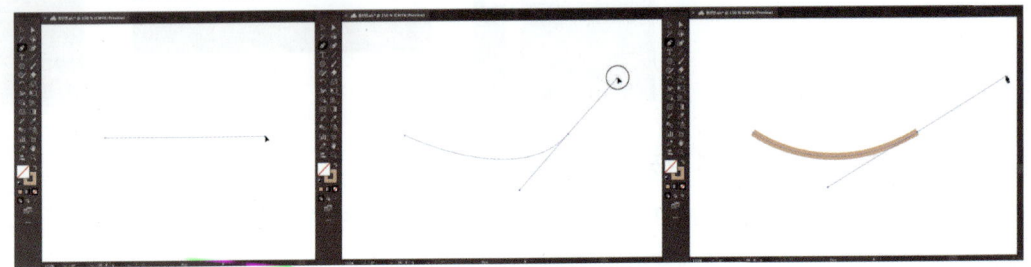

(2) 직접 선택 도구로 곡선으로 변경하기

❶ 왼쪽 도구 패널에서 '직접 선택 도구(Direct Selection Tool)'를 클릭하여 선택합니다.

❷ 직접 선택 도구는 고정점을 직접 수정할 수 있는 선택 도구로 패스의 고정점을 클릭합니다. 고정점을 선택하면 상단 컨트롤 패널이 변경됩니다.

❸ 변환(Convert) 중 두 번째에 있는 '매끄럽게 변환'을 선택하면 방향 핸들이 생성됩니다.

❹ 위로 올려서 곡선을 생성합니다. 직접 선택 도구로 핸들을 조절하여 원하는 곡선을 만들 수 있습니다.

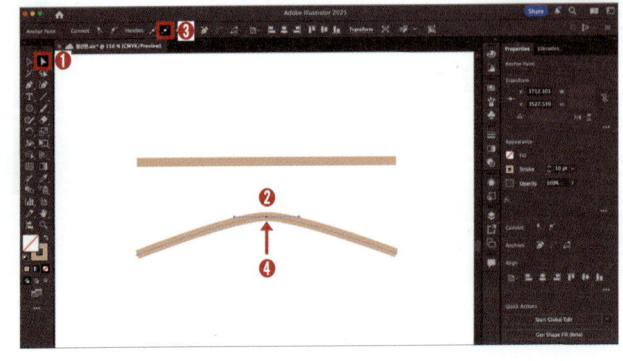

(3) 곡률 도구(Curvature Tool)를 이용해 직선에 곡률 더하기

❶ 왼쪽 도구 패널에서 '곡률 도구(Curvature Tool)'를 선택합니다. 패스에 곡률을 생성하면서 고정점을 자동으로 추가하는 도구입니다.

❷ 고정점에 커서를 두면 곡선이 가이드라인으로 보이며 원하는 곡선을 가이드라인으로 맞춘 후 클릭하여 변형합니다.

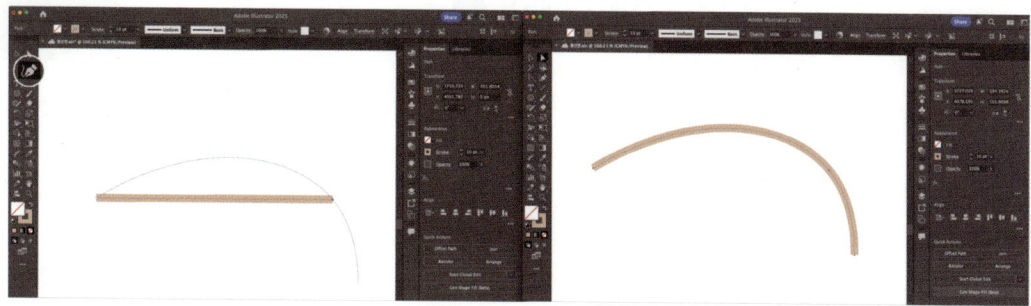

4. 선분과 호와 나선형 만들기

왼쪽 도구 패널에서 '선분 도구(Line Segment Tool)'로 직선을 쉽게 생성할 수 있으며 길게 눌러 숨겨져 있는 호와 나선형 도구를 선택할 수 있습니다.

(1) 선분 도구(Line Segment Tool)

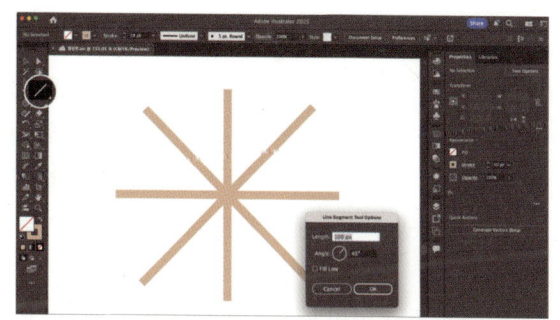

❶ 직선을 빠르게 그릴 수 있는 도구입니다. 시작점을 클릭하고 Shift를 누른 상태로 드래그하면 수평, 수직, 45도 각도의 직선을 정확하게 그릴 수 있습니다. 단축키 Alt(Windows)/Opt(Mac)를 누른 상태로 드래그하면 선의 중심점을 기준으로 양방향으로 선이 그려집니다.

❷ 도구 패널에서 선분 도구가 선택된 상태에서 더블 클릭 시 옵션 대화상자를 열어 라인의 각도와 길이를 사전 설정할 수 있습니다. 전경색이 설정되어 있다면 '선 채우기(Fill Line)' 옵션을 활성화할 경우 칠 색상도 함께 적용되어 생성됩니다. 단축키 W를 눌러도 활성화할 수 있습니다.

(2) 호 도구(Arc Tool)

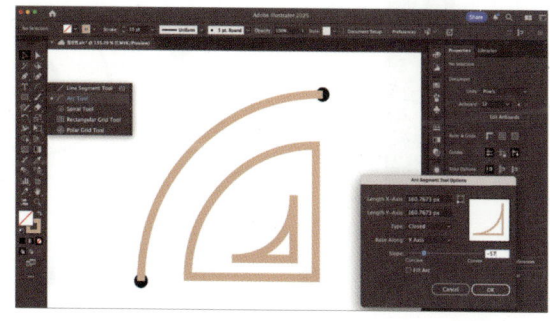

❶ 부채꼴 모양의 곡선을 그리는 도구로, 클릭하여 드래그하면 호가 그려집니다. 위아래로 드래그하여 호의 방향을, 좌우로 드래그하여 호의 크기를 조절할 수 있습니다. Shift를 누른 상태로 드래그하면 균일한 비율의 호를 만들 수 있습니다.

❷ 도구 패널에서 호 도구가 선택된 상태에서 더블 클릭하거나, 대지나 작업 영역에서 임의의 빈 곳을 클릭하여 옵션 대화상자를 열어 방향과 크기, 칠 색상 등을 사전 설정할 수 있습니다.

(3) 나선형 도구(Spiral Tool)

❶ 소용돌이 모양의 곡선을 그리는 도구입니다. 클릭하고 드래그하면 나선이 그려지며, 마우스 위치에 따라 나선의 크기가 결정됩니다. 드래그 중에 키보드 화살표 위/아래 키를 사용하여 나선의 감긴 횟수를 조절할 수 있으며, Space bar 를 누른 상태로 드래그하면 나선의 위치를 스냅하여 회전할 수 있습니다.

❷ 나선형 도구가 선택된 상태에서 대지나 작업 영역의 임의의 빈 곳을 클릭하여 옵션 대화상자를 열어 더 정밀한 제어를 조절할 수 있습니다.

- 반경(Radius): Radius(반지름)은 중심점에서 첫 번째 궤적의 중심까지의 거리입니다. 감소(Decay) 값에 비례하여 오브젝트의 크기가 변경됩니다.
- 감소(Decay): 나선의 모양을 결정하는 옵션으로 80% 정도의 수치가 일반적인 나선형을 선분을 생성합니다. 감소의 최솟값은 5%이며, 이 경우에는 '호(Arc)'만 생성됩니다.
- 선분(Segments): 나선의 회전수를 설정합니다. 수치가 낮으면 나선 안쪽이 생성되지 않습니다.
- 스타일(Style): 나선의 방향을 설정합니다.

5. 열린 패스와 닫힌 패스

열린 패스는 시작점과 끝점이 연결되지 않은 상태로, 선이나 곡선 형태를 유지합니다. 닫힌 패스는 시작점과 끝점이 서로 연결되어 완전한 면을 이루며, 내부에 색상이나 효과를 채울 수 있습니다.

열린 패스의 시작점과 끝점의 위치가 가까울 경우 면이 생성된 것처럼 보여 칠이나 효과를 적용하여 닫힌 패스처럼 보일 수 있습니다. 주의할 점은 일부 환경의 경우 열린 패스가 문제를 일으킬 가능성이 있기 때문에 작업이 완료되어 공유 시점에는 열린 패스는 제거하거나 확장 및 수정하여 닫힌 패스로 정리하시기를 권장합니다.

(1) 열린 패스와 닫힌 패스(Open Path, Closed Path)

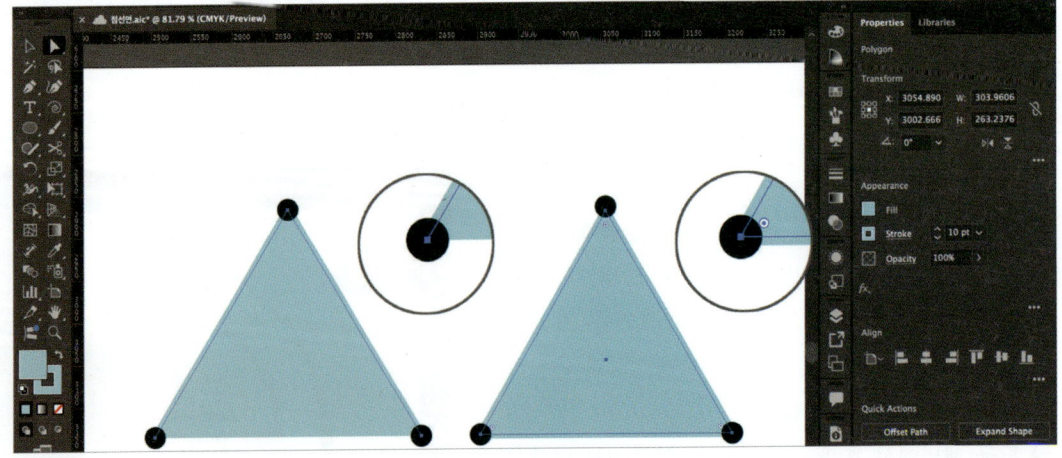

시작점과 끝점이 연결되지 않은 상태
(삼각형의 밑면은 연결되지 않음)

시작점과 끝점이 연결된 상태

(2) 열린 패스 확인하기

❶ 최상단 메뉴의 [창 > 문서 정보/Window > Document Info]를 클릭하여 문서 정보(Document Info) 패널을 이용해 현재 작업 중인 파일이나 선택한 오브젝트들 중에서 열린 패스의 존재 여부를 확인할 수 있습니다.

❷ 선택된 오브젝트 중에서 2개의 패스가 선택되어 있고 열린 패스 1, 닫힌 패스 1, 총 6개의 점이 있는 것을 확인합니다.

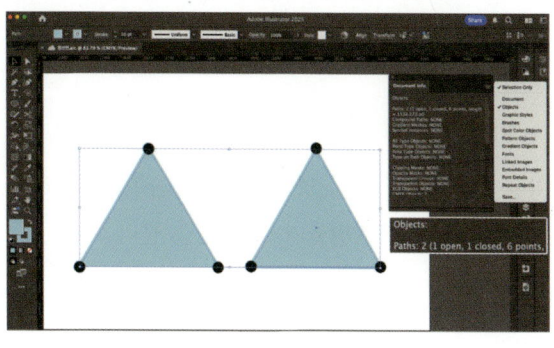

6. 1분 실습_ 고정점 제거도구로 눈(Eye) 아이콘 만들기

(1) 파일 열기

최상단 메뉴의 [파일 > 열기/File > Open]을 클릭하여 대화상자에서 '클래스3_1_1분실습_눈.ai' 파일을 불러옵니다.

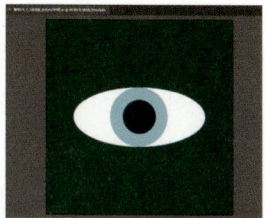

(2) 직접 선택 도구 선택하기

왼쪽 도구 패널에서 '직접 선택 도구(Direct Selection Tool)'를 선택한 후 대지에 놓인 흰색 눈 흰자 도형을 클릭합니다.

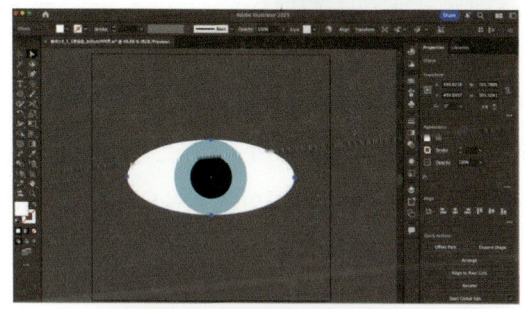

(3) 고정점 제거 도구(Remove Anchor Points) 선택하기

❶ 왼쪽 도구 패널에서 '펜 도구'를 길게 눌러 숨겨져 있던 '고정점 제거 도구'를 클릭합니다.

❷ 오브젝트는 선택된 상태를 유지합니다.

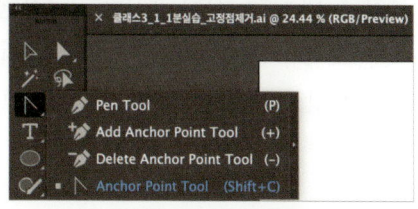

(4) 곡률 제거하기

고정점 제거 도구로 '(2) 직접 선택 도구 선택하기'에서 선택한 대지에 놓인 왼쪽과 오른쪽의 중앙의 고정점을 클릭합니다. 클릭과 동시에 클릭한 고정점의 곡률이 제거됩니다.

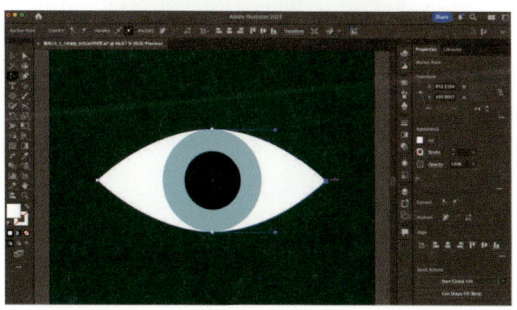

7. 1분 실습_ 다양한 기본 도형 만들기

일러스트레이터에서는 다양한 도형을 도형 도구를 이용하여 빠르고 간단하게 생성할 수 있습니다.

(1) 파일 열기

최상단 메뉴의 [파일〉열기/File〉Open]을 클릭하여 대화상자에서 '클래스3_1_1분실습_기본도형만들기.ai' 파일을 불러옵니다.

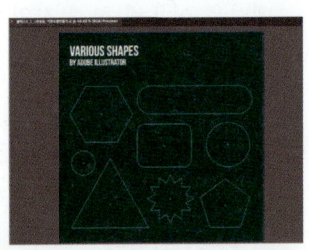

(2) 사각형 그리기

❶ 왼쪽 도구 패널에서 '사각형 도구(Rectangle Tool)'를 선택한 후 대지에 보이는 사각형 그리드의 왼쪽 모서리를 기준으로 드래그하여 생성합니다. 스마트 가이드가 활성화되어 있으면 가이드를 기준으로 가이드라인이 표기되어 편리하게 생성할 수 있습니다.
❷ 또는 사각형 도구를 선택한 상태로 왼쪽 모서리(분홍색 점)를 클릭하여 폭이 568px, 높이는 134px을 입력하여도 사각형을 생성할 수 있습니다.
❸ 왼쪽 도구 패널에서 '선택 도구(Selection Tool)'를 선택하고 도형을 클릭 후 커서를 떼지 말고 드래그하여 원하는 위치로 이동할 수 있습니다.

(3) 코너 라운드 적용하기

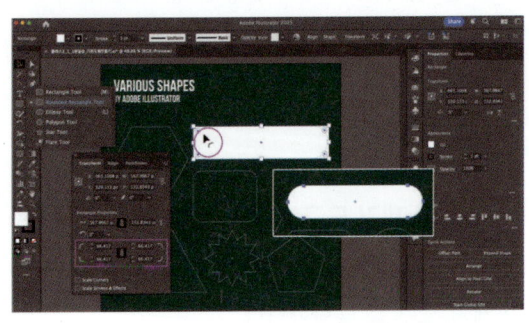

❶ 위젯을 사용하여 모퉁이를 라운드가 있는 둥근 사각형으로 변경할 수 있습니다.
❷ 왼쪽 도구 패널에서 '선택 도구(Selection Tool)'를 클릭하여 선택하고 앞서 생성한 사각형 오브젝트를 선택하면 도형의 각 모서리에 위젯이 보입니다. 마우스 커서가 변경되면 안쪽으로 드래그하여 모퉁이를 둥글게 변형할 수 있습니다.
  ※ 만약, 모퉁이 위젯이 보이지 않거나 숨기고 싶다면 최상단 메뉴의 [보기〉모퉁이 위젯 숨기기(보이기)/View〉Hide (Show) Corner Widget]을 찾아 선택합니다.
❸ 코너 라운드는 원하는 정확한 수치로도 설정할 수 있습니다.
❹ 위젯을 더블 클릭하면 '변형(Transform)' 패널이 자동으로 열리며 코너 옵션을 설정할 수 있습니다.
❺ 왼쪽 도구 패널에서 '둥근 사각형 도구(Rounded Rectangle Tool)'를 선택하여도 모서리가 둥근 사각형을 만들 수 있습니다.

(4) 원형 만들기

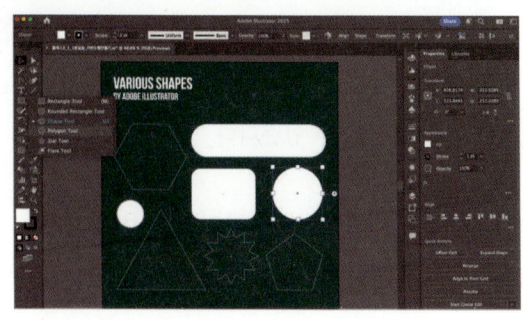

❶ 왼쪽 도구 패널에서 '사각형 도구(Rectangle Tool)'를 길게 눌러 '원형 도구(Ellipse Tool)'를 선택합니다.
❷ 작업 영역이나 대지에 직접 드래그하거나 빈 곳을 클릭하여 새 원형을 생성합니다.
❸ 원형 안내선의 가운데 중심점을 단축키 Alt + Shift (Windows) / Opt + Shift (Mac)를 누른 상태로 드래그하면 찌그러지지 않은 반지름이 동일한 정원을 만들 수 있습니다.

(5) 다각형 만들기

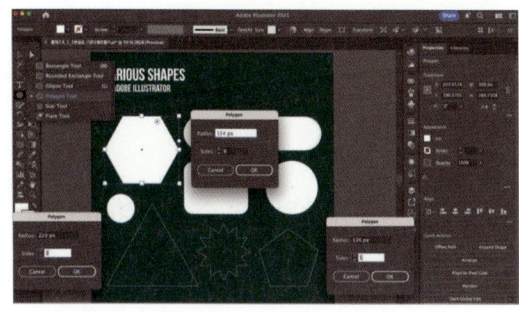

❶ 왼쪽 도구 패널에서 '다각형 도구(Polygon Tool)'를 선택합니다.
❷ 왼쪽 육각형의 안내선 가운데 점을 클릭하여 대화상자를 엽니다. 스마트 가이드 활성화 시 자동으로 'Center'라고 표기가 보입니다. 반경(Radius)을 154px으로 면(Slides)은 6으로 설정합니다. 확인(OK)을 누르면 클릭한 위치를 중심으로 기준하여 다각형이 생성됩니다.
❸ 오각형과 삼각형도 동일한 방법으로 반경과 면의 수를 조정하여 하나씩 생성합니다.

(6) 별 도형 만들기

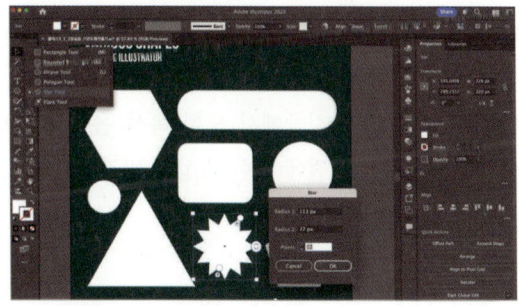

❶ 왼쪽 도구 패널에서 '별 모양 도구(Star Tool)'를 선택합니다.
❷ 일러스트레이터의 별 모양 도구는 보편적으로 널리 알려진 5각의 별이 기본적으로 생성되지만, 옵션 설정을 통해 다양한 방식의 여러 각이 있는 도형을 만들 수 있습니다.
❸ 반경 1(Radius 1)은 113px, 반경 2(Radius 2)는 77px로 설정합니다. 반경 1과 2의 수치 차이가 클수록 경사가 더 큰 뾰족한 별 도형을 만들 수 있습니다.
❹ '(5) 다각형 만들기'와 동일하게 별 모양 안내선의 중심에서 클릭하여 대화상자를 엽니다.

(7) 아트워크 완성하기

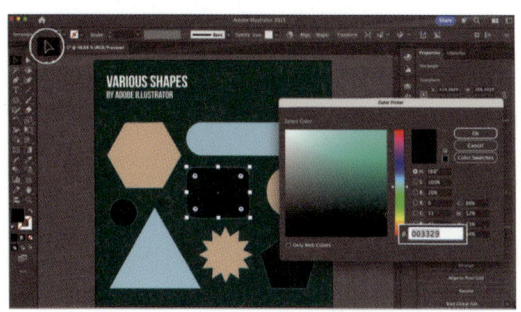

생성된 도형을 선택 도구로 선택 후 왼쪽 도구 패널의 칠과 선(Fill and Stroke)의 칠 색상을 더블 클릭하여 색상 피커를 열고 도형의 색상을 변경하여 아트워크를 완성합니다.
※ 사용 색상 코드: 베이지(#D5AE91), 딥그린(#003329), 스카이블루(#8FC8D8)

8. 위젯과 상황별 작업 표시줄로 도형의 속성 바꾸기

별 모양과 원형을 생성한 후 바운딩 박스 주위의 위젯과 상황별 작업 표시줄을 이용하면 더 빠르고 직관적으로 도형을 변형할 수 있습니다.

(1) 위젯을 사용하여 별 모양의 속성 변경하기

❶ 점 위젯을 위/아래로 드래그하여 별의 모서리를 추가/감소하기

❷ 반경 위젯으로 별의 뾰족함을 수정

❸ 코너 라운드 위젯으로 모퉁이를 둥글게 변형하기

(2) 위젯을 사용하여 원형의 속성 변경하기

❶ 변형 위젯을 드래그하여 원형의 일부분을 제거하기

(3) 상황별 작업 표시줄로 도형 속성 변경하기

❶ 최상단 메뉴의 [창〉상황별 작업 표시줄/Window〉Contextual Task Bar]를 클릭합니다.
❷ 왼쪽 도구 패널에서 선택 도구로 도형을 선택하면 하단에 '상황별 작업 표시줄'이 활성화됩니다.
❸ 상황별 작업 표시줄에서 도형 속성 옵션을 클릭하여 코너, 반경, 점에 대한 속성을 변경하여 별 모양을 다양하게 만들 수 있습니다.

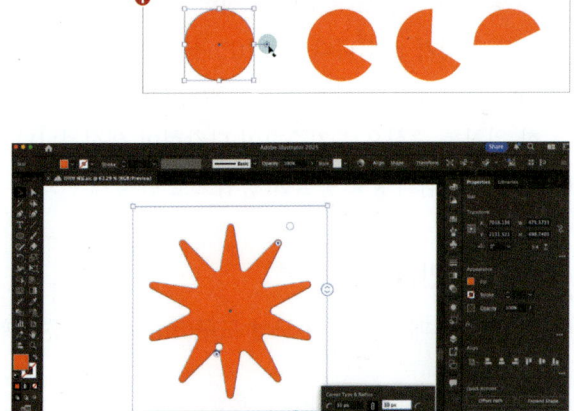

9. 1분 실습_ 패스를 나누고 연결하기

(1) 파일 열기

최상단 메뉴의 [파일〉열기/File〉Open]을 클릭하여 대화상자에서 '클래스3_1_1분실습_패스나누고연결.ai' 파일을 불러옵니다.

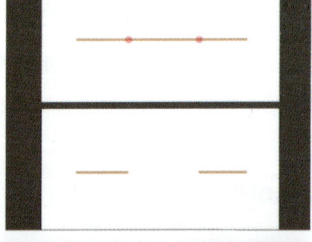

(2) 패스 나누기

❶ 왼쪽 도구 패널에서 지우개 도구를 길게 눌러 숨겨져 있는 '가위(Scissors Tool)' 도구를 선택합니다. 단축키 C를 눌러도 선택할 수 있습니다.
❷ 분홍색으로 표기된 부분에 커서를 대고 클릭하면 패스를 나눌 수 있습니다.

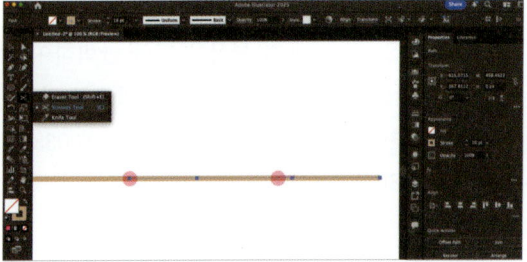

(3) 끊어진 고정점을 선택하기

직접 선택 도구로 나누어진 패스의 끊어진 고정점을 드래그하여 모두 선택합니다.

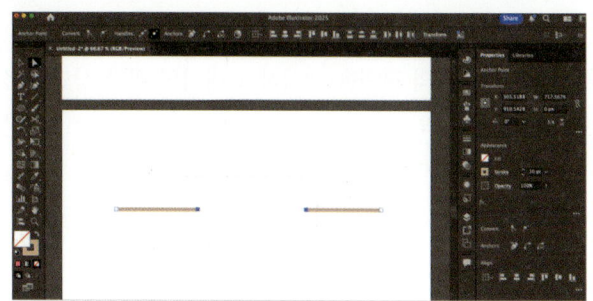

(4) 패스 연결하기

고정점이 선택된 상태에서 최상단 메뉴의 [오브젝트〉패스〉연결/Object〉Path〉Join]을 선택하여 끊어진 패스를 연결합니다. 단축키 Ctrl+J(Windows)/Cmd+J(Mac)를 눌러도 연결할 수 있습니다. 이렇게 끊어지거나 연결된 패스에는 고정점이 추가됩니다. 필요 없는 고정점은 고정점 제거 도구나 펜 도구로 삭제할 수 있습니다.

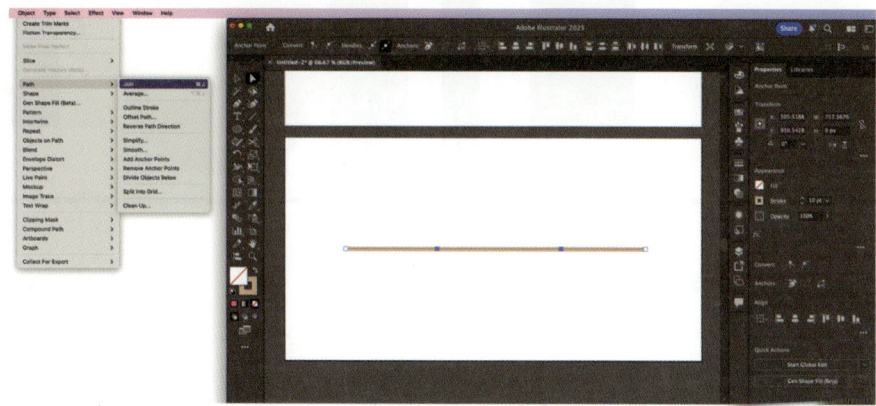

10. X, Y좌표로 오브젝트의 위치 확인 및 이동하기

문서에 생성되는 모든 오브젝트는 각자의 고유한 X, Y 좌푯값을 가지며, 이는 정확한 위치 지정, 정렬, 간격 조정과 같은 세밀한 작업을 할 때 유용합니다.

좌표계는 화면 좌측 상단이 원점(0, 0)이며, 오른쪽으로 갈수록 X값이 증가하고, 아래로 갈수록 Y값이 증가합니다. 하지만 이 좌표는 고정된 절댓값이 아니라 사용자가 자유롭게 이동하고 변경할 수 있습니다.

(1) 문서의 원점 확인 및 변경 방법

❶ 눈금자를 활성화하면 대지의 화면 좌측 상단이 원점(0, 0)인 것을 알 수 있습니다.

❷ 눈금자에 커서를 대고 클릭 후 드래그하면 좌표를 변경할 수 있는 가이드라인이 보이며 원하는 지점으로 이동하면 원점의 위치가 변경됩니다.

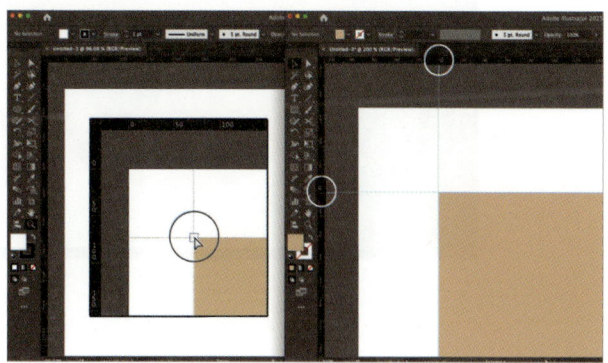

(2) 오브젝트의 X, Y좌표 위치 확인하기

❶ 지름 100px의 정원을 생성하고 대지의 왼쪽 상단 가장자리에 정렬하였습니다.
❷ 최상단 메뉴의 [창 〉 변형/Window 〉 Transform]을 클릭해 변형 패널에서 현재의 도형의 크기와 위치를 확인할 수 있습니다.
❸ 참조점 설정 아이콘이 현재 중앙에 선택되어있으므로 현재 오브젝트의 위치는 원형의 반지름인 50px로 보입니다.
❹ 참조점 설정 아이콘을 왼쪽 상단으로 변경한다면 오브젝트의 위치는 (0, 0)으로 변화합니다. 이처럼 오브젝트의 위치는 선택된 오브젝트의 크기를 포함하여 보입니다.

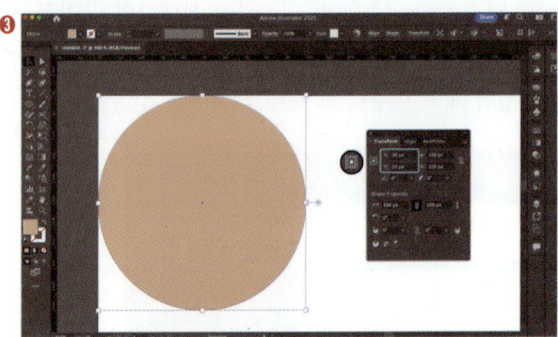
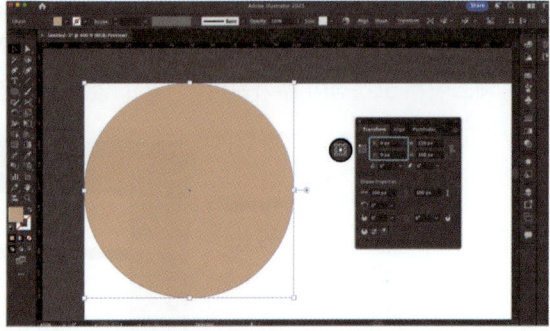

(3) 오브젝트를 좌표로 이동하기

❶ 참조점 설정 아이콘을 왼쪽 상단으로 변경한 후에 변형 패널에서 X값에 50을 입력하면 오른쪽으로 50만큼 이동합니다. 오브젝트의 참조점이 왼쪽 상단을 기준으로 50px만큼 이동하게 됩니다. 왼쪽으로 변경하고 싶다면 -50을 입력합니다.
❷ 세로로 이동하고 싶다면 Y값을 수정합니다. 아래로 이동은 양수를, 위로 이동하고 싶다면 음수를 입력합니다.

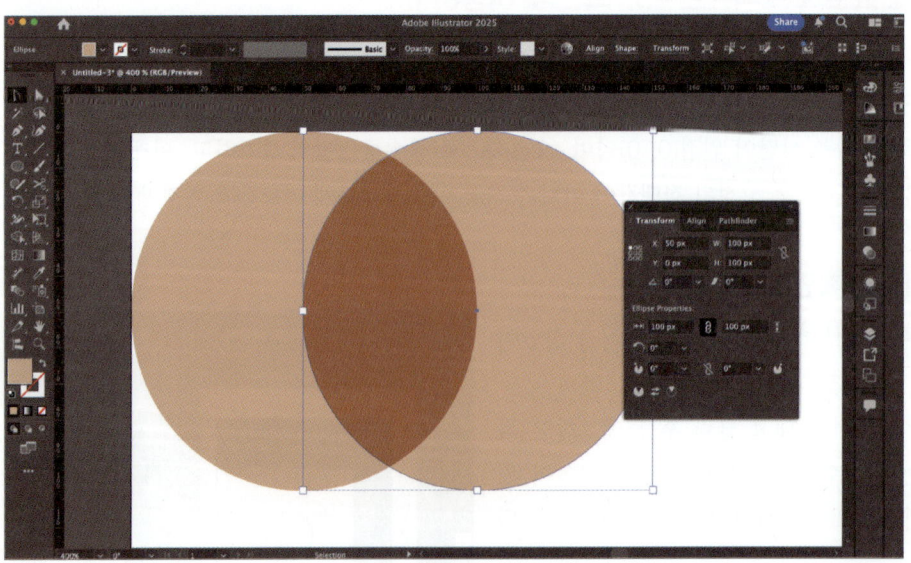

SECTION 02 | 대지와 오브젝트와 레이어

어도비 일러스트레이터로 그래픽을 만들기 위해 대지와 레이어, 그리고 오브젝트의 개념을 잘 이해하는 것이 필요합니다.

1. 대지 편집과 패널 사용방법 알아보기

일러스트레이터는 포토샵과 달리 새 문서 생성 시 1개의 아트보드를 꼭 포함해야 하는 차이점이 있습니다. 문서를 열면 사전 설정대로 하얀색의 프레임이 작업 영역 안에 보입니다. 이를 대지(Artboard)라고 합니다.

대지는 작업 영역 안의 프레임입니다. 아트보드라고 표기될 때도 있습니다. 이미지를 출력하거나 PDF 문서의 페이지 기준, 실제 인쇄물을 출력하는 기준이 됩니다. 작업 중간에도 사용자의 필요에 따라 페이지를 늘리거나 줄이거나 또는 대지의 사이즈를 편집할 수 있습니다. 한 파일에서 동일한 프로젝트의 작업을 모아서 진행할 수 있어 한눈에 확인하고 편집할 수 있는 기본적이고 편리한 기능입니다.

(1) 대지 선택하고 빠르게 사이즈 변경하기

❶ 왼쪽 도구 패널에서 '아트보드 도구(Artboard Tool)'를 클릭하여 선택합니다. 단축키 Shift + O 를 눌러도 선택 가능합니다.

❷ 작업 영역에 보이는 대지를 클릭하면 대지 프레임이 보이며 왼쪽 상단에 각 대지의 이름이 표기됩니다.

❸ 대지의 가장자리에 표기된 바운딩 박스 위 커서를 두고 드래그하여 대지를 늘리거나 줄여 사이즈를 변경할 수 있습니다.

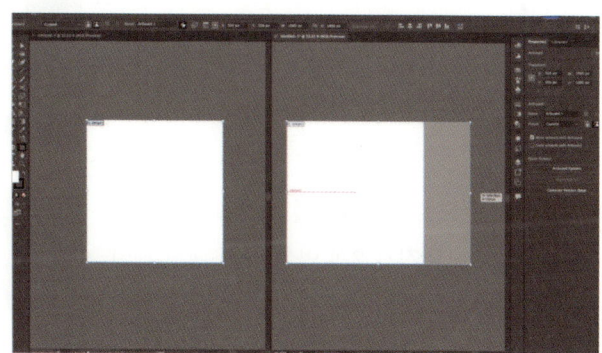

(2) 대지 패널 살펴보기

최상단 메뉴의 [창 〉 대지/Window 〉 Artboards]를 클릭합니다. 대지 패널을 이용해 여러 대지를 한 번에 추가하고 순서를 변경하며 대지 이름을 정리할 수 있습니다.

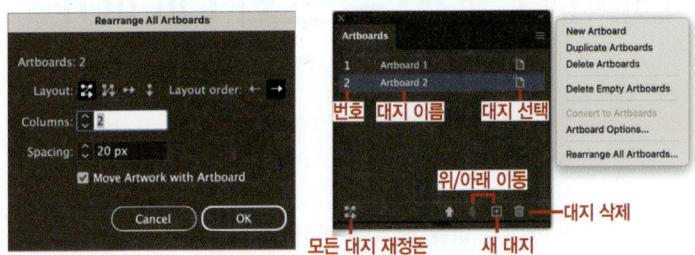

❶ 새 대지 추가: 패널 하단의 (+) 새 대지 아이콘을 클릭하거나 우측 상단 드롭다운 옵션의 '새 대지(New Artboard)'를 클릭합니다. 동일한 사이즈의 대지가 작업 영역에 추가됩니다.

❷ 대지 삭제: 패널 하단의 휴지통 모양의 '대지 삭제' 아이콘을 클릭하거나 옵션의 '대지 삭제(Delete Artboards)'를 클릭합니다. 패널에서 선택된 대지가 삭제되며 Ctrl(Windows)/Cmd(Mac)를 눌러 떨어진 대지도 패널에서 선택하여 한 번에 삭제할 수 있습니다.

❸ 대지 순서 변동: 패널 하단의 위/아래 이동을 클릭하여 대지의 순서를 변경할 수 있습니다. 대지 번호는 순서대로 자동으로 변경됩니다.

❹ 대지 이름 바꾸기: 대지 패널의 이름을 더블 클릭하여 원하는 이름으로 변경합니다. 여러 대지의 이름을 한 번에 변경하고 싶다면 아트보드 도구로 모든 대지를 패널에서 선택한 후 상단 컨트롤 패널의 'Name'에서 새 이름을 입력합니다.

❺ 패널에서 대지 선택하기: 대지 패널에서 대지를 선택한 후 대지 선택 아이콘을 클릭하면 선택한 대지 주위에 바운딩 박스가 활성화되며 선택됩니다.

❻ 대지 옵션: 대지 선택 아이콘이나 패널 우측 상단 드롭다운 옵션의 '대지 옵션(Artboard Options)'을 열어 대지의 이름, 크기, 위치, 방향, 중심 표시 등 세부 옵션을 조절할 수 있습니다.

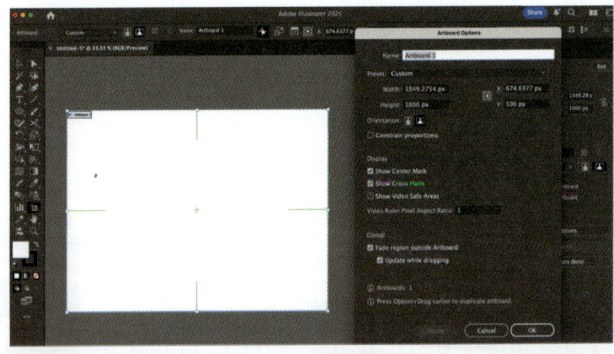

❼ 대지 재정돈으로 여러 대지를 한 번에 정리하기: 작업 영역에 대지가 2개 이상일 시 대지 패널 왼쪽 하단의 '모든 대지 재정돈' 옵션이 활성화됩니다. 여러 대지의 레이아웃과 대지 사이의 간격을 정하여 보기 좋게 정리할 수 있습니다.

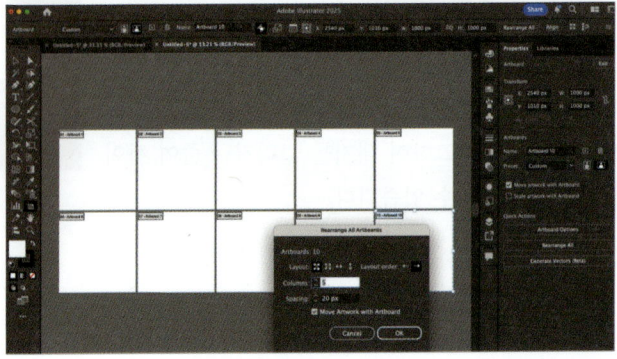

(3) 오브젝트와 대지

선택한 오브젝트의 규격에 맞춰 대지를 생성할 수 있습니다. 최상단 메뉴의 [오브젝트〉대지/Object〉Artboards]에서 관련 기능들을 살펴봅니다.

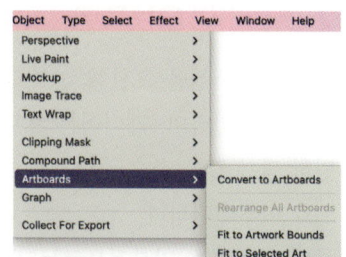

❶ 대지로 변환(Convert to Artboards): 선택한 사각형 오브젝트만 개별 대지로 변환합니다. 이는 대지가 항상 직사각형이어야 한다는 일러스트레이터의 기본 규칙 때문입니다.

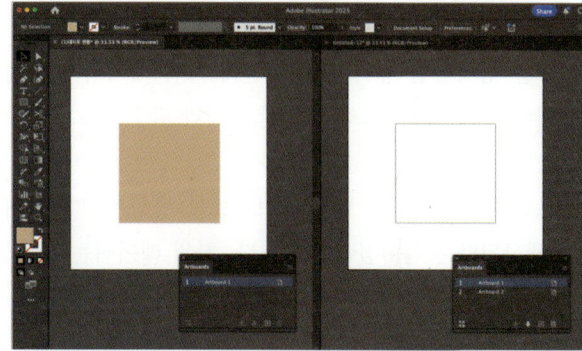

❷ 아트워크 테두리에 맞추기(Fit to Artwork Bounds): 대지 전체의 모든 오브젝트 테두리에 맞게 대지 크기를 조정합니다. 숨겨진 레이어나 잠긴 오브젝트도 포함될 수 있습니다. 오브젝트를 선택하지 않아도 대지에 놓인 모든 개체를 감지하여 대지 규격이 변경됩니다.

❸ 선택한 아트에 맞추기(Fit to Selected Art): 특정 선택한 오브젝트 크기에 맞게 대지를 조정하여 여백 없이 출력할 때 유용합니다. 선택한 오브젝트와 대지의 크기가 동일하게 맞춰집니다.

2. 레이어와 오브젝트

오브젝트는 점을 포함해 선, 도형, 이미지, 문자 등 그래픽을 구성하는 모든 객체를 의미하며, 레이어는 포토샵과 동일하게 하나의 이미지를 구성하는 투명한 필름 같은 층으로 디지털 그래픽은 여러 오브젝트가 놓인 레이어의 조합으로 이루어집니다.

하위 레이어는 기본적으로는 생성한 오브젝트 1개만을 포함합니다. 일러스트레이터에서는 상위 레이어와 하위 레이어가 있습니다. 오브젝트를 생성하면 상위 레이어 안에 하위 레이어가 생성됩니다. 상위 레이어는 단수의 오브젝트 뿐만 아니라 다수의 오브젝트를 포함할 수 있습니다.

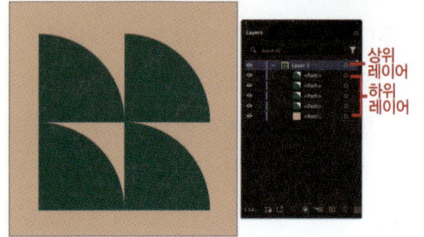

포토샵과의 차이라면 벡터 오브젝트를 생성시마다 하위 레이어가 계속 생성된다는 차이점이 있습니다. 하위 레이어는 개체들을 복사&붙여넣기를 이용하여 다수의 오브젝트를 하나의 레이어로 편집할 수 있습니다.

(1) 레이어 패널 살펴보기

❶ 최상단 메뉴의 [창〉레이어/Window〉Layer]를 클릭합니다. 레이어 패널에서 레이어를 추가하거나 삭제하고 오브젝트별로 레이어로 나누거나 원하는 레이어로 이동도 할 수 있습니다.

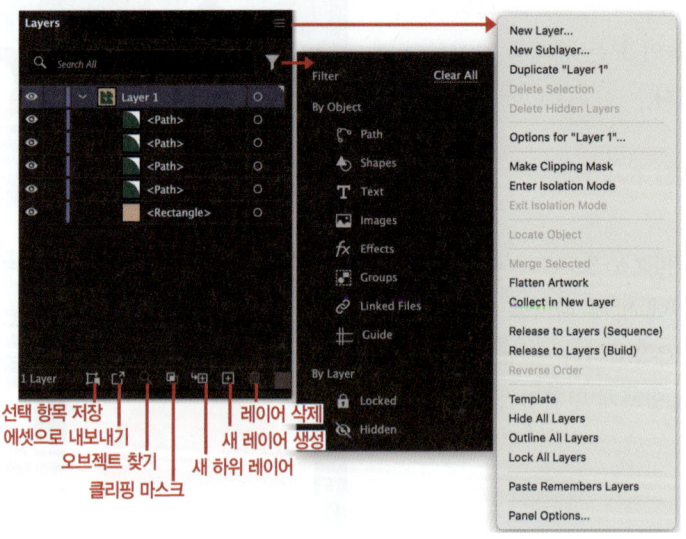

❶ 선택 항목 저장: 선택한 레이어를 '선택 영역'으로 저장합니다. 저장된 최상단 메뉴의 [선택/Select]의 가장 최하단에 보이며 클릭 시 해당 레이어가 선택됩니다.
❷ 에셋으로 내보내기: 선택된 레이어를 내보냅니다.
❸ 오브젝트 찾기: 선택 도구로 선택된 레이어가 어떤 레이어에 있는지 확인합니다.
❹ 클리핑 마스크 만들기/풀기: 2개 이상의 레이어가 선택되었을 시 활성화되며 하위 레이어의 모양대로 클리핑합니다.
❺ 새 하위 레이어 생성: 새로운 하위 레이어를 생성합니다.

❻ 새 레이어 생성: 새로운 상위 레이어를 생성합니다.
❼ 레이어 삭제: 선택된 레이어를 삭제합니다.
❽ 필터: 선택한 기준의 레이어만 레이어 패널에 보이도록 정렬합니다.

(2) 레이어 패널을 이용해 한 번에 선택하기

레이어 패널의 오른쪽의 동그라미 아이콘을 클릭하여 선택한 레이어에 포함된 모든 레이어를 원 클릭으로 선택합니다. 잠겨있는 레이어는 선택되지 않습니다.

(3) 레이어 숨기기

눈 모양의 가시성(보이기/숨기기) 아이콘을 토글하여 레이어를 일시적으로 숨겨 작업 영역에서 보이지 않게 합니다.

(4) 기본 레이어 관리 옵션

❶ 새 레이어(New Layer): 새로운 레이어를 생성합니다.
❷ 새 하위 레이어(New Sublayer): 현재 레이어 내 하위 레이어를 생성합니다.
❸ "선택한 레이어" 복제(Duplicate "Selected Layer"): 선택한 레이어를 복제합니다.
❹ 선택물 삭제(Delete Selection): 선택된 레이어를 삭제합니다.
❺ 숨겨진 레이어 삭제(Delete Hidden Layers): 숨겨진 레이어들을 모두 삭제합니다.

(5) 레이어 옵션 설정

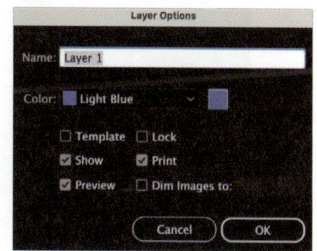

"선택한 레이어"에 대한 옵션(Options for "Selected Layer")은 선택한 레이어의 이름과 속성, 해당 레이어에 포함된 오브젝트를 선택 시 표기되는 색상을 변경할 수 있습니다. 레이어 패널에서 이름 부근을 더블 클릭하여도 대화상자를 호출할 수 있습니다.

(6) 격리 모드(Enter/Exit Isolation Mode) 시작/종료

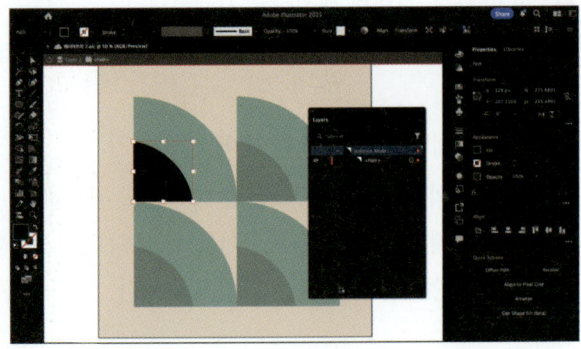

❶ 격리 모드(Isolation Mode)는 특정 레이어나 그룹, 오브젝트를 독립적으로 편집할 수 있는 기능입니다. 오브젝트를 더블 클릭하거나 레이어 패널의 '격리 모드' 옵션을 선택하여 진입할 수 있습니다.

❷ 격리 모드에서는 선택한 요소만 편집이 가능하고 다른 모든 오브젝트는 선택이나 편집이 불가능해져, 복잡한 아트워크 작업 시 의도치 않은 오브젝트 선택이나 수정을 방지할 수 있습니다.

❸ 격리 모드가 활성화되면 선택되지 않은 오브젝트는 색상이 연하게 변경되어 현재 어떤 오브젝트가 선택되어 격리 상태인지 쉽게 인지할 수 있습니다.

❹ 문서 이름 탭 하단의 격리 상태를 통해 현재 어떤 레이어의 오브젝트를 편집 중인지 확인할 수 있습니다.

❺ ESC 를 누르거나 격리 상태에서 가장 처음의 화살표를 눌러도 격리 모드를 종료할 수 있습니다.

(7) 레이어를 하나로 모으는 병합 기능

❶ 선택 병합(Merge Selected): 선택된 레이어들을 하나로 병합합니다.
❷ 아트워크 병합(Flatten Artwork): 문서의 모든 레이어를 하나로 병합합니다.
❸ 새 레이어에 모으기(Collect in New Layer): 선택한 오브젝트들을 새 레이어로 모읍니다.

(8) 레이어에 풀기(Release to Layers)

모션 영상 작업, 인쇄용 분판 작업을 위해 레이어의 분리가 필요한 상황이 있습니다. 레이어에 풀기(Release to Layers) 기능을 이용하여 하위 레이어(Sub Layer)를 한 번에 분리할 수 있습니다.

❶ 레이어에 풀기(시퀀스)[Release to Layers(Sequence)]: 선택한 오브젝트를 각각의 독립된 레이어로 순차적으로 분리합니다.

❷ 레이어에 풀기(구성)[Release to Layers(Build)]: 선택한 오브젝트를 빌드 순서에 따라 각각의 레이어로 분리합니다. 이는 오브젝트를 만든 순서대로 레이어가 생성되며, 작업 과정의 순서를 보존하고 싶을 때 유용합니다.

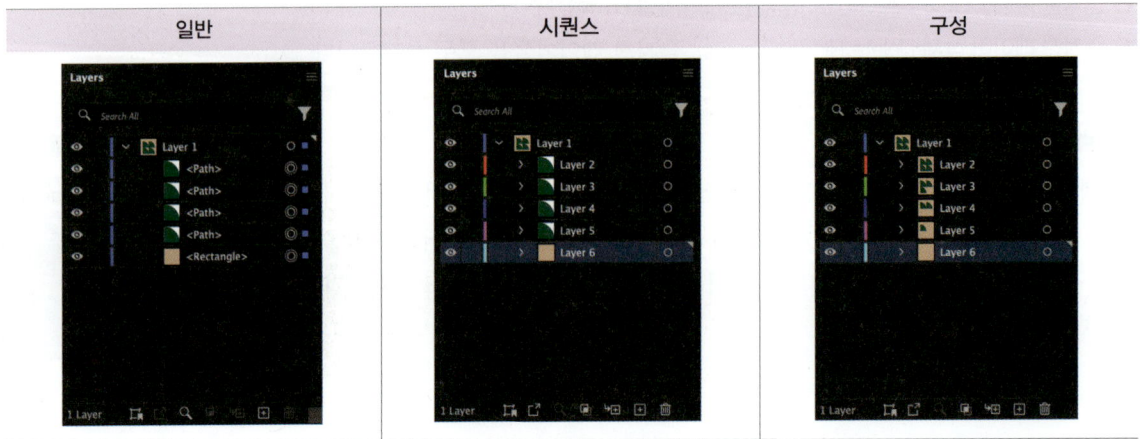

(9) 레이어의 순서 변경

역순으로(Reverse Order)를 클릭하면 상위 레이어의 순서가 뒤바뀝니다. 문서의 이미지도 레이어의 순서에 따라 변경됩니다.

(10) 알아두면 편리한 기능들

❶ 템플릿(Template): 선택한 레이어를 템플릿으로 변환합니다. 이때 해당 레이어는 잠기고 레이어 패널에 템플릿 아이콘이 생성됩니다. 벡터 오브젝트는 적용되지 않으며 링크되거나 임베드된 픽셀 기반 래스터 이미지에 적용됩니다. 편집이 불가능한 상태로 스케치로 사용할 수 있습니다. 레이어 옵션 대화상자의 'Dim Images'로 불투명도를 수정할 수 있습니다.

❷ 모든 레이어 숨기기(Hide Others): 현재 선택한 레이어를 제외하고 모두 숨김 처리됩니다.

❸ 모든 레이어 윤곽선 보기(Outline Others): 현재 선택한 레이어를 제외하고 모두 윤곽선 보기로 보입니다.

❹ 모든 레이어 잠그기(Lock Others): 현재 선택한 레이어를 제외하고 모두 잠김 상태가 됩니다.

❺ 붙일 때 레이어 기억(Paste Remembers Layers): 복사/붙여넣기 시 오브젝트가 원본 레이어에 그대로 붙여넣기 되는 기능입니다. 체크하여 기능을 활성할 경우 새로운 레이어가 생성되지 않고, 복사한 오브젝트가 원본이 있던 동일한 레이어에 붙여넣기 됩니다.

❻ 패널 옵션(Panel Options): 레이어 패널에서 미리보기(썸네일)의 사이즈를 변경하고 보이는 개체를 사용자 정의할 수 있습니다.

- 썸네일 크기를 100px로 설정 시

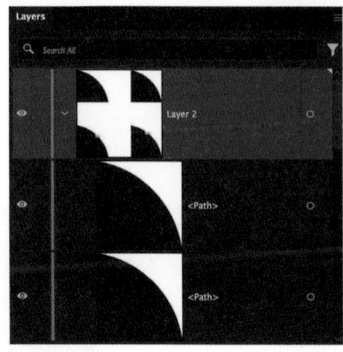

- 썸네일 크기를 Small로 설정 시

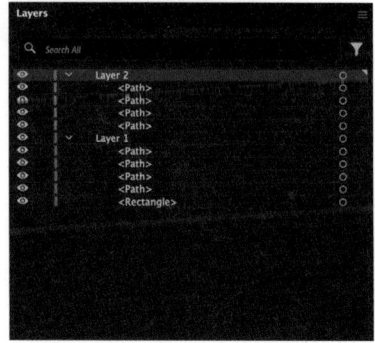

SECTION 03 | 오브젝트 선택하고 이동하기

1. 오브젝트를 선택하는 기본 도구들

선택 도구를 비롯한 선택 도구 그룹은 어도비 일러스트레이터에서 가장 기본이 되는 도구입니다. 오브젝트의 선택, 이동, 크기 조절, 회전 등 기본적인 편집 작업이 모두 선택 도구로 오브젝트를 선택하면서 시작되며, 이는 모든 디자인 작업의 시작점이 됩니다.

전문적인 디자인 작업에서는 수많은 오브젝트와 레이어를 다루게 되는데, 이때 정확한 선택 도구의 활용은 실수를 줄이고 작업 시간을 단축시키는 데 매우 중요한 역할을 합니다. 각 선택 도구들의 특성을 정확히 알고 상황에 맞게 활용하여 효율적인 작업을 할 수 있습니다.

(1) 선택 도구(Selection Tool) V

❶ 오브젝트를 선택하고 이동, 크기 조절, 회전 등의 기본적인 변형 작업을 수행할 수 있는 도구입니다.
❷ 오브젝트를 클릭하여 선택하고 드래그하여 이동하거나 선택 시 표시되는 바운딩 박스를 드래그하여 크기를 조절하거나 모양을 변형할 수 있습니다.
❸ Shift를 누른 상태로 작업 영역에 떨어져 있는 여러 오브젝트를 동시에 선택할 수 있습니다.
❹ 더블 클릭 시 격리 모드가 활성화됩니다. 그룹 오브젝트의 경우 격리 모드가 아닐 경우에는 그룹별로 선택됩니다.
❺ 선택을 취소하려면 임의의 빈 곳을 클릭합니다.

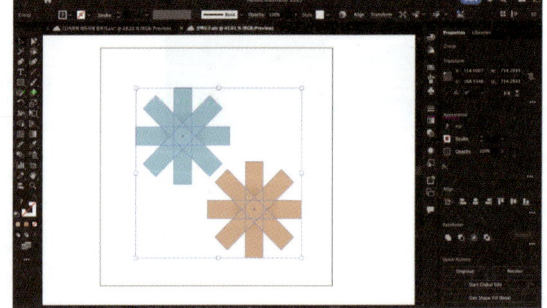

(2) 직접 선택 도구(Direct Selection Tool) A

❶ 오브젝트의 개별 고정점(Anchor point)을 선택하여 편집할 수 있는 도구입니다.
❷ 오브젝트를 클릭하여 선택하거나 고정점을 클릭하여 선택합니다.

❸ 개별 고정점의 위치를 조정하고 패스의 곡선을 조절하기 위한 핸들을 편집할 수 있으며, 그룹 내부의 개별 오브젝트도 선택 가능합니다. Shift를 사용하여 여러 앵커 포인트를 동시에 선택할 수 있습니다.

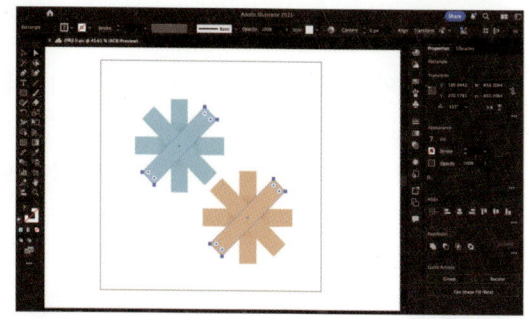

(3) 그룹 선택 도구(Group Selection Tool)

❶ 그룹 내부의 개별 오브젝트를 계층 구조에 따라 순차적으로 선택할 수 있는 도구입니다.
❷ 오브젝트를 클릭하여 선택 후 한 번 더 클릭하면 클릭할 때마다 상위 그룹으로 선택 범위가 확장되며, 그룹을 해제하지 않고도 그룹에 포함된 오브젝트를 개별 선택할 수 있습니다.
❸ '그룹 선택 도구'로 선택된 상태의 오브젝트를 '선택 도구'를 이용하여 위치를 이동하거나 '직접 선택 도구'로 편집할 수 있습니다.

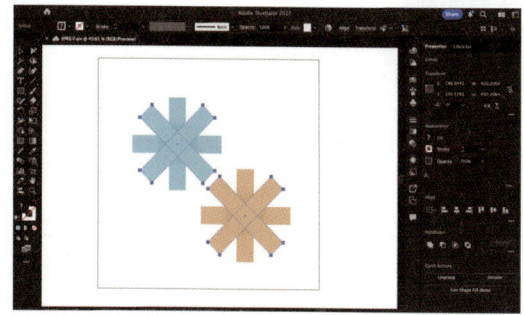

(4) 자동 선택 도구(Magic Wand Tool) Y

❶ 유사한 특성(예 색상, 선 두께, 투명도, 혼합 모드 등)을 가진 오브젝트를 자동으로 선택할 수 있는 도구입니다.
❷ 도구 패널에서 더블 클릭하여 옵션 대화상자를 열어 허용치를 조절하여 선택 범위를 조절할 수 있습니다.
❸ 허용치(Tolerance) 값이 낮을수록 더 정확하게 선택합니다.

 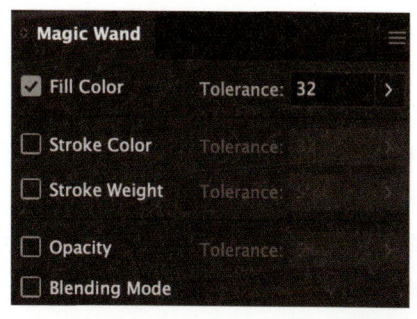

(5) 올가미 도구(Lasso Tool)

❶ 포토샵의 올가미 도구와 유사하게 자유 형태로 드래그하여 영역 안의 오브젝트를 선택합니다.
❷ 복잡한 형태의 오브젝트 선택에 효과적입니다.

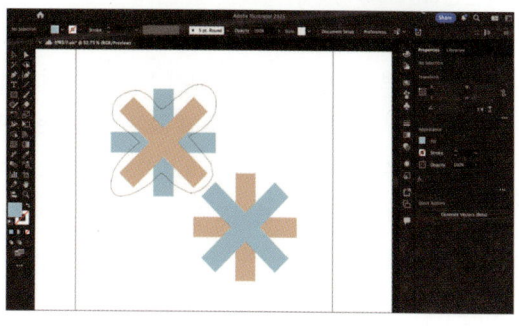

2. 다양한 오브젝트 선택 기능

최상단 메뉴의 선택(Select)의 다양한 선택 기능에 대해 확인합니다. 도구 패널의 선택 도구들이 오브젝트를 개별적으로 선택하고 편집하는 것에 중점적이라면 선택(Select) 기능은 작업 영역 전반에 걸쳐 선택할 수 있어 많은 오브젝트를 빠르게 선택하는 데 효과적입니다.

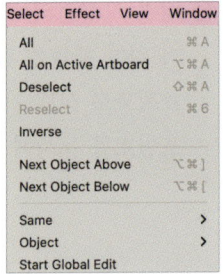

(1) 작업 영역과 대지의 모든 오브젝트 선택하기

❶ 모두(All)
- 현재 작업 영역의 모든 오브젝트가 선택됩니다.
- 잠겨있는 레이어나 오브젝트는 선택되지 않습니다.
- 단축키: Ctrl+A(Windows)/Cmd+A(Mac)

❷ 활성 대지 모두(All on Active Artboard)
- 현재 활성화된 대지 위에 있는 모든 오브젝트 만을 선택하는 기능입니다.
- 활성화된 대지는 대지 패널에서 확인할 수 있습니다.
- 여러 대지가 있는 문서에서 특정 대지의 작업에 효과적입니다.
- 단축키: Alt+Ctrl+A(Windows)/Opt+Cmd+A(Mac)

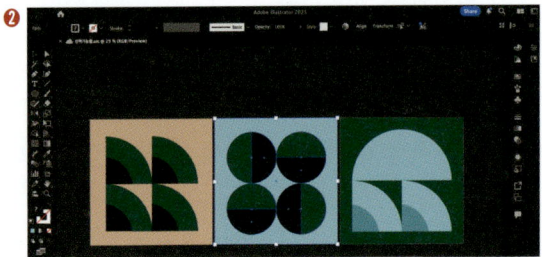

❸ 선택 취소(Deselect)
- 현재 선택된 모든 오브젝트의 선택을 해제하는 기능입니다.
- 선택된 오브젝트가 없을 때는 회색으로 비활성화되어 표시됩니다.
- 새로운 선택을 하기 전에 기존 선택을 빠르게 해제할 때 유용합니다.
- 단축키: Shift+Ctrl+A(Windows)/Shift+Cmd+A(Mac)

❹ 재선택(Reselect)
- 직전에 선택했던 오브젝트를 다시 선택하는 기능입니다.
- 단축키: Ctrl+6(Windows)/Cmd+6(Mac)

❺ 반전(Inverse)
- 현재 선택된 오브젝트는 선택이 해제되고, 선택되지 않은 다른 오브젝트가 선택됩니다.
- 특정 오브젝트를 제외한 나머지 모든 오브젝트를 선택해야 할 때 유용하게 사용됩니다.

❻ 다음 오브젝트 위로/아래로(Next Object Above/Below)
- 레이어 순서상 현재 선택된 오브젝트의 바로 위에 있는 오브젝트를 선택하는 기능입니다.
- 선택 가능한 위쪽 오브젝트가 없을 때는 회색으로 비활성화됩니다.
- 특별히 레이어 패널에서 이동이 없었다면 생성 순서대로 오브젝트가 선택됩니다.

- 위로 단축키: [Alt]+[Ctrl]+[[ ](Windows)/[Opt]+[Cmd]+[[ ](Mac)
- 아래로 단축키: [Alt]+[Ctrl]+[ ]](Windows)/[Opt]+[Cmd]+[[ ](Mac)

3. 종류별로 한 번에 오브젝트 선택하기

선택(Select) 메뉴의 동일하게(Same), 오브젝트(Object) 메뉴를 이용해 유사한 속성의 개체를 한 번에 선택하여 색상을 바꾸거나 획 굵기를 변형하는 등의 편집을 한 번에 할 수 있어 시간 효율을 높일 수 있습니다.
작업 영역에서 기준이 되는 오브젝트를 먼저 선택 도구로 선택한 후, 동일하게(Same), 오브젝트(Object)에서 원하는 선택 조건을 클릭하면 해당 조건과 일치하는 모든 오브젝트가 자동으로 선택됩니다. 잠겨있거나 숨겨 있는 레이어나 개체는 선택되지 않습니다.

(1) 동일하게(Same)

❶ 모양 및 텍스트(Shapes&Text)
- 모양(Appearance): 동일한 모양 특성을 가진 모든 오브젝트를 선택합니다. 오브젝트에 획, 칠, 그래픽 스타일, 효과, 혼합 모드 등 다양한 속성 있을 수 있습니다. 이를 '모양(Appearance)' 패널에서 확인할 수 있으며, 동일한 속성을 가지고 있는 개체를 작업 영역에서 모두 선택합니다.
- 모양 속성(Appearance Attribute): '모양(Appearance)' 패널에서 속성을 선택한 후 동일한 모양 속성을 가진 모든 오브젝트를 선택합니다.
- 혼합 모드(Blending Mode): 동일한 블렌딩 모드를 가진 모든 오브젝트를 선택합니다.
- 칠과 선(Fill&Stroke): 동일한 채우기와 선 속성을 가진 모든 오브젝트를 선택합니다.
- 칠 색상(Fill Color): 동일한 채우기 색상을 가진 모든 오브젝트를 선택합니다.

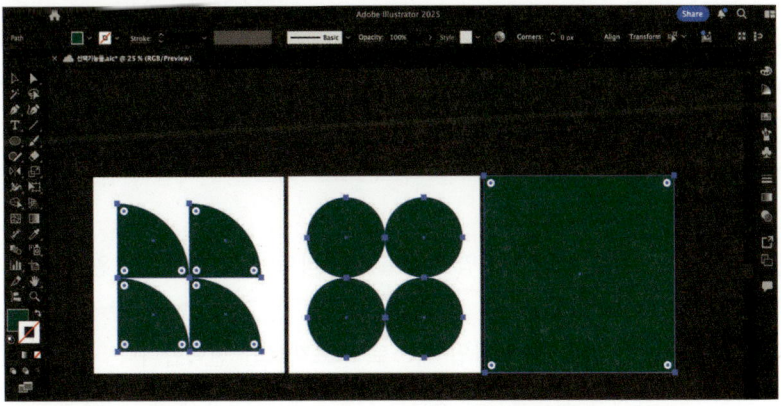

- 불투명도(Opacity): 동일한 투명도 값을 가진 모든 오브젝트를 선택합니다.
- 선 색상(Stroke Color): 동일한 선 색상을 가진 모든 오브젝트를 선택합니다.
- 선 두께(Stroke Weight): 동일한 선 두께를 가진 모든 오브젝트를 선택합니다.
- 그래픽 스타일(Graphic Style): 동일한 그래픽 스타일이 적용된 모든 오브젝트를 선택합니다.
- 모양(Shape): 동일한 모양의 오브젝트를 모두 선택합니다.
- 심볼 예제(Symbol Instance): 동일한 심볼 인스턴스를 모두 선택합니다.
- 연결된 텍스트 블록(Link Block Series): 동일한 링크 블록 시리즈를 모두 선택합니다.

❷ 텍스트(Text)
- 글꼴 군(Font Family): 동일한 글꼴 패밀리를 사용하는 모든 텍스트를 선택합니다.
- 글꼴 군 및 스타일(Font Family&Style): 동일한 글꼴 패밀리와 스타일을 사용하는 모든 텍스트를 선택합니다.
- 글꼴 군, 스타일 및 크기(Font Family, Style&Size): 동일한 글꼴 패밀리, 스타일, 크기를 사용하는 모든 텍스트를 선택합니다.
- 글꼴 크기(Font Size): 동일한 글꼴 크기를 사용하는 모든 텍스트를 선택합니다.
- 텍스트 채우기 색상(Text Fill Color): 동일한 텍스트 채우기 색상을 사용하는 모든 텍스트를 선택합니다.
- 텍스트 선 색상(Text Stroke Color): 동일한 텍스트 선 색상을 사용하는 모든 텍스트를 선택합니다.
- 텍스트 채우기 및 선 색상(Text Fill&Stroke Color): 동일한 텍스트 채우기와 선 색상을 사용하는 모든 텍스트를 선택합니다.

(2) 오브젝트(Object)

동일하게(Same) 기능이 오브젝트의 속성별 동일한 특성(색상, 선 두께, 투명도 등)을 가진 오브젝트를 선택하는 기능이라면 오브젝트(Object) 기능은 유형별(텍스트, 브러시 획, 마스크 등)로 동일한 오브젝트를 선택하는 기능입니다.

❶ 동일한 레이어의 모든 오브젝트(All on Same Layers): 같은 레이어에 있는 모든 오브젝트를 한 번에 선택하는 기능입니다.
❷ 방향 핸들(Direction Handles): 직접 선택 도구로 개체를 선택하면 선택된 개체의 핸들을 찾아 표시합니다.
❸ 강모 브러쉬 선(Bristle Brush Strokes): 강모 브러시로 그린 모든 선들을 선택합니다.
❹ 브러쉬 선(Brush Strokes): 일반 브러시로 그린 모든 선들을 선택합니다. 아트 브러시, 패턴 브러시 등으로 만든 모든 브러시 선을 포함합니다.
❺ 클리핑 마스크(Clipping Masks): 문서 내의 모든 클리핑 마스크를 선택합니다.
❻ 흩어진 점(Stray Points): 연결되지 않은 단일 포인트들을 선택합니다. 불필요한 점들을 정리하거나 찾을 때 유용한 기능입니다.
❼ 모든 문자 개체(All Text Objects): 문서 내의 모든 텍스트 오브젝트를 선택합니다. 포인트 텍스트, 영역 텍스트 등 모든 종류의 텍스트가 포함됩니다.
❽ 점 문자 개체(Point Type Objects): 포인트 타입 텍스트 오브젝트만 선택합니다. 왼쪽 도구 패널의 문자 도구로 생성한 일반적인 텍스트 오브젝트입니다.
❾ 영역 문자 개체(Point Type Objects): 영역 타입 텍스트 오브젝트만 선택합니다. 왼쪽 도구 패널의 영역 문자 도구로 생성한 단락 텍스트거나 오브젝트의 영역을 기준으로 만든 문자 오브젝트입니다.

다양한 획의 속성으로 아트워크 만들기

일러스트레이터에서 다양한 획 속성(점선, 두께, 단면, 색상)을 활용하여 기하학적 패턴의 아트워크를 제작하는 과정을 보여주는 튜토리얼입니다. 기본 패스를 분할하고 각각 다른 스타일의 획을 적용하여 독특한 시각적 효과를 만들어냅니다.

LEVEL UP 튜토리얼로 체크하는 일러스트레이터 핵심 기능

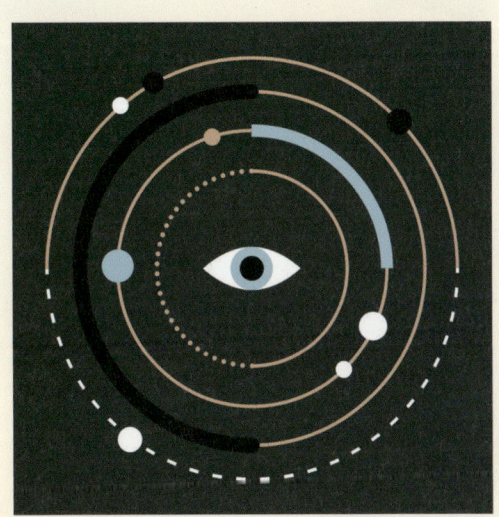

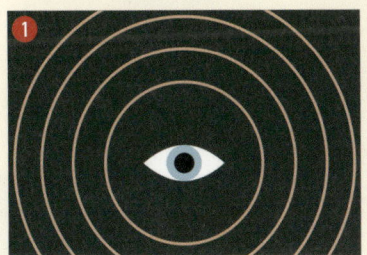
기본 패스 설정하기

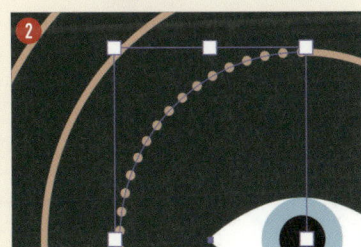
점선과 단면 속성을 활용한 다양한 획 표현

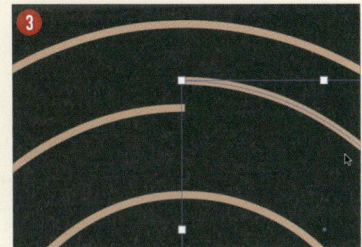
가위 도구를 이용한 패스 분할

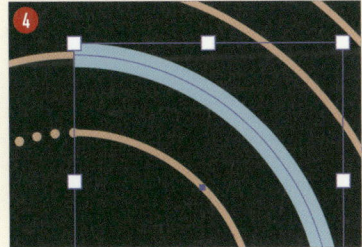
두께, 색상 등 획 속성 변경하기

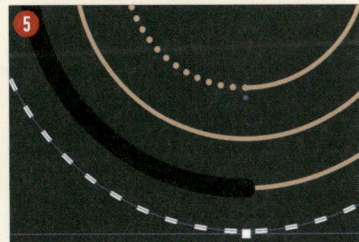
선을 점선으로 바꾸기

도형을 추가 생성하여 아트워크 완성하기

SECTION 01 | 작업의 효율을 높이는 오브젝트 복제와 정렬, 정돈

1. 오브젝트 배치를 위한 복사&붙여넣기

최상단 메뉴 편집(Edit)을 확인하면 일반적인 복사&붙여넣기 기본 기능을 클릭하여 실행할 수 있지만 단축키로 실행하는 것이 매우 일반적이며 작업 효율이 높습니다.

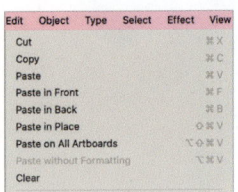

(1) 일반적인 복사&붙여넣기 기본 기능

❶ 오리기(Cut)
- 선택한 오브젝트를 잘라내어 클립보드에 저장하는 기능입니다. 실행하면 원본은 삭제되고 클립보드에 복사본이 저장됩니다.
- 단축키 : Ctrl + X (Windows) / Cmd + X (Mac)

❷ 복사(Copy)
- 선택한 오브젝트를 클립보드에 복사하는 기능입니다. 원본은 그대로 유지된 채 클립보드에 복사본이 저장됩니다.
- 단축키 : Ctrl + C (Windows) / Cmd + C (Mac)

❸ 붙이기(Paste)
- 오리기와 복사로 클립보드에 저장된 오브젝트를 현재 문서에 붙여넣는 기능입니다.
- 단축키 : Ctrl + V (Windows) / Cmd + V (Mac)

❹ 지우기(Clear)
- 선택한 오브젝트를 영구적으로 삭제하는 기능입니다. 실행하면 오브젝트가 완전히 삭제되고 클립보드에는 저장되지 않습니다.
- Delete 를 사용해도 동일한 결과를 얻을 수 있습니다.

(2) 일러스트레이터의 특수한 복사&붙여넣기

❶ 앞에 붙이기(Paste in Front)
- 클립보드에 복사된 개체와 정확한 동일 위치(X, Y 동일좌표)로 복사되며 새 레이어로 붙여넣기가 됩니다. 붙여넣기가 된 오브젝트는 항상 복사된 오브젝트보다 위에 위치합니다.
- 단축키 : Ctrl + F (Windows) / Cmd + F (Mac)

❷ 뒤에 붙이기(Paste in Back)
- 클립보드에 복사된 개체와 정확한 동일 위치(X, Y 동일좌표)로 복사되며 새 레이어로 붙여넣기가 됩니다. 붙여넣기가 된 오브젝트는 항상 복사된 오브젝트보다 아래에 위치합니다.
- 단축키 : Ctrl + B (Windows) / Cmd + B (Mac)

❸ 제자리에 붙이기(Paste in Place)
- 클립보드에 복사된 개체와 정확한 동일 위치(X, Y 동일좌표)로 복사되며 새 레이어로 붙여넣기가 됩니다. 앞에 붙이기와 유사하지만 레이어 순서는 무조건 최상위로 붙여넣기가 됩니다.
- 단축키 : Shift + Ctrl + V (Windows) / Shift + Cmd + V (Mac)

❹ 모든 대지에 붙이기(Paste on All Artboards)
- 복사된 개체를 문서 내의 모든 대지에 동시에 붙여넣는 기능입니다. 실행하면 각 대지의 동일한 상대 위치에 붙여넣기가 됩니다.
- 단축키 : Alt + Shift + Ctrl + V (Windows) / Opt + Shift + Cmd + V (Mac)

❺ 서식 없이 붙이기(Paste without Formatting)
- 텍스트 복사 시 복사한 오브젝트의 컬러, 글꼴 등 서식을 제외하고 붙여넣는 기능입니다. 문자 도구로 커서를 활성화한 후 붙여넣기를 합니다.
- 단축키 : Alt + Ctrl + V (Windows) / Opt + Cmd + V (Mac)

2. 1분 실습_ 오브젝트 정돈하기

그래픽 디자인에서 오브젝트 및 레이어의 정돈(Arrange)은 시각적 계층 구조를 구현하는 가장 기초적인 기능입니다. 오브젝트 간의 겹침 순서를 세밀하게 조정하여 디자인의 심미적 완성도를 높이고 디자이너의 의도를 표현할 수 있습니다.

효율적인 레이어 관리는 그래픽 작업의 기초가 됩니다. 표현하고자 하는 의도에 따라 오브젝트의 겹침을 정리하며, 관련 요소들을 그룹화하고, 레이어에 명확한 이름을 부여하며, 작업 중요도에 따라 레이어를 구분하는 것은 완성도 있는 결과물을 위해 필수적입니다.

(1) 파일 열기

최상단 메뉴의 [파일 > 열기/File > Open]을 클릭하여 대화상자에서 '클래스4_1_1분실습_오브젝트정돈.ai' 파일을 불러옵니다.

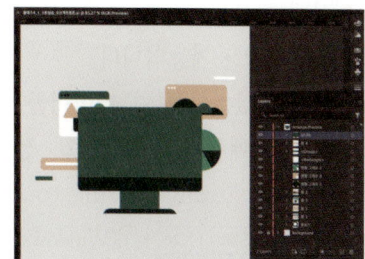

(2) 맨 뒤로 보내기(Send to Back)

❶ 선택한 오브젝트를 모든 레이어 중 가장 최하단으로 이동시키는 기능입니다.
❷ 대지에 놓인 모니터를 선택 도구로 선택합니다.
❸ 최상단 메뉴의 [오브젝트 > 정돈 > 맨 뒤로 보내기/Object > Arrange > Send to Back]을 클릭합니다. 또는 단축키 Shift + Ctrl + [(Windows) / Shift + Cmd + [(Mac)를 누릅니다.

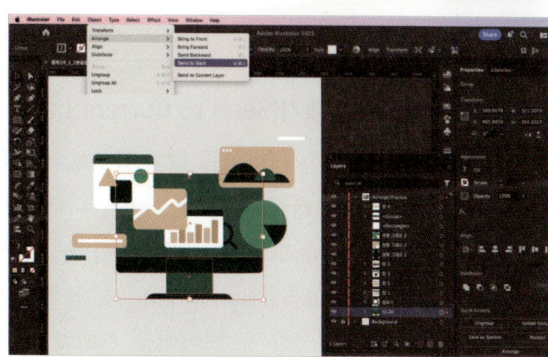

❹ 모니터 오브젝트가 레이어의 최하단으로 이동하여 다른 오브젝트를 가리지 않습니다.

(3) 뒤로 보내기(Send Backward)

❶ 선택한 오브젝트를 현재 위치에서 한 단계 아래로 이동시키는 기능입니다.
❷ 오른쪽에 놓인 초록색의 '원형 그래프 2' 레이어를 선택합니다.
❸ 최상단 메뉴의 [오브젝트〉정돈〉뒤로 보내기/Object〉Arrange〉Send Backward]를 클릭합니다. 또는 단축키 Ctrl+[](Windows)/Cmd+[](Mac)를 누릅니다.
❹ '원형 그래프 2' 레이어가 한 단계 아래로 가면서 아래에 있던 '원형 그래프 3' 레이어가 보여 원형 그래프를 완성할 수 있습니다.

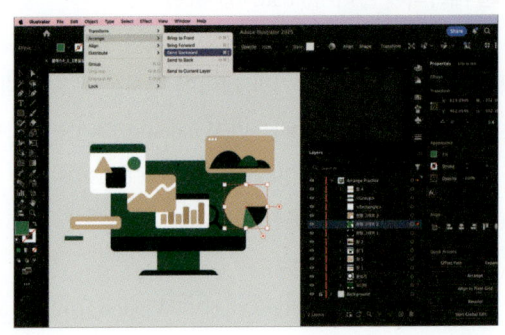

(4) 앞으로 가져오기(Bring Forward)

❶ 선택한 오브젝트를 현재 위치에서 한 단계 위로 이동시키는 기능입니다.
❷ 막대 그래프가 있는 '창 1' 레이어를 선택합니다.
❸ 최상단 메뉴의 [오브젝트〉정돈〉앞으로 가져오기/Object〉Arrange〉Bring Forward]를 클릭합니다. 또는 단축키 Ctrl+]](Windows)/Cmd+]](Mac)를 누릅니다.

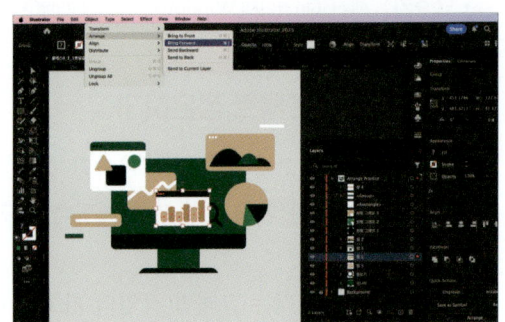

(5) 맨 앞으로 가져오기(Bring to Front)

❶ 선택한 오브젝트를 현재 작업 중인 레이어의 최상단으로 이동시키는 기능입니다.
❷ 가려져 있는 '돋보기' 레이어를 선택합니다.
❸ 최상단 메뉴의 [오브젝트〉정돈〉맨 앞으로 가져오기/Object〉Arrange〉Bring to Front]를 클릭합니다. 또는 단축키 Shift+Ctrl+]](Windows)/Shift+Cmd+]](Mac)를 누릅니다.

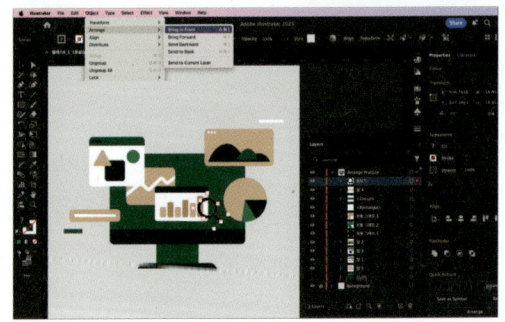

(6) 현재 레이어로 보내기(Send to Current Layer)

❶ 선택한 오브젝트 또는 레이어를 현재 활성화된 레이어로 이동시키는 기능입니다.
❷ 레이어 패널에서 새 레이어를 하나 추가합니다.
❸ 단축키 Ctrl+A(Windows)/Ctrl+A(Mac)를 눌러 작업 영역의 모든 오브젝트를 선택합니다.
❹ 단축키 Ctrl+C(Windows)/Ctrl+C(Mac)를 눌러 선택된 오브젝트를 복사합니다.
❺ 레이어 패널에서 생성한 새 레이어를 선택한 후 최상단 메뉴의 [오브젝트〉정돈〉현재 레이어로 보내기/Object〉Arrange〉Send to Current Layer]를 클릭합니다.
❻ 정돈은 레이어 패널을 이용하거나, 오브젝트를 우클릭하여 나오는 드롭다운 메뉴에서도 가능합니다. 복사&붙여넣기 기능과 마찬가지로 단축키로 실행하는 것이 매우 일반적이며 작업 효율이 높습니다.

SECTION 02 | 오브젝트의 형태 변형하기

1. 선택 도구로 오브젝트를 자유롭게 변형하기

왼쪽 도구 패널에서 선택 도구(Selection Tool)로 개체를 선택한 후에 드래그를 이용해서 개체를 변형할 수 있습니다. 개체를 선택하면 개체 주위에 바운딩 박스가 표기됩니다. 바운딩 박스의 모서리를 드래그하여 개체를 다양하게 변형할 수 있습니다.

선택 도구로 변형은 정확하지는 않지만 빠르고 쉽게 그리고 직관적으로 오브젝트를 변형할 수 있어 가장 많이 사용하게 되는 기능 중 하나입니다.

(1) 오브젝트의 사이즈 늘리기/줄이기

❶ 고정되지 않은 비율로 오브젝트의 사이즈 늘리기/줄이기: 선택 도구로 개체를 선택한 상태에서 바운딩 박스의 모서리에 커서를 두고 커서가 화살표 아이콘으로 변경되면 원하는 방향으로 드래그하여 오브젝트의 사이즈를 변형합니다.

❷ 비율을 고정하여 오브젝트의 사이즈 늘리기/줄이기: Shift를 누르면서 바운딩 박스의 모서리를 드래그하여 오브젝트의 사이즈를 변형합니다.

❸ 중심섬을 기준으로 오브젝트 사이즈 변형하기: Alt(Windows)/Opt(Mac)를 누르면서 바운딩 박스의 모서리를 드래그합니다. Shift를 함께 눌러 비율의 고정 여부를 정할 수 있습니다.

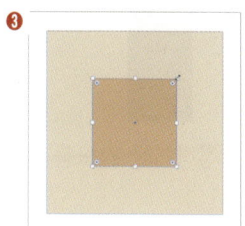

(2) 오브젝트 복사하기

오브젝트를 선택한 상태에서 Alt(Windows)/Opt(Mac)를 누른 상태로 드래그하면 오브젝트가 복사됩니다. Shift를 함께 누른 상태로 드래그하면 수평, 수직, 45도 방향으로 제한되어 복사됩니다.

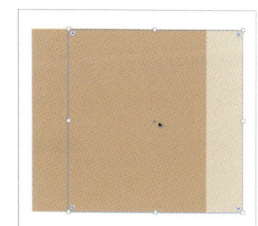

(3) 오브젝트 회전하기

바운딩 박스가 표시된 상태에서 모서리 포인트에 커서를 두면 곡선 화살표 아이콘으로 변경됩니다. 드래그하여 자유롭게 회전할 수 있으며, Shift 를 누른 상태로 드래그하면 45도 단위로 회전됩니다.

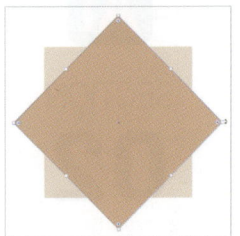

(4) 코너 라운드 넣기

각 모서리에 점이 있는 동그라미 아이콘을 오브젝트의 안쪽으로 드래그하여 모서리를 둥근 라운드로 변형할 수 있습니다.

2. 오브젝트에서 바로 변형하는 자유 변형 도구(Free Transform Tool)

오브젝트가 선택된 상태에서 왼쪽 도구 패널에서 자유 변형 도구(Free Transform Tool)를 선택하면 오브젝트 주변에 바운딩 박스가 표시되며 8개의 조절점과 작은 옵션창이 작업 영역에 표기됩니다.

이 도구는 크기 조절, 기울이기, 원근감 조절을 직관적으로 오브젝트를 보면서 작업 영역에서 바로 적용할 수 있습니다. 단축키 E로 자유 변형 도구를 선택할 수 있습니다.

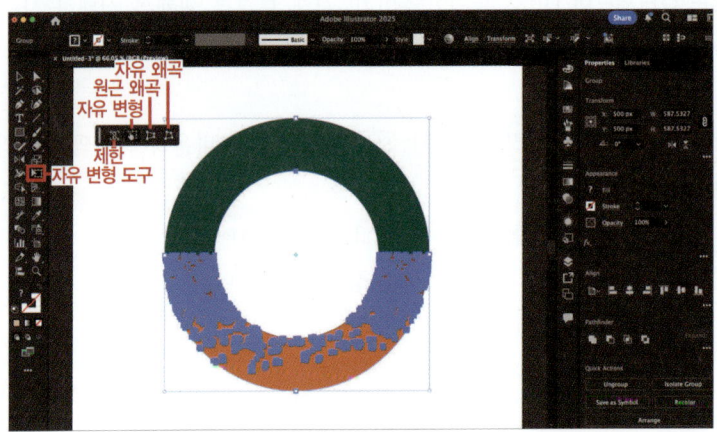

❶ 제한: 비율을 고정하거나 각도를 제한합니다. 원근 왜곡 시에는 비활성화됩니다.

❷ 자유 변형
- 선택 도구로 오브젝트가 선택된 상태에서 자유 변형 도구를 선택해 바운딩 박스의 모서리에 커서를 두고 오브젝트를 드래그하여 크기를 조절할 수 있으며 회전과 기울이기도 가능합니다.
- 제한 아이콘을 토글해 비율을 고정시킬 수 있습니다.
- 기울이기 적용 시에는 커서를 바운딩 박스의 가로획에 두고 오른쪽/왼쪽으로 드래그하여 기울기를 적용합니다.

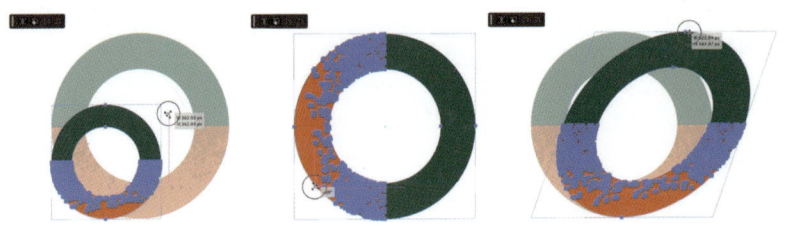

❸ 원근 왜곡: 모서리 포인트를 드래그하면 원근감이 적용된 왜곡이 가능합니다.
❹ 자유 왜곡: 모서리 포인트를 자유롭게 드래그하여 오브젝트를 비정형으로 왜곡할 수 있습니다. 각 모서리 포인트를 독립적으로 이동시킬 수 있어 유기적인 형태를 만들 수 있습니다.

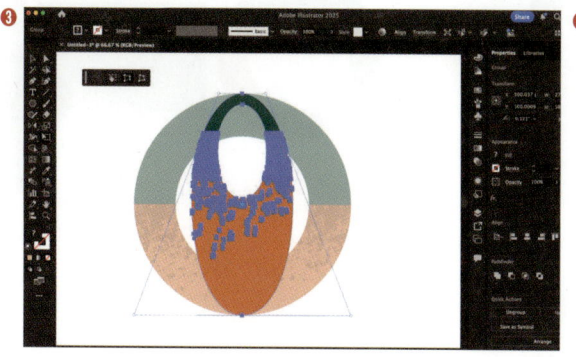
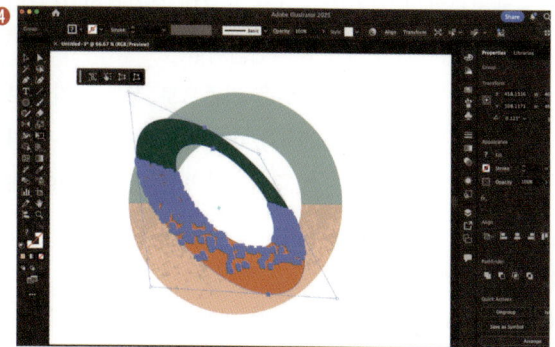

3. 도구 패널의 변형 도구들

왼쪽 도구 패널에서 도구를 선택해 다양한 변형을 적용할 수 있습니다.

(1) 회전 도구(Rotate Tool)

❶ 선택한 오브젝트를 특정 기준점을 중심으로 회전시키는 도구입니다.
❷ 단축키 R을 눌러 회전 도구를 선택할 수 있습니다.
❸ 오브젝트가 선택된 상태로 단축키를 누른 후 Enter를 누르면, 대화상자가 바로 열려 빠르게 변형을 시작할 수 있습니다.
❹ 회전 도구의 기본 사용법
  - 선택 도구로 오브젝트가 선택된 상태에서 회전 도구를 선택하면 개체의 중심에 기준점이 십자 모양으로 표시됩니다. 기준점은 원하는 위치로 클릭하여 변경할 수 있습니다.
  - 원하는 방향으로 드래그하여 오브젝트를 회전할 수 있습니다. 회전 시작 이후에 Alt(Windows)/Opt(Mac)를 누른 상태로 회전하면 원본을 유지한 채 복사본이 회전되며, Shift를 사용하면 45도 단위로 회전이 제한됩니다.

❺ 중심점 변경하기
  - 회전의 중심점은 기본적으로 오브젝트의 중심에 표시되지만, 사용자가 원하는 지점으로 변경할 수 있습니다.
  - 선택 도구로 오브젝트를 선택하고 회전 도구를 선택한 이후에 원하는 지점을 클릭하여 중심점을 변경합니다.
  - 마우스로 드래그하면 변경된 기준점을 중심으로 오브젝트가 회전됩니다.

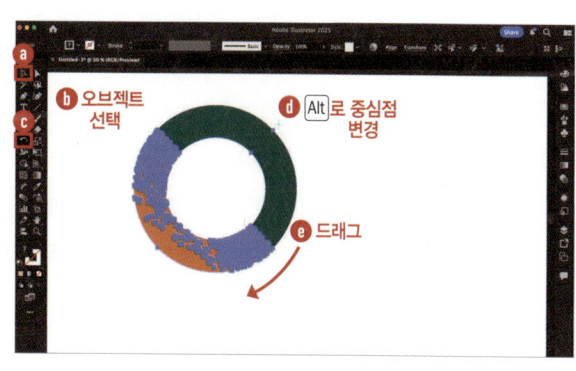

❻ 정확한 각도로 회전하고 복사하기

- 도구를 더블 클릭하면 나타나는 대화상자에서 정확한 각도 값을 입력할 수 있습니다.
- 대화상자의 '복사(Copy)'를 누르면 복사본이 생성되며 입력한 회전값대로 회전됩니다.
- 사용자가 원하는 중심점을 기준으로 정확한 각도로 회전하려면 Alt (Windows)/ Opt (Mac)를 누르면서 원하는 위치에 클릭하여 중심점이 변경되는 동시에 대화상자가 열립니다.

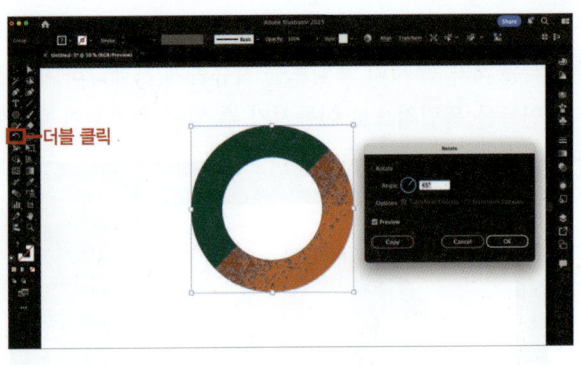

(2) 반사 도구(Reflect Tool)

❶ 선택한 오브젝트를 특정 축을 기준으로 대칭 복사하는 도구입니다.
❷ 단축키 O 를 눌러 반사 도구를 선택할 수 있습니다.
❸ 오브젝트가 선택된 상태로 단축키를 누른 후 Enter 를 누르면 대화상자가 바로 열려 빠르게 변형을 시작할 수 있습니다.
❹ 반사 도구의 기본 사용법

- 선택 도구로 오브젝트가 선택된 상태에서 반사 도구를 선택하면 개체의 중심에 기준점이 십자 모양으로 표시됩니다. 클릭하여 원하는 위치에 기준점을 이동할 수 있습니다.
- 드래그하면 개체가 회전하면서 반전이 되고 Alt (Windows)/ Opt (Mac)를 누른 상태로 반사하면 원본을 유지한 채 복사본이 반전되며, Shift 를 사용하면 45도 단위로 축이 제한됩니다

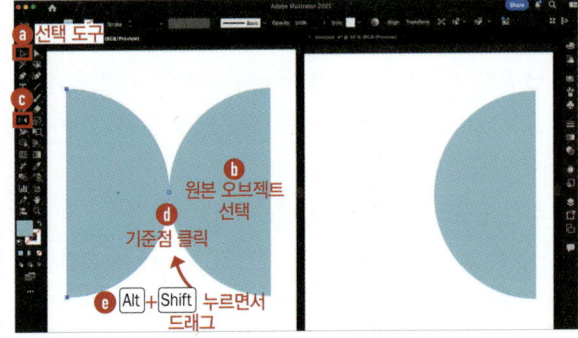

❺ 중심점을 설정 후 대화상자를 이용하여 가로/세로축 반사하기

- Alt (Windows)/ Opt (Mac)를 누르면서 중심점을 클릭합니다.
- 반사 대화상자가 열리면서 축을 가로, 세로, 각도를 선택하여 빠르게 반사하거나 복사하여 반사할 수 있습니다.

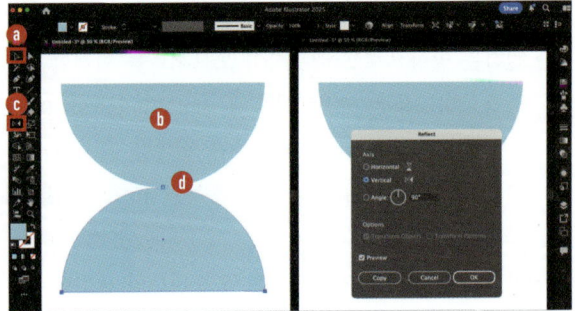

(3) 크기 조절 도구(Scale Tool)

❶ 선택한 오브젝트의 크기를 특정 기준점을 중심으로 확대하거나 축소하여 크기를 조절하는 도구입니다.
❷ 단축키 S 를 눌러 크기 조절 도구를 선택할 수 있습니다.

❸ 크기 조절 도구의 기본 사용법

- 선택 도구로 오브젝트가 선택된 상태에서 크기 조절 도구를 선택하면 개체의 중심에 기준점이 십자 모양으로 표시됩니다. 기준점은 원하는 위치로 클릭하여 변경할 수 있습니다.
- 바깥으로 드래그하면 중심점을 기준으로 오브젝트가 확대되고 안쪽으로 드래그하면 축소됩니다. Shift를 사용하면 비율이 고정된 상태로 크기가 조절됩니다.

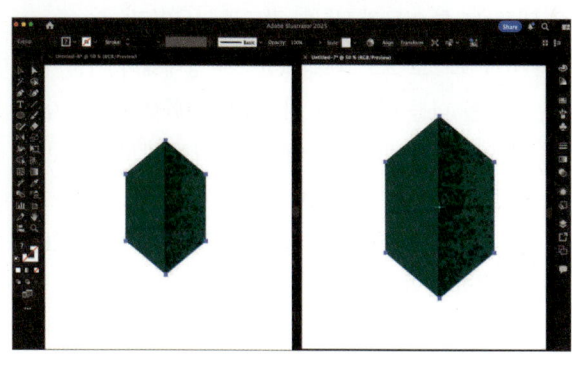

❹ 대화상자를 이용해 비율 기반 크기 조절하기

- 선택 도구로 오브젝트가 선택된 상태에서 크기 조절 도구를 더블 클릭하면 나타나는 대화상자에서 비율을 입력하여 현재 오브젝트의 크기 대비하여 조절할 수 있습니다.
- 사용자가 원하는 중심점을 기준으로 크기를 조절하려면 Alt (Windows)/Opt (Mac)를 누르면서 원하는 위치에 클릭하여 중심점이 변경되는 동시에 대화상자가 열립니다.

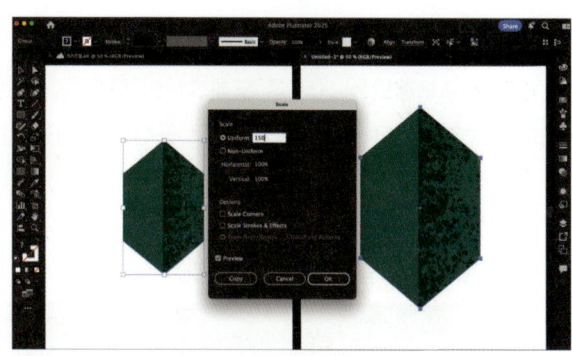

❺ 균일과 불균일

- 크기 조절 도구의 대화상자에서는 균일과 불균일 옵션을 선택할 수 있습니다.
- 균일(Uniform): 오브젝트의 비례를 고정해서 크기를 조절합니다.
- 불균일(Non-Uniform): 가로(Horizontal)와 세로(Vertical)의 조절 비율을 각각 다르게 입력하여 조절할 수 있습니다.

(4) 기울이기 도구(Shear Tool)

❶ 선택한 오브젝트를 특정 기준점을 중심으로 기울어지게 변형하는 도구입니다.

❷ 크기 조절 도구를 길게 눌러 숨겨진 기울이기 도구를 선택할 수 있습니다.

❸ 기울이기 도구의 기본 사용법

- 선택 도구로 오브젝트가 선택된 상태에서 기울이기 도구를 선택 하면개체의 중심에 기준점이 십자 모양으로 표시됩니다. 기준점은 원하는 위치로 클릭하여 변경할 수 있습니다.
- 가로, 세로 중 원하는 방향으로 드래그하면 중심점을 기준으로 오브젝트가 기울어진 모양으로 변형됩니다. Shift를 누르면서 드래그하면 고정된 각도로 기울어집니다.

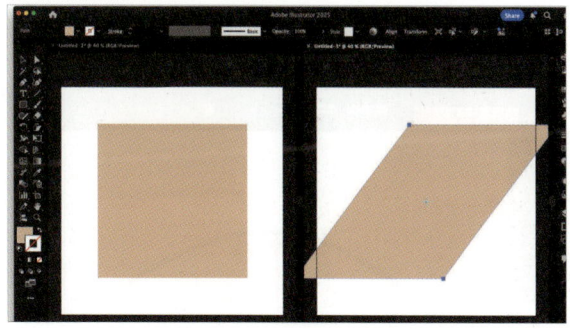

❹ 대화상자를 이용해 정확한 각도로 기울이기

- 선택 도구로 오브젝트가 선택된 상태에서 기울이기 도구를 더블 클릭하면 나타나는 대화상자에서 각도를 입력하고 방향을 선택하여 정확한 각도로 오브젝트를 기울일 수 있습니다.
- 미리 보기(Preview)를 선택하여 어떤 변화가 있는지 미리 확인합니다.
- 사용자가 원하는 중심점을 기준으로 기울이려면 Alt(Windows)/Opt(Mac)를 누르면서 원하는 위치에 클릭하여 중심점이 변경되는 동시에 대화상자가 열립니다.

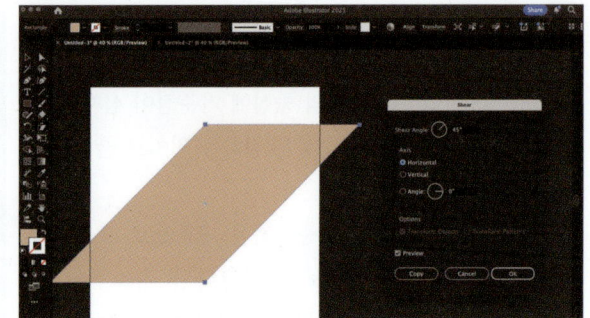

(5) 모양 변경 도구(Reshape Tool)

❶ 패스나 오브젝트를 선택 후 드래그하여 형태를 자유롭게 변형할 수 있는 도구입니다.
❷ 패스 중간의 고정점이 없어도 바로 곡선의 형태를 만들 수 있습니다.
❸ 곡선의 부드러움을 유지하면서 형태를 변경할 수 있으며 여러 고정점을 선택하여 변형할 수 있습니다.
❹ 직접 선택 도구와 모양 변경 도구로 곡선 수정 시 차이점

- 직접 선택 도구로 고정점 수정 결과
- 모양 변경 도구로 고정점 수정 결과

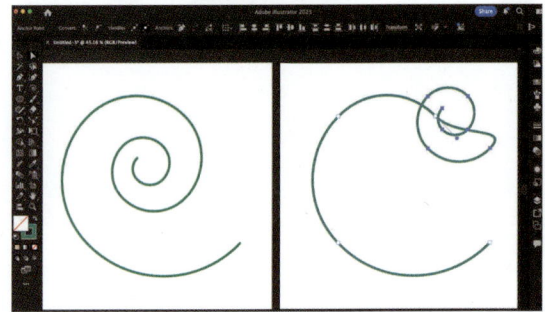 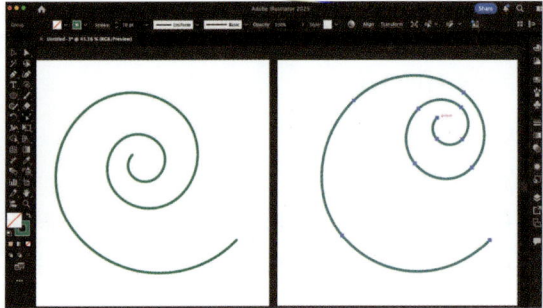

❺ 모양 변경 도구로 열린 패스 변경하기: 패스를 선택 후 원하는 방향으로 드래그하여 자연스러운 형태의 곡선을 만들 수 있습니다.
❻ 모양 변경 도구로 닫힌 패스(오브젝트) 변경하기

- 오브젝트의 고정점을 직접 선택 도구로 선택합니다.
- 곡률이나 변화를 주고 싶은 획을 모양 변경 도구로 클릭하면 고정점이 추가됩니다. 원하는 방향으로 드래그하여 모양을 변화합니다.

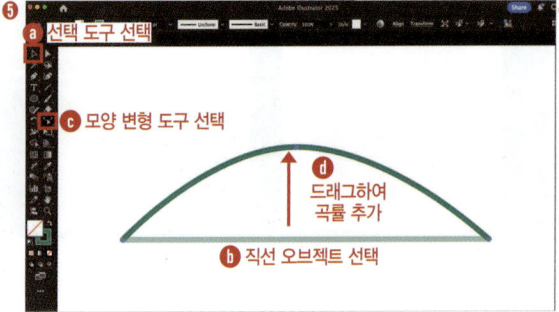 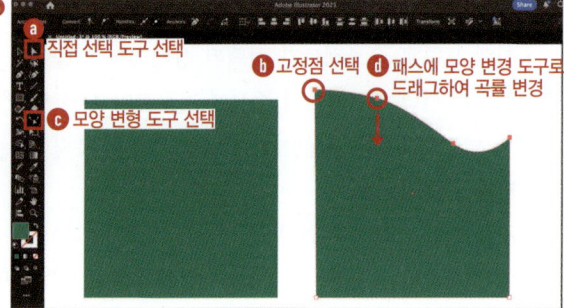

4. 기본 변형 기능을 정확하게 제어하는 변형(Transform) 패널

변형(Transform)기능은 벡터 오브젝트의 모양을 자유롭게 변형하고 편집하는 기능입니다. 이동(Move), 회전(Rotate), 크기 조절(Scale), 기울이기(Shear) 등 기본적인 변형을 하나의 패널에서 제어할 수 있어 편리합니다. 수치를 입력하여 조절하므로 정확한 결과물을 만들 수 있습니다.

(1) 변형(Transform) 패널 열고 살펴보기

❶ 최상단 메뉴의 [창 〉 변형/Window 〉 Transform]을 클릭하여 변형 패널을 불러옵니다.
❷ 단축키 Shift + F8 을 눌러도 패널을 열 수 있습니다.
❸ 선택 도구로 오브젝트를 선택하면 변형 패널이 활성화되며 숨겨진 옵션을 표시하면 오브젝트의 특성에 따라(원형, 사각형, 별 모양 등) 추가 옵션 설정을 할 수 있습니다.

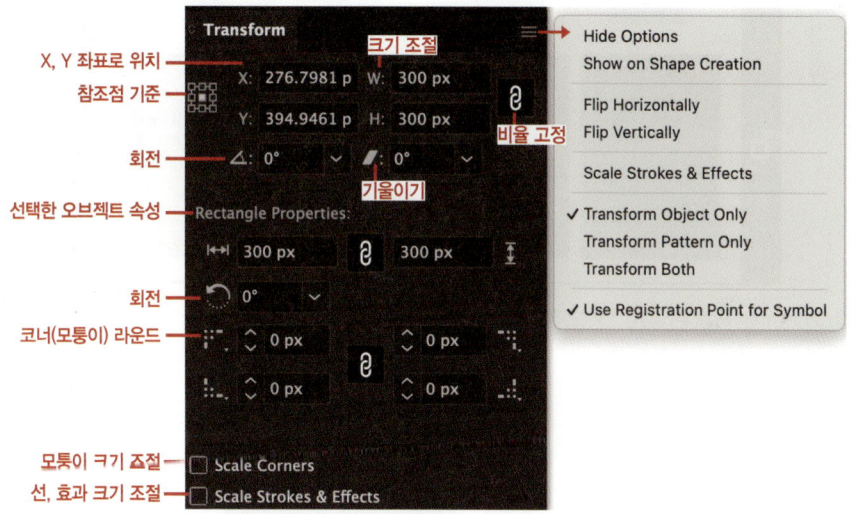

(2) 변형(Transform) 패널의 기본 옵션

❶ 참조점 기준 아이콘에서 원하는 기준점을 선택하면 그 점을 중심으로 위치 이동, 크기 조절, 회전, 기울이기를 적용할 수 있습니다.
❷ X, Y 좌표로 위치 이동: X, Y 좌표 위치로 원하는 좌푯값을 입력하여 오브젝트를 원하는 위치로 이동합니다.
❸ 오브젝트의 크기 조절

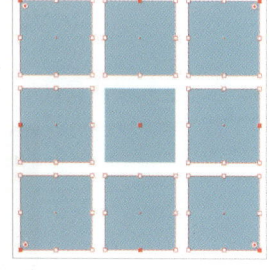

- 폭(Width), 높이(Height)의 값을 입력하여 오브젝트를 원하는 크기로 조절합니다.
- 비율 고정(Constrain) 아이콘의 링크가 연결되어있으면 비율이 고정되어 자동으로 크기가 변경됩니다.
- 폭과 높이를 각각 다르게 수정하고 싶다면 비율 고정 아이콘을 해제합니다.

❹ 정확한 각도로 회전하기
- 원하는 각도를 입력하여 오브젝트를 회전시킵니다.
- 드롭다운 메뉴에서 사전 설정된 각도를 선택할 수 있습니다.
- 참조점 기준에서 선택한 기준점을 중심으로 오브젝트가 회전합니다.

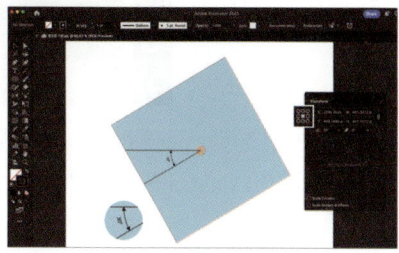

❺ 정확한 각도로 기울이기
- 원하는 각도를 입력하여 오브젝트를 기울일 수 있습니다.
- 드롭다운 메뉴에서 사전 설정된 각도를 선택할 수 있습니다.

(3) 선택한 도형에 따른 변형(Transform) 패널의 옵션 변화

선택한 도형의 속성에 따라 변형 패널의 옵션이 변화하고 각 속성값을 변경하여 오브젝트의 형태를 변경할 수 있습니다.

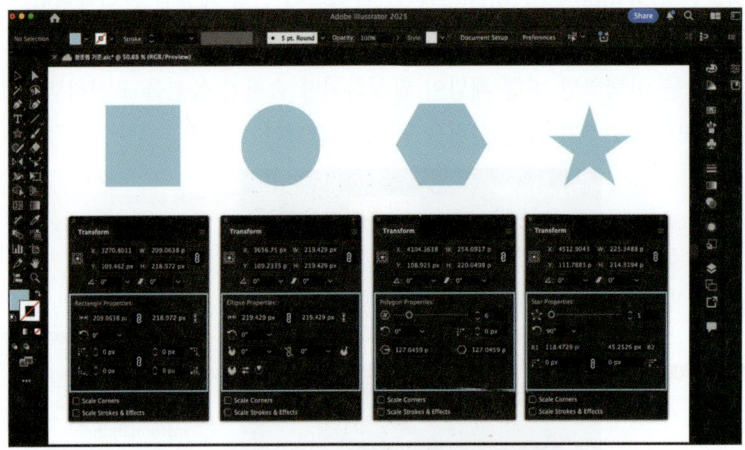

❶ 사각형 속성(Rectangle Properties): 오브젝트의 크기 조절, 회전, 모서리 둥글기를 변경할 수 있습니다.

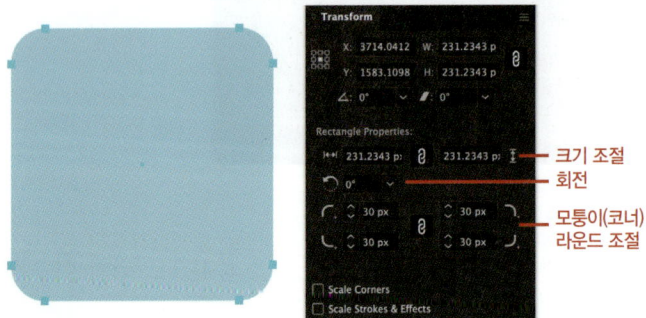

❷ 코너(모퉁이)를 둥글게 변경하기

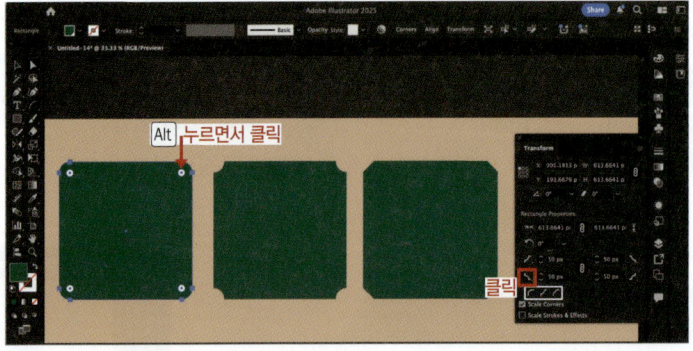

- 모퉁이 반경(Corner Radius) 수치를 입력하여 코너를 둥글게 변경할 수 있습니다.
- 비율 고정(Constrain) 아이콘의 링크가 활성화된 상태면 4개의 코너가 동일한 값으로 둥글게 적용됩니다.
- 모퉁이의 형태는 기본적으로 라운드형으로 적용되지만, 총 3개의 모양으로 코너를 변경할 수 있습니다.

- 코너 라운드가 적용된 상태(둥근 사각형)에서 코너에 커서를 올려 둔 뒤 Alt (Windows)/ Opt (Mac)를 누르면서 클릭하면 오브젝트의 모든 코너 모양이 순차적으로 변경됩니다. 또한, 변형 패널에서 각 코너를 다른 모양으로 설정할 수 있습니다.
- 사각형 속성의 모퉁이 반경(Corner Radius) 앞에 있는 모퉁이 유형(Corner Type) 아이콘을 클릭합니다. 3개의 코너 모양에서 사용자가 원하는 코너 모양을 선택합니다.

❸ 원형 속성(Ellipse Properties)
- 크기(Width/Height), 회전 각도를 설정할 수 있으며, 시작과 끝 각도를 조절하여 파이 형태를 만들 수 있습니다.
- 파이(Pie)는 원형의 일부분을 잘라낸 "부채꼴" 또는 "파이 조각" 형태를 의미합니다. 마치 원형 케이크나 피자를 슬라이스한 것처럼 보이는 모양입니다.

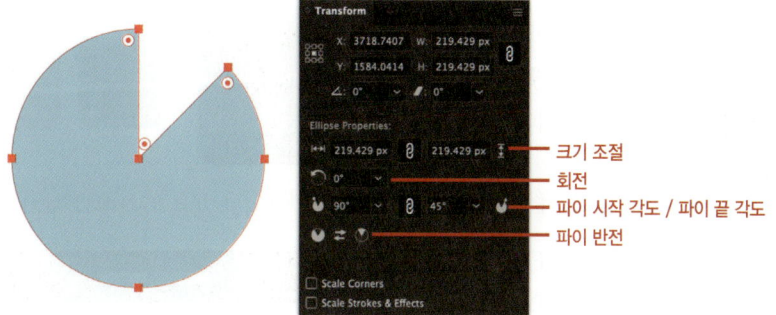

❹ 다각형 속성(Polygon Properties): 다각형 속성은 기본적인 크기, 위치, 회전 각도 외에도 변의 개수를 조절하여 삼각형부터 다양한 정다각형을 만들 수 있으며, 모서리의 둥글기도 조절할 수 있습니다.

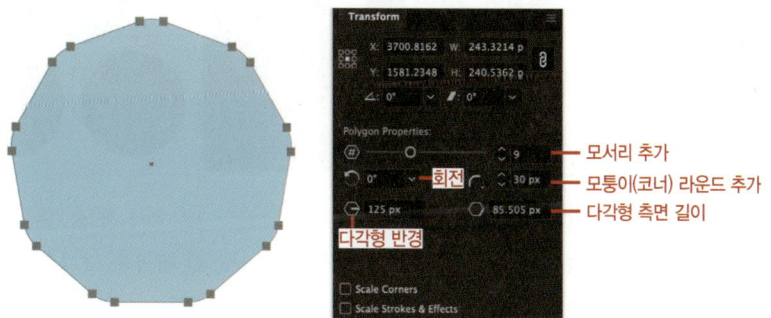

❺ 별 모양 속성(Star Properties): 별 모양 속성은 기본적인 크기, 위치, 회전 각도 외에도 꼭짓점 개수와 내/외부 반경을 조절하여 다양한 별 모양을 만들 수 있으며, 모서리의 둥글기도 조절할 수 있습니다.

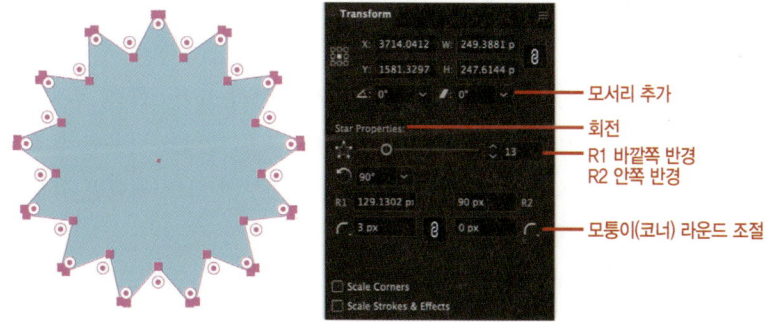

(4) 변형(Transform) 패널의 숨겨진 옵션

일러스트레이터에서 오브젝트를 크기 조절할 때, 모서리의 반경이나 선의 굵기도 함께 변경되는 것이 기본 동작입니다. 이는 벡터 그래픽의 특성상 모든 요소가 수학적 비율로 계산되기 때문입니다. 변형 패널의 숨겨진 옵션을 활성화하여 크기 조절 시 획과 코너의 반경을 동일한 비율로 조절할 수 있습니다.

❶ 모퉁이 크기 조절(Scale Corners)
- 모서리 반경이 자동으로 변경되는 것을 제어할 수 있습니다. 특히 로고나 아이콘처럼 정교한 모서리 처리가 필요한 작업에서 중요합니다.
- 사각형의 코너 라운드를 40px로 적용한 후 복사하여 '모퉁이 크기 조절(Scale Corners)' 옵션을 활성하여 크기를 조절했을 때 오브젝트의 크기 조절과 함께 모퉁이의 코너값도 32.21px로 변형됩니다.
- 반면 비활성 상태에서는 40px의 코너 라운드값을 그대로 유지한 채로 사각형의 크기가 변경됩니다.

❷ 선, 효과 크기 조절(Scale Strokes&Effects)
- 오브젝트의 크기를 조절할 때 선과 효과의 크기도 함께 비례적으로 변경되는 것을 제어할 수 있습니다. 특히 획 두께가 적용된 작업물의 크기 조절 시 획 굵기의 변경없이 오브젝트를 조절할 수 있습니다.
- 굵은 선 두께를 가진 원형 오브젝트를 '선, 효과 크기 조절' 옵션을 활성화한 상태에서 크기를 축소하면 선 두께도 함께 줄어듭니다.
- 반면 비활성화 상태에서는 오브젝트의 크기만 변경되고 선 두께는 축소하기 전 굵기를 유지합니다.
- 모퉁이 크기 조절 옵션과 선, 효과 크기 조절 옵션은 속성(Properties) 패널과 크기 조절 도구(Scale Tool)의 대화상자에서도 활성화할 수 있습니다.

(5) 알아두면 유용한 변형 패널의 기능들

패널의 오른쪽 옵션을 클릭해 드롭다운 메뉴에서 추가 기능들을 사용하여 오브젝트의 변형 시 유용하게 사용할 수 있습니다.

❶ 패턴만 변형(Transform Patterns Only): 오브젝트에 적용된 패턴의 크기, 회전, 위치 등만 변형하고 오브젝트 자체의 형태는 유지하는 기능입니다. 예를 들어, 사각형에 도트 패턴을 적용한 후 이 옵션을 활성화하고 45도 회전을 적용하면, 사각형의 형태는 그대로 유지되면서 내부의 도트 패턴만 45도 회전됩니다. 반면 비활성화 상태에서는 사각형만 회전합니다.

❷ 가로/세로로 뒤집기(Flip Horizontally/Vertically): 기준점은 오브젝트의 중심으로 고정되어 선택된 오브젝트를 바로 반전시킵니다.

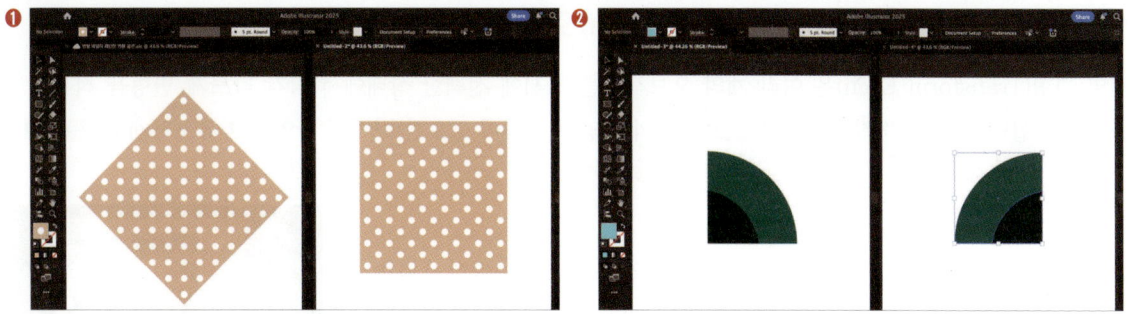

❸ 모양 생성 시 표시(Show on Shape Creation): 새로운 도형을 생성할 때 변형 패널을 자동으로 표시하는 옵션입니다. 활성화하면 도형을 그릴 때마다 변형 패널이 나타나 즉시 세부 속성을 조정할 수 있습니다.

❹ 심볼에 등록 지점 사용(Use Registration Point for Symbol): 변형 패널에서 설정한 참조점을 기준으로 심볼의 중심점을 사용합니다.

5. 작업 효율을 높여주는 변형 기능들

최상단 메뉴의 [오브젝트〉변형/Object〉Transform]을 살펴보면 변형 패널과 중복되는 기능들이 있습니다. 변형 패널에서 실행하지 못하는 특수한 변형 기능을 확인합니다.

(1) 변형 반복(Transform Again)

❶ 직전에 실행했던 변형 작업을 동일하게 반복 적용하는 기능으로 자주 쓰이는 주요 기능입니다.

❷ 변형(Transform) 패널이나 변형 도구로 실행한 모든 변형(이동, 회전, 크기 조절, 반사, 기울이기 등)을 다른 오브젝트에 그대로 적용할 수 있습니다.

❸ 단축키 Ctrl+D(Windows)/Cmd+D(Mac)를 사용하여 빠르게 실행할 수 있어 단축키 사용을 추천합니다. 복잡한 패턴이나 반복적인 디자인 작업 시 매우 유용합니다.

(2) 테두리 상자 재설정(Reset Bounding Box)

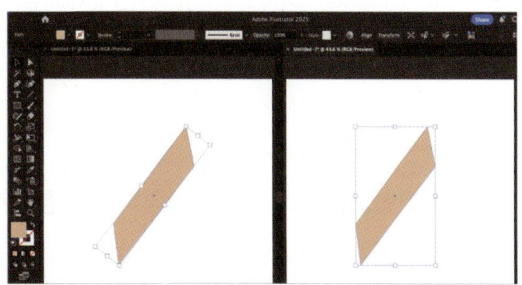

회전이나 기울이기 등 변형이 적용된 오브젝트의 바운딩 박스(Bounding Box)가 비뚤어져 있을 때, 이를 원래 개체에 적용된 바운딩 박스처럼 재설정하여 편집이 용이하도록 만들어줍니다.

(3) 오브젝트 우클릭하여 드롭다운 메뉴로 변형 기능 사용하기

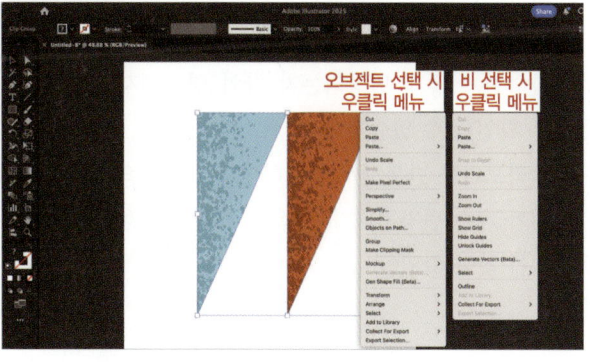

대지 혹은 작업 영역을 우클릭하거나 오브젝트를 선택 후 우클릭하면 드롭다운 메뉴가 보이고 변형(Transform)을 비롯해 다양한 메뉴를 빠르게 접근하여 실행할 수 있습니다.

6. 1분 실습_개별 변형(Transform Each)으로 여러 개체를 한 번에 변형하기

개별 변형(Transform Each)은 여러 개의 오브젝트를 동시에 선택한 상태에서 각각 다르게 변형을 적용할 수 있는 기능입니다. 패턴 제작이나 여러 오브젝트의 다양한 변형이 필요한 디자인 작업에서 유용하게 사용됩니다.

(1) 파일 열기

최상단 메뉴의 [파일 〉 열기/File 〉 Open]을 클릭하여 대화상자에서 '클래스4_2_1분실습_개별변형.ai' 파일을 불러옵니다.

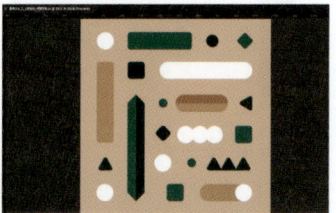

(2) 오브젝트 선택하기

❶ 개별 변형은 그룹에는 적용되지 않습니다. 왼쪽 도구 패널에서 선택 도구를 클릭합니다.
❷ 드래그하여 대지에 있는 모든 오브젝트를 선택합니다.

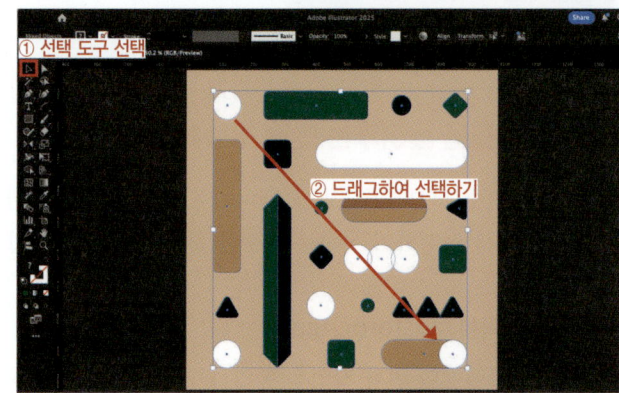

(3) 개별 변형(Transform Each) 대화상자 열기

오브젝트가 선택된 상태에서 최상단 메뉴의 [오브젝트 〉 변형 〉 개별 변형/Object 〉 Transform 〉 Transform Each] 대화상자를 불러옵니다. 또는 단축키 Shift + Alt + Ctrl + D (Windows)/Shift + Opt + Cmd + D (Mac)를 누릅니다.

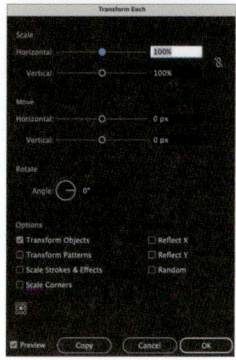

(4) 개별 변형으로 오브젝트를 랜덤하게 변경하기

❶ 대화상자에서 이미지와 같이 변경값을 입력합니다.
❷ 미리보기(Preview)의 체크를 클릭하여 활성화하면 어떻게 변경되는지 작업 영역에서 바로 확인할 수 있습니다.
❸ 미리보기를 반복해서 클릭하면 오브젝트의 배치가 계속 변경됩니다. 마음에 드는 적절한 배치를 찾아 확인(OK)을 클릭합니다.

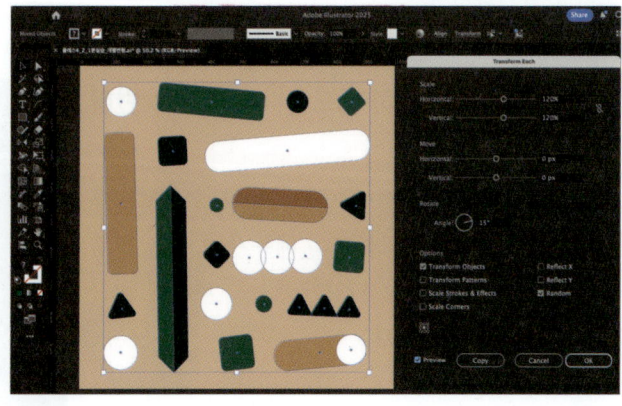

SECTION 03 | 프로페셔널한 작업 환경을 만드는 모양과 속성 패널

1. 유연한 편집이 가능한 모양(Appearance) 패널

시간이 지날수록 디자인 작업이 점차 복잡해지며 하나의 오브젝트에 여러 효과를 중첩해서 사용하게 되었고, 그래픽을 완성한 뒤 추후 필요시 수정이 가능한 비파괴 작업의 중요성이 커졌습니다.

모양(Appearance) 패널은 선택한 오브젝트의 모든 시각적 속성을 관리하고 한 번에 편집할 수 있는 패널입니다. 하나의 오브젝트에 여러 칠과 획 속성, 효과와 불투명도를 개별적으로 추가할 수 있습니다. 추가한 시각적 속성은 레이어처럼 쌓이며 순서 변경이 가능하고, 이를 통해 하나의 오브젝트에 다양한 복잡한 시각 효과를 만들 수 있습니다. 또한, 사용자의 편의에 따라 추가하거나 삭제할 수 있습니다 이외 눈 모양의 '가시성 아이콘'을 사용하여 다양한 효과를 적용하고 시안을 검토할 수 있어 편리합니다.

(1) 모양 패널 열기기

최상단 메뉴의 [창〉모양/Window〉Appearance]을 클릭해 모양 패널을 불러옵니다.

(2) 모양 패널 살펴보기

선택 도구로 개체를 선택하면 모양 패널에 선택한 오브젝트의 기본적인 획과 칠 속성이 표시되고 모양 패널을 이용하여 여러 효과를 한 번에 추가할 수 있습니다.

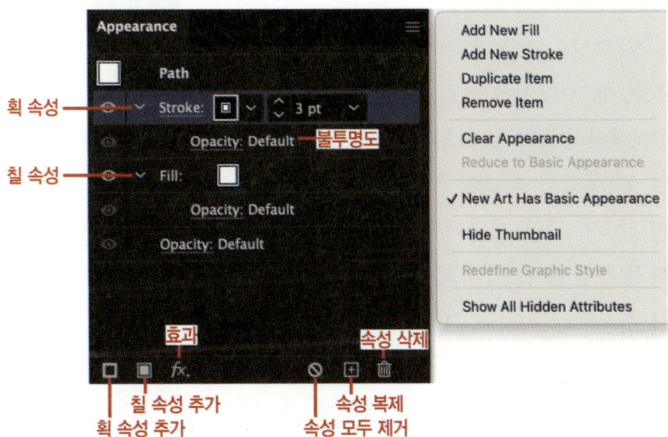

❶ 획 속성: 현재 선택된 오브젝트에 적용된 획의 색상과 굵기가 표시되고 변경할 수 있습니다.
❷ 칠 속성: 현재 선택된 오브젝트에 적용된 칠의 색상이 표시되고 변경할 수 있습니다.
❸ 획 속성 추가: 디폴트로 적용된 획 속성은 그대로 두고 다른 획 속성을 추가해 효과를 더합니다.

❹ 칠 속성 추가: 디폴트로 적용된 칠 속성은 그대로 두고 다른 칠 속성을 추가해 효과를 더합니다.
❺ 속성 모두 제거: 클릭하면 현재 선택된 오브젝트에 적용된 속성을 모두 가려 '없음' 상태로 변경합니다.
❻ 속성 복제: 선택된 속성을 복제합니다.
❼ 속성 삭제: 선택된 속성을 삭제합니다.

(3) 모양 패널로 획(Stroke)과 칠(Fill) 속성 변경하기

패스(Path)는 기본 골격이 되는 선의 경로이며, 여기에 색상과 굵기 등의 특성을 부여한 것을 획(Stroke)이라고 합니다. 패스로 이루어진 닫힌 영역 내부를 색상이나 패턴 등으로 채우는 것을 칠(Fill)이라고 합니다.

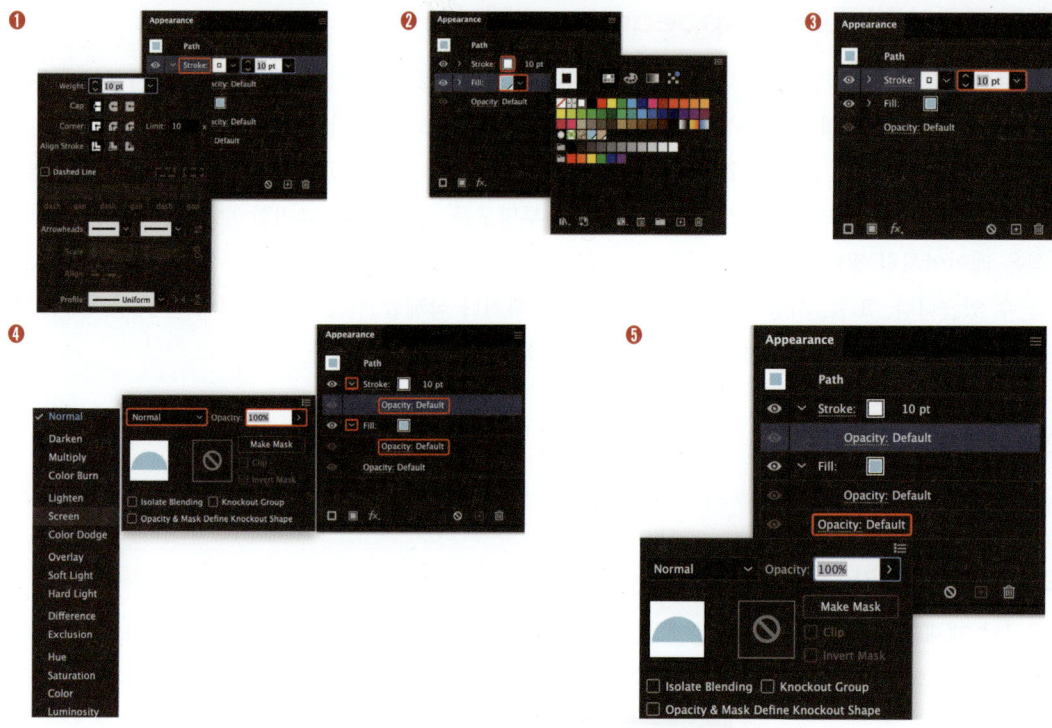

❶ 획(Stroke) 스타일 변경하기: 모양 패널에서 획(Stroke)을 클릭하면 '획(Stroke) 패널'과 동일한 패널이 열립니다. 획의 끝 모양, 대시 라인을 설정할 수 있습니다.

❷ 획(Stroke)과 칠(Fill) 색상 변경하기: 모양 패널에서 획(Stroke) 옆의 색상이 표기된 사각형을 클릭하면 '견본(Swatches) 패널' 과 동일한 패널이 열립니다. 획과 칠의 색상을 설정할 수 있습니다.

❸ 획(Stroke) 굵기 변경하기: 모양 패널에서 획(Stroke) 옆의 '획 굵기(Stroke Weight)' 입력란을 클릭하면 숫자를 직접 입력하거나 옆의 위/아래 화살표를 이용해 값을 조절할 수 있습니다. 획의 두께를 원하는 크기로 설정할 수 있습니다.

❹ 획(Stroke)과 칠(Fill)의 불투명도와 혼합 모드 변경
- 모양 패널에서 획(Stroke)과 칠(Fill)의 속성에 표시되어 있는 화살표를 클릭해 속성 메뉴를 확장하면 'Opacity(불투명도)' 옵션이 있습니다. 클릭하면 '불투명도(Opacity)' 패널과 동일한 패널이 열립니다.
- 열린 패널에서 Opacity(불투명도) 입력란에서 값을 조절할 수 있습니다. 0%는 완전 투명, 100%는 완전 불투명을 의미하며, 직접 숫자를 입력하거나 슬라이더를 움직여 값을 조절할 수 있습니다.
- 혼합 모드 메뉴를 클릭하면 드롭다운 메뉴가 열리며 사용자가 원하는 혼합 모드로 변경할 수 있습니다.

❺ 오브젝트 모두 한 번에 투명도 조절하기: 모양 패널의 최하단에 있는 'Opacity(불투명도)' 옵션을 통해 불투명도와 혼합 모드를 설정하면 오브젝트 전체의 획과 칠에 한 번에 효과가 적용됩니다.

(4) 모양 패널로 효과 속성 추가하기

❶ 획(Stroke)과 칠(Fill) 속성 추가하기

- 모양 패널에서 하단의 '획 속성 추가(Add New Stroke)' 또는 '칠 속성 추가(Add New Fill)' 버튼을 클릭하면 현재 선택된 오브젝트에 새로운 획이나 칠을 추가할 수 있습니다.
- 여러 개의 획과 칠을 레이어처럼 쌓아 올려 복합적인 효과를 만들 수 있으며, 드래그하여 순서를 변경할 수 있습니다.
- 각각의 획과 칠은 독립적으로 색상, 투명도, 효과 등을 적용할 수 있습니다.

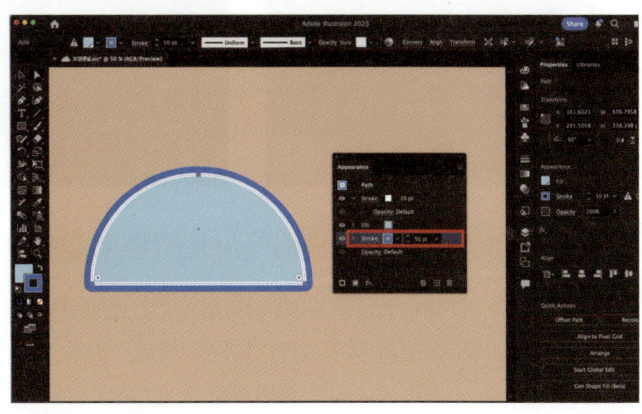

❷ 효과(Effect) 추가하기

- 모양 패널에서 '효과(Add New Effect)' 버튼을 클릭하면 여러 효과의 드롭다운 메뉴에서 필요한 효과를 선택하여 추가합니다. 이 효과 메뉴는 최상단 메뉴의 [효과/Effect]와 동일합니다.
- 일러스트레이터 효과와 포토샵 효과 등 여러 종류의 효과를 선택할 수 있으며, 하나의 오브젝트에 여러 효과를 중첩해서 적용할 수 있습니다. 적용된 효과는 언제든 수정이 가능하며, 모든 효과 속성은 드래그하여 순서를 변경할 수 있습니다.
- 모양 패널에서 특별히 속성을 선택하지 않으면 추가된 효과는 가장 상위에 적용이 되며 오브젝트 전체에 효과가 적용됩니다.
- 모양 패널에서 칠이나 획을 선택한 후에 효과를 추가하면 해당 속성에 효과가 중첩됩니다.

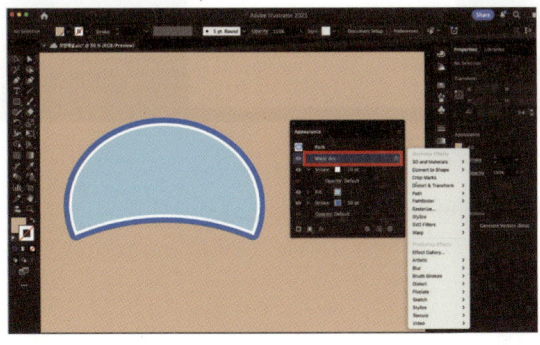 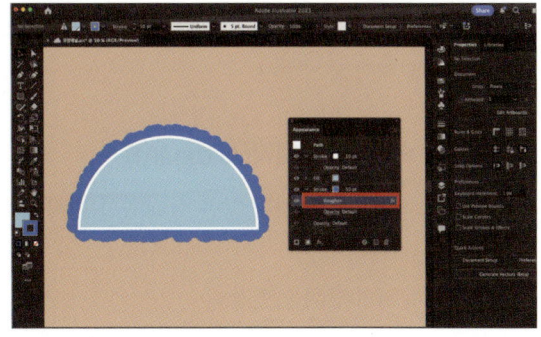

(5) 속성을 복제하고 삭제하기

❶ 복제: 속성을 선택 후 모양 패널 하단의 (+) 모양의 '속성 복제(Duplicate Selected Item)' 아이콘을 클릭하면 현재 선택된 획, 칠 또는 효과가 동일하게 복제되어 속성이 새로 추가됩니다.

❷ 삭제: 속성을 선택 후 모양 패널 하단의 '속성 삭제(Delete Selected Item)' 아이콘을 클릭하면 선택된 속성을 삭제할 수 있습니다.

❸ 모든 속성 제거: 모양 패널 하단의 '속성 모두 제거(Clear Appearance)' 아이콘을 클릭하면 선택된 오브젝트의 모든 속성이 한 번에 제거되고 획과 칠 컬러도 없음으로 적용됩니다.

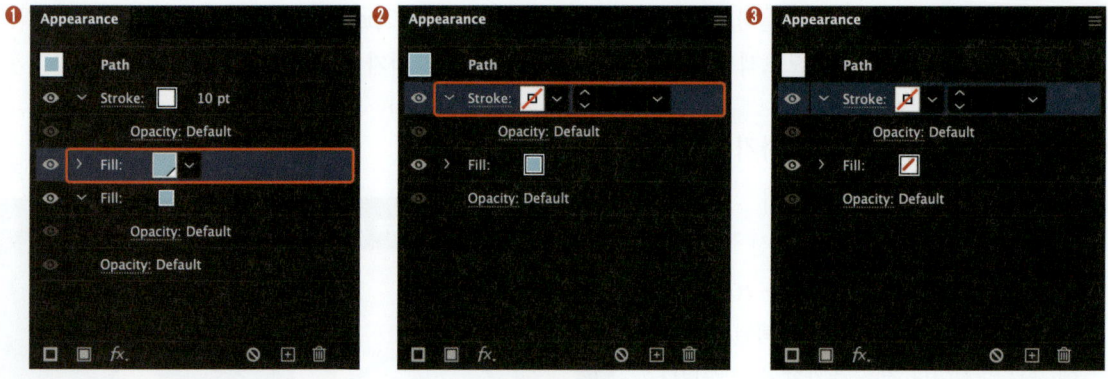

2. 모든 제어를 한 번에! 속성(Properties) 패널

복잡한 작업의 제어와 편의를 위해 나타난 모양 패널처럼 속성 패널도 오브젝트의 기본 속성과 고급 설정을 한 곳에서 관리할 수 있는 통합 패널입니다. 변형, 정렬, 정돈과 같은 기본적인 기능부터 일러스트레이터 전반에 걸친 기능을 하나의 패널에서 확인하고 실행할 수 있어 상시 활용되는 핵심 패널입니다.

또한, 어떤 도구를 선택한 상태인지 오브젝트가 선택 혹은 비선택 상태인지에 따라 유연하게 속성 패널의 표기가 추가 및 변경됩니다. 이는 다양한 도구들을 번갈아 가며 그래픽 작업을 할 때 속성 패널만으로도 대부분의 그래픽 제작이 가능하도록 합니다.

(1) 속성 패널 열기

❶ 작업 영역을 '필수 클래식(Essentials Classic)'으로 설정하면 일러스트레이터의 왼쪽에 기본적으로 속성(Properties)이 열려있습니다.

❷ 최상단 메뉴의 [창 > 속성/Window > Properties] 을 클릭하거나 단축키 Ctrl+F7(Windows)/Cmd+F7(Mac)을 누릅니다.

(2) 상황별 속성 패널: 대지(Artboard)

어떠한 오브젝트도 선택하지 않은 상태에서 대지(Artboard)에 대한 여러 설정을 속성 패널에서 할 수 있습니다.

❶ 문서(Document) 섹션
  - Units: 문서의 단위를 변경
  - Artboard: 복수의 대지가 작업 영역에 있을 때 빠르게 이동
  - Edit Artboards: 클릭 시 현재 선택한 대지의 위치, 사이즈, 이름, 전체 재정돈, 벡터 생성(Beta) 기능을 사용할 수 있도록 속성 패널이 변경되며 오른쪽 상단의 '종료(Exit)' 아이콘 클릭 시 종료

❷ 눈금자와 격자(Ruler&Grids) 섹션: 눈금자 표시, 그리드 표시, 투명 격자 표시(아이콘의 왼쪽에서 오른쪽으로 순서대로)

❸ 안내선(Guides) 섹션: 안내선 표시/숨기기, 안내선 잠그기, 스마트 가이드 활성화/비활성화(아이콘의 왼쪽에서 오른쪽으로 순서대로)

❹ 스냅 옵션(Snap Options) 섹션: 점에 물리기 켜기/끄기, 격자에 물리기 켜기/끄기, 픽셀에 물리기 켜기/끄기(아이콘의 왼쪽에서 오른쪽으로 순서대로)
❺ 환경 설정(Preferences) 섹션
- Keyboard Increment: 키보드 이동 단위 설정, 화살표 키를 사용하여 오브젝트를 이동할 때의 이동 거리 설정
- Use Preview Bounds: 미리보기 바운드 사용, 오브젝트의 선택 영역 표시 방식 결정
  - 활성화할 경우: 그림자나 글로우 효과가 적용된 오브젝트를 선택 도구로 이동 시 바운딩 박스가 효과 영역까지 포함됩니다.
  - 비활성화할 경우: 오브젝트만 선택되어 보입니다.
- Scale Corners: 모퉁이 크기 조절   • Scale Strokes&Effects: 선, 효과 크기 조절
❻ 빠른 실행(Quick Actions)
- Document Setup: 문서 설정   • Preferences: 환경 설정 바로가기
- Generate Vectors(Beta): AI로 벡터 생성

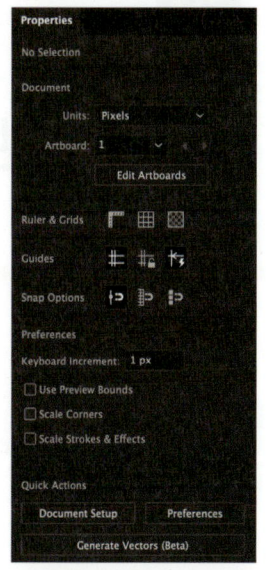

(3) 상황별 속성 패널: 오브젝트 선택 시

선택 도구로 오브젝트 선택 시 변형과 모양, 정렬과 정돈 등을 한 번에 속성 패널에서 제어할 수 있습니다.

❶ 변형(Transform) 섹션: 선택된 오브젝트의 위치, 크기, 회전, 참조점 기준 등을 설정합니다.
❷ 모양(Appearance) 섹션: 오브젝트의 획과 칠, 효과 등을 적용하는 모양 패널과 동일합니다.
❸ 정렬(Align) 섹션: 여러 오브젝트를 기준점에 맞춰 일정한 위치로 나열합니다.
❹ 빠른 실행(Quick Actions)
- 패스 오프셋(Offset Path): 선택한 오브젝트의 외곽선을 안쪽이나 바깥쪽으로 확장/축소하여 새로운 패스를 생성합니다.
- 모양 확장(Expand Shape): 선택한 오브젝트의 효과나 일부 속성을 편집 가능한 패스로 변경하거나 일반 닫힌 오브젝트로 변환합니다.
- 배치(Arrange): 여러 오브젝트의 겹침 층위를 조정하여 순서를 관리합니다.
- 픽셀 격자에 정렬(Align to Pixel Grid): 선택한 오브젝트를 픽셀 격자에 맞추어 정렬합니다.
- 색상 변경(Recolor): 선택한 오브젝트의 색상을 다양한 방식으로 변경하고 조정할 수 있는 '색상 변경(Recolor)' 패널을 엽니다.
- 전역 편집(Start Global Edit): 문서 전체에서 동일한 속성을 가진 요소들을 한 번에 편집할 수 있습니다.
- 모양 채우기 생성(Gen Shape Fill): 선택한 오브젝트 모양으로 AI가 자동으로 채우는 패턴이나 모양을 생성합니다.
- 벡터 생성(Generate Vectors): 이미지나 선택한 요소를 기반으로 AI가 자동으로 벡터를 생성합니다.

속성 패널은 이처럼 오브젝트가 선택된 상태와 비선택된 상태에서 패널의 표시가 달라지며, 오브젝트가 선택된 상태에서 왼쪽 도구 패널의 다른 도구를 선택하면, 해당 도구의 관련 옵션들이 추가로 표시됩니다.

SECTION 04 | 오브젝트 그룹화와 잠금 설정

1. 그룹을 만들고 해제하는 5가지 방법

그룹(Group) 기능은 여러 오브젝트를 하나의 단위로 묶어 효율적으로 관리할 수 있게 해줍니다. 2개 이상의 복수의 오브젝트들을 그룹화하면 이동, 복사, 변형 등의 작업을 한 번에 적용할 수 있어 작업 효율이 높아지며, 실수로 개별 요소가 선택되거나 움직이는 것을 방지할 수 있습니다.
필요한 경우 그룹을 해제하여 개별 편집도 가능하기 때문에, 여러 그래픽 요소들을 그룹으로 관리하는 것이 일반적입니다.

(1) 단축키 사용하여 그룹화/해제

가장 빠르게 그룹을 만들고 해제할 수 있어서 매우 많이 사용하는 방법입니다. 2개 이상의 다중 오브젝트를 선택 후 키보드에서 눌러서 실행합니다.
❶ 그룹화: Ctrl+G(Windows)/Cmd+G(Mac)
❷ 그룹 해제: Ctrl+Shift+G(Windows)/Cmd+Shift+G(Mac)

(2) 속성(Properties) 패널에서 그룹화/해제

❶ 그룹화: 다중 오브젝트 선택 시 나타나는 하단의 '빠른 작업(Quick Action)'에 나타나는 '그룹(Group)' 버튼 클릭
❷ 그룹 해제: 그룹 선택 시 나타나는 '그룹 풀기(Ungroup)' 버튼 클릭하여 그룹 해제

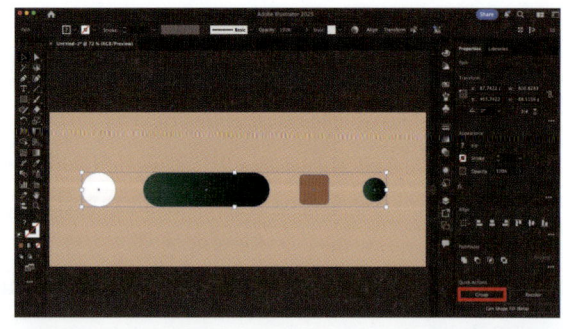

(3) 우클릭 컨텍스트 메뉴로 그룹화/해제

❶ 그룹화: 오브젝트를 선택 후 우클릭 > Group
❷ 그룹 해제: 그룹을 선택 후 우클릭 > Ungroup

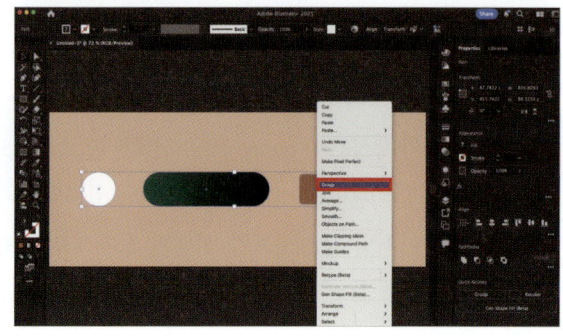

(4) 최상단 메뉴에서 그룹화/해제

❶ 그룹화: 최상단 메뉴의 [오브젝트〉그룹/Object〉Group]
❷ 그룹 해제: 최상단 메뉴의 [오브젝트〉그룹 해제/Object〉Ungroup]

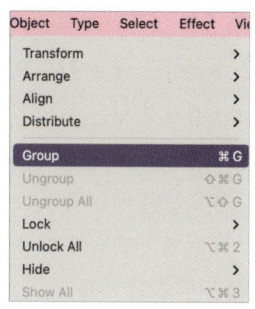

(5) 최상단 메뉴에서 전체 그룹 해제

여러 그룹을 선택 도구로 선택한 후 한 번에 모든 그룹을 해제할 수 있어 작업 효율을 높일 수 있습니다.

❶ 전체 그룹 해제: [오브젝트〉전체 그룹 해제/Object〉Ungroup All]
❷ 단축키: Alt + Shift + G (Windows)/ Opt + Shift + G (Mac)

2. 오브젝트 잠그기/해제하기

오브젝트의 잠금(Lock) 기능은 복잡한 그래픽 작업 시 완성된 요소를 보호하고 실수를 방지하는 데 중요한 역할을 합니다. 특히 여러 레이어로 구성된 복잡한 디자인 작업에서 이미 완성된 요소를 실수로 선택하거나 이동하는 것을 막아주며, 특정 요소를 잠금 처리하여 작업 영역을 명확히 구분하고 실수로 인한 훼손을 방지할 수 있어, 효율적인 작업 관리가 가능합니다.

잠긴 오브젝트는 선택 도구로 선택할 수 없으며, 레이어 패널에서 자물쇠 아이콘이 표시됩니다. 사용자의 필요에 따라 언제든지 오브젝트를 잠그고 해제할 수 있습니다.

(1) 단축키 사용하여 잠그기/해제하기

가장 빠르게 오브젝트를 잠그고 해제할 수 있어서 매우 많이 사용하는 방법입니다. 오브젝트를 선택 도구로 선택한 후 키보드에서 눌러서 실행합니다.

❶ 선택 잠금: Ctrl + 2 (Windows)/ Cmd + 2 (Mac)
❷ 모두 잠금 해제: Alt + Ctrl + 2 (Windows)/ Opt + Cmd + 2 (Mac)

(2) 최상단 메뉴에서 잠그기/해제하기

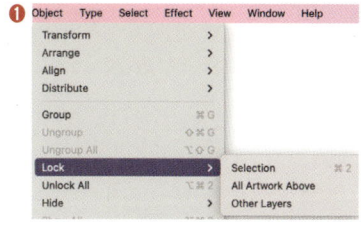 

❶ 선택 잠금
- 최상단 메뉴에서 [오브젝트〉잠금〉선택물/Object〉Lock〉Selection]을 선택합니다.
- 선택 도구로 선택된 개체만 잠금 상태로 만듭니다.

❷ 모든 아트워크 위로
- 최상단 메뉴에서 [오브젝트〉잠금〉모든 아트워크 위로/Object〉Lock〉All Artwork Above]를 선택합니다.
- 겹쳐져 있는 두 개의 레이어가 있다면 선택된 레이어 위에 있는 오브젝트들이 잠금 상태가 됩니다.

❸ 다른 레이어 잠금
- 최상단 메뉴에서 [오브젝트〉잠금〉다른 레이어/Object〉Lock〉Other Layers]를 선택합니다.
- 현재 선택되어 활성화된 이외의 레이어를 잠금 상태로 만듭니다.

❹ 모든 잠금 해제
- 최상단 메뉴에서 [오브젝트〉모든 잠금 풀기/Object〉Unlock All]을 선택합니다.
- 작업 영역의 활성화 된 레이어 내의 모든 오브젝트의 잠금이 해제됩니다.

(3) 레이어 패널에서 잠그기/해제하기

❶ 선택 레이어 잠그기: 잠그고자 하는 레이어의 비어있는 '잠금(Lock)' 아이콘을 클릭하여 잠금 상태로 만듭니다.

❷ 레이어 잠금 해제: 잠겨 있는 레이어의 '잠금(Lock)' 아이콘을 클릭하여 해제합니다.

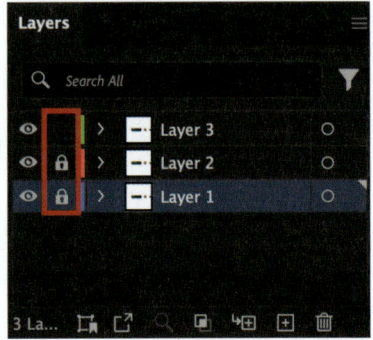

SECTION 05 | 패스파인더로 해결하는 복잡한 형태 제작과 조합

1. 패스파인더로 오브젝트를 합치고 나누기

패스파인더(Pathfinder)는 기본 도형 오브젝트와 자유형 오브젝트들을 조합하여 형태를 만들 때 사용하는 도구입니다. 여러 도형을 합치거나 잘라내서 새로운 형태를 만들고, 정확한 교차 영역을 생성하며, 중첩된 요소들을 깔끔하게 처리할 수 있습니다. 이러한 특징은 로고, 아이콘, 패턴 디자인 등 여러 그래픽 작업에서 형태의 조합을 빠르고 정확하게 만들 수 있게 하므로 필수적인 기능 중 하나입니다.

(1) 패스파인더 패널 살펴보기

❶ 최상단 메뉴에서 [창 〉 패스파인더/Window 〉 Pathfinder]를 클릭하거나 단축키 Shift + Ctrl + F9 (Windows)/Shift + Cmd + F9 (Mac)를 눌러 패스파인더 패널을 불러옵니다.

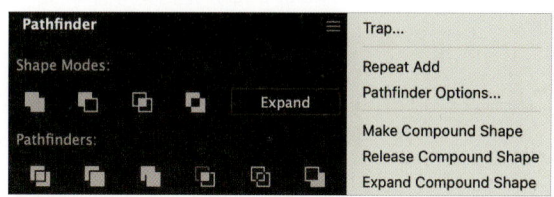

❷ 패스파인더를 사용하려면 먼저 선택 도구를 이용해 2개 이상의 오브젝트를 선택해야 합니다. 이때, 선택된 오브젝트는 서로 겹쳐 있어야 합니다.

❸ 도형 오브젝트뿐 아니라 패스를 이용해서도 오브젝트를 분할 할 수 있으며 패스를 이용한 변형 시 변형 대상이 되는 오브젝트보다 큰 크기의 패스를 사용해야 원활한 처리가 가능합니다.

❹ 모든 오브젝트를 선택한 후 패스파인더 패널에서 원하는 효과를 클릭하면 선택한 오브젝트들이 결합, 분할, 교차 등으로 변형됩니다.

❺ 패스파인더를 실행하여 오브젝트들이 결합되거나 분리되면 원래 상태로 복구가 어렵습니다. 따라서 복잡한 변형을 진행하기 전, 원본 오브젝트를 복사해 두는 것을 권장합니다.

(2) 모양 모드(Shape Modes)

❶ 합치기(Unite): 선택한 객체들을 하나의 오브젝트로 합침
❷ 앞면 오브젝트 제외(Minus Front): 맨 위 객체로 아래 객체를 잘라냄

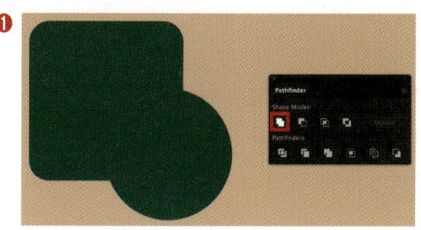
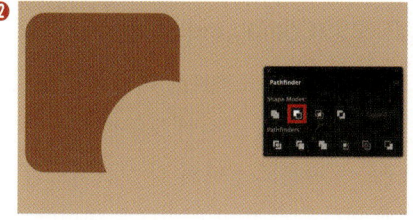

❸ 교차 영역(Intersect): 객체들이 겹치는 부분만 남김
❹ 교차 영역 제외(Exclude): 객체들이 겹치는 부분을 제거

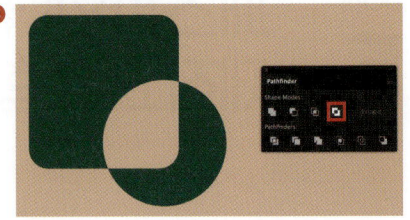

(3) 패스파인더(Pathfinder)

❶ 나누기(Divide): 객체들을 겹치는 부분에서 개별 도형으로 분할
❷ 동색 오브젝트 분리(Trim): 보이는 부분만 남기고 겹친 부분 제거
❸ 병합(Merge): 같은 색상의 겹친 객체들을 하나로 병합
❹ 자르기(Crop): 맨 위 객체로 아래 객체들을 자름
❺ 윤곽선(Outline): 객체들의 윤곽선을 따라 분할
❻ 이면 오브젝트 제외(Minus Back): 맨 뒤 객체로 앞의 객체를 잘라냄

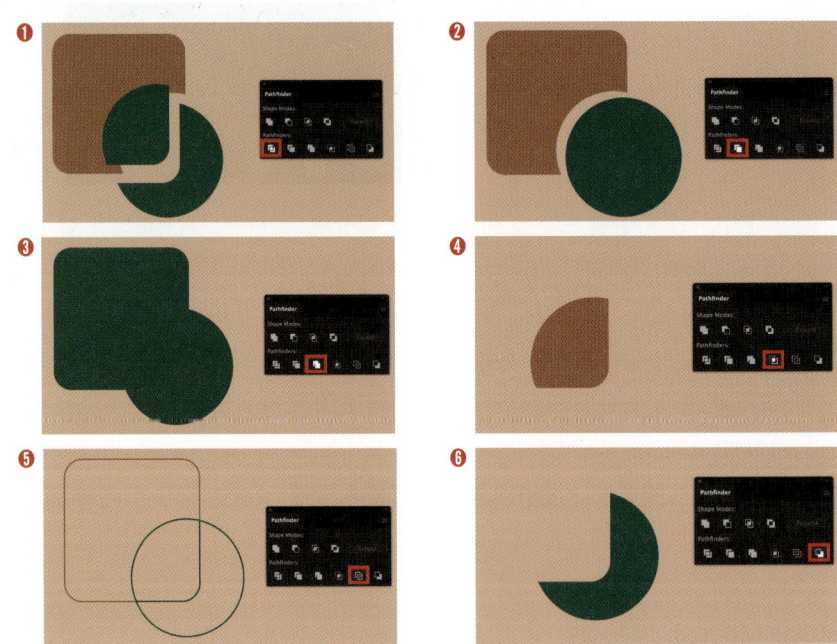

2. 컴파운드 모양과 컴파운드 패스를 만들고 확장하기

(1) 컴파운드 모양(Compound Shape)

컴파운드 모양은 여러 오브젝트를 비파괴적으로 결합해 다양한 모양 모드를 적용할 수 있는 기능입니다. 컴파운드 모양 상태에서도 직접 선택 도구를 이용하여 외곽선의 포인트를 이동해 형태를 수정할 수 있습니다. 직접 선택 도구로 컴파운드 상태의 각 오브젝트의 포인트 및 패스를 수정할 수 있기 때문에 구성하고 있는 다른 오브젝트에게 영향을 주지 않고 형태를 변형할 수 있습니다.

❶ 컴파운드 모양 만들기

- 그룹이 되어있지 않고 위치가 겹쳐져 있는 2개 이상의 오브젝트를 선택 도구로 선택합니다. 단축키 Alt (Windows)/Opt (Mac)를 누르면서 패스파인더 상단의 '모양 모드(Shape Modes)' 중 원하는 기능을 클릭하여 적용합니다.
- 또는 패스파인더 오른쪽 옵션을 눌러 드롭다운 메뉴에서 '컴파운드 모양 만들기(Make Compound Shape)'를 클릭합니다.

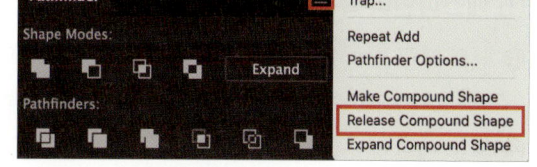

❷ 컴파운드 모양 풀기

- 컴파운드 모양을 선택 도구로 선택한 후 패스파인더 오른쪽 옵션을 눌러 드롭다운 메뉴에서 '컴파운드 모양 풀기(Release Compound Shape)'을 클릭합니다.
- 다른 컴파운드 모양을 만들기 위해서는 위 방법으로 컴파운드 모양을 풀기 한 후 새로운 컴파운드 모양을 적용합니다.

❸ 컴파운드 모양 확장

- 패스파인더 패널의 '확장(Expand)' 버튼이나 오른쪽 옵션을 눌러 드롭다운 메뉴에서 '컴파운드 모양 확장(Expand Compound Shape)'을 클릭합니다.
- 컴파운드 모양을 만들면 보기에는 오브젝트가 합쳐지거나 나누어진 것처럼 보이시만 실제로는 원본이 손상되지 않은 상태입니다. 확장하면 일반적인 패스파인더 적용 결과처럼 오브젝트가 나누어지거나 합쳐진 상태로 생성됩니다.

(2) 컴파운드 패스(Compound Path)

컴파운드 패스(Compound Path)는 겹쳐진 오브젝트를 하나로 결합하여 작은 오브젝트를 내부가 비어있는 듯이 투명하게 만드는 기능입니다. 컴파운드 모양과 마찬가지로 확장 전까지 원본이 보호되며 직접 선택 도구로 편집도 가능합니다.

❶ 컴파운드 패스 만들기

- 그룹이 되어있지 않고 위치가 겹쳐져 있는 2개 이상의 오브젝트를 선택 도구로 선택합니다.
- 최상단 메뉴의 [오브젝트 〉 컴파운드 패스 〉 만들기/Object 〉 Compound Path 〉 Make]를 누릅니다. 또는 단축키 Ctrl + 8 (Windows)/Cmd + 8 (Mac)을 눌러서 활성화합니다.

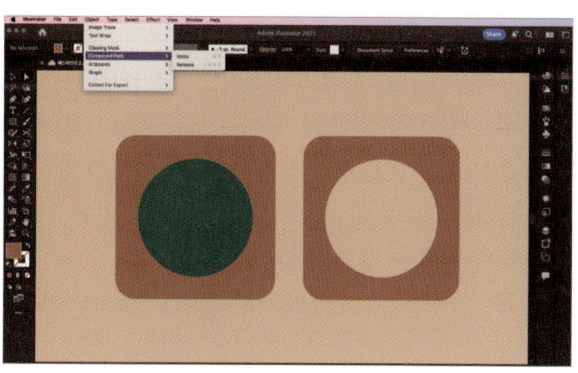

❷ 컴파운드 패스 풀기
- 컴파운드 패스 오브젝트를 선택 도구로 선택합니다.
- 최상단 메뉴의 [오브젝트〉컴파운드 패스〉풀기/Object〉Compound Path〉Release]를 누릅니다. 또는 단축키 Shift + Alt + Ctrl + 8 (Windows)/Shift + Opt + Cmd + 8 (Mac)을 눌러서 컴파운드 패스를 해제합니다.

3. 모양 패널에서 패스파인더 속성 추가하기

패스파인더 기능은 패스파인더 패널에서 적용하는 것이 일반적입니다. 하지만 패스파인더 패널에서 적용 시 모양(Appearance) 패널에서 속성으로 추가되지 않아서 추후 수정이나 편집에 불편함을 겪을 수 있습니다.

(1) 패스파인더 속성 살펴보기

❶ 선택 도구를 이용하여 나누거나 합쳐질 오브젝트를 모두 선택 후 모양 패널의 효과 아이콘이나 최상단 메뉴의 [효과〉패스파인더/Effect〉Pathfinder]로 패스파인더 효과를 추가할 시 속성으로 추가됩니다.

❷ 모양 패널에서 적용된 패스파인더 속성 이름을 클릭하여 '패스파인더 옵션' 대화상자를 불러와 빠르게 다양한 패스파인더를 적용할 수 있습니다.

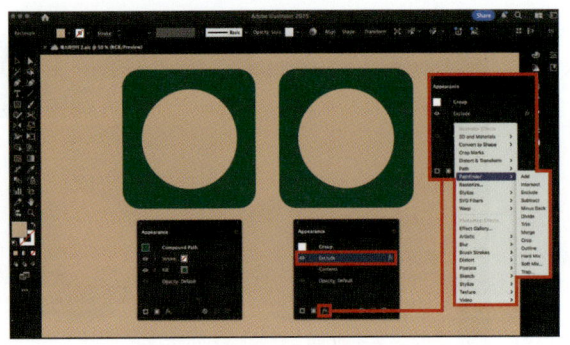
패스파인더 속성 차이

모양패널의 패스파인더 속성 변경

(2) 효과의 패스파인더 메뉴

❶ 추가(Add): 모든 선택된 오브젝트를 하나로 합침
❷ 교차 영역(Intersect): 오브젝트들이 겹치는 부분만 남김
❸ 교차 영역 제외(Exclude): 겹치는 부분을 제거
❹ 제외(Subtract): 상위 오브젝트로 하위 오브젝트를 자름
❺ 이면 오브젝트 제외(Minus Back): 하위 오브젝트로 상위 오브젝트를 자름
❻ 나누기(Divide): 오브젝트의 겹치는 부분을 분할
❼ 동색 오브젝트 분리(Trim): 보이는 부분만 남기고 제거
❽ 병합(Merge): 같은 색상의 겹치는 오브젝트를 합침
❾ 자르기(Crop): 맨 위 오브젝트를 기준으로 자름
❿ 윤곽선(Outline): 오브젝트를 획으로 생성
⓫ 교차색 짙게 혼합(Hard Mix): 오브젝트의 겹치는 색상을 곱하기 모드와 같이 혼합된 색상으로 표시(그룹화 후 적용)

⑫ 교차색 옅게 혼합(Soft Mix): 겹치는 오브젝트들의 색상값을 계산하여 단순화된 색상으로 만드는 기능
⑬ 트랩(Trap): 인접한 색상 영역 사이에 미세한 중첩 영역을 생성하여 인쇄 시 발생할 수 있는 색상 간의 빈 공간이나 오차를 방지하기 위한 기능

4. 1분 실습_우표 프레임의 아트워크 만들기

(1) 파일 열기

최상단 메뉴의 [파일〉열기/File〉Open]을 클릭하여 대화상자에서 '클래스4_5_1분실습_우표.ai' 파일을 불러옵니다.

(2) 패스파인더 효과 속성 추가하기

❶ 최상단 메뉴의 [창〉모양/Window〉Appearance]를 클릭해 모양 패널을 불러옵니다.
❷ 패널 하단의 (Fx) 아이콘(효과 아이콘)을 클릭합니다.
❸ [패스파인더〉제외/Pathfinder〉Subtract]를 선택하여 속성을 추가하고 경고창이 열리면 '확인(OK)'을 클릭하여 적용합니다.

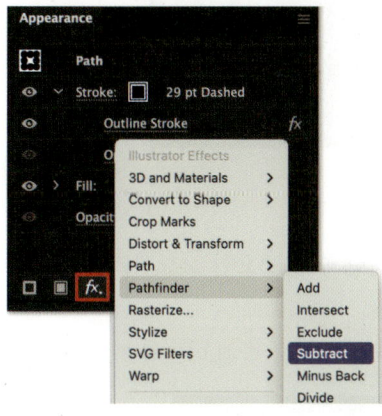

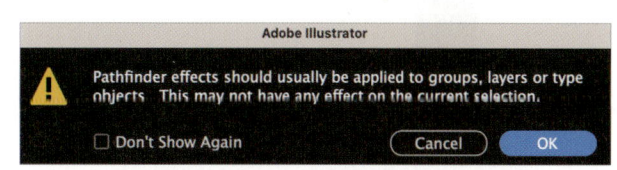

(3) 우표 모양으로 아웃라인 만들기

❶ 추가한 Subtract 속성을 선택한 후 드래그하여 속성 중 가장 하위로 이동합니다.
❷ 이동과 동시에 외곽라인이 우표 모양으로 변경됩니다.

(4) 아트워크 정리하기-1

❶ '아트워크' 대지에 놓인 오브젝트 중 하늘색 바닥 오브젝트를 선택 도구로 선택한 후 단축키 Ctrl + 2 (Windows)/ Cmd + 2 (Mac)를 눌러 선택 잠금을 활성화합니다.

❷ 그 외 오브젝트를 모두 드래그하여 모두 선택합니다.

❸ 속성(Properties)의 Pathfinder 섹션의 점 세 개 버튼을 클릭하여 패스파인더를 패널에 모두 보이게 합니다.

❹ '동색 오브젝트 분리(Trim)'를 클릭하여 겹쳐진 부분을 분리하여 정리합니다.

(5) 아트워크 정리하기-2

❶ 단축키 Alt + Ctrl + 2 (Windows) / Opt + Cmd + 2 (Mac)를 입력하여 모두 잠금 해제로 이전 단계에 잠궈둔 하늘색 바닥 오브젝트를 잠금 해제한 후, 선택 도구로 모두 드래그하여 선택합니다.

❷ 속성(Properties)의 Pathfinder 섹션에서 '나누기(Divide)'를 찾아 겹쳐진 개체를 분리합니다. 겹쳐진 모든 개체가 분리됩니다.

(6) 아트워크 정리하기-3

❶ 왼쪽 도구패널에서 '직접 선택 도구(Direct Selection Tool)'를 선택한 후 불필요한 오브젝트들을 선택하고 키보드에서 Backspace (Windows) / Delete (Mac)를 눌러 삭제합니다.

❷ 선택 도구로 아트워크를 선택하여 우표 프레임으로 드래그하여 이동 후 위치를 맞춰 아트워크를 완성합니다.

SECTION 06 | 쉐이프 빌더와 라이브 페인트로 아트워크 만들기

1. 1분 실습_쉐이프 빌더로 아트워크 만들기

도형 구성 도구(Shape Builder Tool)는 패스파인더와 비슷하게 오브젝트들의 형태를 나누고 병합하는 기능이지만, 실시간으로 직관적인 작업이 가능한 도구입니다. 마우스로 드래그하는 직관적인 인터페이스로 도형의 결합, 분할, 삭제를 즉각적으로 진행할 수 있어 작업의 효율을 높여 오브젝트의 조합을 쉽게 만들 수 있습니다.

(1) 파일 열기

최상단 메뉴의 [파일〉열기/File〉Open]을 클릭하여 대화상자에서 '클래스4_6_1분실습_쉐이프빌더연습.ai' 파일을 불러옵니다.

(2) 도형 구성 도구로 결합하기

❶ 왼쪽 도구 패널에서 선택 도구로 몸통을 이루고 있는 모서리가 둥근 사각형을 모두 선택합니다.
❷ 도형 구성 도구(Shape Builder Tool)를 클릭하여 선택합니다. 또는 단축키 Shift+M를 누릅니다.
❸ 오브젝트에 커서를 올리면 커서 아이콘이 (+)로 변경됩니다.
❹ 2개의 몸통을 드래그하면 하나의 오브젝트로 합쳐집니다.

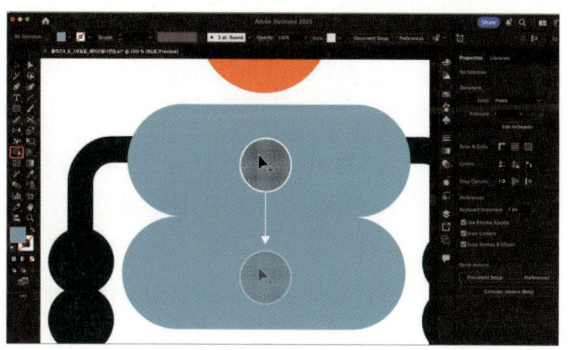

(3) 도형 구성 도구로 제거하기

❶ 왼쪽 도구 패널에서 선택 도구로 모자를 드래그하여 모두 선택합니다.
❷ 도형 구성 도구(Shape Builder Tool)를 클릭하여 선택합니다.
❸ 단축키 Alt (Windows)/Opt (Mac)를 누른 상태로 오브젝트에 커서를 올리면, 커서 아이콘이 (−)로 변경됩니다.

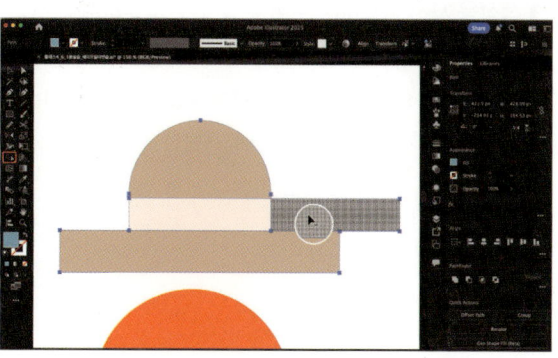

❹ 가운데 옅은 베이지 컬러의 사각형의 양쪽을 클릭하여 불필요한 부분을 제거합니다.
❺ 동일한 방법으로 바지의 무늬와 신발도 제거합니다.

(4) 도형 구성 도구로 분리하기

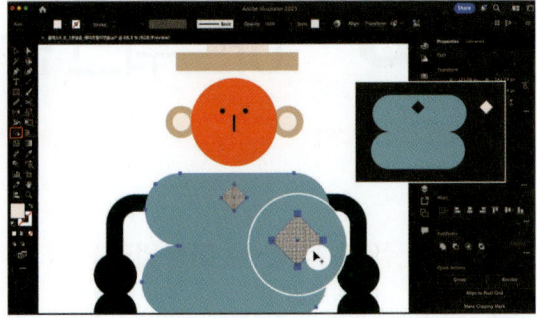

❶ 왼쪽 도구 패널에서 사각형 도구로 드래그하여 사각형을 하나 생성한 뒤 속성(Properties) 패널에서 45도로 회전한 뒤 몸통 위에 드래그하여 이동합니다.
❷ 몸통 오브젝트와 새로 만든 사각형을 선택 도구로 선택한 후 도형 구성 도구(Shape Builder Tool)로 사각형을 클릭합니다.
❸ 도형과 사각형이 나눠집니다. 마치 상위 오브젝트가 하위 오브젝트를 관통하여 구멍을 뚫은 것처럼 보이게 됩니다.
❹ 단축키 Alt (Windows)/ Opt (Mac)를 누른 상태로 클릭하면 선택 도형이 제거됩니다.

(5) 아트워크 완성하기

도형 구성 도구(Shape Builder Tool)로 복수의 오브젝트를 직관적으로 조합, 제거, 분할을 할 수 있습니다.

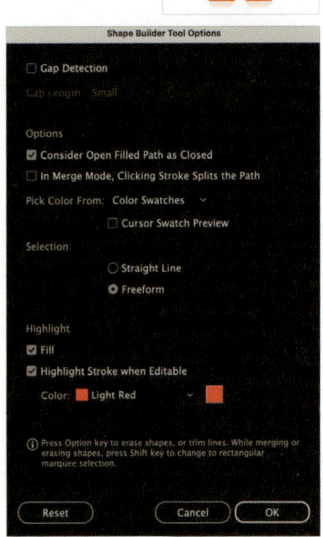

(6) 도형 구성 도구(Shape Builder Tool)의 옵션

왼쪽 도구 패널의 도형 구성 도구(Shape Builder Tool)가 선택된 상태에서 더블 클릭하여 옵션창을 열 수 있습니다.

❶ 열린 패스를 닫힌 것으로 간주(Consider Open Filled Path as Closed): 완벽하게 닫히지 않은 패스도 자동으로 닫힌 패스로 처리합니다.
❷ 간격 감지(Gap Detection): 일반적으로 활성화하지 않지만, 매우 사이즈가 작은 그래픽이나 정교한 작업을 할 때 유용합니다.
❸ 강조(Highlight)
  • 'Fill'과 'Highlight Stroke when Editable'를 체크하여 작업합니다.
  • 비활성화 시 도형 구성 도구로 개체 위에 커서를 올려도 개체 감지가 되지 않습니다.
❹ 색상을 사전 설정하여 도형 구성 도구 사용하기
  • 대상 오브젝트를 선택한 후 도형 구성 도구를 도구 패널에서 클릭합니다.
  • 속성 패널의 칠 색상이나, 전경색을 더블 클릭하여 원하는 색상으로 설정 후 도형 구성 도구로 오브젝트를 드래그하거나 클릭하여 편집하면 선택한 색상으로 바로 면을 만들 수 있습니다.

2. 1분 실습_라이브 페인트통 도구로 아트워크 만들기

라이브 페인트통(Live Paint Bucket) 도구는 기존의 복잡한 채색 방식을 개선한 도구입니다. 벡터 아트워크를 마치 컬러링 북을 채색하듯이 마우스 클릭으로 직관적으로 채색할 수 있게 합니다.

서로 교차하는 패스들이 만드는 영역을 자동으로 인식하여 독립된 면으로 취급하기 때문에, 복잡한 패스 작업 없이도 원하는 영역을 손쉽게 선택하고 색상을 적용하여 면을 만들 수 있습니다.

(1) 파일 열기

최상단 메뉴의 [파일 > 열기/File > Open]을 클릭하여 대화상자에서 '클래스4_6_1분실습_라이브페인트통연습.ai' 파일을 불러옵니다.

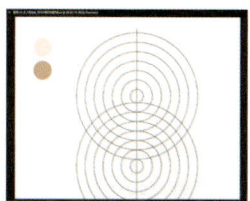

(2) 라이브 페인트통 도구 선택하기

❶ 왼쪽 도구 패널에서 선택 도구로 대지에 놓인 개체를 드래그하여 빠짐없이 모두 선택합니다.

❷ 도형 구성 도구(Shape Builder Tool)를 길게 클릭하면 숨겨져 있는 라이브 페인트통 도구를 선택할 수 있습니다. 또는 단축키 K를 누릅니다.

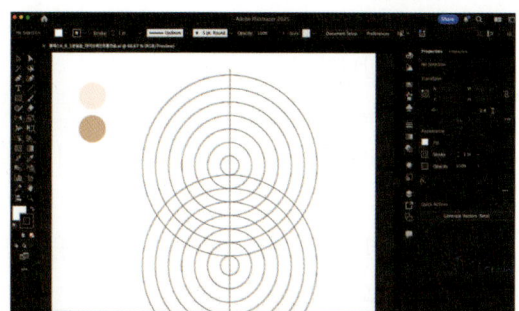

(3) 라이브 페인트 오브젝트 만들기

❶ 라이브 페인트통 도구가 선택된 상태에서 Alt (Windows)/Opt (Mac)를 눌러 커서가 스포이드로 바뀌면 대지의 왼쪽에 놓인 컬러칩 중 밝은 컬러를 선택합니다. 전경색이 선택한 컬러로 변경됩니다.

❷ 오브젝트에 커서를 올리면 칠할 수 있는 부분이 붉은색 가장자리로 표기됩니다.

❸ 하단 이미지와 같이 라이브 페인트통 도구로 클릭하거나 드래그하여 오브젝트를 칠합니다.

(4) 라이브 페인트 선택 도구로 일부분만 선택하기

❶ 왼쪽 도구 패널에서 라이브 페인트 선택 도구(Live Paint Selection Tool)를 찾아 클릭합니다. 또는 단축키 Shift + L을 누릅니다.

❷ 라이브 페인트 오브젝트에서 Shift를 누르면서 이미지와 각 영역을 번갈아가며 클릭으로 선택하여 리듬감 있는 구조를 만듭니다.

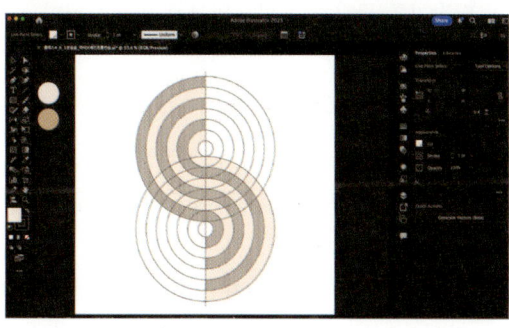

(5) 선택된 부분의 컬러 바꾸기

Alt(Windows)/Opt(Mac)를 눌러 커서가 스포이드로 바뀌면 대지의 왼쪽에 놓인 컬러칩 중 어두운 컬러를 선택합니다. 선택된 부분의 컬러가 자동으로 변경됩니다.

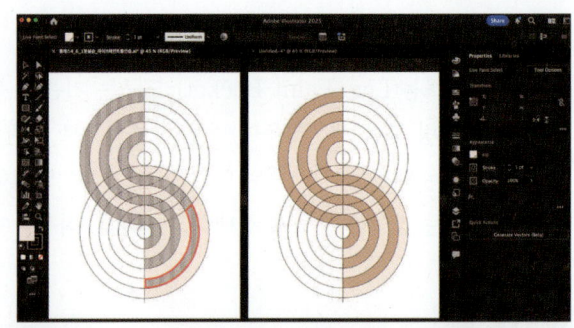

(6) 일반 오브젝트로 변경하기

❶ 오브젝트가 선택된 상태에서 속성(Properties) 패널의 모양(Appearance)에서 획 굵기를 0으로 변경하거나 색상 아이콘을 선택하여 획 색상을 없음으로 변경합니다.

❷ 최상단 메뉴의 [오브젝트〉라이브 페인트〉확장/Object〉Live Paint〉Expand]를 클릭하여 확장합니다.

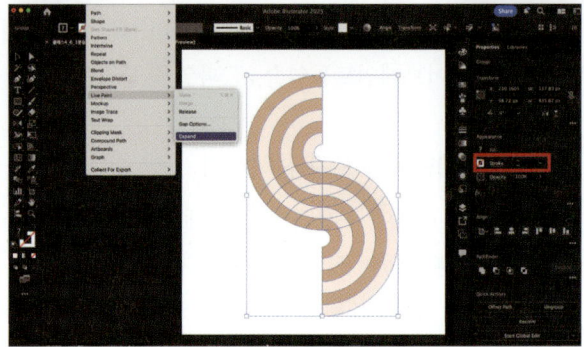

❸ 라이브 페인트 오브젝트처럼 특별한 성질을 가진 오브젝트는 기능의 제한이 있을 수 있습니다. 확장(Expand)하여 일반 오브젝트로 변경합니다.

❹ 일반 오브젝트로 변경하면 바운딩 박스의 모서리가 변경되며 칠이 적용되지 않은 부분은 제거됩니다.

(7) 아트워크 완성하기

❶ 확장된 오브젝트가 선택된 상태에서 Ctrl+C(Windows)/Cmd+C(Mac)를 눌러 복사 후 Ctrl+F(Windows)/Cmd+F(Mac)를 눌러 앞에 붙이거나 레이어 패널에서 복제합니다.

❷ 속성(Properties) 패널의 변형(Transform) 패널에서 참조 기준점을 중심으로 변경한 뒤 가로로 뒤집기를 클릭하여 아트워크를 완성합니다.

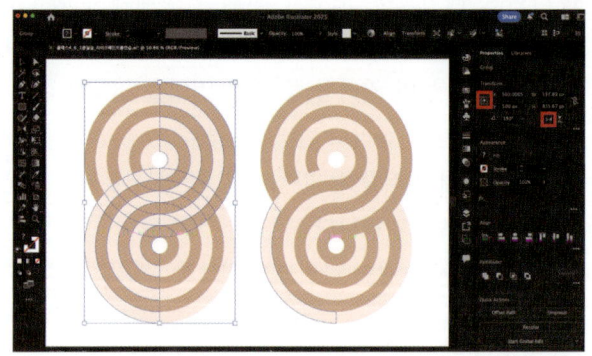

(8) 도구 옵션 열고 살펴보기

❶ 왼쪽 도구 패널에서 라이브 페인트통 그리고 라이브 페인트 선택 도구를 선택한 후 도구 아이콘을 더블 클릭하면 옵션창이 열립니다.

❷ 채우기 기능의 활성화 및 하이라이트 기능으로 선택 영역 가장자리의 색상을 변경하거나 도움말 등을 확인할 수 있습니다.

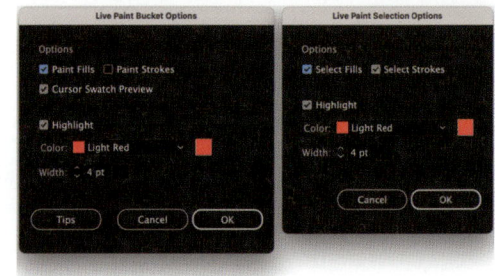

SECTION 07 | 클리핑 마스크와 불투명도 마스크

1. 1분 실습_클리핑 마스크로 이니셜 일러스트레이션 만들기

일러스트레이터의 클리핑 마스크는 상단의 오브젝트 형태를 기준으로 하단의 이미지나 오브젝트를 자르는 기능입니다. 벡터 기반으로 작동하기 때문에 크기를 자유롭게 조절해도 품질 저하가 없고, 마스크 모양을 언제든 수정할 수 있어 유연한 작업이 가능합니다. 여러 오브젝트 및 그룹을 한 번에 마스킹할 수 있고, 마스크 내부의 오브젝트들도 자유롭게 이동하고 변형할 수 있어 다양한 디자인 시도가 가능합니다.

(1) 파일 열기

최상단 메뉴의 [파일 〉 열기/File 〉 Open]을 클릭하여 대화상자에서 '클래스4_7_1분실습_클리핑마스크.ai' 파일을 불러옵니다.

(2) 상위 레이어 만들기

❶ 선택 노구나 레이어 패널에서 'A' 오브젝트를 선택합니다.
❷ 레이어 패널에서 (+) 아이콘으로 드래그하여 복제한 후 드래그하여 최상위로 위치를 이동합니다.

(3) 레이어 모두 선택

레이어 패널에서 Shift 를 누른 상태로 복제된 'A'와 '플라워 그룹' 레이어를 클릭하여 선택하면, 레이어 왼쪽의 표시가 두 개의 동심원 모양으로 변경됩니다. 이는 두 레이어가 동시에 선택되었음을 나타냅니다.

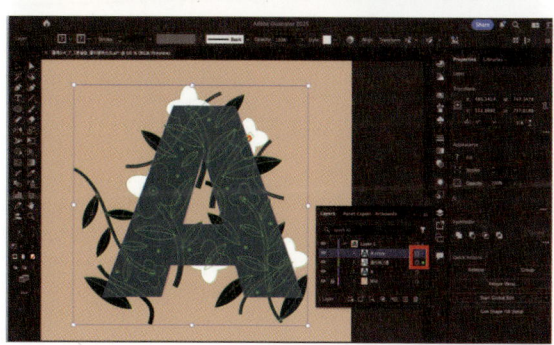

(4) 클리핑 마스크 만들기

❶ 2개의 레이어가 선택된 상태에서 단축키 Ctrl+7(Windows)/Cmd+7(Mac)을 누르거나 최상단 메뉴의 [오브젝트〉클리핑 마스크〉만들기/Object〉Clipping Masks〉Make]를 눌러 선택된 오브젝트에 클리핑 마스크를 적용합니다.

❷ 상위 레이어의 모양이 하나의 프레임처럼 작용하여, 클리핑된 레이어의 내용이 그 형태 안에서만 보이게 됩니다. 이때 상위 레이어는 일종의 윈도우 역할을 하며, 그 안에 담기는 하위 레이어의 이미지나 색상은 상위 레이어의 외곽선을 벗어나지 않고 깔끔하게 제한됩니다.

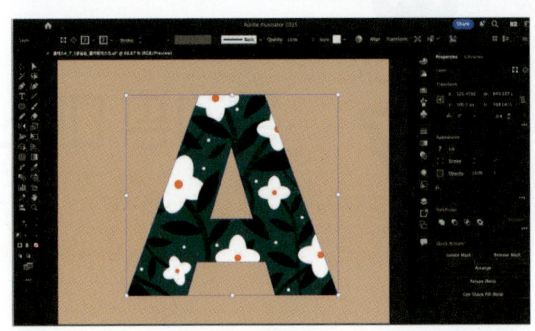

(5) 클리핑 마스크 수정하기-1

❶ 레이어 패널에서 'A' 레이어의 Lock 아이콘을 클릭해 잠급니다.

❷ 왼쪽 도구 패널에서 '직접 선택 도구(Direct Selection Tool)'를 선택한 후 'A copy' 레이어의 가장자리를 클릭해 선택합니다.

(6) 클리핑 마스크 수정하기-2

왼쪽 도구 패널에서 '펜 도구(Pen Tool)'를 선택해 앞서 선택한 'A copy' 레이어의 가장자리에 커서를 두면 커서 모양이 변경됩니다. 클릭하여 고정점을 추가합니다.

(7) 클리핑 마스크 수정하기-3

직접 선택 도구로 고정점을 이동하여 클리핑 마스크 가장자리를 수정하여 아트워크를 완성합니다.

2. 1분 실습_불투명도 마스크(Opacity Mask)

일러스트레이터의 불투명도 마스크(Opacity Mask)는 오브젝트나 그룹의 투명도를 그레이스케일 값으로 제어하는 고급 마스킹 기능입니다. 흰색 영역은 100% 불투명하게, 검은색 영역은 100% 투명하게, 회색 영역은 농도에 따라 반투명하게 표현됩니다.

- 그레이디언트를 활용한 부드러운 투명도 전환 효과 생성
- 사진이나 텍스처를 마스크로 활용한 독특한 시각적 효과 연출
- 복잡하거나 여러 오브젝트가 포함된 그룹에 전체적인 불투명도를 적용해 페이드 아웃 효과 구현

일반 클리핑 마스크가 오브젝트의 형태를 따라 선명하게 잘라내는 방식이라면, 불투명도 마스크는 그레이스케일 값을 기반으로 전체적인 투명도를 섬세하게 조절할 수 있습니다. 이러한 특성 덕분에 부드러운 그레이디언트나 자연스러운 투명도 변화를 표현하기에 적합한 기능입니다.

(1) 파일 열기

최상단 메뉴의 [파일 > 열기/File > Open]을 클릭하여 대화상자에서 '클래스4_7_1분실습_불투명도 마스크.ai' 파일을 불러옵니다.

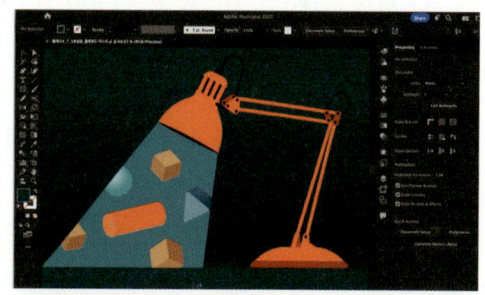

(2) 오브젝트 선택하기

왼쪽 도구 패널이 선택 도구로 그룹지어긴 '디자인 요소' 레이어를 선택합니다.

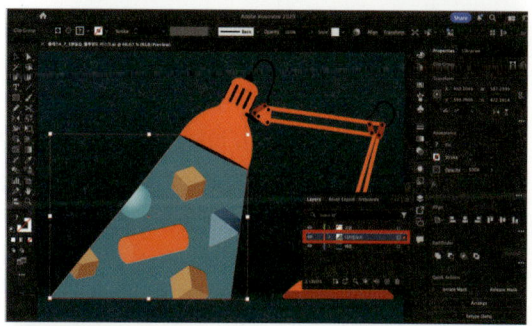

(3) 투명도 패널에서 불투명도 마스크 시작하기

❶ 최상단 메뉴의 [창 > 투명도/Window > Transparency]를 클릭하여 '투명도 패널'을 엽니다.
❷ 투명도 패널에서 '마스크 만들기(Make Mask)' 버튼을 클릭합니다.

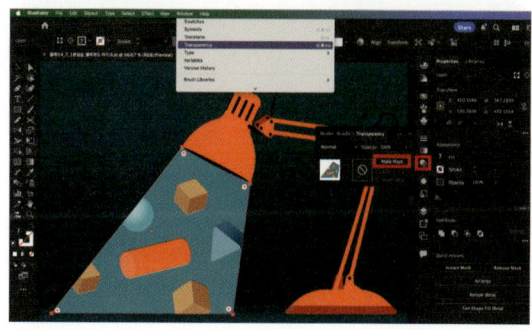

(4) 마스크 축소판 선택하기

❶ 불투명도 마스크가 적용되면 화면에서 '디자인 요소'가 사라져 보입니다.
❷ 투명도 패널에서 마스크 축소판을 클릭하여 선택합니다.
❸ 불투명도 마스크가 처음 적용될 때 오브젝트가 사라져 보이는 것은 마치 적용한 오브젝트 위에 커다란 검은색 오브젝트가 하나 추가된 것과 같습니다.
❹ 불투명도 마스크는 그레이스케일 값을 기준으로 작동하며 검은색은 완전 투명, 흰색은 완전 불투명을 의미합니다. 따라서 초기의 검은색 마스크로 인해 오브젝트가 100% 투명해져 보이지 않게 되는 것입니다.

(5) 사각형 도형 추가하기

❶ 전경색을 흰색으로 선택한 후 '디자인 요소'가 있던 위치에 사각형 도형을 추가합니다.
❷ 견본에서 그레이디언트를 선택합니다.

(6) 그레이디언트의 방향 수정하여 아트워크 완성하기

❶ 왼쪽 도구 패널에서 '그레이디언트 도구'를 선택하면 그레이디언트 주석자가 표시됩니다.
❷ 위에서 아래로 드래그하여 아트워크를 완성합니다.

3. 1분 실습_컴파운드 패스로 여러 오브젝트에 클리핑 마스크 적용하기

(1) 파일 열기

최상단 메뉴의 [파일〉열기/File〉Open]을 클릭하여 대화상자에서 '클래스4_7_1분실습_컴파운드패스 클리핑 마스크.ai' 파일을 불러옵니다.

(2) 오브젝트 선택하기

왼쪽 도구 패널에서 선택 도구를 클릭하여 대지에 놓인 흰색의 모서리가 둥근 사각형 3개를 Shift를 누르면서 모두 선택합니다.

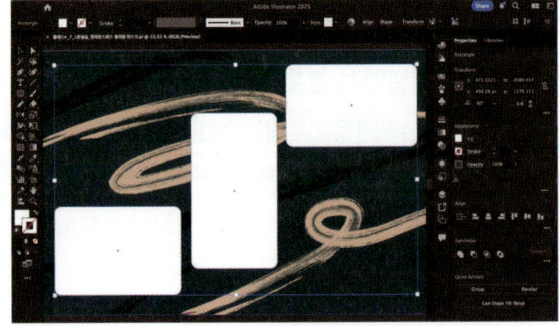

(3) 컴파운드 패스 적용하기

오브젝트가 선택된 상태에서 최상단 메뉴의 [오브젝트〉컴파운드 패스〉만들기/Object〉Compound Path〉Make]를 클릭하여 대상 오브젝트를 컴파운드 패스로 만듭니다. 화면에는 아무런 변화도 나타나지 않습니다.

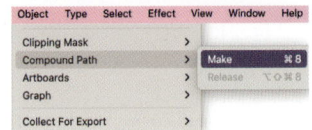

(4) 클리핑 마스크 적용하기

❶ 선택 도구로 앞서 적용한 컴파운드 패스와 배경 레이어를 모두 선택 후 단축키 Ctrl+7(Windows)/Cmd+7(Mac)을 눌러 클리핑 마스크를 적용합니다.

❷ 여러 오브젝트 모양대로 하위 레이어를 클리핑 마스크로 적용할 수 있습니다.

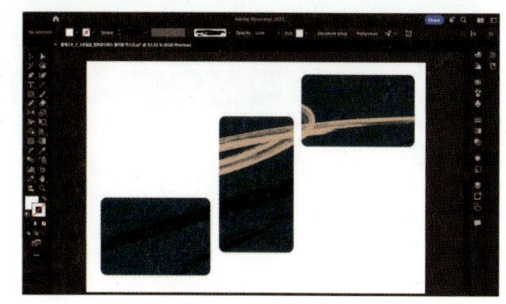

4. 오브젝트 안에만 그리는 편리한 내부 그리기

내부 그리기(Draw Inside)는 선택한 오브젝트의 내부 영역에만 새로운 오브젝트를 추가합니다. 클리핑 마스크 모드와 유사한 결과를 보여주며 상위 레이어를 만들고 기능을 추가하는 단계가 없어도 오브젝트 내부에 다른 오브젝트를 쉽게 추가할 수 있습니다.

(1) 내부 그리기 모드 활성화하기

❶ 선택 도구로 내부 그리기를 적용하고자 하는 오브젝트를 선택합니다.

❷ 왼쪽 도구 패널 하단의 드로잉 모드 아이콘에서 내부 그리기 모드를 선택하거나, 단축키 Shift+D를 눌러 드로잉 모드를 전환할 수 있습니다.

❸ 내부 그리기 모드가 활성화 되면 대상 오브젝트 주위에 낫표 모양(「」)의 바운딩 박스가 검은색 점선으로 활성화됩니다.

❹ 칠 및 획 색상을 변경하여도 대상 오브젝트에는 영향을 주지 않습니다. 오브젝트를 추가하면 대상 오브젝트 내부에만 그려집니다.

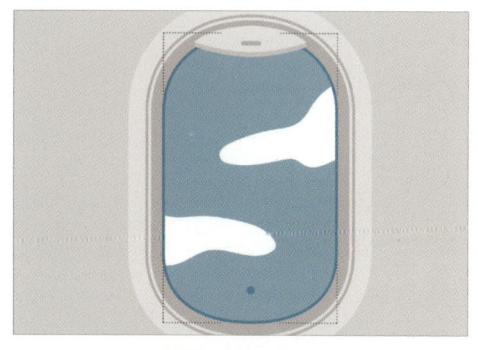

❺ 직접 선택 도구(Direct Selection Tool)로 내부에 그려진 오브젝트의 위치와 고정점을 수정할 수 있습니다.

❻ 내부 그리기를 종료하려면 임의 빈 곳을 더블 클릭하여 해제합니다.

❼ 내부 그리기 완료 후 내부 그리기 모드 아이콘이 비활성화됩니다.

❽ 수정하려면 완료한 오브젝트를 더블 클릭하여 격리 모드로 진입하거나 레이어 패널에서 수정이 필요한 대상 레이어를 찾아 수정합니다.

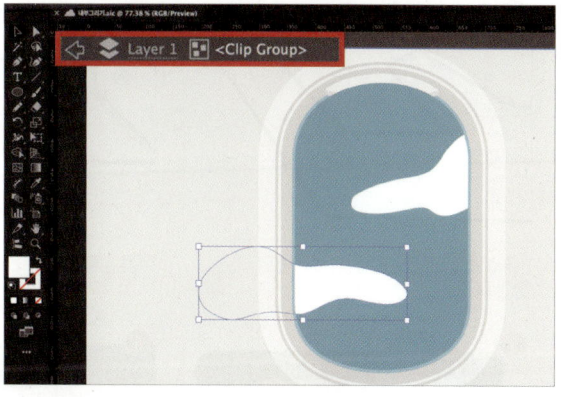

직선으로 시작하는 벡터 일러스트레이션

도형 구성 도구로 오브젝트를 편집하고 색상을 적용하여 벡터 일러스트레이션을 완성하는 과정을 보여줍니다. 스케치를 바탕으로 펜 도구의 직선 드로잉과 모서리의 라운드 수정을 활용한다면 손쉽게 매끄럽고 안정감 있는 벡터 오브젝트를 생성할 수 있습니다. 또한, 자유 변형과 내부 그리기 기능으로 세부 요소를 추가할 수 있습니다.

 # LEVEL UP 튜토리얼로 체크하는 일러스트레이터 핵심 기능

❶ 스케치를 따라 펜 도구로 직선 기반의 기본 형태 제작

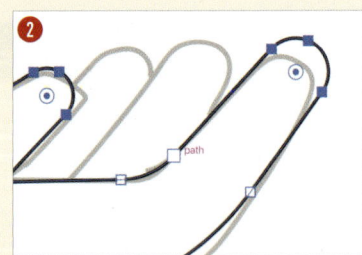

❷ 직접 선택 도구로 고정점과 모서리 조정

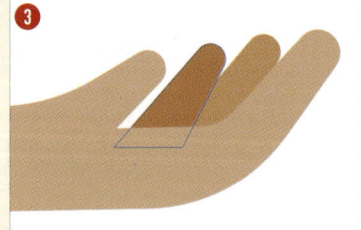

❸ 칠 색상 지정과 획 색상 제거

❹ 기본 도형 도구로 추가 요소 생성

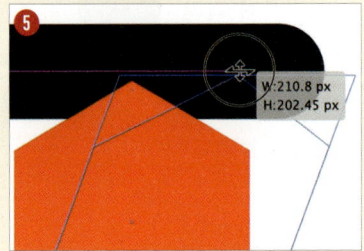

❺ 자유 변형 도구의 기울이기 효과로 오브젝트를 변형하기

❻ Draw Inside 기능으로 디테일한 요소 추가

SECTION 01 | 생성형 AI로 더 빠르게 구현하는 벡터 아트워크

어도비 일러스트레이터의 AI는 벡터 타입의 생성형 이미지를 바로 만들고 일러스트레이터의 편집 도구로 즉각적인 편집과 재생성이 가능한 편리한 기능입니다. 미니멀한 아이콘부터 복잡한 아트워크까지 한글 텍스트 프롬프트를 이용하여 쉽게 생성할 수 있습니다.

익숙한 일러스트레이터의 작업창 내에서 벡터 아트 생성, 패턴 디자인, 컬러 변형 등을 원활하게 수행할 수 있으며, 생성된 모든 요소가 완전한 벡터 형식으로 제공되어 확장성과 활용도가 높습니다. 또한, Creative Cloud 통합 환경을 통해 다른 어도비 앱과의 연동이 자유로워 전문적인 디자인 워크플로우를 효율적으로 구축할 수 있습니다.

1. 벡터 생성(Generate Vectors)

(1) 벡터 생성 메뉴 찾고 대화상자 열기

벡터 생성을 실행하려면 최상단 메뉴의 [파일 > 벡터 생성/File > Generate Vectors]를 클릭하거나 속성 패널 하단의 빠른 작업을 클릭하여 벡터 생성 대화상자를 열 수 있습니다.

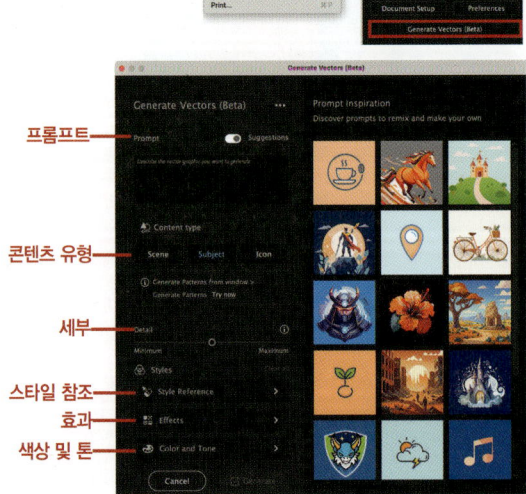

(2) 벡터 생성 대화상자 살펴보기

❶ 프롬프트(Prompt): 텍스트를 통해 원하는 이미지 특징을 묘사합니다.
❷ 콘텐츠 유형(Content type): 생성하고자 하는 벡터 아트의 종류를 선택합니다.
  • 장면(Scene): 배경과 환경이 포함된 전체적인 구도의 일러스트레이션
  • 피사체(Subject): 단일 대상을 중심으로 한 독립적인 일러스트레이션
  • 아이콘(Icon): 단순화된 형태의 상징적인 그래픽 요소

- '서류가 꽂혀있는 거대한 노란색 폴더 위에서 사다리를 타고 서류를 정리하는 작은 사람'이라는 프롬프트로 장면, 피사체, 아이콘별 벡터 생성 결과의 차이

❸ 세부(Detail): 세부사항(Detail) 슬라이더를 통해 생성될 벡터 아트워크의 복잡도와 정교함을 조절할 수 있습니다.
- 최소(Minimum)로 설정: 단순하고 기본적인 형태 생성
- 최대(Maximum)로 설정: 더 많은 요소와 섬세한 디테일이 포함된 결과물 생성
- 설정 정도에 따라 간단한 아이콘부터 복잡한 일러스트레이션까지 원하는 수준의 디테일을 가진 벡터 아트를 생성할 수 있습니다.
- 세부 옵션을 최소와 최대로 설정하여 동일 프롬프트로 생성된 결과

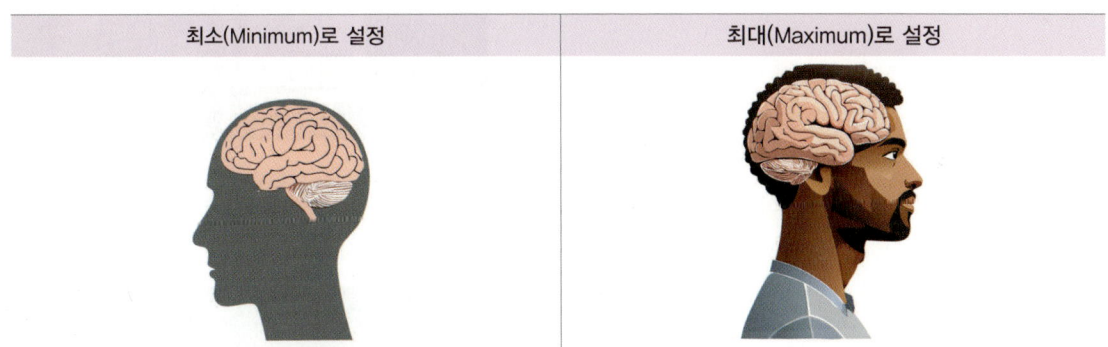

❹ 스타일 참조(Style Reference): 대지나 작업 영역에 놓인 원하는 스타일의 이미지를 참조로 사용하여 특정 스타일이나 분위기를 반영하여 이미지 생성을 생성합니다.
❺ 효과(Effects): 사전 설정된 다양한 효과를 추가합니다.
❻ 색상 및 톤(Color and Tone): 사전 설정된 다양한 색상과 톤을 선택하여 생성합니다.

2. 생성된 변형(Generated Variations)

생성된 변형(Generated Variations)은 생성된 결과들을 하나의 패널에서 한 번에 확인하고 관리합니다. 최상단 메뉴의 [창〉생성된 변형/Window〉Generated Variations]를 클릭하여 패널을 불러옵니다. 각각의 문서별로 저장이 되며 생성된 벡터를 삭제하지 않는 이상 파일을 저장하면 지난 벡터 생성 결과를 모두 확인할 수 있습니다.

3. 생성형 모양 채우기(Gen Shape Fill)

생성형 모양 채우기(Gen Shape Fill)는 CC 2025의 신기능 중 하나로 기존 오브젝트의 외곽 형태를 유지하면서 내부를 AI가 생성한 벡터 아트워크로 채우는 기능입니다. 사용자가 원하는 형태의 틀을 미리 정의할 수 있어, 일반적인 생성형 결과물보다 더 정교하고 예측 가능한 결과를 얻을 수 있습니다.

❶ 생성형 모양 채우기를 실행하려면 채우고자 하는 오브젝트를 선택한 후 [오브젝트〉생성형 모양 채우기/Object〉Gen Shape Fill] 메뉴를 클릭합니다. 또는 속성 패널 하단의 빠른 작업(Quick Actions)에서 선택할 수 있습니다.

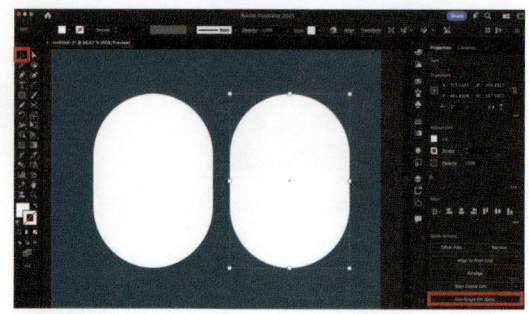

❷ 메뉴를 선택하면 '생성형 모양 채우기(Gen Shape Fill)' 대화상자가 열립니다.

❸ 텍스트 프롬프트를 입력하고 효과(Effects)와 세부(Detail) 등 옵션을 설정하여 생성 버튼을 클릭하여 생성합니다.

❹ 선택한 오브젝트 내부에 벡터 아트워크가 생성됩니다.

❺ 생성형 모양 채우기로 만든 오브젝트를 선택하면 속성 패널에서 기존 프롬프트를 수정하거나 생성 결과를 변경할 수 있습니다. 톱니바퀴 아이콘을 클릭하면 옵션 대화상자가 다시 열려 설정을 조정할 수 있습니다.

❻ 필요시 반복하여 원하는 만큼 생성하여 완료합니다.

4. 패턴 생성(Generate Patterns)

패턴 생성(Generate Patterns)은 사용자가 입력한 프롬프트를 기반으로 자연스럽게 반복되는 벡터 패턴을 생성합니다. 생성된 모든 패턴은 벡터 형식으로 제공되어 크기 조절이나 편집이 자유로우며, 자동으로 연결되어 크기에 관계없이 다양한 디자인 작업에 즉시 활용할 수 있습니다.

(1) 패턴 생성 대화상자 열기

패턴을 생성하려면 아무것도 선택되지 않은 상태에서 [오브젝트 > 패턴 > 패턴 생성/Object > Pattern > Generate Patterns] 메뉴를 선택하여 대화상자를 불러옵니다.

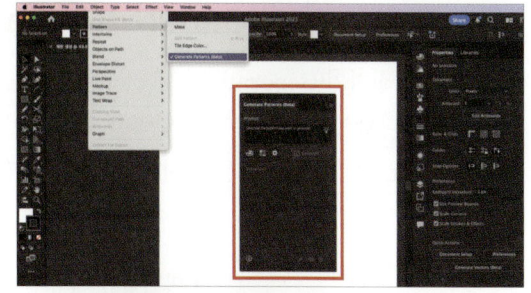

(2) 패턴 생성 대화상자 살펴보기

'패턴 생성(Generate Patterns)' 대화상자에서 원하는 패턴을 설명하는 프롬프트를 입력합니다. 색상 및 톤, 효과, 농도 등 다양한 옵션을 조절하여 생성할 수 있습니다.

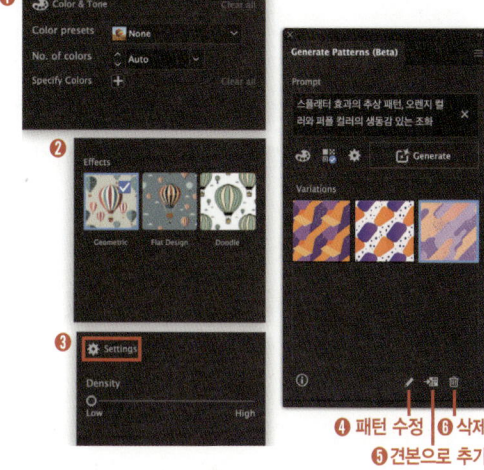

❶ 색상 및 톤(Color&Tone): 사전 설정된 다양한 색상과 톤을 선택하여 생성합니다.
❷ 효과(Effect): 사전 설정된 다양한 효과를 추가합니다.
❸ 설정(Settings): 농도(Density)가 높을수록 패턴을 구성하는 오브젝드들의 크기가 작아지고 더 조밀하게 배치합니다.
❹ 패턴 수정: 격리 모드로 화면이 변경되며 패턴을 구성하는 요소들을 편집할 수 있습니다.

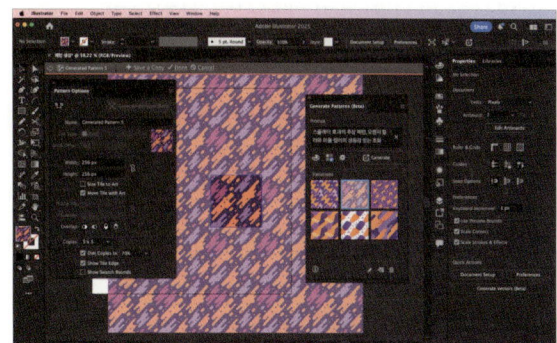

❺ 견본으로 추가: 대화상자에서 생성된 패턴을 선택하거나 패널 하단의 '견본으로 추가' 아이콘을 클릭하여 선택된 패턴을 견본(Swatches)으로 추가합니다.
❻ 삭제: 선택된 패턴을 제거합니다.

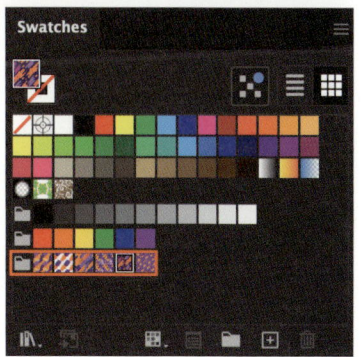

5. 생성형 다시 칠하기(Generative Recolor)

생성형 다시 칠하기(Generative Recolor)는 AI를 활용하여 오브젝트의 기존 색상을 새로운 배색으로 변경해 주는 기능입니다. AI는 사용자가 입력한 구체적인 색상 이름(예 오렌지, 파랑, 살몬, Dark blue midnight, Forest green 등) 혹은 무드를 표현할 수 있는 문장을 다음과 같이 입력합니다.

> - 로맨틱한 파스텔 톤의 부드러운 색조
> - 미니멀한 북유럽 감성의 색상
> - 해질녘 바다를 연상시키는 블루 그라데이션
> - 숲속의 나무와 이끼를 닮은 내추럴한 색감

이를 분석하여 가장 적합한 컬러를 생성하며, 다양한 컬러 조합을 만들 수 있습니다. 브랜드 색상이나 특정 테마에 맞는 새로운 색상 조합을 빠르게 탐색하고 적용할 수 있어 효율적인 컬러 배색 작업이 가능합니다.

(1) 생성형 다시 칠하기 대화상자 열기

생성형 다시 칠하기를 실행하려면, 대상 오브젝트를 선택한 상태에서 [편집 > 색상 편집 > 생성형 다시 칠하기/Edit > Edit Colors > Generative Recolor] 메뉴를 선택하여 대화상자를 불러옵니다.

(2) 생성형 다시 칠하기 대화상자 살펴보기

❶ 사전 설정된 샘플 프롬프트로 색상 배색 변경하기

- 대화상자에 샘플 프롬프트들이 제공되어 클릭하여 쉽게 선택한 오브젝트의 색상을 변경할 수 있습니다.
- 샘플 프롬프트(Sample Prompts) 중에서 원하는 컬러를 클릭하면 변경(Variation)에 여러 색상 조합들이 표시됩니다.
- 원하는 조합을 클릭하면 대상 오브젝트의 색상이 변경됩니다. 원하는 조합이 나올 때까지 반복해서 실행할 수 있습니다.

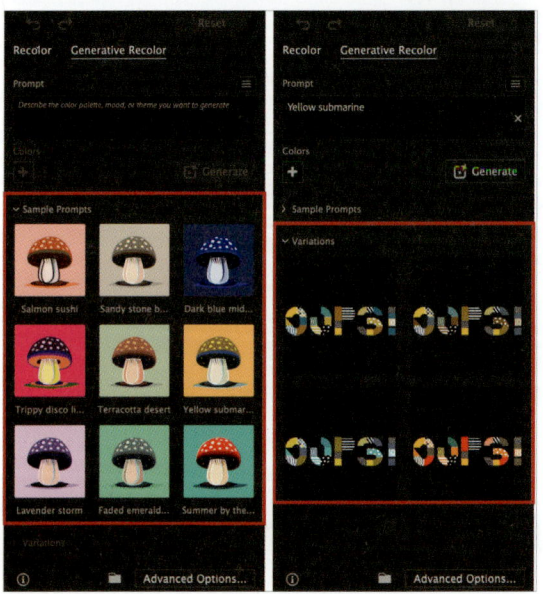

❷ 정확한 색상을 추가하기

- 샘플 프롬프트나 텍스트 프롬프트로 다시 칠하기를 실행한 후, (+) 아이콘을 클릭하여 추가 색상을 지정할 수 있습니다.
- 문서에 포함된 색상 견본을 선택하거나, 특정 색상의 비율값 또는 컬러 코드를 직접 입력하여 원하는 색상을 추가할 수 있습니다.

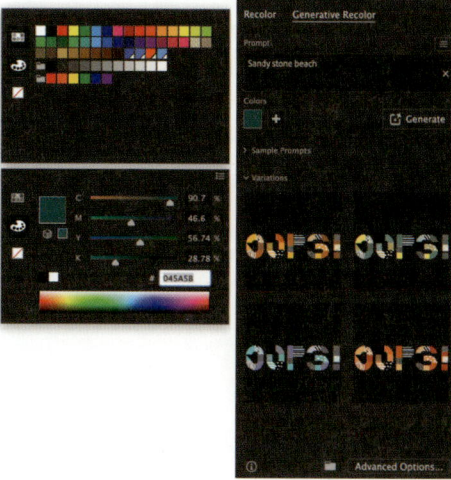

❸ 고급 옵션 활용하기

- 다시 칠하기(Recolor) 기능은 오브젝트에 포함된 컬러를 빠르게 바꿔주는 편리한 기능이지만 검정과 흰색은 아트워크의 기본 요소로 인식되어 다시 칠하기에 영향을 받지 않습니다.
- 생성형 다시 칠하기 패널의 오른쪽 하단의 '고급 옵션(Advanced Options)'을 클릭합니다.
- 아트워크 색상 변경 패널로 화면이 변경됩니다.
- 컬러 배색 리스트 중에서 검정색과 흰색을 찾아 오른쪽의 작은 견본을 더블 클릭하면 새 컬러 추가에 대한 팝업 창이 열리며 확인(OK)을 클릭 후 색상을 변경합니다.

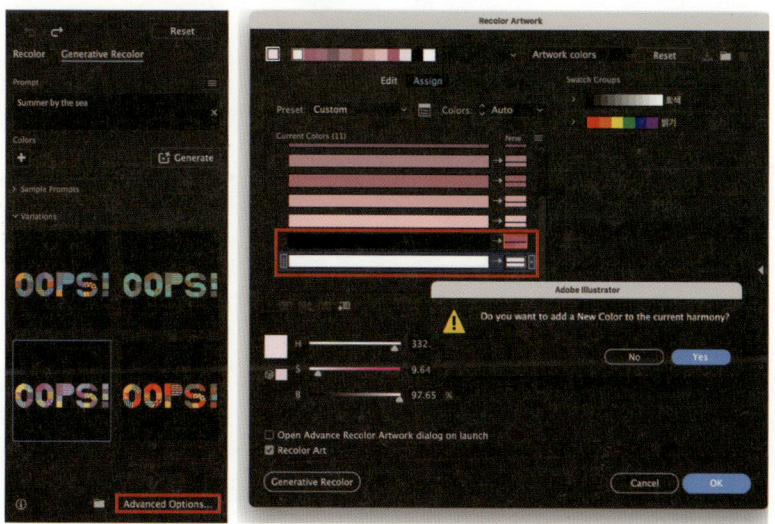

SECTION 01 | 자유형 오브젝트 만들기

1. 연필 도구 그룹으로 자유롭게 만드는 유기적인 형태

자유로운 곡선과 직선을 그릴 수 있는 기본 드로잉 도구입니다. 펜 도구가 앵커 포인트를 찍어가며 정교한 곡선을 만드는 것과 달리, 연필 도구는 손으로 그리는 것처럼 마우스나 타블렛으로 드래그하여 자연스러운 형태의 패스나 오브젝트를 만들 수 있습니다.

(1) 연필 도구 찾아 선택하기

왼쪽 도구 패널에서 연필 도구(Pencil Tool)를 클릭하여 선택합니다. 또는 단축키 N 을 눌러도 활성화할 수 있습니다.

(2) 속성 설정하기

❶ 연필 도구로 그리는 패스는 다양한 스타일로 설정할 수 있습니다.
❷ 선(Stroke)만 있는 형태, 채우기(Fill)만 있는 형태, 또는 채우기와 선을 모두 적용한 형태로 만들 수 있습니다.
❸ 속성(Properties) 패널이나 상단 컨트롤 패널에서 선의 두께, 채우기 색상, 투명도 등을 자유롭게 조절할 수 있으며, 그리기 전에 미리 설정하거나 그리는 도중이나 생성을 완료한 이후에도 언제든 수정이 가능합니다.

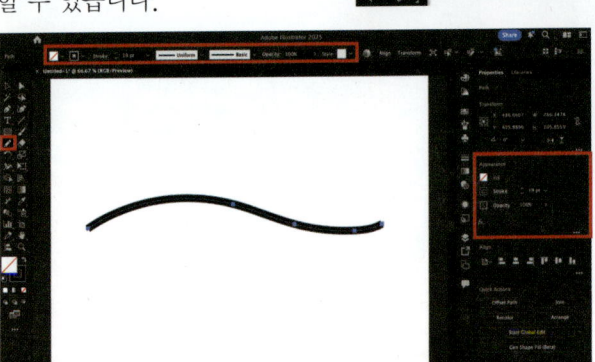

(3) 자유로운 형태의 열린 패스 그리기

❶ 연필 도구(Pencil Tool)를 선택하여 작업 영역에서 자유롭게 드래그하면 열린 패스가 생성됩니다. 생성된 패스는 모양 패널이나 속성 패널에서 칠과 선의 색상, 획의 스타일 등 다양한 속성을 변경할 수 있습니다.
❷ 또한, 여러 개의 열린 패스가 서로 교차하여 영역이 생성되면, 라이브 페인트통 도구나 쉐이프 빌더를 활용하여 닫힌 면으로 채울 수 있습니다.

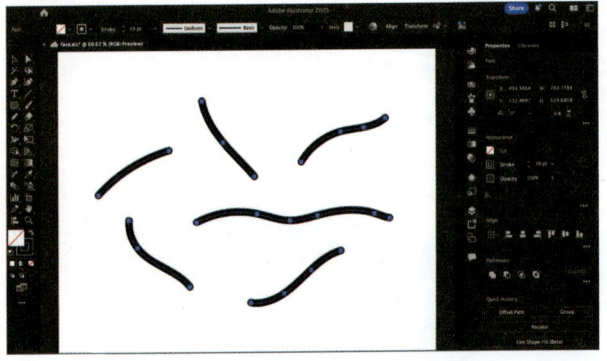

(4) 직선 패스 그리기

❶ 연필 도구를 선택하고 Shift를 누르면 커서에 직선이 표시됩니다.

❷ 드래그하면 수직/수평/45도 각도의 패스를 생성할 수 있습니다.

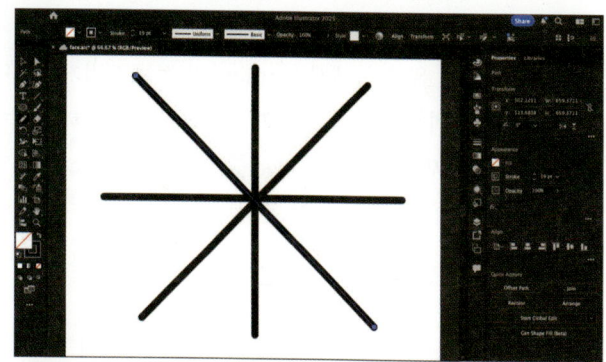

(5) 닫힌 패스 만들기

❶ 도구 패널에서 연필 도구를 더블 클릭하여 옵션 창을 열어 두 가지 옵션의 활성화 여부를 확인합니다.

❷ '새 연필 획 칠(Fill New Pencil Strokes)'과 '끝이 다음 범위 내에 있으면 패스 닫기(Close paths when ends are within)'가 체크되어 활성화 되어있는지 확인합니다.

❸ 작업 영역에서 연필 도구로 시작점과 끝점이 가까워지면 커서에 동그라미가 표시되며 자동으로 닫힌 패스로 생성되며 칠 색상도 적용된 닫힌 패스가 생성됩니다.

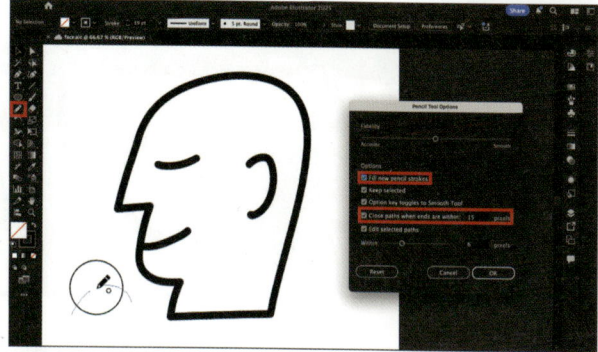

(6) 패스를 더 매끄럽게 그리기

❶ Fidelity(정확도) 슬라이더를 Smooth 방향으로 조절할수록 패스가 더 많이 보정되어, 적은 수의 고정점으로 부드럽고 안정적인 패스가 생성됩니다.

❷ Fidelity(정확도) 슬라이더를 Accurate 방향으로 조절할수록 더 많은 고정점이 생성되어 세밀한 패스를 만들 수 있습니다.

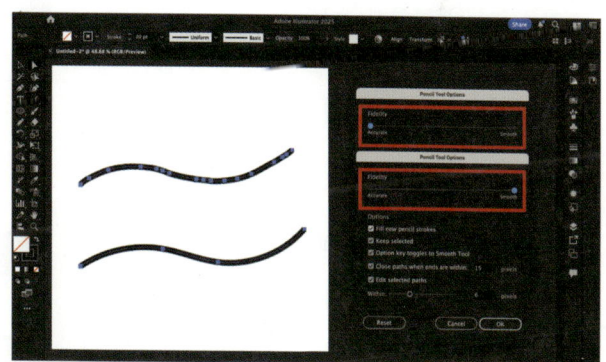

(7) 생성한 패스의 형태를 수정하기

❶ 연필 도구의 옵션 창에서 '선택 유지(Keep selected)'와 '선택 패스 편집(Edit selected paths)' 2가지 옵션이 체크되어 있는지 확인합니다.

❷ 생성한 패스가 선택된 상태에서 수정하려는 패스 부분 근처에 커서를 올려 연필 도구로 패스 위를 드래그하여 새로운 형태로 그린 후 마우스 버튼을 놓으면 해당 부분이 재정의됩니다.

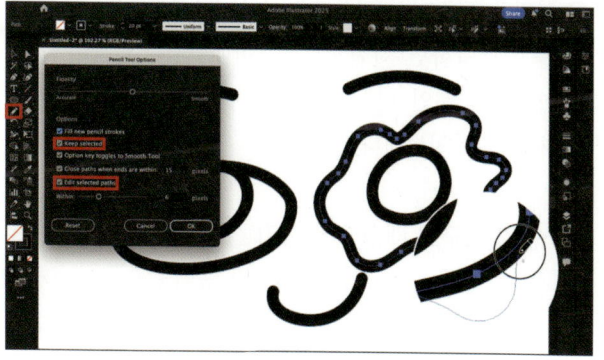

(8) 매끄럽게 도구로 패스 보완하기

❶ 연필 도구의 옵션 창에서 'Option 키로 매끄럽게 도구 켜기/끄기(Option key toggles to Smooth Tool)' 옵션을 활성화하면, 별도로 매끄럽게 도구를 선택하지 않아도 Opt 를 통해 빠르게 도구를 전환할 수 있습니다.
❷ 단축키 Alt (Windows)/ Opt (Mac)를 누르면 마우스 커서가 '매끄럽게 도구'로 전환되며 매끄럽게 도구 대화상자가 단축키를 누르는 동안 열립니다.
❸ 슬라이더를 오른쪽으로 이동하거나 Auto-Smooth 아이콘을 클릭하여 대상 패스를 매끄럽게 보정할 수 있습니다.
❹ 또한, 커서가 동그라미로 바뀐 상태해서 선택된 패스를 드래그하면 고정점이 자동으로 조절됩니다. 패스의 곡선이 더욱 자연스럽고 매끄럽게 보정됩니다.

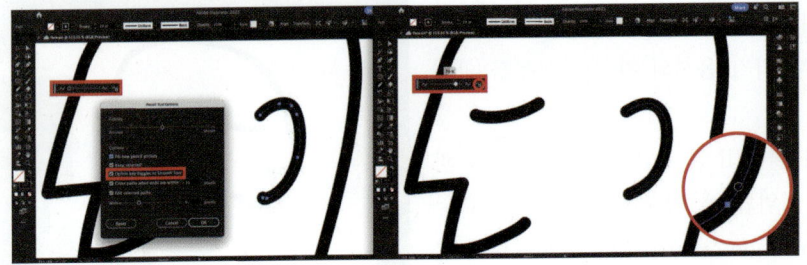

(9) 패스 나누기

❶ 선택 도구로 나누려는 패스를 선택하고 '가위(Scissors Tool)'를 사용하여 패스의 원하는 지점을 클릭해 분할합니다.
❷ 선택 도구나 직접 선택 도구로 필요 없는 패스 부분을 선택하여 삭제할 수 있습니다.

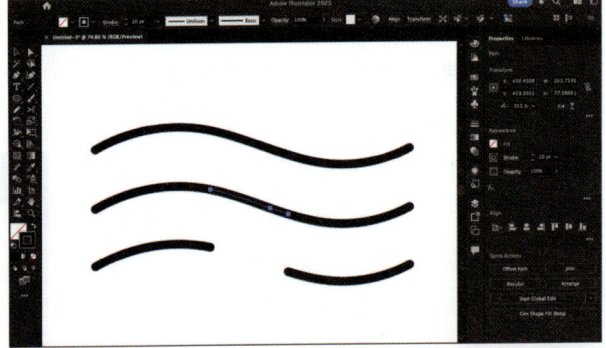

(10) 패스 지우개 도구로 패스 지우기

❶ 선택 도구로 수정할 패스를 선택한 다음 '패스 지우개 도구(Path Eraser Tool)'를 왼쪽 도구 패널에서 활성화합니다.
❷ 연필을 뒤집어서 지우개를 사용하듯이 패스 위를 드래그하면 지워지는데, 이때 선의 외곽이 아닌 중심선인 패스 위를 드래그해야 정확하게 제거할 수 있습니다.

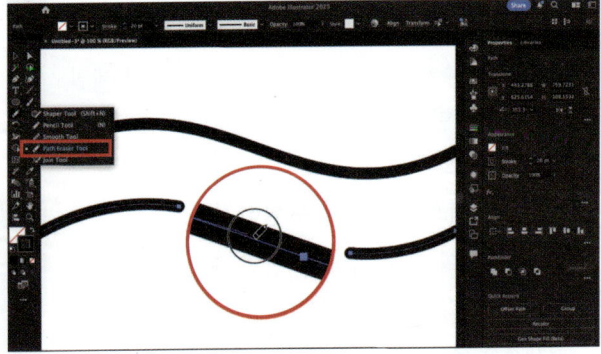

(11) 연결 도구로 패스 연결하기

❶ '연결 도구(Join Tool)'는 패스의 고정점을 연결하거나 제거하는 도구입니다.
❷ 교차된 패스에서는 불필요한 부분을 드래그하여 제거할 수 있고, 분리된 패스는 두 끝점을 드래그하여 하나로 연결할 수 있습니다.

❸ 단, 끝점 사이의 거리가 너무 먼 경우에는 연결되지 않습니다.

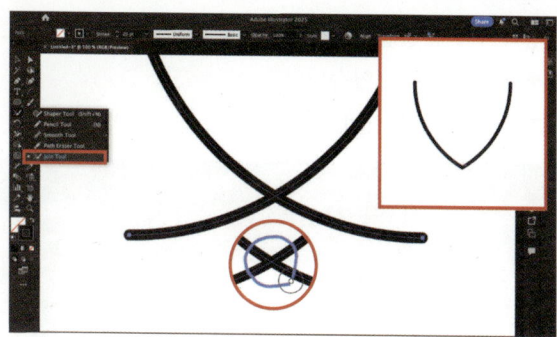 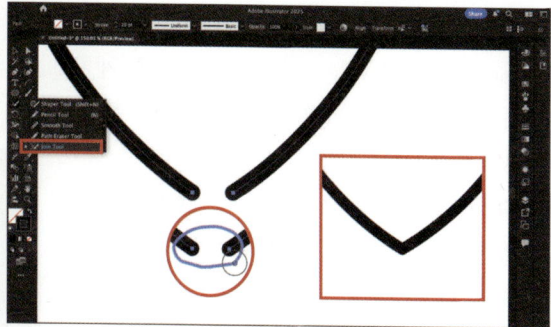

(12) 패스 연장하기

❶ 연필 도구의 옵션 창에서 '선택 유지(Keep selected)'와 '선택 패스 편집(Edit Selected Paths)'이 체크되어 있는지 확인합니다.

❷ 열린 패스의 끝점에 커서를 가져가면 커서에 직선이 표시되며, 이 상태에서 드래그하여 패스를 원하는 형태로 연장할 수 있습니다.

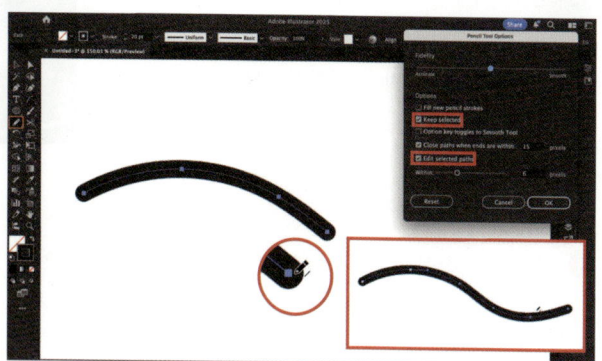

2. 칠과 획을 자유롭게 지우기

(1) 지우개 도구(Eraser Tool)

❶ 지우개 도구는 브러시처럼 드래그하여 오브젝트의 일부분을 지우거나 분할할 수 있는 도구입니다. 자유로운 형태의 패스를 만들거나 오브젝트를 편집할 때 유용하게 사용할 수 있습니다.

❷ 지우개 도구 시작하기
- 지우개 도구를 사용하려면 도구 패널에서 '지우개 도구(Eraser Tool)'를 선택하거나 단축키 Shift+E를 눌러 활성화할 수 있습니다.
- 지우개 도구를 선택 후 오브젝트 위로 드래그하여 제거합니다.
- [,]를 눌러 브러시 크기를 확대/축소할 수 있습니다.
- Shift를 누르면서 드래그하면 직선과 45도 각도로 지울 수 있습니다.

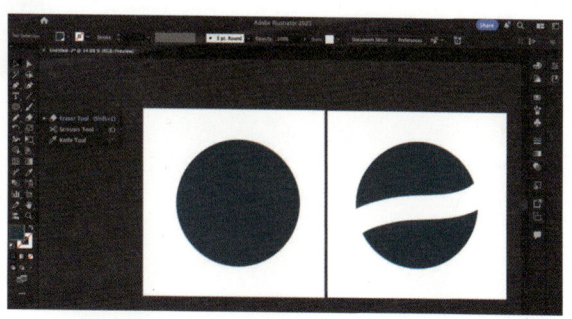

❸ 지우개 도구 옵션
- 왼쪽 도구 패널에서 지우개 도구 아이콘을 더블 클릭하여 옵션 대화상자를 불러옵니다.
- 브러시의 크기와 각도, 타블렛의 압력 등을 설정할 수 있습니다.

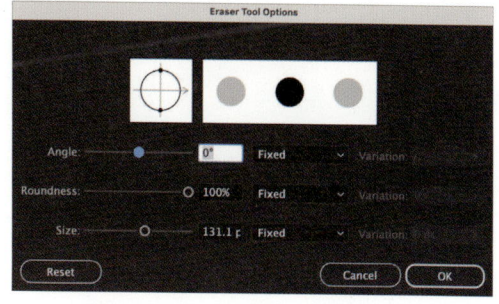

(2) 가위 도구(Scissors Tool)

❶ 가위 도구(Scissors Tool)는 패스를 원하는 지점에서 정확하게 분할할 수 있게 해주는 도구입니다. 패스를 여러 부분으로 나누거나 패스의 일부를 제거할 때 유용하게 사용할 수 있습니다.

❷ 지우개 도구가 브러시의 영역만큼 패스를 삭제한다면 가위 도구는 패스의 삭제 없이 고정점만 분할합니다.

❸ 가위 도구 시작 및 사용하기
- 가위 도구를 사용하려면 도구 패널에서 '가위 도구(Scissors Tool)'를 선택하거나 단축키 C 를 눌러 활성화할 수 있습니다.
- 패스 위에서 클릭하여 분할 합니다. 가위 도구는 패스(획)에서만 실행됩니다.
- 분할된 부분에 새 고정점이 생성됩니다.

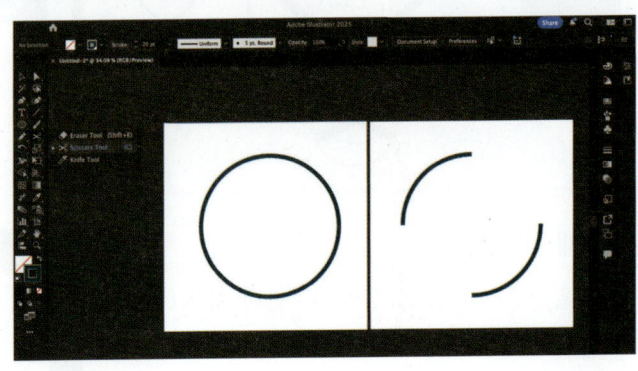

(3) 칼 도구(Knife Tool)

❶ 직선이나 자유곡선으로 오브젝트를 분할할 수 있어, 더욱 다양한 형태의 절단이 가능합니다.

❷ 지우개 도구가 브러시의 영역만큼 오브젝트가 제거된다면 칼 도구는 오브젝트의 변형없이 분할만 하여 원형을 보존한 채로 드래그한 부분만 분할됩니다.

❸ 칼 도구 시작 및 사용하기
- 칼 도구를 사용하려면 가위 도구를 길게 누르면 나타나는 숨겨진 도구에서 '칼 도구(Knife Tool)'를 선택합니다.
- 패스 또는 칠 오브젝트 위에서 자유롭게 드래그하여 분할합니다.
- 직선으로 분할하고자 한다면 Alt + Shift 를 눌러 직선을 그립니다.

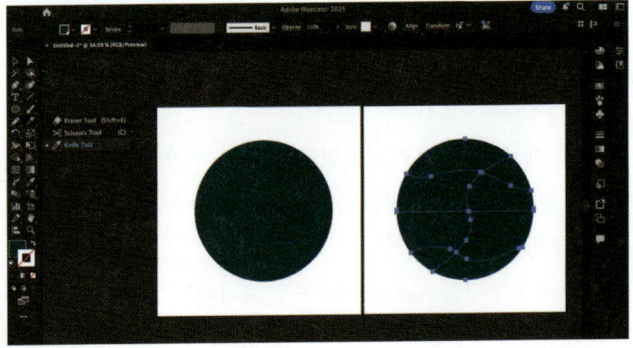

SECTION 02 | 자유자재로 구현하는 왜곡과 변형 효과

1. 일러스트레이터의 다양한 효과들

일러스트레이터는 '일러스트레이터 효과'와 '포토샵 효과' 두 가지 유형의 효과를 제공합니다. 일러스트레이터 효과는 벡터 기반으로 작동하여 언제든 수정이 가능하고 해상도에 영향을 받지 않으며, 모양 패널에서 개별 속성으로 관리할 수 있습니다. 또한, 확장하기 전까지는 원본을 유지한 채로 다양한 효과를 중첩해서 적용할 수 있습니다.

'포토샵 효과'는 프로그램을 전환하지 않아도 익숙한 포토샵 효과 갤러리의 효과를 바로 적용할 수 있어 편리하며, 벡터 작업 환경에서도 포토샵 특유의 아티스틱한 효과나 질감 표현을 활용할 수 있습니다. 포토샵 효과가 적용된 오브젝트는 효과 자체는 래스터 타입으로 수정이 제한적이지만, 원본 오브젝트의 크기나 형태는 여전히 벡터처럼 수정이 가능합니다. 단, 오브젝트를 확장하면 완전히 래스터화되어 더 이상 벡터 속성을 유지할 수 없게 됩니다.

(1) 일러스트레이터의 효과 메뉴의 위치 찾고 확인하기

최상단 메뉴의 [효과/Effect]에서 모든 효과를 확인할 수 있습니다. 또한, 모양(Appearance) 패널 하단의 효과 아이콘을 클릭하여 원하는 효과를 찾아 바로 오브젝트에 효과 속성을 추가할 수 있습니다.

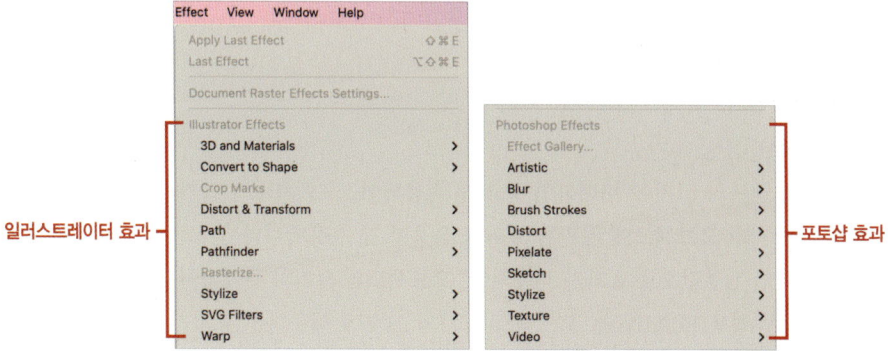

2. 자주 활용되는 왜곡과 변형(Distort&Transform) 효과

왜곡과 변형(Distort&Transform)은 벡터 오브젝트의 형태를 다양하게 바꿀 수 있는 기능들의 모음입니다. 도형이나 획을 비틀거나, 구부리고, 변형하여 독창적인 형태를 만들 수 있으며, 각 효과는 정밀한 수치 조절을 통해 원하는 결과물을 얻을 수 있습니다. 모든 효과는 실시간으로 미리보기가 가능하고 언제든 수정할 수 있어, 실험적이고 창의적인 디자인 작업에 유용합니다.

(1) 자유 왜곡(Free Distort)

도구 패널의 '자유 변형 도구(Free Transform Tool)'의 '자유 왜곡'기능과 매우 유사한 기능으로 오브젝트의 네 모서리를 자유롭게 드래그하여 변형하여 비정형으로 왜곡하거나 원근감 있는 형태 만들기에 적합합니다.

(2) 오목과 볼록(Pucker&Bloat)

도형 오브젝트를 안쪽이나 바깥쪽으로 비틀어 꽃 모양이나 별 모양 같은 장식적 형태로 변형합니다. 슬라이더를 Pucker로 이동하면 날카로운 모서리의 별 모양이, Bloat로 이동하면 꽃 모양으로 각 도형의 모서리에 맞춰서 변형이 이루어집니다.

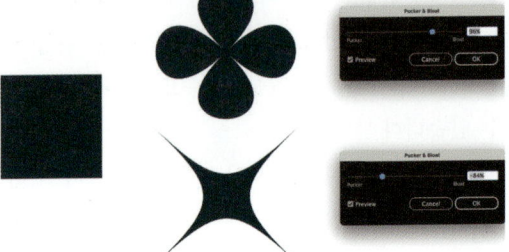

(3) 거칠게 하기(Roughen)

오브젝트의 가장자리를 불규칙하게 변형하여 자연스러운 질감이나 손으로 직접 그린 듯한 표현을 만드는 효과입니다. 벡터 아트워크의 매끈하고 날카로운 특성을 자연스럽게 보완하여 부드러운 느낌을 표현할 수 있으며, 크기와 디테일 정도를 세밀하게 조절할 수 있어 유기적인 형태나 자연물 표현에 특히 적합합니다. 이 효과는 도형 오브젝트뿐만 아니라 획에도 적용할 수 있어 다양한 표현이 가능합니다.

❶ 옵션(Options): 크기(Size)
- Relative(상대적): 오브젝트의 크기에 비례하여 효과가 적용되어, 오브젝트의 크기가 변경되어도 비율이 유지됩니다. 이는 다양한 크기의 오브젝트에 일관된 효과를 적용할 때 유용합니다.
- Absolute(절대적): 정확한 픽셀값으로 효과가 적용되어, 오브젝트의 크기와 관계없이 지정된 수치로 고정됩니다.
- 예 크기를 14px로 설정할 경우 Relative는 오브젝트 크기의 14%에 해당하는 효과가 적용되고, Absolute는 정확히 14px 크기의 효과가 적용됩니다.

❷ 세부(Detail): 인치당 생성되는 왜곡점의 수를 의미하며, 값이 클수록 더 복잡하고 세밀한 거친 효과가 만들어집니다.

❸ 포인트(Points)
- Smooth(부드럽게): 곡선을 이용한 부드럽고 유기적인 거친 효과를 생성합니다.
- Corner(모서리): 직선과 각진 형태의 날카로운 거친 효과를 생성합니다.

(4) 변형(Transform)

변형(Transform) 효과는 오브젝트의 이동, 크기 조절, 회전, 반사 등 다양한 변형을 한 번에 설정할 수 있습니다. 원하는 횟수만큼 복사본을 생성하면서 각각의 복사본에 누적되는 변형값을 적용할 수 있습니다. 미리보기를 통해 적용될 효과를 즉시 확인할 수 있어 정확한 결과물을 얻을 수 있습니다.

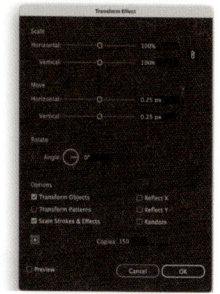

(5) 비틀기(Tweak)

오브젝트의 윤곽을 살짝 비틀어 자연스러운 변형이나 유기적인 형태를 만드는 데 효과적입니다.

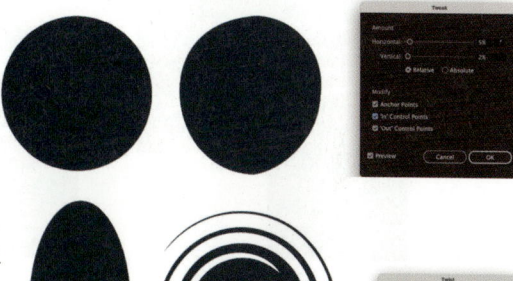

(6) 비틀어 돌리기(Twist)

비틀어 돌리기(Twist) 효과는 오브젝트를 중심점을 기준으로 회전하면서 역동적인 움직임이나 소용돌이 형태를 표현하는 데 특히 효과적입니다. 최대 3,600까지 값을 설정할 수 있으며 (+)값으로 시계 방향, (-)값으로 반시계 방향 회전을 적용할 수 있습니다.

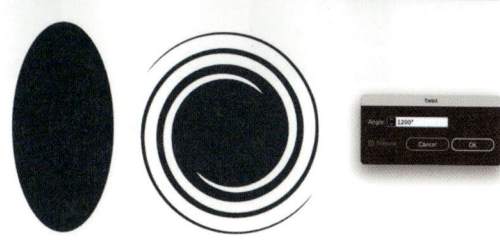

(7) 지그재그(Zig Zag)

지그재그(Zig Zag) 효과는 오브젝트의 가장자리나 획을 균일한 간격의 지그재그 형태의 물결이나 톱니 모양으로 변형하는 기능입니다. 크기(Size)와 굴곡 수(Ridges per segment)를 조절하여 독특한 오브젝트를 만들 수 있습니다.

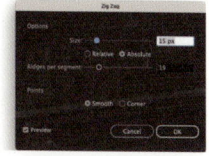

3. 기본이 되는 일러스트레이터 변형(Warp) 효과

변형은 오브젝트나 텍스트를 다양한 형태로 구부리고 변형할 수 있는 기능입니다. 미리 정의된 여러 스타일의 왜곡을 적용할 수 있으며, 각각의 효과는 수치 조절을 통해 변형이 가능해 유연하고 창의적인 디자인 작업을 수행할 수 있습니다.

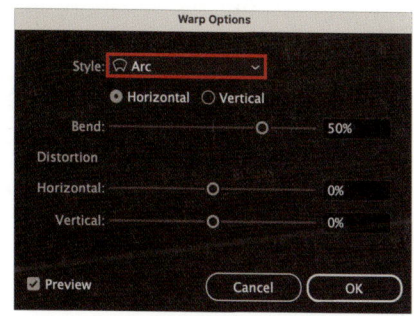

(1) 변형 효과 대화상자 살펴보기

변형(Warp) 효과는 15개의 스타일을 표현할 수 있으며 공통된 옵션 설정을 사용합니다. 어떤 효과로 시작해도 대화상자에서 스타일을 바로 바꿔서 적용할 수 있어 편리합니다. 텍스트에 변형 효과가 적용되면 아웃라인 생성 전까지 변형을 유지하며 텍스트의 내용을 바꿀 수 있습니다.

❶ 스타일(Style): 드롭다운 메뉴에서 원하는 왜곡 스타일을 선택합니다.
❷ 가로/세로(Horizontal/Vertical): 방향 설정으로 효과의 적용 방향을 지정합니다.
❸ 구부리기(Bend): 전체적인 변형의 정도(-100~100%)를 조절합니다.

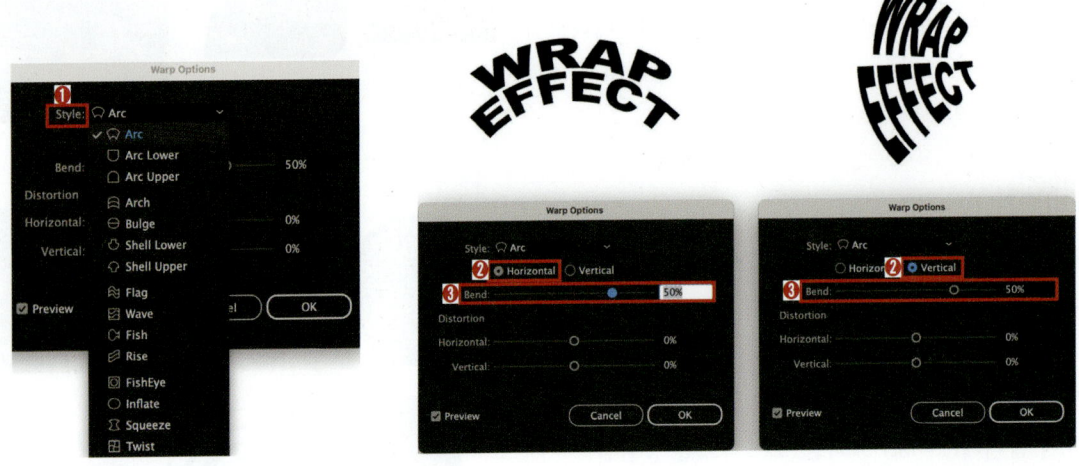

❹ 왜곡(Distortion)
- 가로(Horizontal): 가로 방향의 왜곡 정도(-100~100%)를 설정합니다.
- 세로(Vertical): 세로 방향의 왜곡 정도(-100~100%)를 설정합니다.

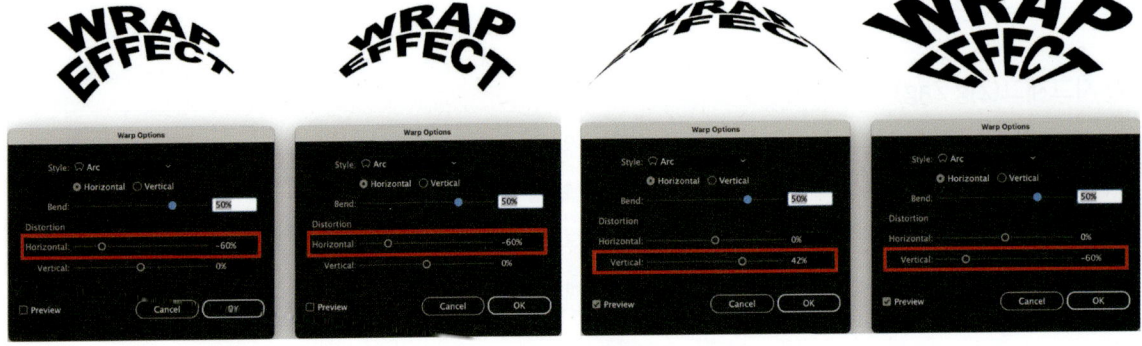

※ 모든 예시 이미지는 가로(Horizontal) 방향 구부리기(Bend)가 50%로 설정되어 있습니다.

(2) 변형 효과(Warp) 스타일(Style) 살펴보기

❶ 부채꼴(Arc): 오브젝트를 호 형태로 구부리며, 상단이나 하단으로 균일하게 휘어지는 효과를 만듭니다.
❷ 아래 부채꼴(Arc Lower): 오브젝트의 하단부만 호를 그리며 아래로 휘어집니다.
❸ 위 부채꼴(Arc Upper): 오브젝트의 상단부만 호를 그리며 위로 휘어집니다.
❹ 아치(Arch): 오브젝트를 아치 형태로 변형하며, 양 끝이 위나 아래로 균일하게 휘어집니다.

❺ 돌출(Bulge): 오브젝트의 중앙부가 바깥쪽으로 부풀어 오르는 효과를 만듭니다.
❻ 아래쪽 조개 모양(Shell Lower): 오브젝트의 하단이 조개껍데기처럼 말리는 형태로 변형됩니다.
❼ 위쪽 조개 모양(Shell Upper): 오브젝트의 상단이 조개껍데기처럼 말리는 형태로 변형됩니다.
❽ 깃발(Flag): 깃발이 휘날리는 듯한 물결 형태의 왜곡 효과를 만듭니다.

❾ 물결(Wave): 오브젝트 전체에 걸쳐 균일한 물결 모양의 왜곡을 만듭니다.
❿ 물고기(Fish): 물고기 형태처럼 중앙이 부풀어 오르면서 양끝이 좁아지는 효과를 만듭니다.
⓫ 상승(Rise): 중앙을 기준으로 위로 솟아오르는 듯한 효과를 만듭니다.
⓬ 물고기 눈 모양(Fisheye): 볼록렌즈를 통해 보는 것처럼 중앙이 크게 확대되는 효과를 만듭니다.

⓭ 부풀리기(Inflate): 오브젝트 전체가 균일하게 부풀어 오르는 효과를 만듭니다.
⓮ 양쪽 누르기(Squeeze): 오브젝트의 중앙이 압축되어 좁아지는 효과를 만듭니다.
⓯ 비틀기(Twist): 오브젝트가 중앙을 기준으로 나선형으로 비틀리는 효과를 만듭니다.

4. 패스의 확장과 변형: 오프셋과 윤곽선 만들기

(1) 오프셋 패스(Offset Path)-속성 패널

선택한 오브젝트를 기준으로 설정한 거리만큼 안쪽이나 바깥쪽으로 새로운 패스를 생성하는 기능입니다. 텍스트나 오브젝트에 테두리가 있는 아트워크를 만들거나 스티커처럼 일정한 간격이 필요한 외곽선 처리에 유용합니다. 생성된 패스는 원본의 형태를 유지하면서 안쪽이나 바깥쪽으로 정확한 거리를 두고 복제됩니다. 입력한 간격 값(양수는 바깥쪽, 음수는 안쪽)에 따라

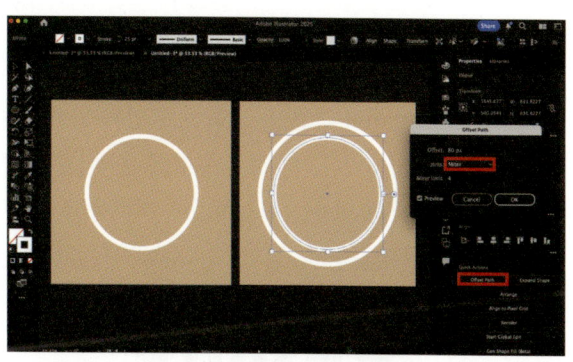

원본의 형태와 동일한 새로운 패스가 생성됩니다. 획이 없는 채우기만 있는 오브젝트에도 적용이 가능합니다. 대화상자에서 설정한 값만큼 오브젝트가 확대되거나 축소됩니다.
오프셋 패스를 생성하려면, 대상 오브젝트를 선택한 상태에서 속성 패널 하단의 빠른 작업에서 '오프셋 패스(Offset Path)'를 클릭하여 실행할 수 있습니다. 이때 나타나는 대화상자에서 오프셋 간격을 설정하여 원본 오브젝트와 새롭게 생성된 오프셋 패스 간의 간격을 조정할 수 있습니다.

❶ 오프셋 패스(Offset Path): 대화상자의 주요 옵션입니다.
❷ 이동(Offset): 입력한 값만큼 선택한 오브젝트의 경로를 기준으로 외부(양수 값) 또는 내부(음수 값)로 확장하거나 축소합니다. 80px로 설정 시, 오브젝트의 경계선이 80px 바깥쪽으로 확장됩니다.
❸ 연결(Joins): 오프셋 경로의 코너(모서리)를 처리하는 방식을 지정합니다.
- 각지게(Miter): 각진 모서리를 유지
- 둥글게(Round): 모서리를 둥글게 처리
- 경사(Bevel): 모서리를 직선으로 잘라내어 각진 부분을 평평하게 처리

❹ 각의 한계(Miter Limit): 연결(Joins) 옵션에서 각지게(Miter) 설정의 각진 모서리의 길이를 제한하는 값으로 값이 높으면 더 날카로운 모서리로 값이 낮으면 덜 날카롭게 오프셋 패스가 생성됩니다.

(2) 오프셋 패스(Offset Path)-모양 패널

모양 패널의 효과 또는 최상단 메뉴의 [효과 > 패스 > 오프셋 패스/Effect > Path > Offset Path]를 사용해도 오프셋 패스를 생성할 수 있지만, 이 경우에는 오프셋이 스타일 효과로 적용됩니다.

즉, 원본 오브젝트 자체에 스타일 효과로 간격이 적용되며, 해당 간격에 따라 크기가 확대 또는 축소됩니다.

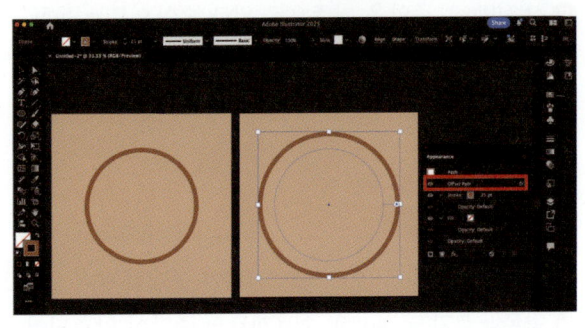

오브젝트가 복제되면 2개의 오브젝트로 인식이 되어 차이점이 생깁니다. 오브젝트를 복사한 뒤, 오프셋 패스를 적용하여 새롭게 생성된 오프셋 결과물을 독립적으로 사용하는 방식으로 해결할 수 있습니다

(3) 오브젝트 윤곽선(Outline Object)

오브젝트 윤곽선(Outline Object)은 효과가 적용된 오브젝트에 보이지 않는 외곽선을 생성하여 편집을 용이하게 만드는 기능입니다. 이 효과는 오브젝트의 외형에 변화를 주지 않기 때문에 시각적으로는 차이가 없으며, 모양 패널에서 효과가 추가된 것만 확인할 수 있습니다.

❶ 텍스트에 오브젝트 윤곽선 추가하기

텍스트는 실제 글자가 차지하는 영역(실제 문자 크기) 외에도 보이지 않는 여백(leading, descender 등 타이포그래피 요소를 위한 공간)을 포함하고 있어 일반 도형 등 오브젝트와 정렬 시 중심점이 잘 맞지 않아 정렬이 어려운 경우도 있습니다. 이 경우 문자에 윤곽선을 만들어 속성을 일반 오브젝트로 변환하여 해결하는 방법이 있지만 이후 문자의 내용을 편집하기에 어려움이 있습니다.

이런 문제가 있을 때 텍스트에 '오브젝트 윤곽선(Outline Object)' 효과를 추가하여 문자의 크기만큼 바운딩 박스를 가상으로 만들어 위치를 일반 오브젝트와 동일하게 정렬, 분포할 수 있으며 텍스트 내용도 쉽게 변경할 수 있습니다.

❷ 래스터 이미지에 오브젝트 윤곽선 추가하기

배경의 투명도가 있는 래스터 이미지에 '오브젝트 윤곽선(Outline Object)' 효과를 이용하여 아웃라인을 만들고 전체 컬러도 변경할 수 있습니다.

- 래스터 이미지를 불러온 후 선택 도구로 이미지를 선택합니다.
- 모양 패널 하단에서 새 획을 추가합니다.
- 자동으로 획과 칠이 생성되며 화면에는 어떤 변화도 나타나지 않습니다.
- 획 속성을 선택하여 모양 패널 하단의 효과를 클릭하여 '오브젝트 윤곽선(Outline Object)'을 추가하면 래스터 이미지의 가장자리를 따라 아웃라인이 나타납니다.
- 칠 속성을 선택하여 모양 패널 하단의 효과를 클릭하여 '오브젝트 윤곽선(Outline Object)'을 추가하면 래스터 이미지가 선택된 색상, 그레이디언트로 칠해집니다.

(4) 윤곽선(Outline Stroke)

일반적으로 어도비 일러스트레이터에서 Outline Stroke 기능을 획에 적용하면 패스의 성질을 잃고 도형의 성질로 변화합니다. 윤곽선(Outline Stroke) 효과는 획의 속성은 변화하지 않고 도형처럼 속성을 가지게 하는 효과입니다. 획의 속성이 있어 직접 선택 도구로 고정점을 수정할 수 있어서 편리한 기능입니다.

❶ 획에 윤곽선(Outline Stroke) 효과 적용하기

획에 두께를 추가하는 것은 오프셋 패스로 가능하지만, 각각 개별 오브젝트이므로 편집에 어려움이 있을 수 있습니다. 이럴 때 윤곽선 효과를 이용해 두께를 함께 편집하는 방법을 알아봅니다.

- 획으로만 이루어진 오브젝트를 선택 후 획에 윤곽선(Outline Stroke) 효과를 적용합니다.
- 모양 패널 하단에서 아이콘을 클릭하여 새 획을 추가합니다.
- 새 획 속성을 모양 패널의 다른 속성보다 최하위로 드래그하여 이동하고 굵기를 기존 스트로크보다 굵게 적용합니다.

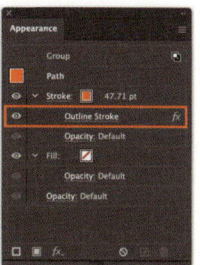

획에 윤곽선 효과 적용   획에 오프셋 패스 적용

윤곽선(Outline Stroke) 효과를 적용했을 때 화면에서는 아무런 변화가 보이지 않는 것은 정상입니다. 해당 효과를 적용한 스트로크에 다른 효과를 적용하면 선에 효과가 적용되는 것이 아닌, 칠(면)에 효과가 적용되는 결과처럼 보입니다. 하지만 패스의 속성은 살아있어 직접 선택 도구로 고정점을 수정하여 형태를 변형할 수 있는 특징이 있습니다. 일반적으로 획에 해당 효과를 적용하고 다른 효과 속성보다 상위에 위치하도록 배치합니다.

5. 시각적 디테일을 더하는 스타일화 효과들

(1) 그림자 만들기(Drop Shadow)

벡터 오브젝트에 그림자를 추가하여 입체감을 더하고, 디자인에 깊이를 부여하는 데 사용되는 효과입니다. 이 기능은 사용자가 입력한 설정에 따라 빛의 각도, 투명도, 거리, 흐림 효과 등을 조정하여 사실적이고 자연스러운 그림자를 생성합니다.

❶ 오브젝트에 그림자를 추가하려면, 대상 오브젝트를 선택한 상태에서 '모양(Appearance)' 패널 하단의 효과 아이콘을 클릭하여 [스타일화〉그림자 만들기/Stylize〉Drop Shadow] 효과를 찾아 오브젝트에 효과 속성을 추가할 수 있습니다.

❷ '그림자 만들기' 대화상자에서 혼합 모드, 투명도, 거리, 색상 등을 조절하여 아트워크에 적절한 그림자를 생성합니다.

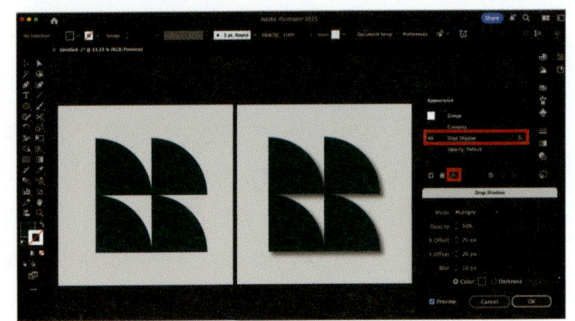

(2) 페더(Feather)

오브젝트의 가장자리를 부드럽게 흐려주는 기능으로, 부드러운 경계선을 만들어 자연스럽고 부드러운 느낌을 보여줍니다. 모양 패널을 이용해 비파괴적인 효과로 적용할 수 있으며, 은은한 느낌의 아트워크를 만들 때 유용합니다.

❶ 오브젝트에 그림자를 추가하려면, 대상 오브젝트를 선택한 상태에서 '모양(Appearance)' 패널 하단의 효과 아이콘을 클릭하여 [스타일화〉페더/Stylize〉Feather] 효과를 찾아 오브젝트에 효과 속성을 추가할 수 있습니다.

❷ 효과를 추가하면 대화상자가 열리며 반경(Radius)을 설정할 수 있습니다.

❸ 흐려지는 가장자리의 범위를 설정할 수 있으며 값이 클수록 더 많이 흐려집니다.

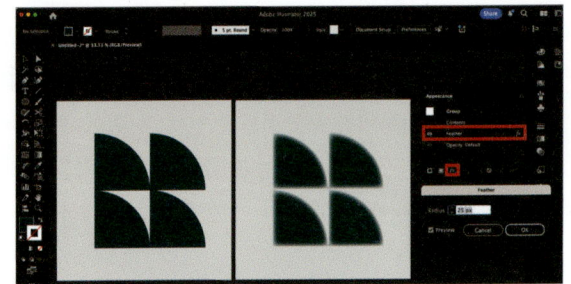

(3) 내부 광선(Inner Glow)

오브젝트 내부의 가장자리에서 안쪽으로 빛나는 효과를 주는 기능으로, 발광하는 듯한 입체감과 깊이감을 만들어냅니다. 평면적인 디자인에 입체감과 깊이감 부여하며 UI 요소나 아이콘, 로고 등에 강조감을 줄 때 유용합니다.

❶ 오브젝트에 내부 광선을 추가하려면, 대상 오브젝트를 선택한 상태에서 '모양(Appearance)' 패널 하단의 효과 아이콘을 클릭하여 [스타일화〉내부 광선/Stylize〉Inner Glow] 효과를 찾아 오브젝트에 효과 속성을 추가할 수 있습니다.

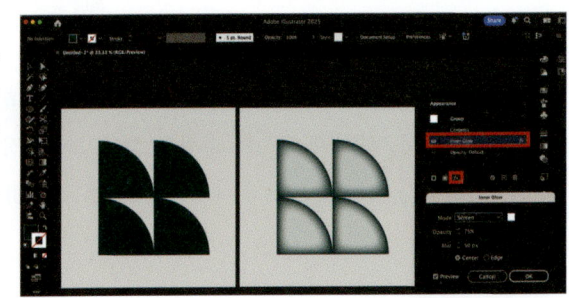

❷ 효과를 추가하면 대화상자가 열리며 광선의 색상, 불투명도, 흐림 정도를 설정할 수 있습니다.

❸ 광선이 시작되는 위치를 가장자리(Edge)나 중심(Center)으로 선택할 수 있으며, 혼합 모드를 선택하여 다양한 발광 효과를 만들 수 있습니다.

(4) 외부 광선(Outer Glow)

오브젝트의 외곽선을 따라 바깥쪽으로 빛나는 효과를 주는 기능으로, 오브젝트의 주위로 확산되는 빛의 느낌을 만들어냅니다. 네온사인이나 발광 효과가 필요한 디자인 작업에 유용하게 활용됩니다.

❶ 오브젝트에 외부 광선을 추가하려면, 대상 오브젝트를 선택한 상태에서 '모양(Appearance)' 패널 하단의 효과 아이콘을 클릭하여 [스타일화〉외부 광선/Stylize〉Outer Glow] 효과를 찾아 오브젝트에 효과 속성을 추가할 수 있습니다.

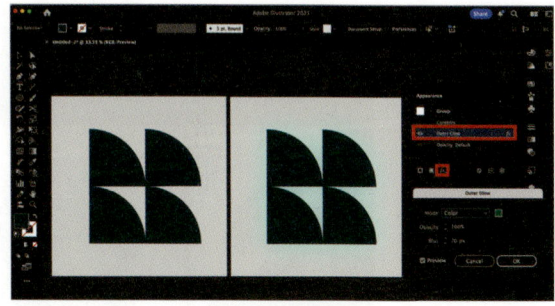

❷ 효과를 추가하면 대화상자가 열리며 불투명도(Opacity), 흐림 정도(Blur), 광선 색상 등을 설정할 수 있습니다.

❸ 혼합 모드를 변경하여 다양한 발광 효과를 만들 수 있으며, 값이 클수록 더 넓게 퍼지는 광선 효과가 생성됩니다.

(5) 모퉁이 둥글리기(Round Corners)

오브젝트의 각진 모서리를 부드럽게 둥글리는 기능으로, 날카로운 모서리를 자연스러운 곡선으로 변환합니다. 전체 아트워크의 이미지를 부드럽고 정돈된 현대적인 느낌으로 표현할 수 있습니다.

❶ 오브젝트의 모서리를 둥글게 만들려면, 대상 오브젝트를 선택한 상태에서 '모양(Appearance)' 패널 하단의 효과 아이콘을 클릭하여 [스타일화〉모퉁이 둥글리기/Stylize〉Round Corners] 효과를 찾아 오브젝트에 효과 속성을 추가할 수 있습니다. 모양 패널을 이용해 비파괴적인 효과로 적용할 수 있습니다.

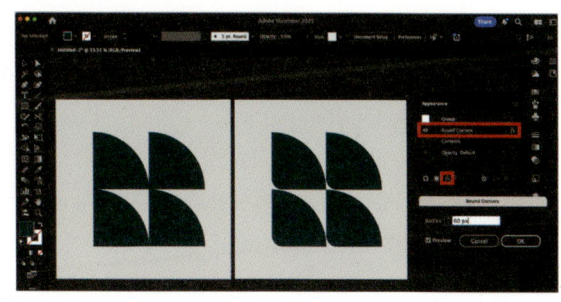

❷ 효과를 추가하면 대화상자가 열리며 반경(Radius)을 설정할 수 있습니다. 모서리가 둥글어지는 정도를 조절할 수 있으며 값이 클수록 더 부드러운 곡선이 만들어집니다.

❸ 모퉁이 둥글리기(Round Corners) 효과는 두 패스가 교차하여 만나는 앵커 포인트에만 적용되는 특징이 있습니다.

  예 사각형을 모퉁이 둥글리기 효과를 적용하면 모든 코너가 둥글게 적용되지만, 이미지와 같이 90도의 각도가 있는 경우 왼쪽 아래 부분만 적용됩니다.

❹ 날카로운 각도로 만나는 앵커 포인트에서만 둥글리기가 적용되며, 곡선이나 복잡한 패스가 만나는 부분에서는 효과가 적용되지 않습니다. 따라서 오브젝트의 모든 모서리를 균일하게 둥글게 만들기 위해서는 깔끔한 교차점을 가진 패스로 구성하거나, 각 모서리를 선택하여 둥글게 만드는 별도의 편집 과정이 필요합니다.

(6) 스크리블(Scribble)

오브젝트의 외곽선을 손으로 그린 듯한 스케치 효과로 변환하는 기능으로, 자연스러운 손그림 느낌을 만들어 냅니다. 모양 패널을 이용해 비파괴적인 효과로 적용할 수 있으며, 아날로그적인 감성이 필요한 일러스트레이션이나 디자인에 유용합니다.

❶ 오브젝트에 스크리블 효과를 추가하려면, 대상 오브젝트를 선택한 상태에서 '모양(Appearance)' 패널 하단의 효과 아이콘을 클릭하여 [스타일화 〉 스크리블/Stylize 〉 Scribble] 효과를 찾아 오브젝트에 효과 속성을 추가할 수 있습니다.

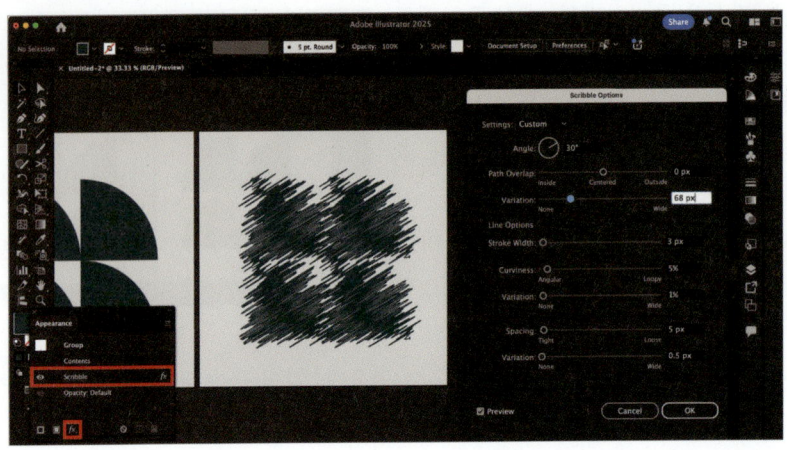

❷ 효과를 추가하면 대화상자가 열리며 각도, 패스 중첩, 획의 변화 등 다양한 옵션을 설정할 수 있습니다. 각 설정값을 조절하여 다양한 스케치 스타일을 만들 수 있으며, 미리보기를 통해 실시간으로 결과를 확인할 수 있습니다.

❸ 스크리블(Scribble) 대화상자의 주요 옵션
- 각도(Angle): 스크리블 선의 기본 방향 각도 설정
- 패스 중첩(Path Overlap): Inside/Centered/Outside 선택으로 선이 겹치는 위치 조절
- 선 옵션(Line Options)
  - 선 폭(Stroke Width): 선의 굵기 설정
  - 반경(Curviness): Angular에서 Loopy까지 선의 곡선 정도
  - 간격(Spacing): 선 사이의 간격 조절
  - 변경(Variation): 각 설정(두께, 곡률, 간격)의 무작위성 정도

6. 1분 실습_손으로 그린 것처럼 구불구불한 선으로 귀여운 메모지 만들기

(1) 파일 열기

최상단 메뉴의 [파일 〉 열기/File 〉 Open]을 클릭하여 대화상자에서 '클래스6_2_1분실습_메모지.ai' 파일을 불러옵니다.

(2) 오브젝트 선택하기

❶ 왼쪽 도구 패널에서 선택 도구로 집 프레임을 선택합니다.
❷ 상단 메뉴 [창〉모양/Window〉Appearance]를 클릭하여 '모양(Appearance)' 패널을 불러옵니다.

(3) 모양 패널에서 효과 추가하기

❶ 모양 패널 하단의 Fx(새 효과 추가하기) 아이콘을 클릭합니다.
❷ 왜곡과 변형(Distort&Transform)을 클릭 후 '거칠게 하기(Roughen)'를 클릭합니다.

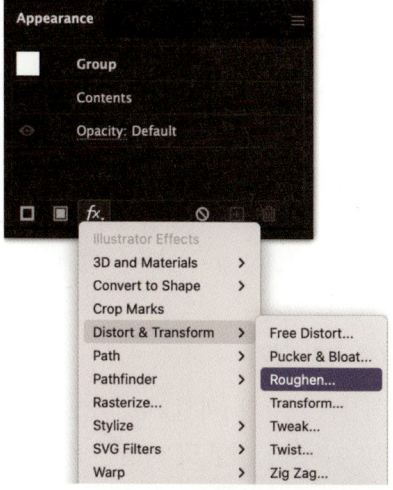

(4) 효과 수치를 수정하기

❶ '거칠게 하기' 대화상자에서 수치를 조정합니다. 크기(Size)를 0.3mm로 설정하고, 절대적(Absolute)을 체크합니다. 세부(Detail)는 30, 포인트(Points)는 매끄럽게(Smooth)로 변경합니다.
❷ 작업 영역에서 변화를 살펴볼 수 있습니다. 확인(OK)을 클릭해 변경사항을 저장합니다.

(5) 아트워크 완성하기

다른 오브젝트도 동일한 방법을 반복합니다. 레이어 패널에서 배경 레이어의 가시성 아이콘을 클릭하여 보이게 합니다. 아트워크를 완성합니다.

SECTION 03 디자인 완성도를 높이는 오브젝트 변형

1. 1분 실습_선과 선이 교차하는 얽힘(Intertwine)

얽힘(Intertwine) 도구는 두 개 이상의 획이 서로 교차하는 부분에서 위아래로 엮이는 효과를 만드는 기능입니다. 오브젝트가 겹치는 영역에서 자동으로 앞뒤 레이어가 조정되어 마치 끈이나 리본이 얽혀있는 것 같은 복잡한 시각적 효과를 만들 수 있습니다.
겹쳐진 오브젝트에 얽힘 효과를 적용하면 마우스 커서를 오 브젝트 위에 올렸을 때 회색 도트 패턴으로 선택 가능한 영역이 표시됩니다. 이 영역을 클릭하면 자동으로 앞뒤 레이어가 조정되어 얽힘 효과가 적용됩니다.

(1) 파일 열기

최상단 메뉴의 [파일〉열기/File〉Open]을 클릭하여 대화상자에서 '클래스6_3_1분실습_얽힘.ai' 파일을 불러옵니다.

(2) 오브젝트 선택하고 얽힘 효과 시작하기

❶ 왼쪽 도구 패널의 선택 도구로 대상 오브젝트를 선택합니다.
❷ 최상단 메뉴의 [오브젝트〉얽힘〉만들기/Object〉Intertwine〉Make]를 클릭하여 얽힘 효과를 적용합니다.

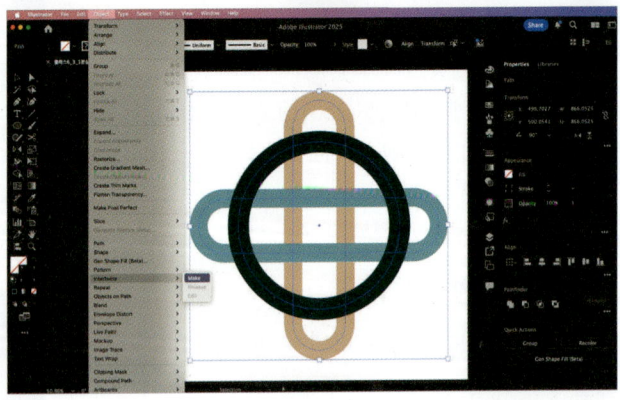

(3) 얽힘 효과 적용하기

❶ 커서를 오브젝트 위로 가져가면 회색 도트 패턴으로 영역이 표시됩니다.
❷ 하늘색 오브젝트와 초록색 오브젝트가 교차된 부분을 클릭하면 해당 부분이 자동으로 맨 뒤로 이동하며 얽힘 효과가 적용됩니다.

(4) 얽힘 효과 반복하기

초록색과 베이지색 오브젝트가 겹치는 영역을 클릭합니다. 이를 반복하여 얽힘 효과를 적용합니다.

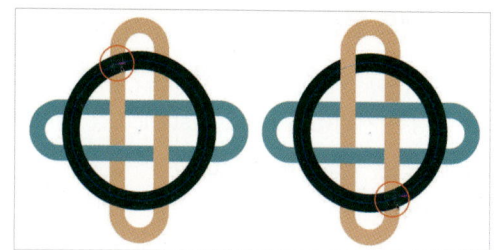

(5) 얽힘 효과 완성하기

하늘색과 초록색 오브젝트가 겹치는 영역을 클릭하여 얽힘 효과를 완성합니다.

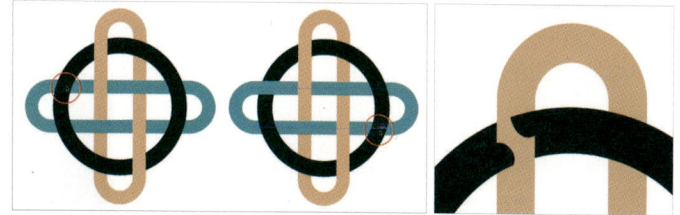

(6) 얽힘(Intertwine) 효과의 다른 기능 체크

얽힘 기능은 획에만 적용이 됩니다.

① 수정하기: 선택 상태에서 최상단 메뉴의 [오브젝트〉얽힘〉편집/Object〉Intertwine〉Edit]를 클릭합니다.
② 얽힘 해제: 선택 상태에서 최상단 메뉴의 [오브젝트〉얽힘〉풀기/Object〉Intertwine〉Release]를 클릭합니다.
③ 확장: 얽힘이 적용된 모습으로 일반 오브젝트로 변경합니다. 선택 상태에서 최상단 메뉴의 [오브젝트〉확장/Object〉Expand]를 클릭합니다.
④ 클릭으로 겹침 영역을 교체: 3개 이상의 오브젝트가 겹쳐있을 경우 선택 영역 클릭 시 가장 상위의 오브젝트가 가장 하위로 이동합니다.
⑤ 드래그하여 영역 선택 및 얽힘 효과 적용: 겹쳐있는 오브젝트의 일부를 드래그하여 일부분만 적용 가능합니다.

2. 1분 실습_블렌드 도구로 3D 스타일의 오브젝트 만들기

블렌드(Blend) 도구는 두 개 이상의 오브젝트 사이에 중간 단계의 오브젝트를 자동으로 생성하여 부드러운 변화를 만드는 기능입니다. 색상, 크기, 모양 등이 점진적으로 변화하는 중간 단계를 만들 수 있으며, 경로를 따라 오브젝트를 분포시킬 수도 있습니다.

두 개의 오브젝트를 선택한 상태에서 블렌드 도구를 사용하면 자동으로 중간 오브젝트가 생성됩니다. 간격 옵션을 통해 부드러운 색상 변화, 지정된 단계 수, 또는 특정 거리 간격으로 중간 오브젝트를 생성할 수 있습니다. Replace Spine이나 Reverse Spine 기능을 통해 블렌드의 경로를 수정하거나 방향을 바꿀 수 있습니다. 모든 설정은 블렌드 옵션 대화상자에서 세부적으로 조절할 수 있습니다.

(1) 파일 열기

최상단 메뉴의 [파일〉열기/File〉Open]을 클릭하여 대화상자에서 '클래스6_3_1분실습_블렌드.ai' 파일을 불러옵니다.

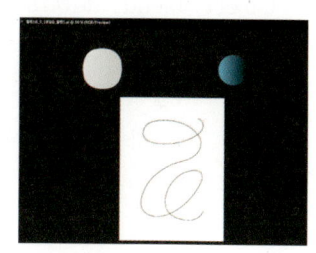

(2) 블렌드 옵션 설정하기

최상단 메뉴의 [오브젝트〉블렌드〉블렌드 옵션/Object〉Blend〉Blend Option]을 클릭하여 대화상자가 열리면 지정된 거리(Specified Distance)를 선택하고 거리를 0.1px로 옵션을 변경합니다.

❶ 매끄러운 색상(Smooth Color)
- 색상이 자연스럽게 단계적으로 변화
- 중간 오브젝트의 수를 자동으로 계산
- 가장 부드러운 그라데이션 효과 생성

❸ 지정된 거리(Specified Distance)
- 중간 오브젝트 간의 간격을 직접 지정
- 픽셀 단위로 정확한 거리 설정
- 균일한 간격의 블렌드 효과 생성

❷ 지정된 단계(Specified Steps)
- 사용자가 직접 중간 단계 수를 지정
- 단계별로 뚜렷한 변화 생성
- 정확한 수의 중간 오브젝트 생성 가능

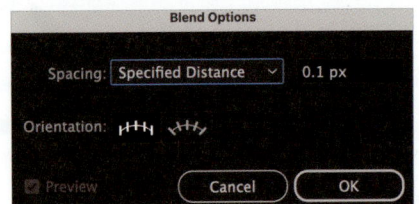

(3) 오브젝트 선택하고 블렌드 효과 시작하기

❶ 왼쪽 도구 패널의 선택 도구로 대지에 놓인 회색과 푸른 그레이디언트, 2개의 원 오브젝트를 모두 선택합니다.

❷ 최상단 메뉴의 [오브젝트〉블렌드〉만들기/Object〉Blend〉Make]를 클릭하여 블렌드 효과가 적용된 획을 만듭니다.

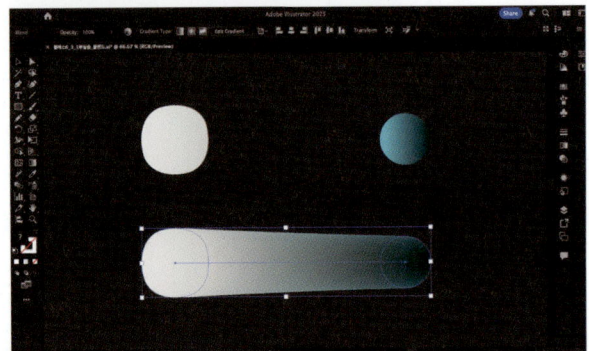

(4) 스파인 바꾸기 적용

❶ 대지에 놓인 획 오브젝트와 '(3) 오브젝트 선택하고 블렌드 효과 시작하기'에서 생성한 블렌드 획 모두를 선택 도구로 선택합니다.

❷ 최상단 메뉴의 [오브젝트〉블렌드〉스파인 바꾸기/Object〉Blend〉Replace Spine]을 클릭하여 블렌드 효과가 적용된 획을 만듭니다.

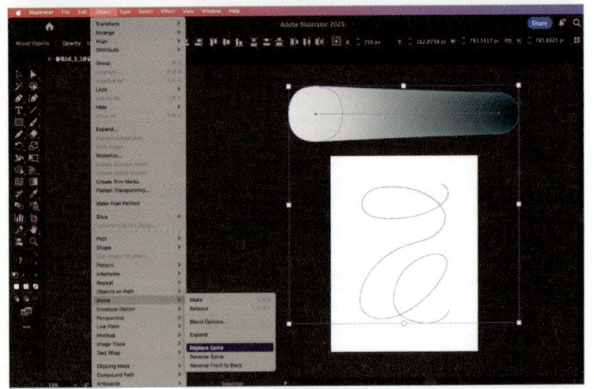

(5) 아트워크 완성하기

❶ 최상단 메뉴의 [오브젝트〉블렌드〉스파인 반전/Object〉Blend〉Reverse Spine]을 클릭하여 블렌드 획의 방향을 전환합니다.

❷ 필요시 직접 선택 도구나 매끄럽게 도구를 이용하여 고정점과 곡률을 수정하여 형태를 바꿀 수 있습니다.

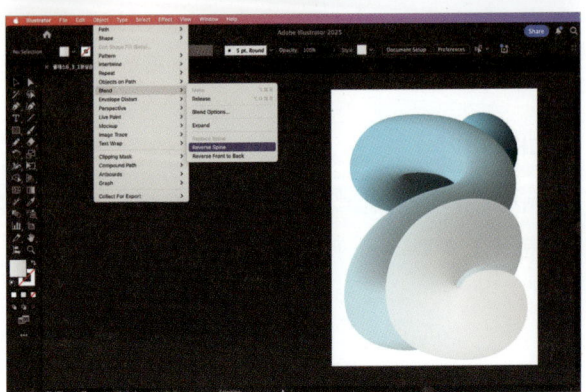

3. 1분 실습_경로상의 개체로 시계에 숫자 배치하기

'경로상의 개체(Objects on Path)' 기능은 CC 2025의 정식 릴리즈된 신기능으로 선택한 오브젝트들을 지정된 패스를 따라 자동으로 배치하고 정렬하는 도구입니다. 오브젝트의 크기, 간격, 방향 등을 유지하면서 곡선이나 직선 패스를 따라 균일하게 분포시킬 수 있어 복잡한 패턴이나 장식적인 디자인을 쉽게 만들 수 있습니다. 원본 오브젝트의 특성을 유지하면서 패스를 따라 자연스럽게 배치되어, 필요한 경우 개별 오브젝트의 위치나 속성을 추가로 수정할 수 있습니다. 배치가 완료되면 편집 핸들을 조절하여 오브젝트 간의 간격, 정렬 방식, 오브젝트의 회전 여부 등을 설정할 수 있습니다.

(1) 파일 열기

최상단 메뉴의 [파일 〉 열기/File 〉 Open]을 클릭하여 대화상자에서 '클래스6_3_1분실습_경로상의오브젝트.ai' 파일을 불러옵니다.

(2) 오브젝트 선택하기

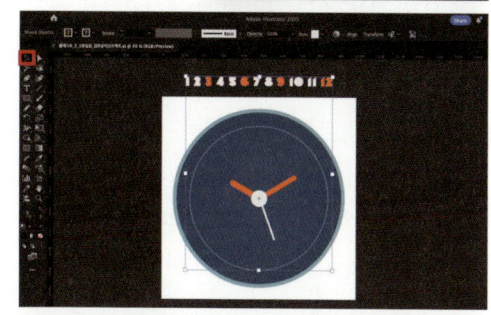

왼쪽 도구 패널에서 선택 도구를 클릭하여 숫자와 시계판에 놓인 흰색 원형 획 오브젝트를 Shift를 누른 상태에서 모두 선택합니다.

(3) 경로상의 오브젝트 실행하기

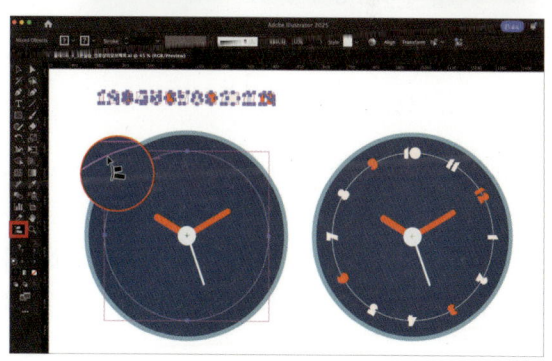

❶ 왼쪽 도구 패널에서 경로상의 오브젝트 도구를 클릭하여 선택합니다.
❷ 오브젝트 주위로 마젠타 컬러의 가이드라인이 표시됩니다.
❸ 시계판에 놓인 흰색 획 오브젝트 위로 커서를 올리면 커서가 경로상의 오브젝트 아이콘으로 변경됩니다.
❹ 클릭하면 숫자들이 자동으로 원형 획을 따라 동일한 분포 간격으로 배열됩니다.

(4) 숫자를 회전해서 이동하여 아트워크 완성하기

❶ 오른쪽 중앙의 마름모 모양의 핸들을 클릭하여 유지합니다. 위로 드래그하여 숫자 12를 중앙에 위치하도록 전체 숫자를 회전하여 이동합니다.
❷ 직접 선택 도구로 경로로 이용한 흰색 원형 오브젝트를 선택하여 선 색상을 '없음'으로 설정합니다.
❸ 아트워크를 완성합니다.

(5) 경로상의 개체(Objects on Path)의 기능 자세히 알아보기

❶ 경로상의 개체의 사이 간격 조절하기

- 부등호 표기가 있는 핸들을 왼쪽/오른쪽으로 드래그하여 사이 간격을 조절합니다.
- 왼쪽으로 드래그하면 좁게, 오른쪽으로 드래그하면 넓게 간격이 조절됩니다.

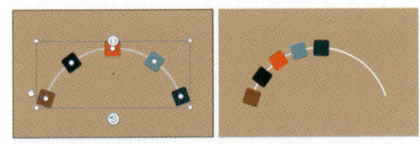

❷ 경로상의 개체를 모두 회전하기

- 회전 아이콘이 있는 핸들을 드래그하여 경로상에 있는 모든 오브젝트를 같은 방향으로 회전할 수 있습니다.
- '속성(Properties)' 패널에서 오브젝트 각도를 수치로 정확하게 변경할 수 있습니다.
- 도구 패널의 '경로상의 개체(Objects on Path)' 아이콘을 더블 클릭하여 옵션 대화상자를 열어 먼저 회전 각도와 참조점을 변경하고 저장한 후 실행하면 옵션에 설정된 수치대로 적용됩니다.

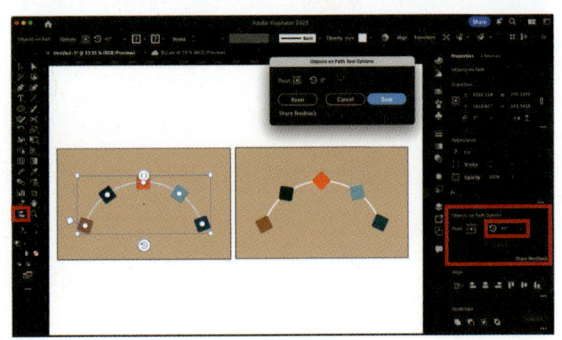

❸ 개별 오브젝트 크기를 변경하기

- 더블 클릭하여 격리 모드로 진입하여 경로상의 개별 오브젝트의 크기를 변경합니다.
- 개체의 개별 회전 방향과 위치는 경로상의 개체 기능이 적용되어 변경되지 않습니다.

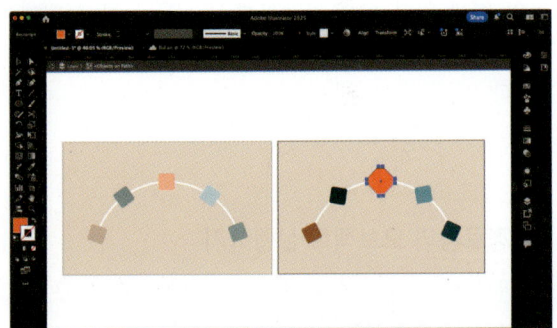

❹ 개별 오브젝트의 경로 위치 수정하기

- 각 오브젝트 위에 표기된 동그라미 아이콘을 클릭하여 경로상의 다른 오브젝트와 위치를 스위치할 수 있습니다.
- 동일한 분포로 적용되므로 개별 간격을 바꿀 수 없습니다.

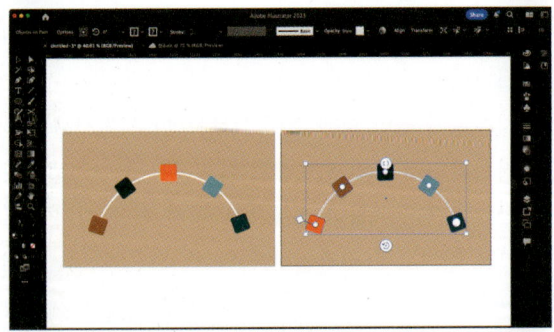

❺ 경로 수정하기

- 자유 변형으로 오브젝트의 크기를 조절하듯이 경로의 바운딩 박스 모서리를 잡고 드래그하여 전체 경로의 크기와 비율을 조정할 수 있습니다.
- 패스를 수정하듯이 '고정점 추가 도구(Add Anchor Point Tool)'로 고정점을 추가한 후 직접 선택 도구로 고정점의 위치를 이동하거나 '곡률 도구(Curvature Tool)'를 이용하여 적용된 경로를 바꿀 수 있습니다.

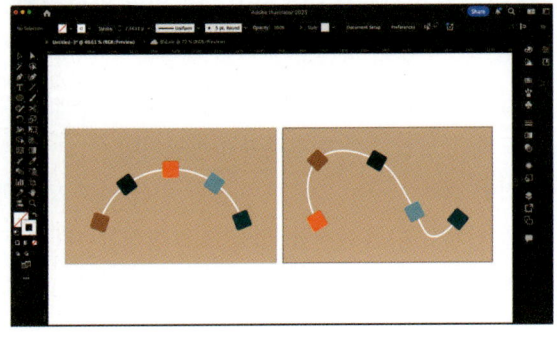

- 가위 도구나 패스 지우개 도구를 이용하여 패스를 잘라낼 경우 확장되어 더 이상 경로상의 오브젝트 기능을 실행할 수 없습니다.

❻ 참조 기준점 변경
- 왼쪽 도구 패널에서 더블 클릭하여 옵션 대화상자를 열거나 '속성(Properties)' 패널에서 참조점 기준을 변경할 수 있습니다.
- 참조 기준점에 따라 경로상의 개체의 배치 모양이 달라집니다.

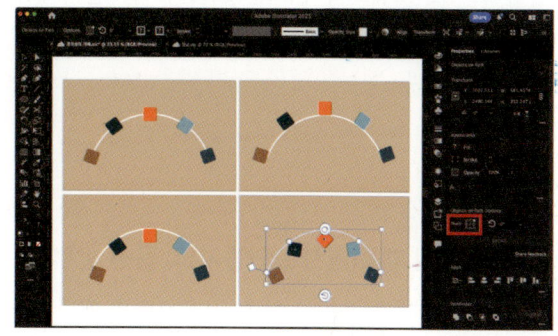

4. 1분 실습_둘러싸기 왜곡으로 쿠폰 프로모션 아트워크 제작

(1) 파일 열기

최상단 메뉴의 [파일〉열기/File〉Open]을 클릭하여 대화상자에서 '클래스6_3_1분실습_메시로 만들기.ai' 파일을 불러옵니다.

(2) 대상 오브젝트 선택하기

왼쪽 도구 패널에서 선택 도구로 클릭하여 가장 상위의 브라운 컬러의 쿠폰 오브젝트만 선택합니다. 글자와 쿠폰 오브젝트는 그룹화되어 있는 상태입니다.

(3) 둘러싸기 왜곡 적용하기

❶ 최상단 메뉴의 [오브젝트〉둘러싸기 왜곡〉메시로 만들기/Object〉Envelope Distort〉Make with Mesh]를 클릭하여 둘러싸기 왜곡-메시 효과를 적용합니다.
❷ 메시의 행과 열을 수정할 수 있는 대화상자가 열립니다.
❸ 확인(OK)을 눌러 메시를 적용합니다.

(4) 망 수정하기

왼쪽 도구 패널에서 직접 선택 도구를 선택한 후 이미지를 참고하여 3개의 고정점을 선택 후 살짝 위로 들어올려 오브젝트를 변형합니다.

(5) 아트워크 완성하기

선택 도구로 드래그하여 모든 오브젝트를 선택하여 단축키 Alt (Windows)/Opt (Mac)를 누르면서 복제하여 아트워크를 완성합니다.

(6) 둘러싸기 왜곡(메시로 만들기)의 옵션 살펴보기

'메시로 만들기'가 적용된 이후 상단 컨트롤 패널의 옵션을 이용하여 망을 수정하거나 리셋할 수 있습니다.

❶ 망(Mesh) 개수 수정하기: 상단 컨트롤 패널 행(Rows)과 열(Columns)의 개수를 수정하여 현재 적용된 망을 수정할 수 있으며 '둘러싸기 도형 재설정(Reset Envelope Shape)'을 클릭하여 변경사항을 초기화할 수 있습니다.

❷ 내부 오브젝트 수정하기: 상단 컨트롤 '내용 편집(Edit contents)'을 클릭하면 메시가 적용된 오브젝트의 칠/획 색상이나 형태를 수정할 수 있는 상태로 전환됩니다.

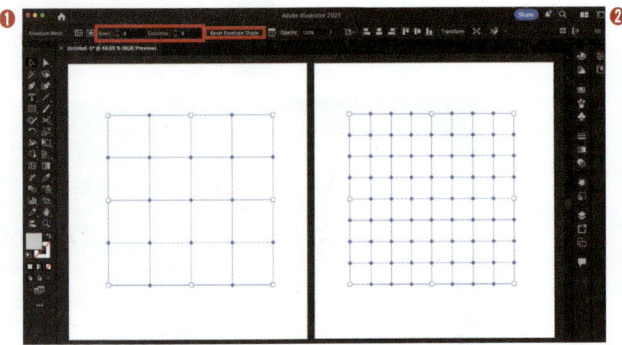
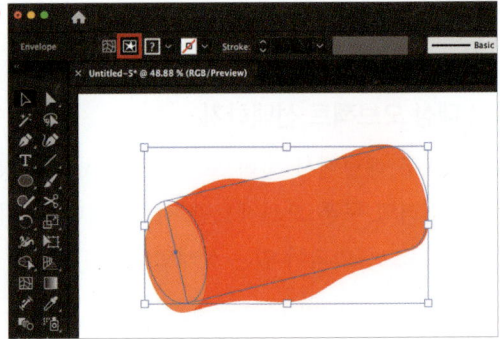

5. 1분 실습_둘러싸기 왜곡으로 완성하는 타이포그래피

(1) 파일 열기

최상단 메뉴의 [파일 > 열기/File > Open]을 클릭하여 대화상자에서 '클래스6_3_1분실습_최상위개체로만들기.ai' 파일을 불러옵니다.

(2) 오브젝트 순서 정돈하기

❶ 레이어 패널에서 하트 오브젝트를 드래그하여 최상위로 순서를 변경합니다.

❷ 선택 도구로 우클릭하여 [정돈 > 맨 앞으로 가져오기/Arrange > Bring to Front]를 클릭합니다. 또는 단축키 Shift + Ctrl +] (Windows)/Shift + Cmd +] (Mac)를 눌러 실행할 수 있습니다.

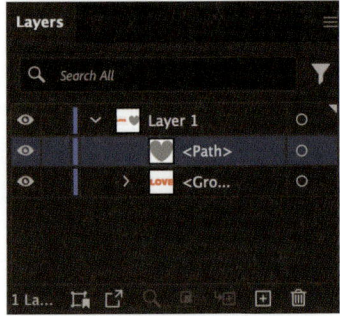

(3) 오브젝트 모두 선택하기

왼쪽 도구 패널에서 선택 도구로 드래그하여 모든 오브젝트를 선택합니다.

(4) 둘러싸기 왜곡 적용하기

최상단 메뉴의 [오브젝트〉둘러싸기 왜곡〉최상위 오브젝트에 맞추기/Object〉Envelope Distort〉Make with Top Object]를 클릭하여 효과를 적용합니다. 즉각적으로 최상위 개체의 모양으로 글자가 변형됩니다. 아웃라인 되지 않은 라이브 텍스트도 적용 가능합니다.

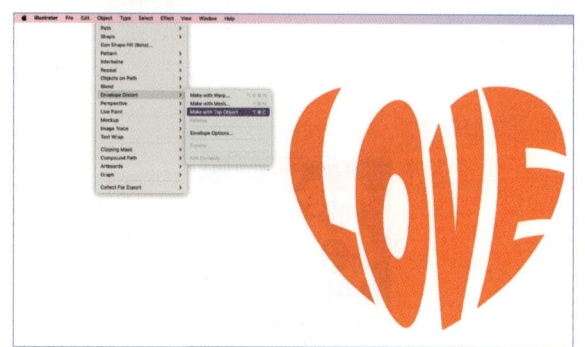

6. 오브젝트를 편리하게 복제하는 반복 기능

반복 기능은 중심점을 기준으로 오브젝트를 다양한 방법으로 복제하여 활용할 수 있는 기능입니다. 직접 드래그하거나 복사&붙여넣기와는 달리 정확하고 규칙적으로 대상 오브젝트를 복제할 수 있습니다.

(1) 방사형(Radial)

중심점을 기준으로 방사형으로 오브젝트를 복제하는 기능으로 회전 각도와 복제 개수를 사용자가 정의할 수 있습니다.

❶ 반복-방사형을 사용하려면 대상 오브젝트를 선택 도구로 선택합니다.
❷ 최상단 메뉴의 [오브젝트〉반복〉방사형/Object〉Repeat〉Radial]을 찾아 선택합니다.
❸ 대상 오브젝트가 자동으로 중심원을 따라 360도 회전되며 경로와 복제를 편집할 수 있는 핸들이 표시됩니다.
❹ 방사형(Radial)의 종류

- 오브젝트 사이 간격 변경하기: 동그라미 핸들을 잡고 드래그하여 오브젝트 사이의 간격을 변경합니다.
- 오브젝트 복제 개수 변경: 부등호가 위, 아래로 표기된 핸드를 잡고 드래그하여 오브젝트의 복제 개수를 변경합니다.
- 복제 범위 조절하기: 부등호가 표기된 핸드를 잡고 드래그하여 복제된 오브젝트의 표시 범위를 조절합니다. 전체 360도가 아닌 부분적인 범위만 오브젝트를 표시합니다.

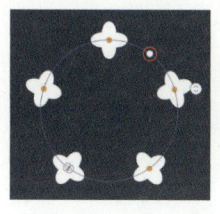

(2) 격자(Grid)

격자형으로 오브젝트를 복제하는 기능으로 가로와 세로의 간격과 복제 개수를 사용자가 정의할 수 있습니다.

❶ 반복-격자를 사용하려면 대상 오브젝트를 선택 도구로 선택합니다. 최상단 메뉴의 [오브젝트〉반복〉격자/Object〉Repeat〉Grid]를 찾아 선택합니다.

❷ 대상 오브젝트가 행과 열 형태로 복제되며 간격과 개수를 편집할 수 있는 핸들이 표시됩니다. 이를 통해 규칙적인 패턴이나 타일 형태의 디자인을 쉽게 만들 수 있습니다.

❸ 격자(Grid)의 종류
- **격자 간격 조절**: 부등호가 표기된 핸드를 잡고 드래그하여 복제된 오브젝트 사이의 간격을 가로/세로로 변경합니다.
- **격자 전체 면적 조절**: 코너 라운드 진 사각형 핸들을 잡고 드래그하여 전체 격자 표시의 범위를 확장 또는 축소합니다.

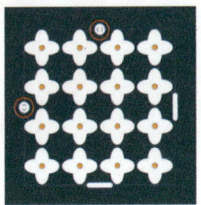
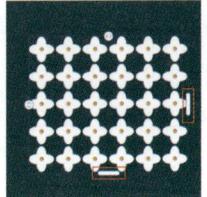

(3) 뒤집기(Mirror)

오브젝트를 축을 기준으로 대칭되게 복제하는 기능으로, 수직/수평/사선 방향의 대칭축을 사용자가 정의할 수 있습니다.

❶ 반복-뒤집기를 사용하려면 대상 오브젝트를 선택 도구로 선택합니다. 최상단 메뉴의 [오브젝트〉반복〉뒤집기/Object〉Repeat〉Mirror]를 찾아 선택합니다.

❷ 대상 오브젝트가 대칭축을 기준으로 복제되며 축의 위치와 각도를 편집할 수 있는 핸들이 표시됩니다. 오브젝트의 대칭축 각도나 거리를 쉽게 변경할 수 있습니다.

❸ 뒤집기(Mirror)의 종류
- **대칭된 오브젝트 사이 간격 조절**: 3개의 동그라미 모양이 핸들 중 오브젝트 사이에 있는 가운데 핸들을 잡고 왼쪽/오른쪽으로 드래그하여 대칭된 오브젝트의 사이 간격을 변경합니다.

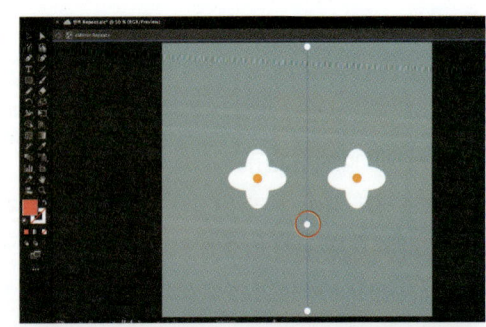

- **대칭축 각도 조절**: 상위/최하위의 동그라미 핸들을 잡고 드래그하여 대칭축의 각도를 변경합니다.

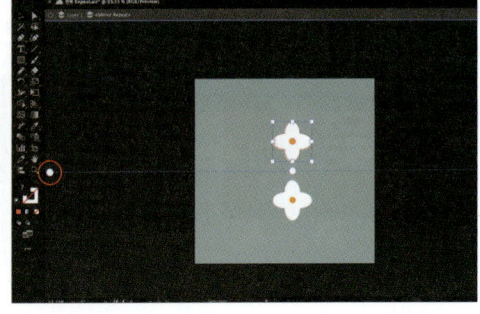

- **오브젝트의 변형 반전**: 뒤집기 기능이 적용된 상태에서 오브젝트를 선택 도구로 선택하여 이동, 회전, 자유변형, 고정점 수정 등 변형이 있을 경우 반전된 오브젝트도 자동으로 위치가 변경됩니다.

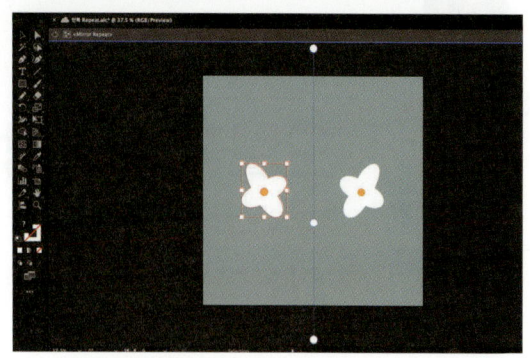

(4) 반복 기능의 옵션 설정

❶ 최상단 메뉴의 [오브젝트〉반복〉옵션/Object〉Repeat〉Options]를 찾아 클릭하여 반복 기능의 옵션 대화 상자를 불러옵니다.
❷ 방사형, 격자, 뒤집기의 각 옵션을 사용자의 필요에 맞게 설정하여 반복할 수 있습니다.

(5) 오브젝트의 확장

반복이 완료된 후 확장(Expand)을 이용하여 일반 오브젝트로 변환할 수 있습니다.

SECTION 04 오브젝트 확장과 래스터 라이즈

1. 획을 면으로 바꾸는 확장(Expand)

확장(Expand)과 모양 확장(Expand Appearance)은 일러스트레이터의 다양한 효과와 속성을 편집 가능한 기본 벡터로 변환하는 기능입니다. 파일의 호환성을 높이고 인쇄나 다른 용도로 안정적으로 활용하기 위해 필요합니다. 픽셀 기반의 포토샵과 달리, 벡터 그래픽 제작에 특화된 일러스트레이터와 같은 소프트웨어에서만 제공되는 고유한 기능입니다.

(1) 확장(Expand) 기능 이해하기

확장(Expand)은 획, 칠, 그레이디언트, 패턴과 같은 기본적인 벡터 속성만을 변환하는 도구입니다. 예를 들어 두께가 있는 획을 면으로 바꾸거나, 그레이디언트를 여러 개의 단색 면으로 나누는 작업을 할 수 있습니다. 특히 사용자가 필요한 속성만 선택적으로 변환할 수 있다는 것이 큰 특징입니다. 확장 기능을 사용하면 오브젝트의 고유한 속성들이 모두 일반 벡터 오브젝트로 바뀌게 되며, 이는 되돌릴 수 없는 영구적인 변환입니다.

(2) 확장 전/후의 오브젝트 차이 확인하기

현재 왼쪽 이미지는 확장 전으로 획 속성이 있어 직접 선택 도구로 고정점을 편집하여 형태를 변형할 수도 있으며, 획의 컬러와 두께, 스타일도 자유롭게 변경할 수 있는 획과 면으로 이루어진 여러 개가 그룹화된 그룹 오브젝트입니다(직접 선택 도구로 확장 전 오브젝트를 선택하면 획의 가운데에 패스 선이 보이며 고정점도 표시됩니다). 오브젝트를 확장하면 모든 획은 획의 속성이 사라지고 면의 속성만 가지게 됩니다.

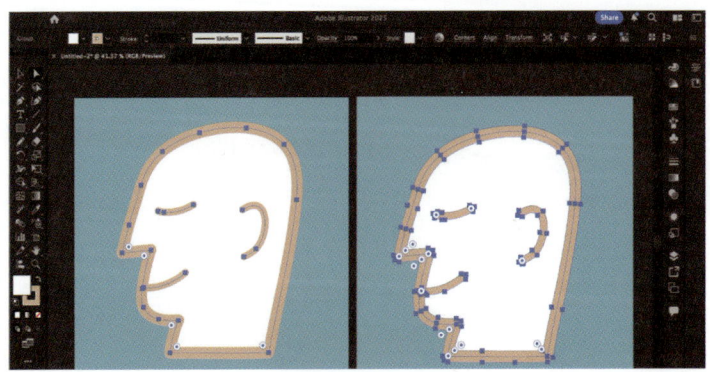

(3) 확장/비확장 오브젝트의 패스파인더 실행 결과

확장 전 오브젝트와 비확장 전 오브젝트를 모두 선택해 패스파인더의 나누기(Divide)를 실행해보면 더 쉽게 차이를 확인할 수 있습니다. 확장된 오브젝트는 겹쳐진 면들이 각각 분리되었습니다.

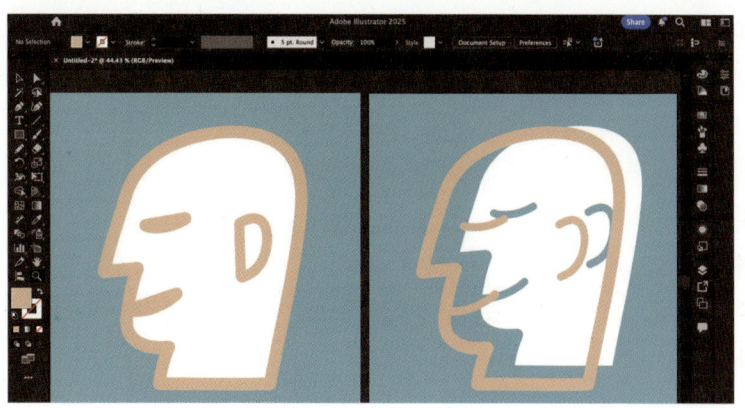

(4) 확장(Expand) 기본 실행 방법과 메뉴 위치 찾아보기

❶ 확장을 실행하려면 대상 오브젝트를 선택한 후 최상단 메뉴의 [오브젝트〉확장/Object〉Expand…]를 클릭하면 확장 대화상자가 열립니다.
❷ 선택한 오브젝트의 속성에 따라 옵션이 활성화되며 각 옵션을 선택 후 확인(OK)을 클릭하여 확장하여 일반 오브젝트로 만들 수 있습니다.
❸ 만약 대상 오브젝트에 포함된 획은 확장하고 싶지 않다면 옵션에서 제외하여 실행합니다. 분리하여 확장할 수 있습니다.

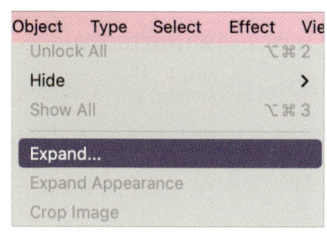

(3) 확장 옵션 살펴보기

❶ 확장(Expand)
- 오브젝트(Object): 심볼, 텍스트 오브젝트, 패턴이 포함된 오브젝트 등을 일반 오브젝트로 확장합니다.
- 칠(Fill): 일반 면 오브젝트, 그레이디언트나 패턴을 확장합니다.
- 선(Stroke): 페인트 브러시획, 획(선)을 면으로 확장합니다.

❷ 다음으로 그레이디언트 확장(Expand Gradient To)
- 그레이디언트 망(Gradient Mesh): 그레이디언트를 망으로 확장합니다. 도구 패널의 망 도구(Mesh Tool)를 이용하여 확장된 그레이디언트 망에 메시를 추가할 수 있습니다.
- 지정(Specify): 그레이디언트를 지정한 값만큼의 개별 오브젝트로 분할합니다.

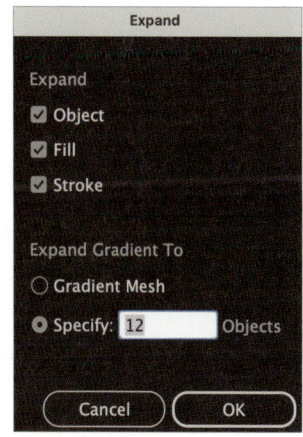

2. 효과를 제거하여 일반 오브젝트로 만드는 모양 확장(Expand Appearance)

(1) 모양 확장(Expand Appearance)이란?

모양 확장(Expand Appearance)은 오브젝트에 적용된 그림자, 광선, 왜곡 등 모든 효과 속성과 스타일을 일반 오브젝트로 변경합니다. 여러 효과가 중첩된 오브젝트도 한 번에 일반 오브젝트로 확장하며 확장(Expand)과 같이 옵션 대화상자를 이용하여 획과 면의 선택적 변환은 불가능합니다.

(2) 모양 확장(Expand Appearance)의 메뉴 위치 찾아보기

최상단 메뉴의 [오브젝트 > 모양 확장/Object > Expand Appearance] 메뉴를 선택하면 모양 확장을 실행할 수 있습니다. 효과가 미적용된 오브젝트 선택 시에는 비활성화됩니다.

(3) 모양 확장 실행 결과

그래픽 스타일을 적용한 오브젝트를 모양 패널에서 살펴보면 다양한 효과 속성이 적용되어 있는 것을 확인할 수 있습니다. 이 오브젝트를 모양 확장(Expand Appearance)을 적용하면 모든 속성이 일반 오브젝트로 확장되며 나누어집니다.

3. 벡터 오브젝트를 픽셀 이미지로 만드는 래스터화(Rasterize)

(1) 래스터화(Rasterize)란?

래스터화(Rasterize)는 벡터 오브젝트를 픽셀 기반의 일반 이미지로 변환하는 것입니다. 벡터 오브젝트는 크기를 조절하거나 효과를 적용해도 품질이 저하되지 않지만, 래스터화된 이미지는 확대 시 계단 현상이 발생하고 크기 조절 시 품질이 저하될 수 있습니다. 하지만 특수한 효과 적용이나 웹용 이미지 제작 시에는 필요한 기능입니다.

(2) 래스터화(Rasterize)의 메뉴 위치 살펴보고 옵션 설정하기

래스터화를 하고자 하는 대상 오브젝트를 선택합니다. 최상단 메뉴의 [오브젝트 > 래스터화/Object > Rasterize] 메뉴를 선택하면 래스터화 옵션을 설정할 수 있는 대화상자가 나타납니다.

(3) 래스터화 실행 결과

래스터화를 실행하면 벡터 오브젝트가 설정한 해상도와 컬러 모드의 이미지로 변환됩니다. 변환된 이미지는 더 이상 벡터의 특성을 가지지 않으며, 포토샵과 같은 이미지 편집 프로그램에서 사용할 수 있는 형태로 변경됩니다. 래스터화 후에는 원본의 벡터 속성으로 되돌릴 수 없으므로 원본은 반드시 따로 보관해야 합니다.

(4) 일러스트레이터의 다양한 확장 기능

❶ Expand(확장): 오브젝트가 가지고 있는 특성(칠, 획, 그레이디언트, 효과 등)을 별도의 편집 가능한 벡터 모양으로 변환
❷ Expand Appearance(모양 확장): 오브젝트에 적용된 효과를 확장하는 데 중점
❸ Expand Shape(모양 확장): 효과가 적용된(특히 코너 라운드) 오브젝트의 모양을 완전히 담아 크기를 확대/축소하여도 변형 없는 단일 모양으로 완전히 편집
  ※ 기능 위치: 최상단 메뉴의 [오브젝트 > 모양 > 모양 확장/Object > Shape > Expand Shape]

LEVEL UP 튜토리얼 04
착시 효과로 시선을 사로잡는 로고 제작

그리드를 활용하여 3D 착시 효과가 있는 로고를 제작하는 과정을 보여줍니다. 격자 도구로 기본 구조를 만들고 도형 구성 도구로 면을 분할한 후, 대칭 구조로 복제하여 입체감 있는 로고를 완성할 수 있습니다.

LEVEL UP 튜토리얼로 체크하는 일러스트레이터 핵심 기능

① 사각형 격자 도구로 기본 그리드 생성

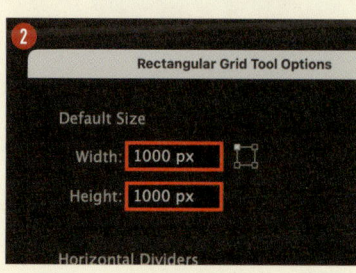
② 격자 복제와 회전으로 아이소메트릭 그리드로 편집

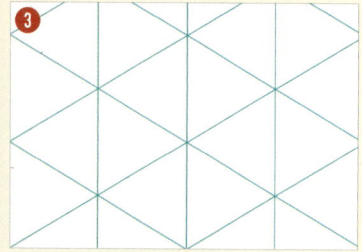
③ 격자를 안내선으로 변환하여 작업 가이드 설정

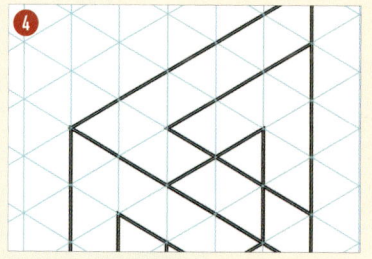
④ 펜 도구로 삼각형 기반의 도형 제작

⑤ Shape Builder로 면 분할과 색상 적용

⑥ 도형 복제와 반전으로 아트워크 완성하기

SECTION 01 원하는 색상을 선택하기

1. 색상 선택을 위한 색상 피커(Color Picker)

색상 피커는 일러스트레이터에서 정확한 색상을 선택하고 적용할 수 있는 패널입니다. 원하는 색상을 선택하려면 왼쪽 도구 패널 하단의 칠(Fill) 색상이나 획(Stroke) 색상을 더블 클릭하면 나타나는 색상 피커 대화상자에서 다양한 방식으로 색상을 선택하고 저장할 수 있으며, 색상 값을 직접 입력하거나 색상 모드를 전환할 수도 있습니다.

(1) 색상 피커(Color Picker) 패널 살펴보기

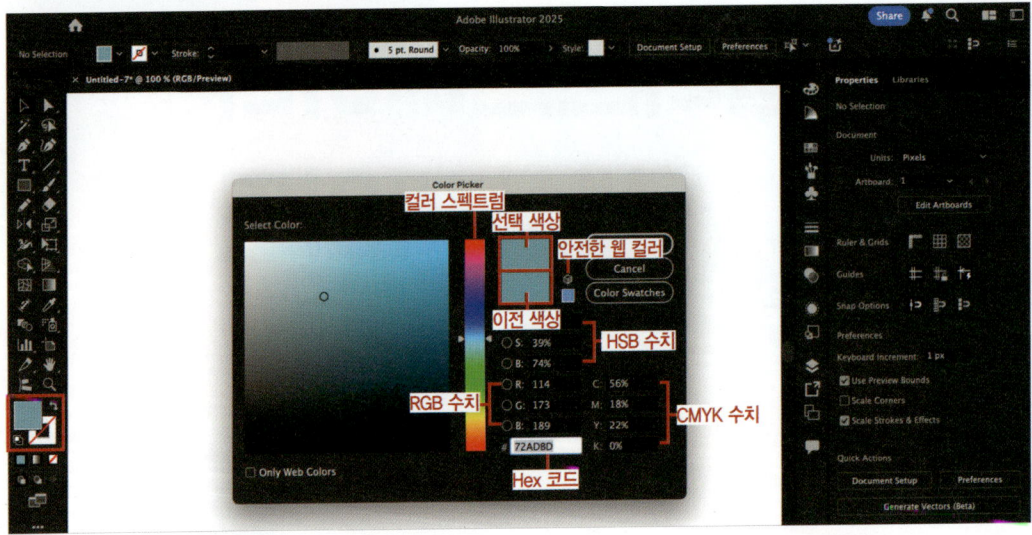

❶ 색상 선택(Select Color)과 컬러 스펙트럼(Color Spectrum)
  • RGB, HSB의 선택에 따라 변화합니다.
  • 원하는 색상을 마우스로 클릭하여 지정합니다.
❷ 웹 적합 색상만(Only Web Colors): 활성화하면 색상 선택 창에서 안전한 웹 컬러만 표시됩니다.
❸ 안전한 웹 컬러(Out of Web Color Warning)
  • 선택 색상 혹은 컬러 스펙트럼에서 원하는 색상을 클릭 시 느낌표 아이콘과 함께 'Out of Gamut' 경고를 통해 인쇄 가능한 색상 범위 확인합니다.
  • 작은 3D 모양의 사각형을 클릭하면 안전한 웹 컬러로 색상이 변경됩니다.
❹ 색상 값 입력 영역: RGB, CMYK, HSB의 색상 수치를 입력하여 색상을 선택할 수 있습니다.
❺ Hex 코드: #RRGGBB 형식의 색상 코드를 입력하여 색상을 선택합니다.

(2) 색상 픽커로 칠과 획 색상 지정하기

왼쪽 도구 패널 하단에서 칠(Fill)이나 획(Stroke)을 더블 클릭하면 색상 픽커 패널이 열립니다. 여기서 색상 선택이나 색상 스펙트럼을 마우스로 직접 선택하거나, 원하는 색상 값을 수치 또는 코드로 입력할 수 있습니다. 칠과 획은 서로 독립적인 색상 속성을 가지므로, 각각 따로 색상을 지정해야 합니다.
대상 오브젝트를 선택한 후에 지정하면 선택한 오브젝트의 칠/획 색상이 변경되며 색상을 먼저 지정하면 그 후 생성하는 오브젝트의 색상에 적용됩니다.

(3) 색상 견본

사전 설정된 다양한 색상 견본을 클릭하여 바로 적용합니다. 수치가 정확한 깔끔한 색상을 선택할 수 있습니다.

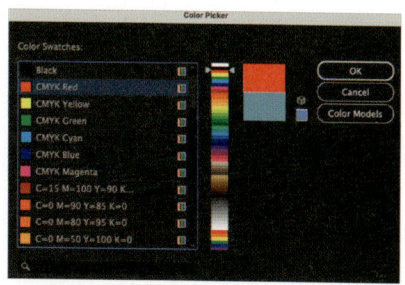

2. 색상을 추출하는 스포이드 도구(Eyedropper Tool)

스포이드 도구는 포토샵에서와 동일하게 색상을 추출하고 추출한 색상의 정보를 확인하는 기능은 물론 획 색상, 그레이디언트, 일부 효과 속성, 문자 속성 등 오브젝트가 가지고 있는 고유의 속성도 스포이드 도구로 대상 오브젝트에 적용할 수 있습니다.

(1) 스포이드 도구 선택과 실행하기

스포이드 도구를 실행하려면 왼쪽 도구 패널에서 스포이드 도구(Eyedropper Tool)를 클릭하여 선택하거나 단축키 [I]를 눌러서 선택할 수 있습니다. 스포이드 도구를 사용하려면 최소 2개의 오브젝트가 필요합니다. 복사할 속성을 가진 원본 오브젝트와 속성을 적용받을 대상 오브젝트입니다.

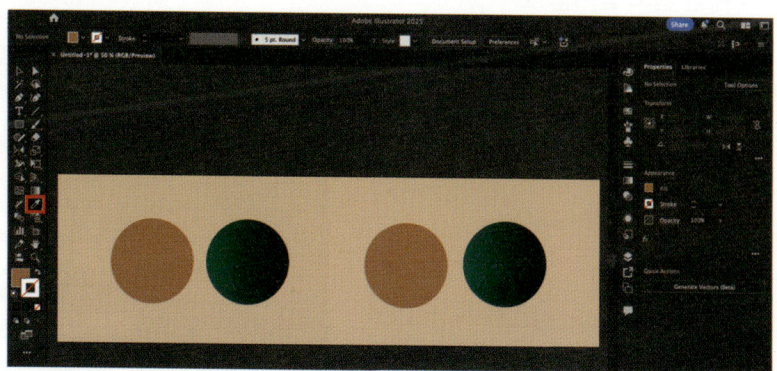

(2) 스포이드 도구의 기본 사용방법

❶ 기본 적용: 선택 도구로 속성을 적용받을 오브젝트를 먼저 선택한 다음, 스포이드 도구로 원본 오브젝트를 클릭하면 선택된 오브젝트에 원본의 속성이 자동으로 복사됩니다.

❷ [Alt]를 누르며 적용: 스포이드 도구가 선택된 상태에서 단축키 [Alt]를 누르면 스포이드 도구의 커서 모양이 바뀌며, 이때는 반대로 대상 오브젝트의 속성이 원본 오브젝트에 복사됩니다.

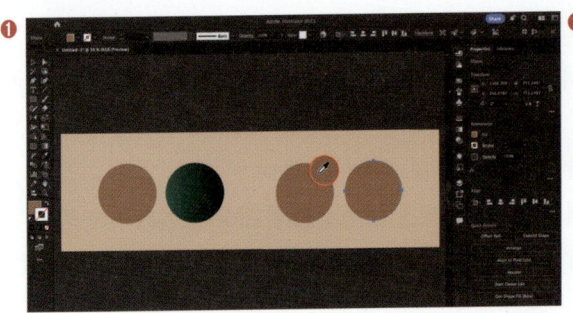 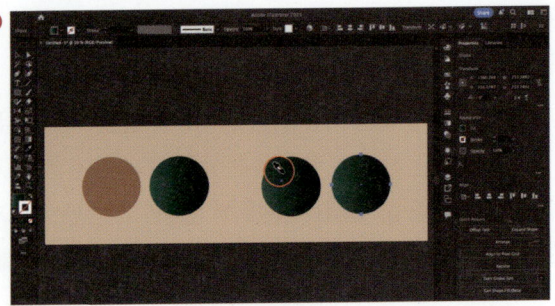

(3) 스포이드 도구의 옵션 설정

왼쪽 도구 패널에서 스포이드 도구(Eyedropper Tool)를 더블 클릭하여 옵션 대화상자를 불러옵니다. 스포이드 도구의 샘플링 범위와 복사 가능한 여러 속성을 확인할 수 있으며, 사용자가 원하지 않는 속성은 해제하여 복사를 방지할 수 있습니다.

3. 다양한 색상과 패턴을 관리하고 공유하는 견본(Swatches) 패널

견본 패널은 일러스트레이터에서 자주 사용하는 색상을 저장하고 관리하는 패널입니다. 프로세스 컬러, 별색, 그레이디언트, 패턴 등 다양한 유형의 색상을 지정하고 저장할 수 있습니다. 사용자가 지정한 컬러들을 그룹으로 만들어 아트워크 색상 변경, 벡터 생성 등 많은 기능에 팔레트처럼 사용할 수 있습니다.

패널 옵션에서 '미사용 항목 모두 선택(Select All Unused)'과 '선택한 색상 추가(Add Used Colors)'를 이용하여 현재 작업 중인 문서에서 불필요한 색상이나 어떤 색상을 사용하고 있는지 파악할 수 있으며 '견본 병합(Merge Swatches)'을 이용해 색상을 빠르게 제한하고 정리할 수 있습니다. 또한, 견본 패널은 색상을 저장하여 내보낼 수 있어 다른 사용자와 일관된 색상을 기준으로 작업물을 만들 때 도움을 받을 수 있습니다.

(1) 견본(Swatches) 패널 열고 살펴보기

최상단 메뉴의 [창〉견본/Window〉Swatches]를 클릭하여 견본 패널을 활성화합니다.

❶ 패턴 생성: 텍스트 프롬프트를 사용하여 AI 벡터 패턴을 생성합니다.

❷ 리스트로 보기: 문서의 견본을 리스트로 확인하고 선택합니다.

❸ 축소판으로 보기: 문서의 견본을 축소판으로 확인하고 선택합니다.

❹ 견본 라이브러리: 일러스트레이터에서 사전 설정된 다양한 견본을 확인하고 선택합니다.

❺ 사용자 라이브러리: 사용자가 직접 저장한 개인 라이브러리를 엽니다.

❻ 견본 종류 표시: 색상, 그레이디언트, 패턴, 그룹 등 각각의 견본 유형을 지정하여 쉽게 구분합니다.

❼ 견본 옵션: 선택한 색상의 옵션창을 열어 수치, Hex 코드 등 세부 정보를 확인하고 선택한 색상을 사용자 라이브러리에 추가합니다.

❽ 새 그룹: 선택한 색상들을 그룹으로 생성하거나 비어있는 새 그룹을 생성합니다.
❾ 새 견본: 새로운 색상 견본을 생성합니다. 색상 피커로 새로운 색상을 선택하거나 색상이 적용된 오브젝트를 선택하면 견본 패널에도 획/칠 색상이 표시됩니다. 이를 견본 패널로 드래그하여 새 견본을 만들 수 있습니다.

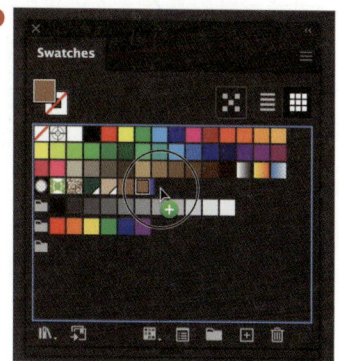

❿ 삭제: 선택한 견본을 삭제합니다.
⓫ 견본 패널 옵션: 견본 패널의 추가 옵션을 확인하고 실행합니다.

(2) 견본의 종류

새로운 견본을 만들거나, 견본에 있는 각 색상을 더블 클릭하면 견본 옵션(Swatch Options) 대화상자를 열 수 있습니다. 옵션에서 색상의 타입을 프로세스, 스팟, 글로벌로 설정할 수 있습니다.

❶ 프로세스 컬러(Process Color)
- 프로세스 컬러는 시안(Cyan), 마젠타(Magenta), 옐로(Yellow), 블랙(K/Black)의 4가지 기본 잉크를 혼합하여 인쇄하는 오프셋 인쇄에 사용되는 방식입니다.
- 이 방식은 잉크를 겹쳐 인쇄하여 다양한 색상을 표현할 수 있어 일반 잡지나 브로슈어 등 대부분의 컬러 인쇄물에서 사용됩니다.

❷ 스팟 컬러(Spot Color)
- 스팟 컬러는 미리 혼합된 단일 잉크로 인쇄하는 특수 색상 시스템입니다.
- PANTONE과 같은 색상 표준 시스템을 사용하여 정확한 색상을 지정할 수 있으며, 회사 로고나 CI처럼 정확한 색상 구현이 필요한 경우에 주로 사용됩니다. 특히 실물 인쇄 시 형광색, 금색, 은색 등 프로세스 컬러로 표현하기 어려운 특수 효과가 필요한 경우에 활용됩니다.
- 현재는 일러스트레이터에서 팬톤 스와치 서비스를 제공하지 않아 따로 플러그인을 설치하거나, 팬톤의 공식 사이트 또는 공식 컬러칩과 정보를 확인하여 일러스트레이터에서 스팟 컬러로 지정한 후 인쇄소와 별도의 논의를 통해 인쇄물에 적용할 수 있습니다.

❸ 글로벌 컬러(Global Color)
- 글로벌 컬러는 일러스트레이터에서 사용되는 특별한 색상 설정으로, 인쇄와는 관계가 없으며 작업 편의성을 높여주는 기능으로 문서 전체에서 동일한 색상을 일관되게 관리할 수 있습니다.
- 글로벌 컬러로 지정된 색상을 수정하면 해당 색상을 사용하는 모든 객체의 색상이 자동으로 업데이트되어, 브랜드 색상이나 테마 색상을 효율적으로 관리할 수 있습니다.
- 견본 패널에서는 우측 하단에 작은 하얀 삼각형 표시로 글로벌 컬러를 구분할 수 있습니다.

4. 색상 하모니를 제안하는 색상 안내(Color Guide) 패널

색상 안내 패널은 현재 선택한 색상을 기준으로 조화로운 색상 조합을 자동으로 생성하고 제안하는 도구입니다. 색상 이론을 바탕으로 다양한 색상 변형과 배색을 제시하여 전문적인 컬러 스키마를 쉽게 만들 수 있도록 도와줍니다.

> **Tip** 컬러 스키마(Color Scheme)란?
> 컬러 스키마는 디자인에서 조화롭고 의도적인 색상 조합을 만들기 위한 체계적인 색상 배열 시스템입니다.

(1) 색상 안내(Color Guide) 패널 열고 살펴보기

❶ 색상 안내 패널을 사용하려면 최상단 메뉴의 [창 > 색상 안내/Window > Color Guide]를 선택하거나 단축키 Shift + F3 을 눌러 패널을 열 수 있습니다.

❷ 선택한 색상을 기준으로 색상 규칙에 따른 색상 그룹과 기준 색상의 음영과 농도가 단계별로 표시되어 있습니다.

❸ 색상 안내(Color Guide) 패널의 사용방법
- 기준 색상 선택
  - 선택 도구로 기준 색상(Base Color)이 적용된 오브젝트를 선택합니다.
  - 색상 피커로 색상을 변경해도 색상 안내에서 기준 색상이 변경됩니다.
  - 기준 색상으로 자동으로 생성되는 5개의 색상 그룹이 생성됩니다.
  - 색상을 변경했는데 자동 생성에 변화가 없으면 기준 색상을 더블 클릭합니다.

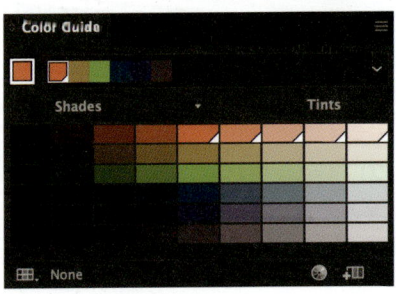

- **색상 규칙 선택**: 색상 그룹 오른쪽의 '색상 규칙(Harmony Rules)' 드롭다운 아이콘을 클릭하여 원하는 색상 규칙을 선택합니다.

- **색상 수정하기**
  - 색상 안내에 표기된 색상을 더블 클릭하면 기준 색상이 변경됩니다.
  - 색상 안내 패널 하단의 '색상 편집 또는 적용'을 클릭하여 기준 색상을 '아트워크 색상 변경(Edit Color)' 패널을 이용하여 세심하게 수정할 수 있습니다.

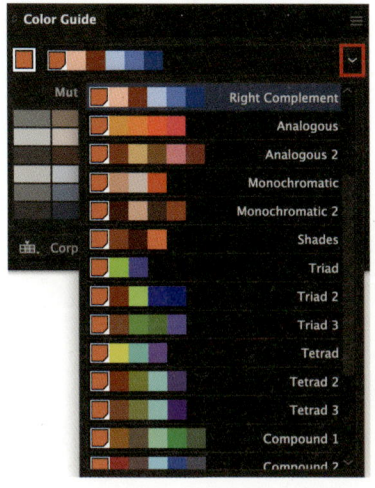
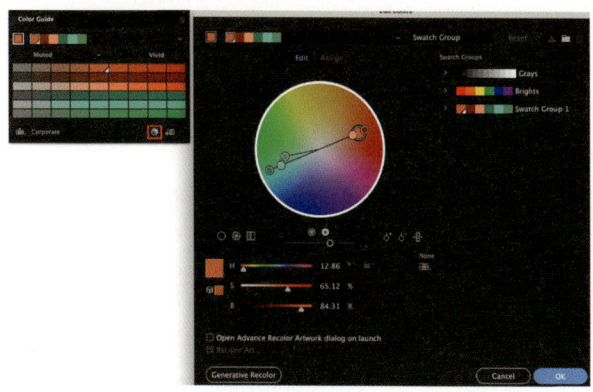

- **보기 옵션 변경**: 색상 패널 옵션 버튼을 클릭하여 기준 색상의 보기를 변경합니다.
  - 농도/음영 표시(Show Tints/Shades): 색상 안내 패널을 열면 기본적으로 보이는 표시 모드이며 한 가지 색깔의 음영을 단계적으로 표시합니다.
  - 따뜻함/차가움 표시(Show Warm/Cool): 기준 색상의 온도 차이를 보여줍니다.
  - 선명함/희미함 표시(Show Vivid/Muted): 기준 색상의 명도 차이를 보여줍니다.

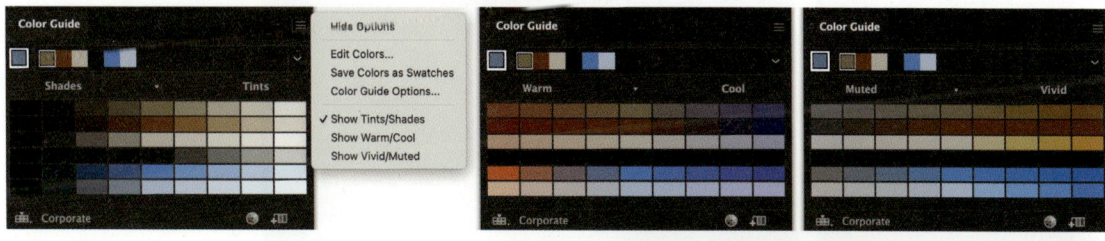

- **견본으로 보내기**: 색상 안내 패널 하단의 사각형 모양의 '견본 패널에 견본 그룹 저장(Save swatch group to Swatch panel)'을 클릭하여 생성된 색상 안내를 그룹으로 견본으로 보냅니다.

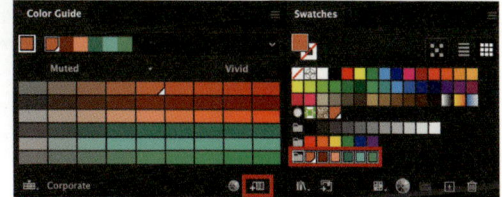

- **오브젝트에 적용하기**: 선택 도구로 대상 오브젝트를 선택한 후 색상 안내 패널에 표기된 다양한 색상을 클릭하여 대상 오브젝트의 칠/획 컬러를 변경할 수 있습니다.

SECTION 02 편리하게 적용하는 색상 편집 기능

1. 아트워크 색상 변경(Recolor Artwork)

아트워크 색상 변경은 일러스트레이터에서 선택한 아트워크의 색상을 다양한 방식으로 일괄 변경할 수 있는 기능입니다. 단순한 색상 변경부터 색상 조화 규칙을 적용한 전체적인 색상 변경까지 가능하며, 여러 오브젝트의 색상을 효율적으로 관리하고 수정할 수 있습니다.

(1) 아트워크 색상 변경(Recolor Artwork) 패널 열고 살펴보기

❶ 선택 도구로 대상 오브젝트를 선택한 후 최상단 메뉴의 [편집 〉 색상 편집 〉 아트워크 색상 변경/Edit 〉 Edit Colors 〉 Recolor Artwork]를 클릭하여 패널을 불러옵니다.

❷ 아트워크 색상 변경은 2가지 종류의 대화상자에서 기능을 실행할 수 있습니다.

• 기본 대화상자   • 고급 옵션 대화상자(Advanced Options)

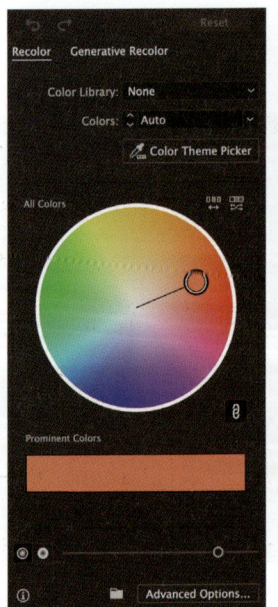
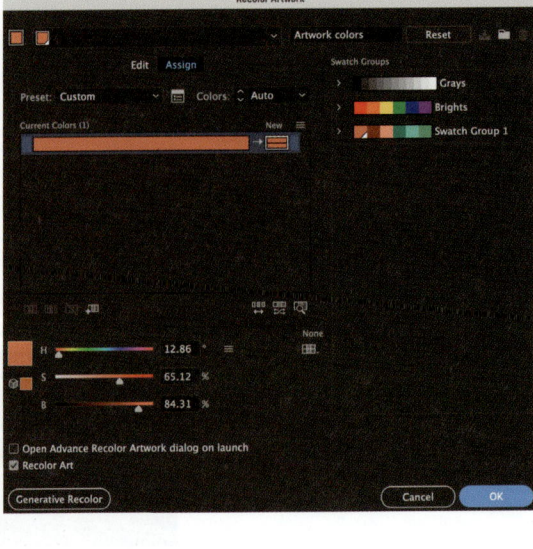

> **Tip** 고급 옵션 하단의 '실행 시 고급 아트워크 색상 변경 대화상자 열기 (Open Advance Recolor Artwork dialog on launch)'를 활성화하여 다음 실행 시는 바로 고급 옵션 대화상자로 열 수 있습니다.

❸ 패널 상단에는 '생성형 다시 칠하기' 탭이 있어 편리하게 기능을 혼용하여 사용할 수 있습니다.
❹ '생성형 다시 칠하기'는 AI를 활용해 다양한 색상 아이디어를 빠르게 탐색하고 실험하기에 적합하며, '아트워크 색상 변경'은 브랜드 색상과 같이 정확한 색상값이나 확정된 컬러 팔레트를 적용할 때 유용합니다.

(2) 아트워크 색상 변경 기본 사용방법

❶ 오브젝트 색상 수정하기

- 변경하고자 하는 오브젝트를 선택 도구로 모두 선택합니다.
- 아트워크 색상 변경(Recolor Artwork)을 실행하여 기본 대화상자에서 '색상 휠' 안에 있는 동그라미 모양의 '마커'를 움직여 색상을 변경합니다.
- 링크 아이콘을 클릭하여 해제하면 각 색상별로 색상을 변경할 수 있습니다.

❷ 색상 테마 선택기로 오브젝트 색상 수정하기
- 래스터 이미지나 그룹화된 아트워크의 컬러를 자동으로 추출하여 대상 오브젝트의 컬러를 변경하는 기능입니다.
- 아트워크 색상 변경 패널에서 '색상 테마 선택기(Color Theme Picker)'를 클릭한 후 샘플로 사용할 이미지 혹은 오브젝트를 클릭하여 적용합니다.

❸ 눈에 띄는 색상으로 색상의 비율 변경하기
- 눈에 띄는 색상(Prominent Colors)의 각 컬러별 비율을 드래그하여 조절할 수 있습니다.
- 각 색상 블록의 너비를 조절하여 전체 디자인에서 해당 색상이 차지하는 비중을 변경할 수 있으며, 이는 자동으로 아트워크에 반영됩니다.

(3) 고급 옵션에서 색상 변경하기

❶ 견본 그룹을 이용하여 색상 변경하기

- 견본 그룹을 이용한 색상 변경 기능은 아트워크 색상 변경 대화상자에서 고급 옵션(Advanced Options)을 통해 접근할 수 있습니다.
- 견본 그룹 목록에서 원하는 색상 그룹을 선택하여 지정 색상만 사용하여 아트워크의 색상을 모두 교체할 수 있습니다.

❷ 검정과 흰색의 색상 변경 설정

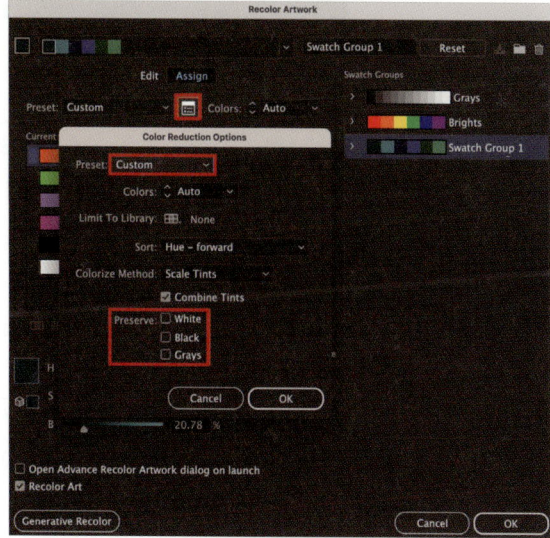

- 블랙과 화이트 색상은 기본적으로 색상이 변경되지 않기 때문에 옵션에서 변경 색상에 포함되도록 변경할 수 있습니다.
- 색상 목록에서 비어있는 부분을 클릭하여 색상을 추가합니다. 색상을 추가 후 다시 클릭하면 견본에 포함된 색상이 자동으로 변경됩니다.

❸ 색상 목록(Current Colors)에서 색상 변경하기
- 색상 목록은 변경 전 색상과 새 색상의 상태를 보여주는 목록입니다.
- 새 색상을 선택한 후 패널 하단의 수치를 변경하거나 더블 클릭하여 색상 픽커를 열어 색상을 교체할 수 있습니다.
- 새 색상은 드래그하여 새 색상끼리 위치를 바꾸어 변경할 수 있습니다.

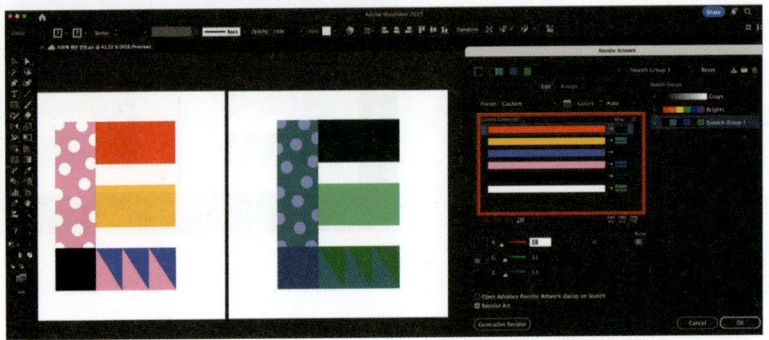

❹ 임의 컬러 배색
- 적용된 새 색상을 기준으로 명도, 채도, 밝기를 조절하여 임의로 색상 배색을 보여주는 기능으로 한정된 색상 그룹에서 유사한 톤의 다양한 배색 아이디어를 전개하고 결과를 만들 수 있습니다.
- (왼쪽) 무작위로 색상 순서 변경(Randomly change saturation and brightness): 색상의 변화 없이 오브젝트의 배색만 변경합니다.
- (오른쪽) 채도 및 밝기를 임의로 변경(Randomly change color order): 유사한 색상으로 임의 변경합니다.

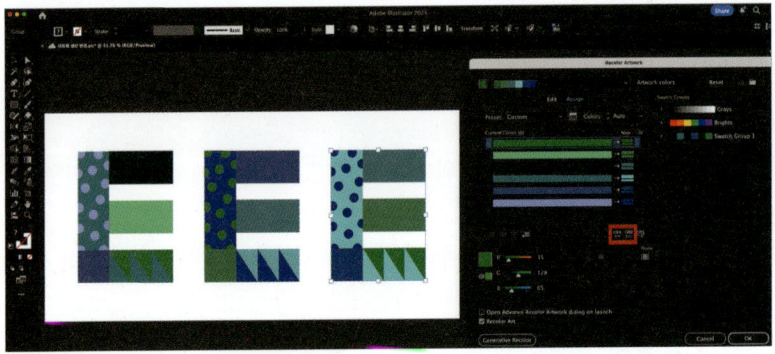

❺ 사용 색상을 자동으로 줄이기
- 상황에 따라 아트워크에 사용된 색상이 한정되어야만 하는 경우가 있습니다.
- 색상(Colors)을 클릭하여 색상 개수를 1~6까지 한정할 수 있습니다.
- 실행하면 변경 전 컬러들이 자동으로 합쳐져 아트워크에 사용된 색상 개수가 자동으로 변경됩니다.

❻ 아트워크에서 색상 찾기: 돋보기 모양의 '색상 찾기' 아이콘을 클릭 후 목록의 '새 색상'을 길게 눌러 현재 작업 영역에 놓인 아트워크에서 어떤 오브젝트가 선택한 색상으로 적용되었는지 파악할 수 있습니다.

❼ 편집 모드로 화면 전환하기: 기본적으로 할당(Assign)으로 보이나 편집(Edit)을 클릭하면 색상 휠과 마커를 이용하여 색상을 변경할 수 있습니다.

❽ 색상 규칙으로 새로운 견본 그룹 생성하기: 아트워크 색상 변경(Recolor Artwork) 대화상자의 가장 상단에 위치한 '색상 안내'를 바로 견본 그룹으로 만들어 대상 아트워크의 색상을 변경할 수 있습니다.

2. 다중 오브젝트의 색상을 한 번에 편집하기

일러스트레이터에서는 각각의 오브젝트를 개별적으로 선택하여 섬세한 색상 조절이 가능합니다. 하지만 오브젝트들을 개별적으로 수정하다 보면 전체적인 컬러 밸런스가 무너질 수 있습니다. 이런 경우에는 색상 편집 기능을 활용하여 전체적인 균형을 유지하면서 아트워크의 색상을 효과적으로 조정할 수 있습니다.

(1) 색상 편집 위치 살펴보기

선택 도구로 대상 오브젝트를 선택한 후 최상단 메뉴의 [편집 > 색상 편집/Edit > Edit Colors]에서 사용자가 필요한 기능을 선택하여 실행합니다.

(2) 색상 편집 종류

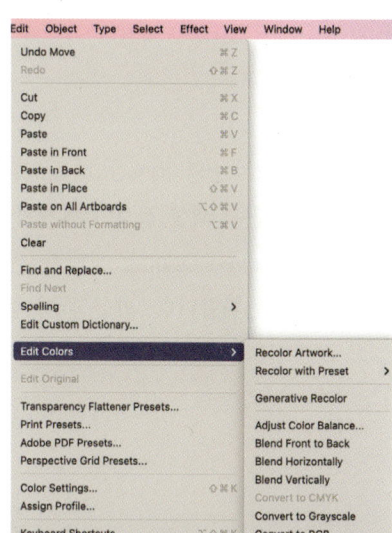

❶ CMYK/RGB로 변환(Convert to CMYK/RGB): 가져오기 기능 등을 사용하여 외부에서 가져온 파일이나 에셋이 CMYK 등 다른 색상 모드의 데이터를 포함하고 있어 현재 작업문서의 컬러 모드와 상이할 때 해당 기능으로 오브젝트와 문서 전체의 색상 모드를 일관되게 관리할 수 있습니다.

❷ 색상 균형 조정(Adjust Color Balance)
- 색상 균형 조정은 선택한 오브젝트의 색상을 RGB나 CMYK의 각 채널별로 미세하게 조절할 수 있는 기능입니다.
- RGB 모드에서는 Red(빨강), Green(초록), Blue(파랑) 각각의 값을 -100%에서 +100% 사이에서 조정할 수 있으며, 이를 통해 전체적인 색상 톤을 섬세하게 보정할 수 있습니다.
- 이 기능은 색상의 미세한 보정이 필요하거나 여러 오브젝트의 색상 톤을 통일해야 할 때, 또는 전체적인 색상 분위기를 조절해야 할 때 특히 유용하게 활용됩니다.

❸ 채도(Saturate): 색상의 선명도와 강도를 조절하는 기능으로 채도를 높이면 색상이 더 선명해지고, 낮추면 색상이 희미해집니다.

❹ 가로로/세로로 혼합(Blend Horizontally/Vertically): 선택한 객체들 사이에 가로 또는 세로 방향으로 자연스러운 색상 혼합(그라데이션)을 생성합니다.

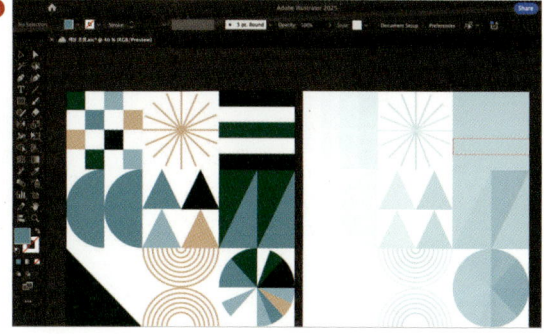

❺ 앞에서 뒤로 혼합(Blend Front to Back): 레이어 순서에 따라 앞쪽 객체에서 뒤쪽 객체로 색상이 혼합된 색상이 중간 순서 오브젝트에 적용됩니다.

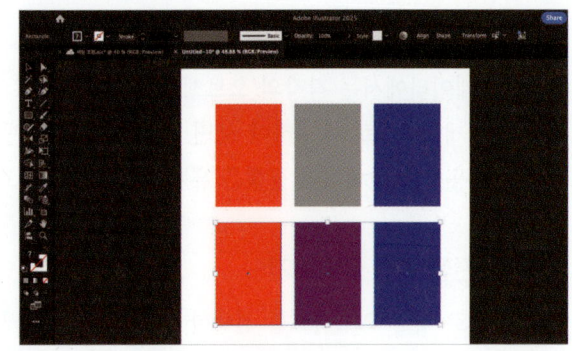

❻ 회색 음영으로 변환(Convert to Grayscale): 컬러 아트워크를 흑백의 회색조로 변환합니다. 이미지의 명암과 톤은 유지하면서 색상 정보만 제거됩니다.

❼ 색상 반전(Invert Colors): 선택한 객체의 색상을 보색으로 변환합니다. 예를 들어 검은색은 흰색으로, 빨간색은 청록색으로 변환됩니다.

❽ 검정색 중복 인쇄(Overprint Black)
- 인쇄 과정에서의 문제를 예방하기 위해 색상과 색상이 만나는 경계 부분에서 발생할 수 있는 미세한 틈을 겹치도록 인쇄하는 설정으로 문서 모드가 CMYK 상태에서 실행됩니다.
- 선택된 오브젝트가 K100일 경우에만 이 기능을 활성화할 수 있으며, 활성화 시 자동으로 오버프린트가 적용됩니다.

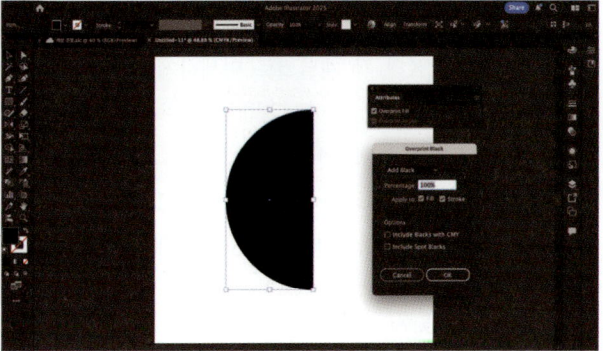

SECTION 03 | 투명도와 혼합 모드

1. 투명도 패널(Transparency) 살펴보기

투명도 패널은 선택한 객체의 불투명도(Opacity)를 조정하고, 불투명도 마스크를 적용할 수 있는 도구입니다. 또한, 포토샵과 유사한 혼합 모드(Blending Mode)를 개별 객체나 그룹 객체에 적용하여 다양한 혼합 효과를 활용한 아트워크를 제작할 수 있습니다.

(1) 투명도 패널 열기

투명도 패널을 사용하려면 최상단 메뉴의 [창〉투명도/Window〉Transparency]를 선택합니다. 또는 단축키 Shift + Ctrl + F10 (Windows)/Shift + Cmd + F10 (Mac)을 눌러 패널을 열 수 있습니다.

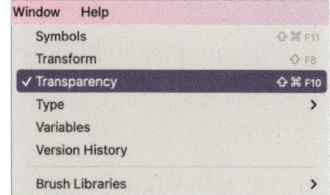

(2) 오브젝트에 투명도 부여하기

❶ 왼쪽 도구 패널에서 선택 도구로 오브젝트를 선택 후 투명도 패널의 '불투명도(Opacity)' 슬라이더를 조절하거나 값을 숫자로 입력하여 투명도를 적용합니다.

❷ 0에 가까울수록 투명해지며 100일 경우 일반적인 불투명도 오브젝트로 보입니다.

※ 속성 패널에서도 빠르게 투명도를 적용할 수 있습니다.

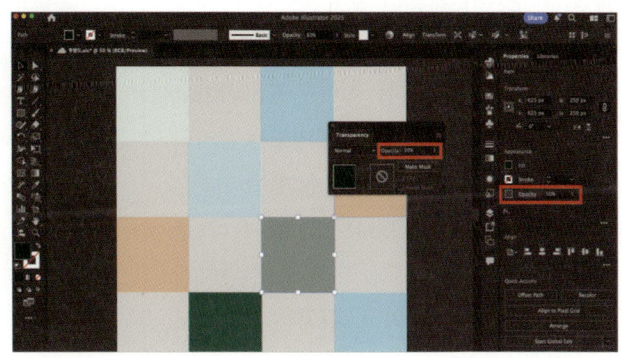

(3) 오브젝트에 혼합 모드 부여하기

❶ 왼쪽 도구 패널에서 선택 도구로 혼합 모드를 적용할 오브젝트를 선택한 후, 투명도 패널의 혼합 모드(Blending Mode) 드롭다운 메뉴를 사용하여 원하는 혼합 모드를 설정할 수 있습니다.

❷ 혼합 모드는 Multiply(곱하기), Screen(스크린), Overlay(오버레이) 등 포토샵과 동일한 다양한 효과가 포함되어 있습니다. 겹쳐진 하위 오브젝트나 배경과 따라 보이는 것이 달라지게 됩니다.

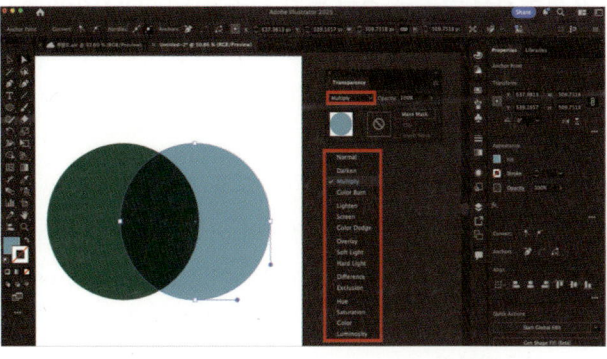

(4) 블렌드 격리(Isolate Blending)

❶ 혼합 모드(Blending Mode)가 적용된 오브젝트들은 특성상 투명도가 있어 하위 오브젝트 또는 배경이 비쳐 보입니다.

❷ 혼합 모드(Blending Mode)가 적용된 오브젝트들을 그룹화 후 투명도 패널에서 '블렌드 격리(Isolate Blending)'를 적용하면 각각의 오브젝트들의 혼합 모드는 유지하면서 전체적인 불투명도는 표준(Normal)으로 변경되므로 배경이나 하위 오브젝트에 관계없이 혼합 모드를 표현할 수 있습니다.

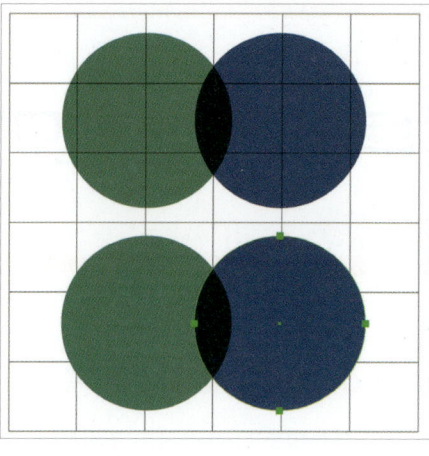

❸ 이미지에 있는 4개의 원은 모두 '곱하기(Multply)' 혼합 모드가 적용되어 있습니다.
❹ 곱하기 모드가 적용되면 투명도를 가지므로 위에 놓인 오브젝트처럼 배경의 격자가 보여야 하지만 아래쪽 오브젝트는 배경이 비쳐 보이지 않습니다. 이는 아래쪽 원은 혼합 모드를 적용한 후 그룹화하고 '블렌드 격리(Isolate Blending)'를 활성화한 상태입니다.
❺ 배경은 비쳐 보이지 않고 오브젝트가 겹쳐진 부분만 곱하기 혼합 모드의 특성이 보입니다.

(5) 그룹 녹아웃(Knockout Group)

❶ 혼합 모드가 적용된 오브젝트는 기본적으로 투명도가 있는데 이를 그룹화 후 투명도 패널에서 '그룹 녹아웃(Knockout Group)'을 설정하면 전체 투명도는 유지되나 겹쳐지는 부분은 보이지 않게 됩니다.

❷ 그룹 녹아웃(Knockout Group)은 그룹으로 묶인 오브젝트늘이 서로 투명하게 비쳐 보이는 것을 막고, 겹치는 부분에서 서로를 가리도록 하는 기능입니다.

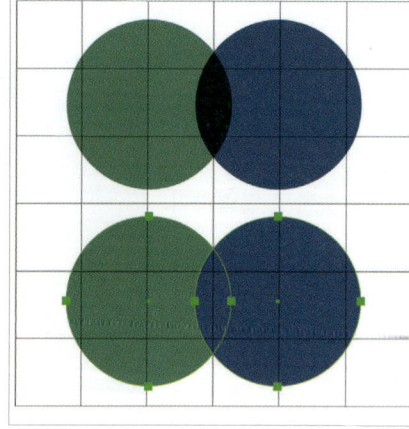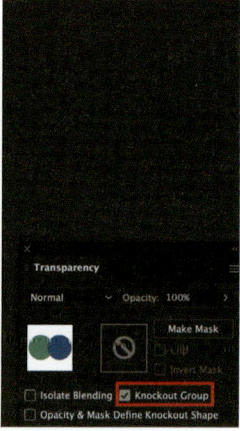

(6) 불투명과 마스크 정의 녹아웃 도형(Opacity&Mask Define Knockout Shape)

상위 오브젝트에 '불투명도 마스크'가 적용되어 있을 때 그룹화하고 '그룹 녹아웃(Knockout Group)'과 '불투명과 마스크 정의 녹아웃 도형(Opacity&Mask Define Knockout Shape)'을 설정하여 비파괴적인 투명도를 적용할 수 있습니다.

❶ 상위 오브젝트에 불투명도 마스크를 적용합니다.
❷ 상/하위 레이어를 모두 선택하여 그룹화 후 '그룹 녹아웃(Knockout Group)'과 '불투명과 마스크 정의 녹아웃 도형(Opacity&Mask Define Knockout Shape)'을 클릭합니다.
❸ 상위 레이어의 레이어 마스크 속성은 그대로 유지한 채 모양과 정의된 불투명도대로 하위 레이어에 투명도가 적용됩니다.

❹ 아래 오른쪽의 가운데가 완전 투명한 것은 개별 선택하여 불투명도를 0%로 수정하였습니다.
❺ 그룹 녹아웃과, 정의 녹아웃 도형을 응용하여 복잡한 오브젝트 또는 상위 오브젝트(문자)의 일부분에 투명도를 쉽게 적용할 수 있습니다.

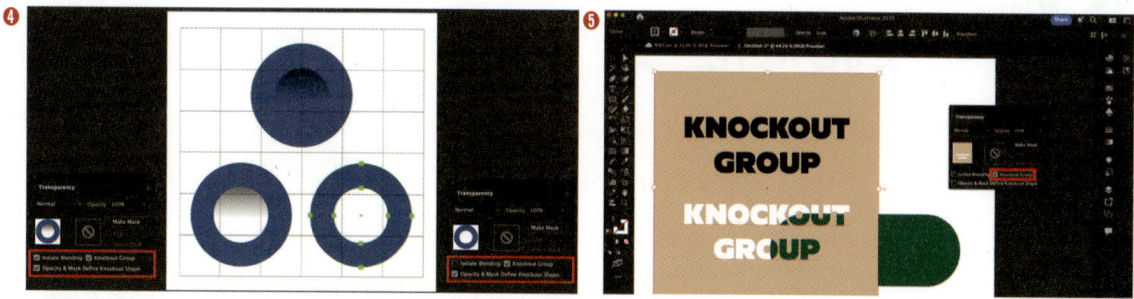

2. 투명도 병합 기능

투명도 병합은 오브젝트에 적용된 투명도를 제거하는 기능입니다. 병합을 적용하면 반투명했던 오브젝트들은 불투명한 상태로 변환되지만, 원래 투명도가 적용된 것과 동일한 색상으로 표현됩니다. 인쇄 혹은 내보내기 시 호환이 되지 않아 발생하는 문제를 줄이고 정확한 결과물을 기대할 수 있습니다.

(1) 투명도가 있는 오브젝트를 병합하기

❶ 선택 도구에서 투명도가 있는 오브젝트를 선택합니다.
❷ 최상단 메뉴의 [오브젝트〉투명도 병합/Object〉Flatten Transparency]를 클릭하여 '투명도 패널'을 엽니다.
❸ 투명도 병합 대화상자가 열립니다. [래스터 벡터 균형/Raster Vector Balance]에서 벡터로 수치를 높일수록 원 오브젝트와 성확한 결과를 얻을 수 있습니다.
❹ '확인(OK)'을 클릭하면 오브젝트의 투명도가 100%로 변경되며 색상은 투명도를 적용한 색상 그대로 확장됩니다.

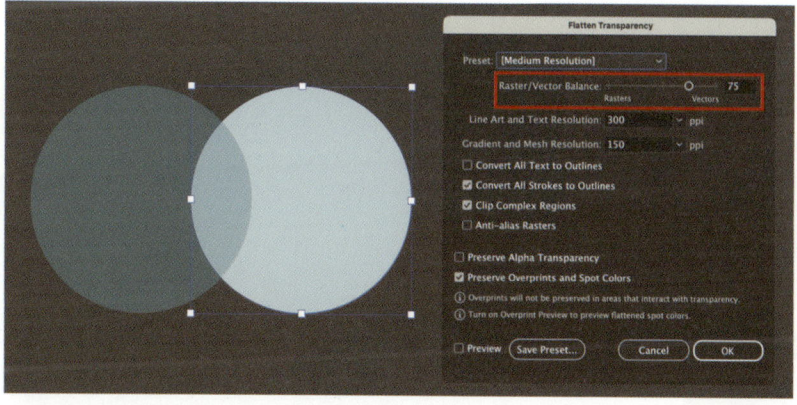

SECTION 04 | 평범한 디자인을 특별하게 만드는 그레이디언트

1. 그레이디언트를 오브젝트에 적용하기

일러스트레이터의 그레이디언트는 두 가지 이상의 색상을 자연스럽게 혼합하여 부드러운 색상 전환을 만드는 기능입니다. 선형, 방사형, 자유 형태 등 다양한 유형을 제공하며, 색상을 자유롭게 조절하여 섬세한 색의 혼합을 구현할 수 있습니다.

디자인에서 그레이디언트는 깊이감과 차원을 더하는 데 사용되며, 특히 현대적인 UI 디자인에서 배경이나 버튼 등의 요소에 입체감을 부여하는 데 효과적입니다. 디지털 아트에서는 자연스러운 빛과 그림자 표현, 추상적인 배경 생성, 감성적인 색상 변화 등을 구현하는 데 활용됩니다.

(1) 그레이디언트 적용하기 기본 방법

❶ 선택 도구를 선택합니다.
❷ 그레이디언트를 적용할 오브젝트를 선택합니다.
❸ 왼쪽 도구 패널 하단의 칠 색상을 앞으로 오도록 변경합니다.
❹ 칠 색상 밑에 있는 그레이디언트를 선택하여 칠 색상으로 적용합니다.
❺ 왼쪽 도구 패널에서 그레이디언트 도구를 클릭합니다.
❻ 선택한 대상 오브젝트에 그레이디언트가 적용되며 주석자가 표시됩니다. 주석자와 그레이디언트 패널을 이용하여 그레이디언트의 방향, 비율, 색상 등을 조정할 수 있습니다.

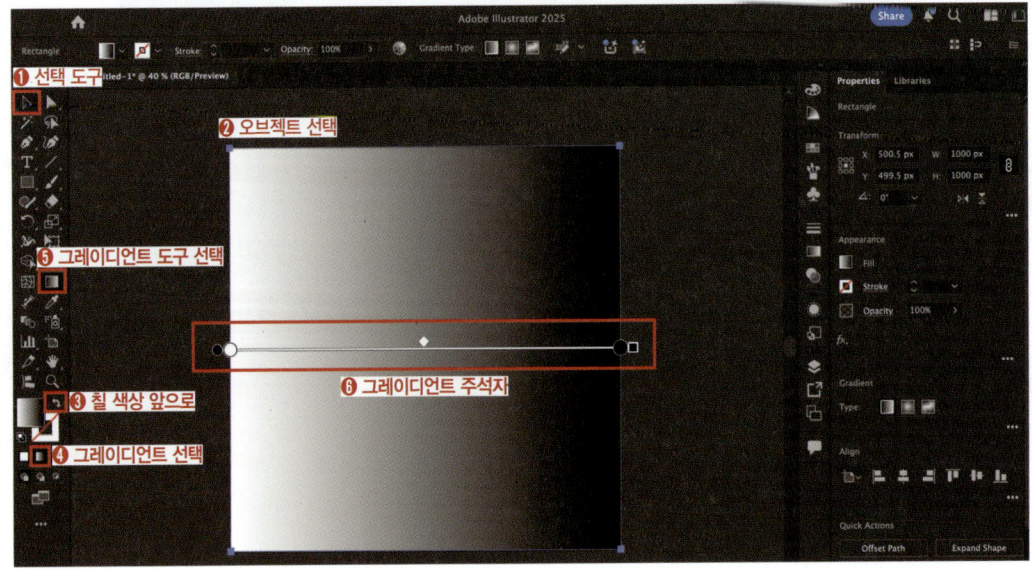

(2) 그레이디언트 적용하기 빠른 방법

❶ 선택 도구로 그레이디언트를 적용할 오브젝트를 선택합니다.
❷ 견본(Swatches) 패널을 열어 사전 설정으로 제공되는 그레이디언트를 클릭해 칠 색상으로 설정합니다.

(3) 그레이디언트(Gradient) 패널 열고 살펴보기

그레이디언트 패널을 사용하려면 최상단 메뉴의 [창〉그 레이디언트/Window〉Gradient]를 선택합니다. 또는 단축키 Ctrl+F9(Windows)/Cmd+F9(Mac)를 눌러 패널을 열 수 있습니다.

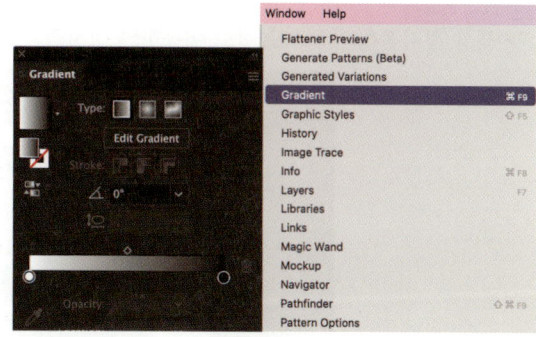

(4) 다양한 그레이디언트 견본 살펴보기

최상단 메뉴의 [창〉견본 라이브러리〉그레이디언트/Window〉Swatch〉Gradients]를 선택하여 사전 설정된 다양한 견본 그레이디언트를 바로 사용할 수 있습니다.

2. 다양한 형태와 색상의 그레이디언트 만들기

그레이디언트로 칠 색상이 적용된 오브젝트를 선택 도구로 선택합니다. 그레이디언트 패널과 주석자를 이용하여 다양한 형태와 색상을 담은 그레이디언트로 편집할 수 있습니다.

(1) 선형 그레이디언트(Linear Gradient)

직선 방향으로 색상이 점신석으로 변화하는 기본적인 그레이디언트 유형입니다.

❶ 선형 그레이디언트 적용하기: 그레이디언트 패널의 '선형 그레이디언트' 아이콘을 클릭하여 기본 그레이디언트를 적용합니다.
❷ 주석자로 방향 편집
  • 왼쪽 도구 패널에서 그레이디언트 도구 G를 선택하여 오브젝트를 클릭하면 오브젝트 위에 주석자가 표시됩니다. 또는 그레이디언트 패널에서 '그레이디언트 편집(Edit Gradient)' 버튼을 클릭합니다.
  • 그레이디언트 주석자를 원하는 방향으로 드래그하여 변경할 수 있습니다. Shift를 누른 상태로 드래그하면 45도 단위로 방향이 제한됩니다.

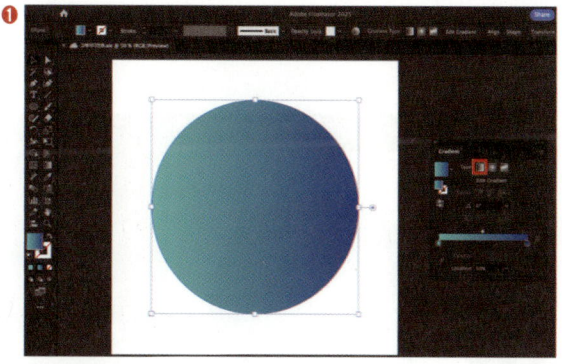 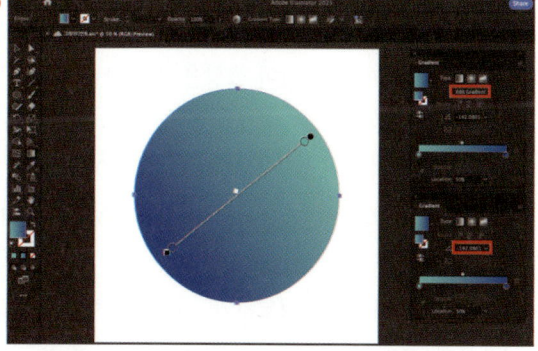

❸ 주석자로 색상 추가/변경/삭제/불투명도 편집
- 그레이디언트 주석자의 색상 정지점(작은 사각형)을 더블 클릭하여 불투명도를 변경할 수 있습니다.
- 주석자에 마우스 커서가 (+)로 표시될 때 클릭하여 새로운 색상 정지점을 추가하거나 아래로 드래그하여 색상을 삭제할 수 있습니다.
- 색상 정지점을 마우스로 잡고 이동하면 정지점의 위치를 변경할 수 있습니다.

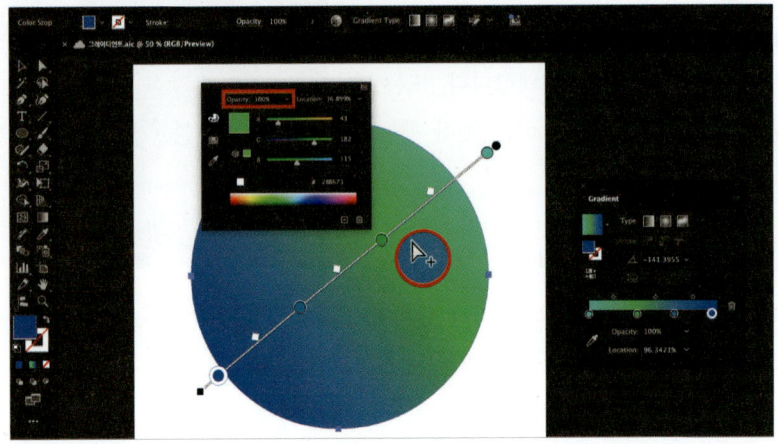

❹ 주석자로 전체 그레이디언트 길이를 변경: 그레이디언트 주석자 끝의 검정색 '네모'를 잡고 드래그하여 길이를 늘이거나 줄일 수 있습니다.

❺ 주석자로 전체 그레이디언트 회전하기: 그레이디언트 주석자 끝의 검정색 '네모' 근처에 커서를 두면 '회전' 아이콘이 표시됩니다. 드래그하여 주석자를 회전시켜 전체 그레이디언트의 방향을 변경할 수 있습니다.

❻ 그레이디언트 패널로 각도 변경: 그레이디언트 패널에서 각도 값을 직접 입력하거나 방향을 반대로 전환할 수 있습니다.

❼ 그레이디언트 패널로 색상 편집
- 그레이디언트 패널에서 그레이이디언트의 색상 정지점을 선택하여 색상을 변경하고, 마름모 모양의 위치 아이콘을 움직여 색상 분포를 조절할 수 있습니다.
- 슬라이디 위로 커서를 이동하면 (+) 표기로 변경됩니다. 클릭하여 색상 정지점을 추가할 수 있습니다.
- 불필요한 정지점은 휴지통 아이콘을 클릭하여 제거합니다.
- 각 색상 정지점과 위치 아이콘은 그레이디언트 안에서 위치(Location) 값을 갖고 있습니다. 이를 수치로 (0~100%) 입력하여 정확한 색상 혼합비율을 설정할 수 있습니다. 또한, 각 색상 정지점의 불투명도를 각각 설정할 수 있어 하나의 그레이디언트 안에서 다른 투명도를 포함할 수 있습니다.

❽ 그레이디언트 반전: 그레이디언트 패널에서 '그레이디언트 반전(Reverse Gradient)' 아이콘을 클릭하여 적용된 색상 방향을 뒤집어 색상을 반전합니다.

(2) 방사형 그레이디언트(Radial Gradient)

중심점에서 바깥쪽으로 원형으로 퍼져나가는 형태로 색상이 변화하는 그레이디언트입니다.

❶ 방사형 그레이디언트 적용하기: 그레이디언트 패널의 '방사형 그레이디언트' 아이콘을 클릭하여 변경 및 적용합니다.

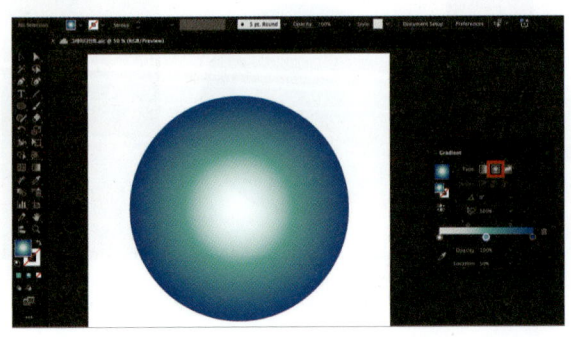

❷ 주석자로 크기와 모양 편집
- 그레이디언트 도구 G를 선택하여 오브젝트를 클릭하면 나타나는 방사형 그레이디언트 주석자가 표시됩니다.
- 그레이디언트 패널에서 '그레이디언트 편집(Edit Gradient)' 버튼을 클릭하여도 주석자가 표시됩니다.
- 주석자 위에 마우스 커서를 두면 점선과 함께 주석자의 모양이 표시됩니다.
- 주석자 오른쪽 끝의 검정색 '네모' 또는 왼쪽 끝의 '점이 있는 동그라미' 아이콘을 드래그하여 전체 크기를 비례적으로 늘리거나 줄일 수 있습니다.
- 검정색 '동그라미'를 드래그하여 전체 크기를 반비례하게 줄이거나 늘려 형태를 변형할 수 있습니다.
- 주석자가 표시된 상태에서 드래그하여 전체 방향을 변경할 수 있습니다.
- 주석자의 흰색 슬라이더를 잡고 드래그하여 위치를 이동할 수 있습니다.
- 주석자의 중심 검정색 '동그라미'로 전체 방향을 회전할 수 있습니다.

❸ 주석자로 색상 편집
- 그레이디언트 주석자의 색상 정지점을 클릭하여 색상을 변경할 수 있습니다.
- 중심점은 시작 색상, 바깥쪽 원은 끝 색상을 나타내며, 주석자 선 위를 클릭하여 새로운 색상 정지점을 추가할 수 있습니다.

❹ 그레이디언트 패널로 타원형 변경: 그레이디언트 패널에서 종횡비 값을 조절하여 타원형 형태로 변형할 수 있습니다.
❺ 그레이디언트 패널로 회전하기: 각도 값을 조절하여 방사형 그레이디언트를 정확하게 회전할 수 있습니다.
❻ 그레이디언트 패널로 색상 편집: 선형 그레이디언트와 동일하게 그레이디언트 패널에서 그레이이디언트의 색상 정지점을 선택하여 색상을 변경하고, 마름모 모양의 위치 아이콘을 움직여 색상 분포를 조절할 수 있으며 슬라이더를 클릭하여 색상 정지점을 추가할 수 있습니다.

(3) 자유형 그레이디언트(Freeform Gradient)

여러 개의 색상 점을 자유롭게 배치하여 복잡하고 유기적인 그레이디언트를 만들 수 있습니다. 색상 정지점을 오브젝트 상에 자유롭게 추가하여 여러 색상을 블렌딩 할 수 있어 유기적인 형태의 자유형 도형이나 선형과 방사형 그레이디언트 적용 시 어색해 보이는 부분을 보완하여 부드러운 그레이디언트 표현이 가능합니다.

❶ 자유형 그레이디언트 적용하기: 그레이디언트 패널의 '자유형 그레이디언트' 아이콘을 클릭하여 적용합니다.
❷ 색상점 추가와 위치 편집
- 그레이디언트 도구 G를 선택한 후 오브젝트 내부에 커서를 두면 커서 모양이 변합니다. 클릭하여 새로운 색상 점을 추가할 수 있습니다.
- 각 색상점은 드래그하여 원하는 위치로 자유롭게 이동할 수 있습니다.

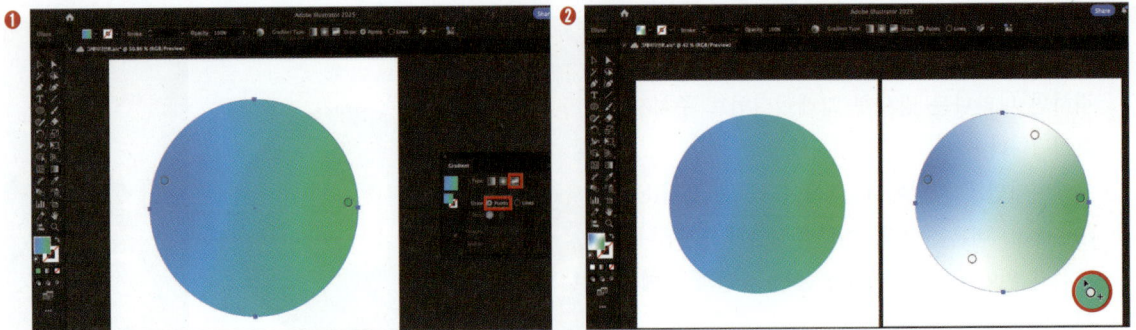

❸ 색상점 편집
- 각 색상점 위 커서를 두면 주석자가 표시됩니다. 드래그하여 색상점의 크기를 변경합니다.
- 색상점을 더블 클릭하여 색상을 변경할 수 있으며, 색상점을 삭제하려면 선택 후 Delete 를 누르거나, 그레이디언트 패널에서 휴지통 아이콘을 클릭합니다.

❹ 선 그리기
- 선 그리기(Line Drawing) 모드는 자유형 그레이디언트에서 색상점들을 연결하여 여러 색상을 선을 따라 그레이디언트를 적용하는 기능입니다.
- 사용자가 직접 선을 그려 원하는 방향과 위치에 그레이디언트를 적용할 수 있습니다.
- 자유형 그레이디언트는 포인트 방식과 선 그리기(Line Drawing) 모드를 통해 색상을 적용할 수 있습니다. 포인트 방식으로 개별 색상점을 자유롭게 배치하거나, 선 그리기 모드로 직접 선을 그려 그 경로를 따라 색상이 변화하도록 할 수 있습니다. 이 두 가지 방식을 함께 활용하면 더욱 다채롭고 유기적인 그레이디언트 효과를 만들 수 있습니다.

❺ 선 그리기 모드로 그레이디언트 적용하기
- 자유형 그레이디언트가 적용된 상태에서 그레이디언트 패널에서 그리기 모드 중 '선'을 선택합니다.
- 색상점을 추가하듯 오브젝트에 시작점을 클릭하여 적용합니다.
- 자동으로 패스의 궤도가 표시되며 곡선을 만들고자 하는 다음 고정점으로 클릭하여 고정점을 생성 후 드래그하여 색상점이 연결된 선을 생성합니다.
- 생성이 완료되면 ESC 를 눌러 종료하고 색상점을 선택하여 색상과 불투명도, 위치 등을 조정하여 완료합니다.
- 선 그리기 모드에서 주의할 점: 3점 이상은 곡선으로만 연결되며 그레이디언트 선들이 서로 교차하거나, 교차점에 새로운 색상점을 추가하거나, 교차점 근처의 색상점을 이동 또는 삭제하려 할 때 경고 메시지가 팝업되며 기능에 제한이 있을 수 있습니다.

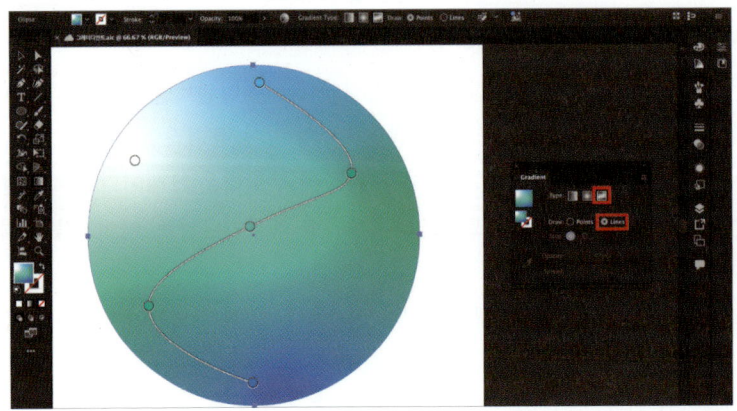

(4) 그레이디언트 주석자 가리기

필요시 최상단 메뉴의 [보기〉그레이디언트 주석자 숨기기/Window〉Swatch〉Gradients]를 클릭하여 주석자를 숨겨놓을 수 있습니다.

3. 복잡한 형태도 유연하게 색상을 적용하는 그레이디언트 망(Create Gradient Mesh) 만들기

오브젝트에 교차하는 격자를 만들어 각 교차점마다 다른 색상을 지정할 수 있는 고급 그레이디언트 도구입니다. 특히 자연스러운 그라데이션이나 복잡한 색상 전환이 필요한 일러스트레이션에서 많이 활용됩니다. 입체적이고 실사적인 느낌의 컬러를 적용할 때 많이 사용하는 도구입니다.

(1) 그레이디언트 망(Create Gradient Mesh) 기본 사용방법

❶ 오브젝트에 그레이디언트 망(Create Gradient Mesh) 적용하기
- 단색으로 채워진 오브젝트를 선택합니다.
- 최상단 메뉴의 [오브젝트〉그레이디언트 망 만들기/Object〉Create Gradient Mesh…]를 클릭하면 대화상자가 열리면서 격자의 행과 열을 사전 설정하고 생성할 수 있습니다. 확인(OK)을 클릭하면 대상 오브젝트에 자동으로 격자 모양의 망이 적용됩니다.

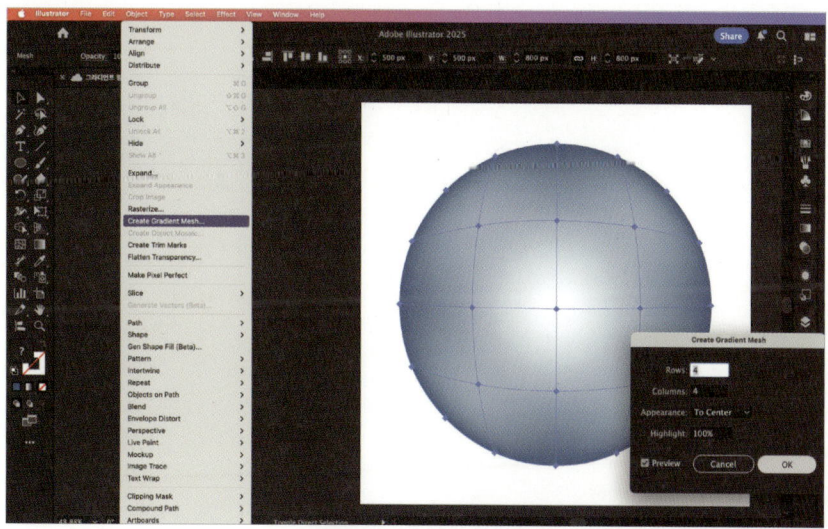

❷ 격자점 선택하기
- 직접 선택 도구 [A]로 격자점을 선택하여 위치를 조정하거나 베지어 핸들을 조절하여 격자 라인의 곡률을 변경할 수 있습니다.
- 올가미 도구(Lasso Tool)를 사용하여 여러 격자점을 드래그하거나 직접 선택 도구로 [Shift]를 누르면서 각 격자점을 선택 시 여러 격자점을 한 번에 선택할 수 있습니다.

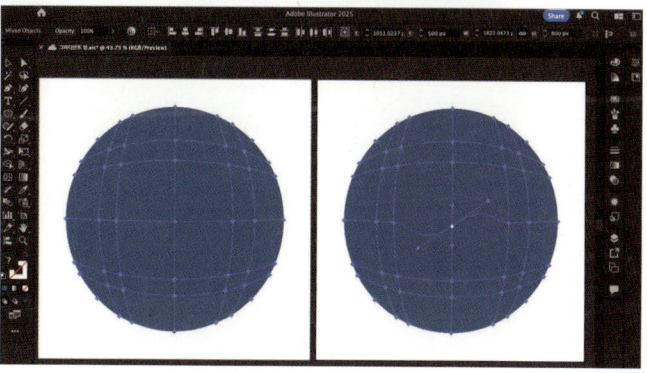

❸ 격자점 색상 편집
- 격자점을 선택하고 색상 픽커나 견본에서 색상을 선택하여 변경할 수 있습니다.
- 여러 격자점을 동시에 선택하여 같은 색상을 적용할 수도 있습니다.

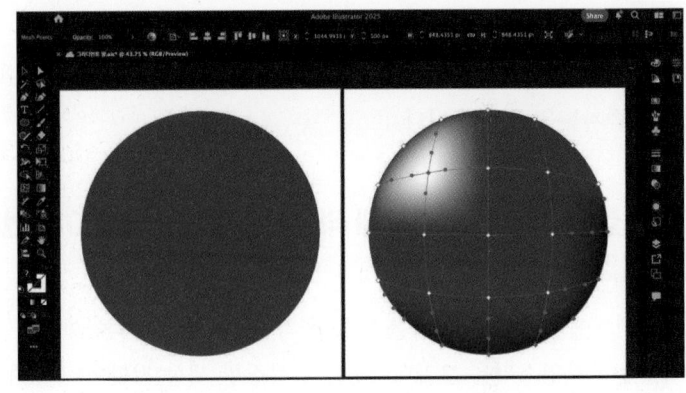

❹ 망 도구(Mesh Tool)를 이용한 격자점 편집
- 왼쪽 도구 패널의 '망 도구'를 선택 후 격자 내부를 클릭하면 새로운 격자점이 추가됩니다.
- 단축키 Alt(Windows)/Opt(Mac)를 누르면서 클릭하면 격자점을 삭제할 수 있습니다.
  ※ 망 도구를 이용하면 그레이디언트 망(Create Gradient Mesh)을 적용하지 않아도 일반 오브젝트에 바로 망을 불균일하게 추가할 수 있습니다.

LEVEL UP 튜토리얼 05
그레인 효과로 서정적인 분위기의 일러스트레이션

일러스트레이터의 불투명도 마스크와 그레인 효과를 활용하여 서정적인 분위기의 일러스트레이션을 제작하는 과정을 보여줍니다. 그레이디언트로 자연스러운 투명도를 조절하고 그레인 효과로 텍스처를 더해 부드럽고 감성적인 분위기를 완성할 수 있습니다.

LEVEL UP 튜토리얼로 체크하는 일러스트레이터 핵심 기능

불투명도 마스크를 적용할 오브젝트의 동일 위치 복제와 색상 설정

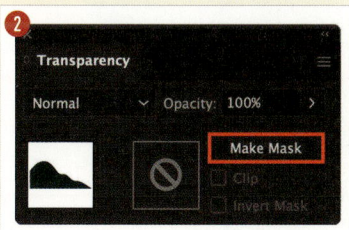

투명도 패널에서 불투명도 마스크 만들기

마스크에 그레이디언트로 투명도 조절

효과 갤러리의 그레인 옵션으로 텍스처 표현

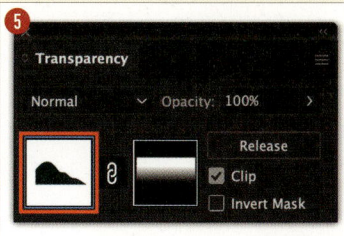

불투명도 마스크의 적용과 해제

여러 요소에 동일한 효과 적용으로 통일감 표현

SECTION 01 문자 도구 처음 시작하기

1. 텍스트의 기본 입력 방법

일러스트레이터의 문자 도구는 작업 영역이나 대지에 클릭하여 바로 생성할 수 있으며, 다양한 텍스트 입력과 편집 방식을 제공합니다. 기본 문자 도구로 포인트 텍스트를 입력할 수 있으며, 영역 문자 도구를 사용하면 특정 영역 안에 텍스트를 자동 줄바꿈으로 배치할 수 있습니다.

(1) 문자 도구(Type Tool)

❶ 일반적인 가로 방향의 포인트 텍스트나 영역 문자를 입력하고 편집할 수 있는 기본적인 문자 도구입니다.
❷ 포인트 텍스트를 입력하려면 왼쪽 도구 패널에서 선택 후 대지나 작업 영역에 클릭하여 커서가 생성되면 원하는 문자를 입력합니다.
❸ 영역 텍스트를 생성하려면 도구 선택 후 드래그하여 사각형을 그린 후 커서를 떼면 자동으로 영역 안에 샘플 문장으로 이루어진 단락이 생성됩니다.

(2) 영역 문자 도구(Area Type Tool)

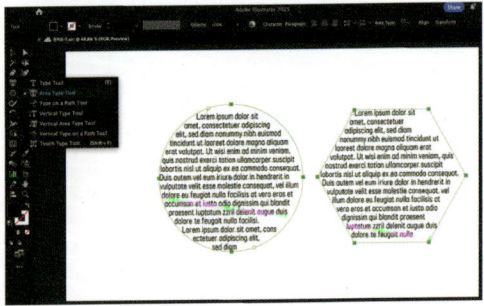

사각형이나 다각형 등 오브젝트를 클릭하여 영역 안에 가로 방향의 단락을 입력할 수 있습니다.

(3) 패스 상의 문자 도구(Type on a Path Tool)

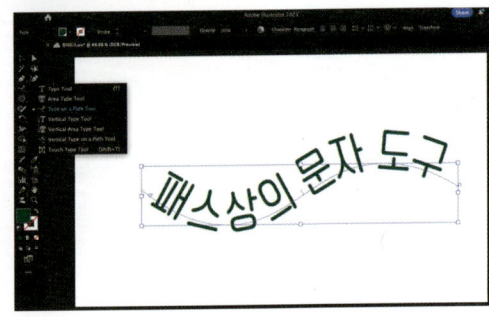

❶ 선이나 도형의 패스를 따라 가로 방향의 문자를 입력할 수 있습니다.
❷ 패스를 그린 후 패스 상의 문자 도구로 패스를 클릭하여 텍스트를 입력합니다. 패스의 형태를 따라 문자가 배치됩니다.

(4) 세로 문자 도구(Vertical Type Tool)

일반적인 세로 방향의 포인트 텍스트나 영역 문자를 입력하고 편집할 수 있는 기본적인 문자 도구입니다.

(5) 세로 영역 문자 도구(Vertical Area Type Tool)

사각형이나 다각형 등 오브젝트를 클릭하여 영역 안에 세로 방향의 단락을 입력할 수 있습니다.

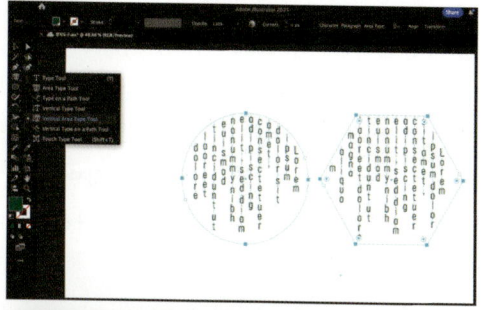

(6) 패스 상의 세로 문자 도구(Vertical Type on a Path Tool)

❶ 선이나 도형의 패스를 따라 세로 방향의 문자를 입력할 수 있습니다.
❷ 패스를 그린 후 패스 상의 문자 도구로 패스를 클릭하여 텍스트를 입력합니다. 패스의 형태를 따라 문자가 배치됩니다.

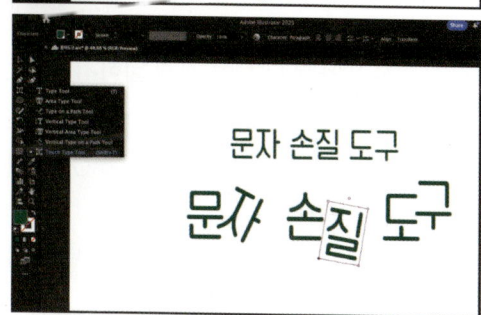

(7) 문자 손질 도구(Touch Type Tool)

❶ 개별 문자의 위치, 회전, 크기를 직접 조절할 수 있습니다.
❷ 문자 손질 도구를 선택 후 포인트 텍스트나 단락의 개별 문자를 클릭하면 조절점이 나타납니다. 이를 이용해 문자를 자유롭게 변형할 수 있습니다.

2. 1분 실습_오브젝트 주위를 둘러싸는 단락, 텍스트 흐름 만들기

(1) 파일 열기

최상단 메뉴의 [파일〉열기/File〉Open]을 클릭하여 대화상자에서 '클래스8_1_1분실습_텍스트 흐름.ai' 파일을 불러옵니다.

(2) 오브젝트 선택하기

❶ 최상단 메뉴의 [창 〉 레이어/Window 〉 Layers]를 클릭하여 레이어 패널을 엽니다.
❷ 레이어 패널에서 '그룹' 레이어를 클릭한 후 오른쪽 동그라미를 클릭해 오브젝트를 모두 선택합니다.

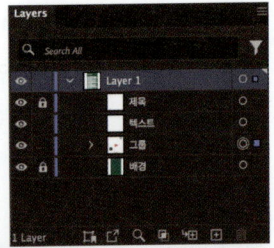

(3) 텍스트 흐름 적용하기

❶ 그룹 오브젝트가 선택된 상태를 유지합니다.
❷ 최상단 메뉴의 [오브젝트 〉 텍스트 흐름 〉 만들기/Object 〉 Text Wrap 〉 Make]를 클릭하여 오브젝트에 텍스트 흐름 효과를 적용합니다.
❸ 텍스트 흐름(Text Wrap)을 적용하면 오브젝트 주변에 파란색 외곽선이 나타납니다. 이 외곽선은 텍스트가 오브젝트를 감싸는 경계를 나타냅니다.

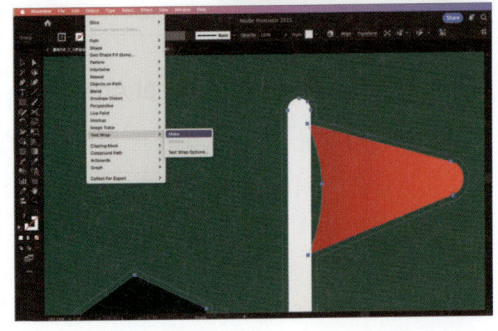

(4) 정돈하기

텍스트 흐름이 적용된 오브젝트는 단락 레이어의 상위에 위치하여야 합니다. 레이어 패널에서 '텍스트' 레이어를 드래그하여 '그룹' 레이어 아래로 이동합니다.

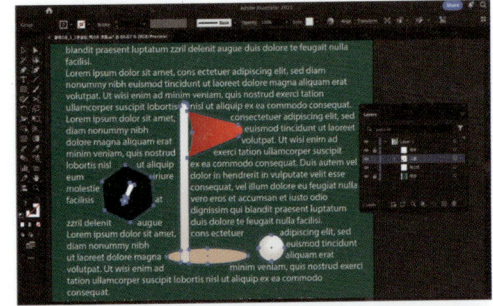

(5) 옵션을 이용해 Offset 경계 넓히기

❶ 최상단 메뉴의 [오브젝트 〉 텍스트 흐름 〉 텍스트 흐름 옵션/Object 〉 Text Wrap 〉 Text Wrap Option]을 클릭하여 대화상자를 불러옵니다.
❷ 옵셋(Offset) 간격을 수정해 오브젝트와 텍스트 사이의 간격을 넓히거나 좁힐 수 있습니다.

3. 문자의 속성을 삭제하고 일반 오브젝트로 만드는 윤곽선 만들기(Create Outlines)

윤곽선 만들기(Create Outlines) 기능은 일러스트레이터에서 텍스트의 속성을 없애고 일반 오브젝트로 확장하는 기능입니다. 로고나 타이포그래피 디자인에서 문자의 형태를 자유롭게 편집하거나 변형하기 위해 윤곽선 만들기가 자주 사용됩니다.

텍스트를 오브젝트로 변환하면 다양한 시각적 처리가 가능해지며, 다른 디자인 요소와의 자유로운 결합을 통해 더욱 창의적인 표현을 할 수 있습니다. 또한, 파일을 타인과 공유하거나 실물 인쇄를 할 경우 해당 폰트가 없어도 디자인에 변화가 없으며, 인쇄 시 폰트 관련 문제도 방지할 수 있습니다. 윤곽선 만들기 이후에는 문자 도구를 이용해 텍스트의 내용 수정은 불가하므로 필요시 원본을 복제하여 파일 관리를 하는 주의가 필요합니다.

(1) 문자의 윤곽선 만들기

❶ 윤곽선 만들기를 실행하려면 선택 도구로 포인트 텍스트 또는 영역 텍스트를 선택합니다.

❷ 최상단 메뉴의 [문자 〉 윤곽선 만들기/Type 〉 Create Outlines]를 클릭합니다. 또는 단축키 Ctrl + Shift + O (Windows)/ Cmd + Shift + O (Mac)를 눌러서 실행할 수 있습니다.

❸ 상단의 문자는 포인트 텍스트 하단의 문자는 윤곽선 만들기가 완료되어 일반 오브젝트처럼 가장자리와 고정점이 선택되었습니다.

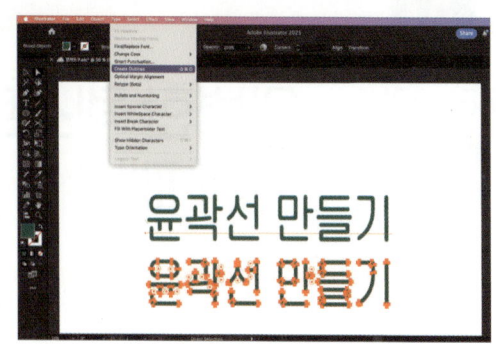

4. 이미지의 문자를 라이브 텍스트로 추출하는 Retype

Retype(Beta) 기능은 이미지의 폰트를 인식하거나 윤곽선으로 변환된(Create Outlines) 텍스트를 다시 편집 가능한 라이브 텍스트로 되돌리는 기능입니다. AI가 벡터 모양을 분석하여 원래 사용된 폰트를 찾고, 텍스트 내용을 인식하여 편집 가능한 상태로 복원합니다. 이 기능은 레퍼런스 이미지와 유사한 폰트를 찾아야 하거나, 원본 파일에서 텍스트가 이미 윤곽선 만들기가 되어 폰트의 정보를 찾기 힘들 때 유용하게 사용할 수 있습니다.

Retype은 현재 베타 기능으로 제공되어, 복잡한 서체나 많이 변형된 텍스트는 정확한 복원이 어려울 수 있습니다. 특히 영문 위주로 서비스되고 있어 한글 텍스트의 경우 인식률이 낮다는 한계가 있습니다.

(1) 래스터 이미지 속 문자를 Retype으로 찾아보기

❶ Retype기능을 사용하려면 문자가 포함된 래스터 이미지나 윤곽선 만들기가 완료된 오브젝트를 선택 도구로 선택합니다.

❷ 최상단 메뉴의 [문자 〉 Retype(Beta) 〉 Match Font/Type 〉 Retype(Beta) 〉 Match Font]를 클릭하여 Retype 대화상자를 열고 자동으로 인식되기를 기다립니다.

❸ 대화상자에서 인식된 다양한 유사 폰트들을 확인합니다.

(2) 편집하기

❶ 최상단 메뉴의 [문자 〉 Retype(Beta) 〉 Edit Text/Type 〉 Retype(Beta) 〉 Edit Text]를 클릭하여 Retype 대화상자를 열고 자동으로 인식이 완료되면 작업 영역의 선택된 폰트를 더블 클릭하여 라이브 텍스트로 전환합니다.

❷ 작업 영역의 변환된 라이브 텍스트를 선택하여 필요한 내용으로 텍스트를 변경합니다.

SECTION 02 | 완벽한 텍스트 편집을 위한 문자와 단락 패널

1. 텍스트 레이아웃의 기초, 문자 패널

문자(Character) 패널은 텍스트 입력 후 글꼴 및 크기와 같은 기본적인 스타일을 제어하는 패널입니다. 글꼴과 같은 기본적인 기능부터 글자 크기와 행간을 조절하여 가독성을 높일 수 있고 자간과 트래킹으로 글자 사이 간격을 미세하게 조정할 수 있습니다. 또한, 문자의 가로/세로 비율 조절, 기울기와 회전 각도 설정, 기준선 이동 등을 통해 다양한 타이포그래피 표현이 가능하며, 전문적인 텍스트 디자인 작업에 필수적인 패널입니다.

(1) 문자(Character) 패널 열기

❶ 문자 패널을 열려면 단축키 Ctrl+T (Windows)/Cmd+T (Mac)를 눌러서 열 수 있습니다.

❷ 문자 도구가 선택된 상태에서 상단 컨트롤 패널, 오른쪽 속성 패널에서도 문자 패널을 확인할 수 있습니다.

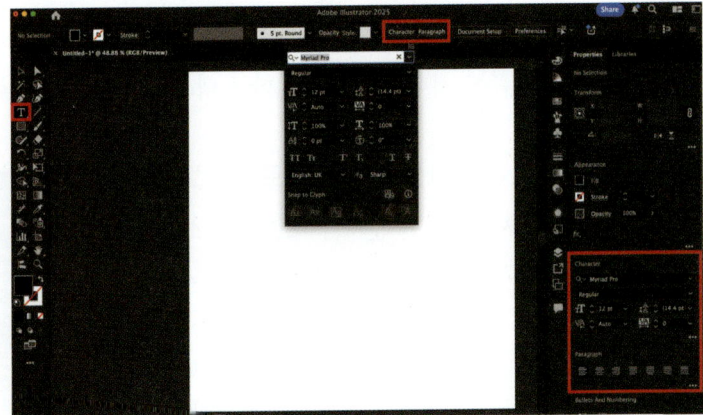

(2) 문자(Character) 패널 살펴보기

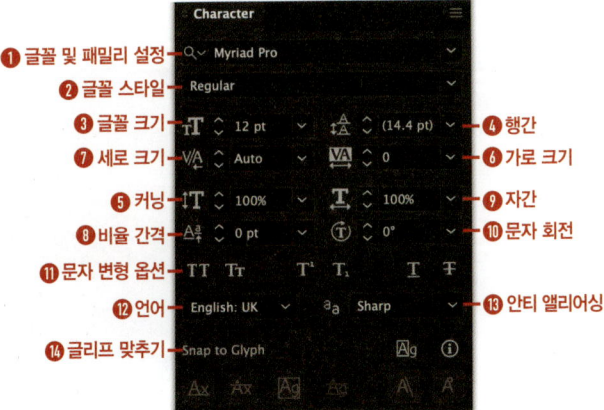

❶ 글꼴 및 패밀리 설정
❷ 글꼴 스타일
❸ 글꼴 크기
❹ 행간
❼ 세로 크기
❻ 가로 크기
❺ 커닝
❾ 자간
❽ 비율 간격
❿ 문자 회전
⓫ 문자 변형 옵션
⓬ 언어
⓭ 안티 앨리어싱
⓮ 글리프 맞추기

❶ 글꼴 및 패밀리 설정: 사용할 서체를 선택하는 드롭다운 메뉴입니다.
❷ 글꼴 스타일: 패밀리에 포함된 Regular, Bold, Italic 등 선택한 서체의 스타일 옵션을 선택합니다. 선택한 글꼴에 패밀리가 없다면 선택할 수 없습니다.
❸ 글꼴 크기: 글자 크기를 포인트(pt) 단위로 설정합니다.
❹ 행간: 텍스트 기준선(baseline) 사이의 거리입니다.
❺ 커닝특정: 글자 쌍 사이의 간격을 조정합니다.
❻ 비율 너비: 글자의 가로 비율을 백분율로 조정합니다.
❼ 비율 높이: 글자의 세로 비율을 백분율로 조정합니다.
❽ 기준선 이동: 텍스트의 기준선을 위아래로 이동합니다.
❾ 자간: 선택한 글자들 사이의 전체적인 간격을 조정합니다.
❿ 문자 회전: 개별 글자의 회전 각도를 설정합니다.
⓫ 문자 변형 옵션: (영어) 모든 문자의 대소문자 변환, 위/아래 첨자, 밑줄 추가 등 다양한 텍스트 스타일 옵션을 설정합니다.
⓬ 언어: 텍스트의 언어를 설정합니다. 동아시아 문자 옵션은 한글 버전 설치 시 확인할 수 있습니다.
⓭ 안티 앨리어싱: 글자의 가장자리 처리 방식을 선택합니다.
⓮ 글리프 맞추기: 텍스트를 특정 지점이나 객체에 맞추는 기능입니다.

> **Tip 글꼴 패밀리(Font Family)란?**
> - 동일한 디자인 특성을 공유하는 서체들의 집합을 의미합니다.
>   예) Helvetica 패밀리는 Helvetica Regular, Helvetica Bold, Helvetica Light 등으로 이루어져 있습니다.
> - 폰트 설치 후 리스트에 보이지 않을 시 종료 후 일러스트레이터를 재실행하여 살펴봅니다.

2. 단락 패널로 정돈하는 텍스트 레이아웃

단락(Paragraph) 패널은 텍스트의 전체적인 레이아웃과 구조를 제어하는 패널입니다. 단락의 기본적인 정렬 방식을 설정할 수 있으며, 들여쓰기와 내어쓰기를 통해 텍스트의 여백을 조절할 수 있습니다. 또한 글머리 기호나 번호 매기기로 정보의 계층 구조를 만들 수 있으며, 하이픈 설정을 통해 텍스트의 자연스러운 줄바꿈을 제어할 수 있습니다.

(1) 단락(Paragraph) 패널 열기

단축키 Alt+Ctrl+T(Windows)/Opt+Cmd+T(Mac)를 눌러서 열 수 있습니다.

(2) 단락(Paragraph) 패널 살펴보기

기본적으로 문자(Character) 패널, 오픈타입(OpenType) 패널과 함께 그룹으로 묶여 있어, 하나의 패널을 열면 탭으로 구분된 형태로 함께 표시됩니다. 이는 텍스트 편집에 필요한 주요 기능들을 효율적으로 사용할 수 있도록 구성된 것입니다.

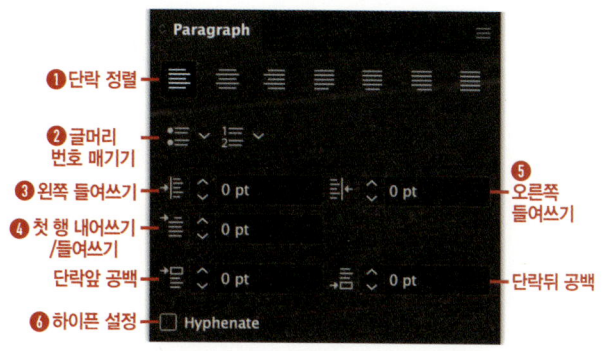

❶ 단락 정렬
❷ 글머리 번호 매기기
❸ 왼쪽 들여쓰기
❹ 첫 행 내어쓰기/들여쓰기
❺ 오른쪽 들여쓰기
단락앞 공백
단락뒤 공백
❻ 하이픈 설정

❶ 단락 정렬: 왼쪽 정렬, 가운데 정렬, 오른쪽 정렬, 양쪽 정렬 등 텍스트의 정렬 방식을 설정합니다.
❷ 글머리 번호 매기기: 문장 앞에 심볼이나 번호를 자동 입력하는 글머리 번호를 설정합니다. 순서 있는 목록(번호)과 순서 없는 목록(글머리 기호)으로 설정 가능합니다.
❸ 왼쪽 들여쓰기: 단락의 왼쪽 여백을 조절하는 기능입니다.
❹ 첫 행 내어쓰기/들여쓰기: 단락의 첫 줄만 별도로 내어쓰기나 들여쓰기를 설정합니다.
❺ 오른쪽 들여쓰기: 단락의 오른쪽 여백을 조절하는 기능입니다.
❻ 하이픈 설정: 자동 하이픈(-) 삽입 여부를 설정하는 기능입니다. 긴 단어가 줄 끝에 올 때 자동으로 나누어 주는 옵션입니다.

3. 글리프(Glyphs) 패널

글리프(Glyphs) 패널은 선택한 글꼴에 포함된 모든 문자와 특수 문자를 보여주고 쉽게 삽입할 수 있게 해주는 기능입니다. 일반 키보드로 입력하기 어려운 특수 문자나 기호를 쉽게 찾아 사용할 수 있어, 전문적인 타이포그래피 작업에 유용합니다.

(1) 글리프(Glyphs) 패널 열기 및 살펴보기

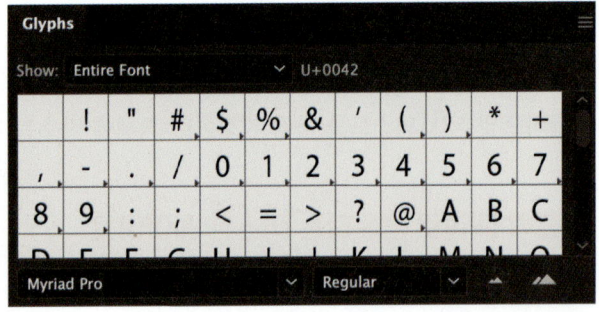

❶ 글리프 패널을 열려면 최상단 메뉴의 [문자〉글리프/Type〉Glyphs]를 클릭합니다.
❷ 글리프 패널에서 원하는 특수 문자를 입력하기 위해서 문자 도구를 선택한 후 대지나 작업 영역으로 커서를 이동합니다. 글리프 패널에서 삽입하고자 하는 특수 문자를 더블 클릭하면 커서 위치에 해당 문자가 입력됩니다.
❸ 글리프 패널에서 원하는 특수 문자를 입력하려면 문자 도구로 대지나 작업 영역에 커서가 활성화된 상태에서 더블 클릭하여 원하는 특수 문자를 입력합니다.

실제 제품처럼 표현하는 목업(Mockup) 만들기

목업 패널을 이용하여 디자인을 실제 제품처럼 표현하는 목업 그래픽 제작 과정을 보여줍니다. 오브젝트의 크기와 각도 조절, 혼합 모드 활용으로 자연스러운 합성을 구현하고, 만든 목업을 템플릿으로 저장해 재사용할 수 있습니다.

LEVEL UP 튜토리얼로 체크하는 일러스트레이터 핵심 기능

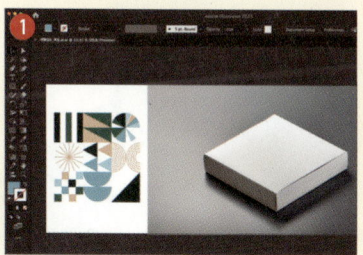
그래픽과 오브젝트 선택하여 목업 시작하기

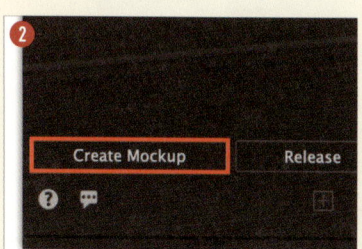
목업 패널에서 새로운 목업 생성

핸들을 이용한 크기와 회전 조정

곱하기 모드로 자연스러운 합성 효과

제작한 목업을 템플릿으로 저장

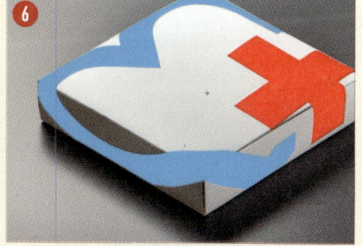
저장된 템플릿으로 새로운 목업 제작

SECTION 01 | 반복되는 디자인을 똑똑하게 해결하는 심볼과 그래픽 스타일

1. 반복되는 요소를 심볼로 해결하기

심볼(Symbol)은 일러스트레이터에서 동일한 오브젝트를 여러 번 사용할 때 유용한 기능입니다. 하나의 오브젝트를 심볼로 등록하면 여러 위치에 동일한 인스턴스를 배치할 수 있으며, 원본 심볼을 수정하면 모든 인스턴스가 자동으로 업데이트됩니다.

심볼은 파일 크기를 줄이는 것에도 효과적인데, 여러 번 반복되는 객체도 하나의 정보만 저장하기 때문입니다. 또한, 각 인스턴스는 크기, 회전, 투명도 등을 개별적으로 조정할 수 있어 다양한 변형이 가능합니다. 심볼 라이브러리를 통해 자주 사용하는 객체들을 효율적으로 관리하고 재사용할 수 있습니다.

(1) 심볼(Symbol) 도구 그룹과 패널을 사용하여 심볼 배치하고 편집하기

❶ 심볼 패널 열고 심볼 선택하기
- 최상단 메뉴의 [창 > 심볼/Window > Symbols] 클릭합니다. 또는 단축키 Shift+Ctrl+F11(Windows)/Shift+Cmd+F11(Mac)을 눌러 심볼 패널을 엽니다.
- 심볼 패널에서 원하는 심볼을 선택합니다.

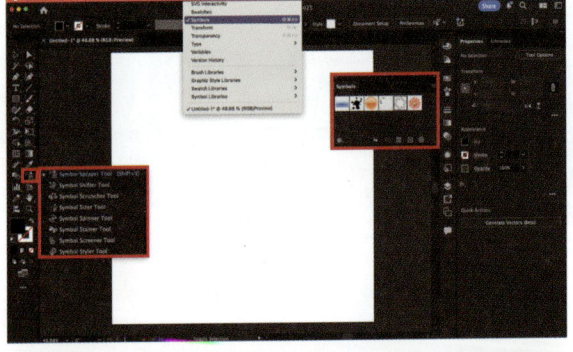

❷ 심볼 분무기(Symbol sprayer) 도구로 심볼 배치하기
- 왼쪽 도구 패널에서 '심볼 분무기' 도구를 선택합니다. 또는 단축키 Shift+S를 누릅니다.
- 작업 영역이나 대지를 클릭하면 하나의 심볼이 배치됩니다. 클릭을 유지한 상태로 드래그하면 여러 개의 심볼을 뿌리듯이 한 번에 배치할 수 있습니다.

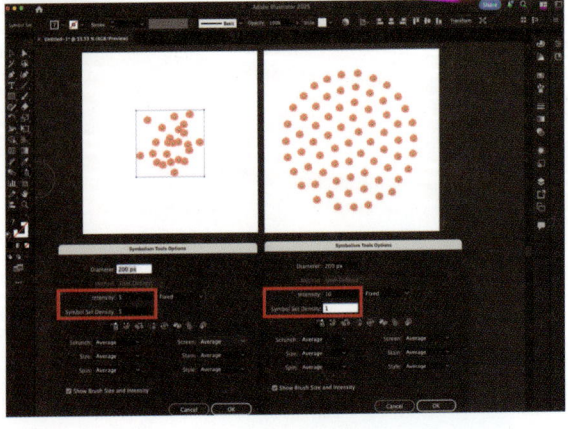

❸ 옵션 조정
- 심볼 분무기 도구를 더블 클릭하여 옵션 대화상자를 불러옵니다.
- 옵션 대화상자에서는 심볼 분무기 도구를 비롯하여 모든 심볼 도구 그룹의 옵션을 개별적으로 설정할 수 있습니다.
- 강도(Intensity)를 10으로 하면 심볼을 뿌릴 때 더 많은 심볼을 배치할 수 있습니다.

- 심볼 세트 밀도(Symbol Set Density)를 1로 하면 뿌려진 심볼의 밀도가 넓어집니다.
- 심볼 도구들은 기본적으로 배치된 다른 심볼들에게도 영향을 미칩니다.
- [], []를 눌러 브러시 사이즈를 조정하거나, 옵션 조정을 하여 영향을 끼치는 범위를 조금은 조절할 수 있습니다.

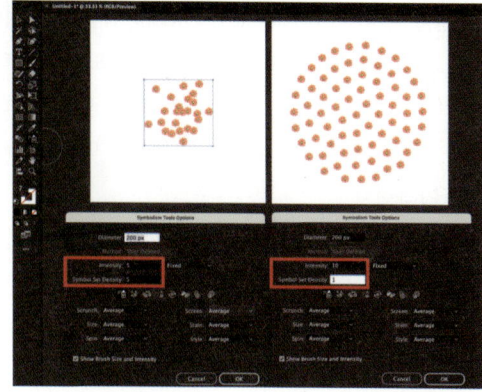

④ 심볼 이동기(Symbol Shifter Tool): 배치된 심볼의 위치를 조정할 수 있습니다.
- 왼쪽 도구 패널에서 '심볼 이동기' 도구를 선택합니다.
- 드래그하여 심볼들의 위치를 조정합니다.

⑤ 심볼 분쇄기(Symbol Scruncher Tool): 심볼 간의 간격을 좁혀 모으거나 밀집시키는 효과를 보여줍니다.
- 왼쪽 도구 패널에서 '심볼 분쇄기' 도구를 선택합니다.
- 드래그하거나 길게 눌러 심볼들의 간격을 조정합니다.

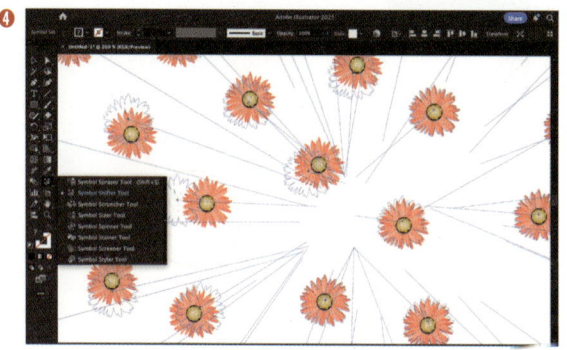 

⑥ 심볼 크기 조절기(Symbol Sizer Tool): 심볼의 크기를 조절합니다.
- 심볼 간의 간격을 좁혀 모으거나 밀집시키는 효과를 보여줍니다.
- 왼쪽 도구 패널에서 '심볼 크기 조절기' 도구를 선택합니다.
- 드래그하거나 길게 눌러 심볼의 크기를 확대합니다.
- 단축키 Alt (Windows)/ Opt (Mac)를 누르며 사용하면 심볼이 축소됩니다.

⑦ 심볼 회전기(Symbol Spinner Tool): 심볼을 원하는 각도로 회전시키는 도구입니다.
- 왼쪽 도구 패널에서 '심볼 크기 조절기' 도구를 선택합니다.
- 심볼을 클릭하여 화살표가 표시되면 원하는 방향으로 드래그하여 심볼을 회전합니다.

❽ 심볼 염색기(Symbol Stainer Tool): 심볼을 설정한 색상의 톤으로 채도와 명도, 색조를 변화시키는 도구입니다.
- 왼쪽 도구 패널에서 '심볼 염색기' 도구를 선택합니다.
- 색상 픽커나 상단 컨트롤 패널에서 원하는 색상을 선택합니다.
- 심볼을 클릭하면 설정한 색상으로 단축키 [Alt](Windows)/[Opt](Mac)를 누르며 클릭하면 원래 심볼 색상으로 돌아옵니다.

❾ 심볼 투명기(Symbol Screener Tool): 심볼의 불투명도를 변경합니다.
- 왼쪽 도구 패널에서 '심볼 투명기' 도구를 선택합니다.
- 심볼을 클릭하며 투명도가 적용되며 단축키 [Alt](Windows)/[Opt](Mac)를 누르며 클릭하면 불투명도가 증가합니다.

 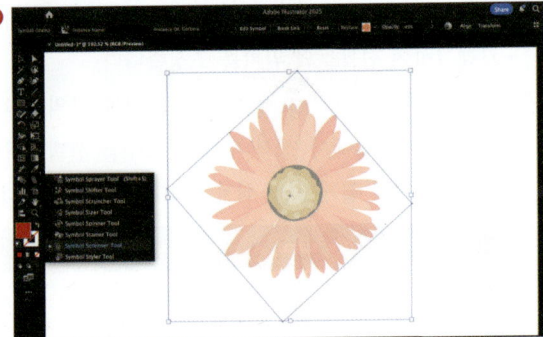

❿ 심볼 스타일기(Symbol Styler Tool): 그래픽 스타일을 심볼에 적용합니다.
- 먼저 그래픽 스타일 패널을 열어 원하는 그래픽 스타일을 선택합니다.
- 작업 영역이나 대지에 놓인 심볼을 선택합니다.
- 왼쪽 도구 패널에서 '심볼 스타일기' 도구를 선택합니다.
- 심볼을 클릭하면 선택한 그래픽 스타일이 심볼에 적용됩니다.

(2) 새로운 심볼 생성하기

❶ 심볼로 등록하고자 하는 일반 오브젝트를 선택합니다.
❷ 심볼 패널을 열어 패널 하단의 (+) 아이콘을 클릭하거나 오브젝트를 패널로 드래그합니다.
❸ 심볼 옵션 대화상자가 열립니다.

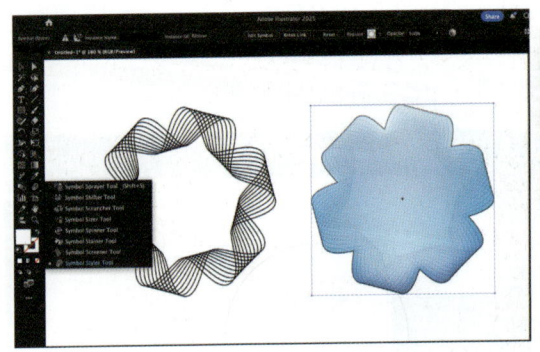 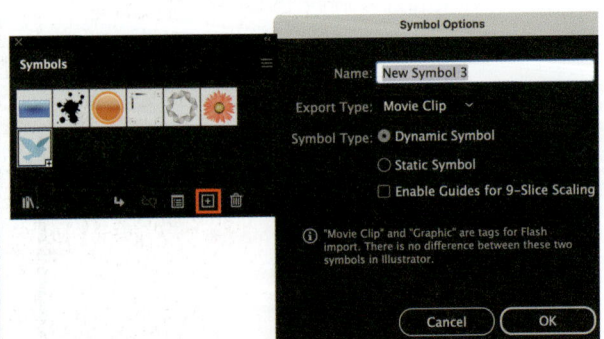

- Export Type: 일러스트레이터 내에서 사용 시에는 설정의 차이는 없으나 어도비 Flash 등 외부 앱으로 가져갈 시 속성을 결정하는 옵션입니다.

- Symbol Type
  - Dynamic Symbol(동적 심볼): 심볼 도구 그룹을 이용하여 인스턴스별로 색상, 크기, 회전 등을 수정할 수 있습니다.
  - Static Symbol(정적 심볼): 인스턴스를 수정할 수 없습니다.
  - ※ 일반적으로 Export Type은 Graphic으로, Symbol Type은 Dynamic Symbol로 설정하여 새로운 심볼을 생성합니다.

(3) 심볼 수정하기

❶ 등록된 심볼은 언제든 편집이 가능합니다. 심볼을 더블 클릭하여 편집 모드로 진입하여 수정합니다.

❷ 편집된 내용은 해당 심볼의 모든 인스턴스에 자동으로 반영됩니다.

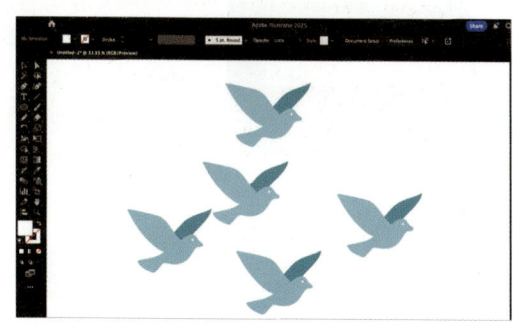

(4) 심볼 분리하고 확장하기

심볼 분리(Break Link to Symbol) 기능은 심볼 인스턴스를 원본 심볼과의 연결을 끊고 독립된 일반 오브젝트로 변환할 때 사용하는 기능입니다. 이 기능을 사용하면 원본 심볼의 영향을 받지 않고 자유롭게 수정할 수 있습니다.

❶ 심볼 인스턴스를 선택한 상태에서 심볼 패널 하단의 '심볼 연결 해제(Break Link to Symbol)' 아이콘을 클릭합니다.

❷ 연결이 해제되면 일반 오브젝트로 속성이 변화하고 더이상 심볼의 영향을 받지 않으므로 개별 편집이 가능합니다.

(5) 심볼 라이브러리 사용하기

사전 설정으로 제공되는 심볼을 작업에 바로 활용할 수 있습니다. 최상단 메뉴의 [창〉심볼 라이브러리/File〉Symbol Libraries]를 클릭하여 다양한 심볼 라이브러리를 확인합니다.

2. 클릭 한 번으로 여러 효과를 복사하는 그래픽 스타일

그래픽 스타일(Graphic Style)은 오브젝트에 적용된 여러 가지 속성(예 채색, 윤곽선, 투명도, 효과 등)을 저장하여 반복적으로 사용할 수 있는 기능입니다. 동일한 스타일을 다양한 오브젝트에 클릭 한 번으로 간편히 적용할 수 있으며, 스타일을 수정하면 연결된 모든 객체에 자동으로 업데이트됩니다.

그래픽 스타일은 텍스트와 벡터 객체 모두에 사용 가능합니다. 다양한 스타일을 라이브러리로 관리할 수 있어 언제든지 필요시 꺼내어 적용할 수 있습니다. 작업 일관성을 유지하고 시간을 절약하는 데 유용합니다.

(1) 그래픽 스타일 패널을 사용하여 오브젝트 바꾸기

❶ 그래픽 스타일 패널 열기: 최상단 메뉴의 [창〉그래픽 스타일/Window〉Graphic Styles]을 클릭합니다. 또는 단축키 Shift + F5 를 눌러 그래픽 스타일 패널을 엽니다.

❷ 오브젝트에 그래픽 스타일 적용하기
- 선택 도구로 오브젝트를 하나 선택 후 그래픽 스타일 패널에서 스타일을 클릭합니다.
- 클릭과 동시에 대상 오브젝트에 그래픽 스타일이 적용됩니다.

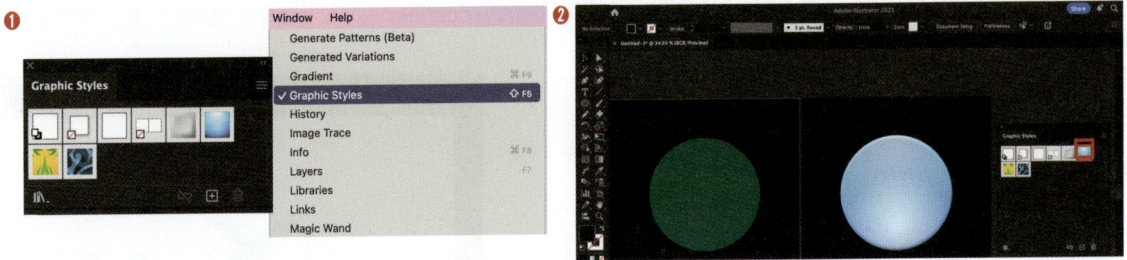

(2) 새로운 그래픽 스타일 생성하기

❶ 오브젝트에 여러 속성으로 스타일 만들기: 모양 패널을 이용하여 텍스트 및 오브젝트에 여러 속성을 추가합니다.
❷ 새 그래픽 스타일 만들기: 여러 속성이 추가된 오브젝트를 선택한 상태에서 그래픽 스타일 패널 하단의 (+) 아이콘을 클릭하거나 오브젝트를 패널로 드래그합니다.

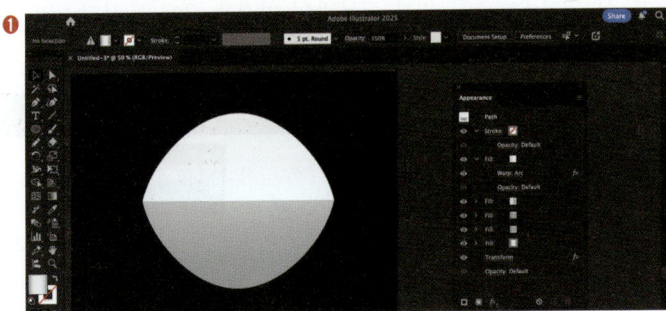 

(3) 그래픽 스타일 수정하기

❶ 그래픽 스타일의 속성을 수정하려면 그래픽 스타일 적용된 오브젝트를 패널 하단의 '그래픽 스타일 분리(Break Link to Graphic Styles)'를 클릭하여 연결을 해제합니다.
❷ 모양 패널을 열어 속성을 수정합니다.
❸ 다시 '(2) 새로운 그래픽 스타일 생성하기'의 방법으로 패널 하단의 (+) 아이콘을 클릭하여 새로운 그래픽 스타일로 생성합니다.
❹ 그래픽 스타일 패널에서 저장된 그래픽 스타일을 더블 클릭하면 이름을 수정할 수 있습니다.

(4) 그래픽 스타일이 적용된 오브젝트 확장하기

❶ 그래픽 스타일이 적용된 오브젝트를 선택한 후 최상단 메뉴의 [오브젝트 〉 모양 확장/Object 〉 Expand Appearance]를 선택하여 일반 오브젝트로 확장합니다.
❷ 확장된 후에는 더이상 원래의 그래픽 스타일과 연결되지 않으며, 개별 요소들을 독립적으로 편집할 수 있게 됩니다.

(5) 그래픽 스타일 라이브러리 사용하기

❶ 사전 설정으로 제공되는 그래픽 스타일을 작업에 바로 활용할 수 있습니다.
❷ 최상단 메뉴의 [창 〉 그래픽 스타일 라이브러리/File 〉 Graphic Styles Libraries]를 클릭하여 다양한 라이브러리를 확인합니다.

SECTION 02 | 무한한 가능성을 펼치는 3D 오브젝트 만들기

1. 평면을 입체로, 3D Classic

3D 기본(3D Classic) 패널은 소프트웨어의 초기 3D 기능을 대표하는 레거시 도구로, 최신 버전에서도 이전 버전과의 호환성을 유지하기 위해 계속 포함되어 있습니다. 여전히 기본적인 3D 변환 작업을 위한 핵심적인 도구로 사용되며, 간단하고 빠르게 3D 형태의 오브젝트를 생성할 때 유용합니다.

(1) 입체화와 경사로 아이소 메트릭 탑뷰의 사각형 만들기

Extrude(압출)는 평면 도형에 깊이와 두께를 부여하여 3차원 형태로 변형시키는 기법입니다. 사용자가 원하는 각도에 맞춰 일반 오브젝트를 3D 형태의 벡터로 바꾸어 아트워크에 사용할 수 있습니다.

❶ 오브젝트 설정 및 선택하기
- 대지 또는 작업 영역에 일반 정사각형 오브젝트를 하나 생성하고 선택 도구로 선택합니다.
- 획 속성은 '없음' 면은 솔리드 색상으로 설정한 상태입니다.

❷ 입체화와 경사 대화상자 열기
- 최상단 메뉴의 [효과〉3D 및 재질〉3D기본〉입체화와 경사/Effect〉3D and Materials〉3D(Classic)〉Extrude &Bevel(Classic)]를 선택합니다.
- '3D Extrude&Bevel Options(Classic)' 패널을 불러옵니다.

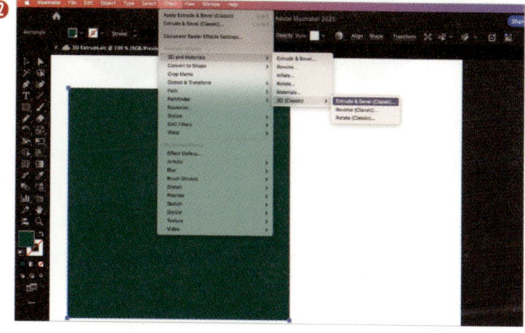

❸ 포지션(Position) 설정하기
- 포지션의 드롭다운 메뉴에서 사전 설정된 '등각 상단(Isometric Top)' 위치를 선택합니다. 미리보기 모델을 회전하거나 수치를 입력하여 입체화된 오브젝트의 원하는 모습으로 설정할 수 있습니다.
- 입체화 깊이(Extrude Depth)로 두께 설정하기: 깊이를 400pt로 입력하여 두께를 설정합니다.
- 경사(Bevel) 설정하기: 경사를 클릭하여 드롭다운 메뉴에서 '계단 현상(Jaggy)'를 클릭하고 높이를 10pt로 설정합니다.

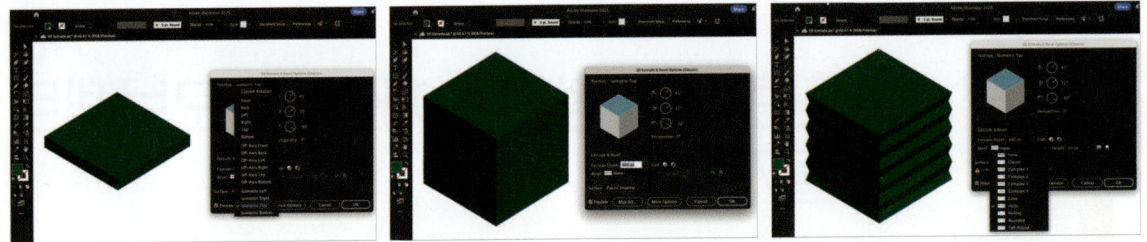

❹ 표면(Surface)의 차이 확인하기

철사 프레임 (Wireframe)	음영 없음 (No Shading)	음영 확산 (Diffuse Shading)	플라스틱 음영 (Plastic Shading)

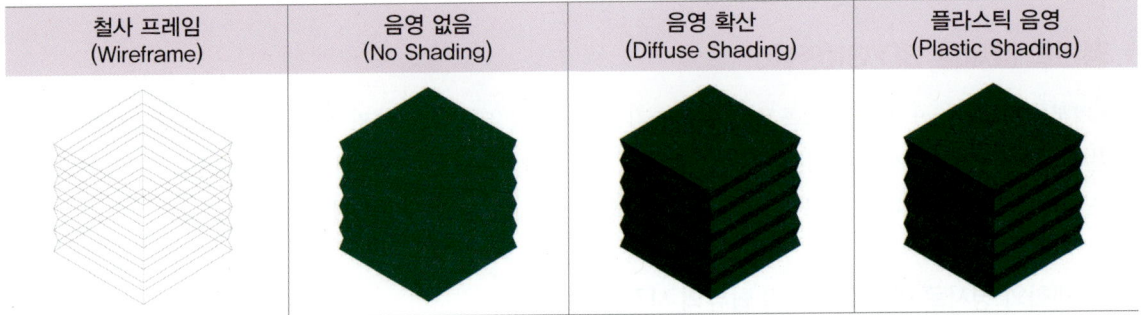

- Diffuse Shading은 광택이 없는 표면, Plastic Shading은 광택이 있는 표면을 의미합니다.
- 기타 옵션(More options)을 클릭하여 조명의 밝기나 그림자 색상, 블렌드 단계 설정을 할 수 있습니다.

❺ 단면(Cap)의 차이 확인하기: 단면을 제거하면 오브젝트의 속이 훤히 들여다보이는 상태가 됩니다.

❻ 일반 오브젝트로 변환하기: 3D 오브젝트를 선택한 후 최상단 메뉴의 [오브젝트〉모양 확장/Object〉Expand Appearance]를 선택하여 일반 오브젝트로 확장합니다.

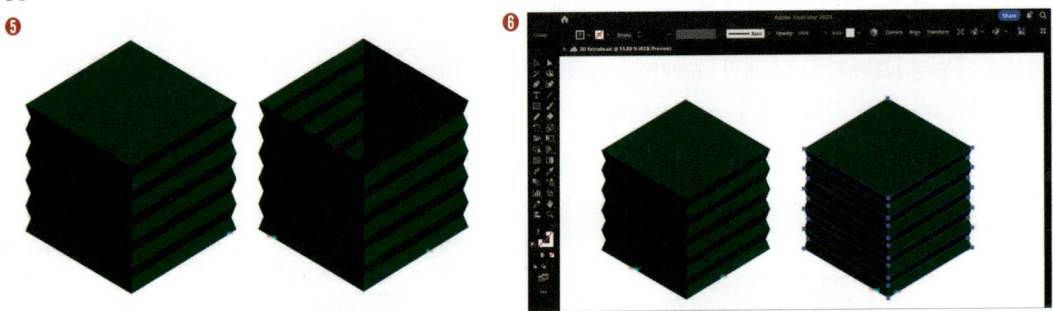

(2) 축 중심 회전으로 화병 만들기

Revolve(회전)는 평면 도형을 특정 축을 중심으로 360도 회전시켜 3차원 형태로 변형시키는 기법입니다. 사용자가 지정한 회전축을 기준으로 2D 오브젝트를 회전시켜 항아리나 와인잔 같은 대칭적인 3D 형태의 벡터로 바꾸어 아트워크에 사용할 수 있습니다.

❶ 오브젝트 설정 및 선택하기
- 대지 또는 작업 영역에 곡선 패스를 그린 후 획 속성을 20pt 이상으로 굵게 변환하고 단면은 둥근 단면으로 설정합니다.
- 대상 오브젝트를 선택 도구로 선택합니다.

❷ 축 중심 회전(Revolve(Classic)) 대화상자 열기
- 최상단 메뉴의 [효과〉3D 및 재질〉3D기본〉축 중심 회전/Effect〉3D and Materials〉3D(Classic)〉Revolve (Classic)]를 선택합니다.
- 축 중심 회전[Revolve(Classic)] 패널을 불러옵니다.

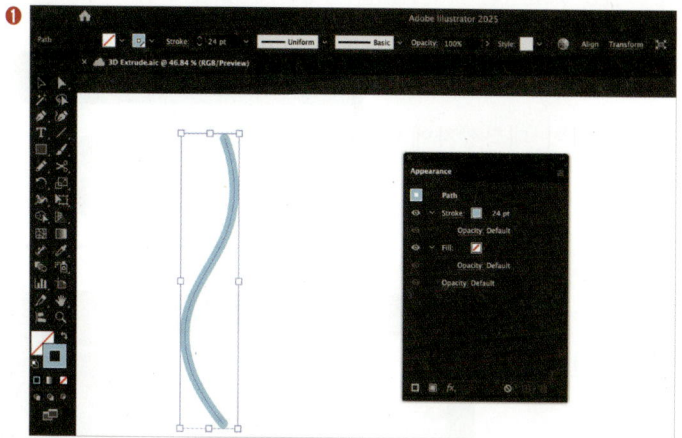
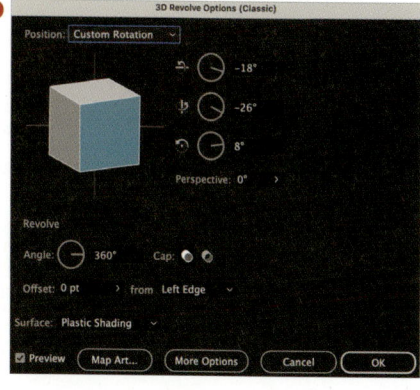

❸ 포지션(Position) 설정하기: 포지션의 드롭다운 메뉴에서 사전 설정된 '비축 앞쪽(Off-Axis Front)' 위치를 선택합니다.

❹ 이동(Offset)으로 회전축과의 거리 지정하기
- 회전축의 위치를 지정하여 3D 오브젝트와의 거리를 조절할 수 있습니다.
- Offset을 175pt, 시작(From)을 '오른쪽 모서리(Right Edge)'로 설정합니다.

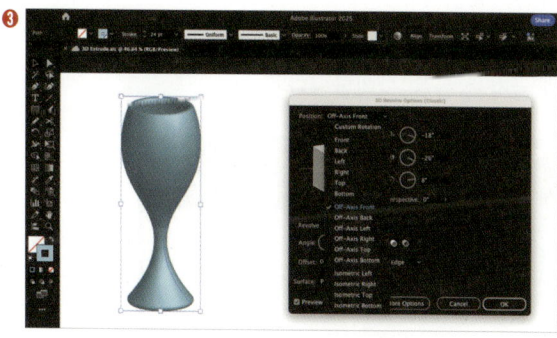

❺ 직접 선택 도구로 형태 수정하기
- 고정점을 직접 선택 도구, 곡률 도구로 이동하여 모양을 변경할 수 있습니다.
- 확인(OK)을 눌러 변경사항을 적용하여 3D 오브젝트를 생성하고 필요시 확장합니다.
  ※ 수치는 사용자의 환경에 따라 변동이 있을 수 있습니다. 이미지의 대지는 약 세로 1,000px의 규격입니다.

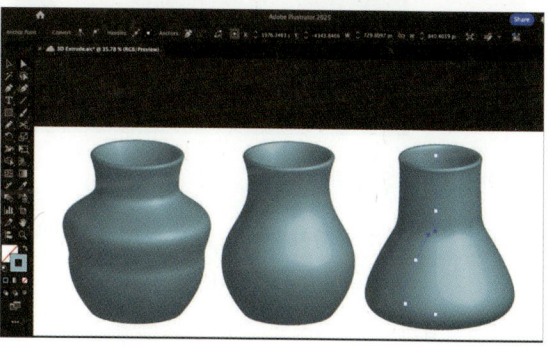

2. 1분 실습_3D와 심볼 기능을 이용한 아트 매핑

매핑(Mapping)은 3D 오브젝트의 표면에 2D 이미지나 패턴을 입히는 기법으로, 텍스처나 심볼을 3D 형태의 각 면에 적용하여 더 사실적이고 풍부한 표현이 가능합니다. 일러스트레이터에서 3D Classic으로 만든 오브젝트에 심볼을 매핑 소스로 활용하여 입체적인 느낌을 표현하는 아트워크를 완성할 수 있습니다.

(1) 파일 열기

최상단 메뉴의 [파일 > 열기/File > Open]을 클릭하여 대화상자에서 '클래스9_2_1분실습_아트매핑.ai' 파일을 불러옵니다.

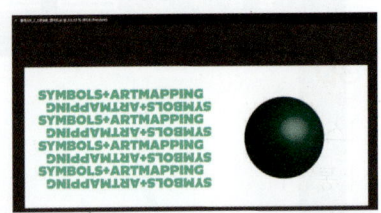

(2) 속성 및 축 중심회전 대화상자 불러오기

❶ 선택 도구로 축 중심 회전(Revolve)을 이용하여 만든 구를 선택합니다.
❷ 모양 패널을 불러옵니다.
❸ 모양 패널의 속성 중 '3D Revolve(Classic)'를 더블 클릭하여 '축 중심 회전(Revolve)' 대화상자를 불러옵니다.

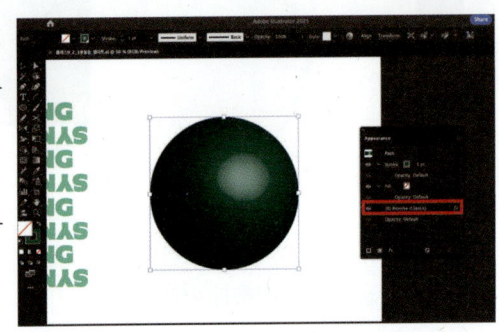

(3) 아트 매핑 설정하기

❶ 대화상자의 아래의 '아트 매핑(Map Art)'을 클릭합니다.
❷ 표면(Surface)을 2 of 2로 설정합니다.
❸ 심볼을 클릭해 대지에 놓인 것과 동일한 모양의 초록색 글자 심볼을 선택합니다.

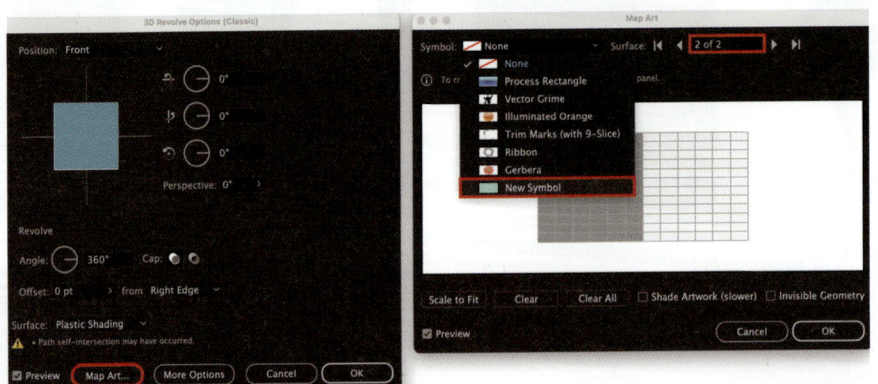

(4) 아트 매핑 완료하기

❶ 크기 조절하여 맞추기(Scale to Fit)를 클릭합니다.
❷ 음영 아트워크(느리게)[Shade Artwork(slower)]를 체크하여 활성화합니다.
❸ 보이지 않는 기하 도형(Invisible Geometry)을 체크하여 활성화합니다.

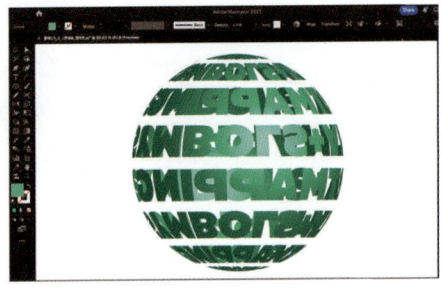

❹ 확인(OK)을 클릭하여 아트워크를 완성합니다.
  ※ 아트 매핑 창에서 심볼의 크기를 조절할 수 있으며, 왼쪽/오른쪽으로 크게 드래그해 반전 상태를 만들 수 있습니다.
  ※ 그레이디언트 디더를 보완하려면 3D Classs의 대화상자에서 기타 옵션(More Options)을 클릭한 후 블렌딩 단계를 늘립니다.

3. 3D 및 재질로 입체적인 시각 효과 만들기

일러스트레이터의 '3D 및 재질(3D and Materials)'은 복잡한 설정 단계가 필요했던 Classic 버전과 달리, 하나의 통합된 패널에서 모든 작업이 가능해 효율성이 크게 향상되었습니다. 평면 작업물을 빠르게 3D 모델로 변환할 수 있으며, 3D 모델링 제작 소프트웨어처럼 3D 위젯(3D Widget) 기능으로 실시간 프리뷰를 통해 다양한 각도에서 작업 결과를 즉시 확인할 수 있습니다. 또한, 직관적인 인터페이스로 재질과 조명을 통합적으로 설정할 수 있게 되었습니다.

향상된 Materials 기능은 금속, 유리, 플라스틱 등 다양한 재질을 손쉽게 적용할 수 있으며, 더욱 사실적인 조명 효과를 제공합니다. Inflate 기능으로는 부드럽고 유기적인 3D 형태를 독창적으로 제작할 수 있습니다. 제작된 3D 모델은 .Obj 확장자로 내보내기가 가능해 서브스턴스 뷰어 또는 렌더링 소프트웨어 등 다른 3D 관련 프로그램과의 호환성이 크게 향상되었습니다. 베타 버전 포토샵에서는 3D 모델을 서브스턴스 3D 뷰어와 연동하여 그래픽 작업이 가능해 앞으로 더욱 다양한 활용이 기대됩니다.

(1) 3D 및 재질(3D and Materials) 패널 열기

❶ 3D 오브젝트를 생성하려면 '3D 및 재질 효과(3D and Materials)' 패널을 불러옵니다.
❷ 최상단 메뉴의 [효과〉3D 및 재질〉입체화와 경사/Effect〉3D and Materials〉Extrude&Bevel]을 선택합니다.
❸ 대지나 작업 영역에 평면 일반 오브젝트를 선택하여 패널에서 원하는 입체화 효과를 선택하여 평면을 3D 오브젝트로 만들 수 있습니다.

(2) 3D의 X, Y, Z좌표 이해하기

❶ 3D 공간에서의 X, Y, Z좌표는 오브젝트의 위치와 방향을 결정하는 3차원 좌표계입니다.
❷ X축은 좌우 방향을 나타내며, 양의 값은 오른쪽, 음의 값은 왼쪽으로 이동합니다.
❸ Y축은 상하 방향을 담당하여 양의 값은 위로, 음의 값은 아래로 이동합니다.
❹ Z축은 앞뒤 방향을 결정하는데, 양의 값은 앞쪽(사용자 방향), 음의 값은 뒤쪽으로 이동합니다.

> **Tip** 일러스트레이터의 3D 효과에서는 X, Y, Z축을 기준으로 오브젝트를 회전할 수 있습니다. X축 회전은 오브젝트를 앞뒤로 뒤집는 움직임, Y축 회전은 오브젝트를 좌우로 회전하는 움직임, Z축 회전은 오브젝트를 제자리에서 돌리는 움직임을 만듭니다. 이러한 3축 회전을 조합하면 원하는 모든 방향으로 3D 오브젝트를 회전하거나 배치할 수 있습니다.

(3) 3D유형별로 만들기 기본 방법

❶ 평면(Plane)
- 평면 일반 오브젝트를 선택 도구로 선택합니다.
- Properties 패널에서 평면(Plane) 아이콘을 클릭하면 오브젝트의 모양대로 평면이 생성됩니다.
- 두께를 설정할 수 없지만 3D 위젯과 회전(Rotation)을 이용하여 자유로운 보기 각도를 만들 수 있습니다.

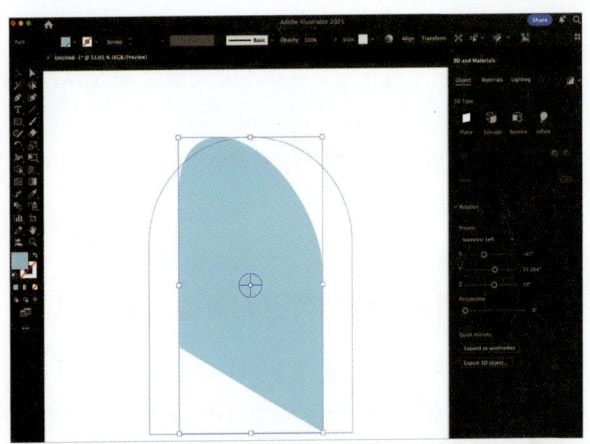

❷ 입체화(Extrude)
- 평면 오브젝트에 깊이를 부여하여 입체감을 더해 확실한 3D 오브젝트로 변환합니다.
- 3D 및 재질에서 편리한 점은 3D Type을 변경하면 바로 선택한 타입으로 모델이 변화하여 즉각적으로 깊이나 베벨 효과 등을 사용하여 입체적인 3D 오브젝트를 만들 수 있습니다.
- 다양한 베벨(Bevel) 효과로 모서리를 다양한 모양으로 변경할 수 있습니다.
- 뾰족한 끝(Taper)을 설정하여 앞과 뒤의 크기를 변경할 수 있습니다.
- 만들어진 3D 오브젝트는 Rotation 설정에서 X, Y, Z축의 값을 조절하여 원하는 각도에서 볼 수 있으며, Properties 패널의 다양한 설정으로 세부적인 조정이 가능합니다.
- 3D 위젯을 이용하여 자유로운 보기 각도를 만들 수 있습니다.

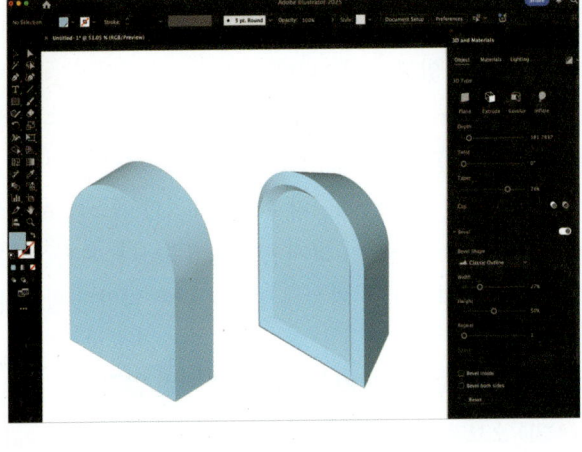

❸ 회전(Revolve)
- 평면 오브젝트나 획을 지정된 축을 기준으로 회전시켜 원통형 3D 형태를 만드는 효과입니다.
- 먼저 회전시킬 단면의 형태를 그리고, 3D 및 재질(3D and Materials) 패널의 3D Type에서 Revolve를 선택합니다.
- 회전 각도는 일반적으로 360도로 설정하여 완전한 형태를 만들며, Twist나 Taper 값을 조절하여 비틀림이나 기울기를 조정할 수 있습니다.
- 회전축(파란 선)을 기준으로 오브젝트가 회전하며, 이 축의 위치에 따라 다양한 3D 형태를 만들 수 있습니다.

  예 삼각형 도형의 한쪽 면을 축으로 회전시키면 원뿔 모양이 되고, 곡선을 회전시키면 물병이나 꽃병 같은 형태를 만들 수 있습니다.

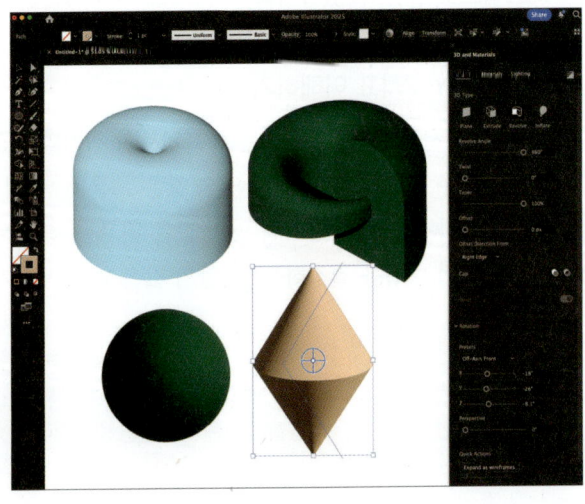

❹ 부풀리기(Inflate)
- 일러스트레이터의 부풀리기(Inflate) 기능은 2D 평면 오브젝트를 마치 풍선처럼 부풀려서 자연스러운 곡면을 가진 3D 형태로 만드는 방식입니다.
- 3D 및 재질(3D and Materials) 패널의 3D Type에서 Inflate를 선택한 후, Depth 값으로 부풀리는 정도를 조절할 수 있습니다.

- Volume 설정으로 전체적인 볼륨감을 조절할 수 있습니다.

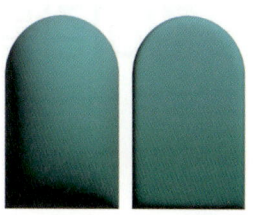

- 'Inflate both sides' 옵션을 사용하면 양쪽 방향으로 균일하게 부풀릴 수 있습니다.

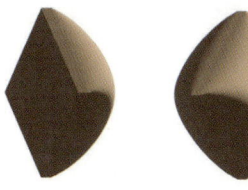

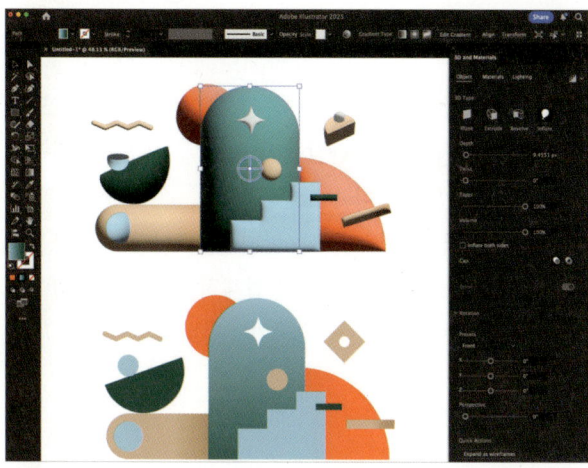

(4) 3D 오브젝트에 리얼한 재질 추가하기

3D 및 재질(3D and Materials) 패널의 '재질(Materials)' 탭을 클릭하면 사전 설정으로 제공되는 다양한 재질을 확인할 수 있습니다. 이러한 재질 설정은 3D 오브젝트에 사실적인 질감을 부여하며, Lighting 탭과 함께 활용하면 더욱 풍부하고 실제감 있는 3D 렌더링을 구현할 수 있습니다.

3D 오브젝트에 원하는 재질을 드래그하여 적용합니다. 자동으로 재질이 표면에 매핑되어 편리합니다. 선택한 재질의 세부 속성은 Properties 섹션에서 조정할 수 있습니다.

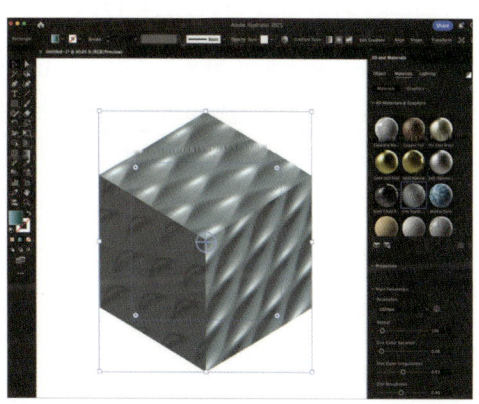

(5) 조명 조정하기

3D 및 재질(3D and Materials) 패널의 '조명(Lighting)' 탭을 클릭하면 사전 설정으로 제공되는 다양한 조명 프리셋을 확인할 수 있습니다. 3D 오브젝트에 원하는 조명을 파란색 동그라미 모양의 구체형 컨트롤러를 통해 직관적으로 드래그하여 적용합니다. 실시간으로 조명 효과가 작업 영역이나 대지에 반영되어 바로 확인할 수 있어 편리합니다.

선택한 조명의 세부 속성은 Properties 섹션에서 Color, Intensity, Rotation, Height, Softness 등을 조정할 수 있으며 필요시 그림자도 추가할 수 있습니다. 각 3D 오브젝트 별로 조명의 설정을 다르게 지정할 수 있어 다양한 분위기와 입체감을 가진 아트워크를 만들 수 있습니다.

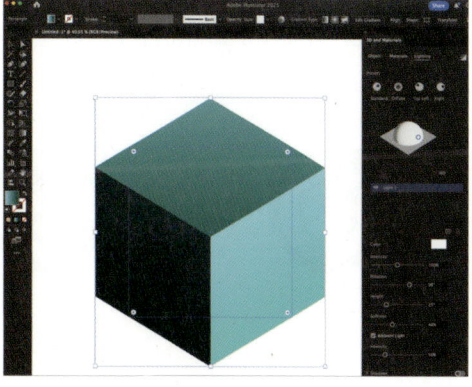

SECTION 03 | 깊이감을 더하는 원근감 격자 도구

일러스트레이터의 원근감 격자 도구는 1점, 2점, 3점 원근법을 기반으로 정확한 원근감 표현을 도와주는 도구입니다. 수평선, 소실점, 접지면, 격자면 등의 구성요소를 통해 입체적인 공간감을 구현할 수 있으며, 원근감 선택 도구를 사용하여 격자에 맞춰 오브젝트를 자동으로 변형할 수 있습니다.

격자면은 좌·우·수평 면으로 전환 가능하며, 각 면에 맞는 오브젝트 작업이 가능합니다. 소실점과 수평선의 위치를 조절하여 다양한 시점의 원근감을 표현할 수 있어, 건축물, 제품, 공간 등의 입체적인 일러스트레이션 제작에 매우 유용합니다. 또한, 격자의 크기와 분할 간격을 조절하여 세밀한 작업이 가능합니다.

1. 원근감 격자 활성화하기

(1) 원근감 격자 도구 펼치기/가리기

❶ 왼쪽 도구 패널에서 '원근감 격자 도구(Perspective Grid Tool)' 선택하면 작업 영역에 원근감 격자 도구가 펼쳐집니다.

❷ 원근감 격자를 가려두려면 단축키 Ctrl+Shift+I (Windows)/Cmd+Shift+I (Mac)를 누릅니다.

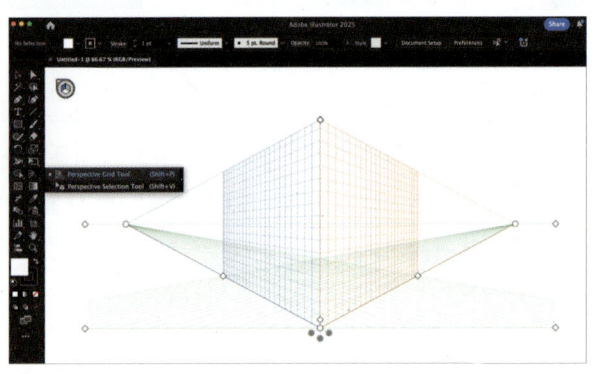

(2) 작업 면 전환하기

❶ 원근감 격자가 활성화되면 화면의 왼쪽 상단에 '격자면 전환 위젯(Plane Switching Widget)'이 보입니다. 이 위젯을 통해 원근감 격자의 작업 면을 전환할 수 있습니다.

❷ 작업 면을 전환하려면 전환하고자 하는 면을 위젯에서 클릭하거나 단축키를 눌러 전환할 수 있습니다.

좌측 그리드 선택	수평면(바닥/천장) 선택	우측 그리드 선택	어떤 면도 선택하지 않는 상태

2. 격자에 맞추어 오브젝트 만들기

(1) 격자에 맞추어 바로 오브젝트 만들기

❶ 위젯에서 좌측 그리드가 선택된 상태를 확인합니다.
❷ 왼쪽 도구 패널에서 사각형 도구를 선택합니다.
❸ 칠/획 색상을 설정합니다. 칠 색상은 솔리드 컬러로 획 색상은 '없음'으로 설정합니다.
❹ 커서를 원근감 격자에 두면 화살표가 격자 면 방향으로 표시되는 아이콘이 표시됩니다.
❺ 드래그하면 선택한 격자면에 맞추어 자동으로 오브젝트가 생성됩니다.
❻ 다른 면에 생성하려면 작업 면을 전환한 후 원하는 오브젝트를 생성합니다.
❼ 도형을 선택한 격자면에 맞추어 생성할 수 있어 편리합니다.
❽ 펜 도구, 연필 도구는 격자면을 따라 자동으로 생성되지 않습니다.

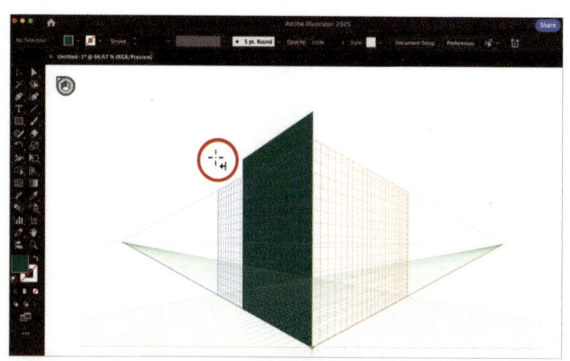

(2) 생성된 오브젝트를 격자에 맞추기

❶ 선택 도구로 격자에 맞출 오브젝트를 선택합니다. 이때 그룹화된 오브젝트나 라이브 텍스트도 원근감을 적용할 수 있으며, 라이브 텍스트는 격자에 맞추면 자동으로 아웃라인으로 변환됩니다.
❷ 왼쪽 도구 패널에서 '원근감 격자 도구'를 길게 눌러 숨겨져 있는 '원근감 선택 도구(Perspective Selection Tool)'를 선택합니다.

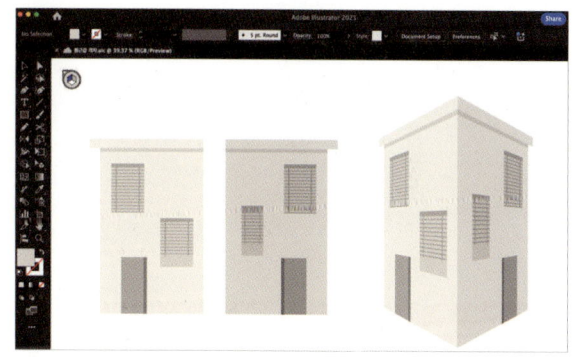

❸ 대상 오브젝트를 드래그하여 격자로 이동하면 자동으로 선택 된 격자면에 맞추어 오브젝트가 변형됩니다.
❹ 화살표 방향의 커서가 표기될 때 드래그하면 대상 오브젝트의 위치를 이동합니다.
❺ 대상 오브젝트의 각 모서리에 커서를 두면 사각형 아이콘이 표시되며 드래그하면 대상 오브젝트의 높이나 넓이를 수정할 수 있습니다.
❻ 격자에 적절하게 맞지 않은 오브젝트는 직접 선택 도구로 고정점을 조절하여 형태를 수정할 수 있습니다. 원근감 격자가 적용된 오브젝트도 색상이나 형태 등의 속성을 자유롭게 변경할 수 있습니다. 필요한 경우 원근감 격자를 가리면 더이상 격자의 맞춰 모양이 변형되지 않아 자유롭게 추가 수정이나 형태 변형을 통해 원하는 아트워크를 완성할 수 있습니다.

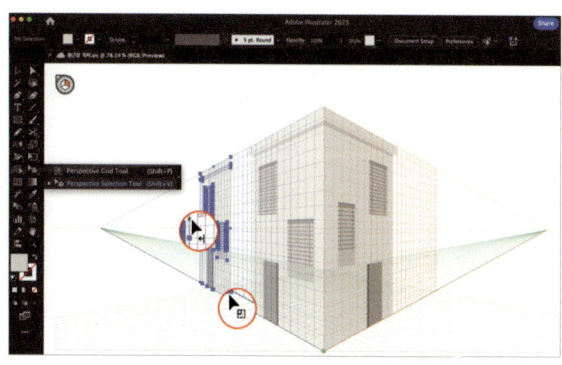

3. 다양한 모양의 원근감 격자 열기

최상단 메뉴의 [보기〉원근감 격자/View〉Perspective Grid]에서 1점, 2점, 3점 투시도를 선택하여 원하는 원근감 격자를 작업 영역에 표시할 수 있습니다. 격자의 모양을 수정한 후에는 동일한 메뉴에서 다시 한번 원하는 투시도를 선택하면 원래의 기본 설정으로 되돌릴 수 있습니다.

❶ 1점 투시(One Point Perspective): 정면에서 바라보는 시점으로, 하나의 소실점을 향해 평행선이 모이는 가장 기본적인 원근법입니다.

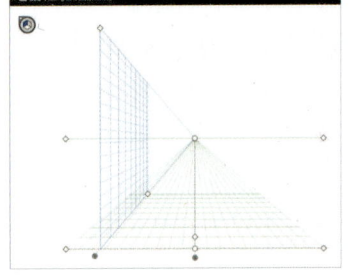

❷ 2점 투시(Two Point Perspective): 좌우 두 개의 소실점을 사용해 자연스러운 입체감을 표현합니다(기본으로 설정되어 있는 원근감 격자).

❸ 3점 투시(Three Point Perspective): 극단적인 위나 아래에서 바라보는 시점으로, 세 개의 소실점을 사용해 역동적인 원근감을 표현합니다.

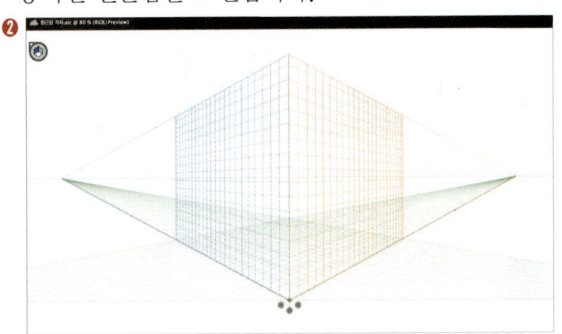
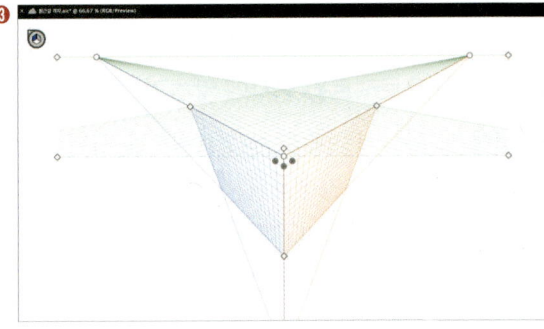

4. 원근감 격자의 모양과 옵션 설정하기

원근감 격자가 활성화된 상태에서 단축키 Shift+P를 눌러 격자에 핸들이 표시되면 각 핸들을 드래그하여 격자의 모양을 편의에 맞게 변형할 수 있습니다.

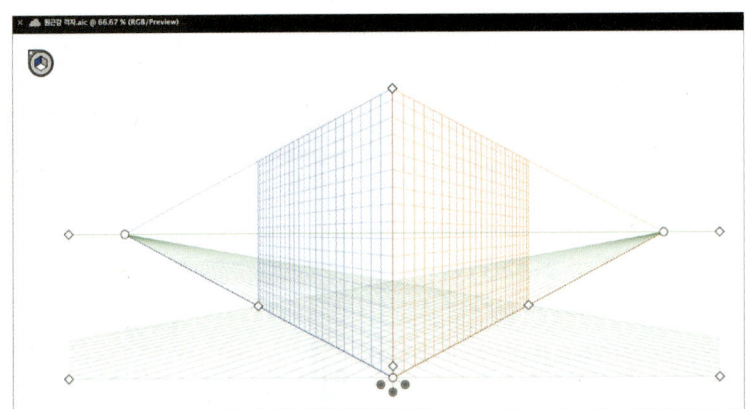

(1) 원근감 격자의 모양 변경하기

❶ 소실점 위치 조정(위/아래)   ❷ 소실점 위치 조정(좌/우)

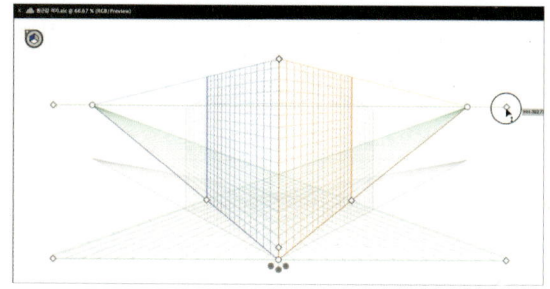 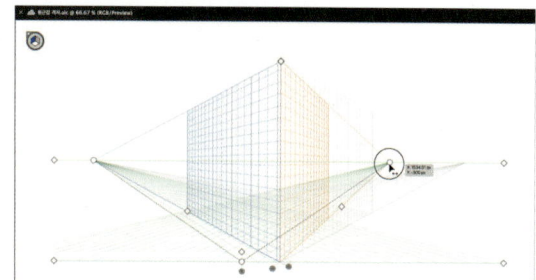

❸ 격자의 높이 조정(바닥면 위로)   ❹ 격자의 높이 조정(바닥면 아래로)

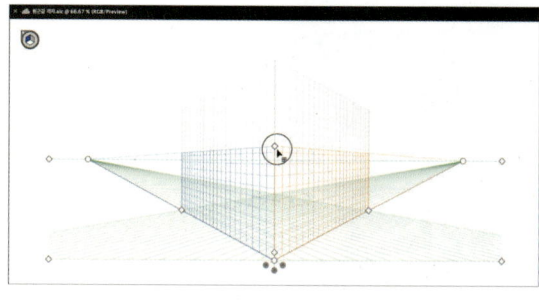 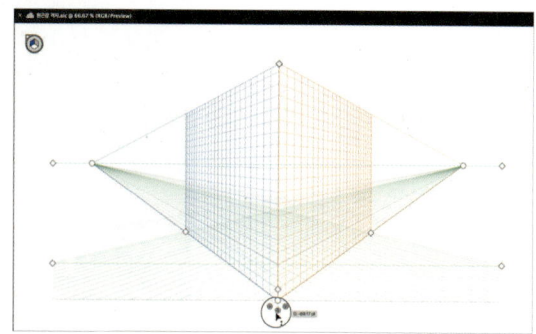

❺ 면의 넓이 조정   ❻ 면의 위치 조정

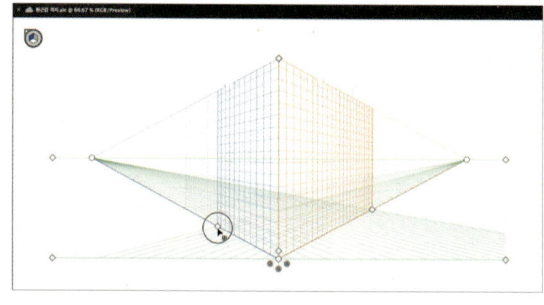 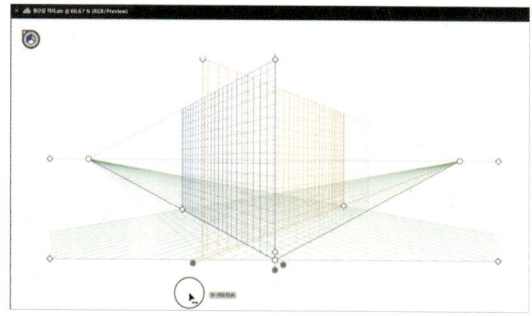

(2) 원근감 격자의 다양한 옵션

최상단 메뉴의 [보기 〉 원근감 격자/View 〉 Perspective Grid]에서 원근감 격자의 다양한 옵션을 살펴볼 수 있습니다. 이러한 옵션들을 활용하여 작업 목적에 맞는 원근감 격자를 설정할 수 있습니다.

❶ 격자 숨기기/보이기(Show Grid) [Ctrl]+[Shift]+[I]: 원근감 격자를 화면에 표시하거나 숨깁니다.
❷ 눈금자 표시(Show Rulers): 격자의 눈금자를 표시하여 정확한 측정이 가능합니다.
❸ 격자에 물리기(Snap to Grid): 오브젝트를 격자선에 자동으로 맞춥니다.
❹ 격자 잠그기(Lock Grid): 격자의 위치와 설정을 잠급니다.
❺ 정점 잠그기(Lock Station Point): 관찰자의 위치(소실점)를 고정합니다.
❻ 격자 정의(Define Grid): 격자의 세부적인 설정을 조정할 수 있는 대화상자를 엽니다.
❼ 사전 설정으로 격자 저장(Save Grid as Preset): 현재 격자 설정을 저장하여 다른 작업에서도 사용 가능합니다.

캐시 프로모션 일러스트레이션

일러스트레이터의 3D 효과와 심볼 기능을 활용하여 입체감 있는 프로모션 일러스트레이션을 제작하는 과정을 보여줍니다. 코인과 지폐에 각각 다른 3D 효과를 적용하고 심볼과 복제를 활용하여 다이나믹한 구도의 프로모션 아트워크를 만들 수 있습니다.

 # LEVEL UP 튜토리얼로 체크하는 일러스트레이터 핵심 기능

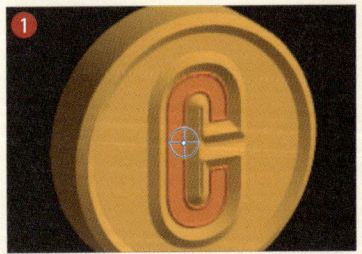

① Extrude&Bevel로 코인의 기본 입체감 생성

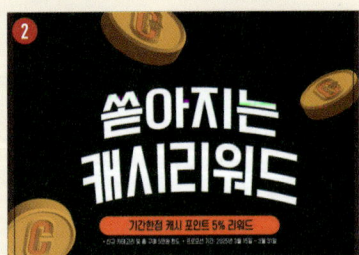

② 3D 위젯으로 오브젝트의 다양한 시점 변경

③ 코인을 심볼로 등록하고 그래픽에 활용하기

④ 2D 오브젝트에 3D 효과를 적용하기

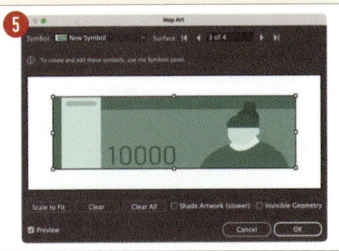

⑤ 지폐 이미지를 3D 표면에 매핑

⑥ 오브젝트 배치와 조정하기

SECTION 01 | 페인트 브러시로 시작하는 디지털 아트

페인트 브러시 도구는 자연스러운 붓터치 효과를 만들 수 있는 도구로, 태블릿의 압력을 인식하여 더욱 섬세한 표현이 가능합니다. 미리 설정된 다양한 브러시 스타일을 적용할 수 있으며, 획의 두께, 투명도, 부드러움 등을 자유롭게 조절할 수 있습니다.

연필 도구가 질감이 없는 일반 패스 및 매끈한 획을 만드는 것에 적합하다면, 페인트 브러시 도구는 아날로그 미술 도구의 붓터치를 표현하는 데 적합합니다. 또한, 페인트 브러시는 패스의 형태를 따라 브러시 효과를 적용할 수 있어 일반 오브젝트를 브러시로 만들어 장식적인 패턴이나 테두리 제작에도 활용됩니다. 한번 그린 선도 브러시 옵션을 변경하여 다양한 효과를 시도할 수 있습니다.

1. 페인트 브러시 도구 사용하기

(1) 페인트 브러시 도구 선택하기

❶ 페인트 브러시 도구를 사용하려면 왼쪽 도구 패널에서 '페인트 브러시 도구(Paintbrush Tool)'를 선택하거나 단축키 B를 눌러 도구를 활성화할 수 있습니다.
❷ 속성(Properties) 패널에서 브러시의 크기, 투명도, 브러시 스타일 등 다양한 옵션을 빠르게 설정할 수 있습니다.
❸ 키보드의 [,]를 눌러 브러시 크기를 빠르게 확대/축소합니다.
❹ 브러시를 선택한 후에 대지나 작업 영역에 원하는 형태로 드래그하여 브러시 획을 생성합니다.

(2) 페인트 브러시 도구 옵션 설정하기

왼쪽 도구 패널의 페인트 브러시 도구를 더블 클릭하여 옵션 대화상자를 열어 정확도나 선의 선택 유지 등을 설정할 수 있습니다.

❶ 정확도(Fidelity): 정확하게(Accurate)로 슬라이더를 이동할수록 보정없는 브러시 획을 생성합니다.
❷ 새 브러시 획 칠(Fill new brush strokes): 브러시 선이 닫힌 패스를 만들 때 자동으로 내부가 칠 색상으로 채워집니다.
❸ 선택 유지(Keep Selected): 브러시 획을 그리고 마우스를 떼어도 선택이 유지됩니다.
❹ 선택 패스 편집(Edit Selected Paths): 획이 선택된 상태에서 끝점을 연장하거나 획 위에 덧칠하듯 드래그하여 획의 모양을 변경할 수 있습니다.
❺ 한도(Within): 페인트 브러시로 기존 패스를 수정할 때, 커서가 원래 패스로부터 몇 픽셀 이내에 있을 때 편집이 가능한지를 지정하는 범위값입니다.

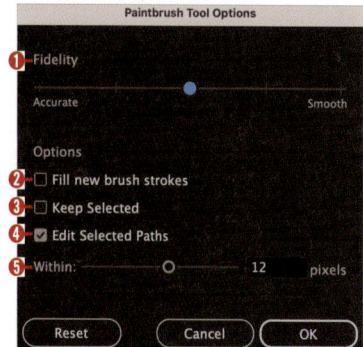

(3) 페인트 브러시 도구로 닫힌 패스 그리기

❶ 페인트 브러시 옵션에서 '새 브러시 획 칠', '선택 유지', '선택 패스 편집'을 모두 활성화합니다. 칠 색상을 임의 컬러로 설정합니다.
❷ 시작점과 끝점의 위치가 연결되지 않았지만 가까운 위치에 원형을 그립니다.
❸ 커서를 떼도 브러시 획은 선택을 유지하고 있습니다.
❹ 다시 연결되지 않은 부분을 브러시로 드래그하여 닫힌 패스로 만듭니다.

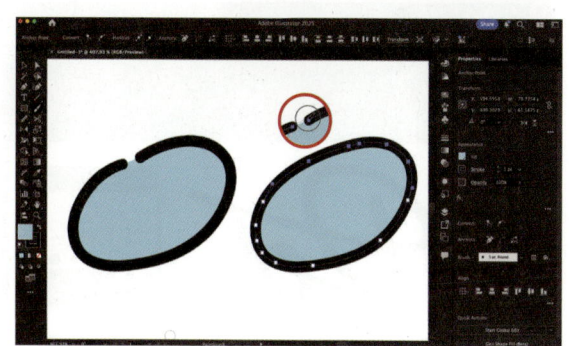

(4) 브러시 획의 곡률 매끄럽게 조정하기

브러시 획을 그린 후 곡률을 조정하여 획의 형태를 보정할 수 있습니다.

❶ 매끄럽게 도구(Smooth Tool)
  • 브러시 획이 선택 된 상태에서 연필 도구를 길게 눌러 '매끄럽게 도구'를 선택합니다.
  • 컨텍스트 메뉴의 슬라이더를 드래그하여 전체적으로 매끄럽게 보정하거나 고정점을 클릭한 후 슬라이더를 조정하여 곡률을 조정합니다. 또는 매끄럽게 도구를 브러시 획 위로 덧칠하듯 드래그하여 획의 형태를 보정합니다.

❷ 단순화(Simplify) 기능
  • 브러시 획이 선택 된 상태에서 최상단 메뉴의 [오브젝트〉패스〉단순화/Object〉Path〉Simplify]를 클릭합니다.
  • 컨텍스트 메뉴에서 슬라이더를 드래그하여 패스의 고정점을 제거해 브러시 획의 곡률을 변경할 수 있습니다.

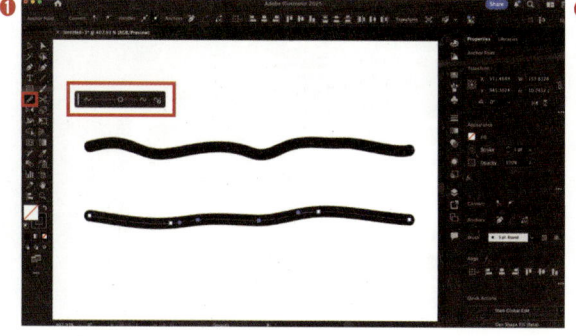
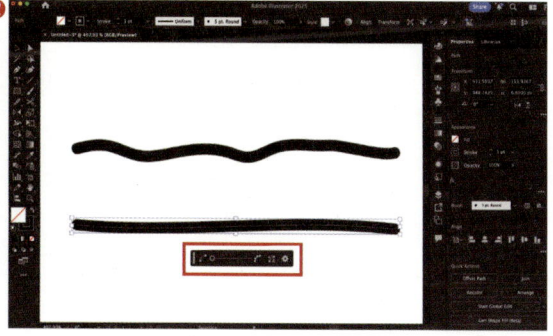

(5) 브러시 라이브러리

❶ 사전 설정된 다양한 페인트 브러시를 선택하여 사용할 수 있습니다.
❷ 최상단 메뉴의 [창 > 브러시 라이브러리/Object > Brush Libraries]를 클릭합니다. 또는 속성(Properties) 패널에서 라이브러리 아이콘을 클릭하여 빠르게 접근할 수 있습니다.

2. 다양한 페인트 브러시 종류 살펴보기

❶ 붓글씨 브러시(Calligraphic Brush): 각도와 둥근 정도를 조절할 수 있는 붓글씨 스타일의 브러시로, 서예나 손글씨 효과에 적합한 브러시입니다.
❷ 산포 브러시(Scatter Brush): 선을 따라 여러 개의 오브젝트를 흩뿌리는 효과를 주는 브러시로, 작은 입자나 패턴 분산에 활용하여 텍스쳐를 만들 수 있습니다.

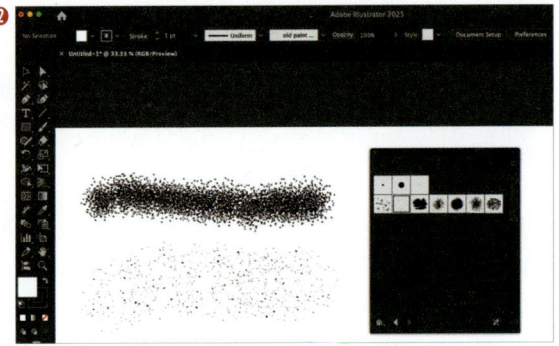

❸ 강모 브러시(Bristle Brush): 실제 붓의 털 느낌을 시뮬레이션하는 브러시로, 자연스러운 페인팅 효과를 구현합니다.
❹ 아트 브러시(Art Brush): 패스를 따라 아트워크를 늘이거나 축소하여 적용하는 브러시로, 자연스러운 붓터치 표현에 사용합니다.

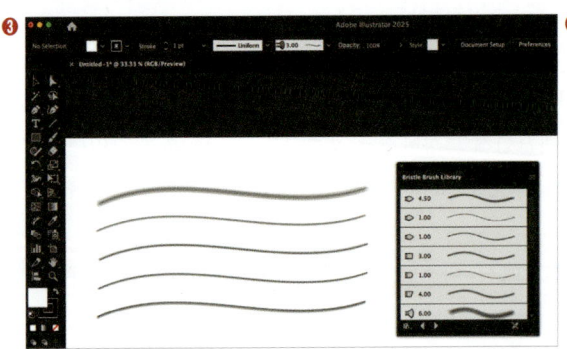
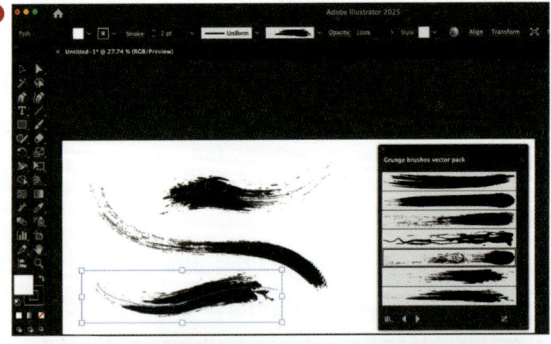

❺ 패턴 브러시(Pattern Brush): 패스를 따라 반복되는 패턴을 적용하는 브러시로, 테두리나 장식 효과에 활용합니다.

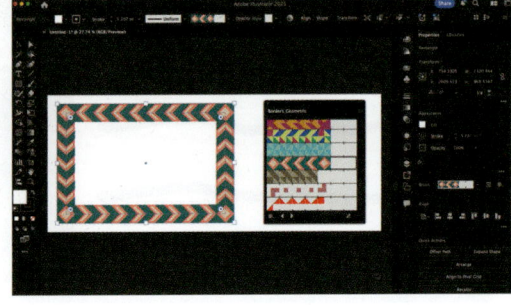

3. 페인트 브러시 제작하기

(1) 아트 브러시

❶ 브러시 아트워크 준비
- 왼쪽 도구 패널에서 사각형 도구를 이용하여 '폭 : 350px, 높이 : 35px'의 직사각형을 하나 생성합니다.
  ※ 해당 크기는 실제 아트워크에 사용할 때 크게 느껴질 수 있습니다.
- 칠 색상은 #000000, 획 색상은 없음으로 설정합니다.
- 왼쪽 도구 패널에서 '폭 도구'를 길게 눌러 '볼록 도구(Bloat Tool)'를 선택 후 더블 클릭하여 옵션 대화상자를 불러옵니다.
- 강도(Intensity)를 1~5%로 변경하고 확인(OK)을 클릭 후 앞서 만든 직사각형 위에 클릭을 반복하여 형태를 찌그러트립니다.

❷ Brushes 패널 열기: 최상단 메뉴의 [창 〉 브러시/Window 〉 Brushes]를 클릭합니다. 또는 단축키 F5 를 사용하여 브러시 패널을 불러옵니다.

❸ 브러시 유형 선택
- 선택 도구로 앞서 만든 브러시 소스 오브젝트를 선택합니다.
- 브러시 종류 중 '아트 브러시(Art Brush)'를 선택하여 확인(OK)을 클릭합니다.

> **Tip 아트 브러시를 제작 방법**
> 아트 브러시를 제작하기 위한 방법에는 두 가지가 있습니다. 첫 번째는 브러시로 만들 소스 오브젝트를 선택한 후 브러시(Brushes) 패널 하단의 '새 브러시' 아이콘을 클릭하는 방법이고, 두 번째는 선택한 아트워크를 직접 브러시 패널로 드래그하는 방법입니다.

❹ 아트 브러시 옵션 설정
- 옵션을 이용해 아트 브러시 사용시 편의성을 더할 수 있습니다. 예제에서는 별도 설정 없이 색상화만 설정하려 합니다. 방법(Method)을 농도(Tints)로 설정합니다.
- Tints 설정은 브러시 아트워크의 명암 값을 유지하면서 선택한 색상으로 브러시의 획 색상을 적용합니다.
- 브러시 이름을 변경하고 확인(OK)을 눌러 아트 브러시를 생성합니다.

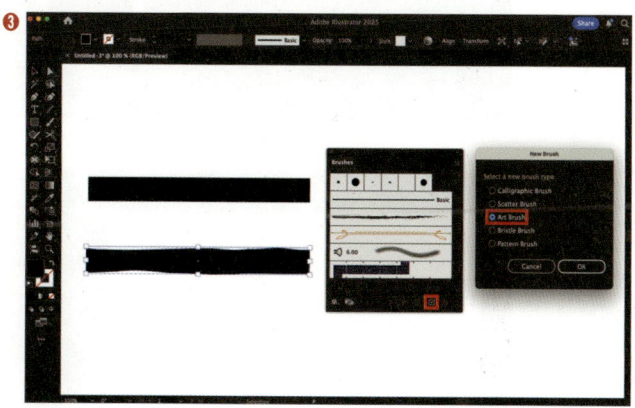 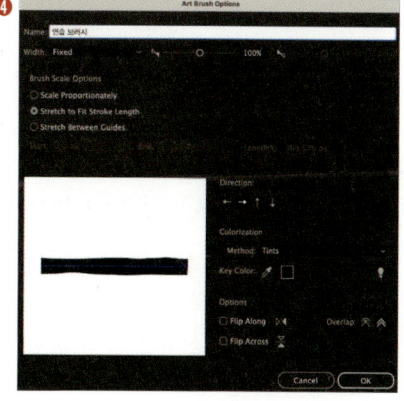

❺ 브러시 테스트
- 브러시 패널을 확인하면 방금 생성한 브러시가 리스트에 보입니다.
- 칠 색상을 임의 컬러로 설정하고 왼쪽 도구 패널에서 페인트 브러시를 선택 후 작업 영역에 드로잉하여 테스트 합니다.

(2) 산포 브러시

❶ 브러시 아트워크 준비
- 왼쪽 도구 패널에서 원형 도구(Ellipse Tool)를 이용하여 '폭 : 20px, 높이 : 16px'의 타원을 하나 생성합니다.
- 칠 색상은 #000000, 획 색상은 없음으로 설정합니다.
  ※ 타원형이 산포 브러시 옵션 중 회전을 적용시 회전되는 모습이 시각적으로 보여 타원형으로 예제를 준비하였습니다.

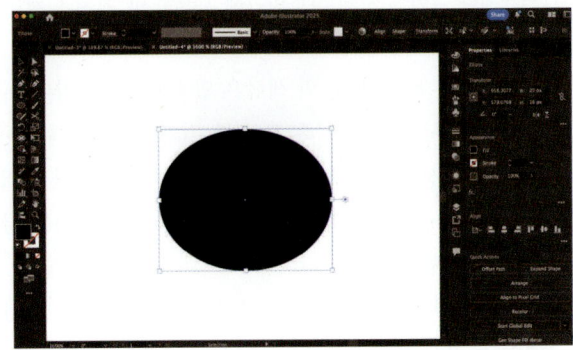

❷ Brushes 패널 열기: 최상단 메뉴의 [창〉브러시/Window〉Brushes]를 클릭합니다. 또는 단축키 F5 를 사용하여 브러시 패널을 불러옵니다.

❸ 브러시 유형 선택
- 선택 도구로 앞서 만든 타원형 브러시 소스 오브젝트를 선택합니다.
- 패널로 드래그하거나 (+) 아이콘의 '새 브러시'를 클릭합니다.
- 옵션 창에서 브러시 종류 중 '산포 브러시'(Scatter Brush)를 선택하여 확인(OK)을 클릭합니다.

❹ 산포 브러시 옵션 설정
- 옵션을 설정하여 소스 오브젝트가 브러시 획에서 어느 정도의 임의성을 가지고 흩뿌려질 것인지 설정할 수 있습니다. 다음과 같이 옵션을 설정합니다.
  - 크기(Size) 임의(Random): 25~100%
  - 간격(Spacing) 임의(Random): 35~100%
  - 산포(Scatter) 임의(Random): −100~130%
  - 회전(Rotation) 임의(Random): −180~0%
  - 색상화(Colorization Method): 농도
- 옵션을 설정 후 확인(OK)을 클릭하여 새로운 산포 브러시를 생성합니다.

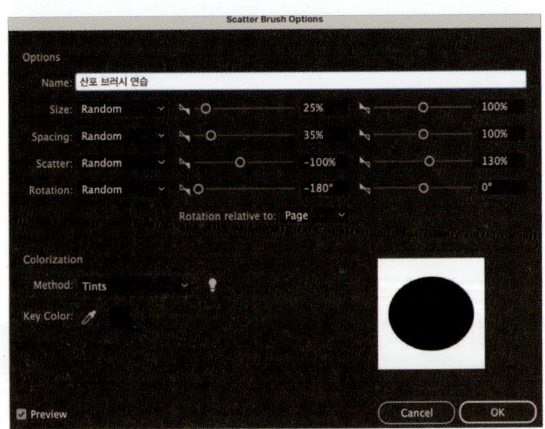

❺ 브러시 테스트
- 브러시 패널을 확인하면 방금 생성한 브러시가 리스트에 보입니다.
- 칠 색상을 임의 컬러로 설정 하고 왼쪽 도구 패널에서 페인트 브러시를 선택한 후 작업 영역에 드로잉하여 테스트합니다.
  ※ 패턴 브러시 제작 및 활용은 LEVEL UP 튜토리얼 08에서 확인할 수 있습니다.

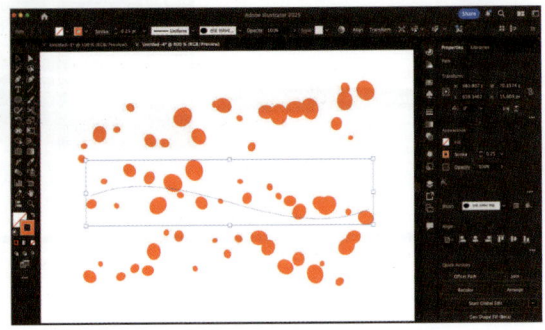

4. 같은 듯 다른 듯 물방울 브러시 도구

페인트 브러시와 달리 그린 영역이 자동으로 병합되어 채워진 형태의 면을 바로 생성하며, 별도 옵션을 설정으로 태블릿의 압력을 인식하게 하여 자연스러운 드로잉이 가능합니다. 패스를 생성하지 않으므로 고정점을 이용하여 형태를 변경하는 것은 제약이 있습니다.

(1) 물방울 브러시(Blob Brush Tool) 시작하기

❶ 물방울 브러시를 사용하려면 왼쪽 도구 패널에서 페인트 브러시 도구를 길게 눌러 '물방울 브러시 도구(Blob Brush Tool)'를 선택합니다. 또는 단축키 Shift + B 를 눌러 도구를 활성화할 수 있습니다.
❷ 속성 패널에서 브러시 사이즈를 설정하거나 키보드 [,]를 눌러 확대/축소할 수 있습니다.
❸ 물방울 브러시를 이용해 드로잉하면 자동 병합 기능으로 같은 색상의 브러시 획이 겹치는 영역이 자동으로 하나의 도형으로 병합됩니다.

(2) 물방울 브러시 옵션 설정하기

❶ 왼쪽 도구 패널에서 물방울 브러시를 선택 후 더블 클릭하여 옵션 대화상자를 불러옵니다.

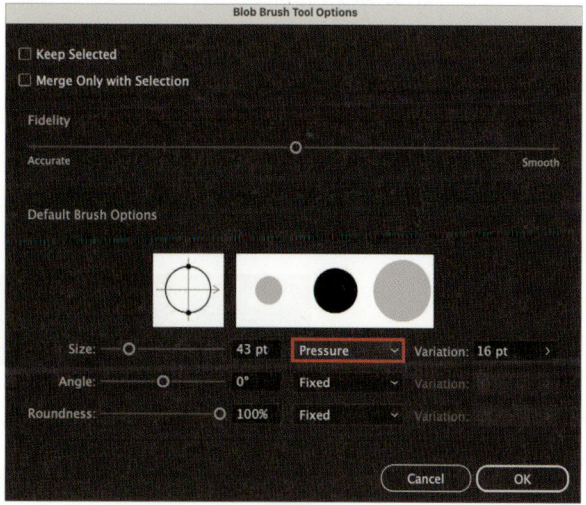

❷ 세부 옵션 설정을 통해 브러시의 크기(Size), 각도(Angle), 둥근 정도(Roundness), 패스의 정확도(Fidelity)를 조절할 수 있으며, 그린 후 선택 상태 유지(Keep Selected), 선택된 패스 편집(Edit Selected), 선택 영역 내부만 편집(Within Selection) 등의 옵션을 설정할 수 있습니다.
❸ 선택 항목만 병합(Merge Only with Selection) 옵션을 이용하여 물방울 브러시 획의 병합 설정을 변경할 수 있습니다.
❹ 고정(Fixed)을 압력(Pressure)으로 변경하면 사용자의 태블릿 펜의 압력에 따라 선의 굵기가 자연스럽게 변화하며 필압 감도를 조절할 수 있습니다.

SECTION 02 | 하나의 선, 폭 도구와 함께 무한한 변화

1. 획의 두께를 자유롭게 조절하는 폭 도구(Width Tool)

폭 도구는 패스의 특정 부분을 선택하여 자유롭게 두께를 조절할 수 있는 도구입니다. 균일한 두께의 패스에 변화를 주어 더욱 역동적이고 자연스러운 표현이 가능합니다.

(1) 폭 도구(Width Tool) 시작하기

폭 도구를 사용하려면 왼쪽 도구 패널에서 '폭 도구(Width Tool)'를 선택합니다. 또는 단축키 Shift + W 를 눌러 도구를 활성화할 수 있습니다.

(2) 폭 도구의 기본 사용법

❶ 작업 영역이나 대지에 놓인 일반 획 위에서 커서를 두면 커서가 (+)로 표기됩니다.
❷ 두께를 수정하고자 하는 위치에서 클릭 후 클릭을 유지하며 위로 드래그하면 폭의 두께가 굵어집니다. 반대로 아래로 드래그하면 폭의 두께가 얇아집니다.

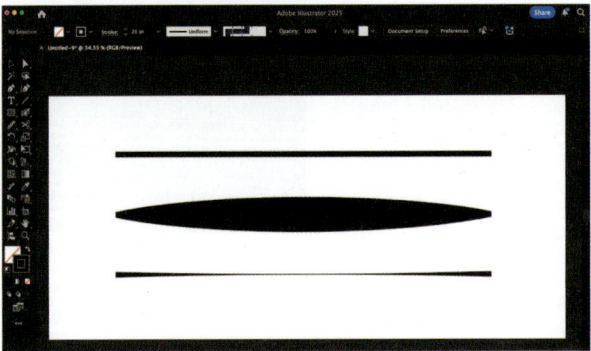

❸ 하나의 획에 여러 굵기를 자유롭게 변경할 수 있습니다.

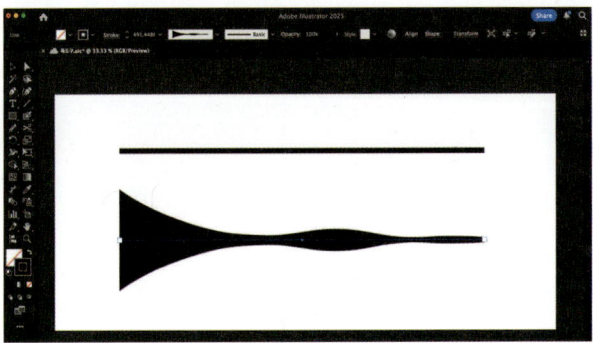

SECTION 03 | 픽셀 이미지를 벡터로 바꾸는 이미지 추적

1. 이미지 추적(Image Trace)으로 래스터 이미지를 빠르게 벡터화하기

이미지 추적은 픽셀 기반의 비트맵 이미지를 편집 가능한 벡터 아트워크로 변환하는 도구입니다. 사진, 스케치, 로고 등 다양한 비트맵 이미지를 벡터화하여 크기 조절이 자유롭고 선명한 벡터 그래픽으로 만들 수 있습니다.

(1) 이미지 추적 시작하기

❶ 이미지 추적을 사용하려면 선택 도구로 래스터 이미지를 선택합니다.

▲원본　▲충실도가 낮은 사진(Low Fidelity Photo)　▲충실도가 낮은 사진(Low Fidelity Photo)　▲3 색상(3 Colors)

▲6 색상(6 Colors)　▲16 색상(16 Colors)　▲회색 음영(hades of Gray)　▲흑백 로고(Black and White Logo)

▲스케치 아트(Sketched Art)　▲윤곽(Silhouettes)　▲라인 아트(Line Art)　▲기술 도면(Technical Drawing)

❷ '속성(Properties)' 패널 하단의 빠른 작업에서 '이미지 추적(Image Trace)' 버튼을 클릭합니다. 상단 컨트롤 패널에서도 선택할 수 있습니다.

(2) 사전 설정 살펴보기

버튼을 클릭하면 드롭다운 메뉴가 열려 사전 설정을 선택할 수 있습니다.

❶ 사용자 정의(Custom): 사용자가 모든 설정을 직접 세부 조정할 수 있는 옵션입니다.
❷ 초기값(Default): 사전 설정된 기본 설정값을 적용합니다.
❸ 충실도가 높은 사진(High Fidelity Photo): 사진의 세부 디테일을 최대한 보존하여 정교한 벡터로 변환합니다.
❹ 충실도가 낮은 사진(Low Fidelity Photo): 사진을 단순화하여 적은 수의 색상과 형태로 변환합니다.
❺ 3 색상(3 Colors): 이미지를 단 3가지 색상으로 단순화하여 변환합니다.
❻ 6 색상(6 Colors): 이미지를 6가지 주요 색상으로 변환하여 간단한 로고나 아이콘에 적합합니다.
❼ 16 색상(16 Colors): 더 다양한 색상을 유지하면서 벡터화하여 복잡한 이미지에 적합합니다.
❽ 회색 음영(Shades of Gray): 컬러 이미지를 흑백 톤으로 변환하여 그라데이션 효과를 표현합니다.
❾ 흑백 로고(Black and White Logo): 로고나 심플한 그래픽을 흑백으로 깔끔하게 변환합니다.
❿ 스케치 아트(Sketched Art): 손으로 그린 듯한 스케치 효과로 변환합니다.
⓫ 윤곽(Silhouettes): 이미지를 단순한 실루엣 형태로 변환합니다.
⓬ 라인 아트(Line Art): 선화 중심의 일러스트레이션으로 변환합니다.
⓭ 기술 도면(Technical Drawing): 도면이나 기술 일러스트에 적합한 정밀한 선 작업으로 변환합니다.

(3) 이미지 추적 시작하기

❶ 여러 사전 설정 중 원하는 설정을 클릭합니다.
❷ 래스터 이미지의 크기에 따라 속도에 대한 안내창 팝업이 열리면 확인(OK)을 클릭합니다.
❸ 자동으로 사전 설정에 맞춰 이미지 추적이 진행됩니다.
❹ 다른 사전 설정을 속성 패널에서 바로 선택하여 이미지 추적 결과를 변경할 수 있습니다.

(4) 확장하기

❶ 추적된 이미지를 선택한 상태에서 상단 컨트롤 패널, 속성 패널의 '확장(Expand)'을 클릭하여 이미지를 벡터로 변환합니다.
❷ 오브젝트의 단순화(Simplify) 기능과 부드럽게(Smooth) 기능을 사용해 고정점을 정리할 수 있습니다.

2. 포토샵 효과를 이미지 추적하여 아트워크에 사용하기

(1) 오브젝트에 포토샵 효과 적용하기

❶ 선택 도구로 대상 오브젝트를 선택 후에 오브젝트에 최상단 메뉴의 [효과〉효과 갤러리/Effect〉Effect Gallery]를 클릭하여 효과 갤러리를 불러옵니다.
❷ 스펀지(Sponge) 효과를 적용합니다.
❸ 포토샵과 거의 유사한 효과 갤러리를 제공하고 있어 다양한 효과를 적용하고 중첩하여 사용할 수 있습니다.

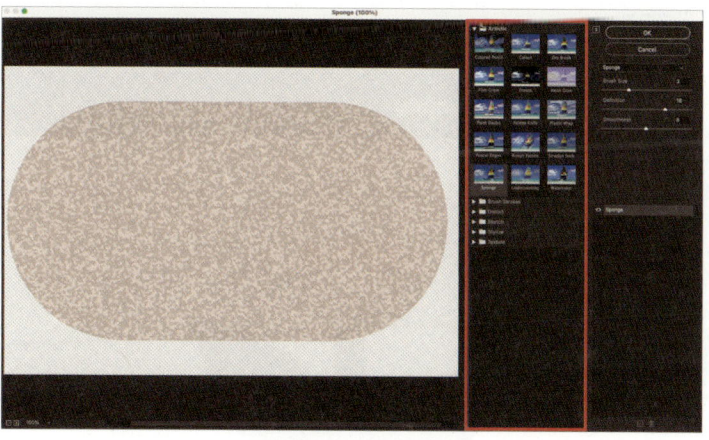

(2) 효과를 모양 확장하기

대상 오브젝트를 선택한 상태로 최상단 메뉴의 [오브젝트〉모양 확장/Object〉Expand Appearance]를 클릭하여 모양 확장합니다.

(3) 이미지 추적 대화상자 열기

❶ 최상단 메뉴의 [창〉이미지 추적/Window〉Image Trace]를 선택하여 이미지 추적 패널을 불러옵니다.
❷ 패널 하단의 미리 보기(Preview)가 활성화되어 있으면 오브젝트의 변화를 바로 확인할 수 있습니다.

❸ 팔레트(Palette)를 Limited로 제한하고 2컬러를 설정합니다.
❹ 고급 옵션(Advanced)을 열어 패스, 모퉁이, 노이즈 등과 같은 세부 옵션을 설정합니다.
❺ 색상 무시(Ignore Color) 옵션에서 원하는 컬러를 선택하면 해당 색상은 확장에서 제외됩니다.

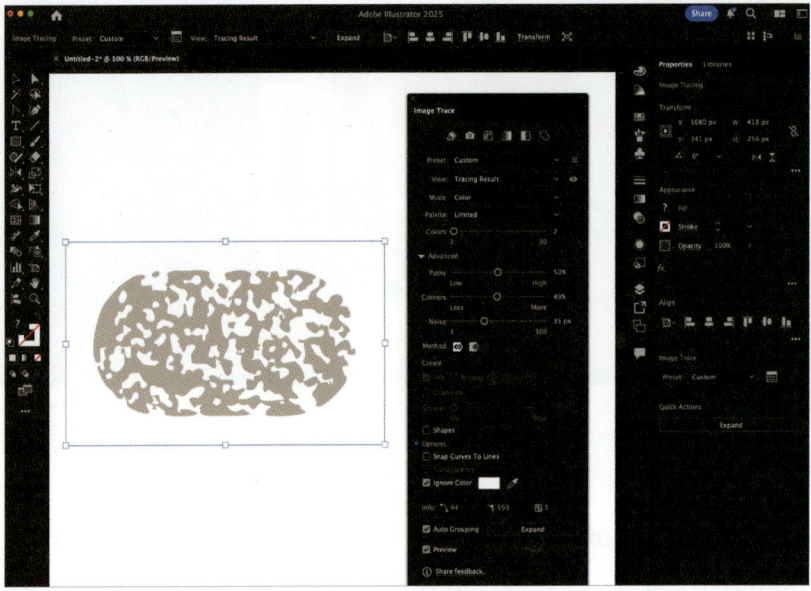

(4) 확장하여 아트워크에 활용하기

❶ 오브젝트를 보면서 원하는 결과가 나올 때까지 설정한 후에 확장(Expand)을 클릭합니다.
❷ 자동 그룹화(Auto Grouping)를 클릭하면 확장된 오브젝트가 색상별로 그룹화되어 편리합니다.
❸ 벡터화된 오브젝트를 아트워크에 활용합니다.

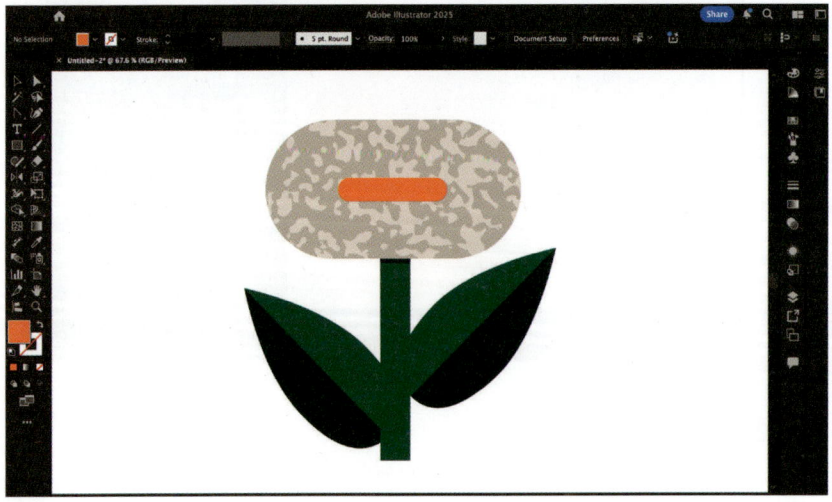

SECTION 04 | 클릭만으로 변형하는 퍼펫 뒤틀기

1. 1분 실습_퍼펫 뒤틀기로 오브젝트 변형하기

퍼펫 뒤틀기(Puppet Warp)는 오브젝트에 핀을 배치하여 자유롭게 형태를 변형할 수 있는 도구입니다. 마치 인형의 관절을 움직이듯 오브젝트의 특정 부분을 고정하거나 움직여 자연스러운 변형을 만들 수 있습니다.

(1) 파일 열기

최상단 메뉴의 [파일〉열기/File〉Open]을 클릭하여 대화상자에서 '클래스10_4_1분실습_퍼펫뒤틀기.ai' 파일을 불러옵니다.

(2) 퍼펫 뒤틀기 시작하기

❶ 퍼펫 뒤틀기를 사용하려면 오브젝트를 선택한 후, 왼쪽 도구 패널에서 퍼펫 뒤틀기 도구를 선택합니다. 자유 변형 도구를 길게 눌러 숨겨져 있는 퍼펫 뒤틀기 도구를 클릭합니다.
❷ 도구 선택과 동시에 마우스 커서가 핀 모양으로 변하며 대상 오브젝트에 망과 핀이 자동으로 보입니다.

(3) 핀을 드래그하여 변형하기

❶ 꼬리의 핀을 선택합니다.
❷ 핀은 선택 상태에 따라 다르게 표시됩니다. 선택된 핀은 흰색 원으로, 선택되지 않은 핀은 검정색 원으로 표시됩니다.
❸ 선택된 핀을 드래그하면 해당 부분의 오브젝트가 변형됩니다. 선택되지 않은 핀이 있는 부분은 변형되지 않고 고정된 상태를 유지합니다.

(4) 핀을 회전하기

선택된 핀의 주위 점선 가이드라인 위로 커서를 올리면 회전을 표시하는 아이콘이 표시되고 드래그하여 해당 핀을 회전하여 변형할 수 있습니다.

(5) 여러 핀 선택하기

❶ Shift 를 누르고 핀을 선택하면 여러 핀을 선택하여 한 번에 변형할 수 있습니다.

❷ 선택을 해제하려면 흰색 원을 클릭합니다.

(6) 핀 제거하기

핀을 클릭하여 선택 후 키보드에서 Backspace (Windows), Delete (Mac)를 눌러 제거합니다.

(7) 새 핀 추가하기

핀이 없는 곳에 커서를 두고, 클릭하여 추가합니다.

(8) 거위의 포즈 바꾸기

핀을 이동하여 거위의 포즈를 변형합니다.

(9) 퍼펫 망 옵션 설정하기

필요시 속성 패널의 옵션을 설정하여 메시(Mesh)를 확장하거나 숨길 수 있습니다.

패턴 브러시로 모던한 아트 포스터

패턴 브러시 기능을 활용하여 연필 모티브의 모던한 아트 포스터를 제작하는 과정을 보여줍니다. 시작점과 끝점이 있는 패턴 브러시를 만들고 얽힘 효과를 적용하여 복잡하면서도 세련된 디자인을 만들 수 있습니다.

LEVEL UP 튜토리얼로 체크하는 일러스트레이터 핵심 기능

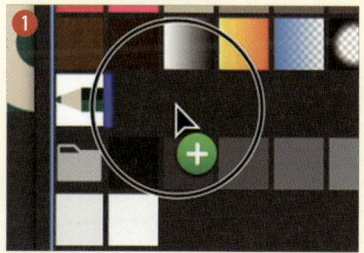

패턴 브러시의 시작과 끝점을 위한 새로운 견본 생성

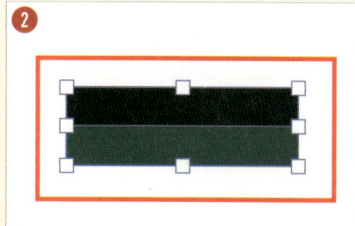

패턴 브러시 생성하기

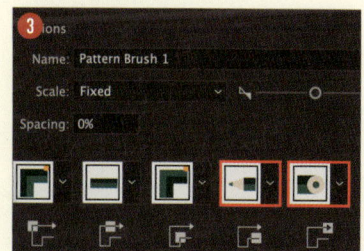

견본으로 패턴 브러시 옵션 설정하기

페인트 브러시 도구로 다양한 방향의 획 생성

Intertwine 기능으로 얽혀있는 오브젝트를 손쉽게 만들기

그레이디언트와 텍스트로 완성도 높이기

SECTION 01 | 알아두면 편리한 일러스트레이터의 기능

1. 여러 오브젝트를 동시에 변형하는 전역 편집(Global Edit)

전역 편집은 여러 오브젝트에 동일한 변형을 한 번에 적용할 수 있는 기능입니다. 복수의 오브젝트를 선택하여 동시에 변형함으로써 작업 시간을 단축하고 일관된 디자인을 만들 수 있습니다.

(1) 전역 편집(Global Edit) 시작하기

❶ 전역 편집을 사용하려면 변형하고자 대상 오브젝트를 선택한 후, '속성(Properties) 패널'의 '빠른 작업(Quick Actions)'에서 '전역 편집 시작(Start Global Edit)'을 선택합니다.
❷ 같은 속성을 가진 오브젝트가 자동으로 선택됩니다.
❸ 스포이드 도구로 칠컬러를 선택하면 모든 대상 오브젝트들의 색상이 자동으로 변경됩니다.
❹ 전역 편집을 종료하려면 임의 빈곳을 클릭하거나 '속성(Properties) 패널'의 '빠른 작업(Quick Actions)'에서 '전역 편집 종료(Stop Global Edit)'를 선택합니다.

(2) 전역 편집 옵션 설정하기

'속성(Properties) 패널'의 전역 편집 버튼의 아래 화살표를 클릭하여 옵션 패널에서 대상 오브젝트의 속성과 선택 범위를 설정할 수 있습니다.

2. 오브젝트 모자이크 만들기(Create Object Mosaic)

오브젝트 모자이크는 선택한 오브젝트를 작은 크기의 타일 형태로 분할하여 모자이크 효과를 만드는 기능입니다. 래스터 이미지를 기하학적 도형들로 재구성하여 독특한 시각적 효과를 만들 수 있습니다.

(1) 오브젝트 모자이크 시작하기

❶ 오브젝트 모자이크를 사용하려면 변환할 대상 이미지를 선택한 후, 최상단 메뉴의 [오브젝트〉오브젝트 모자이크 만들기/Object〉Create Object Mosaic]를 선택합니다.
❷ 오브젝트 모자이크 만들기는 래스터 이미지에만 적용 가능하며, 벡터 아트워크는 래스터화하여 변환합니다.
❸ 대화상자가 열리면 모자이크 타일의 개수를 비롯한 다양한 설정을 조절할 수 있습니다.

- 새 크기(New Size): 모자이크 변환 후의 오브젝트 사이즈를 사전 설정합니다.
- 타일 간격(Tile Spacing): 모자이크 타일 사이의 간격을 만듭니다.
- 타일 수(Number of Tiles)
  - 모자이크를 구성할 가로, 세로 타일의 개수를 설정합니다.
  - 이미지에 비례하여 각 타일의 크기는 유동적입니다.
  - 옵션을 설정 후 확인(OK)을 클릭하여 래스터 이미지를 모자이크 형태로 변환합니다.

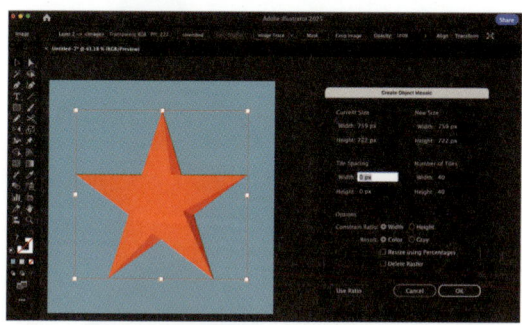 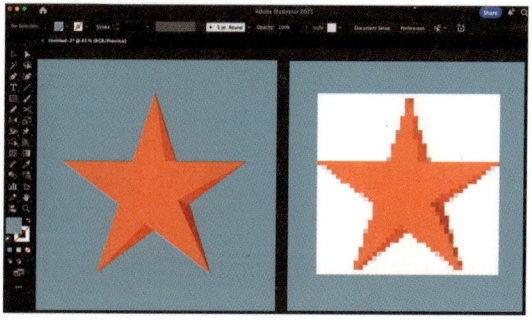

3. 앵커 포인트를 정렬하는 평균점 연결(Average)

평균점 연결은 선택한 여러 고정점들의 위치를 평균값으로 정렬하는 기능입니다. 이 도구를 사용하면 고정점을 정렬하여 더욱 정교한 패스와 깔끔한 오브젝트를 제작할 때 유용하게 사용할 수 있습니다.

(1) 평균점 연결(Average)로 고정점 한곳에 모으기

❶ 평균점 연결을 사용하려면 직접 선택 도구 [A]로 정렬할 앵커 포인트들을 선택한 후, 최상단 메뉴의 [오브젝트〉패스〉평균점 연결/Object〉Path〉Average]를 선택합니다. 또는 단축키 [Alt]+[Ctrl]+[J](Windows)/[Opt]+[Cmd]+[J](Mac)를 사용합니다.

❷ 대화상자에서 '모두(Both)'를 선택하여 선택한 고정점들을 동일 위치로 정렬합니다.

4. 치수와 각도를 자동으로 표기하는 치수 도구(Dimension)

치수 도구(Dimension)는 오브젝트의 크기, 길이, 각도 등을 정확하게 측정하고 표시할 수 있는 도구입니다. 기술 도면, 건축 설계도, 제품 디자인 등에서 정확한 치수 정보를 표현할 때 유용하게 사용됩니다. 치수 도구를 사용하려면 왼쪽 도구 패널에서 '치수 도구(Dimension Tool)'를 선택합니다.

(1) 선형 치수(Linear Dimension)

❶ 오브젝트의 두 점 사이의 수평/수직 거리 측정하여 치수를 표시합니다.

❷ 컨텍스트 메뉴에서 '선형 치수'를 클릭합니다.

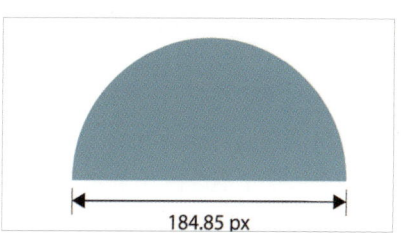

❸ 시작점과 끝점을 순차적으로 클릭합니다.
❹ 치수 정보가 가이드로 표시되면 표기되고자 하는 위치로 드래그하여 클릭합니다.
❺ 치수선과 치수값이 자동으로 생성됩니다.

(2) 각도형 치수(Angular Dimension)

❶ 컨텍스트 메뉴에서 '각도형 치수'를 클릭합니다.
❷ 시작점과 끝점을 순차적으로 클릭합니다.
❸ 치수 정보가 가이드로 표시되면 표기되고자 하는 위치로 드래그하여 클릭합니다.
❹ 치수선과 각도값이 자동으로 생성됩니다.

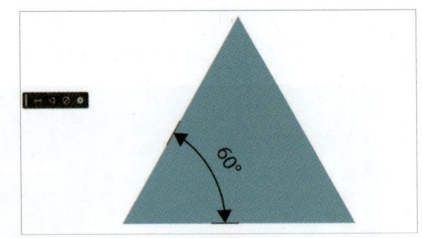

(3) 방사형 치수(Radius/Diameter Dimension)

❶ 컨텍스트 메뉴에서 '방사형 치수'를 클릭합니다.
❷ 오브젝트의 곡선 가장자리에 커서를 두면 중심점을 자동으로 파악해 치수 정보가 가이드로 표기됩니다. 클릭하면 치수선과 지름이 자동으로 생성됩니다.

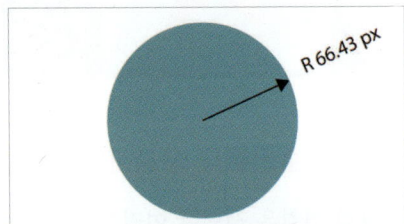

(4) 옵션

❶ 치수 도구의 컨텍스트 메뉴에서 톱니바퀴 아이콘을 클릭해 옵션 대화상자에서 설정합니다.
❷ 치수 표시선의 스타일과 글꼴, 화살표 모양 등을 적합하게 설정할 수 있습니다.

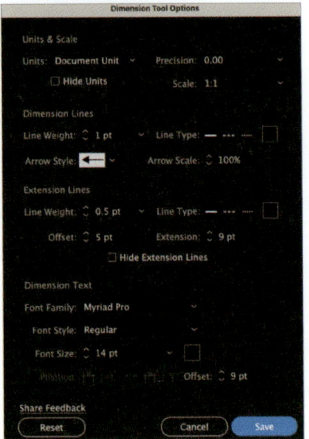

5. 키보드 단축키 추가하기

키보드 단축키는 마우스 조작 없이 키보드만으로 빠르게 명령을 실행할 수 있게 해주는 기능입니다. 단축키가 없는 도구를 사용자가 정의하여 작업 속도와 효율성을 크게 향상시킬 수 있습니다.

(1) 키보드 단축키 설정 시작하기

❶ 키보드 단축키를 설정하려면 최상단 메뉴의 [편집 > 키보드 단축키/Edit > Keyboard Shortcuts]를 선택하여 대화상자를 불러옵니다.
❷ 현재 설정된 모든 도구의 단축키를 확인할 수 있습니다.
❸ 리스트에서 원하는 도구나 기능을 찾아 수정하거나 단축키를 추가할 수 있습니다.

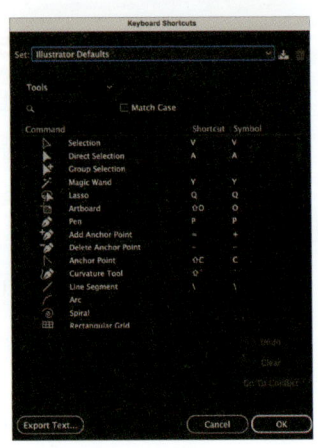

6. 상호작용이 가능한 하이퍼링크 PDF 만들기

하이퍼링크 PDF는 문서 내에서 클릭 가능한 링크를 포함하여 웹페이지나 다른 페이지로 이동할 수 있는 상호작용적 PDF를 만드는 기능입니다. 디지털 카탈로그, 전자 브로셔, 인터랙티브 프레젠테이션 등을 제작할 수 있습니다.

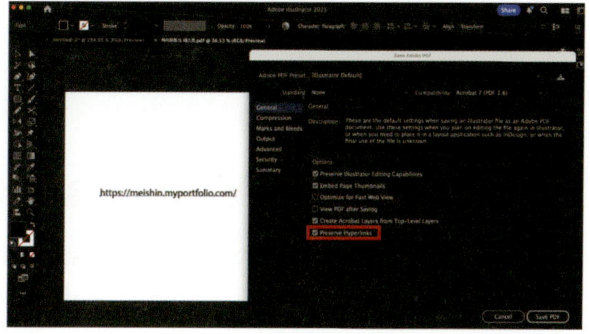

작업 영역에 웹 브라우저에서 입력 시 해당 사이트로 이동하는 주소를 문자 도구로 입력합니다. 문서를 PDF 확장자로 저장하고 옵션 중 '하이퍼링크 유지'를 클릭합니다. 문서를 어크로뱃 뷰어나 크롬 등에서 열어서 하이퍼링크의 활성화를 확인할 수 있습니다.

7. 포토샵으로 복제 시 화이트 갭 방지하기

(1) 화이트 갭 발생 원인

일러스트레이터에서 포토샵으로 그래픽을 복사할 때 발생하는 화이트 갭(흰색 간격)은 2가지 주요 원인이 있습니다. 첫 번째 원인은 일러스트레이터의 벡터 기반 렌더링 방식이 포토샵의 픽셀 기반 렌더링으로 변환되는 과정에서 픽셀 정렬 문제가 발생합니다. 또는 벡터 이미지가 픽셀로 변환될 때 부드러운 가장자리를 만들기 위해 적용되는 안티앨리어싱 처리 과정에서 가장자리에 반투명한 픽셀들이 생성되는데, 배경이 투명할 경우 이 부분이 하얗게 보일 수 있습니다.

(2) 화이트 갭 방지 방법

가장 확실하게 화이트 갭을 방지하는 방법은 오브젝트를 겹쳐서 제작하는 것입니다. 화이트 갭은 오브젝트와 오브젝트 사이의 빈 공간이 문제가 되는 경우가 많아 오브젝트를 겹쳐서 제작한 후 포토샵으로 복사하면 현저히 줄어드는 것을 확인할 수 있습니다.

❶ 같은 모양의 아트워크이지만 왼쪽은 여러 오브젝트를 겹쳐서 만들었고, 오른쪽은 패스파인더의 나누기 기능을 이용해 제작했습니다.

❷ 이를 단축키 Ctrl+C(Windows)/Cmd+C(Mac)를 눌러 클립보드로 복사합니다. 포토샵을 열어 단축키 Ctrl+V(Windows)/Cmd+V(Mac)를 누르면 포토샵에서 옵션 대화상자에서 원하는 타입의 레이어로 붙여넣기를 할 수 있습니다.

❸ 확대하여 보면 겹쳐서 만든 왼쪽 오브젝트는 오브젝트의 사이와 사이에 갭이 없지만 오른쪽 오브젝트는 검정색 배경이 살짝 비쳐 보입니다.

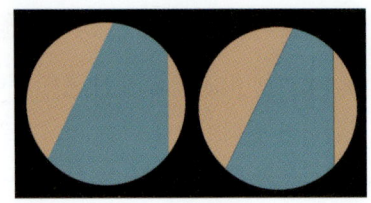

8. 어도비가 제공하는 다양한 무료 튜토리얼 살펴보기

일러스트레이터를 포함한 여러 소프트웨어의 국내 외 유명 아티스트들이 제작한 다양한 튜토리얼이 제공되어 학습에 도움을 받을 수 있습니다. 일러스트레이터의 오른쪽 상단의 '돋보기' 아이콘을 클릭하거나 https://www.adobe.com/kr/learn/illustrator 페이지에서 확인할 수 있습니다.

※ 한글 버전에서는 저자가 제작한 튜토리얼도 확인하실 수 있습니다.

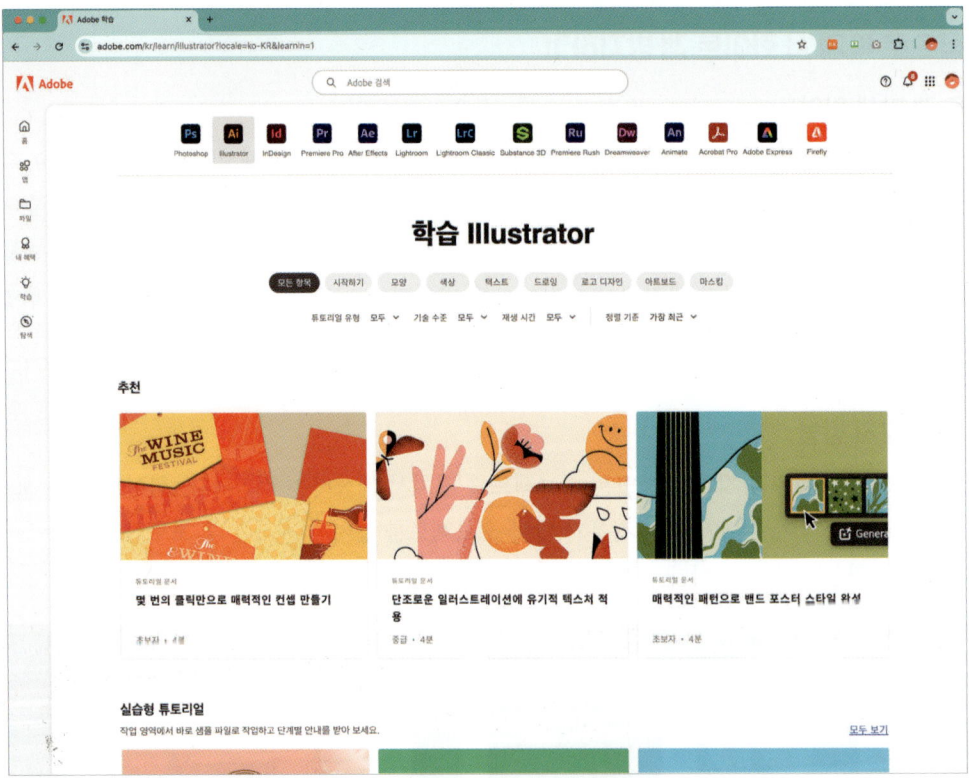

9. 기능 적용이 원활하지 않을 때

드물게 버그로 인해 일정 기간 동안 특정 기능의 사용이 원활하지 않을 수 있습니다. 일러스트레이터와 포토샵 등 어도비의 소프트웨어들은 비정기적으로 기능이 업데이트가 됩니다. 크리에이티브 클라우드를 확인하여 앱의 업데이트가 있는지 확인하시고 최신 버전을 유지하시는 것을 권장합니다. 업데이트 후 앱의 종료, 시스템 종료 후 다시 시도하시면 대부분의 문제가 해결될 확률이 높습니다.

포토샵&일러스트레이터 찾아보기 INDEX

ㄱ

항목	페이지
가우시안 블러	283
가위 도구	512
가장자리 찢기	296
가장자리 찾기	286
가져오기	407
개별 변형	472
개체 선택 도구	116
거친 파스텔	292
거칠게 하기	514, 523
격리 모드	448
격자 표시	424
격자에 물리기	425
견본 패널	542
경로상의 개체	527
고급 개체	106
고급 선명 효과	282
고정점 제거 도구	437
곡률 도구	435
곡률 펜 도구	149
곡선	268
구형화	288
균열	297
그래픽 스타일 패널	577
그래픽 펜	295
그레이디언트 도구	248
그레이디언트 망	559
그레이디언트 맵	262
그레이디언트	534
그레인	297
그룹 선택 도구	451
그룹	478
그림자 만들기	520
극좌표	287
글로벌 컬러	544
글리프 패널	570
글리프에 물리기	425
기울이기 도구	465
기울이기	104
기울임	288
기준점 변환 도구	149
기준점 삭제 도구	149
기준점 추가 도구	149

ㄴ

항목	페이지
나선형 도구	436
내보내기 형식	414
내부 광선	520
내부 그리기	495
내비게이터	78, 418
내용 인식 이동 도구	231
네온광	291
노이즈 추가	284
눈금자 도구	375
눈금자	138, 422
뉴럴 필터	310

ㄷ

항목	페이지
다각형 도구	146, 439
다른 이름으로 저장	71, 410
단락 패널	177, 569
닫기	409
닷지 도구	220
대지	56
도장	296
도형 구성 도구	487
돋보기 도구	77
돌리기	288
둘러싸기 왜곡	529
뒤틀기	105
드라이 브러시	291
똑바르게 하기	196

ㄹ

항목	페이지
라운드	468
라이브 페인트통 도구	489
레스터화	536
레이어 마스크	184
레이어 스타일	155
레이어 자동 맞춤	237
레이어 자동 혼합	239
레이어 패널	85, 446
레이어에 풀기	448
렌즈 블러	283

ㅁ

항목	페이지
망사 효과	296
매끄럽게 도구	510
메모 도구	376
메모지	295
메조틴트	286
모션 블러	284
모양 변경 도구	466
모양 패널	473
모양 패스	150
모양 확장	535
모자이크 타일	297
모자이크	285
모퉁이 크기 조절	470
모퉁이	468
목업 패널	571
목탄	295
문서 색상 모드	426
문서를 PDF로 저장	411
문자 도구	176, 564
문자 패널	177, 568
문지르기	292
물방울 브러시 도구	599

ㅂ

항목	페이지
바람	286
반복	531
반사 도구	464
반전	103
배경 생성	51
배경 지우개 도구	346
배경색	247
번 도구	221
베지어 패스	154
벡터 마스크	188
벡터 생성	500
변위	287
변형 반복	471
변형 패널	467
변형	515
별 모양 도구	439
보기 회전 도구	79

복구 브러시 도구	228	선택 윤곽 도구	110	원근 자르기 도구	197
복사&붙여넣기	458	선택	452	원근	105
복사	296	세로 문자 도구	565	원근감 격자 도구	586
복제 도장 도구	234	세로 영역 문자 도구	565	원형 도구	439
복제 원본 패널	229	소실점	334	웹용으로 저장	75
분포	95	속성 패널	476	유리	306
분필과 목탄	295	손 도구	79, 417	유사 항목 생성	50
불투명도 마스크	493	손가락 도구	219	유화	286
브러시 도구	340	수채화	292	윤곽선 만들기	566
브릿지	62	스냅	142	윤곽선 모드	420
블렌드	525	스마트 가이드	143, 425	윤곽선 추적	286
비닐랩	292	스마트 필터	276	윤곽선	519
비틀기	515	스크리블	522	이미지 생성	204
비틀어 돌리기	515	스팟 복구 브러시 도구	223	이미지 추적	601
빠른 마스크 모드	119	스팟 컬러	544	이미지 크기	66
		스펀지 도구	222	이어 붙이기	297
		스포이드 도구	541	이중 노출	174
ㅅ		심볼	574	인쇄	374
사각형 도구	146, 438				
사본 저장	71, 410	**ㅇ**		**ㅈ**	
사용자 정의 모양 도구	147	아트보드 도구	443	자동 보정	250
산만한 요소 찾기	227	아트워크 색상 변경	546	자동 선택 도구	117, 451
삼각형 도구	146	안내선	139, 423	자동 선택	86
상황별 작업 표시줄	46, 102	액션 패널	372	자동 지우개 도구	346
새 보기	418	앤티 엘리어스	111	자르기 도구	193
새 칠 레이어	83	어니언 스킨	364	자산 내보내기	416
새 파일	404	어두운 영역/밝은 영역	267	자유 변형 도구	462
새로 만들기	54	언샵 마스크	283	자유 왜곡	514
색상 검색	266	얽힘	524	자유 형태 펜 도구	149
색상 범위	269	엠보스	286	자유 변형	97
색상 설정	426	연결 가져오기	65	작업 내역 패널	133
색상 안내 패널	544	연결 도구	510	작업 영역	46
색상 일치	264	연결	408	잔물결	287
색상 픽커	540	연필 도구	343, 508	잠금	479
색연필	291	열기	61, 406	저부조	295
색조/채도	263	영역 문자 도구	564	저장	71, 410
생성형 다시 칠하기	504	오려내기	291	적목 현상 도구	233
생성형 모양 채우기	399	오목과 볼록	514	전경색	247
생성형 채우기	208	오버레이	330	전역 편집	610
석고	296	오브젝트 모자이크 만들기	610	점에 물리기	425
선명 효과 도구	219	오브젝트 윤곽선	518	정렬	95
선명하게	282	오프셋 패스	517	제거 도구	225
선분 도구	435	올가미 도구	113, 451	조리개 흐림 효과	284
선택 도구	450	왜곡	104	조정 레이어	251
선택 및 마스크	121	외부 광선	521	조정 브러시	271
선택 영역 브러시 도구	115	원근 뒤틀기	199	조정	252
선택 영역의 가장자리 수정	124				

중간값	319
지그재그	289, 515
지우개 도구	345, 511
지터	342
직접 선택 도구	434, 450

ㅊ

채널	245
칠	248, 474

ㅋ

카운트 도구	376
칼 도구	512
캔버스 크기	68
컬러 피커	246
컬러 하프톤	285
컴파운드 패스	494
크기 조절 도구	464
크레용	295
크롬	295
클리핑 마스크	183, 491

ㅌ

타원 도구	146
타임라인	360
테두리 상자 재설정	471
텍스트 흐름	565
텍스트를 패턴으로	399
템플릿으로 새로 만들기	405
템플릿으로 저장	413
투명 격자 표시	424
투명도 병합	553
투명도 패널	551
트리밍 보기	420

ㅍ

파이어 플라이	212
파형	288
팔레트 나이프	291
패스 상의 문자 도구	564
패스 상의 세로 문자 손질 도구	565
패스 지우개 도구	510
패스파인더	481
패치 도구	229
패키지 저장	413

패턴 도장 도구	236
패턴 생성	502
패턴 정의	353
퍼펫 뒤틀기	326, 605
페더	520
페인트 바르기	291
페인트 버킷	249
페인트 브러시 도구	594
펜 도구	149, 433
펜 압력	342
평균점 연결	611
포스터 가장자리	292
포함 가져오기	65
폭 도구	600
프레스코	291
프레임 도구	189
프레젠테이션 모드	421
프로세스 컬러	543
프로필 할당	427
플레이헤드	363
픽셀 유동화	314
픽셀에 물리기	425
핀치	287
필드 블러	302
필름 그레인	291
필터 갤러리	290
필터	282

ㅎ

하프톤 패턴	295
호 도구	435
혼합 모드	165
혼합 브러시 도구	344
화면에 맞게 내보내기	414
확대, 축소	417
확장	534
회전 도구	463
회전 보기	419
획	474
흐림 효과 도구	218

etc

3D Classic	579
3D 및 재질	583
Camera Raw 필터	273
CMYK	244
CPU를 사용하여 보기	419
PNG로 빠른 내보내기	74
Retype	567
RGB	244

 키보드 단축키
Keyboard Shortcuts

Adobe Photoshop CC 2025
MAC OS : Command = Ctrl / Option = Alt

Tool_한글명	Shortcut_단축키
Move Tool (이동 도구)	V
Rectangular Marquee Tool (사각형 선택 윤곽 도구)	M
Selection Brush Tool (선택 영역 브러시 도구)	L
Lasso Tool (올가미 도구)	L
Quick Selection Tool (빠른 선택 도구)	W
Magic Wand Tool (자동 선택 도구)	W
Eyedropper Tool (스포이드 도구)	I
Crop Tool (자르기 도구)	C
Perspective Crop Tool (원근 자르기 도구)	C
Slice Tool (분할 영역 도구)	C
Spot Healing Brush Tool (스팟 복구 브러시 도구)	J
Healing Brush Tool (복구 브러시 도구)	J
Content-Aware Move Tool (내용 인식 이동 도구)	J
Red Eye Tool (적목 현상 도구)	J
Brush Tool (브러시 도구)	B
Pencil Tool (연필 도구)	B
Mixer Brush Tool (혼합 브러시 도구)	B
Clone Stamp Tool (복제 도장 도구)	S
History Brush Tool (작업 내역 브러시 도구)	Y
Eraser Tool (지우개 도구)	E
Gradient Tool (그레이디언트 도구)	G
Paint Bucket Tool (페인트 통 도구)	G
Dodge Tool (닷지 도구)	O
Burn Tool (번 도구)	O
Sponge Tool (스폰지 도구)	O
Pen Tool (펜 도구)	P
Freeform Pen Tool (자유 형태 펜 도구)	P
Horizontal Type Tool (가로쓰기 문자 도구)	T
Path Selection Tool (패스 선택 도구)	A
Rectangle Tool (사각형 도구)	U
Line Tool (선 도구)	U
Ellipse Tool (타원 도구)	U
Hand Tool (손 도구)	H
Rotate View Tool (회전 보기 도구)	R
Zoom Tool (돋보기 도구)	Z
빠른 마스크 모드 전환 (Toggle Standard/Quick Mask Modes)	Q
화면 모드 변경	F
(선택된 레이어의) 투명도 잠금	/
전경색과 배경색을 초기화	D
전경색과 배경색을 전환 (Switch)	X
브러시 크기 축소 (Decrease Brush Size)	[
브러시 크기 확대 (Increase Brush Size)	]
브러시 경도 증가 (Decrease Brush Hardness)	{
브러시 경도 감소 (Increase Brush Hardness)	}
바로 이전 사용한 브러시 선택 (Previous Brush)	,
다음 브러시 선택 (Next Brush)	.

Feature_한글명	Shortcut_단축키
새로 만들기 Create a document	Ctrl + N
열기 Open a document	Ctrl + O
다른 이름으로 저장 Save As	Alt+Ctrl+S
웹용으로 저장 Save for Web (Legacy)	Alt + Shift + Ctrl + S
현재 문서 닫기 Exit the application	Ctrl + W
포토샵 종료 Exit the application	Ctrl + Q
인쇄 Print	Ctrl + P
자유 변형 Free Transform	Ctrl+T
잘라내기 Cut	Ctrl+X or F2
복사 Copy	Ctrl+C or F3
붙여넣기 Paste	Ctrl+V or F4
병합하여 복사 Copy Merged	Shift+Ctrl+C
제 자리에 붙여넣기 Paste in Place	Shift+Ctrl+V
칠 Fill	Shift+F5
내용 인식 비율 Content-Aware Scale	Alt+Shift+Ctrl+C
레벨 Levels	Ctrl+L
곡선 Curves	Ctrl+M
색조/채도 Hue/Saturation	Ctrl+U
색상 균형 Color Balance	Ctrl+B
색상 반전 Invert	Ctrl+I
이미지 크기 Image Size	Alt+Ctrl+I
캔버스 크기 Canvas Size	Alt+Ctrl+C
새 레이어 Layer	Shift+Ctrl+N
레이어 복제 Layer via Copy	Ctrl+J
클리핑 마스크 만들기 Create/Release Clipping Mask	Alt+Ctrl+G
레이어 그룹 만들기 Group Layers	Ctrl+G
레이어 그룹 풀기 Ungroup Layers	Shift+Ctrl+G
레이어 병합 Merge Layers	Ctrl+E
레이어 잠그기 Lock Layers	Ctrl+/
선택된 레이어를 가장 상위로 이동 Arrange> Bring to Front	Shift+Ctrl+]
선택된 레이어를 상위로 이동 Arrange> Bring Forward	Ctrl+]
선택된 레이어를 하위로 이동 Arrange> Send Backward	Ctrl+[
선택된 레이어를 가장 하위로 이동 Arrange> Bring to Front	Shift+Ctrl+[
대지 전체를 선택 영역으로 활성화 Select All	Ctrl+A
선택 취소 Deselect	Ctrl+D
재선택 Reselect	Shift+Ctrl+D
선택 반전 Inverse	Shift+Ctrl+I or Shift+F7
모든 레이어 선택 Select All Layers	Alt+Ctrl+A
눈금자 Rulers	Ctrl+R
화면에 맞추기 Fit on Screen	Ctrl+0
확대 Zoom In	Ctrl++
축소 Zoom Out	Ctrl+-
100%보기 100%	Ctrl+1 or Alt+Ctrl+0
액션 패널 Actions	Alt+F9
브러시 패널 Brush	F5
색상 패널 Color	F6
레이어 패널 Layers	F7
문서 정보 패널 Info	F8

단축키 사용자 정의 : 최상단 메뉴 [편집> 바로가기키 / Keyboard Shortcuts]

키보드 단축키
Keyboard Shortcuts

Adobe Illustrator CC 2025
MAC OS : Command = Ctrl / Option = Alt

Tool_한글명	Shortcut_단축키
Selection (선택 도구)	V
Direct Selection (직접 선택 도구)	A
Magic Wand (자동 선택 도구)	Y
Lasso (올가미 도구)	Q
Pen (펜 도구)	P
Curvature (곡률 도구)	Shift + ~
Type (문자 도구)	T
Touch Type (문자 손질 도구)	Shift + T
Line Segment (선분 도구)	\
Anchor Point (고정점 도구)	Shift + C
Add Anchor Point (고정점 추가 도구)	=
Delete Anchor Point (고정점 삭제 도구)	-
Rectangle (사각형 도구)	M
Ellipse (원형 도구)	L
Paintbrush (페인트 브러쉬 도구)	B
Blob Brush (물방울 브러쉬 도구)	Shift + B
Pencil (연필 도구)	N
Shaper Tool (쉐이퍼 도구)	Shift + N
Scissors (가위 도구)	C
Rotate (회전 도구)	R
Reflect (반사 도구)	O
Free Transform (자유 변형 도구)	E
Perspective Grid (원근감 격자 도구)	Shift + P
Perspective Selection (원근감 선택 도구)	Shift + V
Warp (변형 도구)	Shift + R
Width (폭 도구)	Shift + W
Eraser (지우개 도구)	Shift + E
Mesh (망 도구)	U
Gradient (그레이디언트 도구)	G
Eyedropper (스포이드 도구)	I
Blend (블렌드 도구)	W
Scale (크기 조절 도구)	S
Column Graph (막대 그래프 도구)	J
Shape Builder (도형 구성 도구)	Shift + M
Live Paint Bucket (라이브 페인트 통)	K
Live Paint Selection (라이브 페인트 선택)	Shift + L
Artboard (아트보드/대지)	Shift + O
Slice (분할 영역 도구)	Shift + K
Hand (손 도구)	H
Zoom (돋보기 도구)	Z
Color (색상 패널)	,
Gradient (그레이디언트 패널)	.
Default (전경색과 배경색을 초기화)	D
None (선택된 전경색 또는 배경색을 없음으로)	/
Toggle Fill/Stroke (전경색,배경색 선택)	X
Switch Fill/Stroke (전경색,배경색 전환)	Shift + X
Symbol Sprayer (심볼 분무기)	Shift + S
Toggle Screen Mode (화면 모드 전환)	F

Feature_한글명	Shortcut_단축키
새로 만들기 Create a document	Ctrl + N
템플릿으로 새로 만들기 New from Template	Shift + Ctrl + N
열기 Open a document	Ctrl + O
가져오기 Place	Shift + Ctrl + P
화면에 맞게 내보내기 Export for Screens	Alt + Ctrl + E
웹용으로 저장 Save for Web (Legacy)	Alt + Shift + Ctrl + S
패키지 저장 Package	Alt + Shift + Ctrl + P
파일 정보 File Info	Alt + Shift + Ctrl + I
인쇄 Print	Ctrl + P
일러스트레이터 종료 Exit the application	Ctrl + Q
색상 설정 Color Settings	Shift + Ctrl + K
환경 설정 Preferences	Ctrl + K
오브젝트 변형 반복 Repeat transforming objects	Ctrl + D
이동 Move	Shift + Ctrl + M
그룹화 Group the selected artwork	Ctrl + G
그룹해제 Ungroup the selected artwork	Shift + Ctrl + G
클리핑 마스크 clipping mask	Ctrl + 7
활성 대지의 아트워크 선택 Select artwork in active artboard	Ctrl + Alt + A
선택 취소 Deselect	Shift + Ctrl + A
재선택 Reselect	Ctrl + 6
현재 선택 항목 위의 오브젝트 선택	Alt + Ctrl +]
현재 선택 항목 아래의 오브젝트 선택	Alt + Ctrl + [
라이브 페인트 만들기 (페인트 통 도구 사용 시)	Alt + Ctrl + X
확대 Zoom in	Ctrl + =
축소 Zoom out	Ctrl + -
모든 대지 보기 View all artboards in window	Ctrl + 0
대지 눈금자 보기/숨기기 artboard rulers	Ctrl + R
스마트 가이드 보기/숨기기 smart guides	Ctrl + U
격자 보기 grid	Ctrl + '
정렬 패널 보기/숨기기 Align panel	Shift + F7
모양 패널 보기/숨기기 Appearance panel	Shift + F6
색상 패널 보기/숨기기 Color panel	F6
그라디언트 패널 보기/숨기기 Gradient panel	Ctrl + F9
그래픽 스타일 패널 보기/숨기기 Graphic Styles	Shift + F5
정보 패널 보기/숨기기 Info panel	Ctrl + F8
레이어 패널 보기/숨기기 Layers panel	F7
획 패널 보기/숨기기 Stroke panel	Ctrl + F10
심볼 패널 보기/숨기기 Symbols panel	Shift + Ctrl + F11
문자 패널 열기 Character panel	Ctrl + T
단락 패널 열기 Paragraph panel	Alt + Ctrl + T
변형 패널 보기/숨기기 Transform panel	Shift + F8
패스파인더 패널 보기/숨기기 Pathfinder panel	Shift + Ctrl + F9
레이어 추가 Add a layer	Ctrl + L
새 레이어 대화상자를 열어 레이어 추가	Alt + Ctrl + L
앞에 붙이기 Paste in Front	Ctrl + F
뒤에 붙이기 Paste in Back	Ctrl + B
제자리에 붙이기 Paste in Place	Shift + Ctrl + V
모든 대지에 붙이기 Paste on All Artboards	Alt + Shift + Ctrl + V

단축키 사용자 정의 : 최상단 메뉴 [편집> 키보드 단축키 / Edit> Keyboard Shortcuts]

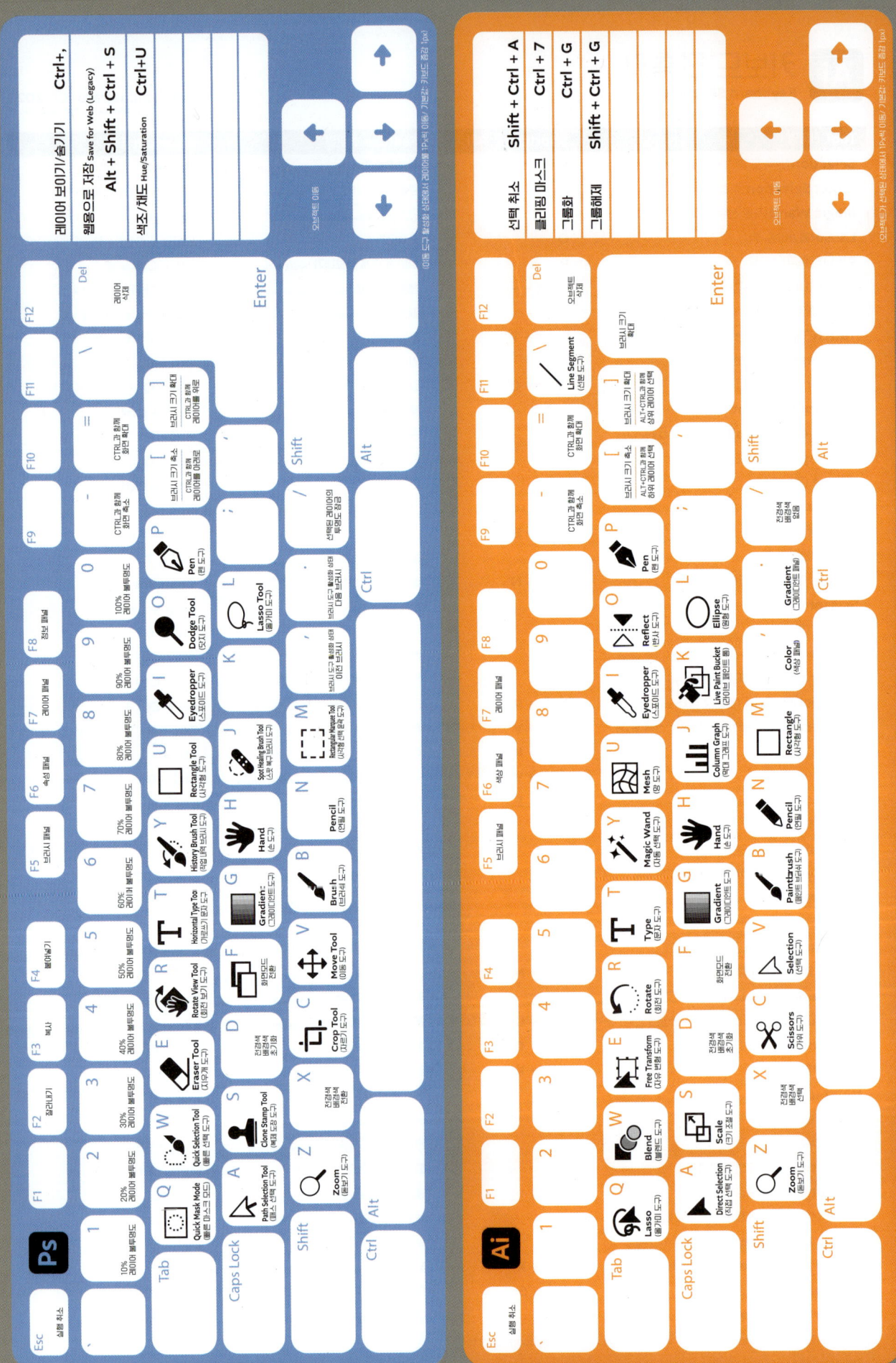